SCHRIFTEN ZUR LANDESKUNDE SIEBENBÜRGENS

ERGÄNZUNGSREIHE ZUM SIEBENBÜRGISCHEN ARCHIV

HERAUSGEGEBEN VOM
ARBEITSKREIS FÜR SIEBENBÜRGISCHE LANDESKUNDE E.V.
HEIDELBERG

Band 9/III

GEORG DANIEL TEUTSCH
FRIEDRICH TEUTSCH

GESCHICHTE DER SIEBENBÜRGER SACHSEN FÜR DAS SÄCHSISCHE VOLK

herausgegeben von
FRIEDRICH TEUTSCH

Unveränderter Nachdruck
Mit einer Einführung von
ANDREAS MÖCKEL

1984
BÖHLAU VERLAG KÖLN WIEN

GESCHICHTE DER SIEBENBÜRGER SACHSEN FÜR DAS SÄCHSISCHE VOLK

III. Band

1816–1868
Von der Zeit der Regulationen
bis zur Einführung des Dualismus

von

FRIEDRICH TEUTSCH

Unveränderter Nachdruck
der Ausgabe Hermannstadt 1910

1984
BÖHLAU VERLAG KÖLN WIEN

CIP-Kurztitelaufnahme der Deutschen Bibliothek

Geschichte der Siebenbürger Sachsen für das sächsische Volk / Georg Daniel Teutsch; Friedrich Teutsch. Hrsg. von Friedrich Teutsch. – Unveränd. Nachdr. / mit e. Einf. von Andreas Möckel. – Köln ; Wien : Böhlau
  (Schriften zur Landeskunde Siebenbürgens; Bd. 9)
  ISBN 3-412-01184-3
NE: Teutsch, Georg Daniel [Mitverf.]; Teutsch, Friedrich [Mitverf.]; GT

Bd. 3. 1816–1868, von der Zeit der Regulationen bis zur Einführung des Dualismus / von Friedrich Teutsch. – Unveränd. Nachdr. d. Ausg. Hermannstadt 1910. – 1984.

Copyright © 1984 by Böhlau Verlag GmbH & Cie, Köln
Alle Rechte vorbehalten

Ohne schriftliche Genehmigung des Verlages ist es nicht gestattet, das Werk unter Verwendung mechanischer, elektronischer und anderer Systeme in irgendeiner Weise zu verarbeiten und zu verbreiten. Insbesondere vorbehalten sind die Rechte der Vervielfältigung – auch von Teilen des Werkes – auf photomechanischem oder ähnlichem Wege, der tontechnischen Wiedergabe, des Vortrags, der Funk- und Fernsehsendung, der Speicherung in Datenverarbeitungsanlagen, der Übersetzung und der literarischen oder anderweitigen Bearbeitung.

Printed in Germany
Satz: H.-D. Günther, Studio für Ästhetik-Fotosatz, Köln
Druck und Bindung: SDK Systemdruck Köln GmbH
ISBN 3-412-01184-3

Geschichte der Siebenbürger Sachsen

für das sächsische Volk.

Herausgegeben von

Friedrich Teutsch.

Hermannstadt.
Druck und Verlag von W. Krafft.
1910.

Geschichte
der
Siebenbürger Sachsen
für das sächsische Volk.

...

III. Band:
1816—1868
Von der Zeit der Regulationen bis zur Einführung des Dualismus

von

Friedrich Teutsch.

Hermannstadt.
Druck und Verlag von W. Krafft.
1910.

Den freunden Mitarbeitern und Mitkämpfern

D. Dr. Fr. Müller Bischof i. R.
dem verehrten Lehrer und wegweisenden Führer

und

Dr. C. Wolff Landeskirchenkurator und Sparkassadirektor
dem nimmermüden und unverzagten Wegbereiter neuen Lebens

in Dankbarkeit und Treue

der Verfasser.

Ein Volk, das gleichgültig wird gegen seine eigene Vergangenheit und Gegenwart, legt sich selbst zu den Toten.
G. D. Teutsch.

Hic mortui vivos vitam docent.

Zur Gegenwart wird die Vergangenheit.
Marianne v. Willemer.

Inhaltsverzeichnis.

Drittes Buch 1816—1849.

IX. Stille Jahre. 1816—1830 . . . . Seite 3—73

Allgemeiner Charakter der Zeit. Die Hofkanzleien. Schwerfälligkeit der Verwaltung. Die leitenden Personen. Erhaltung des Bestehenden. Die siebenbürgischen Verhältnisse. Tod Banffys und Telekis. Die siebenbürgische Hofkanzlei. Die sächsischen Verhältnisse. Ernennung Tartlers zum Komes. Installation. Seine geringe Wirksamkeit. Hungersnot. Eröffnung des Brukenthalischen Museums in Hermannstadt. Dreihundertjähriges Jubiläum der Reformation. Das Kaiserpaar in Siebenbürgen. Unterdrückung und Mißhandlung der 13 Dörfer und der untertänigen sächsischen Dörfer. Konskription 1820 f. Produktionalforum. Fiskalprozesse. Unruhen in der Walachei. Tartlers Tod. Wachsmann zum Komes ernannt. Kampf mit dem Fiskus und den Walachen. Die sächsische Nation protestiert gegen die Hörigkeit des Sachsenlandes. Die sächsische Verwaltung, das Leben der Beamten. Advokaten. Das Leben des sächsischen Bürgers, das Handwerk, die Frau, das Feuer, die Billigkeit, Charakter des Lebens. Hermannstadt, Theater, Promenaden, Bälle, Rauchen, Zehntschaften, Hochmeister und Filtsch, das Gewerbe. Kronstadt, nichtsächsischer Einschlag, die sieben Dörfer, Zunftstreitigkeiten. Schäßburg, Händel mit der Woßling, die Schule, Holzhandel. Mediasch, die Lasten des Stuhls, Innerarbeiten, St. L. Roth. Bistritz und das Nösnerland. Mühlbach, Broos, G. Reen, Leschkirch, Schenk, Reps, Reußmarkt. Die kirchlichen Verhältnisse. Die Kapitel und der Bischof. J. Aur. Müller. Dan. G. Neugeboren. Visitationsartikel, Kandidations- und Wahlnorm. Die sächsische Schule. Volksschul- und Gymnasialplan. Verdrängung der Kirche vom Rechtsboden. Verhältnis zur reformierten Kirche. Bischof Gläser. Der sächsische Pfarrhof. Heydendorffs Urteil über die Geistlichen. Das Dorfsleben. Dreifelderwirtschaft. Kazinczy über die Sachsen. Erstarkung der sittlichen Kräfte. Kennzeichen des Geschlechts. Die Paten. Geistiges Stilleben. Versuche ein Urkundenbuch zu schaffen, einen Gelehrtenverein zu gründen. Ungarn und Siebenbürgen. Verlust und Gewinn dieser Jahre.

X. Neues Leben. 1830—1848 . . . . 74—161

Allgemeine Unzufriedenheit. Der ungarische Operatenreichstag 1832 f. Der siebenbürgische Landtag 1834—35. Die Wortführer. Neue Gedanken, Instruktionen der sächsischen Abgeordneten, Beschwerden der Sachsen, des Klerus, die sächsischen Führer. Die Sachsen und die Regierung, die Sachsen und die Stände, bessere Behandlung der Sachsen. Der katholische Bischof als Gubernialrat, die sächsische Komesfrage. Trausch vor dem Kaiser. Wesselenyi, Veröffentlichung der Reden in der Nationalversammlung. Auflösung des Landtags am 6. Februar 1835. Tod Kaiser Franz I. 1835. Ferdinand V.

Der ungarische Reichstag in Preßburg 1835. Reformversuche. Magyarische Sprache.

Organisierung der Opposition in Siebenbürgen. Das reformierte Oberkonsistorium und die neue Kirchenverfassung 1833—36. Die sächsische Nation vom neuen Geist noch unberührt. Zerfall der evangelischen Kirche, die Promotionskreise. Huldigungslandtag in Hermannstadt 1837. Die Regierung und die Sachsen. Komes Wachsmann. Die Huldigung, die Wahlen. Die Beschwerden. Walachenfrage. Komesfrage. Die Zugehörigkeit des katholischen Bischofs zum Guberniun. Die Klagen der evangelischen Kirche. Verlangen einer Dotation. Die Sprachenfrage im Landtag. Die Partes. Die Unionsfrage. Schluß des Landtages.

Der ungarische Reichstag 1839. Die Sprachenfrage dort. Die Religionsfrage ebenda. Neue Gedanken. Szechenyi und Kossuth. J. K. Schuller an Szechenyi.

Der siebenbürgische Landtag 1841—43. Die Sachsen. Kampf um die Sprache. Die Debatte im Landtag. Haltung der Brooser Deputierten. Die Sachsen über die Sprachenfrage. Kirchl. Beschwerden. Die Walachenfrage. Union. Museum-, Landtagshaus- und Theaterfrage 1843. Siegelverweigerung. Folgen des Landtags 1841—43. Eine Instruktion in der Sprachenfrage von J. A. Zimmermann. St. L. Roths „Sprachkampf". Neue Schlagworte, Volk und Beamten. Kampf für den Fortschritt. National-Agent. Wachsende Erregung, Kampf für das Volkstum. Wachsmanns Tod. Entscheidung in der Komesfrage. Salmen Komes. Letzte Komesinstallation.

Der ungarische Reichstag 1843: Sprachen-, Religions-, Reform- und Unionsfrage. Der Schutzverein und seine Agitation. Die Ungeschicklichkeit der Regierung, die Altkonservativen. Eötvös und Metternich. Josika über die Sprachenfrage in Siebenbürgen. Majestätsgesuch der Universität 1844. Die Unionsfrage. Franz Conrad Nationalagent und L. v. Rosenfeld.

Der siebenbürgische Landtag 1846. Die Urbarialfrage. Die sächsischen Vertreter, Hann, Konrad Schmidt, Zimmermann. Die Wahlen. Veröffentlichung der Debatten. Beschwerde des Landtags gegen katholischen Bischof und sächsischen Komes als Gubernialräte und über die Komeswahl. Die Stellung der Sachsen. Die Stände in der Urbarialfrage. Vertagung und Wiederzusammentritt des Landtags 1847. Urbar und Steuern, stürmische Verhandlung. Die Hauptfragen des Urbars. Das Gesetz ungenügend. Die Rekrutierungsfrage. Zimmermanns Anschauung. Antrag K. Schmidt-Schreiber auf Wehrpflicht des Adels, der doch befreit bleibt. Die Sprachenfrage. Zimmermann über den Gebrauch der deutschen Sprache bei den Sachsen. Stellungnahme gegen die Magyarisierung. Das Sprachengesetz und die Sachsen. Die Debatte. Folgen des Gesetzes. Wie die Sachsen sich

zu schützen suchen. Die Unionsfrage. Die Partes. Verhandlungen über
die Klagen Lemenys. Die Walachenfrage. Schluß des Landtags 1847.
Gesetzentwurf über Eisenbahnen, Flußregulierungen u. ä. Verhandlungen in der sächsischen Nationalversammlung über Adelserhebungen der Sachsen und über die Schwabeneinwanderung sowie
Einwanderungen überhaupt. Das Ergebnis des Landtags. Spannung
zwischen den Sachsen und den Mitständen durch die Sprachenfrage.
Gegensatz gegen die Sachsen.

XI. **Das wirtschaftliche und geistige Leben vor der Revolution.** . . . . 162—206

Vergleich mit der Josefinischen Periode. Aufnahme der großen
Reformarbeit zur Hebung des Volkes. Rückwirkung Ungarns. Reformarbeit auf dem Gebiet der Schule. Neuer Gymnasiallehrplan. Gründung
der Bürger-(Gewerbe-, Real-)Schulen. Versuch, eine Zentralbildungsanstalt aus Nationalmitteln zu gründen. Die Errichtung der juridischen
Fakultät in Hermannstadt. Pädagogische Erörterungen. Gedanken,
die Gymnasien aus Nationalmitteln zu unterstützen. Die Kandidatenprüfungen. Die Kirche noch wenig berührt von neuen Gedanken.
Bischof Bergleiter und Binder. Die junge Schar. Gründung von
Sparkassen, Kronstadt, Hermannstadt, von Gewerbevereinen. Rückgang von Handel und Gewerbe. Versuche beide zu heben. Entwurf
einer neuen Gewerbeordnung. Die Wasserstraße auf dem Alt. Die
Landwirtschaft. Gründung des landwirtschaftlichen Vereines. Die
Schwabeneinwanderung. Der Verein für siebenbürgische Landeskunde.
Die ersten Generalversammlungen. Bedeutung. Das Bewußtsein der
Kultureinheit. Die sächsische Geschichtsforschung, J. C. Schuller. Die
Hermannstädter Fakultät als Träger historischer Studien, J. A.
Zimmermann. Die Teilnahme Schäßburgs. Anfänge G. D. Teutschs.
Wachsendes Interesse an historischen und landeskundlichen Arbeiten.
Dialektische Forschungen. G. F. Marienburg. Die neuen Zeitschriften.
Die Publizistik, ihr Urteil über die schlechte Verwaltung, die Bureaukratie. Die Zensur. Der „Bote" und das Wochenblatt. J. Hintz.
Die Lyrik, Poesie, Roman und Novelle. Marlin. Dr. Dan. Roth.
Fortschritt dieser Literatur. St. L. Roth. Sorge um die Gesamtheit. Feste, Turnen, Musikverein. Kraft des neuen Lebens.
Sachsen in der Fremde, Wirkung des Lebens auf Fremde hier.
Öffentliche Meinung in Deutschland. Rückgang des sächsischen Einflusses im Lande. Fr. Hanns Anschauung. Die wirtschaftlichen
Zustände in den Gemeinden und bei den Einzelnen, auf dem
Dorf, in der Stadt. Die Schichtung des Volks, die Juristen und
Theologen. Kampf um den Besitz mit den Walachen. Geringe Vermehrung. Allgemeine Befehdung der Sachsen, die Sprachenfrage
und die Erhaltung des Volks. Die Union. Hoffnungsfrohe Stimmung.
Die Revolution kommt zu früh.

XII. **Die Revolution von 1848—49** . . . . 206—290

Das europäische Festland eine politische Einheit. Ungarischer
Reichstag 1847. Palatinfrage. Szechenyi als Regierungsmann, gegen

XII

Kossuth. Das Programm der Opposition. Übereinstimmung und Gegensatz zwischen Altkonservativen und Opposition. Adreßdebatte. Kossuths Antrag auf allgemeine Steuerpflicht. Die Revolution in Paris, Eindruck in Ungarn. Die Märzereignisse. Die 12 Punkte in Pest, die Beschlüsse in Preßburg, das erste ungarische Ministerium unter L. Batthyany, Kossuths Einfluß. Schluß des Reichstags und Bestätigung der Gesetze am 11. April. Der VII : 1848 über die Union mit Siebenbürgen. Die Bewegung im Sachsenland. Sitzung der Nationsuniversität im Februar. Ausrufung der Union in Klausenburg, Huldigungserklärung Hermannstadts und der Nationsuniversität an den Kaiser. Die Unionsfrage in Siebenbürgen, bei den Magyaren und Szeklern, bei den Sachsen, Walachen. Die Sachsen geteilt. Teleki in Hermannstadt 2. Mai. Erklärung Hermannstadts gegen die Union, Deputation der Universität nach Wien. Die Walachen in Blasendorf. Die Gegner der Union in Hermannstadt.

Landtag in Klausenburg 1848, Propositionen, Eröffnung, die Nationalversammlung über die Union, Sitzung der sächsischen Nationalversammlung am 29. Mai, die Verhandlungen und Entscheidung für die Union, die Gründe der Hermannstädter Vertreter gegen die Union. Landtagssitzung am 30. Mai. Erklärung der Sachsen, allgemeine Annahme der Union. Schluß des Landtags. Das Gubernium über die Aufhebung der Frohnden. Die Stimmung im Sachsenland gegen die Union. Denkschrift der sächsischen Landtagsabgeordneten vom 20. Juni, Unterstützung durch die Stände. Die Nationsuniversität, Denkschrift vom 3. Juli. Verhandlungen über den Domestikalfond, die Zehntablösung, die Deputation nach Deutschland, das Schutz- und Trutzbündnis zwischen den sächsischen Stühlen, die Bürgerwehr. Mihalczfalva. Petition der Hermannstädter Frauen gegen die Union. Die Nationaldeputation in Wien, in Innsbruck, Audienz am 11. Juni. Erzherzog Johann. Die Deputation wendet sich endlich nach Pest. Die Beziehungen zu Deutschland, Frankfurter Parlament. Der siebenbürgisch-sächsische Jugendbund. Lustrierung des Mediascher Gymnasiums. Eintritt der sächsischen Abgeordneten in den ungarischen Reichstag. Ungarn und Kroatien. Umschwung in den Wiener Kreisen. Reskript vom 31. August. Abweisung der 100 gliedrigen Deputation, Einsetzung des Bans in alle Würden. Revolution. Bürgerkrieg. Die sächsischen Angelegenheiten im Reichstag. Verhandlungen über das Unionsgesetz, Austritt von 6 sächsischen Abgeordneten, Verhandlung im Reichstag darüber.

Generalkonvent aller evangelischen Kirchen in Pest. Anteilnahme und Vorbehalt der siebenbürgischen evangelischen Landeskirche.

Vorgänge in Ungarn. K. Manifest vom 3. Oktober, Ächtung Jellachichs durch den ungarischen Reichstag. Die k. Armee in Siebenbürgen, Puchner, Pazifikationsausschuß, Lossagung von der ungarischen Regierung, Puchners und Bays Proklamationen, Errichtung des sächsischen Jägerbataillons, Landsturm und Bürgerwehr. Reens Vernichtung 2. November. Besetzung des Landes durch die Kaiserlichen.

Sachsen und Romänen. Ordnungsmaßregeln Puchners. Zusammenhang mit dem Programm Schwarzenberg-Stadion, Plan der Zerschlagung Ungarns. Neuansprüche des Guberniums, seine Auflösung. Thronwechsel. Manifest vom 21. Dezember an die Sachsen, Reskript vom 22. Dezember. Tod Goößs. General Bem. Neuer Geist der ungarischen Armee in Siebenbürgen. Urban. Bems Kriegführung und Erfolge, Zurückdrängung der Kaiserlichen.

Die russische Hülfsbereitschaft. Hereinberufung der Russen nach Siebenbürgen, Einmarsch, Schlacht bei Salzburg (4. Februar 1849), an der Strell, Tod Fabinis (10. Februar). Windischgrätz, seine Abberufung, Siege der ungarischen Heere, Beschluß des Debrecziner Parlaments 14. April 1849, Kossuth Gouverneur. Märzverfassung (4. März). Instruktion für B. Geringer Siebenbürgen und die Sachsen betreffend. Schlacht bei Mediasch, Einnahme Hermannstadts durch Bem. Abzug der Kaiserlichen aus dem Land. Benignis Tod, Bems Disziplin. Sein Marsch nach Norden, Treffen bei Jaad, Besetzung von Bistritz und Kronstadt. Kossuths Brief an Bem gegen die Sachsen. Bems Amnestie, Csanyis Standrecht und Aufruf an die Sachsen und Walachen, M. Berde in Hermannstadt, Kißpal u. a. in Mediasch. Gefangennahme St. L. Roths, sein Brief an die Kinder, Tod. Kronstadts Huldigungsdeputation in Debreczin. Bems Aufruf an die Bewohner Siebenbürgens (5. Juni). Gründung des siebenbürgischen Vereines für Naturwissenschaften. Vermehrter russischer Einmarsch. Verlegung des Reichstags nach Szegedin, letzte Sitzung, Szemere über die Nationalitätenfrage, Beschlüsse. Flucht nach Arad. Görgei als Diktator. Vilagos (13. August). Die Russen in Siebenbürgen. Bem im Norden des Landes, Tagesbefehl am 5. Juli über die Szekler, Schlacht bei Schäßburg, Skariatins und Petöfis Tod. Bem nach Hermannstadt, letzte Schlacht dort (6. August). Zerstreuung der Truppen in Siebenbürgen, Bems Übertritt über die türkische Grenze, sein Tod 1851. Verfolgung der Besiegten. Haynau. Die ungarische Emigration. Diskreditierung der Sachsen. Was sie wollten und die Magyaren.

Zivil- und Militärgouverneur Wohlgemuth, k. Kommissär Bach, Auftrag an sie. Einteilung des Landes in Verwaltungsbezirke. Belagerungszustand auch im Sachsenland. Radetzki an die Sachsen. Ergebnis.

Viertes Buch 1850—1868.

XIII. Der Kampf gegen den Absolutismus. 1850—1860 . . . . 293—343

Abmarsch der Russen. Wohlgemuth und Bach. Neueinteilung des Landes. Ziellose Geschäftigkeit. Erinnerung an die Toten. Ararialdarlehn. Versuche die Versprechungen des Manifests vom 21. Dezember 1848 in Leben umzusetzen. Zusammentritt der sächsischen Nationsuniversität, Schritte zur Eingliederung in den Gesamtstaat. Markgrafschaft Sachsenland. Plan der Wiederherstellung der Probstei des h. Ladislaus in Hermannstadt. Die Nationaldeputation in Wien

XIV

(1850—51), Mißerfolge und Mißstimmungen. Die Nationaldotation vom 22. August 1850. Wohlgemuths Regiment. Die Gendarmerie. Die Altkonservativen. Die Sachsen und Romänen. Die wachsende Macht der katholischen Kirche. Das Konkordat 1855. Übergriffe in Siebenbürgen. „Bischof von Siebenbürgen." Sachsenland verboten, Übermut der Armee, neue Steuern, Wohlgemuths Tod, Schwarzenberg. Neue Landeseinteilung, Aufhebung der Reichsverfassung. Auflösung der Nationsuniversität, Versetzung Salmens nach Wien, die Verwaltung des Nationalvermögens, Angriffe auf die Nationaldotation. Die Kaiserreise nach Siebenbürgen. Abermalige Neueinteilung des Landes, das kriegische System, die Statthalterei, die neuen Beamten (Galizianer), neue Bureaukratie. Reorganisierung der Magistrate und Kommunitäten, Orator Binder in Hermannstadt des Amts enthoben. Aufhebung des Belagerungszustandes, Knebelung der Presse. Der nationale Gedanke in den kleineren Kreisen, so in Schäßburg. Kommunales Leben dort. Die „Landesvertretungen", Vorschlag auf Plünderung der ständischen Vermögen. Der orientalische Konflikt, Vermählung des Kaisers, Verschönerung der Städte, Unglücksfälle in Schäßburg und Bistritz. Rückgang von Handel und Gewerbe, Einfuhr aus Österreich und England. Die Weber. Fabriken, der landwirtschaftliche Verein. Einfachheit des Lebens, der Christbaum, die Nachbarschaft, Verdienste des Absolutismus. Schwarzenbergs Tod, Fürst Liechtenstein. Bachs Rückblick und Szechenyis Blick auf den Rückblick. Adresse ungarischer Notabilitäten an den Kaiser 1857, Bachs und Grünnes Entlassung. Drohende Zeichen in Ungarn. Konvention des „ungarischen Nationaldirektoriums" mit dem Fürsten Cousa. Erleichterungen nach dem Krieg 1859. Die Siebenbürger Quartalschrift von Heinrich Schmidt. Umschwung. Der verstärkte Reichsrat. Karl Maager. Die sächsischen Anschauungen. Einlenken in Siebenbürgen. Die Litterae obscurorum virorum von Fronius. Innere Einkehr. B. Kästner, Fr. W. Schuster. Politische Gedichte Oberts. Binderjubiläum, Schillerfest, Melanchthonfeier. Der Gedanke der Kultureinheit.

XIV. Die Neuordnung der Kirche und Schule. 1850—1860 . . . . . . 343—388

Der Organisationsentwurf, Stellung des Konsistoriums, Wohlgemuths Vorschläge, Entsendung Heuslers, seine Darlegungen. Die Reorganisation des Schulwesens, Nationaldotation, juridische Fakultät, Elementar-Mädchenschul-Seminarplan. Die Gymnasien. Die Rektoren und Lehrer in Hermannstadt, Mühlbach, Mediasch, Schäßburg, Kronstadt, Bistritz. Die wissenschaftliche Arbeit, die naturwissenschaftliche, die historisch-volkskundliche. J. C. Schuller und G. D. Teutsch. Die Sachsengeschichte. Die siebenbürgische Rechtsgeschichte und andere Arbeiten, vor allem Fr. Müllers. Die Genossen Schuster, Haltrich, Müller. Marienburg. Budaker, Wittstock, Trausch, Eugen v. Trauschenfels. Der Verein für siebenb. Landeskunde. Der Gewinn der wissenschaftlichen Arbeiten. Geistiger Zusammenhang mit dem Ausland.

Veränderte Stellung der Lehrer im Volksleben, die veredelnde Macht der Wissenschaft. Die Neuordnung der Kirche. Bischof Binder ergreift Besitz von den Episkopalrechten. Oberkonsistorium Sitzung vom 8. Januar 1850. Die Zehntentschädigung. Der indebite geleistete Zehnte. Die Verfassungsfrage. Erster Entwurf des Oberkonsistoriums von 1850. Zweiter vom 28. Mai 1851. Graf Leo Thun. Jos. Andr. Zimmermann. Haynaus Eingreifen in die kirchlichen Verhältnisse Ungarns. Die Verhältnisse Siebenbürgens. Die evangelische Kirche. Zimmermanns „alleruntertänigster Vortrag" vom 14. Dezember 1852. Die gesetzliche Autonomie der ungarischen und siebenbürgischen Kirchen. Die ungarische Protestan enfrage. Die sprachliche Vergewaltigung der Magyaren. Das Protestantenpatent vom 1. September 1859. Die Verfassungsfrage der evangelischen Landeskirche in Siebenbürgen. Provisorische Vorschrift (27. Februar 1855), deren beginnende Durchführung. Einwirkung der ungarischen Vorgänge. Schleppender Gang der Verfassungsfrage. Jak. Rannicher. Die Ursachen der Verschleppung. Die Provisorischen Bestimmungen in Ungarn. Die Beratung der Vertrauensmänner unter Zimmermanns Leitung in Hermannstadt 1860. Ihr Gutachten. Einfluß der politischen Wandlungen. Die Bistritzer Vereinstage August 1860.

Das Oktoberdiplom (20. Oktober 1860). Erledigung der Verfassungsfrage durch die Provisorischen Bestimmungen. Rannichers und Liechtensteins Einfluß. Letztes Drängen des Konsistoriums. Die Staatsdotation vom 19. Februar 1861. Tod Bedeus'. Innerleben der Kirche. Der Rationalismus. Schul- und Kirchenzeitung 1857. Die Schule. Die Empfindung vor neuen großen Aufgaben zu stehn.

XV. **Im konstitutionellen Österreich. 1861—1865** . . . . 389—433

Veränderte Stellung der sächsischen Nation im Lande. Annahme oder Ablehnung der Provisorischen Bestimmungen? Die 1. Landeskirchenversammlung. Stellung der Synode. Die Annahme der Provisorischen Bestimmungen. Besitzergreifung der Autonomie. Die 2. und 3. Landeskirchenversammlung. Die neue Kirchenverfassung. Ihre Wirkungen. Zwei Pfarrertypen. Das neue Leben in der Kirche. Gründung von Frauenvereinen. Der Gustav-Adolf-Verein, J. Fabini. Anschluß in Hannover, Bedeutung.

Wiederherstellung der politischen Verfassungen. Die Schwierigkeit in Ungarn und Siebenbürgen. Verzögerung der Wiederherstellung der sächsischen Verfassung. Vertrauensmänner-Beratung in Kronstadt 11. November 1860. Die Gründe für und gegen die Union bei den Sachsen. Die Vertreter der sächsischen Kommunitäten in Hermannstadt. Die Karlsburger Konferenz Februar 1861. Das Februarpatent. Der ungarische Reichstag von 1861. Die Krone und der ungarische Reichstag. Die Nationalitätenfrage. Auflösung des Reichstags. Die Wiederherstellung der Verfassung in Siebenbürgen. Die sächsische Nationsuniversität. Konrad Schmidt. Aufgabe der Universität. Vorstellung am 29. März 1862. Die Munizipalfrage. Wirtschaftliche

Fragen. Gegensatz des Guberniums. Personalveränderungen. Der Hermannstädter Landtag 1863. Die Magyaren, ihre ablehnende Haltung, ihre Repräsentation vom 23. Juli 1863. Die sächsischen Vertreter, ihre Führer. Schaguna. Die Landtagsverhandlungen. Annahme des Oktoberdiploms und Februarpatents. Verhältnis zum Reichsrat. Die Eisenbahnfrage. Teilnahme am Wiener Reichsrat. Die Stellung der Sachsen dort. Deaks Osterartikel. Die Wendung in Wien. Schmerlings Sturz. Die Sachsen und die Gesamtmonarchie. Graf Andrassy über ihre Stellung. Manifest vom 20. September 1865.

XVI. Die Einführung des Dualismus. 1865—1868 . . . . 434—466

Personalveränderungen. Memorandum Konr. Schmidts. Einberufung des Landtags nach Klausenburg und des Krönungslandtags nach Pest. Sistierung der österreichischen Verfassung. Repräsentation der sächsischen Nationsuniversität vom 6. November 1865. Eröffnung des Klausenburger Landtags. Die sächsischen Vertreter; die neuen: J. Bedeus d. J., Kapp, C. Gebbel. Kampf der Alt- und Jungsachsen. Die Stellung der Magyaren, Romänen, Sachsen in Klausenburg. Die Sachsen gespalten, Anschauung der Majorität und Minorität. Adresse des Landtags und Entscheidung der Krone. Schlußrede Kemenys. Repräsentation der sächsischen Nationsuniversität vom 3. März 1866. Stellung des Guberniums dagegen und Eröffnung des Krönungslandtags in Pest (Dezember 1865). Abweisung des Oktoberdiploms und Februarpatents, Vorschlag betreffend die gemeinsamen Angelegenheiten. Krieg Österreichs gegen Italien und Preußen. Ausgang. Ursachen. Ungarns Haltung. Deaks Audienz am 19. Juli, Andrassy. Neueröffnung des Reichstag November 1866. Neue Adresse. Beust. Der Ausgleich. Wiederherstellung der ungarischen Verfassung. Krönung des Königs 8. Juni 1867. Die Sachsen im ungarischen Reichstag, die Jungsachsen. Behandlung der Sachsen. Die Verhängung der „freien Hand" über Siebenbürgen. Pensionierung des Komes Konrad Schmidt, Ernennung Mor. Conrads. Das Unions- und Nationalitätsgesetz von 1868 im ungarischen Reichstag. Stellungnahme der Nationsuniversität. Innerer Hader. Die kirchlichen Verhältnisse, die Kandidatenprüfungen, die Synode von 1865. Tod Binders 12. Juni 1867, Bischofswahl, G. D. Teutsch und Franz Gebbel. Malmers Kirchen- und Schulzeitung. Wissenschaft und Dichtung. G. Seivert, Traug. Teutsch, M. Albert, Fr. W. Schuster, Dr. Krasser. Die neuen Vereinsgründungen. Turn-, Sänger-, Schützenvereine. Neue Sorgen, Rückständigkeit in Landwirtschaft und Gewerbe. Der politische Kampf ein sittlicher Kampf. Das Siebenbürgisch-deutsche Wochenblatt. Schluß.

Anhang.

Quellen- und Literaturnachweis . . . . 467—502
Namen- und Sachregister . . . . 503—523

Drittes Buch.

1816—1849.

IX.

Stille Jahre.
1816—1830.

Heinrich von Treitschke hat einmal das treffende Wort gesprochen, daß der Unterschied sogenannter großer und kleiner Zeiten nur ein scheinbarer sei, indem die „großen Zeiten" an sich etwas zu bedeuten scheinen, während die sogenannten kleinen Zeiten im Verlauf der Entwicklung ein gleiches bedeuten. Das Wort hat seine Richtigkeit auch in bezug auf die Zeit von 1816—1830 in Siebenbürgen und auf die sächsische Entwicklung in diesem Zeitraum. Auf den ersten Blick scheint es, als ob überhaupt von einer Entwicklung in dieser Zeit nicht gesprochen werden könne, aber dem näher zuschauenden Auge enthüllt sich bald, daß „die Zeit" auch hier „nicht Zeit hatte", stille zu stehn.

Der Charakter des Zeitraums war mitbedingt durch die allgemeinen Verhältnisse, die öffentlichen Zustände waren von jenen des Staates überhaupt beeinflußt.

In der Monarchie, deren Oberhaupt sich seit 1804 österreichischer Kaiser nannte, der nach der pragmatischen Sanktion zugleich König von Ungarn und als solcher Großfürst von Siebenbürgen war, stand die Leitung der innern Verwaltung den Hofkanzleien zu. Es gab deren drei: die ungarische, die siebenbürgische und die für alle andern Reichsteile vereinigte Hofkanzlei. Alle hatten ihren Sitz in Wien; sie waren ursprünglich nichts anders als Sekretariate des Kaisers gewesen, sie entschieden im Namen des Kaisers und empfingen die Zuschriften mit der Anrede: „Eure Majestät!" Auch als die Übung bei der österreichischen Hofkanzlei abkam, blieb sie bei der ungarischen und siebenbürgischen weiter in Geltung. Die siebenbürgische und ungarische Hofkanzlei hatten auch die Justizverwaltung in diesen Ländern unter sich, entschieden im Namen und Auftrag des Monarchen als oberste Gerichtsinstanz, man könnte ihren Wirkungskreis etwa dem der Ministerien des Innern, der Justiz, des Handels und Verkehrs, des Kultus- und Unterrichts vergleichen. Nur hatte das Land, und es hatten die drei in Siebenbürgen gleichberechtigten ständischen Nationen vielfache Rechte, an denen die Befugnis der Hofkanzlei rechtlich wenigstens eine Grenze fand. Das gesamte Militärwesen unterstand dem Hofkriegsrat, die Polizei- und Zensurgeschäfte einer Polizei- und Zensurhofstelle, die Finanzangelegenheiten gehörten unter die allgemeine Hofkammer, die Geschäfte des kaiserlichen Hauses und die auswärtigen Angelegenheiten unter die Haus-, Hof- und Staatskanzlei.

Die Vorsteher dieser „Hofstellen" wurden vom Kaiser zu Konferenzen berufen und unter dem Vorsitz des Kaisers erfolgten dort die Entscheidungen der Angelegenheiten, die für wichtig genug galten, um dorthin gebracht zu werden. Seit Maria Theresia den Staatsrat eingesetzt hatte, dessen Mitglieder verpflichtet waren, stets die eigene Überzeugung auszusprechen, wurde dieser mehr und mehr insoferne entscheidend, als seine Gutachten den Willen und die letzte Entscheidung des Monarchen wesentlich beeinflußten. Bis zum Jahre 1805 legte der „Kabinettsminister", der in fortwährender persönlicher Verbindung mit den Präsidenten der Hofstellen, den Staatsräten usf. stand, dem Kaiser täglich die entscheidenden Gegenstände vor. Nachdem in jenem Jahr Graf Colloredo, der letzte Kabinettsminister, auf Napoleons Befehl von dem Posten abtreten mußte, wurde die Stelle nicht wieder besetzt und Kaiser Franz übernahm persönlich die Aufgabe, diese Stelle zu versehen. Der persönliche Verkehr mit den Chefs der Hofstellen wurde immer seltener, er verlangte schriftliche Vorlage in allen Fällen, sie durften ungerufen oder ohne vorherige Bewilligung nicht zur Audienz beim Kaiser erscheinen, eine Berufung erfolgte oft in mehreren Monaten nicht, so daß bald kein Zusammenhang mehr zwischen den einzelnen Hofstellen bestand. Aber es wurden auch nicht einmal alle Gegenstände im Staatsrat beraten, es bildete sich vielmehr die Gewohnheit heraus, daß vieles im sogenannten Kabinettsweg direkt vom Kaiser einem Vertrauensmann, der nicht einmal Mitglied des Staatsrats oder irgend einer der Hofstellen war, zur Begutachtung zugewiesen wurde, wobei der so zum Referenten ernannte mit niemandem über den Gegenstand sprechen durfte. Auf Grund solcher Gutachten erfolgte die kaiserliche Entscheidung, die dann den betreffenden Hofstellen ohne alle Begründung mitgeteilt wurde, so daß diese überhaupt nie wußten, was das bestimmende gewesen und das um so weniger, als die kaiserlichen Entschließungen auch auf ihre Vorträge stets ohne Begründung erfolgten, selbst bei abweichender Meinung des Kaisers, so daß Mißverständnisse und Gleichgültigkeit nicht ausbleiben konnten. Daneben unterblieb auch allmählich eine andere Beratung, die der „Staats- und

Konferenzminister", denen früher auch einige Vertrauensmänner zugezogen worden waren. In der Regel begnügte man sich mit „Zirkularien", die letzte Entscheidung lag jedoch beim Kaiser, und da dieser es mit der absoluten Herrschergewalt nicht für verträglich hielt, Rechenschaft über die Motive eines kaiserlichen Entschlusses zu geben, so läßt sich denken, wie zuletzt die Willkür das Regiment führen mußte. Der Kaiser überwachte peinlich die Protokolle der staatsrätlichen Sektionen, er gab zahlreich die „allerhöchste Signatur" auf Bittschriften, wodurch Privataufklärungen vor der amtlichen Erledigung herbeigeführt wurden, alles was er tat förderte das Hauptübel des Staates, das aus der Verwechslung des Regierens mit dem Verwalten entsprang. Überall bei den Behörden sollte der „formelle Beweis" entscheiden, und es wurde als Grundsatz aufgestellt, daß jede Behörde vor aller Entscheidung „vorläufig die Gutachten der beteiligten Behörden von unten hinauf einzuholen habe", ebenso daß gegen alle Entscheidungen der Rekurs durch alle Instanzen offen stehe. Das hatte eine Vermehrung und Verzögerung der Geschäfte ins unendliche zur Folge. Der Mutterwitz der Wiener nannte diese Staatsmaschine „die kontrollierende Kontrolle der kontrollierenden Kontrolle" und es war klar, daß hier nicht nur von einem Schaffen keine Rede sein konnte, sondern daß auch die Kraft des „Erhaltens" fehlte, gerade weil das Prinzip war, alles Alte zu erhalten. „Die Eifersucht der Überwachenden gegen die Untergeordneten wuchs im umgekehrten Verhältnis ihrer Rangstufe, so daß jene, welche in der unmittelbaren Berührung mit dem Volk standen, den geringsten Spielraum für ihre Tätigkeit hatten. Ein System des Anfragens statt des Handelns bildete sich dadurch nach und nach heraus, denn durch eine Anfrage an die höhere wußte sich eine jede niedere Behörde gegen Verantwortlichkeit zu schützen, da in der Regel die Folgen der Unterlassung des rechtzeitigen Eingreifens ihr weit weniger zur Last gerechnet wurden als eine etwa eintretende zu weite Ausdehnung ihres Wirkungskreises. Die Folge davon mußte ein matter, zaghafter und langsamer Geschäftsgang sein. Da überdies die Überwachung der Amtsgestion sich mehr auf die Frage, ob als auf jene wie ein Geschäftsstück erledigt worden war, zu richten pflegte, so erreichte die Kunst, durch neue Erhebungen, Einvernehmungen von Neben- oder Hülfsbehörden und Anfragen an höhere die Akten in Bewegung zu erhalten, ohne sich die Mühe zu geben, darüber zu entscheiden, einen hohen Grad von Ausbildung. Daß die Beamten durch solche unproduktive Anstrengung stumpf und entmutigt wurden, ist begreiflich. Ihre Disziplin sank dadurch von einer moralischen zu einer bloß formellen herab; viele Be=

amte hielten sich nämlich nicht sowohl verpflichtet, im Geist der Regierung zu wirken, als vielmehr nur nach der vorgezeichneten Art Akten zu erledigen und selbst in dieser Beziehung geschah in der Regel gerade so viel, als notwendig war, die Beamten vor Unannehmlichkeiten mit ihren Vorgesetzten zu schützen."

Die Schilderung ist nicht das Ergebnis siebenbürgischer oder sächsischer Verhältnisse, sondern zeichnet die allgemein herrschenden, aber es ist sofort zu erkennen, wie Zug um Zug auch auf die siebenbürgischen Verhältnisse und auf die durch die Regulation geschaffenen sächsischen besonders paßt.

Sie wurden auch durch ein weiteres berührt, durch den Charakter der herrschenden Personen, in denen sich die Zeit widerspiegelte, vor allem des Kaisers Franz selbst. Von dem Grundsatz ausgehend, daß der Staat Privateigentum des Fürsten sei, dieser darum über jenen zu verfügen habe, von der Neigung geleitet, alles selbst zu entscheiden, fehlte ihm das Verständnis für das Recht eines Volks und die sogenannte patriarchalische Regierung verwandelte sich allmählich in ein System harten Polizeidrucks. Das Prinzip der Regierungsmethode aber war, wenn von einem Prinzip überhaupt gesprochen werden darf, die unbewegliche Erhaltung der bestehenden Zustände. „Halten Sie sich an an das Alte — hatte Franz einmal zu den Laibacher Professoren gesprochen — denn dieses ist gut und unsre Vorfahren haben sich dabei gut befunden, warum sollten wir es nicht? Es sind jetzt neue Ideen im Schwung, die ich nie billigen kann, nie billigen werde. Enthalten Sie sich von diesen und halten Sie sich an das Positive, denn ich brauche keine Gelehrten, sondern brave Bürger. Die Jugend zu solchen zu bilden, liegt Ihnen ob. Wer mir dient, muß lehren, was ich befehle. Wer das nicht kann oder mir mit neuen Ideen kommt, der kann gehen oder ich werde ihn entfernen." Solchen Anschauungen entsprach das Wesen des Grafen Sedlnitzky, des Präsidenten der obersten Polizei- und Hofstelle, der „für gewissenhafte Entfernung aller schädlichen Einflüsse politischer Schwärmerei sorgte, überhaupt alles dessen, was auf den öffentlichen Geist und die Sittlichkeit nachteilig einwirken konnte", die Sittlichkeit aber auch von ganz beschränktem Standpunkt beurteilt, der das unsittlichste Leben in den höchsten Kreisen Wiens achtlos duldete. Er vermaß sich, „das Drehen der Welt, die Bewegung der Zeit" zu verhindern. Ähnliches versuchte der maßgebende Mann in der äußern Politik Österreichs, Fürst Metternich, über dessen „Einseitigkeit und riesenhaften Eigendünkel, der alle Weisheit der Welt in sich allein konzentriert glaubte", Gentz später harte Worte fand;

sein System des „Temporisierens", des starren Festhaltens am Bestehenden trug mit dazu bei, eine Periode des Stillstandes herbeizuführen.

In Siebenbürgen trat in dieser Zeit kein Landtag zusammen, entgegen dem Gesetz, das jährlichen Zusammentritt forderte. Da hatte das Hofreskript vom Jahr 1816 nicht großen Wert, das anerkannte, es könnten Landtagsbeschlüsse die Munizipalgesetze der Sachsen nicht abändern.

Die Regierung besorgte jene Änderung selber. Indem sie keinen Landtag einberief, griff sie mit dieser Rechtsverletzung die Spitze der Verfassung an und als sie sah, wie es leichter war, ohne den Landtag als mit ihm zu regieren, sah sie keine Veranlassung, von der angenehmen Unterlassung abzugehen. Das hatte eine ganze Reihe weiterer Gesetzesverletzungen zur Folge, vor allem, daß die Steuern und das Rekrutenkontingent nicht vom Landtag, sondern von der Regierung festgestellt wurden, daß alle jene Beamten, die durch die Wahl des Landtags zur Bestallung gelangten, und das waren der Hofkanzler, der Gouverneur, der Thesaurarius, das Gubernium, der Oberlandeskommissär, der Provinzialkanzler, der Buchhaltungspräsident, die Präsidenten der k. Gerichtstafel und die Protonotäre, die an ihr zugleich Referenten waren, nun im Fall der Erledigung jener Stellen einfach durch die Regierung ernannt wurden. Und nun geschah es, daß am 5. Juli 1822 der Gouverneur Graf G. Banffy und am 7. August desselben Jahres der Hofkanzler Graf Teleki starben. Banffy stand im 75. Lebensjahr, Teleki im 83., beide Männer im Dienst erfahren, gebildet und hochangesehen, beliebt und im allgemeinen gerecht. An Banffys Stelle ernannte die Regierung zum Präsidenten des Guberniums Baron Josika, der sich den im 20. Dienstjahr stehenden Josef v. Bedeus zum Präsidialsekretär berief und an die Spitze der Hofkanzlei trat B. Miske. Josika war ein kluger und energischer Staatsmann, der es insbesonders auch verstand, durch gerechte Anerkennung und Förderung tüchtiger Untergebener einen brauchbaren Nachwuchs an sich zu ziehen. Miske war eine steife und kalte und schwerzugängliche Natur, im Amt genau und pünktlich. In der Hofkanzlei, zu der 1827 Bedeus versetzt wurde, herrschte noch immer ein sachsenfeindlicher Geist, wesentlich getragen von dem Hofrat Noptsa und unterstützt von dem ungarischen Hofkanzler Revitzky, der auf die siebenbürgischen Verhältnisse unberechtigten aber maßgebenden Einfluß gewonnen hatte. Es war natürlich, daß die Hofkanzlei, die sich durch die Regulationen zum Herrn der Dinge im Sachsenland gemacht hatte, die usurpierte Stellung festhielt, wichtiges und unwichtiges in Wien entschieden wurde. Wie die Eheangelegenheiten der Evangelischen, so kamen die Ausgaben der Dörfer zur Bewilligung dahin, und die Erledigung hing teils vom Referenten teils vom Kaiser ab, ein Prinzip war nicht zu erkennen. Eines allerdings, das des Stillstandes und der Verschleppung. Die Vorschläge des siebenbürgischen Landtags von 1809/10 über die Verbesserung der Insurrektion wurden im Jahr 1840 erledigt, der erste Teil einer dreibändigen Arbeit, die Bedeus über die Provinzialkasse machte, erhielt die kaiserliche Erledigung zehn Jahre nach ihrer Vorlage, die zwei andern Teile erledigte das Jahr 1848 von selbst.

Das Land hatte allerdings ein gewisses Recht sich zu freuen, daß die Erledigungen nicht schnell erfolgten, sie brachten selten Gutes. Der katholische Bischof Szepessy hatte den Antrag gestellt, „die sächsischen Publica" sollten das Patronat über die auf den Gütern der Nation wie der Städte befindlichen katholischen Kirchen übernehmen, was schwere Lasten der Erhaltung für diese ev. Gemeinwesen in sich schloß. Es war dem Eintreten Bedeus' zu danken, daß der Antrag zuletzt vom Kaiser zurückgewiesen wurde, obwohl die Mehrheit der Hofkanzlei diese neue Bedrückung der Sachsen gern gefördert hätte.

Für die sächsische Nation war es eine bedeutsame Frage, wer des Komes Brukenthal († 1813) Nachfolger sein solle. Es war vorauszusehen, daß der Hof die Besetzung auch dieser Stelle für sich in Anspruch nehmen werde. Die Hermannstädter Kommunität und die sächsische Nationsuniversität stellten der Regierung nochmals vor, daß nach dem Leopoldinischen Diplom die Würde des Komes und Gubernialrats mit dem Hermannstädter Königsrichteramt zusammenhänge und verlangten die Herstellung des alten Rechts.

Als 1814 auch eine Deputation von Siebenbürgen in Wien erschien, den Kaiser zum Erfolg in den französischen Kriegen zu beglückwünschen, lag es nahe, die speziellen Nationalangelegenheiten den sächsischen Abgeordneten besonders ans Herz zu legen. Es ist bezeichnend, daß auch der Hofkanzler Teleki den Deputierten zuredete, sie sollten beim Kaiser die Erledigung der Bitte um neuerliches Zugeständnis des Komes-Wahlrechts betreiben. In der Tat bat die Deputation, bestehend aus dem Hofsekretär Baron Josef Brukenthal und dem Hermannstädter Stuhlrichter Hochmeister, in einer Privataudienz um das alte Recht und erhielt vom Kaiser u. a. die Antwort: „Ich werde die Opfer, welche meine biedern Siebenbürger Sachsen mir und dem Staat dargebracht haben, nie vergessen und jederzeit erkennen; ich will die Nation nicht kränken, auch nicht kränken lassen; ich und die Nation wollen uns bemühen, einen Mann zum Komes zu finden, der die Wohlfahrt der Nation stets beherzigen und die Tugenden des verstorbenen Vorgängers fortsetzen wird." In der Tat wurde der Nation die Mühe erspart, einen Komes zu suchen. Weder ihre Vorstellungen, noch die des Guberniums hatten Erfolg, und so mußte dieses, über Befehl des Hofes, die verlangte Kandidationsliste vorlegen, aus der am 8. März 1816 der Gubernialrat Johann Tartler zum Komes ernannt wurde. Er war ein tüchtiger, einflußreicher Mann, der auch beim Kaiser in besonderem Ansehen stand, vielerfahren in Land- und Nationsgeschäften. Sein Kosmopolitismus, mit dem er in jungen Jahren geprunkt hatte, war verraucht, seine demokratischen Neigungen hatten eine Umkehr erfahren, er war in der Lage, mit seinen Kenntnissen und seiner Erfahrung der Nation Ehre zu machen. Am 15. Juli 1816 fand die feierliche Installation in Hermannstadt statt, mit dem alten Pomp, wobei wie einst Fahne, Schwert und Streitkolben dem Komes vorangetragen und ihm bei der Installation im Rathaus überreicht wurden. Im Theater und im Römischen Kaiser fand ein Festball statt, zu dem 1200 Gäste geladen waren, die Scharfschützen veranstalteten ein großes Festschießen, beim Gastmahl zählte man 400 Gedecke, die jüngern Meister der Kürschnerzunft führten den Schwerttanz auf, von dem man meinte, er sei „ein merkwürdiges Überbleibsel altteutscher Gebräuche noch aus den Zeiten des Tacitus". Vom Volksfest konnten sie rühmen, es sei bei dem größten Zulauf dennoch eine so genaue Ordnung beobachtet worden, daß nicht der mindeste Unfall den Frohsinn störte. Der neue Komes versprach, daß er immer auf dem Wege der Ehre und der Pflicht zu finden sein werde, neben den „allerhöchsten Dienst" stellte er „das Wohl unseres Volkes" und versprach seine Amtshandlungen so einzurichten, daß er sie vor Gott, dem Monarchen und dem eigenen Gewissen verantworten könne. Wortreiche Verse begrüßten ihn, nicht ohne der Ruhe zu gedenken:

> Mit Gesang und Lust sei gefeiert,
> O du Tag, und o Nacht, auch du!
> Wo im Freudenfest sich erneuert
> Heil und sichergestützte Ruh —
> Wo ein Volk aus eigener Mitte
> Nach der Väter löblicher Sitte
> Sich das Haupt erkor.
> In der Freude Chor
> Schwinge jubelnder Dank sich zu Gott empor.

Die Zeitgenossen nahmen im allgemeinen nicht Anstoß daran, daß ja in Wahrheit sich nicht „das Volk das Haupt erkoren" hatte und ließen sich es gefallen, daß deklamiert wurde:

> Vom Fürsten im Lande bekräftigt
> ward von neuem die Freiheit hier, zur größten Freude des Volkes —

sie gewöhnten sich, in Worten einen Besitz zu behaupten, den sie tatsächlich verloren hatten. Wie klang es doch ganz anders, da der neue Komes im folgenden Jahr zum erstenmal das Land bereiste und ihn in Schäßburg des damaligen Rektors G. P. Binders Lied begrüßte; es wurde zum Mahnruf an das Volk:

> Dein Schwert verstumpft; rings wanket in karger Schmach
> Der Burgen Stolz; an ferne Gestade schwimmt
> Nicht mehr der Sachsen Fleiß; — in fremdem
> Flitter erbläht sich die weiche Jungfrau.
> Was? Deine Honter schlafen sie alle schon?

Zur Einheit ruft es das Volk auf:

> Ein Volk, Ein Haupt: auf, einet die Seelen auch!
> Nur wenn in Eintracht sich die Kräfte
> Finden, gedeihet der Völker Wohlfahrt.
>
> Sind wir ja Eines Geschlechts und stolz
> Des deutschen Herzbluts: lasset auch deutschen Sinns
> Und deutscher Kraft uns sein und deutscher
> Treue für König und Pflicht und Heimat!

Bischof Neugeboren hatte zur Erinnerung an den Tag die siebenbürgisch-sächsische Nationalpyramide aufgerichtet, die viel verbreitet lange im sächsischen Haus als Zierstück aufgestellt blieb und die Geschichte des Landes und der Sachsen mit allerlei Daten und Namen festzuhalten suchte.

Aber auch Tartler, der als „erster Jurist" im Lande galt, dem die beste Meinung entgegenkam und Vertrauen auf seine Rechtlichkeit, hat als Komes nicht viel geleistet. Es zeigt sich eben, wie sehr die Verhältnisse stärker waren als die Personen und daß zur Schaffung neuer lebensfähiger politischer Gestaltungen nicht nur große Männer sondern auch „Generationen von außerordentlicher Begabung gehören" (Ranke) und sie fehlten damals nicht nur hier sondern in ganz Europa. Der neue Komes machte die Inspektoren auf ihre Pflichten aufmerksam und gab Auftrag, wie die Protokolle zu führen seien, sah sie aufmerksam durch, die nach den Regulativpunkten halbmonatlich dem Komes vorzulegen waren und bemängelte, wenn es nicht geschah. Er schrieb am 13. Juni 1817 an die Hermannstädter, er habe mehrere Schreibfehler in den aus dem Januar und Februar vorgelegten Protokollen entdeckt, „welche, wenn sie nicht verbessert würden, der Nachkommenschaft einen Beweis der Unkunde des damaligen Kanzleipersonals liefern würden" und trug deren Verbesserung auf, aber Größeres geschah nicht. Es war auch nahezu unmöglich, wo die kleinsten Kleinigkeiten an den Hof gingen und dort verschleppt wurden, wie die große Frage, daß den Bistritzer Predigern 24 Klaftern Holz geliefert werden sollten, oder ob es einem Stuhl gestattet werden solle, den Amtsdienern statt der Kleidung ein Pauschquantum dafür zu geben u. ä. Als Tartler nach neunjähriger Amtsdauer starb, mußten Einsichtige eingestehen, „daß er als Komes wenig geleistet und eine günstige Zeitperiode, wie sie vielleicht sobald nicht wiederkehren wird, zum Besten der Nation gar nicht benützt hat".

Das Jahr 1817 brachte eine ganze Reihe von Ereignissen, die das Stilleben im Lande unterbrachen. Das Jahr selbst ist im Andenken der Menschen als Hungerjahr und mit seiner großen Teuerung haften geblieben. Die Brotfrüchte waren einige Jahre hintereinander nicht geraten und bei dem Mangel an Verkehr, bei der Schwierigkeit, auf den schlechten Straßen auch nur zwischen Nachbarstühlen die Zufuhr zu regeln, spürten die ärmeren Klassen geradezu Hungersnot, die abzuwehren Baron Josika zum k. Kommissär ernannt wurde. Die Preise stiegen für einen Kübel Korn bis 60 Gulden, für einen Eimer Wein bis 15 Gulden. Eine gute Folge hatte das Unglück, daß der Anbau der Kartoffel sich rascher einbürgerte.

Die Not erweckte das Bedürfnis zu helfen. Der Adel ging mit gutem Beispiel voran, Graf Teleki gab allein 4000 Gulden, in Klausenburg schränkten sie die Winterlustbarkeiten ein, den Pferden wurde weniger Hafer gegeben, um den Armen daraus Brot zu liefern, die adlige Jugend, die für einen Ball 3000 Gulden gesammelt hatte, überließ sie dem Gouverneur zur Verteilung an die Armen, der selbst noch 200 Gulden dazulegte. Ähnliches geschah auch sonst. Auf den Bällen in Hermannstadt sammelten die Tanzlustigen 256 Gulden zur Verteilung unter die Notleidenden, im Sommer wurde eine Speiseanstalt eröffnet, die Bürger wetteiferten mit Beiträgen, es konnte monatelang für mehr als hundert Bedürftige täglich gekocht werden.

Als sollte das alte Schriftwort, daß der Mensch nicht vom Brot allein lebt, jenem Geschlecht handgreiflich vor die Seele gestellt werden, traten neben diese Hungersnot zwei Tatsachen ganz andrer Art in jenem Jahr: die Eröffnung des Brukenthalischen Museums in Hermannstadt, bestimmt geistiger Hungersnot vorzubauen und die dreihundertjährige Jubelfeier der Reformation.

Die schöne Stiftung Brukenthals zu verwirklichen, hatte sich nach seinem Tod nicht gleich möglich gezeigt. Eine Menge Hindernisse stellten sich der Absicht in den Weg, bis es endlich am 25. Februar 1817 doch gelang. Im Auditorium des ev. Gymnasiums hielt Stadtpfarrer J. Filtsch die Festrede, durch welche die Feier zu einer schönen Gedenkfeier des verstorbenen Gouverneurs wurde. Er hoffte, es werde „unser Brukenthalisches oder — wie wir es nennen möchten — Sächsisches Nationalmuseum" dem Vaterland ersprießlich sein, „zumal wenn patriotisch gesinnte Sachsen von Zeit zu Zeit die in ihren zerstreuten Wohnbezirken zu entdeckende literarische Merkwürdigkeiten zu ihres, in unsern Protokollen aufzubewahrenden Namens Gedächtnis uns mitzuteilen bereitwillig sein werden." In der Tat hat das Museum, insbesonders die Bibliothek, unser geistiges Leben, in erster Reihe in Hermannstadt, gefördert und das Mitschreiten mit der Literatur überhaupt erst ermöglicht.

Die Säkularfeier der Reformation fand zunächst am 10. November in Birthälm statt, wohin die Synode vom Bischof Neugeboren zusammenberufen war. Noch galt es als schicklich, die Reden bei solcher Gelegenheit in lateinischer Sprache zu halten. Der Mediascher Magistrat und einige sächsische Königsrichter waren gleichfalls anwesend. Die Synode bestimmte, daß am letzten Sonntag im Jahr in allen Kirchen mit den äußern Formen des Hochfestes, Altar und Kanzel rot geschmückt, — man hatte damals auch noch ein Verständnis für die liturgischen Farben — gefeiert werden solle, „mit Würde, mit Mäßigung und mit sorgfältiger Vermeidung aller Beleidigung unsrer in Glaubenssachen anders denkender Mitbürger". In der Tat ist der Tag würdig gefeiert worden, der Bischof hatte ein eigens dazu verfaßtes Gebet vorgeschrieben und ein Büchlein „Kurzer Unterricht von der im Jahr 1517 durch Dr. M. Luther unternommenen Reformation und der dadurch gestifteten ev. Kirche" war zur Belehrung herausgegeben worden. Bezeichnend war, daß überall auch die fremdkonfessionellen Mitbewohner an der Feier sich beteiligten und besten Eindruck davon empfingen.

Die Erlaubnis zur Abhaltung der Gedenkfeier hatte der Bischof Neugeboren vom Kaiser persönlich erwirken müssen; so waren die alten Religionargesetze von der Freiheit und Gleichberechtigung der ev. Kirche beiseite geschoben. Es geschah bei einer Audienz in Siebenbürgen selbst; denn das Jahr 1817 brachte Kaiser Franz samt seiner Gemahlin auch in dieses ferne Grenzland.

Das Kaiserpaar kam mit seinem Gefolge in 23 Wagen am 14. August aus der Bukowina in Bistritz an, überall festlich empfangen. Sie besichtigten überall die öffentlichen Ämter, Kirchen und Schulen. Vom 18.—27. August weilten sie in Klausenburg, dann je einen Tag in

M.-Ujvár, Enyed, Karlsburg, von wo ein Ausflug vom 1.—4. September sie in den Golddistrikt bei Zalathna führte, am 5. September waren sie in Mühlbach, am 6. September langten sie in Hermannstadt an. Das Gepränge des Empfangs war ähnlich schon wie heute: Triumphbogen, Banderien, in Hermannstadt u. a. vierzig sächsisch gekleidete junge Bürger zu Pferde, die aufgestellte Volksmenge, in den Dörfern singend, die Schuljugend, die Geistlichkeit, die Beamten, Fahnenschmuck und Festeskleidung, blumenstreuende Mädchen, Glockengeläute und Festgedichte. Man erzählte sich, daß der Kaiser Wert darauf lege. In der Bukowina sei er in einem Städtchen ohne diese Veranstaltungen empfangen worden und als man sich darauf ausgeredet habe, der Kaiser habe sich es ja verbeten, da habe er erwidert: ja verbeten aber nicht verboten! Als der Magistrat dem Kaiser nach altem Brauch vor dem Sagtor die Schlüssel Hermannstadts überreichte, stellte dieser sie huldvoll zurück. Aus den Antworten, die der Kaiser den huldigenden Deputationen gab, machte die den ev. Geistlichen erteilte besondern Eindruck: „Sie haben mir gute Untertanen gezogen" und die freundlichen Worte, die er zum alten Heydendorff sagte: „Die sächsische Nation ist mir aus ihren Taten und Handlungen schon bekannt und empfohlen, ich werde auf sie sorgen, daß es ihr wohlgehe und ihr kein Unrecht geschehe." Dem Bischof Neugeboren gegenüber hatte der Kaiser die Bemerkung gemacht, daß es auch unter den ev. Pfarrern einen schlechten Menschen gebe, der wiederholt bei Hof verklagt worden sei, worauf der Bischof die gute Antwort gab: „Majestät, unser Herr und Meister hatte nur zwölf Jünger unter sich und einer davon war ein Verräter." Als das Kaiserpaar die ev. Kirche besuchte, empfing der Bischof, der schon in Bistritz zur Begrüßung erschienen war, es an der Türe und führte es ins Chor. Der Stadtpfarrer stand im roten Festornat, den alten katholischen Meßgewändern, die an Hochfesten noch benützt wurden, vor dem Altar, ihm assistierten sechs Prediger, zwei in den gleichen Gewändern und zwei in den weißen Chorröcken; er sprach eine zu diesem Zweck verfaßte Litanei, dann knieten die Prediger nieder und der Stadtpfarrer betete für das Kaiserpaar. Der Kaiser besah die Kirche, dann das Gymnasium, ebenso die Spitalskirche und andere Sehenswürdigkeiten der Stadt. Auch machte er Ausflüge nach Freck, Talmesch, in den roten Turmpaß, nach Orlat, wo der Stab des 1. walachischen Grenzregiments lag, nach Zoodt und Heltau. In Heltau hatten sie auf dem Markt eine Pyramide von 520 wollenen Tüchern errichtet, daneben einen Tisch mit frischem Obst und sächsischen Bäckereien, Wein und Wasser gestellt, wovon die Majestäten sich bedienten.

Als die Kaiserin in den Wagen stieg, reichten sie ihr eine Schüssel mit Birnen und einen „Hiebes", von dem sie sofort ein Stück abbrach und kostete. Sie hatte vorher einen alten Mann (Joh. König) besucht, die gesunde Luft und das gute Wasser gelobt: „Darum werden die Heltauer so stark und groß," worauf der Angeredete geantwortet: „Ja, Ew. Majestät, aber wir trinken den Wein doch lieber als das Wasser." „Mit Rührung und Freudentränen" wurde in Hermannstadt beim Ständchen auch die Volkshymne gesungen, eine festliche Beleuchtung beschloß den Tag. Der Fürst der Walachei schickte eine Gesandtschaft nach Hermannstadt, die dem Kaiser Geschenke überbrachte. Ähnlich war's in Kronstadt, wo das fürstliche Paar am 13. und 14. September weilte, dann nach einem Besuch von K.=Vásárhely, Csík=Szereda, St. Györgh wieder dorthin zurückkehrte. Der Marienburger Pfarrer Heyser begrüßte das Kaiserpaar in Versen und hieß es willkommen im Lande

> wo ein Völkchen wohnt von deutschem Stamm,
> von alter deutscher Treue.

Die Rückreise erfolgte wieder über Hermannstadt, dann nach einem Ausflug ins Erzgebirge, durch das Hatzeger Tal ins Banat. Besondern Eindruck hatte es im Land hinterlassen, daß die Kaiserin arme Familien besuchte, nach deren Verhältnissen sich erkundigte und reichliche Spenden zurückließ, in den einzelnen Orten Einkäufe machte, daß das Kaiserpaar auch mit dem Bürgerhaus herablassend verkehrte. Das sächsische Volk aber erinnerte sich daran, wie Siebenbürgen dem Hause Habsburg die Rettung aus dem Türkenjoch verdankte und wie der deutsche Laut hier verstummt wäre,

> wenn
> Gott die Verlassenen nicht gnädig ansah;
> Wenn nicht Erhörung fand der Zertretenen Weh,
> Und Rudolfs Aar nicht strahlend den Fittig hob
> Und schirmt und schlug. Mit seinem Herzblut
> wardst du erlöset, du süße Heimat.

Es war zu bedauern, daß der Weg durch das Land den Kaiser nicht in die Nähe oder in eines der 13 Dörfer führte, die damals mit Heldenmut den Kampf um ihre Rechte weiter führten. Das ungerechte Urteil von 1805 hatte aus freien Männern Hörige gemacht, nun versuchten sie, zu retten, was noch zu retten möglich war. Ihre Klagen sind ein großer Schmerzensschrei über Unterdrückung und rechtsverachtende Willkür. Auch das, was nachgewiesenermaßen Privateigentum der Bauern gewesen war, hatten die Edelleute eingezogen und unter sich geteilt, aus den Wäldern, die Gemeindeeigentum gewesen waren, bekamen die Leute kein Holz mehr, die alten, arbeitsunfähig gewordenen Bauern trieb der Edelmann aus dem Hause, unter unmenschlichen Schlägen erzwang er immer neue schwerere Leistungen. Selbst den Zehnten der Geistlichen nahmen sie in Anspruch, in deren Namen der Dechant des Bogeschdorfer Kapitels 1817 um Schutz des Rechts sich an den Kaiser wandte. Die Hofentscheidungen vom 31. Mai 1816 und 12. September 1817 suchten einige der größten Ungerechtigkeiten zu heben, aber da sie grundsätzlich die Kläger unter das Recht oder besser die Rechtslosigkeit der Hörigen stellten, zu denen sie rechtmäßig nicht gehörten, so blieb alles Unrecht im Wesen bestehen. Auch in andern ehemals freien oder halbfreien sächsischen Gemeinden auf Komitatsboden wiederholte sich das Schauspiel, der Versuch des Adels, sich in den Besitz des Bodens, vor allem des Waldes, der Schank- und ähnlicher Gerechtigkeiten zu setzen, die sie nie besessen hatten. Da blieb oft nicht anders übrig als auf die ewige Gerechtigkeit zu hoffen und sich zu trösten wie die Bauern in Peschendorf, die an ihre Kirchenburg schrieben:

> Was kann der stolze Feind dir rauben?
> Dein Hab und Gut bleibt doch allhier,
> Geh du ihm aber auf die Hauben
> Und brich ihm seinen Hals dafür!

Unter solchen Umständen schien es auch dem Hof angezeigt, die Vorarbeiten für das Urbarium energischer in Angriff zu nehmen. Die zur Bearbeitung des Urbars 1791 eingesetzte Kommission hatte dem Landtag 1810 ein Operat vorgelegt, das aber gar nicht zur Verhandlung gelangte. So entschloß sich die Regierung 1819, das Werk in administrativem Weg in Angriff zu nehmen. Es kam eine Kommission ins Land, deren Mitglieder lauter Ungarländer waren und begann die Arbeit, die im Lauf der Jahre 1820 und 1821 fertig wurde. Sie umfaßte die Konskription und Klassifikation der Sessionen und Gründe, die adlig und untertänig waren und sollte die Grundlage des Urbars bilden. Das Gubernium mußte über jeden Kreis einen besondern Bericht verfassen, aber das Werk geriet ins Stocken, indem die umfangreichen Konskriptions- und Klassifizierungsakten einfach bei der Hofkanzlei liegen blieben. Einmal verspürte der Adel keine Lust nach dem Urbar, er befand sich augenscheinlich wohler ohne dieses, dann gehörte ja eben das Zaudern zur Regierungsweisheit. Weder in Wien noch hierzulande hatte man eine Ahnung von der Bedeutung der Aufhebung der Untertansverhältnisse, die die Revolution in Frankreich durchgeführt hatte, oder von der stillern

Wandlung, die in dieser Beziehung mit den Stein-Hardenbergischen Reformen nach 1806 in Preußen die neue Zeit hatte heraufführen helfen.

Dem Kaiser waren bei seiner Reise durchs Land eine Unmasse Bittschriften überreicht worden, seine Vorliebe für Audienzen hatte jedem Bittsteller den Zutritt geöffnet. Die eingereichten Klagen wurden dem Komes zugestellt, der sie untersuchen lassen mußte, eine Menge Kleinigkeiten, wie der Vorstädter in Kronstadt über Wegnahme ihrer Viehweiden und der Beholzung oder der Zeidner über den Nepotismus unter den dortigen Beamten. Infolge mannigfaltiger Klagen ordnete der Kaiser an, es sollten königliche Kommissäre Einzelnes in Ordnung bringen, vor allem, bezeichnend genug, sich von den nichtbefolgten Befehlen überzeugen, besonders auch Urbarialbedrückungen verhindern. Für das Sachsenland war Gubernialrat Dan. von Straußenburg zum Kommissär ernannt worden, mit dem mündlichen Auftrag des Kaisers: „Verstehens keinen Spaß!" Aber was Straußenburg schon 1813 klagte, zeigte sich auch jetzt wieder: „daß wir zu viel deliberieren und zu wenig dezidieren." Übrigens wurde auf seine Anregung vom Hof ein festes Formular herabgegeben, nach dem von 1822 an die Allodialrechnungen zu führen seien.

Auf der Rückreise aus Siebenbürgen gab der Kaiser den Befehl zur Abhaltung eines Produktionalforums. Das unnatürliche und allem Recht hohnsprechende Gerichtsverfahren richtete sich vor allem gegen die Sachsen, die man wieder mit Unrecht aus den Mitgliedern jenes außerordentlichen Gerichtshofs entfernt hatte und die als Bürgerliche dem Adel, als Protestanten den Katholiken ein Dorn im Auge waren. In der Tat erneuerte das Produktionalforum die Ansprüche des Fiskus auf evangelischen Zehnten und sächsische Nationalgüter. Die mächtigeren Adligen, die offenkundig im Besitz von Fiskalgütern waren, blieben ungestört. Daß die Prozesse wieder aufgenommen wurden, war ein Beweis für die wachsende sachsenfeindliche Stimmung in den maßgebenden Kreisen, die insbesondere nach Banffys und Telekis Tod ungescheut hervortrat.

Dem Burzenländer Kapitel war es gelungen, 1783 den Hofbefehl zu erwirken, der das Produktionalforum zur neuerlichen Verhandlung des Zehntprozesses anwies, in dem gegen alles Recht dem Kapitel drei Quarten genommen worden waren. Als 1819 das Gericht nun zusammentrat, verweigerte der Fiskus die Vorlage der Akten und wußte den Prozeß bis 1829 hinauszuziehn, wo das Reskript dem Kaiser vorgelegt wurde, das Kapitel sei abzuweisen, weil es die Akten nicht beigebracht habe. Er weigerte sich zu unterfertigen und befahl nochmals die Suche nach den angeblich verlorenen Akten, die endlich bei der Hofkammer gefunden wurden und nun den Parteien zugestellt werden sollten (1835). Wo es galt, die Sache des Fiskus zu fördern, da fand er die Akten stets. Mit Berufung auf eine kaiserliche Entscheidung aus dem Jahr 1786 verlangte der Fiskus 1819, die sächsische Nation solle nachweisen, warum sie den Gemüsezehnten aus den Feldgärten im Sachsenland dem Fiskus verweigere. Das Produktionalforum urteilte am 29. April 1822, daß jene Gärten zehntpflichtig seien, die auf zehntpflichtigen Äckern, Rodungen oder Wiesen in neuerer Zeit errichtet worden seien. Der Hof verschärfte das Urteil am 3. Dezember 1825 dahin, daß alle Gärten auf zehntpflichtigem Boden dem Fiskus den Zehnten zu geben hätten. Es war eine Ausnahme, daß 1819 der Fiskus abgewiesen wurde, als er die Pfarrer des Bistritzer Kapitels auf Herausgabe des kleinen Zehntens klagte, ein Urteil, das auch 1826 in Kraft erhalten wurde.

Von großer prinzipieller Bedeutung war, daß schon 1805 der Fiskus sämtliche ev. Pfarrer des Sachsenlandes aufforderte, zu beweisen, mit welchem Recht sie den Zehnten auch von nichtevangelischen Bewohnern bezögen, eine Tatsache, die sich darauf gründete, daß eben der Boden zehntpflichtig war, es handelte sich dabei ebenso um Katholiken, hauptsächlich aber um die griechischen Walachen. Der Prozeß war bis 1829 nicht zur Entscheidung gelangt, doch beriefen sich katholische Geistliche inmitten des Sachsenlandes auf eine Verordnung Maria Theresias von 1764, die auf Jesuiteneinfluß zurückging, daß der nichtkatholischen Geistlichkeit von Katholiken kein Zehnt gegeben werden solle und nahmen ihn für sich in Anspruch, in gemischten Ehen sollte (seit 1787) der Zehnte geteilt werden. Der Schäßburger Franziskaner verlangte die Hälfte des Zehntens von den nichtunierten Walachen nicht nur in der Stadt, sondern auch aus den ihm zugewiesenen Filialen, sechs sächsischen Gemeinden, wo nicht ein Dutzend Katholiken lebten. Der Hof bestätigte das Recht der katholischen Geistlichen auf den Zehntbezug von ihren Gläubigen, doch wies er den Anspruch in bezug auf die griechischen Bekenner zurück (1790). Es war vorauszusehen, daß gerade von dieser Seite die Frage immer wieder aufgenommen werden würde.

Aber auch die Nation wurde für ihre Nolilitargüter, wie die Geistlichen für den Zehnten, mit Prozessen heimgesucht. Das Produktionalforum entschied 1822 bezüglich des Talmescher Dominiums gegen die Nation, die an den Hof appellierte, wo der Kaiser, aufmerksam gemacht, daß die Gehässigkeit gegen die Sachsen es hatte geschehen lassen, daß in zwei Instanzen teilweise dieselben Richter geurteilt hatten, und zwar der Hofkanzler Miske und der Hofrat Noptsa, die Sache sistierte, so daß die

Entscheidung in der Schwebe blieb. Im Jahre 1825 erfolgte plötzlich in den Prozessen wegen der Probstei des heiligen Ladislaus, die bekanntlich 1424 aufgehoben worden war und deren Güter an Hermannstadt gefallen waren,[1]) eine mißliche Entscheidung, lauter Belege dafür, wie damals die Nation in schwerster Gefahr stand, alles zu verlieren; sie war vollständig unter der Herrschaft der Hofkanzlei.

Die allgemeinen europäischen Verhältnisse trugen mit dazu bei, den starren Absolutismus der Regierung noch mehr zur Geltung zu bringen. Mit dem Jahre 1821 begann ein neuer Akt der „orientalischen Frage", eine Fortsetzung dessen, was 1683 vor den Toren Wiens begonnen hatte, die allmähliche Zurückdrängung der Türken aus Europa. Die Griechen erhoben sich gegen die Türken, die Moldau und Walachei versuchten das verhaßte Joch der Muselmannen abzuwerfen, während zu gleicher Zeit in Portugal, Spanien und Italien revolutionäre Bewegungen ausbrachen, welche die Kongresse und Konferenzen zu Aachen 1818, Karlsbad und Wien 1819 und 1820, Troppau 1820, Laibach 1821, Verona 1822, vergebens zu bannen suchten. Österreich trat überall als Gegner der liberalen Bewegung auf, als Schützer der Legitimität, als Patron des Bestehenden. Auch im russisch-türkischen Krieg, der im Zusammenhang mit dem griechischen Freiheitskrieg ausbrach, stand Österreich diplomatisch auf Seite des Sultans, doch konnte es nicht verhindern, daß im Frieden von Adrianopel 1829 die Unabhängigkeit Griechenlands anerkannt wurde und in den Donaufürstentümern neben die Türkei das Protektorat Rußlands trat.

Die Vorgänge in der Walachei mußten auch auf Siebenbürgen Einfluß ausüben. Bei der notorischen Angst der Regierung vor jeder Bewegung und der epidemischen Furcht vor liberalen Ideen, wie jeder Regung des Volks, richtete sie ihre Maßregeln gegen ein Herübergreifen der Unruhen aus der Walachei nach Siebenbürgen. Darum wurde 1821 angeordnet, die aus der Walachei Kommenden seien scharf zu überwachen, Landstreicher abzuschieben, die einheimischen Schafbesitzer, die oft in die Walachei reisten, sollten beobachtet werden. Vor allem dürfe das Volk sich keine Gewehre anschaffen. Infolge der Unruhen kamen eine Menge Flüchtlinge nach Siebenbürgen, sie sollten nicht an der Grenze bleiben dürfen, sondern nach Hermannstadt oder in entlegenere Orte geschafft und sorgsam überwacht werden. Als im Laufe des Jahres 1821 die Zahl der Flüchtlinge in Hermannstadt allein mehrere hundert betrug, sollte der Magistrat dafür sorgen, daß sie nicht übervorteilt würden. Die Anhänger

---

[1]) S. Band I, S. 19 und 117.

Ypsilantis, die durch ihre schwarze Tracht sich kenntlich machten, wurden verhalten, diese abzulegen und als Studenten aus Jena und Göttingen hieher kamen, um am griechischen Freiheitskampf teilzunehmen, wurden sie abgeschoben. Da die herumschwärmenden Rotten in der Walachei sich mehrten, wurde den Wanderzigeunern geboten, sich binnen drei Monaten anzusiedeln bei sonstiger körperlicher Strafe (1824). Nach seiner Flucht aus der Walachei weilte Fürst Ypsilanti kurze Zeit in Siebenbürgen, ein Teil seiner Anhänger längere Zeit in Hermannstadt, er wurde von der Regierung in Munkacs interniert. Als dann der Krieg Rußlands mit der Türkei ausbrach, mußten russische Emissäre überwacht werden. Auch erwachte eine Neigung zur Auswanderung im Lande selbst, an der Grenze wurden die Leute festgehalten und zur Rückkehr gezwungen. Einige Pestfälle, die eingeschleppt waren, zwangen zu Vorsichtsmaßregeln gegen die Seuche, die durch die strenge Absperrung, die als bestes Gegenmittel galt, außerordentlich lästig wurden und den geringen Verkehr ganz hinderten. Auch die Heuschrecken überfielen ganze Landstrecken und vermehrten die Plagen, zu denen das Volk nicht mit Unrecht die fortwährenden Aushebungen rechnete, die zur Ergänzung des Heers notwendig waren und die „Subsidien", die die Regierung fortwährend forderte.

Mitten in diese Ereignisse fiel der Tod des Komes Tartler (1825). Die sächsische Nationsuniversität bat, mit Berufung auf das Leopoldinische Diplom, abermals um die Gestattung der Wahl, da durch die Aufhebung des Königsrichteramts das Wahlrecht Hermannstadts erloschen sei. Das Gubernium billigte die Anschauung, hielt aber doch dafür, es solle bei der im vorigen Fall geübten Modalität bleiben und kandidierte abermals sechs Männer, aus denen der Hof im Februar 1826 Joh. Wachsmann zum Komes ernannte. Er hatte, ein gebürtiger Mediascher, zuerst beim Oberlandeskommissariat gedient, mit Bedeus in guter Freundschaft, war konservativ gesinnt, arbeitete leicht, schob aber was ihm lästig war gern beiseite; am 19. Juni 1826 fand die feierliche Installation statt, wobei die alten Bräuche nicht fehlten. Aber die Senatoren hatten die vorgeschriebenen roten Mäntel nicht mehr, die Stadt ließ sie auf öffentliche Kosten machen und bestimmte, sie sollten als Amtskleider hinfort auf dem Rathaus aufbewahrt werden.

Als Wachsmann im Jahre 1827, nach längerer Abwesenheit, von Wien nach Hause zurückkehrte, begrüßte die berittene Bürgermiliz ihn:

Dem Tage Heil! der uns den Vater gibt,

und ein anderes Gedicht mit den Worten:

>Die goldnen Jahre kehren wieder,
>Wo Brukenthal am Steuer saß,
>Die Zeit der Väter steigt hernieder,
>Die man nach reichen Ernten maß.

Dem Rückschauenden erscheint seine Amtswirksamkeit nicht in so hellem Licht.

In den obern Kreisen der Nation mehrte sich die Empfindung, daß es ihr an der fürsorgenden Teilnahme der Regierung fehlte, daß ihre Feinde das Heft in der Hand hatten. Im Jahre 1821 hatte die Nation den letzten Rest der 387.600 Gulden gezahlt, die ein ungerechtes Urteil des Produktionalforums als Martinszins ihr auferlegt hatte[1]) und schon schien schwereres im Anzug. Als die Nation 1825 angesichts der mannigfachen Bedrängungen um die Erlaubnis bat, eine Deputation an den Hof zu schicken, wurde diese kurzweg verweigert. Dem Fiskus schien die Zeit gekommen zu sein, den alten Lieblingsgedanken endgültig zu verwirklichen, die Sachsen für Kammerbauern, für Staatshörige zu erklären, wie es solche auf Fiskalgütern in Siebenbürgen in Menge gab. Im 18. Jahrhundert war es auf direkten und indirekten Wegen versucht worden, nun sollte es noch einmal auf beiden zugleich versucht werden. Im Jahre 1827 befahl der Hof, bei jeder Grenzbegehung — den Metalreambulationen — im Sachsenlande müsse zur Wahrung der Rechte des Fiskus ein Kommissär der k. Kammer zugezogen werden. Es war das Zeichen jener den Sachsen feindlichen Auffassung, die ihre Freiheit grundsätzlich, mit absichtlicher Verkennung der gesamten Vergangenheit dieses Volkes, leugnete und für das Sachsenland, das nie eine Hörigkeit auch nur im einzelnen gekannt hatte, sie nun für das ganze verkündete. Um dieselbe Zeit stellte der Fiskus in einem Prozeß wider den Hermannstädter Almosenfond wegen des Poplaker Zehntens geradezu den Grundsatz auf, das Sachsenland sei Fiskalgut. Der Fiskus habe das Recht, auch den vor dem Normaljahr 1588 in Privatbesitz übergegangenen Zehnten zurückzunehmen, und nach einer Verordnung vom Jahre 1828 sollte in allen Fällen, wo der Eigentümer eines zehntpflichtigen Ackers diesen in eine Hofstelle, einen Garten oder Wiesengrund verwandeln wolle, die höhere Bewilligung eingeholt werden, wozu wieder der Fiskus sein Gutachten abzugeben habe. Die Universität, die im Juni 1827 tagte, fand männliche Worte gegen diese unhaltbaren Behauptungen: der Fiskus

---

[1]) S. Band II, S. 283.

habe kein Recht auf Sachsenboden, auch der Kaiser kein anderes als das ihm als natürlichem Herrn über seine Untertanen zustünde, die er in ihrer Freiheit und in ihrem Eigentumsrecht nicht kränken dürfe. Die Universität wandte sich hülfesuchend an den Kaiser, der Hermannstädter Bürgermeister Hochmeister überreichte die Bittschrift in Wien, die keinen Erfolg hatte. Bitter schrieb er: „Man kämpft jetzt mit großen Feinden; die jetzige Lebensweise der Mächtigen und Einflußreichen, bei denen man kriechen und schmeicheln muß, taugt zu meiner Lebensart nicht." Langsam wurde jedes Rechtsgefühl im Volk wie in den Beamten ertötet.

Es blieb der Nation nichts anders übrig, als eine feierliche Rechtsverwahrung 1828 beim Karlsburger Kapitel niederzulegen, mit dem Vorbehalt, die Angelegenheit auf dem nächsten Landtag zur Sprache zu bringen. Bitter erinnerten sich die Zeitgenossen an einen Ausspruch des alten Gubernialrats von Huttern, der auch in böser Zeit einmal im Gubernium verzweifelter Stimmung Ausdruck gegeben hatte: „man hätte den ersten Sachsen, der vielleicht eine kleine Kolonie ins Land führte, an den ersten Baum aufhängen sollen, so wären die Übrigen entweder auf immer umgekehrt, oder mit einer so großen Macht angekommen, um das ganze Land zu überschwemmen."

Auch mit den Walachen auf Sachsenboden wuchsen die Schwierigkeiten. Sie verlangten immer dringender Beteiligung mit Grund und Boden im gleichen Ausmaß mit den Sachsen. Auch ihre Zahl wuchs, vor allem durch Zuwanderung, denn, wie das Gubernium 1821 konstatierte, es blieben gegen die landtägliche Bestimmung von 1791 alle Ankömmlinge bei den Städten in den Maierhöfen der Bürger, in den Dörfern aus Gewinnsucht der Ortsvorsteher zurück, so daß bald nicht mehr genügender Boden vorhanden war, um die Sachsen mit hinlänglichen Feldgründen zu versehen. Den walachischen Hirten sollten besondere Häuser erbaut werden und nach ihrer Dienstzeit die Hirten in ihre Heimat verwiesen werden. Von der Verwaltung eines Dorfsamtes waren die Walachen nicht ausgeschlossen, wenn sie lesen und schreiben konnten und die Kenntnis der deutschen Sprache nachwiesen; in Wirklichkeit mags aber nur in walachischen Gemeinden vorgekommen sein, daß sie zu einem Amt gelangten. Diese wachsenden Ansprüche trugen mit dazu bei, das Gemeinland immer mehr aufzuteilen und den Rest als Allodium zu verpachten.

Die damalige Verwaltung hatte hier noch keine Ahnung von den großen Aufgaben, die die Gegenwart ihr stellt, es war ein Leben und Arbeiten von heut auf morgen, bescheiden ohne große Ziele, oft ohne Ziele überhaupt. Im „Eigenlandrecht" von 1583 war alles zu finden, was man brauchte. Der junge Jurist studierte in Klausenburg oder Vásárhely die Rechte, erwarb sich bei der k. Tafel oder unter den Juraten beim Gubernium die Praxis, dann trat er in städtische Dienste, deren Beamte auch die Verwaltung der Stühle leiteten oder in das „Stuhlsoffizialat". Es dauerte lang, bis er vom Subalterndienst in höhere Stellen stieg, und wenns geschah, dann war die Schaffenskraft und die Freude an der Arbeit in der Regel nicht mehr groß. Die Hauptaktionen waren die alle zwei Jahre stattfindenden Wahlen der Oberbeamten. Sie hingen wie sämtliche Wahlen von der Kandidation ab, bei den Oberbeamten vom Komes, bei den andern je nach dem von einem durch die Kandidation zu seinem Amt gelangten Beamten, die ersten mußten außerdem noch vom Hof bestätigt werden. So war schon dadurch dafür gesorgt, daß keine Freiheit und wenig Gedanken aufkamen. An Instruktionen für all den Dienst fehlte es nicht, von den Senatoren und Inspektoren angefangen bis zum Zuchtmeister, der Hebamme, dem Bettelvogt und dem Kanalaufseher, jeder empfing seine besondere Anweisung, aber es fehlte am rechten Zugreifen und das blieb aus, weil unter all der Bevormundung kein Gefühl der Verantwortung und keine Tatkraft sich entwickeln konnte. Das wachsende Allodialvermögen in Stadt und Land war der freien Verfügung der Eigentümer ganz entzogen, jede kleine Ausgabe mußte „höhern Orts bewilligt" werden. Dafür aber wuchs das Selbstbewußtsein der Beamten. Eine öffentliche Meinung gab es nicht, das Amtliche geschah hinter verschlossenen Türen, es fehlte jede Kontrolle der Öffentlichkeit, die zuletzt mehr Wert hat als alle Bevormundungen. Der Hermannstädter Bürgermeister, der Kronstädter und Bistritzer Oberrichter mochte sich, wenn er die schönen Dörfer sah, die er mit seinen Inspektoren beherrschte, allerdings wie ein kleiner Fürst vorkommen. Im Land der Naturalwirtschaft kamen zu dem damals nicht geringen Gehalt, — der Hermannstädter Bürgermeister bezog 1808 1800 fl., in den Jahren 1823—1834 1368 fl. C. M., von 1840 an 1800 fl., der Komes 1810 4000 fl., in den späteren Teuerungsjahren 5500 fl., von 1823 an in C. M. 2200 fl., von 1835 an 2500 fl., der Stadtrichter in Kronstadt 3420 Rfl., der Stuhlrichter 2200 Rfl., in Bistritz der Oberrichter 2000 Gulden, — eine Menge andrer Einnahmen, Benutzung von Wiesen u. dgl., dann Geschenke, die jeder brachte, der „von Hause" kam, die allmählich nicht mehr mit der alten Naivität gegeben in manchen Fällen von Bestechungen nicht zu unterscheiden waren. Der Hermannstädter Bürgermeister Hochmeister entwarf 1829 ein düsteres Bild seiner Zeit: „Was ich Gutes und Nützliches zu bewirken das Glück hatte, ist in wenig Jahren in die größte Verwirrung geraten. . . . In den öffentlichen Amtsstellungen heißt es bei den meisten, mit Kraft und Macht beteilten Beamten: capax et vorax und diese verderbliche Moral beobachtet sogar der letzte Dorfsdiener, vom verführenden Beispiel der Trunkenbolde von Dorfsbeamten geleitet, wodurch das Volk gedrückt und entnervt wird, worüber Gott die obersten Amtsführer seinerzeit zur Rechenschaft ziehen wird. In der öffentlichen Amtshandlung sticht überall Verworrenheit hervor, ein jeder tut was er will, mehrere junge Beamte erhalten keine Anleitung, in der Folge Stützen der Vaterstadt zu werden, sondern sie jagen nach Vorteilen der Stellung und haben keinen Sinn, ihre Dienstespflichten zu erfüllen. Bei den meisten Bedienstungen hat man nicht, wie es das allgemeine Wohl erfordert, dem Amt den Mann, sondern das Amt dem Mann gegeben. Die unverpachteten städtischen Gefälle sind generis communis und die der Allodialkasse gebührenden Einnahmen von der Feld- und Waldwirtschaft werden verpraßt und der Unfug nimmt von Jahr zu Jahr zu."

Das Leben der Beamten selbst war freilich ein behagliches, besonders seit Anfänge von Pensionsanstalten in einzelnen Orten gemacht wurden. Ein Teil von ihnen arbeitete zu Hause, auf dem alten „Rumpftisch" stand das Tintenfaß und lagen die Akten; was nicht drängte wurde in die große Tischlade gelegt, Eile hatte die Erledigung überhaupt nicht, denn „Akten sind keine Hasen, sie laufen nicht davon". Die Stadtkassa war in Schäßburg beim Allodialperzeptor zu Hause. Am bestimmten Tage brachten „die Bürger" die geringe Steuer, wenns hoch kam etliche Silberzwanziger, sie mußten durch die Küche ins Zimmer treten und konnten auch mit der Frau Perzeptor freundliche Worte tauschen. Wenn er nach Jahresschluß Rechnung gelegt hatte, brachte er Kipfel und Wein auf den Tisch. Die Schreibarbeiten besorgten die Kanzellisten. Sie waren schlecht bezahlt und streikten in Schäßburg einmal, zum Entsetzen des löbl. Magistrats. Das „aufhabende" Amt ließ Zeit auch zu anderm, vor allem zur eignen Wirtschaft, bei dem der walachische Mairer schlecht und recht mithalf. Lag der Acker oder die Wiese am Rand eines Waldes, dann fand sich seltsamerweise zuweilen, daß der Grenzstein tief im Wald drinnen stand, und es war natürlich, daß die Bäume zum Acker gehörten und gefällt wurden. Auch zur Jagd blieb Zeit und Lust. Die Amtsdiener verstanden meisterlich, im Wald den Speck am grünen Holz zu braten oder das Fleisch appetitlich herzurichten.

Prozesse gab es nicht viele, der Vergleich war ein beliebtes Mittel zur Beilegung des Streites, Advokaten waren selten. Noch im Jahre 1832 suchte der in Mediasch lebende pensionierte Gubernialrat A. v. Heydendorff „den Rechtsbeistand eines Advokaten gegen angemessene Belohnung" in der Zeitung. Wenn in Agnetheln die Partei mit dem Spruch des Amtes nicht zufrieden war, der überall bei vollen Kannen gefunden wurde, die die Parteien dem Dorfsgericht vorsetzen mußten, gebrauchte der Hann den Stock mit den Worten: „Ich will euch appellieren lehren"! Im Jahre 1809 verpflichtete der Kronstädter Magistrat die Advokaten eidlich, sich der Übervorteilung der Parteien zu enthalten, sie nicht zu aussichtslosen Prozessen aufzustacheln, Ränke zur Verlängerung der Prozesse zu vermeiden, kein Einverständnis mit der Gegenpartei zu pflegen und vor Gericht bescheiden zu sein.

Das Leben des sächsischen Bürgers konzentrierte sich in seinem Haus, in seiner Wirtschaft. In allen Städten trieben die Bürger auch Landwirtschaft, deren Ertrag mit jenem des Handwerks das Haus bei bescheidenen Ansprüchen nährte. Ein sicheres Nebeneinkommen bot der Wein, den man als Most im Herbst einkellerte und ein Jahr darauf mit Nutzen verkaufte. Die Tagesarbeit begann früh morgens, in der Regel mit einer gemeinsamen Morgenandacht, bei der oft ein Choral „hart" d. h. laut gesungen wurde. Das Frühstück nahm nicht viel Zeit in Anspruch, — bezeichnenderweise hat die sächsische Mundart keinen Ausdruck dafür —, man aß ein Stück Brot, dazu ausgeschnittene Äpfel, langsam nur drang der Kaffee ein, der mit Honig versüßt wurde. Zucker war eine Seltenheit und nur in der Apotheke zu haben. Das Mittagessen — das „Frähstäckeln" — war von 11 Uhr allmählich auf 12 Uhr vorgerückt, wobei die „Kächen" (Suppe mit Fleisch darin) die Hauptsache war. Noch kannte man hier die Saucen nicht. Festspeise war das Kraut, das auch in der Woche gegessen wurde, das Festtagsgebäck die verschiedenen „Beltschen", Mohn und Gries besonders beliebt, „Hiebes" und „Platschinte" kamen auf den Tisch, wenn gute Freunde und Nachbarn zum Besuch kamen. Die irdenen Teller dienten für die Suppe, die hölzernen für den Braten, der abends auf den Tisch kam. Eine gute Wirtschaft hatte soviele hölzerne Teller, daß sie nach dem Gebrauch beiseite gestellt und nur am Sonnabend gescheuert wurden. An Festtagen kam das glänzende Zinn auf den Tisch, das „den Rahmen" rings an der Wand des Zimmers schmückte, Teller und Kannen mit Verzierung, oft mit Inschriften und Jahreszahl, funkelnd mit dem „Katzenzogel" (Katzenschwanz, ein Schachtelhalm) geputzt. Das Glas war selten, das „Kännchen", grün oder blau, diente zum Trinken, den Wein spendete der eigne Keller. Als in Sächsisch-Reen auf einer Hochzeit vor den Pfarrer eine Flasche und ein Becher gestellt wurde, stieg die ganze Hochzeitsgesellschaft auf die Tische und Bänke, das Wunder zu sehen. Ebenso selten wie Glas war Porzellan.

Die gleiche Bescheidenheit zeigte die Zimmereinrichtung. Auch das Haus in der Stadt kennzeichnete noch die alte fränkische Bauart, der Giebel gegen die Gasse, zwei höchstens drei Fenster, ein Zimmer zum Wohnen, daneben die bessere Stube, der Eingang häufig durch die Küche oder das Vorhaus, in dem der große Backofen stand. Die Zimmer waren meist getüncht, der Anstrich wurde jährlich erneuert, einmal der Fußboden gerieben, den Frau oder Magd öfter mit feuchtem Sand bestreuten, bevor sie ihn kehrten. Neben dem alten Lutherofen stand die Bettstatt, unter ihr „de Scheppelspann", ein Rollbett, das man abends hervorzog, um die Kinder drauf zu betten. Hier spielte sich das Leben des Hauses ab, hier aßen und schliefen Eltern, Kinder und Gesellen, vielleicht auch der fremde Soldat, den die Einquartierung ins Haus gelegt hatte. Auch an Festtagen, wenn die nächsten Verwandten zum Essen kamen, wurde dort der Tisch gedeckt. Daneben hing beim Lederer das Leder zum Trocknen und beim Seifensieder war auf dem Kasten die Seife zum selben Zweck „aufgekastent". Gepolsterte Stühle und Sofa fanden sich nur in den Patrizierhäusern. Langten die hölzernen Stühle nicht, so legte man das Bügelbrett auf zwei Stühle, wo mehrere Platz fanden. In den Zimmern war ein Bedürfnis nach guter Luft nicht vorhanden. Wo das Handwerk es erforderte, war eine besondre Werkstatt eingerichtet, auch sie schmucklos nur mit dem notwendigsten ausgestattet. Auf schlechtesten Wegen mußte der Gewerbsmann mit seinen Erzeugnissen auf die Jahrmärkte fahren, die im ganzen Land „gebaut" (besucht) wurden. Die Zunftgenossen aus einem Ort fuhren in der Regel gemeinsam mit ihren Waren auf mehrern Wagen. Oft wurde im Freien übernachtet. Der jüngste Meister hatte öfter — so bei den Seifensiedern in Hermannstadt — die Verpflichtung, auf die ausgespannten Pferde zu sorgen, wofür ihm das Recht zustand, soviele eigene Waren auf die Wagen aufzuladen, als er wollte, mit dem Vorrecht, daß diese zuerst verkauft werden mußten. Darum strengte der junge Meister alle Kräfte an, um möglichst viel Vorrat zu schaffen. Gings gut, so legte ein glücklicher Jahrmarkt den guten Grund für den Wohlstand des Hauses. Tapfer und unermüdlich half dem Mann auch beim Gewerbe die Hausfrau mit. Da er um sie geworben hatte und der Freiersmann in seinem Namen um die Hand anhielt, da hatte sie sichs überlegt, mehr nur weil die Sitte es erheischte und um nicht den Schein zu erwecken, leichtsinnig in die Ehe zu treten, auch um den Eltern Zeit zu geben, die wirtschaftliche Seite zu besprechen, die genau erwogen sein wollte. Sie hatte bei der Mutter zu Hause das Wirtschaften erlernt, sie kannte sich aus nicht nur in der Küche, auch im Garten, der nicht zur Erholung diente; dort wußte sie schönes Gemüse zu ziehen; der Mann pflanzte und pflegte die Bäume, nicht nur im Hausgarten sondern auch in dem vor der Stadt, wo das Obst noch besser gedieh. In Freud und Leid waren die Ehegatten zusammen gewachsen, ihre größte Freude war, daß die Kinder gesund waren und gediehen. Die Arbeit war des Hauses Zierde, wo die Frau mit den Mägden und Töchtern den Lein und die Wolle selbst spann und „wirkte". Des Hauses Festtag war der Sonntag, wo die alten Gürtel und Nadeln hervorgesucht wurden, altes Familienerbe, besonders beim Kirchgang der Schmuck der Frauen. Noch fehlte dem Hause unser schönstes Fest, Weihnachten in der heutigen Gestalt mit dem Christbaume und den vielen Gaben. Einige Süßigkeiten und kleines Spielzeug erfreute die Kinder nicht weniger, dazu vor allem die warmen Wintersachen, die „der Christmann" brachte. Der Hausvater hatte den „Krästgrumpes", einen Holzklotz, seit dem Herbst schon im Hof ausgesucht und zugerichtet, der am Weihnachtsabend in den Ofen geschoben wurde, die Glut die Nacht hindurch zu erhalten.

Das Feuer im Haus war auch sonst ein wertvoller Besitz, auf den man sorgen mußte. Hausfrau und Magd verstanden die Kunst, die Kohlen unter der Asche lebendig zu erhalten, daß am Morgen die Glut wieder zur Flamme angefacht werden konnte. Im Jahre 1830 kündigte die Zeitung Zündhölzchen ohne Schwefel an. Aber noch Jahre nachher trug der „Fackele Misch" in Schäßburg in Schwefel getauchte Fackeln zum Verkauf herum, die zum Anzünden des Feuers gebraucht wurden.

Das Leben war ungewöhnlich billig, als die teueren Jahre nach der Hungersnot vorüber waren, besonders die zwanziger Jahre zeichneten sich durch billige Preise aus. Im Jahre 1826 kosteten 2 Pfund 12 Lot Brot in Hermannstadt 6 Kreuzer, 1 Pfund Rindfleisch 4—5 Kreuzer, 1 Klafter Holz 3—7 fl., 1 Kipfel einen Kreuzer. Übrigens konnte, wenn in einem Landstrich Mißwachs eintrat, dort alles doppelt und dreifach soviel kosten wie im Nachbarort. Der Wein war ungewöhnlich billig, in jedem Keller fand sich das edle Getränk. Als der Reichesdorfer Pfarrer dem Arzt in Mediasch einige Jahre hindurch kein Honorar geschickt hatte, sandte er ihm 20 Faß trefflichen Wein und machte auf diese Weise zugleich im Keller Platz für „den neuen Herbst". Unter solchen Umständen wars nicht schwer, einen Richttag zu halten oder die Zechmähler zu geben. Das Gespräch dabei drehte sich weniger um öffentliche Angelegenheiten, von denen niemand viel wußte, aus dem Ausland fast gar nichts, sondern um die Tagesneuigkeiten, die heute die Zeitung mündlicher Mitteilung vorweg nimmt. Dem Nächsten Unliebsames mitzuteilen, das etwa von ihm erzählt wurde, galt als Pflicht, sorgsam wurde der Klatsch herumgetragen, erbittert und bösartig griff er bald diesen bald jenen an und wen er traf, der litt darunter. Unter dem Zunftzwang gedieh kaum ein besonderer Reichtum, aber auch große Armut war selten. „Es war ein engumschlossenes Leben, starr erscheint es heute, unbeugsam darin die Macht der Sitte, die das häusliche und öffentliche Leben bestimmte. Sie gab ihm zu jener Starrheit den Charakter der Ehrbarkeit und Solidität, und sie stellte das Gebot der Pflicht an die Spitze alles Tuns und lehrte den Einzelnen arbeiten, tragen, entsagen. Das Geschlecht war strenger in den Formen, fester im Wesen, eigensinniger im guten und bösen, lenksamer, wo ihm ein Gebot der Obrigkeit Ziel und Wege wies; beschränkter in seinem geistigen Gesichtskreis, aber sicher seines Besitzes auch in dieser Richtung und ihn ausnützend bis aufs äußerste; behaglich in der Rede, ruhelos in der Arbeit, in Ernst und Treue der Werkstatt pflegend, dafür unbefangen dem Festgenuß sich hingebend; höherer Ziele nicht unbewußt, die nächsten mit eiserner Ausdauer verfolgend, mäßiger im Glück, beharrlicher im Unglück, im engern Kreise strebend ohne Unterlaß; freier von Menschenfurcht, wenn auch bescheidner im Umgang mit denen, die Gewalt über es hatten, vor allem demütiger in seinem festen Gottvertrauen." (Fr. Müller.)

Es war die gute Kehrseite des geschwundenen öffentlichen Lebens, der Boden, aus dem dem Volk neue Kraft erwuchs.

Aber bei aller Gleichheit des Lebens inmitten unsers Volkes hatte doch jede Stadt, jeder Stuhl wieder ihre Besonderheiten, es war eine Individualisierung wie sie germanischem Wesen so ganz entsprach. Das Ganze war in den Teilen untergegangen.

Hermannstadt hatte von seinem Glanz eingebüßt, da die hohen Ämter seit 1790 in Klausenburg blieben. Es war äußerlich so wie damals, und es ist bezeichnend, daß der gemeinnützige Kalender für 1829 die Beschreibung Hermannstadts wörtlich aus dem Jahre 1789 abdruckt als vom damaligen Hermannstadt geltend, so daß in jenen vierzig Jahren weder die Einwohnerzahl noch die Zahl der Häuser in der Stadt verändert erscheint. Bloß für die Vorstadt werden um acht Häuser mehr angegeben. Doch hatte die Stadt einen großen Fortschritt zu verzeichnen, die Anfänge der Straßenbeleuchtung. Bei Anwesenheit des Kaisers in

Hermannstadt wurde die Tatsache am Tag der Ankunft u. a. auch dadurch gefeiert, daß in der Oberstadt jedes Fenster mit vier bis sechs Lichtern, in der Unterstadt mit zwei bis vier Lichtern von $^1/_2$9 Uhr bis Mitternacht beleuchtet wurde, an den andern Abenden, solange das Kaiserpaar in Hermannstadt weilte, war nur die Oberstadt beleuchtet. Auf Anregung des Bürgermeisters M. v. Hochmeister wurden in den kommenden Wintermonaten an mondscheinlosen Abenden die meisten Gassen auch weiter beleuchtet, auf dem großen und kleinen Ring stellte die Stadt vier Blechlaternen auf, in die kleine Näpfe mit Talg gefüllt hineingestellt wurden. Die Nachbarschaften besorgten das kärgliche Licht selbst, das die alte Sitte als Notwendigkeit weiter bestehen ließ, sich mit der großen Laterne selber heimzuleuchten oder sie sich vortragen zu lassen. Überhaupt hatte der Magistrat 1805 den Grundsatz aufgestellt, daß „nicht alles, was zum anständigen Leben der Stadtbewohner gehöre, aus der Allodialkasse bestritten werden könne," darum u. a. die Nachbarschaften auch angewiesen, einen Fuhrmann zu halten, der von Zeit zu Zeit die Gassen reinige. Das geschah aber so wenig, daß 1828 geklagt wurde, „wo man hinsieht und hintritt, sieht man einen Misthaufen". Der Magistrat drohte mit Verlegung des Marktes, wenn das nicht anders würde. Im Jahre 1829 wurde die Saggasse gepflastert. Als die Nachbarschaften das Geschäft der Gassenreinigung immer nachlässiger übten, wurden Arrestanten dazu verwendet. Ein Unglück, das lange in Erinnerung der Menschen blieb, war 1826 der Brand des Theaters, das bei einem Zauberstück, wo auch Feuer benötigt wurde, in Flammen aufging. Hochmeister baute es, wie es sein Vater 1787/88 getan, zum zweiten Mal auf und am 1. März 1827 war es „mit neuem Glanz hergestellt". Es war das vornehmste Zeichen der größern Welt, deren sich Hermannstadt rühmte und in der Tat ein Vermittler der Literatur. Neben Goethe und Schiller, Lessing, Shakespeare usf., dann Kotzebue und Iffland traten Körner und Grillparzer, Kleist und Raimund und dann die mindern Theatergrößen der Zeit wie Raupach, Houwald, Bäuerle, den das Gubernium besonders empfahl. Die Opern von Mozart, Rossini, Weber fanden Beifall. Müllners Schuld begeisterte Publikum und Rezensenten. Es war übrigens bei dem allgemeinen Geist begreiflich, daß nicht die gewaltigen Dramen der Klassiker die Gemüter am meisten ergriffen, sondern „italienischer Singsang, die phantastischen Opernkostüme, die Spektakel der Pantomimen und Balletts".

Ein Zeichen der veränderten Zeit war, daß an Stelle der alten Befestigung allmählich Promenadeanlagen traten. Der alte Wall und Graben wurde von der Hallerbastei bis zur Kaserne mit Bäumen bepflanzt und verschönert, wobei das 31. Infanterieregiment, das in Hermannstadt lag, mithalf. Zur Erinnerung an den Aufenthalt des Kaisers wurde auf der untern Promenade unter der Stadtmauer 1829 ein Denkmal des Kaisers aufgestellt, nachdem die von Metternich erhobenen Bedenken, der Standpunkt des Denkmals vor der Mauer und an einem tiefliegenden Ort, scheine der Würde des erhabenen Gegenstandes nicht angemessen, widerlegt worden waren. Im Jahre 1829 war auch die Militärschwimmschule gebaut worden, die von Anfang an auch dem Zivil zugänglich war. Dem friedlichen Sinn der Zeit entsprach, daß das bürgerliche Scharfschützenkorps aufgelöst wurde, während ein Bürger-Kavallerie-Korps noch eine Zeit lang weiter bestand.

Berühmt waren die Hermannstädter Bälle, an Glanz den adligen Unterhaltungen in Klausenburg viel nachstehend, aber im Sachsenland als glänzend gerühmt. Der Gastwirt zum römischen Kaiser gab vielbesuchte Picknick-Bälle, jeder schickte Essen und Trinken hin. Die Polizei hatte verboten, mit Sporen den Saal zu betreten, den Bedienten war der Zutritt nicht gestattet, das Rauchen im Saal untersagt. Der Wirt sollte darauf sorgen, daß das Rinnen der Kerzen die Kleider nicht ruiniere, die Tanzenden nicht aus der Reihe traten, sondern die Ordnung einhielten. Der „deutsche Tanz" hatte immer mehr die alten Tänze verdrängt. Im Jahre 1820 mußte er wieder einmal als ausschließlicher Tanz verboten werden. Als 1826 ein Mädchen auf dem Ball tot zusammenbrach, gab man den Modetänzen und dem Schnürleib die Schuld daran.

Für die Freiheit, Maskenbälle zu veranstalten, mußte die Stadt übrigens seit 1792 jährlich 300 fl. zahlen, und zwar an das katholische Waisenhaus. Willkürlich wurde die Taxe 1815 auf 500 fl. erhöht und 1824 wieder ganz willkürlich dieselbe Summe in Conv.-Münze eingefordert, was fast eine doppelte Erhöhung bedeutete. Vergebens bat die Stadt, es möge entweder die Steuer auf die ursprüngliche Summe reduziert oder diese Freiheit zurückgenommen werden, es geschah weder das eine noch das andre.

Das Rauchen galt auch auf der Gasse nicht als anständig. Noch im Jahre 1838 untersagte der kommandierende General B. Wernhardt der Mannschaft und den Offizieren das Rauchen auf den Straßen, als einen „sowohl der Polizeiordnung als auch der Anständigkeit zuwiderlaufenden Unfug," den er „bleibend abgestellt wissen" wollte. Als Baron Wernhardt 1834 als Kommandierender nach Hermannstadt kam, gewann er die Herzen, indem er dem Großscheuerner Hannen die Hand gab und sagte: „Ich freue mich, Euch zu sehen, um so mehr, als ich in

jedem auch von Euch Sachsen einen freien braven Mann achten kann."
An des Kaisers Geburtstag ließ er als Evangelischer einen Teil der
Garnison auf den Platz neben der evangelischen Kirche Stellung nehmen,
wo sie die vorgeschriebenen Salven gaben.

Noch war die Stadt in Zehntschaften eingeteilt, deren Bestimmungen
1832 „der lieben Bürgerschaft" neu ins Gedächtnis gerufen und teilweise
erneuert wurden. Sie sollten die Ordnung bei gemeinschaftlichen Arbeiten
aufrecht halten, die öffentliche Sicherheit erhalten, bei Feuersbrunst löschen,
an Festlichkeiten Anteil nehmen. Die Mahnungen, bei Wachen sich nicht
vom Posten zu entfernen und sich nicht dem Trinken zu ergeben, nicht
durch Kinder und Lehrjungen sich vertreten lassen, erinnern an die Be=
stimmungen aus dem 18. Jahrhundert. „Kommt der Herr Comes nationis,
ein Oberbeamter der Stadt, eine Leiche u. dgl. bei der Wache vorbei, so
hat die Schildwache die ganze Wacht zu dem Ende beizeiten heraus=
zurufen, damit sich dieselbe in eine anständige Ordnung stellen möge."

Über den Rückgang des kirchlichen Lebens wurde geklagt, der Kirchen=
besuch sei schwach, rauschende Vergnügungen während des Gottesdienstes
sollten verboten sein. Im Jahre 1826 starb der Organist Caudella, der
die bis in unsre Tage herrschende Tabulatur mit ihren vielfachen Ab=
weichungen von den ursprünglichen Melodien und den Zwischenspielen
zwischen den einzelnen Zeilen gemacht hat. Das Verbot des blauen Mon=
tags und die Einschärfung der Sonntagsheiligung (1829) und die neuer=
liche Erinnerung (1827), daß nach dem Befehl von 1823 alle Kaffee=
häuser um 11 Uhr und die Wirtshäuser um 10 Uhr zu sperren seien,
sollten Zucht und Ordnung aufrecht erhalten helfen.

An der Spitze der Geschäfte standen damals in Hermannstadt als
Bürgermeister M. v. Hochmeister und als Stadtpfarrer Joh. Filtsch.
Hochmeister war 1767 geboren, war als 11jähriger Knabe mit seinem
Vater katholisch geworden und hatte dann das Theresianum in Waitzen
besucht, später Jura studiert und nach kurzem Dienst beim Gubernium
Anstellung in Hermannstadt gefunden, wo er Stadthann, Stuhlrichter
und zuletzt Bürgermeister (1817—1830) war und 1837 starb. Er war
durch seine rastlose gemeinnützige Tätigkeit eine einflußreiche Persönlichkeit
und es galt von ihm wirklich, was er selbst von sich sagt: „mir war
kein Vergnügen größer als wenn ich, aller Opfer unangesehen, gemein=
nützig sein konnte." Nicht minder war sein Verdienst als Verleger und
Buchdrucker, er hatte auch innern Anteil an dem, was er in seinem Ver=
lag veröffentlichte und das geistige Leben nicht nur Hermannstadts hat
ihm und seiner Druckerei viel zu verdanken.

Eine bedeutendere Persönlichkeit war J. Filtsch, der 1753 geboren aus der Pfarre von Heltau nach Urwegen und von da 1805 nach Hermannstadt berufen wurde. In dem letzten Jahrzehnt des 18. Jahrhunderts war er ein Hauptträger des geistigen und literarischen Lebens inmitten seines Volks, anregend und selbst schaffend, mit dem Ausland in Verbindung. Daß er in den stillen Jahren selbst eine geringere literarische Tätigkeit entwickelte, hing auch mit dem zunehmenden Alter zusammen. Im Jahre 1835 legte er sein Amt nieder und starb 1836 als 83=jähriger Greis.

Im selben Jahr starb auch Sim. Schreiber der ältere, 76 Jahre alt, seit 1830 Hochmeisters Nachfolger im Bürgermeisteramt. Die damalige kirchliche Verfassung brachte es mit sich, daß die Reibungen zwischen den Weltlichen und Geistlichen an der Tagesordnung waren, Schreiber wollte auch die Leitung der kirchlichen Angelegenheiten in der Hand halten, was ihn in vielfache Kollisionen mit Filtsch brachte. Ihm folgte, nachdem Gottl. Waller nur wenige Monate des Amtes gewaltet, Jos. v. Wayda, (bis 1841), hochangesehen wie seine Vorgänger, sein Haus auch im geselligen Leben der Stadt ein Sammelpunkt.

Den Hauptcharakter aber gab Hermannstadt damals das sächsische Gewerbe. Es gab rund 1400 sächsische Gewerbetreibende in Hermannstadt, — im Jahre 1890 waren es nur 580. Damals gab es 28 Bäcker, 36 Gärtner, 10 Goldschmiede, 48 Hutmacher, 15 Kupferschmiede, 84 Kürschner, 28 Lederer, 66 Leinweber, 35 Riemer, 26 Schlosser, 104 Schuster, 34 Seifensieder, 17 Seiler, 58 Tuchmacher, 75 Wollweber, 38 Zimmermeister, 42 Tischler, 58 Schneider. Einige Handwerke waren seit vierzig Jahren in der Zahl der Meister zurückgegangen, die 37 Faßbinder auf 25, die 59 Fleischhauer auf 26, die Maurer von 70 auf 60, die Töpfer von 15 auf 9 und alle miteinander waren in der Art des Betriebs stehen geblieben, aber noch beherrschte das sächsische Gewerbe das Land, vor allem auch die Moldau und die Walachei. Freilich begannen auch schon die Klagen, daß vieles von Pest und Wien geholt werde, was man ebensogut beim heimischen Handwerker kaufen könne. Im ganzen ging es dem Handwerk gut, so daß es kein Bedürfnis empfand, Neuerungen zu begehren, die übrigens am starrsten Zunftzwang unter allen Umständen gescheitert wären. Der gute Gang der Geschäfte half mit, daß auch im wirtschaftlichen Leben ruhige Stille sich ausbreitete.

Sie war langsam auch in Kronstadt eingekehrt. Die Stadt hatte die Erschütterungen der Regulation, zu der in erster Reihe die dortigen Zustände und Persönlichkeiten den Anstoß gegeben hatten, am schwersten empfanden, sie kam am spätesten zur Ruhe. Eine freundliche Erinnerung bildete auch dort der Kaiserbesuch im Jahre 1817. Ein Banderium von 120 stattlichen Reitern aus dem Distrikt in der schönen Nationaltracht flog dem kaiserlichen Wagen voraus; sie hatten alle im sächsischen Jägerbataillon 1813 mitgekämpft und hatten alle Mann für Mann das Kanonenkreuz auf der Brust.

Das Leben in Kronstadt empfing einen eignen Einschlag durch die nichtsächsische Bevölkerung der Stadt, dann durch die mancherlei Irrungen mit den untertänigen Gemeinden. Unter dem nichtsächsischen Volk spielten die großen armenischen Handelsleute eine bedeutende Rolle. Geldwechsler saßen und standen täglich auf dem Markte und hatten auf kleinen Tischen das lockende Gold, fremde Münzen, die sie kauften und verkauften. Ein Grieche aus Adrianopel kam 1819 ein, man solle ihm erlauben, Baumwolle in einem offnen Geschäft feil zu halten, was ihm verwehrt wurde, es sei bisher nur Brauch gewesen, aus Magazinen zu verkaufen. Die Handelsbeziehungen mit der Walachei hatten eine ganze Reihe persönlicher Beziehungen geknüpft. Immer wieder fand Magistrat und Kommunität Anlaß, bei säumigen Zahlern einzugreifen, die in Kronstadt geklagt wurden, dann wurde der Logothet in der Walachei, oft geistliche Vermittelung zu Hülfe gerufen. Wer in der Stadt Geld leihen mußte und es nicht von nächsten Freunden erhielt, bediente sich der Vermittlung armer Frauen, die dafür eine kleine Entlohnung bekamen.

Die der Stadt untertänigen Gemeinden der „sieben Dörfer" hatten es besser als andre im Lande, nahezu alle Giebigkeiten waren in billige Taxen umgewandelt, aber die Jobagyen waren doch nicht zufrieden. Insbesonders in den Waldungen der Stadt hausten sie arg und sie fand kein Mittel, dem Unwesen zu steuern. Den bekannten Räuber Koman Nitze, der den Tartlauern fortwährend Schaden zufügte und von fremdem Vieh ihren Boden in der Bozau abweiden ließ, fingen sie 1822 und erschossen ihn, als man ihn nach Arapatak zum Oberalbenser Richter führen sollte, meuchlings in der Nacht auf dem Weg. Das Geheimnis, offenkundig in Tartlau, wurde außerhalb des Orts bewahrt, kam dann aber doch heraus und die Hauptbeteiligten kamen 1825 nach Sz.=Ujvár.

Unter den Zünften gab es viel Streit und Ärgernis, die Verknöcherungen der alten Ordnung engten das Leben auf allen Seiten ein. Im Jahre 1819 weigerte sich die Riemerzunft, einem Gesellen aus Mediasch die in der Fremde zugebrachten fünf und die in Kronstadt zugebrachten drei Jahre anzurechnen, sie mußte gezwungen werden, den Gesellen einem Meister, wegen des Meisterjahres, zuzuweisen. Einen Tuch=

machergesellen, der nicht wandern wollte, zwangen sie 1822 endlich durch Androhung des Militärdienstes dazu. Die Flaschendrechsler und Beindrechsler konnten sich unmöglich über die Grenzen ihrer Zünfte verständigen, so daß der Magistrat 1822 zu beider Unwillen beschloß, sie sollten hinfort eine Zunft bilden. Im Jahre 1829 war eine Seilermeisterin als Witwe zurückgeblieben; sie hatte um Zuweisung eines Gesellen gebeten, um das Handwerk weiter zu führen. Als die Zunft sich weigerte, es zu tun, es seien nur vier zur Verfügung zu diesem Zweck, zwang der Magistrat sie dazu.

Im übrigen lag die Entscheidung der wichtigsten Sachen bei den „höhern Behörden". Im Jahre 1829 waren zwei Pferde und ein Ochse aufgefangen worden. Drei Wochen lang hatte der Magistrat sie vor dem Klostertor zur Schau gestellt, dann als der Eigentümer sich nicht meldete, sie in Verpflegung gegeben, zuletzt den Ochsen verkauft. Die Beschreibung der drei Tiere mußte dem Gubernium unterbreitet werden. Als die Zeidner Kommunität sich 1820 einen neuen Notär aufnahm, mußte sie die Bestätigung des Kontrakts mit ihm vom Hof erbitten.

Damals versuchten sie amtlich, die Leute zum Säen von Kukuruz „ohne Zugvieh und Ackergerätschaften" anzuleiten. Auch andre praktische und für wohltätig erachtete Befehle ordneten das Leben (1818): es sollten Mistkästen errichtet werden, das Vieh nicht frei durch die Gassen gehn, besonders nicht die Schweine (1827); auf der Gasse soll nicht geraucht werden, auf der Straße am Brunnen und am Wasser nicht mehr die Wäsche geklopft werden.

Der Polizeistaat begann in die Halme zu schießen. Neben anerkennenswerten Anordnungen, die die Sicherung der Wälder, die richtige Führung der Grundbücher, Verhinderung der Pest, die Errichtung eines Bürgerspitals (1827), die Erhaltung des Straßenpflasters (1822), die Feuerpolizei, die Leichengesellschaften, die Heuschreckengefahr u. ä. betrafen, immer wieder die Preislimitierungen für die Handwerker und Zünfte — 1 Pfund Fleisch kostete 1822 sechs Kreuzer, 1824 fünf Kreuzer — der vergebliche Kampf gegen die außerzünftige Arbeit, die Aussetzung von Belohnungen für Anzeigen von Auswanderern. Die kleinsten Kleinigkeiten meinte die Behörde ordnen zu können und ordnen zu sollen.

Daneben fanden aber auch größere Gedanken in den Herzen Platz. Seit 1799 mühte sich die Stadt ab, ein Krankenhaus zu errichten, es brauchte gerade 40 Jahre bis es eröffnet wurde, wesentlich durch Geschenke und Stiftungen ermöglicht. Im Jahr 1815 hielt der Gymnasialdirektor J. Ch. Fabricius zur Eröffnung der feierlichen Herbstschulprüfung die

Rede über das Thema: „Die Wohlfahrt und Blüte der sächsischen Nation in Siebenbürgen wird vorzüglich dadurch bewahrt und befördert, wenn in derselben für gute Schulen gesorgt wird" und in den zwanziger Jahren wurde an der Seite des Pfarrhofs eine zweite neue Schule gebaut. Die Bewilligung dazu mußte beim Hof angesucht werden. Für die große Kirche bereiteten sie die Aufstellung der neuen Orgel vor, die als Wunder angestaunt 1839 eingeweiht wurde. Die alten herrlichen Teppiche schmückten die Bänke der Zünfte, des Magistrats, der Geistlichen, im Gottesdienst hatte sich hier allein der Klingelbeutel erhalten, der ehmals mit dem alten Spruch umgereicht wurde: „Gebet reichlich zur Erhaltung des Gotteskastens und erwartet den Lohn von Gott dem Herrn".

Kleiner als Kronstadt war Schäßburg im schönen Kokeltal. Die Zahl der Sachsen darin schätzte man auf wenig mehr als 2000 Seelen, 700 Walachen und Zigeuner, 69 Magyaren, 8 Armenier und 5 Griechen. Es war schwer in die Stadt zu gelangen, nicht wegen der alten Befestigung, die von Jahr zu Jahr mehr verfiel, sondern wegen der schlechten Wege, die hinführten. Wer glücklich durch die Baiergasse durchgekommen war, blieb unfehlbar ebenso „stecken", wenn er unter dem Turm, der die Marktbrücke schützte, durchgefahren war, wie in der Hill=, Mühl= und Spitalsgasse. Überall waren gute Nachbarn mit Hebebäumen ausgerüstet, die Wagen herauszuheben. In allen Sümpfen in den Gassen hausten die Frösche, die an schönen Abenden Konzert gaben und wenn die Mühlgasse in einem Jahr zweimal austrocknete, bedeutete solches einen guten Herbst. Wenn der „Eisrampler" (Eisgang) im Schaaser Bach herunter kam, dann brauchte es, wie 1828, viele Tage, bis man die mächtigen Eisschollen aus der Gasse entfernte. Berühmt waren die Schäßburger Kirschen. Wenn sie zu reifen begannen, dann zog die ganze Bevölkerung an schönen Sonntagen hinaus in die Berge, an deren Abhängen die süße Frucht lockte und es war ein Schellen, Schießen und Jubeln, dem erst die Nacht ein Ende bereitete. Der Erwerb ruhte auch hier auf dem Gewerbe, dem Landbau und Weinbau. Unter den Zünften ragte die der Wollenweber hervor, sie zählte 1809 96 Meister. Die meisten Frauen beschäftigten sich im Hause mit Wollespinnen, die vornehmsten ebenso wie die geringsten; Frau und Magd spannen in gleicher Weise. Es war möglich, daß eine arme Witwe wesentlich vom Verdienst des Spinnrades einen Sohn auf der Universität erhalten konnte. Es setzte vielen Fleiß voraus, den die Schäßburgerin immer bewährte; der Ausdruck „mit der Arbeit gehn" ist bezeichnend für die Abendbesuche,

die man sich machte, wobei eben die Arbeit beim trüben Talglicht, dessen
Docht mit der Lichtschere geputzt werden mußte, wenn nicht die Finger es
taten, niemals fehlte, doch auch das Gespräch nicht zu kurz kam. In
der Landwirtschaft vollzog sich ein wichtiger Übergang. Noch am Ende
des 18. Jahrhunderts überwog der Kornbau, so daß an einem Morgen
400 Pflüge zum Mühlgässer Tor hinausfuhren, die größern Grund=
besitzer, so die Fleischhauer und Seifensieder, hielten ihre Pferde= und
Ochsenzüge, bauten Korn und machten Heu auf ihren Wiesen; noch 1819
betrug der Zehnte des Pfarrers d. h. drei Quarten davon tausend Haufen
Korn. Aber allmählich trat der Mais an dessen Stelle. Ängstlich sorgte
Magistrat und Kommunität, daß das Brachfeld nicht angebaut wurde.
Wer ein Landstück dort einhegte, mußte an die Stadt einen Betrag
zahlen. Die geringen Bedürfnisse des Hauses, die es nicht vom Jahr=
markt einkaufen konnte, befriedigte es bei den paar mazedonischen Baum=
wollgriechen, die allmählich aus der Turmgasse auf den Marktplatz
zogen. Die Stadt hatte Legstätten für Hunyader Eisen, bis 1818 eine
Eisenhandlung entstand, im selben Jahr errichtete J. B. Misselbacher
die erste Materialhandlung mit der Verpflichtung, sich der Aufsicht des
Stadtphysikus zu unterwerfen. Es kam vor, daß er an schönen Tagen
das Geschäft zusperrte und auf die Jagd ging; dann stellte er den Lehr=
jungen vor die Türe, mit dem Auftrag, den Kunden zu sagen, sie sollten
warten. Als um diese Zeit der alte Baumwollgrieche Petko einmal zwölf
Zuckerhüte zugleich in seinem „Gewölb" ausstellte, liefen die Leute hin,
das Wunder zu sehn.

Im Jahre 1823 hatte die Kaufmannswitwe Platz ihr Handelsrecht
an zwei Mediascher verpachtet. Die Kommunität geriet darüber in große
Aufregung, sie meinte, daß ein solches Recht unmöglich als Privatbesitz
der Verpachtung unterliegen könnte und sah den gesamten Schäßburger
Handel und den Wohlstand der Bürgerschaft dadurch gefährdet. Sie
setzte durch, daß die Mediascher nicht hereinkamen. Als im Jahre 1826
ein Grieche Balaban einen „Levantehandel" einrichten wollte, wurde er
gleichfalls abgewiesen; man bedürfe dessen nicht.

Die alten Befestigungen gerieten immer mehr in Verfall. Im Jahre
1819 stand die Stadtmauer beim Schusterturm in Gefahr einzufallen,
1826 regte die Kommunität die Abtragung des Mühlgässer Tores an,
da es den Einsturz drohte; 1827 klagte man über die gänzlich verfallenen
Fahrwege auf die Burg.

Die Stadt hatte am Anfang des Jahrhunderts großen Mangel an
geschickten Maurern, Zimmerleuten, Schlossern und Hafnermeistern. Sie

hatte versucht, sie von „draußen" hereinzubringen, stellte ihnen Reisevergütung in Aussicht, versprach ihnen Steuerfreiheit für zehn Jahre und eine Hofstelle, die nach dreißig Jahren ihr Eigentum werden sollte. Doch blieben wenige da und mit manchen ergab sich wegen der Ersitzung nachträglich Streit. Das Gubernium hatte 1804 befohlen, es sollten sechzehn Fleischer in der Zunft sein, die Kommunität setzte sie 1810 auf zehn herab. Doch wurde die Zahl wieder erhöht, da auch sechzehn leben könnten. Mit Unwillen sahen die Städter, wie der Zufluß fremder Menschen in die Stadt zunahm. Die Kommunität drang 1822 darauf, „die fremden Vagabunden, Walachen und Ungarn" abzustiften, das Gubernium unterstützte die walachische Zuwanderung. Die Bitten um Zuwendung von „öffentlicher Erde" nahmen zu und konnten schon mit Rücksicht auf die Stadt nicht erfüllt werden.

In der benachbarten Woßling, dem alten Prädium der Stadt, begann Unzufriedenheit unter den Untertanen zu erwachen. Im Jahre 1821 taten sie sich zusammen, machten einen Aufschlag auf den Wirten und bekamen 28 fl. und zwei Viertel Hafer zusammen, um den Hermannstädter Advokaten Basil Aron zu engagieren, der solle zum Zweck der Erleichterung ihrer Lage Prozeß führen. Der Schäßburger Magistrat verurteilte die „Rottenmacher" zu 40 Stockschlägen, die Hälfte sollten sie auf dem Schäßburger Markt, die Hälfte in der Woßling erhalten und zur Abstiftung. Die Kommunität war mit dem ersten einverstanden, doch wollte sie von der Vertreibung nichts wissen, da sonst die Stadt den Schaden hätte.

Im übrigen kamen selten so aufregende Fragen vor die Kommunität. Die Festsetzung der Holzpreise aus dem Wald, wobei sie wiederholt unwillig fand, „daß das Holz aus dem Wald sich vergreife", der Ziegeltaxen, die Bitte an den Magistrat, für das Publikum ein neues Flaschenzugseil anzukaufen, der Verwüstung der Bäume auf dem Schulberg zu wehren, die Arrestanten zu öffentlichen Arbeiten zu verwenden (1826), regte die Gemüter nicht auf. Die Mitglieder kamen so schlecht in die Kommunität, daß 1823 beschlossen wurde, wer nicht in die Sitzung komme, solle ausgeschlossen werden. Eine Anregung, die im selben Jahr das Gubernium gab, den Schaaserbach abzuleiten, fand keine Folge.

Die Sonntagsfeier war streng, Frühkirche und Vesper wie der Hauptgottesdienst stark besucht; nur in der Bergkirche wurde deutsch gepredigt, in den andern Kirchen sächsisch. Die Zeit der Weinlese und des Kukurutzabnehmens, auch verlorene Sachen wurden von der Kanzel verkündigt und vor dem „Paulinesloch" bei der Kirche rief der Stadtdiener die Käufe und Verkäufe aus. Zu den zwei Apotheken, die die Stadt hatte, war im Jahre 1820 eine dritte hinzugekommen. Den beiden Ärzten Misselbacher und Leichamschneider wurde der Gehalt 1819 um je 100 fl vermehrt. Die ersten Vereinigungen, zwei Leichengesellschaften, stammten aus dem 18. Jahrhundert.

Den öffentlichen Geist der Stadt charakterisierte die steigende Teilnahme an der Schule. Wohl waren die Gehalte auch für die damalige Zeit elend, der Rektor erhielt 72 fl., der 2. Kollaborator 12 Gulden, aber der Lehrer galt als Freund des Hauses, der Anteil an allem bekam, was das Haus besaß; die „Coquin" ging bis in die vierziger Jahre reihum bei den Eltern der Schüler des Untergymnasiums. Elementarlehrer gab es keine, die Togaten unterrichteten völlig ungeordnet die „Schülleraner" in den Anfängen des Lesens und Schreibens. Eine drückende Armut lastete auf der Schule, ein Enge und hinderliche Sparsamkeit. Der Rektor Zay las von 6—7 Uhr morgens Theologie, die die ganze Schule besuchte und die er lateinisch vortrug. Zur Winterszeit brachte er in der Manteltasche das Stümpfchen Talglicht mit und es kam vor, daß er es verlöschte, wenn er den Paragraphen gelesen hatte, den er behandeln sollte und dann im Dunkeln weiter dozierte. Prediger und Lehrer hielten zusammen die deutsche Preßburger Zeitung und die Hallesche Literaturzeitung, es war alles, was sie an Zeitungen lasen. Lehrmittel gab es keine in der Schule, Bibliothek auch eigentlich nicht. Als 1813 eine Kirchenvisitation in Schäßburg vorgenommen wurde, da ergab sich, daß „ein großes Feld zur Verbesserung" für das Lokalkonsistorium vorhanden sei, wenn auch nur die auffallendsten Mängel und Gebrechen geheilt werden sollten, und besonders den Lehrern wurde eingeschärft, sie sollten in die Kirche gehen, ihren Vorgesetzten mit Achtung begegnen und „von öffentlichen, durch die Regierung sanktionierten Anstalten mit Bescheidenheit urteilen, vor dem Tonangeben oder gar Parteiergreifen sich sorgfältig hüten." Unter den Lehrern der Anstalt aber befand sich schon der Mann, der berufen war, einen neuen Geist zunächst an dieser Schule zu erwecken, dann später Größeres in größeren Kreisen zu leisten, Georg Paul Binder, der von 1808 an als Lehrer, von 1822 bis 1831 als Rektor der Anstalt diente. Er schuf mit Zay eine Ordnung an der Schule, sie führten die deutsche Unterrichtssprache ein, machten einen Lehrplan, ordentliche Kurse — je zwei 2jährige in drei Klassen des Obergymnasiums — schufen Leitfäden, schafften Lehrmittel an, gründeten eine Lehrer- und Schülerbibliothek, wie Binder auch 1823 die erste Lesegesellschaft zusammenbrachte, die für eine Volksbibliothek sorgte; 1817 war das neue Gymnasium fertiggestellt worden. Es war doch ein großer Fortschritt gegen früher, wo alle drei Klassen unter einem einzigen weiten Gewölbe untergebracht waren, teilweise in der Erde, bloß gegen den Pfarrersgarten mit zwei ordentlichen Stubenfenstern versehen und nur durch Bretterwände und Staketen von einander abgesondert, so daß etwa der vierte Teil des gewölbten Gemachs für alle drei Klassen zum gemeinschaftlichen Eingang diente. Alle drei hatten einen einzigen gegossenen Heizofen, und die Schulkinder aller drei Klassen gingen, sobald die Sekundaner ihre Schule mit dem Pater noster geschlossen, auseinander und nach Hause; lauter Überbleibsel der alten und ursprünglichen „Commun", wo die verschiedenen Schüler anfänglich vielleicht nur auf verschiedenen Bänken sitzen und in Klassen gesondert sein mochten.

An der Spitze der Stadt standen in diesen Jahren die Familien Schech, dann Köhler, der langjährige Bürgermeister und Weißkircher, Senator Schwarz, Laur. Verwerth, später Pupillarinspektor. Sieben, nun lebenslängliche Senatoren und ein Notarius machten das Amt aus. Der alte Schech, geadelt mit dem Beinamen von Sternheim, war 1807 gestorben, er war der letzte Schäßburger Königsrichter gewesen.

Schäßburg war das Emporium des angrenzenden Seklerlandes, das von hier sich mit Kolonial- und ähnlichen Waren, mit Wein und Frucht versorgte. Die Olahfaluer und Zetelakaer kamen zahlreich, in der Regel viele Wagen hinter einander, nach Schäßburg gefahren und brachten Bretter. Sie waren schon von weitem am Geknarr und Geächze und Quietschen ihrer Räder zu erkennen, da die Wagen ganz aus Holz waren. Der Volkswitz deutete jene charakteristischen Töne. Fuhren sie langsam, so hieß es ehetném-ihatnám — essen möcht ich, trinken möcht ich; fuhren sie rasch, so klang es: ёttem, ittam, jó laktam — hab gegessen, hab getrunken, habe gut gewohnt! Wenn sie in der Nähe eines Ortes auf dem Felde lagerten, stellten sie die Wagen zu einer Wagenburg zusammen, in deren Mitte sie das Feuer anmachten, während die Pferde in der Nähe weideten. Auch Flöße kamen zahlreich im Frühjahr auf der Kokel herunter. Der „Flitzenzakel" war eine bekannte Figur. Sein langes Seil spielt auch im Märchen eine Rolle. Wenn sie über „das Wehr" fuhren, ging Alt und Jung gern es ansehen. Auch die Bürger kauften zuweilen von dem Holz „auf Profit".

An der Spitze des kirchlichen Gemeinwesens stand seit 1819 als Stadtpfarrer Georg Müller, von dem bei seinem Tode (1845) gerühmt wurde, daß er Bedrängten und Notleidenden der stets bereite Helfer, seiner Gemeinde der eifrigste Lehrer und den städtischen Schulanstalten, namentlich dem Gymnasium, der besorgteste und teilnehmendste Oberaufseher gewesen sei.

Noch kleiner waren die Verhältnisse in Mediasch, enger noch das Leben darin. Die innere Stadt, mit elf ungepflasterten Gassen, war ausschließlich von Sachsen bewohnt, rund 2500 Seelen, aber rings um die Stadt hatten sich Walachen, Zigeuner, Ungarn niedergelassen, die zusammen an Zahl die Sachsen fast erreichten. Es gab in der ganzen Stadt nur ein zweistockhohes Haus, das unter Josef II. in Privathände übergegangene Piaristenkloster auf dem Markt, die meisten Häuser waren ebenerdig, aber mit geräumigen Höfen, mit Blumen= und Küchengärten versehen. Das Gymnasium litt unter noch größerm Mangel als alle andern, die kärgliche Besoldung von 395 fl. 50 kr. für zwölf Lehrer war 1800 auf das Doppelte erhöht worden, wovon ein Drittel der Stuhl tragen sollte. Die Zeitgenossen rühmten von den Mediaschern, daß sie in Kultur und Aufklärung den Hermannstädtern und Kronstädtern nacheiferten, die Verfeinerung der Sitten und der Luxus aber sei so groß wie in den bessern Städten Deutschlands und wirklich „ungeheuer". Die Mittel dazu lieferte der Weinbau, Handwerk und Verkehr. Der Handel mit ausländischen Waren war in die Hände der Elisabethstädter Armenier übergegangen, aber die Sachsen gewannen ihn langsam zurück. Der inländische Handel war in sächsischen Händen; sein Hauptgegenstand war der Wein, der Weinbau die Hauptbeschäftigung der ganzen Gegend, das charakteristische Wappen der Stadt eine Hand, die einen traubenschweren Weinstock trägt. Wohin das Auge schweifte, sah es an den sonnigen Halden die freudebringende Rebe und dazwischen im Frühling die rosigen Blüten des Pfirsichbaums, der dort wie in Broos und Bistritz besonders gedieh, und wenn der Herbst kam, dann war's ein Leben in den Weingärten, wie es lustiger und schöner nicht gedacht werden konnte. Noch besorgten hauptsächlich die Frauen die Aufsicht über die Weingartenarbeit, zu Hause spannen sie, machten Spitzen, nähten und besorgten das Branntweinbrennen. Aber auch die Landwirtschaft gedieh. Die Kommunität dang die Hirten für drei Herden — die große Herde, die Kuhherde, die Kälber, Schweine und Ziegen —; bei Arrest und Stockschlägen verbot sie 1823 alle Winkelhut. Damals schon gingen in Mediasch die Jungen, solange sie noch die Schule besuchten, in „die Gesellschaft" und frühe Liebes= und Brautschaften schlugen die jungen Herzen in Bande, die mehr als einmal drückend wurden. Der Fasching erhielt seine besondre Würze, wenn hin und wieder die sächsischen

Tabularkanzellisten aus Vasarhely nach Mediasch herüberfuhren, über=
mütige Gesellen, zu Narreteien geneigt, bestrebt liebende Herzen zu necken
und zufrieden nur, wenn mindestens ein Mann aus dem Ballsaal von
ihnen hinausgeworfen wurde. Neben und Rettige hatte Schesäus im
16. Jahrhundert von Mediasch besonders gerühmt, nun war der Schnupf=
tabak dazu gekommen, der einen gewissen Ruf genoß. Von den Wirts=
häusern stand schon „Deutschland" am Ende der Stadt, das Einkehrhaus
für die von und nach Hermannstadt Fahrenden, an dem die Landstraße
vorbeiführte. Am längsten hatte sich in Mediasch die alte Einrichtung
des Nachbarschaftsbackhauses erhalten. Jede Gasse bildete eine eigene
Nachbarschaft, die ein gemeinsames Backhaus besaß, in dem nicht nur
das tägliche Brot, sondern auch Festbäckereien gebacken und verschiedene
Braten gebraten wurden. Aus dem Backhaus brachte sich die Hausfrau
am Vortag den Sauerteig, den sie brauchte, und vor Tagesanbruch ging
die Bäckin von Haus zu Haus und klopfte an das Haustor: „ich heiße
kneten", trug, wenn der Teig fertig war, am vordern Ende die Molter
mit dem Teig ins Backhaus, das Dienstmädchen des Hauses am hintern
Ende, und erhielt den zehnten Teil des Teiges als Abgabe. Die „Backes=
mären", die schon in alter Zeit berühmt waren, hatten ihren Wert
behalten und trugen die Neuigkeiten, die heute die Zeitung vermittelt,
durch die Gassen.

Als nach der Regulation die neue Ämterbesetzung stattfand, erhob
sich wieder der alte Familienstreit zwischen den Heydendorff und Hannen=
heim, der um so erbitterter war, als beide miteinander verwandt waren. Im
Jahre 1805 wurde Heydendorff Bürgermeister, 1813 mit dem Leopolds=
orden ausgezeichnet, 1815 fiel er gegen Hannenheim durch und klagte,
obwohl er 85 Jahre alt war, über Umtriebe, erreichte auch in der Tat
die Anordnung der Neuwahl, die aber das gleiche Resultat hatte. Nun
trat der alte Herr erst in den Ruhestand. Er gehörte zu den historischen
Größen der Stadt, die Forkeschgässer Nachbarschaft sah es als besondere
Ehre an, daß er ihren Richttag besuchte und das Kollegium ehrte seinen
90. Geburtstag am 26. Mai 1820 „durch die abendliche Errichtung
einer Säule" und durch den lateinischen Glückwunsch:

> Heil Dir und Glück! so ruft mit lauter Stimme der Priester,
> Spät nur gehe Du heim, wie es einst Nestor getan!
> Heil Dir und Glück, so hallt es zurück im Herzen der Bürger,
> Und aus der Freunde Schar: spät nur gehe Du heim!

Am 21. September 1821 starb er. Er hatte zu den Tüchtigsten
seiner Zeit gehört, eine durchaus ehrliche Natur, hatte im Dienst seiner

Vaterstadt und seines Volks ein langes Leben hindurch treu gearbeitet, ein rechter Typus des tüchtigen, so oft verlästerten sächsischen Beamten, unermüdlich fleißig, gesetzeskundig, vor den Obern sich beugend, doch stets ein tapferer Kämpfer für das Recht, mit dem Herzen für das Volk warm fühlend, wert des Dankes auch der Nachkommen.

Er hatte schon das Stilleben erfahren, das auch in seiner Vaterstadt den Einzug gehalten hatte. Die „Kontributionssachen" und Militärfragen standen hier im Vordergrund. Der Stuhl und die Stadt lagen an der Landstraße, dadurch manchen Plackereien ausgesetzt, aber am meisten drückte die Einquartierung, für die Stuhl und Stadt die Naturalien zu liefern hatten. Immer wieder klagten die Offiziere über ungenügende Unterkunft und verlangten Abhülfe. Der Stab lag in Birthälm, Eugen v. Savoyen-Dragoner, deren Offiziere auf dem Birthälmer Pfarrhof, dem Bischofssitz, gern gesehene Gäste waren, zu denen nach altem Herkommen jeden Sonntag die drei Prediger mit ihren Frauen gehörten, die auch beim großen Gastmahl zugegen waren, das bei jeder Ordination stattfand. Aus dem Splenyschen Infanterieregiment, das in Mediasch stand, wollte 1818 ein Invalid aus Mediasch austreten, nachdem er 21 Jahre gedient hatte. Das Regiment wollte ihn entlassen, drei Freunde ihn erhalten, aber der Magistrat entschied: kein Soldat könne ohne Stellung eines andern Manns und ohne Bezahlung der Ärarialunkosten entlassen werden. Im Jahre 1822 war auch der Niemescher Kantor ausgehoben worden und verlangte seine Freilassung. Sie wurde ihm nicht gewährt, weil er der älteste von fünf Brüdern sei, keinen eignen Besitz habe und „vermöge seiner Konduit zum Schullehrer nicht geeignet befunden worden". Ungewöhnlich drückend waren die Vorspannsleistungen, die von den Bauern verlangt wurden. In Bogeschdorf hatten nur neun Wirte Pferde, es kam vor, daß jeder in einer Woche zweimal fahren mußte. Die Folge war, daß die Leute ihre Pferde verkauften, selbst als die Pferdebesitzer von den andern Gemeindelasten befreit wurden. Das führte zu Regulierungen, die auch die Ochsenbesitzer zur Vorspann verpflichteten (1818): wer acht Stück Vieh habe, solle dreimal in der Reihe Vorspann leisten, mit vier bis sieben Stück zweimal, mit zwei bis drei Stück einmal. Aber die die Vorspann forderten, verlangten doch Pferde und wurden sie nicht gegeben, so waren die Besitzer und der Hann Mißhandlungen ausgesetzt.

Das öffentliche Leben stockte fast vollständig. Als Komes Tartler 1821 Mediasch visitierte, fand er desperate Zustände: Die Herrn Referenten kämen nicht pünktlich in die Sitzung, schrieben auch nicht, wie es Anstand und Schicklichkeit erforderten, die Referate auf einen ganzen oder halben

Bogen, sondern auf ein Stückchen Papier und arbeiteten sie nicht aus, die Geschäftsprotokolle seien nicht ausgefertigt, die Kommunität verhandle auch Privatsachen, ihre Protokolle aber seien unter aller Kritik, das Stadtteilamt hatte überhaupt keine Protokolle geführt, bei Einsendung der Rechnungen aber ergäben sich nirgends in allen sächsischen Kreisen soviele Anstände wie in Mediasch. Der Komes drang ernst darauf, die untauglichen Leute aus dem Amt zu entfernen. Das Gefängnis war 1818 in einem kläglichen Zustand, es hatte nicht einmal Pritschen, die Arrestanten lagen auf der feuchten Erde, die Luft war unbeschreiblich, die Gitter an den Fenstern zerbrochen. Einiges wurde gebessert und 1821 nahm der Magistrat vergnügt zur Kenntnis, daß die Arrestanten sich erholt hätten, stärker geworden seien und ein gesundes Aussehn mit Rosen sich erworben hätten und beschloß, sie sollten zu Arbeiten verwendet werden.

Eine große Staatsaktion war auch hier die jährliche mitunter wiederholte Feststellung der Fleischpreise, die die Fleischer 1819 jährlich einmal vorzunehmen wünschten. Im Jahre 1819 wurden auf dem Marktschelker Jahrmarkt drei Ochsen gekauft. Bei Aushauung und Verkauf des Fleisches ergab sich bei einem Preis von 6 Kreuzern für das Pfund ein Nutzen von 2 Gulden 1 Kreuzer — infolgedessen der Fleischpreis von 8 auf 6 Kr. herabgesetzt wurde. Im Jahre 1821 kostete es nur 5 Kr., 1824 4 Kr. Das Gubernium und das Militär wurde davon verständigt. Das Zivil aber klagte auch hier, daß es schlechter bedient werde als das Militär. So wurden 1822 die Fleischhauer verpflichtet, nicht nur besseres, sondern auch „genüglicheres" Rindfleisch aufzuhauen, und zwar für das Militär ein besonderes Stück. Doch nützte das nichts und da die Kommunität klagte, daß die Bürger nur das übriggebliebene Fleisch bekämen, wurde angeordnet, es sei hinfort für das Militär ein besonderer Ochse in einer eignen Bank zu einer besondern Stunde auszuschroten. Es sollten in Mediasch bloß 16 Fleischhauer sein. Infolgedessen wollten sie 1819 den dortigen Martin Binder nicht eindingen, der Komes mußte es befehlen.

Es gab in der Stadt 27 Zünfte, darunter die Chirurgen. Als 1819 G. Knotzer eine Rasierstube errichten wollte, mußte der Chirurg sein Gutachten abgeben. Die Zünfte waren unter die Aufsicht der Senatoren aufgeteilt, die ebenso die vier Quartale, in die die Stadt eingeteilt war, beaufsichtigten. Als ein fremder Baumeister Melicsek vom griech.-katholischen Bischof den Bau der Kirche auf dem Zekesch übernommen hatte, mußte er sich vorher in die Zunft einrichten. Das enge Leben grade der Handwerker zeigte sich allenthalben. An den Wochenmärkten durfte abwechselnd stets nur die Hälfte der Lederer die Waren feil halten, die wandernden „Thuten" (Slowaken) durften ihre Waren verkaufen; die zwei Rauchfangkehrer, die die Stadt hatte, durften nur mit Wissen des Magistrats sich auf die Dörfer begeben.

Inmitten des Magistrats gab es, auch als der alte Gegensatz Heydendorff-Hannenheim erlosch, immer neue kleinliche Händel. Der alte Biedersfeld hatte 1819 einmal im Zorn gesagt: Ihr namhaft weisen Herrn und viele Bürgermeister von Mediasch können mich . . . und hatte das Wort aus Götz von Berlichingen wiederholt. Darob große Aufregung und Verhandlung im Magistrat, die der junge Biedersfeld, der Archivar war, genau auch in den Index eintrug. Da verlangten die Betroffenen die Änderung, die Biedersfeld nur vornehmen wollte, wenn er den schriftlichen Auftrag dazu erhalte, worauf er „vom Salario suspendiert" wurde. Die Kommunität beschwerte sich 1822, die Beamten gebrauchten die Stadtdiener zu Privatzwecken. Die grobe Antwort des Magistrats: jeder Beamte werde wissen, sie zu dem zu verwenden, wozu selbige Diener eigentlich bestimmt sind, bewies die Richtigkeit der Klage.

Trotz alledem wurden auch einige größere Arbeiten in Angriff genommen. In den Jahren 1816—1819 wurde der durch die Stadt fließende Bach ausgegraben und bis zur Kokel reguliert für 667 Gulden und 24 Kreuzer. Der Ingenieur Steinbach erhielt dafür eine Hofstelle für 373 Gulden 20 Kreuzer. Im Jahre 1821 wurde die Straße nach Marktschelken gebaut, 1826 die von Stolzenburg nach Marktschelken, 1825 machte der Forstmeister Mayland den Vorschlag, die Waldblößen aufzuforsten, 1826 wurde das Grundbuch fertiggestellt. Alle diese Sachen wurden durch die höhere Bevormundung sehr erschwert. Wollte die Kommunität die Winterweide einrichten, so mußte sie bei Hof einkommen, wie das Frauendorfer Hannenamt um die Bewilligung, 294 fl. 52 kr. für die Reparatur der Burghüterstube auszugeben. Monatlich wurden die Geschäftsprotokolle dem Komes vorgelegt und doch — oder darum — klagte man 1822 über „sträfliche Geringschätzung höherer Anordnungen". Die mischten sich allerdings in alles hinein. Im Jahre 1827 wurden dem „gemeinen Volk" die Gewehre abgenommen, mit denen es an Hochzeiten, an Namens- und Feiertagen schoß, jedes Vergnügen stand unter öffentlicher Bevormundung. Im selben Jahr 1827 wurde eine Theatergesellschaft auch in der Fastenzeit in der Stadt geduldet, weil sie ein gutes Stück für die Armen geben wollte und die Armenkasse nichts hatte.

An der Spitze der ev. Kirchengemeinde stand von 1784—1821

Magister Joh. Schmidt, lange Jahre auch Dechant des Kapitels, bei seinen Zeitgenossen in hohem Ansehn. Ihm folgte 1830 S. G. Brandsch, der in jenen Tagen Lehrer am Gymnasium war, eine poetisch begabte Natur, voll Witz und Geist, der im Jahre 1809 „die sächsische Bürgermiliz in Paris" in köstlichen sächsischen Versen geschildert hatte, die heute noch gern zitiert werden: Erous de Sarras, wixt de Grunn — Wat Odem hot, dat meß dervun usf. Unter den Kollegen befand sich auch der später zugrunde gegangene Brecht von Brechtenberg, der Ende der zwanziger Jahre mit poetischen Arbeiten vor das Publikum trat, dann von seinem Talent als Improvisator ins Unglück geführt wurde.

Die kath. Kirche, die auch hier aus dem 18. Jahrhundert ein schwaches Dasein führte, hatte wiederholt Händel mit den Evangelischen. Im Jahre 1819 beschwerte sie sich über Geringschätzung und Verachtung der kath. Religion: an einem kath. Feiertag habe der Magistrat den Markttag nicht verhindert, General Csivich habe die Tore besetzen müssen, um die Leute nicht herein zu lassen, an kath. Feiertagen arbeiteten die Evangelischen, an des Kaisers Geburtstag kämen die Beamten nicht in die Kirche, Normalschule habe die Stadt keine errichtet, aber einen großen Tanzsaal wolle sie bauen. Es fiel dem Magistrat nicht schwer, den Nachweis zu liefern, daß das Unwahrheiten und Übertreibungen seien, spielte doch die ev. Musik und orgelten die ev. Studenten bei kath. Festen. Im Jahre 1827 trug das Gubernium der Stadt das Patronat über die kath. Kirche dort an, das diese vorsichtigerweise ablehnte.

In diese kleine Welt war 1822 der Feuergeist Stef. Ludwig Roth als Lehrer eingetreten, den stillen Jahren erschien sein Gähren und Brausen erst verwunderlich, dann gefährlich, sie wollten nicht gestört sein. Ein Jahr vorher hatte er auf Pestalozzischer Grundlage den Plan entwickelt, wie dem Schulwesen aufzuhelfen sei, es war der Trompetenruf einer neuen Zeit, der aus seiner „Bitte und Vorschlag über die Errichtung einer Anstalt zur Erziehung und Bildung armer Kinder für den heiligen Beruf eines Schullehrers auf dem Land" klang, den er „an den Edelsinn und die Menschenfreundlichkeit der sächsischen Nation in Siebenbürgen" richtete; er traf noch taube Ohren und schlafende Menschen. Das Schulgebäude war völlig zerfallen, doch seit dem Anfang des Jahrhunderts mühte sich die Behörde Abhülfe zu schaffen, ohne daß die Sache von der Stelle rückte. Erst 1827 beschloß das Lokalkonsistorium, „ungesäumt an die Herstellung des Schulgebäudes Hand anzulegen". Es wurde in der Tat in fünf Jahren fertig gestellt, in denselben Jahren (1816—1824) die Mädchenschule gebaut. Die Opfer=

willigkeit der Stadt wurde nicht umsonst angerufen, im Jahre 1823
sammelten die Nachbarschaften 2353 fl. Der Beschluß, zur Abhülfe der
Not an der Hattertgrenze gegen Probstdorf zu ein Kirchenwirtshaus zu
erbauen, scheint nicht ausgeführt worden zu sein. Die Einführung des
neuen Lehrplans brauchte auch hier geraume Zeit. Der Dränger Stef.
Ludwig Roth erbot sich 1826, diplomatische Vorlesungen zu halten und
bat den Magistrat um eine Urkunde. Der erwiderte, daß „die Tra=
dierung der Diplomatik" nicht angeordnet sei und verweigerte die Urkunde.

Ein Land für sich bildete wie im Südosten das Burzenland im
Norden das Nösnerland, der Bistritzer Distrikt mit dem Vorort Bistritz.
Man rechnete die Einwohnerzahl auf etwa 5000 Menschen, die Mehr=
zahl Sachsen. Das Gewerbe war in 16 Zünften zusammengefaßt, die
in die Moldau und in die Bukowina reichlich Absatz für ihre Erzeug=
nisse fanden. Während des russisch=türkischen Kriegs und der Unruhen in
der Moldau spürte die Stadt die Nachbarschaft, strengere Kontrolle der
Bevölkerung, aber auch vermehrten Absatz und lebhaftern Handel. Die
stärkste Zunft war die der Schuster, dann folgten die Kürschner, Lein=
weber, Gerber, Faßbinder; um 1800 hatte man 500 Meister gezählt,
dazu sechs Kaufleute und eine Buchdruckerei. Aber das Kaufhaus auf
dem Kornmarkt war lange Zeit hindurch nicht ganz besetzt. Besonders
durch die Bemühungen des Rektors Tr. Klein wurde das Schulwesen
gehoben, das Gymnasium verbessert, aber das Gebäude war ein Trümmer=
werk und drohte den Einsturz. Mit kaiserlicher Erlaubnis wurde 1832
das neue Gymnasium erbaut.

Noch standen um die nahe schöne Kirche die alten Lauben, in
denen die Handwerker ihre Erzeugnisse feilboten, eine große Anzahl von
Häusern war unten mit den schönen Bogen versehen, die aus dem
Mittelalter stammten und im Regen Schutz gewährten. In der Stadt
lag seit alter Zeit Militär, mit dem es manche Irrung gab. Im
Jahre 1816 hatte ein Oberleutnant vom Regiment Czartorisky einen
Bürger wegen einer kleinen Beleidigung auf der Hauptwache mit 50 Stock=
schlägen bestrafen lassen — „als Überbleibsel aus den Zeiten Attilas,
als Äußerung eines rohen Militärdespotismus" sahen es die empörten
Zeitgenossen an. Die Hausfrauen beschwerten sich, daß die Mannschaft
sie beim Fleischkaufen hindere, so wurde 1821 befohlen, sie solle zugweise
zu den Fleischbänken gehen und sich mit dem Zivil nicht vermischen.
Seit der Zulassung der Konzivilität waren einige Häuser in der Stadt
in nichtsächsische Hand gekommen, ein Graf Bethlen und Kendefy hatten
sich in der Stadt niedergelassen. Im übrigen war sämtlicher Besitz in

sächsischen Händen. An der Spitze der Kirche standen die Stadtpfarrer
Niereicher († 1826), Klein, der einst ein sehr bedeutender Rektor des
Gymnasiums (1809—1817) nach wenigen Monaten starb († 1827), als
Historiker des Nösnerlandes nicht ohne Bedeutung, dann P. G. Groß
1827—1843. An der Spitze der Stadt und des Distrikts standen seit
dem Anfang des Jahrhunderts abwechselnd als Oberrichter Martin
Pfingstgräf und Schaller von Löwenthal, an dessen Familienvorfahren
sich der ärgerliche Prozeß um Kuschma knüpft, dann von 1826—1831
J. G. Lani († 1831).

Bürgerschaft und Magistrat standen in stetem Kampf mit einander.
Wenn ein tüchtiger Beamte Größeres unternahm, hinderte es der Magi‑
strat. Der brave Polizeikommissär Connert ließ die Stadt mit den Nachbar‑
gemeinden und einigen Distriktsorten mit guten Wegen verbinden, die
bis dahin sehr schlecht gewesen waren, der Magistrat versuchte die Arbeiten
zu hindern, so daß das Gubernium einschreiten mußte und dem Magistrat
befahl, die Wegebauten zu unterstützen. Schon 1815 hatte derselbe
Connert durch die Bistritzer Bruderschaft die Lindenallee auf dem süd‑
lichen Stadtdamm anlegen lassen und den neuen Weg zwischen den Toren
mit Bäumen besetzt. Als 1816 die Fleischhauer das Publikum nicht
ordentlich bedienten und dabei „die den Fleischhackern eigene Flegel‑
sprache mit übertriebenem Nachdruck brauchten" — wie Klein drastisch
schreibt — wurde die Zunft aufgehoben und die Stadt übernahm die
Fleischausschrotung. Außerdem gab es fortwährend Händel zwischen den
Evangelischen und Katholischen. Die bessern Bürger warfen den ev.
Senatoren Mangel an Einheit, Geistesschwäche, Mutlosigkeit und falschen
Ehrgeiz vor und spotteten, jene suchten eine Ehre darin, recht verschiedener
Meinung zu sein, während die Katholiken fest zusammen hielten. Gegen
die klare Verordnung der allerhöchst begnehmigten Vorschrift hatte der
Magistrat es nicht zugelassen, daß für die Evangelischen ein Konsistorium
in Bistritz eingesetzt wurde, er nahm „das Patronat" für sich in An‑
spruch, bis nach Anrufung des Guberniums 1820 zuletzt Komes Tartler
und Bischof Neugeboren zusammen nach Bistritz kamen und auf Grund der
Gubernialentscheidung endlich das Domestikalkonsistorium ins Leben riefen.

Auch für Bistritz war der Tag des kaiserlichen Aufenthalts bedeut‑
sam gewesen. Das Kaiserpaar war am 14. August 1817 in der Stadt
eingetroffen, in der Holzgasse im Filkenischen Haus war der Kaiser
abgestiegen, daneben im Zieglerischen die Kaiserin, die beiden Häuser
waren durch eine Türe miteinander verbunden worden. Bischof Neu‑
geboren war zur Begrüßung in Bistritz erschienen. Der Kaiser war mit

ihm sogar auf den Turm gestiegen. Beim Besuch des Gymnasiums hatte
der Kaiser seine Zufriedenheit darüber ausgesprochen, daß man am
Gymnasium auch Mathematik vorzutragen pflege. In Heidendorf hatte
die Kaiserin einige Bauernhöfe besucht. Einige Bauern kamen dann bei
ihr um ein Darlehn ein, um sich Vieh zu kaufen, das sie in den voran=
gehenden Jahren hatten verkaufen müssen. In der Tat erhielten jene,
für die sich das Amt verbürgte, und die die Rückzahlung in drei Jahren
versprachen, das erbetene Geld. Von besonderem Eindruck war in Bistritz
die Illumination gewesen, die am Tag der Ankunft das Kaiserpaar
ehrte. An mehreren Fenstern prangten Inschriften, am Rathaus:

> Heller als der Lampen Glanz
> Strahlt dein Name Kaiser Franz!

Dem Leben der übrigen sächsischen Gaue stand Bistritz ziemlich fern, der
Gedanke der Zusammengehörigkeit war eingeschlafen. Nur bei den Sitzungen
der Nationsuniversität sah das „Niederland" die Genossen aus dem
Nösnergau, die die lange Fahrt hieher, mit gutem Steiniger ausgerüstet,
mit dem unvermeidlichen Kartenspiel zu kürzen wußten. Das Stilleben blühte
auch da oben reichlich. Im Magistrat nahmen die laufenden Prozesse
die meiste Zeit in Anspruch, sonst waren es kleine Fragen, die die
Gemüter bewegten. Im Jahre 1820 befahl das Gubernium, daß bei
Schlägereien die Verstümmelungen ihm mitzuteilen seien — von Bistritz
gab es selten was mitzuteilen. Die höhern und höchsten Genehmigungen
hinderten jede rasche Tätigkeit. An der Szeretfalvaer Brücke sollte 1820
ein neues Mauthaus errichtet werden; als das Gubernium die Rechnung
verlangte — es sollte 114 fl. 48 kr. kosten — meldete der Magistrat,
er habe der Ersparnis halber das Haus aus dem alten Material gebaut
und werde nun die Rechnung hierüber vorlegen. Als im selben Jahre
ein zweiter Physikus mit einem Gehalt von 300 fl. angestellt wurde,
hatten sie vorher die „allerhöchste Erlaubnis" eingeholt und da sie ihn
endlich ins Amt einführen konnten, wurde er nicht nur zur tätigen Er=
füllung seiner Dienstpflicht, sondern auch zur Beförderung der „Vaccination"
ernstlich angewiesen. Die Juden versuchten, den Weinhandel an sich zu
bringen. Da beschloß der Magistrat, kein Jude dürfe Wein in die Stadt
bringen und keiner sich länger als 3 Wochen in der Stadt aufhalten.
Der Gehalt der Nachtwächter war 1821 auf 60 fl. erhöht worden, ein
„Neubauer" aus der Vorstadt hatte 24 Jahre bei den Soldaten gedient
und durch „heftige Blessuren an Leib und Kopf Invalid", verlangte er
Befreiung von der Kopftaxe. Der Magistrat wies ihn an, seine „Mise=
rabilität" ärztlich nachzuweisen.

In den Landgemeinden, aus denen mehr als eine Klage einlief, daß das Vieh des „Grebn" (Gräf = Ortsvorstand) immer im Verbot sei, waren die sonst unbekannten Kirchweihen jährlich wiederkehrende Feste, an denen teilzunehmen selbstverständlich war. Von einer Gemeinde, die im Geruch der Sparsamkeit stand, erzählten sie, sie habe die Kirchweih auf den Jakobustag gesetzt, wenn er auf einen Sonntag falle, so kams, daß das Fest Jahrzehnte hindurch ausfiel.

Im ganzen Distrikt bildete der Weinbau die Hauptnahrungsquelle, der „Steiniger" von Heidendorf war berühmt. Damals begannen kluge Leute, zuerst in Bistritz, edle Obstsorten anzupflanzen und für deren Verbreitung zu wirken.

In Mühlbach und Broos, wo überall neben dem Gewerbe der Weinbau gedieh, war das Leben besonders eingeengt durch die Tatsache, daß die Sachsen nicht mehr die Mehrzahl waren. In Mühlbach hatten die Walachen sehr zugenommen, sie verlangten 1801 sogar Anteil an der ev. Kirchenmühle, doch wies der Hof sie ab. Die deutschen Transmigranten waren noch nicht völlig mit den Sachsen verschmolzen. In Broos machten den Sachsen die reformierten Magyaren das Leben schwer. Auf der „Pfarrerinsel" lagen friedlich nebeneinander die Wohnungen der Geistlichen, des reformierten „großen Pfarrers", des reformierten „kleinen Pfarrers", des sächsischen Stadtpfarrers und seines Predigers, den größten Zehnten bezog der reformierte Pfarrer. Auf der Insel war der Holzmarkt. Wenn am Sonnabend die Leute aus der Umgebung das Holz zum Verkauf brachten, dann ging einer der evang. Lehrer hin und forderte von jedem Wagen ein Stück Holz, die alte Abgabe an die ev. Schule, die die Stadt in die Schule zu schaffen verpflichtet war. Die Reformierten und Evangelischen hatten nur eine Kirche, die alte sächsische, in der sie nacheinander Gottesdienste hielten. Doch gab es fortwährend Händel. Die Sachsen sahen sich infolgedessen gezwungen, die alte sächsische Kirche den Reformierten zu überlassen und 1820—1823 sich eine neue evang. Kirche inmitten der alten Ringmauern zu erbauen, die gegen solche Angriffe nicht zu schützen vermochten.

Eine besondere Stellung nahm Sächsisch=Regen ein, ein privilegierter Marktflecken, abgetrennt vom Sachsenland, zu dem er nie gehört hatte. Mit den Edelleuten des Komitats in vielfacher Berührung und in mannigfachem Gegensatz, hatten seine Bewohner es verstanden, ihre Angelegenheiten mit „dem Stuhlsknecht" — dem Szolgabiro — zu „richten". Es trug ländlichen Charakter an sich, doch übten die zahlreichen Handwerker, die alle auch Landwirtschaft trieben, besonders auch den köstlichen Wein bauten, städtische Beschäftigung. Der Reener Handwerker ritt am Sonntag nach der Vesper nach Tekendorf, wo am Montag Wochenmarkt war und übernachtete in Ujfalu. Kam ein plötzlicher Regen in den Tagen der Heuernte, so ritten die besten Bürger mit der Heugabel vor sich auf die Wiesen hinaus und alle halfen, das Heu in Klingen legen oder rasch nach Haus zu bringen, auch die Mädchen aus den besten Häusern fehlten dann draußen nicht. Die Bevölkerung der Stadt setzte sich aus zahlreichen Zuwanderern aus allen sächsischen Teilen des Landes zusammen, die Mischung war vielleicht auch eine Erklärung für die Regsamkeit und Tüchtigkeit der Bevölkerung. Um die Kirche standen noch die zahlreichen Speckkammern, die Fruchtbehälter und Keller, die die Vorräte aufbewahrten, nur allmählich bauten die Bürger sich die eignen Keller bei Neubauten, für die seit 1767 Schindeldächer vorgeschrieben waren. An Stelle eines alten Torturms war 1803 in die Mauer hinein das Rathaus gebaut worden, eine große Linde stand davor; 1822 bauten sie eine neue Knabenschule mit vier Klassenzimmern. Der große Marktplatz war völlig verbaut, dort stand das Maß- und Gewichtshäuschen, daran die Verkaufslauben der Zünfte, auch eine Barbierstube, Buden für die Marktweiber und das ausgedehnte Majorsgebäude für den Kommandanten der Savoyen-Dragoner, die dort lagen, deren Stallungen mitten in den Gassen aufgerichtet wurden, stets von großen Misthaufen umgeben. Auch aus den Häusern schüttete man sorglos alles auf die Gasse, selbst die Knochen wurden aus dem Tischtuch zum Fenster hinausgeschüttelt. Früher war der Hanfbau stark betrieben worden, der besonders seit 1817 stark vom Mais zurückgedrängt wurde. Außer den Weingärten und sehr wenigem „Erbland" war bis 1809 der ganze Hattert Gemeindeeigentum, der von Zeit zu Zeit neu aufgeteilt wurde. Reiches Erträgnis warf das Branntweinbrennen ab und am Anfang des Jahrhunderts begannen unternehmende Reener den Holzhandel auf dem Mieresch, darunter als einer der ersten der eingewanderte Zipser Sachse Meltzl, zugleich hob sich das Handwerk, so daß die Tschismenmacher hundert Meister, die Lederer fast das Doppelte zählten. Die Plackereien mit den Komitatsbeamten waren an der Tagesordnung. Im Jahre 1801 gelang es bei Hof das angefochtene jus gladii bestätigt zu erhalten, das außer den sächsischen Städten auch einige Märkte besaßen, so in der Nähe Reens die Gemeinde Botsch, dessen Vorsteher den Titel Bürgermeister führte. 1805 wurden in Reen ein Bäcker und seine Mutter wegen Vater- und Gattenmord hingerichtet. Das aufregendste Fest war die Installierung eines neuen Bürgermeisters, wobei das Arrestantenhäuschen von der Wohnung des alten Bürgermeisters mit

16—20 Paar Ochsen zum neuen geführt wurde. Wenn dieser den Eid geleistet hatte, begleiteten ihn Kommunität und Bürgerschaft, die Offiziere der Garnison und die Bevollmächtigten des Komitats mit Musik der Turner und lautem Pöllerschießen nach Hause, der Villicus trug in schwarzes Tuch eingehüllt das große Richtschwert, begleitet von zwei Trabanten, im Hof des Bürgermeisters aber standen mächtige Schäffer mit Wein, der in Krügen ausgeteilt wurde, ebenso weiches weißes Brot. Der geschlachtete Ochse reichte kaum für sämtliche Gäste und zur Spende an die Soldaten. Im Jahre 1817 richtete Sächsisch=Reen an den Kaiser die Bitte um Verleihung der Stadtrechte, doch vergebens. Vom Bürgermeister Wagner, dessen Frau mit Flößen bis Arad hinuntergefahren sein soll, wurde erzählt, wenn es ihm langweilig gewesen und er selbst des Rauchens müde geworden, dann habe er die Arrestanten auf die Gasse führen und zu seiner Unterhaltung züchtigen lassen.

Wie mußte aber erst das Leben klein und eng sein in den Stühlen, die keine Städte hatten. Der Leschkircher zählte auf 4 Quadratmeilen 11 Gemeinden, davon 6 walachische und die andern zum guten Teil auch nicht mehr sächsisch, der Reußmärkter ebenso klein, gleichfalls mit 11 Ortschaften, 7 davon ganz walachisch. Etwas größer war der Repser Stuhl mit 7 Quadratmeilen und 18 Ortschaften, vorwiegend sächsisch, um den alten Basaltfelsen von Reps gelagert, dessen Burg verfiel, so daß ein Offizier über sie das Urteil fällte: gut für einen Feind, der nicht absteigt. Um eine halbe Quadratmeile größer war der Schenker Stuhl mit 22 Gemeinden, die Mehrzahl deutsch. In all diesen Stühlen bildeten die Beamten die maßgebenden Mittelpunkte, in Schenk neben dem Königsrichter und Bürgermeister und Stuhlrichter noch 14 Beamte, dazu drei Überreiter und ein Kerkermeister, in Reps neben denselben drei Oberbeamten die gleiche Zahl Unterbeamten, die außer den Überreitern und Dienern noch zwei Trabanten kommandierten. In Leschkirch fehlte der Bürgermeister und es standen neben dem Königsrichter nur 9 Beamte, in Reußmarkt 11, die Hebammen überall nicht mitgezählt, die auch zum Amtspersonal gehörten. In diesen kleinen Kreisen war es von selbst gegeben, daß das Leben den stillbehaglichen Zug annahm, der es zu größern Taten nicht kommen ließ. In den Leschkircher Wäldern ließ es sich prächtig jagen, der geschickte Zigeuner, der als Stuhlskoch engagiert war, besorgte die Herrn dabei in vortrefflicher Weise und da sie ihm erlaubten, sich eine Gunst auszubitten, verlangte er nur, man solle ihm bei seinem Tode läuten wie einem Kommunitätsmann. Die Erinnerung und der Stolz, daß die Familie Brukenthal von hier stammte, lebte im

Volk fort. Eine Tochter des Hauses Brukenthal war an den Königs=
richter Brandsch verheiratet und lebte als ältere Frau, bekannt unter dem
Namen der „Großmutter", im Ort. Sie hielt Haus, gab Bälle und erließ
Einladungen. Sie wurde dadurch geehrt, daß ihr alle bei jeder Be=
gegnung, auch auf der Gasse die Hand küßten. Sie hatte eine alte Kutsche
und die größte Ehre war, in dieser fahren zu dürfen, beim Maifest ließ
sie den „König" und die „Königin" darin führen und wer als Kind
das erlebt hatte, dachte sein Leben lang gehobenen Herzens daran. In
Schenk waren die nahen Gebirge noch ergiebiger für die Jagd; wenn
der Auerhahn balzte und das Reh und die Gemse über Gras und Ge=
stein flog, der Bär in den Himbeersträuchern sich gütlich tat, dann gab
es oben im wunderbaren Wald herrliche Tage und wenn der Vollmond
hinter den steilen Felswänden versank, dann lauschte die Gesellschaft beim
Schein der brennenden Tanne den Schnurren und Erzählungen. Die Frauen
zogen in die Gebirgsbäche oder in den Alt hinüber baden, bei der Apotheke
gab es täglich Neuigkeiten, das Kartenspiel blühte, beim Prätorium sahen
die Kinder die öffentlichen Züchtigungen der Verbrecher. Noch im Jahre
1842 kaufte Bürgermeister Balthes die Kirschen an der Mergler Berg=
lehne und lud sämtliche Kinder von Schenk zum Kirschenfest ein. Die
erwachsene Jugend aber trug ihr Leben lang die Erinnerung an die
Mondscheinpromenaden im Herzen, die sie auf dem Markt gemacht oder
an die schönen Abende, die sie „in der Gasse" zugebracht. Die Patrizier
hatten drüben in Kaltbrunn, der einst sächsischen Gemeinde, Weingärten;
es wuchs der sauerste Wein im Lande dort, aber es waren sonnige Tage,
wenn dann die Traube reifte und wieder Alt und Jung dorthin „Partien"
machte. Lange Jahre stand das Haus des Königsrichters Schmidt im
Mittelpunkt, ausgebreitet im Bezirk war die Familie der Capesius. In
den Vororten dieser Marktstühle standen die beiden Schichten der Beamten=
familien — „die Honoratioren" — und der bäuerlichen Bevölkerung
einander vielfach gegenüber, wenn auch der Übergang aus der einen
in die andere öfter erfolgte. Der Bauer sah zuweilen mißtrauisch auf
„das Herrngepöbel" und der Junge des Assessors hielt sich für etwas
besseres als des Hannen Jungen. Aber die Beamtenfamilien in diesen
kleinen Stühlen sind zwei Menschenalter lang das große Reservoir ge=
wesen, aus dem sich die „Intelligenz" des Volkes wesentlich ergänzt hat.
Ihr Fortfall bedeutete nach dieser Richtung einen großen Verlust.

 In Reps war 1805 die Schule durch den Rektor Graffius ver=
bessert worden, so daß sie als „treffliche Bürgerschule" gerühmt wurde,
daneben waren sie stolz auf die Carminativa, die die Apotheke kunstvoll und

mit Liebe zu machen wußte. Hier lagen auch die Zeitungen zur Lektüre auf, die Preßburger, später auch die Pest=Ofner Zeitung, die der Apotheker pränumeriert hatte und der Siebenbürger Bote, den der Eigentümer den Behörden umsonst zuschickte und der Königsrichter in der Apotheke deponierte, wenn die Honoratioren die Zeitung gelesen hatten. Der Postbote kam zweimal von der nächsten Poststation, die drei Meilen entfernt war, in den Markt, er brachte auch die 5—6 amtlichen Stücke mit, die in der nächsten Sitzung erledigt werden konnten. Eine einzige gemischte Warenhandlung besorgte den bescheidenen Bedarf der Bevölkerung, vom feinsten Tuch bis zum Besen. Am Sonntag kamen die fahrenden „Griechen" und legten auf einer Wagentruhe aus, was die Landleute suchten. Neben den zwei öffentlichen Schenken, die sich durch Billard auszeichneten, bestanden sechs Nachbarschaftsschenken, alle wenig besucht und Stammgast sein hieß den Schatten mehr lieben als die Arbeit. Karten wurde nur Sonntags von der Vesper bis zum Abendläuten gespielt und nur um Haselnüsse. Jeder Bürger hatte eigenes Gespann und trieb die Landwirtschaft, der Grundbesitz war ganz, wie in den Hauptgassen jedes Haus, in sächsischen Händen. Berühmt war der Jakobimarkt (25. Juli), der zehn Tage lang dauerte. Aus den Donaufürstentümern kamen hunderte von Schafherden hin, aus Ungarn und dem Erzgebirge zahlreiche Käufer. Bruderschaften und Nachbarschaften umschlossen das Leben in den alten Formen. Der letzte Versöhnabend vor dem Abendmahl ist 1832 abgehalten worden. Der Bürgermeister und Königsrichter D. Sifft (1827 Bürgermeister), war ein eifriger Sammler, der die Urkunden des Stuhls vor dem Untergang bewahrte, Abhandlungen über Fragen der Vergangenheit schrieb und in dem kleinen Häuschen auf dem Freitum, wo er die prächtigen Bäume pflanzte, die heut noch das Häuschen umrauschen, die Muße suchte für diese und andre Arbeiten. Er war es auch, der das Interesse für die Repser Burg, die argem Verfall ausgesetzt war, neu belebte und den Markt bestimmte, Reparaturen vorzunehmen, damit das alte Denkmal nicht ganz zugrunde gehe. Auch hier war Reps als Vorort der gesellige Mittelpunkt auch für die Pfarrer des Kapitels, die Nagelschmidt und Melas und Bildner v. Steinburg gaben den Ton an. In Neußmarkt war das Geschlecht der Löw altansässig, und schon erwog der junge Wilhelm Löw in klugen Gedanken, wie das alte Prädium Weißkirch wieder mit Sachsen zu besiedeln und das deutsche Leben in dem Stuhl zu stärken sei.

Dieses kleine Leben aber, in dem sich das Geschlecht bald sehr wohl fühlte, wurde noch kleiner und schwächer durch seine Versplitterung und die Vereinsamung der einzelnen Orte, an der nicht nur die schlechten

Straßen Schuld waren. Diese waren auch vor zweihundert und dreihundert Jahren nicht besser gewesen, auch am Ende des 18. Jahrhunderts nicht und doch war damals ein Zusammenhang, das Bewußtsein der Zusammengehörigkeit vorhanden gewesen. In dem Stilleben jener Jahre ist es unserm Volk verloren gegangen. Selbstherrlich stand jeder Stuhl neben dem andern, die nationale Einheit war trotz der politischen Einheit in Selbstsucht und Selbstzufriedenheit zugrunde gegangen.

Gleichen Schritt hielt damit der gleichzeitige Zerfall der Kirche. Die „Allerhöchst begnehmigte Vorschrift" von 1807 hatte die Kirche dem Regiment der Weltlichen ausgeliefert. Der älteste Gubernialrat war Präses des Oberkonsistoriums, die in Hermannstadt anwesenden obersten Landes- und Nationalbeamten bildeten, da das gesamte Oberkonsistorium jährlich nur einmal zusammentrat, das ständige Kirchenregiment und alle Übelstände der damaligen weltlichen Verwaltung, verknöcherte Bureaukratie, Nepotismus und Vetternwirtschaft kehrten auf kirchlichem Gebiet wieder. Der Sohn des Gubernialrats mußte in der Schule promoviert werden, auch wenn er nichts lernte, und bei den Kandidationen zu den Pfarreien gab die Verwandtschaft gar oft den Ausschlag. Die Einheit der Kirche ging verloren. Zunächst stand das Tekendorfer und Schogener (Sajoer) Kapitel unter dem reformierten Superintendenten, aber auch die evangelischen unter dem Oberkonsistorium und ev. Bischof stehenden Kapitel wachten eifersüchtig auf ihre Rechte und standen mißtrauisch neben einander; dazwischen die Konsistorialkreise, die nur das Sachsenland umfaßten, und nun die immer mehr erschwerte Freizügigkeit der Pfarrer, die bald nur auf ihren Kreis beschränkt blieb. Es wiederholte sich das Bild aus dem politischen Leben: in die Zunft wurde niemand aufgenommen, der nicht ein Stadtkind war, in Universität und Landtag durfte nur geschickt werden, wer im Stuhl Besitz hatte, in das Kapitel kam schwer einer von außen hinein, alle Fäden, die früher Volk und Kirche zu einer Einheit verbunden hatten, zerrissen langsam und bald wußte das Geschlecht nicht mehr, was es entbehrte. Die Kapitel Hermannstadt und Burzenland hatten das Recht der Ehescheidung, doch sollte die Appellation an das bischöfliche Ehegericht erlaubt sein; aber die Appellation wurde allmählich erschwert, zuletzt nicht mehr zugelassen, die „Selbständigkeit" der Kapitel verlangte es. Auch als sie die Transmissionalien in Eheprozessen an den Bischof schickten, schrieb das Hermannstädter Kapitel regelmäßig: reservatis capitulo nostro de jure reservandis. Die Dechanten der beiden Kapitel nahmen das Recht der Ordination für sich in Anspruch, Bischof Neugeboren erreichte nach heftigem Kampf 1814 das Zugeständnis des Burzenländer Kapitels für das ausschließliche Ordinationsrecht des Bischofs; in außerordentlichen Fällen sollte der Dechant im Auftrag des Bischofs die Ordination vornehmen können. Kurz vorher war der Hermannstädter Stadtpfarrer Filtsch als Dechant bereit, falls der Bischof sich weigere, den Feldprediger des sächsischen Jägerbataillons zu ordinieren, solches auf eigne Faust zu tun. Neben diesen Irrungen die fortwährenden Reibungen des Oberkonsistoriums mit dem Bischof, der von jenem Zuschriften und Aufträge erhielt, daß er darauf überhaupt nicht mehr antwortete, da sie in einem ganz unziemlichen Ton gehalten waren. Der Wirkungskreis des Bischofs, Konsistoriums und der Kapitel war überhaupt nicht so fest abgegrenzt, daß Verwirrungen ausgeschlossen waren und so gab es fruchtlose Händel nach allen Seiten. Bischof Dan. G. Neugeboren selbst war ein bedeutender Mann, erst als Lehrer, dann als Rektor am Hermannstädter Gymnasium tätig, schrieb neue Lehrbücher, brachte die neuen Gedanken der deutschen Pädagogik in die Lehrerkreise, nahm hervorragenden Anteil an den literarischen Arbeiten jener Zeit, auch an jenen, die im Kampf fürs Recht gegen die Josefinische Umwälzung erschienen. Nach dem Tode Jak. Aur. Müllers wurde er 17. Dezember 1806 zum Bischof gewählt. Er versuchte, was unter den leidigen Zeitverhältnissen möglich war, zum Besten der Kirche zu tun. In Birthälm baute er mit großen eignen Opfern an Geld und Zeit den Pfarrhof zu einem würdigen Bischofssitz um, führte ein neues Archivgebäude auf und legte den Grund zur bessern Ordnung der dort aufbewahrten Schätze, wie er auch zur bessern Erhaltung der Pfarrarchive in den Gemeinden Sorge trug, er war tätig für die Regelung des Eheprozeßverfahrens, suchte dem Fluchen und Schelten im Volk zu wehren, die Amtsbrüder zu treuer Pflichterfüllung anzueifern, eine ehrfurchtgebietende Persönlichkeit, reich an umfassendem Wissen, aber seine Arbeit litt unter der Ungunst der Zeitverhältnisse. Schon Ende 1816 schrieb er an einen Freund: „Müde wie der Frohnarbeiter am Abend des langen schwülen Sommertages fühle ich in den letzten Monaten dieses hinscheidenden Jahres die Last des mühevollen, undankbaren Dienstes, in dem ich meine Kräfte verzehrt und meine Zeit verloren habe. Ich zähle mit abgestumpftem Gefühle die noch übrigen Tage bis zum Morgen, der ein neues Jahr des Kampfes und der Plage beginnt, ohne Wünsche für mich und ohne andere Aussicht als mit Unverstand und Selbstsucht, mit Falschheit und Undank mich wieder tagtäglich zu balgen, bis auch dieses Jahr oder mein Stundenglas abläuft."

Aber diese Resignation war doch nicht ganz berechtigt. Zweierlei war wesentlich seiner Kraft und nimmermüden Sorge gelungen, die Schaffung der neuen Visitationsartikel und des ersten für die ganze Landeskirche gedachten Volksschulplans, an den sich die erste gemeinsame Gymnasialordnung schloß.

Bald nach seiner Erwählung zum Bischof entschloß sich Neugeboren, die Kirchenvisitationen neu aufzunehmen. Doch bald mußte er den Mangel an Vorschriften darüber wie den Mangel an genauen Instruktionen für die durch die Allerhöchst begnehmigte Vorschrift 1807 neugeordneten Konsistorien erkennen. So verfaßte er sowohl die Visitationsartikel wie jene Instruktionen, die nach mehrmaligen Beratungen im Oberkonsistorium 1818 verlautbart wurden. Die erstern fußten auf den alten zum Teil ins Reformationszeitalter zurückgehenden Artikeln, die zeitgemäß umgestaltet wurden und regelten mit jenen Instruktionen das kirchliche Leben, darunter auch die kirchliche Verwaltung. Sie sind in gewissen Fällen heute noch Auxiliarrecht.

Auch eine neue Kandidations- und Wahlnorm für die Pfarrer war 1819 herausgegeben worden, nicht ohne Einfluß des Hofs, der geradezu mehrfache Modifikationen an dem Entwurf des Konsistoriums vorgenommen hatte. Darnach wählte die Gemeinde aus den sechs Kandidaten, die „die Vorsteher" in die Wahl gaben und als diese wurden bestimmt die drei ersten weltlichen Beamten des Bezirks und von Seite der Geistlichen der Dechant, Senior und der rangälteste Kapitulare. Das Kandidationsrecht, das allmählich an die Stelle des Andreanischen: „sie sollen ihre Geistlichen frei wählen" getreten war, hatte eine lange Geschichte, es war in völlige Willkür ausgeartet. Die neue Norm versuchte wenigstens einigermaßen ihr zu steuern, doch nicht mit genügendem Erfolg, denn unter dem, worauf bei der Kandidation zu sehen sei, ließ sich alles verstehen, wenns hieß: auf das allgemeine Beste der Ecclesien, auf die besondern Verhältnisse der erledigten Pfarren und auf die Gerechtigkeit gegen diejenigen, die auf Kandidation Anspruch machen können. Eine allerhöchste Entschließung vom 31. Juli 1818 hatte bestimmt, daß falls in Zukunft bei Gelegenheit der Pfarrersinstallationen, Hannenwahlen, Eindingen der Fleischhacker, der Diener und Hirten oder bei Prüfung der Rechnungen u. ä. aus der Allodialkasse zu große Ausgaben bestritten würden, die Schuldigen das Doppelte zahlen sollten.

Eines der traurigsten Kapitel jener Zeit ist die sächsische Schule. Es war ein unheilvolles Durcheinander, das seinesgleichen in jenen Tagen, wo alles streng geordnet war, kaum hatte. Ehmals Sache der einzelnen Kapitel, hatte nun jede Gemeinde, seit die Kapitel sich wenig

um die Schule kümmerten, richtiger eigentlich jeder Pfarrer die eigene
Schule souverän gestaltet und da es für die Lehrer keine bestimmte
Vorbildung, keinen geforderten Bildungsgang gab, so konnte der Unver=
stand hier die herrlichsten Blüten treiben. Es kam vor, daß der Lehrer
überhaupt keine Schule besucht hatte. Als Schuljunge war er beim Schul=
meister eingetreten, hatte die Coquin geholt, die Klasse gekehrt, Unterricht
im Singen und Blasen genossen, dann war er Diskantist geworden,
Glöckner, Kantor und Lehrer. Er war ein Diener des Pfarrers, dem
er bei der Verzehntung half, den wohlehrwürdigen Herrn, der oft über
Land zog und vor allem sich um die Schule nicht viel kümmerte, in der
Wirtschaft unterstützte; es war noch gut, wenn er als Lehrer sich an
den „Kinderfreund" hielt, den sie damals anfingen hier zu brauchen.
Die Schulen aus jener Zeit sind armselige, dunkle Stuben, klein und
rauchig, niemanden darf es Wunder nehmen, daß der Kantor lieber auf
die Jagd ging. Wenn er mit der alten Flinte mit dem Feuerstein das
Hattertgebiet durchstreifte, dann wußte er genau, wo der Wechsel des
Wildes stattfand, der Hase sein Nest hatte, der Fuchs den Fraß suchte,
die Dachstasche an der Seite war ihm lieber als die Fibel. Als Spaß=
macher im Dorf bekannt, rasierte er am Sonnabend den Bauern die
Bärte, mußte die Kurrende ins nächste Dorf tragen, bei unehelichen
Kindern Pate sein und den Hannen und Geschwornen zum Namenstag
aufspielen. Der Schulmeister, selbst nur aufs Jahr im Brot, der jedesmal
aufs neue „um die Schule bitten" mußte, dann wenn er sie erhielt dafür
ein Mahl geben mußte, das den größten Teil des Jahrlohns verschlang,
bang sich wie in alten Zeiten seine Mithelfer. Es gab bestimmte Jahr=
märkte, wo es am besten ging. Da legte er den Kandidaten das Diktum
vor und nahm denjenigen, der es am lautesten singen konnte. Der Stock,
den die Lieblosigkeit führte, herrschte in den Schulen. Es war die Morgen=
dämmerung einer neuen Zeit, als der junge Kandidat Stef. Ludw. Roth
eine „Bitte und Vorschlag" „an den Edelsinn und die Menschenfreund=
lichkeit der Sächsischen Nation in Siebenbürgen" richtete (1821), dafür
zu sorgen, daß die Schulen bessere Lehrer bekämen: „Väter des Volks,
Eure Einsichten in das Verderben des gemeinen Mannes und in den
Umfang seiner moralischen Verwilderung wie seiner ökonomischen Ab=
schwächung bitten euch, bei dem was heilig ist, bei eurer Liebe fürs
Volk, diesen Übeln einen Damm, diesem Verderben ein Ziel zu setzen.
Aus diesem Übel helfen wir uns anders nicht, außer wir machen unsre
Schulen gut und legen zu ihrem Grund das Christentum." So be=
zeichnete es nach allen Richtungen einen sehr großen Fortschritt, als

Neugeboren dem Oberkonsistorium 1821 den ausgearbeiteten Plan über die Einrichtungen der Volksschulen vorlegte. Dieser wollte eine Einheit in der Landeskirche schaffen, führte die Anstellung des Schulmeisters (Rektors) auf vier Jahre statt der jährlichen Bestallung ein, stellte einen Lehrplan auf, ordnete einen stufenweisen Fortschritt an, gab methodische und pädagogische Winke, die auf der Höhe der Zeit standen, wies auf die zu brauchenden Lehrbücher hin, gab eine Schulordnung, kurz es war ein Werk aus einem Guß, das 1823 zur allgemeinen Einführung hinausgegeben wurde.

Es war ein Zeichen der Zeit, daß die Arbeit fast spurlos zu Boden sank, kaum hie und da hat der neue Schulplan ernstlichen Erfolg gehabt bis auf die tatsächliche nun vierjährige Anstellung des Rektors, im übrigen blieb alles beim Alten, wenn nicht ein tatkräftiger Pfarrer sich der Schule annahm oder ein tüchtiger Rektor neues Leben schuf, das in der Regel den Schöpfer nicht überdauerte.

Und erst verdankte auch dieser Schulplan seine Entstehung einer Anregung von außen. Die Regierung hatte eine eigene Studienhofkommission eingesetzt, die natürlich ohne im mindesten um bestehende autonome Rechte der Kirche sich zu kümmern in die Schulangelegenheiten einzugreifen begann. Diese hatte einen ihr eingereichten Vorschlag zur Verbesserung des Schulwesens in der Sächsischen Nation an das Oberkonsistorium geleitet, was den Anstoß zur Aufnahme der eignen Arbeit gab. Als diese fertig war, hielt das Konsistorium für angezeigt, auch das Gymnasialwesen zu reformieren. Die Übelstände waren ziemlich dieselben wie bei den Volksschulen, jedes Gymnasium bildete ein eigenes Ganzes, es fehlte an einer Ordnung und an rechtem Plan, an genügenden Gehalten und an Aufsicht, an Büchern und an Methode. Auch hier kam es ganz auf die Lehrer, den Rektor, den Stadtpfarrer an, ob es etwas besser oder schlechter war. Das Oberkonsistorium richtete an Neugeboren das Ersuchen, nun auch den Plan für die Gymnasien zu machen, aber der Bischof starb am 11. Februar 1822, noch bevor auch der Volksschulplan publiziert war und die Arbeit für die Gymnasien wurde an eine Kommission verwiesen, die nach mannigfachen Versuchen und Beratungen 1822 in der Lage war, den ausgearbeiteten Plan, der wesentlich auf die Schäßburger Einrichtung zurückging, die Binder dort geschaffen hatte, dem Konsistorium vorzulegen. Dieses beriet seinerseits die Sache noch einmal und legte dann 1823 das Werk der Regierung zur Bestätigung vor, die aber erst — 1831 erfolgte.

Auch in dieser Beziehung spiegelten sich die allgemeinen Verhältnisse in den Geschicken der Kirche wider. Die Nation war vom Boden des Rechts verdrängt worden, wie hätte die Kirche ihn behaupten sollen, die in den Händen derselben weltlichen Beamten war, die auf politischem Gebiet sich der Hofkanzlei ergeben hatten. So hat das Konsistorium gar nicht versucht, die gesetzwidrigen Verlangen abzuweisen, es legte die Sitzungsprotokolle vor, die Ehedispense gab der Hof, er befahl auch in andern kirchlichen Angelegenheiten, er verbot den Besuch deutscher Universitäten 1819, zu deren Ersatz 1820 die theologische Fakultät in Wien errichtet wurde, beides neue Mittel zur Absperrung auch unsrer Kirche vom frischern Leben des deutschen Geistes. Das alte Landesgesetz, das den Fluch auf jene legte, die das Reisen ins Ausland zu Studienzwecken jemals verbieten würden, schreckte niemanden mehr.

Freilich was die ev. Kirche trug, das war in demselben Maß auch der reformierten Schwesterkirche im Lande zugemutet worden und auch sie ertrug es. Die beiden ev. Kirchen standen insofern in einem seltsamen Verhältnis zu einander, als im Sachsenland liegende reformierte Gemeinden unter dem ev. Oberkonsistorium standen, wie andrerseits ein Teil der auf Komitatsboden liegenden ev. Kapitel — so das Tekendorfer und Schogener — unter dem reformierten Konsistorium stand. Eine Kirche, die in Bürgesch, gehörte der dort befindlichen reformierten und evangelischen Gemeinde gemeinsam. Schon im 17. Jahrhundert hatten sie über die gegenseitigen Rechte und Pflichten einen Vertrag geschlossen, den Rakoczi in einem Diplom 1642 feierlich bestätigt hatte. Neuen Irrungen ein Ende zu machen, wurde am 7. Mai 1824 auf dem alten Grund ein neuer Vertrag geschlossen. Wenn eine Gemeinde aufhört, sei es die reformierte oder evangelische, so tritt die überlebende als Erbe ein.

Die kirchlichen Verhältnisse wurden noch schlimmer als Neugeboren starb und an seine Stelle Dan. Gräser (1822—1833) trat, ein freundlicher, witziger, geistreicher Mann, aber tatenlos, ein rechtes Bild der ganzen Zeit. Er konnte spaßhaft den Ordinanden nach dem 11. Gebot fragen, der treffend darauf antwortete, man soll des Armen nicht spotten, dem Kirchenvater, der Bedenken gegen das Wunder von der Speisung der Fünftausend äußerte, erwidern: solche Esel wie ihr fraßen Gras, die müßig auf dem Markt Stehenden eindingen, sie sollten unbeschäftigt den ganzen Tag auf einer Stelle stehen, die das natürlich nicht lang aushielten, den Kantor, der ihn mit schartigem Messer rasierte, fragen, ob noch irgend jemand von denjenigen lebe, die er unter dem Messer gehabt — aber für all die notwendigen Dinge, die in Gemeinde und Kirche Lösung verlangten, geschah nichts. Das einzige, was die Kirche noch in

Bewegung hielt, waren die Zehntprozesse. Den Kampf für die Konzentrierung der Prüfungen der Kandidaten vor dem Oberkonsistorium mußte dieses selber aufgeben, als weder die Kandidaten noch die Domestikalkonsistorien zum Gehorsam zu bringen waren und „die dieser hohen Behörde eigene Humanität und schonende Nachsicht" die Kandidaten nicht bewog, sich zur Prüfung zu stellen.

So entwickelte sich auf den Pfarrhöfen nun erst recht ein Stillleben, das jenes in der Stadt noch um ein gut Stück übertraf.

Der Pfarrer war zuerst häufig Hauslehrer in einem adligen Hause gewesen, was oft dauernde Beziehungen für das Leben gab, dann am Gymnasium des Vororts oder an der „Prätorialschule" Lehrer, hatte rasch nach einander die Predigerstellen in der Stadt durchlaufen und kam nun auf die Pfarre. Die Bezahlung in der Stadt war elend gewesen, kaum hundert Gulden W. W. aufs Jahr, auch das häufig aus verschiedenen Fonden, unpünktlich und nur „wenns zureichte", kaum einer, der nicht Schulden hatte machen müssen. Mit Prüfungen hatte man ihn nicht viel gequält, er hatte eine Dissertation verteidigt, die Prüfung, die das Oberkonsistorium verlangte, hatte er nicht gemacht, denn keiner der Kandidaten hielt sich für verpflichtet, in dieser Beziehung zu folgen. Er war zwei Jahre auf der Universität gewesen, vielleicht auch nur eines, die Zeitgenossen sagten, die Studiendauer sei nur so lang, bis der Student das Reitpferd einmal gut gefüttert habe, mit dem er die lange Reise gemacht, aber nun war er Pfarrer. Wie ein Edelsitz lag „der Pfarrhof" inmitten der Gemeinde und in der Tat, sein Bewohner war dem Edelmann gleich. Jede Gewalttat und persönliche Mißhandlung an ihm wurde bestraft als wäre sie an einem Edelmann begangen, er zahlte keine Grundsteuer, wenn er durchs Land fuhr keine Brücken- und Wegemauten, auf den Pfarrhof durfte niemand gewaltsam eindringen, das alte Asylrecht aber war allmählich in Vergessenheit geraten. Der Pfarrhof war frei von allen öffentlichen Lasten wie Gemeindearbeiten und Einquartierung, des Pfarrers Knecht frei von der Rekrutierung, das ganze Haus stand, wie das gesamte Kirchen- und Schulpersonal bis zu einem gewissen Grad unter dem geistlichen Gericht. Der Pfarrhof selbst war breit, seit der Gründung her in der Regel mit dem doppelten Los des „Wirten" ausgestattet, der Hof geräumig, groß der Garten, die Wirtschaftsgebäude ausgedehnt. Wie wohnlich wars in den großen Zimmern, das größte davon die Küche, für das Zehntmahl berechnet, das der Pfarrer der Gemeinde gab. Um den Zehnten drehte sich das Leben. In guten Jahren trug er viel, sehr viel, auch in kleinen Gemeinden soviel, daß der Sohn studieren konnte und die Tochter auf eine gute Aussteuer rechnen durste. Und in schwachen Jahren reichte es doch immer für den Hausbedarf. Wohl wars nicht leicht, den Zehnten zu Geld zu machen. Den ganzen Winter hindurch lagen die Szekler Drescher in der Scheune und der Takt des Flegels kam nicht zur Ruhe. Die „tugendsame Frau Mutter" mußte selbst mit dem Korn zum Markt fahren, auf schlechtem Weg, in bösem Wetter. Klopfenden Herzens stand sie zum erstenmal neben dem offnen Sack auf dem Markt, da der Städter hochmütig an den Sack klopfte und herablassend fragte: wat kost der Kof (die Spreu)? — es war der schwerste rotglänzende Weizen. Aber „sie war nicht auf den Mund gefallen" und blieb die Antwort nicht schuldig und brachte klingendes Geld heim. Sie wußte sich überhaupt in das Leben zu schicken, es von der rechten Seite zu nehmen und war stark in Freud und Leid, immer tätig, immer frohgemut, sie kannte keine „Nerven" und hielt das Haus auch dort zusammen, wo der „Herr Vater" mehr nach den Büchern als nach der Wirtschaft sah. Durch das Haus flutete stilles Behagen, mit den kleinen Schwächen und der großen Kraft einer idealen Lebensanschauung. Ehrfurchtsvoll sahen die Kinder zum Vater auf, dessen Amt ihn auch in ihren Augen hob, sein „Studierzimmer" mit den Büchern und den alten Matrikeln war ein Heiligtum, das sie nur still betraten, am Sonnabend, wo der Vater sich für die Predigt vorbereitete, überhaupt nicht, da schlichen die Bewohner mit gedämpften Schritten an der Türe vorbei. In der Ecke standen die verschiedenen Pfeifen, die kein Kind anrührte, seit sie des Vaters Zorn gesehen, als durch den Vorwitz des ältesten Bruders der schönste Kopf zerbrach, der von der Universität stammte, daneben der lange Stock mit dem silbernen Knopf, ohne den der Vater nie ausging. Wenn er aus dem Stein den Funken schlug, daß der wohlriechende Zunder sofort glimmte, sahen die Kinder, besonders in der Dämmerung, ihm staunend zu. Noch galt das Rauchen für eine Untugend, mancher Vater verheimlichte die Gewohnheit vor den Kindern. Der Hermannstädter Stadtpfarrer Filtsch rauchte nur im verschlossenen Zimmer und wenn die Rauchwölkchen aus dem offnen Fenster aufstiegen, dann stellten sich die Enkel ungesehen auf, sie zu beobachten, heimlich daran sich erfreuend, daß auch der Großvater Unerlaubtes tue. Ein warmer Gefühlston ging durchs Haus, der Eltern und Kinder und Gesinde mit einander verband, der die Onkel und Tanten in den Kreis des Hauses zog, der den alten Großvaterstuhl, die ererbte Stockuhr, den breiten roten Regenschirm als zum Haus gehörig ansah und mit Leben umspann. Sie alle, die zum Haus gehörten, wußten, daß das Glück des Lebens nicht in äußern Gütern lag, sondern in der Kraft des Glaubens und der Liebe, im Gemüt des Menschen. Die Verinnerlichung des Lebens, die in der Luft des Pfarrhofs zu allen Zeiten besser gedieh als sonstwo, schuf eine eigene Atmosphäre, in der die Welt ein eigenes Aussehn erhielt. Der Pfarrer mit seiner höhern Bildung, die Homer und Horaz, Tacitus und die Bibel umfaßte, mit seinem Idealismus und seiner Kinderzucht, in der die Anspruchslosigkeit und Bedürfnislosigkeit, das Hineinfinden in Welt und Leben, Ehrfurcht vor Obrigkeit und Alter, Demut und Gottvertrauen die Grundzüge bildeten, er war im kleinen Dorf der Repräsentant der großen Interessen der Menschheit, der Vermittler der größern Gedanken zwischen „draußen" und diesem kleinen Leben. Die Erinnerungen an die Universitätszeit trugen mit dazu bei, daß jener Idealismus im Kampf mit dem Tage nicht Schiffbruch litt. Er hatte bei Schiller Vorlesungen gehört, den Geheimrat Goethe aus der Ferne gesehen, aber sich gescheut, für das Stammbuch um ein Wort aus seiner Feder zu bitten, er hatte Napoleon in Jena einziehn gesehn und ingrimmig die Empfindung von der Schande des deutschen Volkes im Busen verschlossen, oder vielleicht später das Wartburgfest mitgemacht und an den Gedanken von Freiheit und Vaterland sich erhoben. Nun war es ihm Freude, mit sich die theologischen Fragen zu erwägen, die er anknüpfend an das, was er auf der Universität gehört hatte, weiter spann, nicht veranlaßt, seine Gedanken drucken zu lassen, befriedigt von dem, was er selbst daran hatte. Dazu schrieb er, doch seltener wie sein Vorgänger, im Amt, was er vom Zehnten in seiner Gemeinde oder seiner Kirche wußte zusammen, Urkunden und Deduktionen, die mithelfen konnten, die angegriffene Rente zu schützen. Das Arbeiten ließ er sich nicht schwer fallen. Selten brachte der Kantor aus dem Nachbardorf die Kurrende und es gab nicht viel zu erledigen, für das Mittagsschläfchen in der verdunkelten, kühlen, fliegenfreien Stube war immer Zeit. Der Stolz des Pfarrhauses war der Garten, seine Pflege der Gesprächsstoff, wenn der Schnee zu schmelzen anfing und die Drescher abzogen. Die Pfarrerin besorgte das Gemüse, dem der Platz beim Eingang in den Garten zugewiesen war, der Pfarrer die Bäume. Die geraden Wege waren mit Buchsbaum oder hochwachsendem blauem Phlox besetzt, die Pfingstrosen, die Monatsrosen, vor allem die wohlriechenden Provinzrosen mit den Nelken und Gelbveiglein, Rosmarin und „Vanilli" die Lieblingsblumen, die auch die Pfarrerin am Sonntag sich zum Strauße band. Der Pfarrer hatte neben die altheimischen Batull- und Pfarreräpfel die Schweidnitzer (Schweins) und Bergamottbirne

gesetzt, die große Nösnerpflaume neben die gute Herbstpflaume, die
kleinen „Krageln" und „Matschen" standen noch in allen Gärten. An
windgeschütztem Platz fehlte der Bienenstand selten, nicht nur der gute
Honig, auch das geordnete Leben des Bienenstaates fand die Beachtung
des ganzen Hauses und den Pfarrer freute es, wenn er aus Virgil die
Belege zitierte, daß die Biene damals schon dieselben Gewohnheiten
gehabt, wie in diesem Jahr. In der Nähe stand die schattige Laube,
in der im Sommer gegessen wurde, und unter dem Schatten des Baums
am Ende des Gartens der Inschriftstein, vom Epheu umwachsen: Piis
manibus Antecessorum (den frommen Manen der Vorgänger). Der Pfarrer
hatte eine Empfindung dafür, daß er das Ende einer langen Reihe war,
Fortsetzer einer Arbeit, die andre begonnen hatten, nach ihm würden
welche kommen, die wieder säten, wo andre zu schneiden berufen waren.

Zur besondern Freude des Pfarrhofes gehörten fast durch das
ganze Land die Weingärten, deren Ertrag vor allem den Besitz des
Hauses vermehrte. In guten Jahren war Menge und Güte märchenhaft.
Es kam vor, daß der Pfarrer die vollen Fässer nach den Propheten be-
nannte, sie von einander zu unterscheiden und trotz des großen Ver-
brauches, den die Arbeiter verursachten, nicht fürchtete, am Maleachi
anzulangen, bevor genügender Ersatz im Keller war. In guten Jahren
betrug der Weinzehnte in Reichesdorf und Bogeschdorf 1250 Eimer, in
Birthälm 2500. Berühmte Weinjahre waren 1834, das nie übertroffene,
dann 1827, berüchtigt der Wein des Jahres 1835.

Ein ererbtes Kennzeichen des Pfarrhofes war seine Gastlichkeit,
selbstverständlich, daß mit den Knaben, die in der Stadt die Schule
besuchten, die Kameraden in die Ferien kamen, daß Kinder und Enkel
die lange Vakanz im Sommer oder im Herbst auf dem Pfarrhof zu-
brachten. Auch große Gesellschaften waren gerne gesehen, Jünglinge
und Mädchen, die in heiterem Spiel und Tanz bei Pfänderspiel und
sorglosen Küssen den Tag verbrachten und die Erinnerung an die
schönen Stunden für das Leben mitnahmen. Diese Geselligkeit blühte
besonders in Schenk, Reps und Leschkirch, wo keine Stadt ablenkte und
die Sesenheimer Idylle, bisweilen wohl auch ihre Tragik, auf manchem
Pfarrhof sich wiederholte. Es kam vor, daß auch wandernde Handwerker
bisweilen längere Zeit auf dem Pfarrhof Aufnahme fanden. Der Pfarrer
kaufte Bretter, die er jahrelang trocknen ließ. Dann nahm er einen
Tischler ins Haus, der eine ganze Einrichtung machte, kunstvoll und
mit Geschmack den eingelegten Kasten, den die Tochter als Prachtstück
in die Ehe mitbekam. Zuweilen richtete der ehrbare Meister seine Arbeit

nach der Kost ein, er arbeitete rascher und besser, wenn er damit zufrieden war, lässig und unachtsam, wenn er sie zu tadeln fand.

Für die weiter von der Stadt abliegenden Pfarrhöfe war eine Fahrt in die Stadt ein Ereignis. Dann packte die Hausfrau ein und auf als gings zum Jahrmarkt und was Keller und Speisekammer gutes bot, nahm der schwere Wagen dem Gastfreund mit. Wenn die Abwesenheit mehrere Tage dauerte, wurde die Kirchenlade, die in der Schlafstube stand, Geld und Abendmahlskelche sowie die wichtigeren Schriften enthielt, zum Kirchenvater getragen, der größeren Sicherheit wegen. Denn noch machten Räuber das Land unsicher. Von mehr als einem Pfarrhof wußte man, daß er geplündert, die Bewohner mißhandelt worden waren, selbst Kinder stahlen herumstreifende Banden hin und wieder.

Das Behagen des Lebens vertrieb auch der Winter nicht. Wohl war der Abend lang, aber das Zimmer warm, für Holz sorgte die Gemeinde, nur die rauchenden Öfen störten zuweilen die Behaglichkeit. Auch der Rauchfang verkündete den Kampf mit dem argen Gesellen, an den der Maurermeister die stolze Inschrift gesetzt: Friedericus Femich fumum fugaturus — Fr. F., der den Rauch in die Flucht schlagen wird — worunter der Pfarrer nach dem rauchigen Winter das vernichtende Urteil schreiben ließ: frustra — vergebens.

Der Pfarrer war Rationalist aus Überzeugung, das Vernünftige unter seinen Leuten zu fördern sein Bestreben, ihnen Gutes zu tun sein Ziel. Am entschiedensten bekämpfte er neben den sittlichen Vergehen der Kirchenkinder deren Aberglauben. Nicht jedem gelang es wie dem Stolzenburger Pfarrer Bruckner um die Wende des Jahrhunderts, seine Bauern zu bestimmen, die Roßschädel von den Zäunen zu entfernen, die sie aufsteckten, die Hexen abzuwehren. Die gewissenhaftesten Pfarrer legten sich eine „Conduitenliste" über alle Gemeindeglieder an, schrieben neben ihre Namen ihre guten und schlechten Eigenschaften, beobachteten ihre Fortschritte und Rückfälle, um jede Gelegenheit zu passenden Ermahnungen zu benützen. Von den alten kath. Meßgewändern, die der Pfarrer an den hohen Feiertagen trug, verkauften sie 1801 in Stolzenburg eines, wohl das schönste, „denn die Leute kamen mehr des goldenen Stückes als der Predigt wegen zur Kirche." Teller und Dräsecke waren die Prediger, die besonders gefielen, wie das Leben richtig einzurichten sei, die Hauptfrage, vor der die schwere Frage der Sündenschuld und Erlösung in den Hintergrund rat. „Wohlzutun und mitzuteilen, Christen das vergesset nicht" war auf dem Pfarrhof Wahrheit geworden; kein Hülfesuchender wurde abgewiesen.

Im Sommer gehörten zu den ständig Bittenden die im Land Almosen sammelnden Studenten von den ungarischen Akademien, von Eperies, Debreczin u. a., dann der unitarische Student, dessen höchster Wunsch war, er möge einmal ans Weltende gelangen, dort sich niedersetzen, die Füße baumeln lassen und hinunterspucken in das Nichts.

Mit dem Dorfsleben aber war der Pfarrer und sein Haus eng verwachsen. Es gab nichts, worüber seine Leute ihn nicht um Rat fragten, der Kranke und Arme fand stets bereite Hülfe; wer auf den Pfarrhof kam, brachte etwas für die Wirtschaft mit und erhielt als Gegengabe einen Trunk Wein. Das Denken und Empfinden des Volkes war dem Pfarrer vertraut, mit warmer Empfindung begleitete er die alten Bräuche, nicht in jener Zeit, sondern erst in den fünfziger Jahren hat rationalistischer Übereifer ganze Sträuße solch alter Bräuche verständnislos vernichtet. Anregung gab es freilich nicht viel, wenn sie nicht aus dem eigenen Innern quoll. Denn schwer war die Literatur zu schaffen und die Zeitung, die das Kapitel gemeinsam las, kam spät auf den letzten Pfarrhof. So konnten allerdings Pfarrer entstehen, deren einer nicht predigen wollte, als der Fleischer am Sonnabend den Lungenbraten nicht ihm, sondern dem Ulanenrittmeister gegeben hatte, der dort in Garnison lag und dem der Pfarrer sagen ließ, nun möge er predigen, und ein anderer die Nachricht glaubte, die der Hermannstädter Quartaner ihm 1822 überbrachte, es solle im Dezember ein europäischer Kongreß in Hermannstadt stattfinden und sofort anspannen ließ, um die Amtsbrüder zu verständigen, daß sie Heu und Hafer zurückhielten, denn bei Anwesenheit der Fürsten und ihres Gefolges müsse der Preis steigen. Von einem andern Pfarrer erzählte man, er sei während seiner ganzen Amtswirksamkeit nie in der Kirche gewesen, nur auf dem Predigtstuhl, der von außen bestiegen wurde und den er betrat, wenns Zeit zur Predigt war und wenn er sie gehalten, wieder verließ. Um anderes kümmerte er sich weder in der Kirche noch in der Gemeinde. In den Harbachdörfern, die stark versumpft waren und wo die Frösche in den Tümpeln im Frühjahr unausstehlich waren, mußte der Kirchenvater während des Gottesdienstes, wenn die Frösche zu quacken begannen, aus der Kirche hinausgehen und mit einem Stock in die Tümpel schlagen, um die unangenehmen Schreier zur Ruhe zu bringen. Wenn auch der Gegensatz zwischen Weltlichen und Geistlichen einen Anteil am Urteil Heydendorffs haben mag, so ist es doch bezeichnend, daß er 1815 schrieb: „Wir hatten all unser Wissen und nach Gott unsere moralische Bildung dem geistlichen Stand zu danken. Es waren auch dermalen viele Ge=

lehrte, um Kirche und Schule verdiente Männer unter ihnen. Aber die Zehnten, ihre Besoldung mit Naturalien, der außerordentliche hohe Preis derselben bei dem etlichjährigen Mißwachs, auch an Wein, daß ein Kübel Korn auf 60, ein Kübel Kukuruz auf 30, ein Eimer alter Wein 15 Gulden kostete, hatte sie reich gemacht; gute Pfarrteien trugen etliche 10 und mehr tausend Gulden. Der politische Nationalstand war im Verhältnis schlecht mit barem Gelde besoldet: der Haschager Schulmeister hatte mehr Salair als der Mediascher Bürgermeister. Diese günstigen Umstände des geistlichen Standes fachten die menschliche Schwachheit zu höherer Empfindung, zur übermäßigen Anmaßung der Forderungen, der Erhebung über den weltlichen Stand und Nichtduldung dessen Einsehen an, welche Gesinnungen der Superintendent unterstützte und noch mehr anflammte..." In Wahrheit war der geistliche Stand dem weltlichen gleich, seine Schattenseiten ein Abbild von jenem, Überhebung gegen die Untergebenen, sich ducken vor den Höhern bei dem einen und bei dem andern. Dabei gab es gewichtige Kapitelsdechanten, die ihre untergebenen Pfarrer einsperrten und ihnen auf dem Pfarrhof Arrest gaben, aber wenn der Bischof etwas befahl oder das Oberkonsistorium etwas wollte, dann legten sie es zu den Akten.

Jedes Dorf war eine kleine Welt für sich. Die alte Dreifelderwirtschaft, die von vornherein auf dem Boden der „Gemeinschaft" die Gemeinde zusammenfaßte, sorgte für die Erhaltung dieser Welt. Am bestimmten Tage, den die Altschaft anordnete, fuhren die Pflüge hinaus auf den Acker, am bestimmten Tage zog das Dorf zum Mähen, zum Schneiden aufs Feld hinaus, vor dem bestimmten Tage durfte kein Erntewagen hereinfahren. Das hinderte den Starken an der Betätigung seiner Kraft, aber es trug den Schwachen, es ließ überhaupt schwer einen Genossen übermäßig stark werden, so daß die alte Gleichheit ziemlich aufrecht blieb. Selbst das Dreschen war eine gemeinsame Abmachung. Wenn der letzte Erntewagen eingefahren war, dann kamen die Szekler Drescher angezogen, ein alter Mann an ihrer Spitze, ziemlich dieselben Leute immer in dasselbe Dorf, der Führer machte mit dem Amt den Lohn aus und darnach mußte sich jeder halten. Es waren in der Regel ehrliche Gesellen, die ihre Pflicht taten, auf Licht und Feuer sorgten, daß kein Unglück geschah und wenn es zuweilen Händel unter einander gab, so konnte ihr Führer sie schlichten. Noch suchte viel Raubwild das Dorf heim, gemeinsame Treibjagden wurden veranstaltet, wer überhaupt ein Stück schoß oder brachte, erhielt aus der Gemeindekasse die festgesetzte Belohnung. Die Gemeindekasse kam auch für Vieles auf.

was der Kirche diente, das Amt war ja auch kirchliche Vertretung und eine Trennung nicht durchgeführt. Sie bezahlte den Oberzehntner, den der Fiskus schickte zur Einhebung des Fiskalzehntens, den das Dorf nicht nur einführen, sondern auch dreschen und dann weit ins Land verführen mußte, die Kosten bei Einquartierungen, vor allem bei den Soldatenaushebungen, den neuen Rekruten das Handgeld, und es kam vor, auch die Schulden, die der eine oder andere im Schenkhaus hinter= lassen hatte, zuweilen auch noch wie in alten Zeiten Leute, welche die Räuber verfolgen sollten, die die Gegend unsicher machten. Für die Überwinterung des Dorfhengstes mußte das Dorf aufkommen, den Gemeindestier mußte der Pfarrer überwintern. In den großen Stroh= barren, die auf dem Hof sich erhoben und in dem offenen Schopfen daneben, wo auch des Pfarrers Vieh sich aufhielt, mußte er sich vor Kälte selbst schützen.

Noch war in den Gemeinden ein großer Teil des Bodens, auch abgesehen vom großen Gemeindebesitz, nicht Privateigentum. Ein charakte= ristisches Bild einer ganz eigenen Dreifelderwirtschaft hat die Aufzeichnung in dem Pfarrarchiv in Weilau aufbewahrt: „Es verdient als eine Eigenheit an diesem Ort bemerkt zu werden, daß die Ackerländer und Wiesen unter die Insassen auf gleiche Teile verteilt und so, und immer nach Verlauf von 12 Jahren, wenn der Nachwuchs junger Wirte be= deutend wird, das ganze Territorium außer den Weingärten, unter alle wegen der Nachgekommenen aufgeteilt wird. Die Grundherrschaften be= sitzen weder Acker= noch Wiesenerde und die Felder sind so beschaffen, daß jährlich dahin wo Weizenland ist Weizen, wo Roggenland ist Roggen und nur das Kukuruzland so gesät wird, daß alle Jahr die Hälfte des Feldes wegen der Viehweide brach bleibet." (20. Sep= tember 1824.)

In bezug auf die Sitten der Bauern wurde stark über die Trunksucht geklagt. Es galt nicht nur für die eine Gasse in Stolzenburg, von der der Pfarrer dem Domestikalkonsistorium 1823 klagte: „es befinden sich dort unruhige, dem Trunk ergebene Menschen, welche sogar zu stehlen pflegen und ihre Weiber mißhandeln."

Für das, was „draußen" geschah und draußen war alles, was jenseits des Dorfhatterts lag oder außerhalb des Tores, das die Dorf= gasse gegen das Feld abschloß, hatten die Dorfbewohner wenig Sinn. Der geringe, den sie gehabt, wurde künstlich unterdrückt. Mit undurch= dringlichem Geheimnis war alles umgeben, was das Amt betraf. Auch was die Stuhlsversammlungen berieten, wo die Dorfsvertreter mit saßen,

sollte Geheimnis bleiben und wenn sie dort über Wege- und Brückenbau
redeten, so war das freilich auf die Dauer nichts, was die Seelen erheben konnte. Ihre Lebensphilosophie trat in der Hausinschrift zutage:

> Vieles Denken schwächt die Glieder,
> Was hilfts, daß man denkt und dicht't,
> Das Vergangene kommt nicht wieder,
> Das Zukünftige weiß man nicht.   1829.

Nur die großen Hatterprozesse, die viele Gemeinden Menschenalter
lang beschäftigten, regten die Gemüter oft und nicht mit Unrecht un-
endlich auf, dann die zahlreichen Viehdiebstähle, die eine Landplage
waren, deren man nicht Herr wurde.

In dieser Zersplitterung und Verengung des ganzen Volkslebens
konnte naturgemäß der nationale Gedanke, der zur Voraussetzung ein
gemeinsames Leben, gemeinsame Empfindungen und täglich neu sich stets
berührende Interessen hat, nicht gedeihen. Auch er schlief ein, er war
Einzel- aber nicht mehr Gemeingut. Als Kazinczy 1818 in der ungarischen Zeitschrift »Tudományos Gyűjtemény« Briefe über Siebenbürgen veröffentlichte, durch das er 1816 eine Reise gemacht hatte und
dabei über die Sachsen allerlei wenig Schmeichelhaftes sagte, indem er
im Sachsen weder einen Deutschen noch einen Ungarn noch einen Türken
erkennen wollte, wobei er ihnen überhaupt Mangel an Patriotismus
vorwarf, da antwortete Pfarrer Schuster aus Mehburg ihm in den
Provinzialblättern in trefflicher Weise — allerdings erschien die 1820
geschriebene Antwort erst 1824: — „Der Siebenbürger Sachse ist kein
halber, sondern ein ganzer Teutscher. Teutsch ist seine Sprache, Teutsch
seine Bildung, Teutsch seine Rechtlichkeit. Als Teutsche sind sie von jeher
erkannt worden" und den Vorwurf des Mangels an Patriotismus wußte
er mit dem Hinweis auf die Vergangenheit und mit Berufung auf die
Gegenwart zurückzuweisen.

Diese stillen Jahre aber hatten für das sächsische Volk das eine
Gute: die sittlichen Kräfte erstarkten auf dem Boden des Familienlebens.
„Die allmächtige soziale Sitte zügelte alles Leben in Haus, Gemeinde
und Kirche; mehr als das Gesetz und der persönliche Vorteil drückte sie
der gesamten Existenz jenes Gepräge der Ehrbarkeit und Solidität auf,
das man wohl gegenwärtig von jener Zeit rühmen hört. Auf das Verhältnis von Eltern und Kindern wirkte sie geradezu maßgebend. Vater
und Mutter, geihrzt von den Kindern („Ihr" geheißen), führten ein
patriarchalisches Regiment im Hause, in dem von Liebe und Erziehung
wenig geredet, aber durch gutes Beispiel, sorgsame Behütung des keimenden

sittlichen Lebens und festen Willen in der Aufrechthaltung jeder Ordnung mehr und gründlicher erzogen wurde als heutzutage, wo die „wissenschaftliche Erziehungskunde" bereits einen Teil des Hausrats zu werden beginnt. — Das Gebot der Pflicht durchwehte das sächsische Bürgerhaus in allen seinen Räumen und selbst die zarteren Empfindungen der Liebe, der Freundschaft, der Neigung zu Volk und Vaterland waren von ihrem Hauch durchdrungen. Das Geschlecht, das daraus hervorwuchs, war strenger in den Formen, fester im Wesen, eigensinniger im Guten und Bösen, lenksamer wo ihm ein Gebot der Obrigkeit Ziel und Wege wies; beschränkter in seinem geistigen Gesichtskreis, aber sicher seines Besitzes auch in dieser Richtung und ihn ausnützend bis aufs äußerste; behaglich in der Rede, ruhelos in der Arbeit; in Ernst und Treue der Werkstatt pflegend, dafür unbefangen dem Festgenuß sich hingebend; höherer Ziele nicht unbewußt, die nächsten mit eiserner Ausdauer verfolgend; mäßiger im Glück, beharrlicher im Unglück; im engen Kreise strebend ohne Unterlaß; freier von Menschenfurcht, wenn auch bescheiden im Umgang mit jenen, die Gewalt über es hatten, vor allem demütiger in seinem festeren Gottesbewußtsein". (Fr. Müller). Der Familienzusammenhang war stark und wurde festgehalten auch zwischen entfernten Gliedern, die „Freundschaft", wie die Verwandtschaft bezeichnend im sächsischen Dialekt genannt wird, bildete ein geschlossenes Ganzes, einflußreich auch auf das öffentliche Leben. Die Patenschaft legte Pflichten für das Leben auf, im „Patenbrief", der das Beutelchen verdrängte, in das früher das Patengeschenk gelegt worden war und in den jetzt das Geschenk eingewickelt wurde, wünschten die Paten dem Täufling Glück fürs Leben:

> Nimm dieses Geschenk von meiner Hand,
> Womit ich deine Windel ehre,
> Und glaube, daß dies kleine Pfand
> Ein Zeugnis meiner Liebe wäre.
> Mein Wunsch beglücke deine Wiegen,
> Gott mehre deiner Jahre Zahl,
> Leb deinen Eltern zum Vergnügen,
> Gehorche auf ihrer Stimme Schall.
> Schmück deines Alters zarte Jugend
> Mit reiner Gottesfurcht und Tugend. (1828).

Die allgemeine Schlummerseligkeit konnte auch dem wissenschaftlichen, dem geistigen Leben überhaupt nicht förderlich sein. Es ist bezeichnend: es lebten zum Teil dieselben Männer, die in der Josefinischen und Nach-Josefinischen Zeit die Träger des literarischen Lebens gewesen sind und jene, die in den vierziger Jahren die neuen Träger desselben wurden, aber weder die Einen noch die Andern brachten es in jenen Jahren zu einer bemerkenswerten Leistung. Im Jahre 1810 war Eder gestorben, der Begründer der vaterländischen Geschichte, 1813 gab L. J. Marienburg seine Geographie Siebenbürgens heraus, ein vollwertiges Werk, nach dem aber fast ein Menschenalter nichts Bedeutendes geschaffen wurde. Das Verbot des Besuches deutscher Universitäten mußte das Seine dazu beitragen. So war es erklärlich, daß dem damaligen geistigen Leben das heimische Element mehr abging als vorher und nachher und daß jenes Leben mehr im Genießen als im Schaffen sich äußerte. Walter Skott begann mit seinen Romanen die Seelen auch hier zu fesseln, Gellert war der Lieblingsdichter und die heimische Poesie, soweit sie nicht Gelegenheitsdichtung war, ging auf Vor-Schillerischen Wegen Gedanken und Gefühlen nach, die nicht dem eigenen Herzen entstammten, sondern dem Altertum und der Gelehrsamkeit ihren Ursprung verdankten, wie die Ode an Trajans Schatten und der Abschied eines römischen Kolonisten aus Dacien. Vereinzelte Geister fanden den Ton tiefer Gefühle, wie sie im eigenen Busen lebten, die zu allen Zeiten vorhanden waren, von Liebe und Freundschaft, Gott und Freiheit, wie der spätere Bischof Binder, der Dechant Mild, und auf manchem sächsischen Pfarrhof diente das Lied dazu, das gastliche Beisammensein in Scherz und Ernst zu heben. Das Beste gelang in sächsischer Mundart, wobei bezeichnend der Humor es ist, der das Wort führte und wieder charakteristisch die Frau zuerst hier mitdichtete, die sächsische Pfarrerin von Kleinscheuern Frau Löpprich, eine Stolzenburger Pfarrerstochter, deren „Sächsische Hochzeit" (Worām klappert em mät Schāllen?) heute noch bekannt ist.

Größere Anläufe kamen von selbst zum Stehen. Komes Michael v. Brukenthal hatte 1812 angeordnet, es sollten die sächsischen Städte und Stühle die wichtigsten Urkunden aus ihren Archiven abschreiben und an ihn senden, zugleich mit der Absicht „der richtigen Bekanntwerdung alles dessen, was man hat" und im Jahre 1828 legten Reschner, Schaser und C. Neugeboren der Universität einen eingehenden Plan über ein Urkundenbuch der sächsischen Nation in Siebenbürgen vor und baten um dessen Förderung. Es sollte das gesamte kirchliche und politische Leben umfassen, bis 1792 sich erstrecken, doch keine Urkunden enthalten, die der Nation auch nur im geringsten nachteilig sein könnten. Die Universität empfahl die Sache und versprach alle Förderung, „aber die Autonomie der Furcht in den einzelnen Kreisen trat dem Urkundenbuch schnell tötlich in den Weg". Der Hermannstädter Magistrat erklärte, die Stuhlsortschaften wollten mit Rücksicht auf die Hattertprozesse ihre

Urkunden nicht zeigen, von den eigenen schwieg er. Der Kronstädter erklärte seine Bedenken, die älteren Urkunden zu veröffentlichen und wies das Ansinnen der Universität zurück, da die Distriktsortschaften sehr über die Geheimhaltung ihrer Urkunden wachten und in Güte nie davon abzubringen sein würden, und der Magistrat selbst in der Veröffentlichung keinen Nutzen sähe, diese im Gegenteil eine nicht zu berechnende Gefahr zur Untergrabung der Nationalrechte drohe.

So unterblieb das Werk, das in den späteren Jahren des Kampfes, wenn es ausgeführt worden wäre, diesen Kampf wesentlich erleichtert hätte. Von Hermannstadt war 1817 die Anregung zur Gründung eines Gelehrtenvereines für vaterländische Geschichte und Literatur ausgegangen, dessen Ziel eine kritisch-pragmatische Geschichte des Vaterlandes sein solle, dessen nächste Aufgabe, brauchbare Materialien zu dieser Geschichte zu liefern. Die Anregung fand an vielen Orten lebhafte Zustimmung, zu Taten kam es nicht.

Das Stilleben jener Jahre war allmählich so groß geworden, daß es eines äußern Anstoßes zum Erwachen bedurfte; er kam von Ungarn.

Wie hatte sich doch das Verhältnis der beiden Nachbarländer Ungarn und Siebenbürgen zu einander in 150 Jahren verschoben! Im 17. Jahrhundert hatte Siebenbürgen Ungarns politische und Religionsfreiheit verteidigt, jetzt sollte Ungarn Siebenbürgen vergelten, was es damals von hier empfangen hatte.

Auch in Ungarn hatte die Regierung die gleiche Methode angewendet, die sie in Siebenbürgen zur Unterdrückung und Beiseiteschiebung der Verfassung und des Rechts erprobt hatte. Aber die ungarischen Komitate waren stärker als die siebenbürgischen. Da auch dort kein Landtag zusammengerufen wurde, begannen die Komitate sich zu weigern, Steuern zu zahlen und Truppen zu stellen und die ungarische Hofkanzlei, selbst über die willkürliche Kabinettsherrschaft ergrimmt, war in der Lage, die Mißstimmung des Landes im einzelnen zu unterstützen. Als das Land vergebens wartete, daß das unterbrochene Reformwerk wieder aufgenommen werde, fanden die Komitate immer freiere und heftigere Worte gegen die Regierung. „Zu den zahlreichen Beweisen der Gerechtigkeit und Fürsorge — schrieb das Barscher Komitat 1820 — womit unser König die Hingebung und die Opfer der Völker erwidert, zählen wir auch die Vorschriften für die Erhaltung ihres moralischen Wohlbefindens, ihr Fernhalten von der zügellosen Denkweise des Jahrhunderts. Die vollkommene Unbekanntschaft mit den Zeitereignissen, die wir den erlaubten politischen Zeitungen verdanken, trägt gewiß viel zur Wahrung des Friedens und der Frömmigkeit bei." Als der Hof ohne Bewilligung des Reichstags Rekruten ausheben ließ, warf dasselbe Barscher Komitat 1823 dem Kaiser Franz Eidbruch vor, „der Thron Ew. Majestät wird untergraben, die Sicherheit der Dynastie ist gefährdet. Aber diese Feinde des Staates und der Dynastie sind nicht in fernen Ländern zu suchen, sie umgeben den Thron Ew. Majestät und sind Ihre Ratgeber". Vergebens waren die scharfen Reskripte, die jene Komitate zur Ordnung wiesen, die sich solche Sprache erlaubten, der Unwille wuchs, die „Administratoren," die hingesandt wurden, Ordnung zu machen, konnten nichts ausrichten, die rechtmäßigen Beamten stellten ihre Tätigkeit ein, bis zum letzten Heiduken wollte niemand den Machthabern dienen, die allmählich lächerlich wurden. „Verlangten sie die Protokollbücher, um die Protestationen der Komitate herauszureißen, so waren dieselben gewiß nicht zu finden. Suchten sie nach dem Komitatssiegel, so verwies man sie ins Archiv. Dieses selbst war gesperrt, die Schlüssel bei Vertrauensmännern oder in kirchlichen Heiligtümern bewahrt. Forschten sie nach Akten, so zuckte man mit den Achseln, fragten sie nach Steuerpflicht der Einzelnen, so stellte sich alle Welt unwissend, die Verwaltung stockte, die Justiz geriet in Verwirrung und was das Schlimmste war, auch die Steuern gingen nicht ein."

Wollte sie nicht äußerste Gewalt anwenden, und eine vor aller Welt nicht wegzuleugnende Verfassungskonfiskation durchführen, so mußte die Regierung den Reichstag zusammenrufen.

Es geschah auf den 11. September 1825; der Reichstag, der am 18. September eröffnet wurde, dauerte bis zum 18. August 1827. Nicht die 45 Gesetzartikel, die er geschaffen, waren das bedeutsame, ihr Inhalt stand weit hinter den Erwartungen des Landes zurück, sondern daß der Reichstag in umfassender und energischer Weise den Kampf für die Verfassung, für das Recht des Landes gegenüber der Willkür der Regierung aufnahm, daß er es wagte, das lange Sündenregister der verflossenen Jahre ihr rücksichtslos vorzuhalten: daß dem Land ungesetzlich Truppen und Steuern abgepreßt worden seien, die gesetzliche Gewalt durch die k. Kommissäre beiseite geschoben, die Komitatsversammlungen verboten, die Beamten vertrieben worden seien, wie nicht nur jetzt sondern auch früher die Politik des Hauses Habsburg darin bestanden habe, Ungarn zu unterdrücken. Zu diesen Beschwerden, die ausschließlich von dem Gedanken ausgingen, die alte Verfassung, das alte Recht mit seiner Sonderstellung der Magnaten, der ausschließlichen politischen Nation des Adels mit all seinen Vorrechten aufrecht zu erhalten, trat wenn auch zunächst nur schüchtern ein neuer Gedanke hinzu, daß es gelte, dem Fortschritt, neuen Forderungen der Zeit Rechnung zu tragen. Graf Stef. Szechenyi hatte mit seiner Widmung von sechzigtausend Gulden für die Gründung einer ungarischen Akademie der Wissenschaften neue Ziele der Arbeit für das eigene Volkstum gezeigt und jene Widmung allein sprach schon aus, daß diese Arbeit nicht möglich sei ohne Opfer, die der Einzelne zu bringen verpflichtet sei.

Die Funken dieser neuen Bewegung flogen auch in das Land jenseits der Berge, sie zündeten auch hier neues Leben an. Die Bewegung schloß auch hier an die Frage der Rekrutierung an. Das war immer eine aufregende Angelegenheit gewesen. Wochenlang vorher munkelte das Volk von der bevorstehenden Aushebung, die im ganzen Land zu gleicher Zeit abgehalten wurde. Dann überfielen die Häscher mit Hülfe des Amtes in jedem Ort die Armen, die zum Dienst bestimmt worden waren, zunächst die Vagabunden und Leute, die die Gemeinde oder die Mächtigen in ihr sich vom Halse schaffen wollten, banden die verzweifelt sich Wehrenden und die Tauglichen wurden auf Lebenszeit in die Armee eingereiht. Bei einem derartigen Kampf hatte ein Überfallener den Ortsrichter niedergeschossen und es bezeichnete die Auffassung der Sache, daß das Gericht den Angeklagten freisprach, denn er habe sich im Stand der Notwehr befunden. Jetzt erinnerte sich das Land, in dem einzelne Teile noch durch die Cholera in Aufregung versetzt waren, daran, daß die Rekrutenforderung überhaupt ungesetzlich sei, denn es fehle die Bewilligung des Landtags.

Wer rückschauend das Resultat dieser stillen Jahre zu ziehen versucht, der kann auch hier Gewinn und Verlust neben einander stellen. Es war ein langer Stillstand gewesen, während die Welt vorwärts gegangen war, und als man nun Hand daran legte, das Versäumte nachzuholen, war es vielfach schon zu spät; aber in diesen stillen Jahren hatte sich das Volk doch von den Erschütterungen eines halben Jahrhunderts erholt, die es fast das Leben gekostet hatten. Das Familienleben war der feste Grund, auf dem innere Tüchtigkeit erwachsen konnte. Da das Handwerk gut ging, konnte der sparsame Sinn des Bürgers einen kleinen Vorrat für die Zukunft sammeln, auch die Gemeindekassen blieben nicht leer, aber daß es dem Geschlecht gut ging, verschloß ihm die Notwendigkeit des Fortschritts grade auf diesem Gebiet und aus den öffentlichen Kassen geschah nichts Nennenswertes für öffentliche Interessen. Ein böses Erbe dieser Zeit aber blieb für lange der Mangel jedes öffentlichen Lebens, die Entwöhnung die Ereignisse vom allgemeinen Standpunkt zu beurteilen, die Nichtbeachtung der Verdrängung vom Rechtsboden und die Gewöhnung daran, die letzte Entscheidung „vom Hof" zu erwarten. Am schwersten haben wir aber daran getragen, daß jene Jahre das Bewußtsein in unserm Volk ganz verlöschten, daß Siebenbürgen ein Glied der ungarischen Krone war und daß es geographisch und historisch und darum auch politisch von dieser nicht losgelöst werden könne und daß der Gedanke der nationalen Einheit und das Bewußtsein des Volkstums der sächsischen Nation in jenen Jahren mit dem alten Recht verloren gegangen war. Nur auf dem kirchlichen Gebiet hatten sich Anfänge einer neuen Zusammenfassung gezeigt.

Einen dauernden Gewinn aber haben jene Jahre den kommenden hinterlassen, sie haben dem Volk die Männer gegeben, die zuletzt diese Zeit überwunden haben: im Jahre 1810 wurde in Schäßburg Josef Andreas Zimmermann geboren, 1814 Karl Gooß, 1817 Georg Dan. Teutsch, 1820 Josef Gull, 1828 Fr. Müller, 1810 in Agnetheln Konrad Schmidt; in Hermannstadt 1815 Mich. Fuß, 1817 Karl Fuß, 1823 Jakob Rannicher; 1819 Karl Brandsch, 1828 Franz Obert in Mediasch, 1825 Gottl. Budaker, 1826 Heinrich Wittstock in Bistritz, im selben Jahr Josef Bedeus in Hermannstadt, Samuel Schiel 1812, Karl Maager 1813 in Kronstadt, Fr. Mich. Herbert 1802 in Klausenburg, Fr. W. Schuster 1824 in Mühlbach. Wohl fällt die Jugend der Jüngern unter ihnen schon in die Zeit des neuen Lebens, aber die Ältern sind unter dem Eindruck der „stillen Jahre" stark geworden. Durch das Leben Aller klang der Ton, der diese Jahre versöhnend abschließt, wie er laut zuerst in Ungarn gehört wurde, dem der deutsche Dichter früher schon in Schwaben Worte geliehen:

> Du Land des Korns und Weines,
> Du segenreich Geschlecht,
> Was fehlt dir? All und Eines:
> Das alte gute Recht.

X.

Neues Leben.

1830—1848.

Die Verteidigung des Rechts, die den kommenden Jahren den Charakter aufdrückte, nahm den Ausgangspunkt von dem Unrecht der Rekrutenaushebung. Schon im Jahre 1830 hatte das Gubernium eine Anregung an die Hofkanzlei gegeben, die Anlaß nahm, 1831 dem Kaiser vorzustellen, daß die Stände jedesmal sich gegen die gewaltsame Aushebung gesträubt und das Recht in Anspruch genommen hätten, die Rekruten zu bewilligen. Als trotzdem die Aushebung angeordnet wurde, erklärte Baron Nikolaus Wesselenyi, daß er nicht dulden werde, daß auch nur ein einziger seiner Untertanen zu den Soldaten genommen werde und zugleich nahmen sich einzelne Komitate der Sache an. Das Mittel-Szolnoker Komitat, in dem Wesselenyi zu Hause war, untersagte den Beamten die Rekrutierung und ersuchte das Gubernium, sich an das Gesetz zu halten. Dasselbe tat das Inner-Szolnoker Komitat, das noch die Bitte hinzufügte, es möge der Landtag zusammenberufen werden, um die Rekrutierung überhaupt neu zu ordnen. Als das Gubernium schärfere Verordnungen erließ, erklärten die Komitate erst recht auf ihren Beschlüssen zu beharren und die Beamten drohten mit Niederlegung der Ämter, so daß die Hofkanzlei zur Einberufung des Landtags riet, was der Kaiser ablehnte. Unter den Eindrücken der polnischen und französischen Revolution, mehr noch der Vorgänge in Ungarn, schlossen sich die meisten Komitate den entschiedenen Protesten an und verlangten alle miteinander die endliche Einberufung des Landtags, so daß der Hof im Mai 1832 ihnen die „anmaßende Sprache verwieß" und sie aufforderte, in Ruhe und Ergebenheit den Zeitpunkt abzuwarten, wo der Kaiser den Landtag zusammenrufen werde. Er wurde wohl in Aussicht genommen, aber zugleich bis dahin neuerdings der Versuch gemacht, ob man die Regimenter komplettieren lassen könne. Die Jurisdiktionen waren mit der allgemeinen Zusicherung aber nicht mehr zufrieden, sondern vermehrten ihre Klagen und Beschwerden und weigerten sich, höhern Anordnungen zu folgen. Die schnöde Unterdrückung der ev. Kirche auf allen Linien, die Mißachtung der Beamtenwahl, die landtäglich nicht beschlossene Aushebung, alles wurde hervorgeholt, ja es wurde dem Gubernium, das auch nicht auf gesetzlichem Weg zusammengesetzt war, geradezu der Gehorsam gekündigt, vor allem die Einberufung des Land=

tags verlangt. Das Gubernium mußte selbst erkennen, daß es unfähig sei, die Ordnung aufrecht zu erhalten und bat um Unterstützung. Da beschloß der Hof, statt den einzig richtigen Weg zu gehen, nämlich die Stände zusammen zu rufen, einen bevollmächtigten k. Kommissär nach Siebenbürgen zu schicken, FML. Baron Vlasits, den frühern Kommandierenden, dem als Adlatus J. v. Bedeus an die Seite gegeben wurde. Als sich Beide in Temesvar trafen, fanden sie sehr überrascht, daß ihre ganze Instruktion darin bestand, alles anzuordnen, was zur Erfüllung des allerhöchsten k. Willens angemessen scheine. Inzwischen war unter dem 24. März 1833 an das Gubernium der Befehl ergangen, den Bevollmächtigten allseits zu unterstützen. Dasselbe Reskript hob alle mißliebigen Beschlüsse der Komitatsversammlungen auf und alle Jurisdiktionen wurden zum Gehorsam angewiesen. Nicht nur durch den Einfluß Joh. Bethlens, eines der Führer der Opposition, dessen Rat bald von Vlasits gehört wurde, sondern bald auch durch den eignen Einblick in die Verhältnisse erkannte dieser, daß auf dem beabsichtigten Weg das Ziel nicht zu erreichen sei. Das k. Reskript vom 24. März sollte in allen Komitatsversammlungen publiziert werden. Es war mit großer Hoffnung auf den Erfolg dieses Kunststücks derselbe Termin (2. Mai) für alle Versammlungen angesetzt worden, damit die Wortführer verhindert seien, überall dabei zu sein. Die Opposition hatte aber „die Wanderpatrioten" so geschickt in allen Komitaten verteilt, daß die Beschlüsse aller Versammlungen darin einig waren, von dem was sie beschlossen könnten sie nichts zurücknehmen — im übrigen verlangten sie die Einberufung des Landtags. Der k. Bevollmächtigte konnte nicht anders als gleichfalls die vielgeforderte Einberufung befürworten und erklären, daß es kein anderes Mittel zur Herstellung der Ordnung gebe.

Bis zum Hochsommer kam keine Erledigung von Wien. Da zog Bedeus, im Einverständnis mit seinem Vorgesetzten, hinauf, zu sehen, warum keine Entscheidung käme. Der Kaiser war in Brünn, dort hatte man auf Siebenbürgen vergessen. — Endlich am 26. September 1833 raffte die Regierung sich zum Befehl auf, das Land solle sich fügen, anders werde ein Landtag nicht bewilligt werden. Wohl fragte sich der Kaiser selbst, was solle geschehen, wenn das Land nicht nachgäbe, doch hatte er auch sofort die Antwort bereit: „Nun, sie werden ja gescheit sein!"

Das Land war aber gescheiter und — blieb bei seiner Weigerung des Gehorsams. An Stelle von Vlasits und Bedeus trat, als sie über eignes Ansuchen von ihren Posten enthoben wurden, der Gouverneur von Galizien Erzherzog Ferdinand von Este, dem L. v. Rosenfeld beigegeben war. Nach nochmaligem mißglücktem Versuch, die vorigen Reskripte zur Geltung zu bringen, wurde der siebenbürgische Landtag auf den 26. Mai 1834 nach Klausenburg ausgeschrieben und am 20. Juni endlich eröffnet.

In der Zwischenzeit war auch der ungarische Reichstag am 19. Dezember 1832 schon eröffnet worden, der große „Operatenreichstag", dem das Land mit allseitiger Spannung entgegen sah. Er stand zunächst auf demselben Boden wie der vorige, er wollte das vielfach zerbrochene Recht des Landes wiederherstellen, dann aber ging er einen Schritt weiter. Die Erkenntnis war nicht abzuweisen, daß an der Verwaltung und an den Zuständen Ungarns, die das Gepräge des Mittelalters an sich trugen, sehr viel zu ändern sei, daß die neue Zeit neue Formen auch für das Verfassungsleben begehre. Allerdings waren die „Gravamina" der frühern Jahre nicht erledigt worden, neue waren dazu gekommen, und der Reichstag ließ sich nicht nehmen, sie wieder sehr entschieden zu betonen: es solle der Reichstag nach Pest verlegt werden, die magyarische Sprache, die im Kanzleiverkehr anerkannt worden war, ausschließlich auch für die Gesetze und Repräsentationen gebraucht werden, einer der beiden gekrönten Könige solle in Ungarn residieren, die Handelsverhältnisse sollten verbessert, Dalmatien, Galizien, die Siebenbürger partes endlich Ungarn einverleibt werden, das Finanzpatent von 1811 sei nicht gesetzlich in Ungarn, es solle der schnöden Unterdrückung der Protestanten durch die katholische Kirche ein Ende gemacht werden, die in gemischten Ehen Reverse forderte, den Übertritt durch die ungesetzliche Forderung des sechswöchentlichen Unterrichts hinderte, die Forderung nochmaliger Trauung übergetretener Ehepaare aufstellte, das Verbot des Besuchs ausländischer Universitäten solle aufgehoben werden. Daneben wurde die Lösung der Urbarialfrage in freierer Weise versucht, die einen Übergang zur allmählichen Befreiung der Bauern ins Auge faßte, indem die Ablösbarkeit der Giebigkeiten und Robotten ausgesprochen wurde. Die Krone wollte die Ablösbarkeit nicht zugeben und ihrem Druck war es zuzuschreiben, daß der Reichstag, bei wiederholter Beratung, nun die Ablösbarkeit auch fallen ließ und die Patrimonialgerichtsbarkeit aufrecht hielt. Die Steuerfreiheit des Adels wurde zunächst in bezug auf den Brückenzoll bei der neugebauten Kettenbrücke zwischen Pest und Ofen aufgehoben und die Gerichtsordnung verbessert und dem Adel geradezu eine Steuer auferlegt, um die Kosten des Reichstags zu tragen.

Der Siebenbürger Landtag von 1834/35 ist ein Spiegelbild des ungarischen Reichstags, verändert nur durch die besondern Verhältnisse des Landes. Auf der einen Seite das Land, das sein Recht verlangt, auf der andern die Regierung, die es verweigert und dann doch im einzelnen und, wenn auch nicht gleich, schrittweise nachgeben muß und im Widerstreit beider die Unmöglichkeit das zu schaffen, was im Augenblick am notwendigsten gewesen wäre.

Der Landtag trug noch das alte Gepräge an sich, ja in einer Beziehung sah er mittelalterlicher aus als der von 1790. Die Regierung hatte einen übermäßigen Gebrauch von dem Recht der Ernennung der Regalisten gemacht, es standen 231 Regalisten 92 Repräsentanten der Jurisdiktionen gegenüber, auch die Mehrzahl der letztern Adlige aus den Komitaten, kaum halb so viele Szekler und kaum ein Viertel Sachsen; aber der Gedankengehalt, die Stimmung des Landtags, seine Ziele waren vielfach andre als damals.

Der Eröffnung ging ein unangenehmes Vorspiel voraus, an sich geringfügig, aber es trug dazu bei, die Erbitterung zu steigern. In Klausenburg hatte sich eine gewisse Gereiztheit zwischen Militär und Zivil entwickelt, die am letzten Faschingstage 1834 zu einem offnen Krawall führte. Die Wache hatte einen Lehrling verhaftet — wie es hieß, weil er gegen das neuerlassene Verbot auf der Gasse geraucht hatte — da sammelte sich ein Haufen Menschen und versuchte ihn zu befreien. Die Soldaten schlugen Allarm, gaben Feuer und verwundeten eine Anzahl aus der Menge. Die öffentliche Meinung schob die Verantwortung, wie es in solchen Fällen zu gehen pflegt, auf einen Unschuldigen, hier auf den Präses des Guberniums, der damit nichts zu tun hatte.

Ein zweites kam dazu. Die Landtagsmitglieder hielten außer den Landtagssitzungen noch dreierlei verschiedene Zusammenkünfte: die sogenannte Nationalversammlung — nemzeti gyülés, — in der sämtliche Landtagsmitglieder die wichtigern Angelegenheiten vorberieten, eine Art zwangloser Klub zu gegenseitiger Aufklärung und Verständigung, dann die Deputiertenversammlung — követi gyülés — wo die Regalisten nicht dabei waren; endlich hielt jeder Stand, jede der drei Nationen, ihre abgesonderten Nationalversammlungen. Die letztern hatten zwar seit Einführung der individuellen Abstimmung viel an Bedeutung verloren, waren aber doch, besonders für die Sachsen, nicht nur wertvoll, sondern die Vorbedingung für ein einheitliches Vorgehen, das gerade unter den veränderten Verhältnissen notwendiger als früher war. So erhielt sich die abgesonderte sächsische Nationalversammlung, weil sie notwendig war, während die abgesonderten Versammlungen des Adels und der Szekler erst nicht besucht waren und dann allmählich ausfielen. Der vereinigten

Nationalversammlung aber legten die Landtagsmitglieder eine ähnliche Bedeutung wie dem Landtag selbst bei und wünschten die Veröffentlichung der dort gehaltenen Reden, ohne allerdings den Unterschied beider Versammlungen zu verkennen, da die Beschlüsse der Nationalversammlung keine gesetzlich bindende Kraft hatten. Nach altem Herkommen waren diese im Landtagssaal abgehalten worden. Auch jetzt waren sie dorthin geladen. Da fanden sie die Türe im Gubernialgebäude, die zum Saal führte, versperrt. Die ausgesperrten Stände hielten es für eine Vergeßlichkeit der Diener und schickten um die Schlüssel. Inzwischen begann Wesselényi die Türe mit den Fäusten zu bearbeiten, bei jedem Schlag wandte er sich an das Volk und machte eine bissige Bemerkung über das Gubernium oder zitierte eine Gesetzesstelle über die falschen Räte des Königs und deren Verantwortung. Die Menge war von der gewaltsamen Erbrechung der Türe kaum zurückzuhalten. Da meldete ein Bote, der Landtagssaal sei auf höhern Befehl gesperrt und werde für die Nationalversammlungen nicht geöffnet. Nun gingen die Stände in die reformierte Kirche, aber die unnütze Demütigung blieb unvergessen, besonders als später der Landtagssaal ihnen für diese Beratungen erst recht zur Verfügung gestellt wurde.

Die Stimmung des Landes, in den Ständen verkörpert, richtete sich auf die Herstellung verfassungsmäßiger, gesetzlicher Zustände. Die Opposition war von dem Kampf gegen einzelne Übergriffe der Komitatsbeamten ausgegangen, hatte sich dann gegen die ungesetzliche Art ihrer Ernennung gerichtet — nach dem Gesetz sollten die Beamten gewählt werden, — und war nun überhaupt zur Forderung gelangt, das alte Recht auf Grund des Leopoldinischen Diploms, der Approbaten und Kompilaten, nicht zuletzt der Landtagsbeschlüsse von 1790/91, solle dem Lande wieder zurückgegeben werden. Dazu gehörte in erster Reihe die Neuwahl des Guberniums, das bis auf den alten Straußenburg völlig illegal, nämlich ernannt statt gewählt war, die Besetzung oder doch die Vorschläge für die Kardinalämter usf. Und so wurde das Kennzeichen dieses Landtags der Kampf um die Herstellung des Rechts.

Die feierliche Eröffnung erfolgte erst am 20. Juni. Aber auch jetzt drehte sich der ganze Kampf fast ausschließlich um Formfragen: die Wahl des Ständepräsidenten und der Protonotäre, die Eidesformel für diese, die Teilnahme des Guberniums — als ungesetzlich zusammengesetzt — an den Landtagsverhandlungen, die Zuverlässigkeit des Regalistenverzeichnisses, die Verifikation der Mitglieder u. dgl. m., lauter Fragen, die heute unbedeutend erscheinen, deren Stellung und Beant=

wortung aber in dem aufgenommenen Kampf ums Recht bedeutungsvoll war. Die Instruktionen der Deputierten lauteten übereinstimmend dahin, es solle dem ungesetzlichen Zustand ein Ende bereitet werden; hie und da hatte man daran gedacht, den mißliebigsten Beamten den Hochverrats=
prozeß zu machen.

Daß tatsächlich keine einzige Rechtsverletzung abgestellt wurde, daß nicht einmal das Gubernium gewählt wurde, daran trug die Regierung die gleiche Schuld wie der Landtag, der letztere durch die ungedämmte Redeflut mit den immer aufs neue wiederholten Beschuldigungen der Regierung, statt die wirklichen Aufgaben zu lösen, als welche in der Einberufung die Wahlen bezeichnet waren, die Kenntnisnahme der frühern von der Krone bestätigten Landtagsartikel, die Beratung der Operate, welche die 1791 eingesetzten Kommissionen hatten ausarbeiten sollen, besonders die Regelung der Urbarverhältnisse; aber ebenso die Regierung, da auch sie ehrlichen Anteil an der Verschleppung hatte und alles tat, die Stimmung eher zu reizen als in die Bahn erfolgreicher Arbeit zu lenken.

Die Wortführer des Landtags waren Dionis Kemeny, Karl Szaß, Nikolaus Wesselenyi, dann der Führer der Regierungspartei, soweit man von einer solchen reden konnte, Baron Josika. D. Kemeny war eine aus=
geprägte, leidenschaftliche Natur, kenntnisreich und gebildet, ein trefflicher Redner, seinen Standesgenossen an weitem Blick und umsichtiger Be=
urteilung der Verhältnisse überlegen, die er auch an Zuständen des Aus=
landes maß. Szaß war der beste Kenner des Rechts im Lande, der billige Beurteiler der gegebenen Verhältnisse, gleichfalls ein wirkungs=
voller Redner, der geistvolle Kenner der verschlungenen Pfade des sieben=
bürgischen Rechts, dessen Grundlagen im Leopoldinischen Diplom und in den dieses vorbereitenden Verträgen er in seinem Buch: Sylloge tractatuum usf. 1833 den staunenden Zeitgenossen enthüllt hatte. Es war ein ästhetischer Genuß, seinen feinen Darlegungen der Rechtsfragen zuzu=
hören, den scharfen Wiederlegungen, die er dem Gegner entgegenhielt, zu folgen. Aus anderem Holz war Wesselenyi, der Sohn des Faust=
ritters aus dem 18. Jahrhundert, dessen unbändige Leidenschaft auch in ihm noch glühte, doch durch größere Bildung, modernere Denkungsart gemildert. Neben dem Haß gegen Österreich stand ein Zug französischen Liberalismus, der selbst dem Bürgertum in gewissen Grenzen Gerechtigkeit widerfahren ließ. Er war ein gewaltiger Redner, dessen Donnerstimme alle überschrie und der am Kampf seine helle Freude hatte. Einsam stand Josika auf der andern Seite, ein Führer ohne Heer, der vor allem

darauf sehen mußte, daß seine Leute nicht in die Debatte eintraten und
ihn nicht verteidigten, denn sie kompromittierten ihn und die Regierung nur,
was zugleich die Schwäche ihrer Stellung und Anschauungen kennzeichnet.
Zum eigentlichen Führer wäre Johann Bethlen berufen gewesen, ein
Nachkomme der beiden angesehenen Staatsmänner und Historiker Joh.
und Nik. Bethlen. Er hatte in erster Reihe die Opposition organisiert,
ihr Zusammenhang, Ziel und Stärke gegeben. Daß er nicht die Führung
übernahm, hatte u. a. einen Grund darin, daß er sich zum Regalisten
hatte ernennen lassen, was seine Wirksamkeit wesentlich hinderte.

Die Hauptkämpfe drehten sich zuerst um die Stelle des interi=
mistischen Ständepräsidenten, den das Gubernium ernannte, die Stände
aber nicht anerkennen wollten, weil das Gubernium selbst nicht legal
sei, dann um den Eid, den der Ständepräsident und die Protonotäre
schwören sollten. Der Eid erschien dem Landtag so wichtig, daß er eine
Deputation an den Kaiser sandte mit der Bitte, den Eid nach einer
von den Ständen aufgesetzten Formel ablegen zu lassen, doch blieb der
Hof bei seiner Forderung des 1790er Eides. Eine ungewöhnliche Auf=
regung verursachte die Untersagung der Veröffentlichung der Protokolle
über die Sitzungen der vereinigten Nationalversammlungen, die Frage,
die zuletzt zum Bruch führte.

Aber nicht diese Einzelfragen machten die Bedeutung des Landtags
aus, sondern die Gesinnungen, die dabei zutage traten. Sie bezeichneten
das „neue Leben". Am 7. November stellte Baron Kemeny den Satz auf,
daß die höchste Gewalt im Staat vom Volk komme, daß die Abgeordneten
nur ihm verantwortlich seien, und ein andermal erklärte er: seit Sieben=
bürgen unter Österreich stehe, sei kaum ein Gesetz zum Wohl des Landes
erlassen worden und Baron Hußar sprach: „Vom Schöpfer erwarte ich
Gnade, vom Souverän verlange ich Gerechtigkeit und die Erfüllung
meiner legalen Forderungen. Wir sind hier ein legislativer Körper,
Vertreter eines freien Volkes. Wer steht noch über uns? Ich wage zu
antworten: Niemand! Uns gegenüber kenne ich jemanden, den Souverän,
aber über uns, ich wiederhole es, sehe ich niemanden."

Und wenn nun Wesselenyi ausführte, daß wenn der Souverän das
Recht habe, ein Gesetz aufzuheben, so habe er dieses Recht auch allen
Gesetzen gegenüber, dann habe die Nation gleichfalls das Recht, Gesetze
abzuschaffen, die ihr nicht gefielen, z. B. diejenigen, welche die Treue
gegen den König vorschreiben, so klang das allerdings höchst revolutionär
und wenn dann auf Wesselenyis Antrag der Landtag beschloß, die Be=
fehle und Anordnungen substituierter Beamten sollten nicht befolgt werden

(Sitzung vom 16. August), so drohte angesichts der Tatsache, daß es im ganzen Lande kaum andere gab, neue Unordnung. Es waren lebenschaffende neue Gedanken, die da ausgesprochen wurden, von K. Szaß: Die Zeit hebe keine Gesetze auf, das Recht habe bloß der Gesetzgeber, von Johann Bethlen: Die einzig sichere Garantie für die Beobachtung des Gesetzes liege in der Seele und in der sittlichen Kraft des Volkes, auf die Stärkung dieser sei hinzuwirken, dann werde das Gesetz von selbst heilig werden, und es blieb tief in den Gemütern haften, was Dionys Kemeny ausführte, die Vorfahren hätten für manche schöne Freiheiten gesorgt, die er im einzelnen aufzählte und dann dagegen hielt, wie das Volk derselben verlustig gegangen sei: „wenn ein Mann der Vorzeit auferstünde, was würde er zu der Entstellung des damals so verehrten Bildes sagen, wenn ein Junger der jetzigen Zeit mit warmem Gemüt die Vergleichung zwischen dem damaligen und jetzigen Zustand anstellt, muß er nicht leidenschaftlich für die Wiederherstellung entbrennen?" Die Beschlüsse des Landtages fielen in jedem einzelnen Fall zugunsten des Rechtes aus, ostentativ wurde es immer den ungesetzlichen Verordnungen gegenüber gestellt. Die Regierung verlangte bei Deputationen an den Hof deren vorherige Genehmigung; in der Sitzung vom 26. August beschloß die Nationalversammlung, diese Erlaubnis sei hinfort nicht einzuholen, denn kein Gesetz gebiete sie und außerdem könnten Körperschaften oder gar die versammelten Stände nicht beschränkter in ihren Rechten sein als der geringste Untertan, ihr überströmendes Herz vor dem helfenden Vater auszuschütten. Es war ein Zeichen neuer Denkungsart, daß der Unterschied zwischen Magnaten und niederem Adel als nicht vorhanden erklärt wurde, daß D. Kemeny das schöne Wort sprach: man werde zu Beamten nur Männer wählen, bei denen der innere Adel sich finde und die Nationalversammlung am 8. Januar 1835 beschloß, nur solche Männer zu Beamten zu wählen, welche schon früher gezeigt hätten, daß ihnen der äußere Unterschied der Geburt leerer Schein sei.

Von dieser mildern Denkungsart erhielten auch die Sachsen freundliche Beweise.

Sie traten auf dem Landtag im ganzen wenig hervor, schüchtern sahen sie das neue Leben, schwerfälliger als die leichter beweglichen Mitstände brauchten sie längere Zeit, bis ihr Blut in Wallung geriet.

Die Instruktionen, die die sächsischen Deputierten mitbekommen hatten, waren zahmer als die der andern Nationen. Sie verpflichteten die Vertreter, bei den bevorstehenden Wahlen darauf zu sehen, daß die Gleichberechtigung der drei Nationen und vier Religionen beobachtet werde, zählten dann aber auch eine lange Reihe von Beschwerden auf, die auf dem Landtag vorzubringen seien: der Landtag solle jährlich einberufen werden, das Übergewicht der röm.-kath. Kirche, das sie gegen das Landesgesetz ausübe, abgestellt werden, es müßten die ev. Superintendenten neben dem kath. Bischof auf dem Landtag Sitz und Stimme haben, die übermäßige Militärlast solle erleichtert, der Preis des Salzes verringert werden, die sächsischen Gerichtsbehörden sollten ihre ehemalige Selbständigkeit zurückerhalten, die der Befehl geschädigt hatte, daß alle Prozesse an das Gubernium appelliert werden könnten. Das Lotteriespiel soll abgestellt werden. Sollte die Union Siebenbürgens mit Ungarn zur Sprache kommen, so sei sie ebenso mit Rücksicht auf die politische Selbständigkeit des Landes wie in Anbetracht dessen abzulehnen, daß die ev. Kirche in Ungarn nicht jene Rechte genieße wie in Siebenbürgen und die Unitarier überhaupt nicht anerkannt seien. Es sollte eine geregelte Polizei eingeführt werden. Die Union der drei Stände sei unwandelbar aufrecht zu erhalten, doch dürfe sie nicht dazu mißbraucht werden, die Sachsen zu Beschlüssen zu zwingen, die ihrem Interesse geradezu entgegenstehen. Eine Verletzung der Union sei die Abschaffung des Kuriatvotums 1791 gewesen, dieses solle entweder wieder eingeführt oder den Sachsen durch Vermehrung ihrer Abgeordneten größerer Einfluß auf dem Landtag gegeben werden. Die sächsischen Städte sollten gleichfalls als Regalisten einberufen werden, bei Verleihung von Fiskalgütern auch Sachsen berücksichtigt werden. Die Angriffe auf die Freiheit des sächsischen Besitzes von seiten des Fiskus sollten zurückgewiesen und der Kaiser bestimmt werden, die ungesetzlichen Befehle hierüber zurückzunehmen. Der Domestikalfond solle den sächsischen Stühlen zurückgegeben werden,[1]) den sächsischen Jurisdiktionen überhaupt die freie Verfügung über ihre Allodiaturen (Gemeindevermögen), die ihnen durch die Regulation entzogen worden sei, zurückgegeben werden; ihre Rechnungen nicht der Landesbuchhaltung, sondern bloß dem Komitialrevisorat vorgelegt werden, das sie dem Hof einsenden möge. Die Regelung des Zunftwesens sei der Universität zu überlassen, die das Gubernium widerrechtlich in seine Kompetenz gezogen. Dazu kamen dann von den einzelnen Städten und Stühlen die besondern Beschwerden, von Hermannstadt das Verlangen, die Königsrichterwürde wieder herzustellen usf. in langer Reihe Klagen, die die Gemüter erleichterten. Aber alles mit Berufung auf das Recht, auf die alten Gesetze und Verträge, nach der langen Zeit allgemeiner

---

[1]) Vgl. II. Bd., S. 377.

Rechtslosigkeit ein Besinnen auf die rechtlichen Grundlagen des Daseins des Volkes.

Auch der sächsische Klerus besann sich, daß er Beschwerden habe. Er verlangte (19. Juni 1834) in einer Eingabe an den Komes, es sollten auch hier Schritte getan werden, den ungesetzlichen sechswöchentlichen Unterricht abzuschaffen, auch die ev. Bischöfe sollten in den Landtag einberufen werden, die Konfirmationstaxen, die willkürlich vom Hof von ursprünglichen 1337 Gulden allmählich auf 12.230 Gulden gesteigert worden waren, sollten wenigstens auf den alten Stand zurückgesetzt und das Produktionalforum abgeschafft werden.

Es war nicht Gelegenheit, auf dem Landtag alles zur Sprache zu bringen, auch fanden die Sachsen nicht gleich den rechten Boden den Ständen gegenüber, aber allmählich erkannten sie, daß auch ihnen gegenüber teilweise andere Stimmungen herrschten als 1790.

Der Anfang war ziemlich unbehaglich für sie. Zunächst hatten auch die sächsischen Vertreter in der langen landtagslosen Zeit die Traditionen für ihr Verhalten verloren, überhaupt machte sich bei ihnen die Ungeübtheit in den damaligen parlamentarischen Formen bemerkbarer als beim Adel, der in den Komitatsversammlungen vieles gelernt hatte. Und doch waren unter ihren Vertretern tüchtige Männer. Der Komes Wachsmann hatte das Heft nicht in der Hand, die gesetzwidrige Art, wie er — ohne seine aktive Mitschuld — zum Amt gelangt war, die immer wieder berührt wurde, machte seine Lage nicht besser. Von Einfluß war der Hermannstädter Simon Schreiber der jüngere, Senator, dann Stuhlrichter in seiner Vaterstadt, ein tüchtiger Beamter, der ein Herz für sein Volk, Verständnis für die Lage hatte, unerschütterlich dessen Recht erst zu erlangen, dann in angestrengtester Tätigkeit es zu verteidigen bestrebt, von Kronstadt war Senator Josef Trausch ein kenntnisreicher Mann, besonders auch auf dem Gebiet vaterländischer Geschichte ein glücklicher Sammler, von Schäßburg der Bürgermeister Köhler eine schätzbare Kraft, von Schenk Königsrichter Schmidt, ein Mann mit weitem Blick, voll Witz und Geistesschärfe, von Reußmarkt der Königsrichter Joh. Löw. Aber sie Alle litten darunter, daß die einzelnen Stühle und deren Vertreter sich fern standen, daß der Gedanke der Zusammengehörigkeit erst, grade auch von ihnen, gefunden werden mußte, daß bei ihnen und ihren Sendern die „Unterstützung der Regierung" als das naturgemäße galt im Doppelsinn, daß die Regierung von ihnen wie umgekehrt sie von ihr unterstützt werden sollten.

Die sächsischen Abgeordneten empfingen bei ihrem Erscheinen die

Einladung zu der „Nationalversammlung", in der sämtliche Stände, wie erwähnt, eine Art Vorberatung sahen. Sie besuchten diese in der Tat, doch wurde es vom Erzherzog und dem Gubernium nicht gern gesehen. Der erste Gegensatz zu den andern Ständen ergab sich, als im Kampf um den interimistischen Präses jene die Vermittelung der ungarischen Stände anrufen wollten, welcher Absicht die Sachsen widersprachen, da sie darin den ersten Schritt zu der, wie sie hörten, geplanten, ihnen aber nachteilig erscheinenden Vereinigung Siebenbürgens mit Ungarn erblickten. In eine Vorstellung an den Hof in der fraglichen Sache willigten sie gern ein. Da gelang es den Regierungsmännern, einige Sachsen, darunter Schreiber einzuschüchtern, es könne ihr Verhalten zum Verlust der k. Gnade führen und Erzherzog Ferdinand erklärte, jene Nationalversammlungen vor Eröffnung des Landtags seien eine Neuerung, die im Gesetz nicht begründet sei, worauf die Sachsen in der Tat bis zur Eröffnung des Landtags sich von jenen zurückzogen, wie der Deputierte Löw nicht ohne Selbstironie bemerkt: „ganz der angenommenen Natur der Fledermäuse gemäß hielten wir uns von nun an in vollkommener Abgeschiedenheit", gewiß nicht zum Vorteil der eignen Sache. Es war unter den Umständen eine Erlösung, als endlich die Landtagseröffnung erfolgte.

Die Stände selbst behandelten die Sachsen besser als früher, ein Teil ihrer Beschwerden fand von selbst Unterstützung, in einer Frage machten sie aus eigenem Antrieb altes Unrecht gut. Als in der Deputiertenversammlung am 14. Dezember 1834 die Frage der Wahlen behandelt wurde, war es K. Szaß, der darauf hinwies, daß den Sachsen oft der Anspruch auf die Kardinalämter streitig gemacht worden sei, so auch im 19. Artikel von 1791. Mit Berufung auf die Union, die in politischer Beziehung jedes Vorrecht einer Nation vor der andern ausschließe, sei es unstatthaft. Die sächsische Nation kenne keine Adelsvorrechte, folglich gälten alle Klauseln des 19. Artikels von 1791 bezüglich des Adels nur von den beiden andern Nationen. Auch der Ausdruck Proceres im Leopoldinischen Diplom heiße nur: Menschen, die sich durch Verdienste emporgeschwungen haben, daß sie oben stehen und solche Männer habe auch die sächsische Nation. Ladislaus Banffi, Joh. Zeyk waren derselben Ansicht und so wurde ausgesprochen, daß die Sachsen zu den Kardinalämtern das gleiche Recht wie die andern Stände hätten, ausgenommen das Amt des Tabulae praeses und der Protonotare, auf welche Ämter sie selbst keinen Anspruch machten. Schon am 22. November war die Sache in der Landtagssitzung zur Sprache gekommen. Der Fiskaldirektor hatte feierlich Protest eingelegt, daß die Sachsen höhere als Gubernialratsstellen bekleiden könnten, worauf Dionys Kemeny erwidert hatte, wenn eine Dunkelheit des Gesetzes obwalte, so wollten sie sie zum Bessern erklären und „die mit uns verschwisterte sächsische Nation für gleichberechtigt zu den gemeinschaftlichen Vorteilen." „Alle — so berichtet ein Augenzeuge — ungrische, Szekler, Taxal= deputierten und der größere Teil der Regalisten, stehen wie durch eine elektrische Kraft gehoben auf und machen dadurch die Erklärung des D. Kemeny zur ihrigen". Wolfg. Ver aber fuhr den Fiskaldirektor hart an: wenn er sich wirklich für den Wächter der Gesetze von Amts wegen halte, so habe sich ihm seit Jahren ein weites Feld der Tätigkeit für die Ausübung seiner Pflicht geöffnet, nämlich gegen die eingesetzten Beamten einzuschreiten. Er habe gegen seine Instruktion es nicht getan, was öffentlich gerügt werden müsse. Die Sachsen aber dankten ein= mütig und aus tiefem Herzen den Ständen für die erwiesene brüder= liche Gesinnung.

Auch in zwei andern Fragen, die den Sachsen am Herzen lagen, fanden sie Verständnis und Unterstützung bei den Ständen, in der Komesfrage und in betreff des katholischen Bischofs als Gubernialrat.

Gegen das Gesetz war der katholische Bischof das einflußreichste Mitglied des Guberniums geworden, auf den Landtag hatte die Re= gierung nicht nur ihn sondern auch den Abt von Kolosmonostor ge= rufen. Aus den Reihen der Stände wurde die Regierung darauf hin= gewiesen, daß es ein Gebot der Gerechtigkeit gewesen wäre, unter diesen Umständen auch die ev. Superintendenten einzuberufen. Vor allem aber bestritten sie das Recht des katholischen Bischofs auf die Gubernialrats= stelle insbesonders mit dem Hinweis darauf, daß der Bischof als solcher dem Papst schwören müsse, alle Häretiker nach Kräften zu verfolgen, während er als Gubernialrat gelobe, die Freiheit des Landes und die Gleichberechtigung der vier rezipierten Konfessionen aufrecht zu erhalten, demnach unter allen Umständen einen Meineid leiste.

Auch den sächsischen Komes wollten die Stände nicht als Gubernialrat anerkennen, weil er ungesetzlich von der Regierung ernannt worden sei. Das führte zur Notwendigkeit, daß die sächsischen Vertreter in den eignen Nationalversammlungen die Frage eingehend erörtern mußten, durch wen und wie der Komes gewählt werden solle? Die Sache war dadurch kompliziert, daß ehemals die Hermannstädter ihren Königsrichter gewählt hatten, der zugleich Komes war. Seit Aufhebung des Königsrichteramtes meinten nun die andern Munizipien inmitten der Nation und die Nations=

universität selbst, sie hätten mehr Anspruch auf das Wahlrecht; tatsächlich aber war niemand im Besitz dieses Rechtes, denn die Regierung hatte die Ernennung, gegen jedes Recht, für sich in Anspruch genommen. Hermannstadt vertrat sehr energisch sein vermeintliches Recht, die übrigen Vertreter das ihrige mit allen möglichen historischen und politischen Gründen. Als die Hermannstädter Deputierten verlangten, daß das Recht der Hermannstädter Kommunität zur Wahl anzuerkennen sei, diese aber zukünftig darauf zum Besten der ganzen Nation werde verzichten müssen, da argwöhnten die andern sächsischen Abgeordneten eine Überlistung von Seite der Hermannstädter und beschlossen — eine besondere Beratung mit Ausschluß der Abgeordneten von Hermannstadt. Dort fehlte es nicht an bittern Reden über Hermannstadt, das die Nation nur als Mittel zur Wiedererlangung seines Königsrichteramtes gebrauchen wolle. Sie fanden die Stimmung des Hofes für die Nation so günstig wie vielleicht noch nie und beschlossen eine Vorstellung, die die Stände zu unterstützen gebeten werden sollten, mit der Bitte um Überlassung des Wahlrechtes an die Nation. Die Wahl solle in den Stuhlsversammlungen geschehen und die Universität bloß die Zusammenstellung und die Vorlage an den Hof besorgen. Auf diese Weise werde dem unlautern Wettbewerb und dem „höhern Einfluß" ein Riegel vorgeschoben. Es sollte versucht werden, Hermannstadt für diesen Vorgang zu gewinnen. Als in der Sitzung der Abgeordneten vom 16. Dezember 1834 der Kronstädter Abgeordnete Wenzel den Antrag stellte, es solle die Versammlung die Bestrebungen der Nation auf Wiedererlangung des Wahlrechtes unterstützen, waren die sächsischen Abgeordneten in höchster Besorgnis, daß die zwiespältigen Meinungen unter ihnen zum Nachteil der ganzen Nation ausgenützt werden könnten. In der Tat ersuchte der Hermannstädter Abgeordnete Konrad die Stände um Unterstützung des Hermannstädter Wahlrechts. Es fiel ihnen ein Stein vom Herzen, als K. Szaß in seiner gerechten Art und mit seiner Kenntnis der Verhältnisse die Frage beleuchtete, von der Erklärung des Hermannstädter Deputierten Kenntnis nahm, daß Hermannstadt die Zurücksetzung in das alte Recht nicht mit der Absicht verlange, „durch die Wahl nach der alten Art zu einem Komes nach neuem Schnitt" zu gelangen und den Antrag stellte, den Gegenstand zu verschieben, die Stelle des Gubernialrats, die dem Sachsenkomes gebühre, nicht zu besetzen, bis man den rechten Ausweg finde, was allgemein gebilligt wurde. Auch jene Vorstellung der Sachsen an den Hof unterblieb zunächst.

Doch kamen die Sachsen in die Lage, während des Landtags

ihre hauptsächlichsten Beschwerden dem Kaiser direkt zur Kenntnis zu bringen.

In dem Streit, der auf dem Landtag über den Eid ausgebrochen war, den der Ständepräsident und die Protonotäre schwören sollten, beschloß der Landtag eine Deputation an den Kaiser, die auch einiges Andere gleich vorbringen sollte. Von Seite der Sachsen war der Kronstädter Abgeordnete Trausch und der Bistritzer Joh. Regius Mitglied der Deputation. Trausch war wegen Krankheit in Pest zurückgeblieben. Bei der allgemeinen Audienz der Deputation hatte der Kaiser eine Bemerkung gemacht, als ob er glaube, Trausch habe eine „Schulkrankheit" gehabt, ein Grund mehr, daß Trausch nach seiner Genesung um eine besondere Audienz nachsuchte, die ihm in Wien am 19. Oktober 1834 gewährt wurde. Trausch sprach zuerst von der Eidesform, wegen der die ganze Deputation geschickt worden war — der Kaiser wollte die von 1791 beibehalten wissen, was dann auch geschah —, dann kam das Gespräch auf die sächsischen Angelegenheiten. Der Kaiser stellte Trausch zur Rede, warum die Sachsen, die im ganzen „brav" gewesen seien, „sich einmal hätten verleiten lassen", nämlich mit den Mitnationen den vom Gubernium entsendeten Ständepräses nicht anzuerkennen? Trausch wies nach, daß sie nach dem Gesetz und der Union nicht anders handeln konnten; im übrigen hätten die Sachsen durch Einführung des individuellen Stimmrechts viel an Bedeutung verloren, wobei der Kaiser bedauerte, daß das Kuriatvotum abgeschafft sei. Als der Kaiser dann gradezu nach den Beschwerden der Sachsen fragte, setzte Trausch diese in eingehender Rede und Gegenrede auseinander: die Anmaßung und ungebührlichen Ansprüche des Fiskus auf Sachsenboden, die Konfiskation des Komeswahlrechts, wobei der Kaiser bezeichnend erwiderte: „Ich muß Ihnen sagen, daß ich nicht viel von den Wahlen halte. Die Wahlen treffen selten den Verdientesten. Die vorgesetzten Stellen können über die Verdienste besser urteilen. Dann gibt es bei den Wahlen viel Zank und Parteien, ja sogar Mord und Totschlag, wie es in Ungarn geschehen ist." Trausch konnte darauf erwidern, daß das bei den Sachsen nicht zutreffe, die sächsische Nation habe sich bei der Wahlfreiheit wohl befunden und sie werde leichter und glücklicher durch selbstgewählte Beamte regiert als durch ernannte. Der Kaiser stellte von sich aus die Frage, ob jemand von den Sachsen die Union Siebenbürgens mit Ungarn wünsche, worauf Trausch erwiderte, das sei nicht der Fall, weil die Sachsen in dem bestehenden siebenbürgischen Staatswesen ihre Verfassung besser gesichert fänden, auch die Szekler seien in derselben Lage und da auch ein großer

Teil der ungarischen Nation die Vereinigung mit Ungarn nicht wünsche, so werde gegebenenfalls ein Antrag auf Union die Beistimmung der Stände nicht finden. „Halten Sie nur zusammen mit den Szeklern — sprach der Kaiser — und glauben Sie mir, wenn ein kleiner Körper sich mit einem größern vereinigt, so verliert der kleinere dabei gemeiniglich. In eine Vereinigung Siebenbürgens mit Ungarn werde ich nie einwilligen."

Der Antrag ist auf dem Landtag nicht gestellt worden. Dieser kam überhaupt zu keinem tatsächlichen Ergebnis. Während er noch über die vorzunehmenden Wahlen verhandelte, warf Wesselenyi einen Feuerbrand in die Gemüter. Als die Regierung die Veröffentlichung der in der Nationalversammlung gehaltenen Reden verbot, ließ Wesselenyi sie auf einer Steinpresse herstellen und teilte sie triumphierend selbst aus. Das Unternehmen und die Beschlagnahme der Blätter erregte die Leidenschaften aufs neue. Der Landtag hatte mit Jubel die Tat und die Schenkung der Steinpresse an den Landtag angenommen, die Jugend dem Spender abends ein Fackelständchen gebracht, aber es war klar, daß diese Ausgabe ohne Zensur die ganze Frage der Preßfreiheit aufrollte und ebenso, daß falls die Opposition Wesselenyi unterstützte, sie die Auflösung des Landtags herbeiführte, denn die Regierung ließ sich solches kaum bieten. Noch bevor die Parteien zu einer Entscheidung über ihr Verhalten kamen, wurde am 6. Februar 1835 eine Landtagssitzung einberufen. Mit den Landtagsmitgliedern strömte das Volk haufenweise in den Hof des Landtagsgebäudes, es verbreitete sich das Gerücht, es sei ein wichtiger Erlaß von Wien herabgelangt und die Stadttore seien von Soldaten besetzt. In der Sitzung wurde das Protokoll verlesen, dann brachte der Ständepräsident ein k. Reskript vom 26. Januar zur Verlesung, das dem Landtag Ungehorsam, ja Rebellion, sowie absichtliche Verschleppung der Verhandlungen vorwarf und indem es alle Neuerungen für null und nichtig erklärte, den Landtag auflöste und die Mitglieder ernstlich anwies, sofort nach Hause zurückzukehren und sich vor jeder Störung der öffentlichen Ordnung zu hüten. Zugleich wurde Erzherzog Ferdinand mit höchster Machtvollkommenheit ausgestattet, damit die Verfassung suspendiert, die Komitatsversammlungen wurden verboten und dem k. Kommissär die Vollmacht gegeben, jeden Beamten abzusetzen. Die Regierung griff zugleich zu persönlichen Verfolgungen. Wesselenyi wurde wegen Mißbrauchs der Öffentlichkeit verklagt und gegen den Magnaten „eine exemplarische körperliche Strafe" beantragt. Er aber eilte nach Preßburg, um als Mitglied des ungarischen Oberhauses dort Schutz zu finden und eine neue Agitation dort aufzunehmen. Um Joh. Bethlen aber sammelte sich aufs neue die Opposition, um ihre weitern Schritte zu beraten.

Mitten in diesen Ereignissen starb Kaiser Franz am 2. März 1835. Ihm folgte sein kranker Sohn Ferdinand I., als ungarischer König V. Der Regierungswechsel hatte zunächst keinen Einfluß auf den Gang der Verhältnisse. Noch war der ungarische Reichstag in Preßburg zusammen. Als der Landtag in Siebenbürgen aufgelöst worden war, kamen diese Ereignisse im Mai 1835 in Preßburg zur Sprache. Der ungarische Reichstag beschloß, an den neuen König eine Repräsentation zu richten: Ungarn, zu dessen Krone Siebenbürgen gehöre, habe ein Interesse an den Schicksalen Siebenbürgens, es habe von dem aufgelösten Landtag erwartet, er solle die Inkorporation des Landes in Ungarn aussprechen. Um so größer sei der Schmerz, daß der Landtag aufgelöst worden sei, bevor er auch nur die eigentlichen Aufgaben aufgegriffen habe. Ohne das Verfahren der Regierung zu untersuchen, habe der ungarische Reichstag die Pflicht, angesichts der Tatsache, daß ein Schwestervolk, ein Teil des großen ungarischen Vaterlandes, seiner Rechte und gesetzlichen Freiheit beraubt sei, den König zur Wiederherstellung des Rechtes aufzufordern. Das hatte natürlich keinen Erfolg. Daneben ging der ungarische Reichstag in der Verhandlung der Beschwerden weiter, dazu gehörte die gemeinsame Forderung von 21 Komitaten, die Herrschaft der magyarischen Sprache bei den Behörden und Gerichten, in Kirche und Schule festzustellen, selbst die Messe solle nicht mehr lateinisch, sondern magyarisch gelesen werden, die Umschrift auf den Münzen magyarisch sein und der Umtausch „fremdklingender" Familiennamen mit magyarischen erlaubt sein. Ein Zeichen der neuen Zeit war, daß der Gedanke wirtschaftlicher Kräftigung von der Partei der Nationalökonomen aufgenommen wurde, dem Reichstag wurden Eisenbahnen empfohlen, die das ganze Land mit der Hauptstadt verbänden, eine direkte Verbindung mit dem mittelländischen Meer sollte hergestellt, der Weltverkehr über Ungarn geleitet werden. Die wirtschaftliche Stärke wurde zugleich als Mittel politischer Stärke erkannt.

Am 2. März 1836 wurde der ungarische Reichstag nach vierzigmonatlicher Tätigkeit geschlossen. Auch er hatte nicht geschaffen, was das Land erwartet hatte, die Reform der Verwaltung. Der Unterschied zwischen der alten Zeit zeigte sich darin, daß der Adel sich nicht mehr recht getraute, die mittelalterlichen Standesprivilegien unbedingt zu verteidigen, daß die nationalen Rechte aber allseitige Verteidigung fanden. Die alte ungarische Verfassung aber stand und fiel mit jenen Standesprivilegien. Dem Adel konnte es nicht schwer fallen, die nationalen Rechte zu verteidigen, weil er eben der Träger der „Nation" war und zuletzt war es gleichgültig, ob er als Adel oder als Magyare Vorrechte hatte. Von den 69 Artikeln, die der Reichstag beschlossen hatte, setzte der erste „zum Zweck des fortschreitenden Wachstums der vaterländischen Sprache" fest, daß hinfort auch Zivilklagen in magyarischer Sprache eingebracht werden könnten, die Matrikeln sollten in den magyarischen Landesteilen in dieser Sprache geführt werden, bei den Gesetzen der magyarische Text der authentische sein und in den Bildungsanstalten für Lehrer und Pfarrer die bessere Kenntnis dieser Sprache gefördert werden.

Am Schluß des Reichstages griff die Regierung sofort mit schnödem Polizeidruck aufs neue ein. Junge Leute, Mitglieder eines politischen Vereins, darunter Franz Pulßky, wurden in harte Haft gelegt, Wesselenyi zu dreijähriger Gefängnisstrafe verurteilt, der junge Advokat L. Kossuth, der zur Freude der Opposition eine Landtagszeitung herausgegeben hatte, allen Chikanen zum Trotz, in denen die Regierung groß war — als die Pressen mit Beschlag belegt wurden, schrieben die Juraten die Zeitung ab, als die Post den Dienst versagte, trugen die Komitatshusaren die Blätter ins Land hinein — wurde von der Polizei ergriffen und zwei Jahre in Haft gehalten, bis er 1839 auf vier Jahre zu Festungshaft verurteilt wurde.

Am selben Tag, als der siebenbürgische Landtag in Klausenburg geschlossen worden war, versammelte sich eine Anzahl Deputierte bei Baron Josika und setzte einen gemeinsamen Bericht fest, den sie an ihre Sender schickten. In geschickter Zusammenstellung verschiedener Tatsachen wußte das Schriftstück die Stände als die Nachgiebigen, die Regierung als am Scheitern des Landtags schuldig darzustellen: „Die uns gemachte Beschuldigung des Vergessens der Mäßigung und der Schicklichkeit werde von selbst, schon was nur den Stil (des Auflösungsreskripts) betrifft, auf die Regierung zurückfallen, wenn auch im übrigen die Landtagsbeschlüsse bis zum Ende betrachtet, nicht jenes augenfällige Bild der Mäßigung, der Genügsamkeit mit wenigen, des Aufschiebens vor allem auf bessere Zeiten und des Erduldens der Unbilden an sich trügen, so daß die Majorität des Landtags, im Sinne der Regierung, gemäßigter als sie selbst war, nur dann hätte sein können, wenn sie imstande gewesen wäre das zu tun, was vielleicht erwartet wurde, nach dem traurigen Beispiel früherer Zeiten, nämlich die Ungesetzlichkeiten zu legalisieren und die Helfershelfer der Bureaukratie alle zu wählen. Auch das, daß dieser

Landtag die Gesetze verletzt, und Neuerungen einzuführen gewünscht habe, erfordert keine Widerlegung; das Landtagsprotokoll spricht auch diesfalls laut genug."

Das war ziemlich die allgemeine Anschauung im Lande. Eine Anzahl hoher Beamten, Gubernialräte und Obergespäne, legten ihre Ämter nieder, sie wollten der offenbaren Gewalttätigkeit nicht dienen. Baron Josika mußte weichen. Um Joh. Bethlen aber scharte sich die Opposition aufs neue. Sie richteten auch an die Sachsen die Aufforderung, an der gemeinsamen Besprechung der weiteren Schritte sich zu beteiligen, was aber diese ablehnten. Da der Erzherzog die Abhaltung der Komitatsversammlungen nicht verbot, so konnte dort der oppositionelle Geist weitere Nahrung finden. Allerdings geschah es zum Teil in vorsichtigen Formen. Denn die Obergespäne hatten den Auftrag, wenn die Majorität die Kompetenz der substituierten Beamten angreife oder die Restauration nicht im Sinne der Regierungspartei geschähe, die Versammlungen aufzulösen. Unter solchen Umständen bildete sich die Anschauung aus, es sei zulässig, mit Rücksicht auf den Lebenserwerb Beamter zu sein und der Regierung zu dienen, außerhalb des Amtes aber und soweit möglich zuletzt auch im Amte entschiedener Gegner der Regierung zu sein, wie die eigene Überzeugung alles verdammte, was von da kam. Obwohl die Stimmung sichtbar langsam ruhiger wurde, wurde sie der Regierung nicht günstiger. Es sollte sich bald zeigen, daß im Grunde das ganze Land Opposition war.

Sie erhielt eine wesentliche Stärkung durch das reformierte Oberkonsistorium, in dem die Führer des politischen Kampfes den Kampf ums Recht auch auf kirchlichem Gebiet aufnahmen.

Im Jahre 1833 hatte sich nämlich die reformierte Kirche in Siebenbürgen eine neue Organisation gegeben, und zwar auf Grund der ihr gesetzlich nach den alten siebenbürgischen Religionargesetzen gewährleisteten Autonomie, ohne die neue Ordnung dem Hof zur Bestätigung vorzulegen, der erste entscheidende Schritt überhaupt auf dem Weg, der im Kampf ums Recht betreten wurde. Es handelte sich vor allem um die Organisierung des Oberkonsistoriums, dem außer einigen geistlichen und weltlichen Funktionären sämtliche Patrone als Mitglieder angehörten. Wer aber Patron sei, war schwer zu entscheiden und in den rechtlosen Jahren hatten die ernannten Beamten auch hier alle Macht sich angeeignet. Es galt, die Leitung wieder in solche Hände zu bringen, die von der Kirche gewählt waren. Zu dem Zweck wurde bestimmt, daß die Zahl der der obersten Verwaltungsbehörde zugehörigen Patrone fest=

gesetzt werde, daß sie auf drei Jahre gewählt würden und jedem reformierten Familienhaupt wurde das Wahlrecht gegeben. Die Wahlen wurden in der Tat angeordnet und durchgeführt, das Volk nahm lebhaften Anteil — seit einem Menschenalter hatte es nichts zu wählen gehabt — und das Resultat ergab, daß fast alle Stimmen auf Männer der Opposition fielen.

Da befahl ein k. Reskript vom 1. Mai 1836 die Kassierung der Organisierung von 1833, weil sie nicht der Bestätigung des Hofs unterlegt worden sei und übertrug bis zur landtäglichen Wahl der diplomatischen Ämter den Vorsitz im Oberkonsistorium dem Grafen Rhedei und in dessen Verhinderung dem rangnächsten Beamten. Das Gubernium, das wegen seiner ungesetzlichen Bestallung gerade im reformierten Oberkonsistorium manch bitterwahres Wort hatte hören müssen, hielt den Augenblick für eine kleinliche Rache gekommen und schickte einen katholischen Kommissär aus seiner Mitte ins reformierte Konsistorium, der dort den k. Verweis verlas und die Organisation von 1833 kassierte.

In der Sitzung des Oberkonsistoriums vom 13.—16. November 1836 unter dem Vorsitz des Grafen Rhedei gab das Konsistorium einen Beweis außerordentlicher Klugheit, es erfüllte den Befehl des Kaisers, aber die Art und Weise, in der es geschah, verneinte das, was der Befehl wollte, vollständig und gab dem Konsistorium neue Gelegenheit, seiner Anschauung über die Rechtsfrage Ausdruck zu geben. Das Konsistorium erklärte nämlich: da die dreijährige Wahlperiode der Patrone grade um sei und eine Neuwahl nicht vorgenommen sei, da das Konsistorium selbst seine Erwartungen in betreff der wohltätigen Folgen der Organisation von 1833 nicht bestätigt finde, so kehre es auf Grund von Approbat. 1., 1., 3., die dem Konsistorium das Recht gebe, sich selbst zu organisieren, zu der Verfassung vor 1833 zurück. Es war eine bloße Form, wenn weiter dazu gefügt wurde, das Konsistorium tue dieses auch aus Achtung für Seine Majestät, welche wie das Konsistorium selbst die Verfassung vor 1833 vorziehe. In bezug auf den Vorsitzer nahm das Konsistorium sein altes Recht, das es nie aufgegeben, wieder auf, den Generalkurator zu wählen und wählte sofort den Gubernialrat St. Györgyi dazu.

Dieser Kampf der reformierten Kirche für ihr Recht ist später auch für die ev. Kirche nicht bedeutungslos und nicht umsonst gewesen.

Noch aber schien die sächsische Nation und die ev. Kirche von dem neuen Geist kaum berührt. Im Jahre 1835 verlangte Mediasch die Verbesserung der Regulativpunkte, es solle der Kaiser gebeten werden zu gestatten, daß Vorschläge zur Verbesserung im Geist unsrer Verfassung und Gesetze gemacht würden, die Universität aber antwortete, das sei unmöglich, ohne sich dem Vorwurf der Neuerungssucht bloßzustellen. Auch die ev. Kirche erhielt 1837 neue Vorschriften über die Kandidation und Wahl der Geistlichen, die einige Mißbräuche wohl abzustellen bezweckten, aber ganz den alten Geist engherzigster Bevormundung an sich trugen, deren Höhepunkt im Jahre 1839 die Einteilung der Kirche in die leidigen Haupt- und Nebenpromotionskreise bezeichnet, die innerhalb der Kirche in einem Augenblick neue unübersteigliche Schranken aufrichtete, wo die Zeit die andern künstlichen Schranken im nationalen Leben beiseite zu schieben sich anschickte. Die ersten Schritte der ev. Kirche auf dem Landtag 1837 in Fragen der alten Gleichberechtigung der Kirchen tat sie in der Gefolgschaft der reformierten Kirche.

Inzwischen hatte der neue Landesherr Ferdinand V. — in Siebenbürgen fälschlich so gezählt, da hier der II.—IV. nicht regiert hat — das Antritts-Reskript erlassen mit dem Wunsch, es möchten bald Zustände im Lande herbeigeführt werden, die den Landtag ermöglichten.

Er wurde in der Tat, da es sich auch um die Huldigung gegenüber dem neuen Herrscher handelte, auf den 17. April 1837, und zwar nach Hermannstadt einberufen, Erzherzog Ferdinand wieder zum k. Bevollmächtigten ernannt.

Die Wahl Hermannstadts hatte an sich politische Bedeutung. Die Regierung hoffte hier geringere Beeinflußung durch das Publikum und bei dem schüchternen Zug der sächsischen Politik eine Verstärkung der Regierungspartei durch die öffentliche Meinung der sächsischen Stadt. In den ungarischen Kreisen hatte die Wahl Hermannstadts sehr verstimmt. Die Regierungskreise aber hatten schon 1834 ernstlich erwogen, ob nicht überhaupt die Dikasterien wieder nach Hermannstadt verlegt werden sollten, doch war es unterblieben. Die Regierung suchte auf die Sachsen einzuwirken, sie von der Opposition fern zu halten. In den Kreisen der Nationsuniversität hatten sie die Empfindung, es sei dringend notwendig, ein einheitliches Vorgehen zu erreichen, dem Mangel des Zusammenwirkens schrieben sie die traurigen Erfahrungen auch auf dem letzten Landtag zu. So beschloß die Universität am 7. März 1837, sämtliche Kreisbehörden aufzufordern, ihre Deputierten in ihren Instruktionen zu verpflichten, während des Landtags als Universität die auf dem Landtag zu verhandelnden Gegenstände der gemeinsamen Beratung zu unterziehen und auf Grund dieser, dem gefaßten Beschluß gemäß, ihre Erklärung abzugeben. Komes Wachsmann erließ ein eigenes „wohlmeinendes Pastorale" an die sächsischen Behörden, in dem ihnen ans Herz gelegt wurde, den angestammten Ruhm der Anhänglichkeit an den Monarchen niemals den Irrtümern des Zeitgeistes aufzuopfern, die gesetzwidrigen Mißbräuche, über die geklagt werden müsse, mit leidenschaftsloser Ruhe vorzutragen; zum Schluß mahnte er zur Einheit und Selbständigkeit.

Die Zusammensetzung des Landtags, der am 17. April zusammentrat und bis 31. März 1838 dauerte, allerdings mit mehrfachen, zum Teil längern Unterbrechungen, so vom 22. Juli bis 30. September, war ziemlich dieselbe wie 1834. Doch fehlten von den Wortführern der Magyaren Wesselenyi und leider K. Szaß. Sein oben erwähntes klassisches Werk: Sylloge tractatuum usf., in dem er die Verhandlungen und Verträge 1833 veröffentlicht hatte, die am Ende des 17. Jahrhunderts zur Erwerbung Siebenbürgens durch das Haus Habsburg führten, begann zu wirken. Das große Quellenwerk über das damalige siebenbürgische Staatsrecht, zu dem er seine Ansichten in Form einer bibliographischen Anzeige schrieb, um der Zensur nicht Gelegenheit zu geben, seine Anschauungen zu verstümmeln, war für viele erst der Wegweiser zum Verständnis des Rechts, um dessen Wiedererwerbung sich der Kampf drehte. Graf Joh. Bethlen, Baron D. Kemeny waren die Führer der Magyaren, neben sie trat der formgewandte und mild urteilende Baron Josika. Von den Sachsen waren fast die gleichen Männer erschienen, die im letzten Landtag die Nation vertreten hatten.

Die Regierung gab sich Mühe, sie von vornherein von den beiden andern Ständen zu trennen, ein Versuch, dem die Sachsen nicht genügenden Widerstand entgegensetzten. Besonders Komes Wachsmann war der Zeit nicht gewachsen.

Am 15. April traten die sächsischen Abgeordneten im Nationalhause zur ersten Beratung zusammen. Der Komes teilte ihnen eine aus der Kanzlei des Erzherzogs stammende Erinnerung mit, im Landtag das Wohl des Landes und der Nationen sich vor Augen zu halten. Die Frage, um die es sich in dieser engern Beratung handelte, war, wie sich die Nation auf diesem Landtag zu benehmen habe? Der Komes führte aus, daß das Heil der Nation einzig in der Gnade des Hofs zu finden sei und empfahl in dieser Überzeugung alle Opfer zur Erfüllung des allerhöchsten Willens. Diesem seien die auf dem vorigen Landtag üblichen National- und Deputiertenversammlungen (nemzeti und követi gyülések) nicht genehm gewesen, sie würden dort auch jetzt als unerlaubt angesehen und darum sollten die Sachsen sie nicht besuchen. Die Mehrheit der Anwesenden war andrer Meinung. Diese Versammlungen seien vorbereitende,

übrigens von keinem Gesetz verboten. Darum sollten die Geladenen in
die für denselben Tag schon angesagte Versammlung gehen, die übrigen
aber der Einladung ausweichen und vor der Landtagseröffnung die
Nationalversammlungen lieber nicht besuchen. Auch Nachmittag berieten
sie weiter über die Sache, wobei der Komes so heftig wurde, daß er
erklärte, selbst wenn ihm der Kopf vor die Füße gelegt würde, so werde
er bei seiner Anschauung beharren, obwohl er zugab, daß es nicht ratsam
sei, mit den beiden Schwesternationen zu brechen, allein die Gnade des
Hofs sei doch das höchste und deren Verlust gefährlich. Die Versammlung war nur in der Klage darüber einig, daß es schwer sei, sich der
durch Gesetzlichkeit starken Partei entgegenzustellen, selbst entblößt von
allen Verteidigungsmitteln. Sie hofften am nächsten Tag, einem Sonntag,
Rat vom Himmel zu erflehen und beschlossen gemeinsamen Kirchgang.
Als sie dazu versammelt waren, teilte der Komes mit, der Erzherzog
wünsche die sächsischen Vertreter um ³/₄10 Uhr zu empfangen, so mußte
der Kirchgang unterbleiben.

Bei der Vorstellung hatte der Komes die Ungeschicklichkeit, die
Umtriebe zu berühren, die sich regen sollten, wodurch der Erzherzog in
Eifer geriet und erklärte: Die gemeinsamen Nationalversammlungen seien
verboten, nur die jeder einzelnen gestattet und notwendig, insbesonders
sei der Wille des Kaisers Gesetz und er beauftragt, ihn auszuführen,
und er werde das um so sicherer tun können, als er jedes einzelne Mitglied des Landtags kenne. Der Eindruck war ein peinlicher, um so mehr,
als man wußte, daß auf Befehl des Erzherzogs der gestrigen Nationalversammlung aller drei Nationen der Kommunitätssaal geöffnet worden war
und manche erwogen, ob es unter diesen Umständen nicht ratsamer sei,
überhaupt sich vom Landtag zurückzuziehen, denn was heiße es, ein freies
Volk zu vertreten und durch einen höhern Willen gebunden zu sein?

Als Hauptaufgabe des Landtags war die Huldigung der Stände
und die endliche Besetzung der Kardinalämter sowie des Guberniums
bezeichnet. Auch diesmal gab es endlose Debatten, ermüdende Formfragen, aber alle flossen aus der Angst, daß die Regierung eben in der
alten Weise das Recht unterdrücken wolle, daß das Land und die
Nationen sich dagegen schützen müßten.

Die Huldigung vollzog sich, allerdings nach mehrfachen Anständen,
ordnungsgemäß, der Erzherzog schwur im Namen des Landesfürsten,
die Verfassung und die Rechte des Landes zu beachten und zu beschützen,
worauf die Stände den Homagialeid leisteten. Am 12. Juni begann der
Landtag mit den Wahlen. Erzherzog Ferdinand selbst hatte sich Hoffnung

auf die Gouverneurswürde gemacht, ohne Grund, da seine Umgebung die Lage nur äußerlich beurteilte. Sie meinten, bei den mannigfaltigen Parteien werde der Sieg um so sicherer sein, als die große Zahl der Beamten und der Regalisten beiweitem mehr als die Hälfte des Landtags ausmachte. Es gelang aber Johann Bethlen, die Parteien zu vereinigen, und zwar gegen den Erzherzog, in dem man die ganze bisherige ungesetzliche Regierungspolitik verkörpert sah und er kam, zur unangenehmen Überraschung des Hofes, nicht einmal in den Ternavorschlag. Die meisten Stimmen hatte Baron Noptsa erhalten, dann Josika und Kornis. Die Regierung ernannte den letzten; aus den Evangelischen waren für diesen Posten Bedeus, Straußenburg und Konrad vorgeschlagen worden; J. Bedeus wurde Oberlandeskommissär. Die Regierung konnte es nicht unterlassen, in ungesetzlicher Weise, um doch auch ihre Leute zu unterbringen, aus einer Terna mehrere Gubernialräte und aus mancher gar keinen zu ernennen. So war es möglich, die im Amt befindlichen Räte mit wenigen Ausnahmen zu behalten. Daneben aber waren auch jene wieder hineingekommen, die nach dem letzten Landtag in demonstrativer Weise das Amt niedergelegt hatten. Die Opposition beherrschte das Terrain vollständig. Der Erzherzog sollte nach der Gubernatorwahl geäußert haben, daß er lieber mit Wesselenyi in einem Zimmer als mit Joh. Bethlen in einem Lande wohnen möchte. In bezug auf die Frage der Komitatsrestaurationen erklärte der Landtag, es brauche darüber keine neuern Bestimmungen, die Regierung solle das bestehende Gesetz ausführen.

Natürlich fehlte auch auf diesem Landtag nicht die lange Reihe der Beschwerden, am 16. Dezember kam das umfangreiche Operat der Gravaminalkommission zur Verlesung, das Baron D. Kemeny verfaßt hatte, die aber erst in der dritten Sitzung beendigt wurde. Es wurde darin nichts vergessen, weder die erhöhten Salzpreise, noch die Unterdrückung der Religionen mit Ausnahme der katholischen, das Verbot des Universitätsbesuches und der Aufschlag ungesetzlicher Gebühren und was das Land sonst seit einem Menschenalter bedrückte. Die Verhandlung einiger derselben war für die Sachsen von besonderer Bedeutung.

Im Februar 1838 kam die Beschwerde über die zu hohen Steuern zur Verhandlung, die noch dadurch vermehrt worden waren, daß alle möglichen Gebühren und Taxen aufgeschlagen worden waren, von denen das Gesetz nichts wußte. Da brachten die Sachsen auch ihre Klagen vor, daß sie im Verhältnis zu den andern Nationen, sowohl was ihre Zahl als den Besitz anbelange, zu hoch belastet seien. Hier hatten sie allerdings Ursache, den Einfluß der Krone auf die Steuerverteilung nicht fahren zu lassen, da in ihr angesichts der Selbstsucht der drei Stände ein Unparteiischer zu erhoffen war. Vor allem verlangten die Sachsen die endliche Rückstellung des Domestikalfondes an die sächsischen Jurisdiktionen, ein altes Unrecht, das nie gut gemacht worden ist. Der Domestikalfond war in der Mitte des 18. Jahrhunderts geschaffen worden, indem auf jeden Steuergulden 20 Kreuzer aufgeschlagen wurden, wovon 7 Kreuzer zur Deckung der Landesbedürfnisse in die Provinzialkasse fließen sollten, 13 Kreuzer in den Domestikalfond jeder Jurisdiktion, die daraus die eigenen Bedürfnisse decken sollte. Im Jahre 1762 aber waren diese Domestikalfonde in die Provinzialkasse eingezogen worden, die hinfort die Bedürfnisse der Kreise decken sollte. Während nun die ungarischen und Szekler Jurisdiktionen weit mehr erhielten als sie ziffermäßig zu beanspruchen hatten, bekamen die sächsischen Kreise kaum ein Drittel von dem, was ihnen gebührte. Mit andern Worten, es bezahlten die Sachsen einen Teil der Bedürfnisse der Szekler und Komitate mit ihrem Geld. Der Entgang betrug 1838 schon in die Millionen, im Jahre 1848 mehr als 8 Millionen.[1]

Tiefer noch schnitt in ihr Leben die Walachenfrage ein, die vor den Landtag kam, um nicht wieder zu verschwinden. Im Jahre 1790 war ein Versuch, dieser Mehrzahl der Bevölkerung im Lande vermehrte Rechte zu verschaffen, vom Landtag zurückgewiesen worden, nun reichte der Bischof der nichtunierten griechischen Kirche unter dem 18. Juli 1837 eine neue ausführliche Beschwerdeschrift beim Landtag ein, in der er neben andern minder belangreichen Verlangen die Forderung stellte, es sollten die Walachen auf Sachsenboden zu den Ämtern und Zünften inmitten der sächsischen Nation zugelassen werden, in gemischten Ehen die Trauungstaxe von der nichtunierten Partei ihren Geistlichen zufallen, besser noch der Grundsatz ausgesprochen werden, es möge die Frau zur Religion des Mannes übertreten. Es wurden gewisse Steuerbefreiungen verlangt, die Kirchen sollten aus Gemeindemitteln gehörig dotiert werden, ihren Geistlichen gleichfalls der Zehnte gegeben werden u. ä. m. Dabei wurde der Versuch gemacht, diese Forderungen historisch zu begründen, was doch von vorneherein unmöglich war. Einige Zugeständnisse waren im Laufe der Zeit gemacht worden, unter gewissen Bedingungen wurden die Walachen auch in einige Zünfte aufgenommen, aber ihre Forderungen standen in so entschiedenem Gegensatz zum ganzen damaligen Staats- und Kirchenrecht Siebenbürgens, daß eine Befriedigung den Sturz jenes

---

[1] S. Band II. S. 140, 377.

voraussetzte. Ihn herbeizuführen war 1837 niemand bereit. Und niemand darf es den Sachsen verübeln, daß sie nicht geneigt waren, ihre eigene Verfassung in Trümmer zu schlagen, um den Walachen ein besseres Los auf Sachsenboden zu bereiten, wo sie im Vergleich zu den Komitaten Herren waren, nämlich persönlich frei, eigentumsberechtigt und in den ausschließlich walachischen Gemeinden Mitglieder des Amtes und der Kommunität, dort auch mit dem freien Recht der Verfügung über die Gemeindemittel ausgestattet. Die Frage ließ sich nur für das ganze Land lösen, nicht aber, indem den Sachsen allein zugemutet wurde, die Besserstellung dieser „tolerierten Religion" und Nation nur auf ihre Kosten vorzunehmen.

Bei der Frage nach der Wahl des Guberniums kam auch die sächsische Komesfrage wieder an die Tagesordnung. Die Debatte floß in freundlicher Weise für die Sachsen. Baron Josika meinte, man solle sich ins einzelne nicht einlassen. Der sächsische Komes sei Gubernialrat, das stehe fest. Der gegenwärtige Komes sei wahrhaftiger sächsischer Komes, denn der Kaiser habe ihn ernannt und die Nation angenommen. Künftig werde die Ungesetzlichkeit der Ernennung beseitigt werden. Die Sachsen stimmten den Ausführungen bei und S. Schreiber gab dem Wunsch seiner Sender Ausdruck, es solle bis zur näheren Bestimmung der Art, wie der Komes zu wählen sei, auch der jetzige Gubernialrat sein. Der Abgeordnete Regius bat im Namen sämtlicher Sachsen — mit Ausnahme der Hermannstädter, mit denen eine Einigung nicht gelungen war — die Stände, sie möchten sich für das Wahlrecht der ganzen Nation verwenden und dieses hinfort nicht mehr Hermannstadt allein zustehen. Die getrennten Volksgenossen legten ihre abweichende Bitte auch dem Hof vor. Es gab aber auch sehr energische Stimmen, die den Komes insolange nicht als Gubernialrat anerkennen wollten, bis er nicht gewählt worden sei. Tatsächlich blieb Komes Wachsmann Gubernialrat und das Gubernium empfahl dem Thron 1839, es solle die Hermannstädter Kommunität in ihrem alten Recht beschützt, besser in dieses wieder eingesetzt werden.

Heftiger war die Debatte über die Zugehörigkeit des kath. Bischofs zum Gubernium. Alles, was auf dem früheren Landtag dafür und dagegen angeführt wurde, wurde wiederholt, auf den Meineid hingewiesen, den er geradezu amtlich leiste, wenn er als Bischof die Verfolgung der Protestanten, als Gubernialrat die Aufrechthaltung und den Schutz der Landesgesetze, darunter die Gleichberechtigung der rezipierten Kirchen beschwöre. M. Balla stellte den Antrag, auch die drei ev. Bischöfe ins

Gubernium zu ziehen. Als Josika den Druck der Protestanten unter Karl III. und Maria Theresia bezweifelte, der in der Debatte behauptet worden war, da in den ständischen Beschlüssen keine Rede von der Furcht sei, die die Stände beherrscht haben sollte, da erwiderte Baron D. Kemeny: aus Furcht hätten die Stände ihre Furcht nicht öffentlich erklärt, aber Beweise für die Absicht, sie einzuschüchtern und der wirklichen Einschüchterung gebe es die schwere Menge. Er selbst besitze eine Sammlung, so dick — und dabei breitete er beide Arme aus — die er vorlegen könne, aber es werde für Josikas Zwecke dienlicher sein, dieses Verlangen zu unterlassen.

Vom ganzen Landtag sprachen sich nur 63 Mitglieder dafür aus, daß der kath. Bischof Gubernialrat sein solle, unter diesen nicht ein Dutzend Protestanten, darunter auch ein Sachse, der damalige Gubernialsekretär Franz v. Salmen, der vom Grafen Lazar überrumpelt, diese von ihm sofort bedauerte Stellung eingenommen hatte. Seine Abstimmung entfesselte einen Sturm der Entrüstung unter den Volksgenossen, — es war auch ein Zeichen neuen Lebens, daß derartige Fragen eine solche Wirkung übten — ein Pasquill wollte in den Anfangsbuchstaben seines Namens die schändlichen Eigenschaften seines Charakters finden und ein herbes Gedicht warf ihm Verrat an seinem Volk vor. Die Folge war, daß Salmen bis zu seiner Erwählung zum Komes nicht zum Gubernialrat kandidiert wurde, obwohl er in seinem Fach als sehr tüchtig galt.

Auch die ev. Kirche hatte endlich den Mut gefunden, ihre Klagen vor den Landtag zu bringen. Am 29. Januar 1839 überreichten ihre Vertreter die Vorstellung des Oberkonsistoriums, in der es Klage über die Mißachtung der gesetzlichen Gleichberechtigung der ev. Kirche führte. Dieser widerspreche der sechswöchentliche kath. Religionsunterricht, der für die zur ev. Kirche übertretenden Katholiken gefordert werde, das Jurisdiktionsrecht, das die kath. Kirche in allen gemischten Ehen in Anspruch nehme. Die Ungleichheit der Behandlung der Kirche fand einen sprechenden Ausdruck darin, daß die ev. Kirchen dem Gubernium unterstellt waren und durch dieses ihre Protokolle dem Hof einsenden mußten, während für die kath. Kirche eine kath. Kommission neben dem Gubernium bestand, dem Gubernium koordiniert, die ihre Anordnungen namens des Guberniums traf.[1]) Die ev. Kirche verlangte Abstellung des widergesetzlichen Zustandes. Ebenso verlangte sie eine Dotation aus Staatsmitteln, die alle andern Kirchen des Landes schon erhalten hatten,

---

[1]) S. Band II, S. 169.

damit auch der ev. Bischof, frei von den Lasten eines weiteren Amtes, unabhängig am Sitz des Oberkonsistoriums seinen eigentlichen Aufgaben sich widmen könne. Sie verwahrten sich gegen die Verletzung des 56. G.=A. vom Jahre 1791, gegen dessen Bestimmung dem Gubernium 1836 das Recht zugewiesen worden war, auch die theologischen und symbolischen Bücher der ev. Kirche zu zensieren, sie verlangten mit Berufung auf das bekannte Approbatalgesetz freien Besuch der Universitäten, beklagten sich, daß alle Eheprozesse von Amts wegen an den Hof appelliert werden mußten.

Es war doch auch das Zeichen eines neuen Lebens.

Von nicht geringerer Bedeutung war, daß die Sprachenfrage auch an die Pforten des Landtags klopfte, zunächst freilich in bescheidener Form. Als am 22. November 1837 darüber gesprochen wurde, daß der ganze Huldigungsakt in einem Gesetzartikel festzuhalten sei, wurde der Antrag gestellt, es solle dieses in magyarischer Sprache geschehen, weil diese Sprache von jeher gebräuchlich gewesen und nur seit 1740 ohne ein Gesetz von diesem Gebrauch abgewichen worden sei, weiter dem Kaiser mitgeteilt werden, daß alle künftigen Artikel in magyarischer Sprache würden abgefaßt werden. Dieser Beschluß aber möge sofort bestätigt werden.

Die Debatte, die sich darüber entspann, ist heute noch interessant. Baron D. Horvath wünschte zwar, daß die magyarische Sprache zur Landessprache, d. i. zu derjenigen erhoben werde, in welcher die wichtigsten Interessen der Provinz verhandelt würden, allein da der Hof an die lateinische Sprache gewöhnt sei, und es keinen guten Eindruck machen werde, nun plötzlich magyarisch zu kommen, war er der Meinung, den Artikel lateinisch und magyarisch abzufassen und Se. Majestät um die Erlaubnis zu bitten, daß in Zukunft die Landtagsartikel bloß magyarisch vorgelegt würden. Domokos Gal war nur für lateinisch, denn es hänge nicht von den Ständen allein ab, in welcher Sprache sie die Beschlüsse dem Hof zur Bestätigung vorlegen wollten, sondern auch vom Hof, in welcher er sie annehmen wolle. Energischer ging J. Zeyk ins Zeug: Es sei widernatürlich, daß ein Volk sich einer andern als der angeborenen Sprache bediene, bei einem freien Volk mit der Freiheit unvereinbar, in der Gesetzgebung zweckwidrig, indem eine Hauptaufgabe das allgemeine Verständnis derselben sei. Wollten die Stände um dieses Recht bitten, so werde der Hof darin den Beweis sehen, daß die Stände selbst daran zweifelten. Und wenn nun eine abschlägige Antwort erfolge? Selbst die sächsische Nation werde, wenn sie unter zwei fremden Sprachen wählen müßte, lieber die fremde lebendige (die magyarische) als die fremde tote (die lateinische) wählen. Baron S. Josika wünschte, weil es schicklicher sei, es solle der Hof gebeten werden, daß künftig die Landtags=artikel in magyarischer Sprache vorgelegt würden. Da eine Einigung nicht erzielt wurde, wurde das Gubernium zur Vermittlung gebeten. Dieses gab seine Anschauung dahin, es solle der fragliche Artikel lateinisch ab=gefaßt und Sr. Majestät bittweise der Wunsch der Stände nach künftigem Gebrauch der magyarischen Sprache vorgelegt werden. Zum Schluß einigte sich der Landtag dahin, wie es Graf Otto Degenfeld formuliert hatte, es solle, indem der jetzige Artikel lateinisch verfaßt werde, im Anschluß an die Erklärung Sr. Majestät, allen gerechten Forderungen der Stände entgegen zu kommen, die Hoffnung ausgesprochen werden, es werde der Kaiser die Unterbreitung der künftigen Artikel in der magyarischen als der siebenbürgischen Landessprache genehmigen. Der sächsische Abgeordnete Trausch hatte sich gleichfalls mit dem Antrag ein=verstanden erklärt.

Im sächsischen Volk war die öffentliche Meinung mit den sächsischen Abgeordneten nicht einverstanden. Ein Gedicht, das als Aufruf an die sächsischen Landtagsdeputierten verbreitet wurde, warf ihnen vor:

> Der Sprache heilig Recht, Ihr habt es lassen fahren —
> Verkauft habt Ihr des dritten Standes Recht,
> Des guten Fürsten Wunsch verletzt wie feile Knecht' —
> Ein Bündnis wollet Ihr mit den Magyaren schließen,
> Eh kann mit Wasser Feuer in einem Bette fließen —

und mahnte:

> Drum wollet Ihr den Fluch der späten Enkel wenden,
> Beharret kühn beim Recht, das jetzt zu treuen Händen
> Ein würdig Volk zum Schutz Euch übergeben,
> Und achtet kämpfen mehr als ein verächtlich Leben!

Auf einem Umwege kam auf diesem Landtag auch die Frage der Union Siebenbürgens mit Ungarn zur Verhandlung. Der ungarische Reichstag hatte nämlich 1836 beschlossen, es sollten die siebenbürgischen sogenannten Partes[1]) wieder mit Ungarn vereinigt werden und ohne den siebenbürgischen Landtag zu fragen, hatte die Krone den Beschluß bestätigt. Der ungarische Reichstag hatte auch dem alten Wunsch nach einer Reinkorporation Dalmatiens und Siebenbürgens abermals Ausdruck gegeben. Es bezeichnete die ganze Regierungsweisheit, daß von Wien aus an Ungarn Weisungen ergingen, die Wiedereinverleibung der Partes

---

[1]) S. Band II, S. 98, 202, 373.

durchzuführen, während das siebenbürgische Gubernium Anlaß hatte, zu
glauben, man wünsche dort, es solle die Wiedervereinigung verhindern.
Die fraglichen Komitate selbst schwankten hin und her, während die
Unordnung in ihrer Mitte immer größer wurde. Das Kraßnaer Komitat
schickte Deputierte auf den Hermannstädter Landtag, doch sollten sie bloß
zur Wiedervereinigung der Partes sprechen, Zarand sah sich als zu
Siebenbürgen gehörig an und hatte die Abgeordneten ohne Vorbehalt
geschickt, andre hatten ausdrücklich erklärt, sie wollten von der Ver=
einigung mit Ungarn nichts wissen, Mittel-Szolnok und Kövár waren
1836 mit Ungarn vereinigt worden. Der siebenbürgische Landtag er=
klärte am 30. März 1838 in einer ausführlichen Repräsentation, mit
gründlichen historischen und rechtskundigen Ausführungen, den Beschluß
des ungarischen Reichstages für ungültig, das Rechtsgefühl verletzend
und bat den König, Siebenbürgen in seiner territorialen Integrität zu
schützen. Die Debatte wurde außerordentlich heftig geführt, nebenbei nur
bemerkt, lieber solle statt der Zerreißung eine Union des ganzen Landes
mit Ungarn angestrebt werden. Aber auch dieser Gedanke hatte keine
Wurzel in den Herzen der Stände. Der sächsische Abgeordnete Schreiber
widersprach in der Sitzung vom 1. März dem Gedanken mit Berufung
auf das Gesetz, und auch die beiden andern Stände waren sich des
Gegensatzes der siebenbürgischen Verfassung zu der ungarischen, den
vielfach größern Rechten der Stände und besonders der Religionen in
Siebenbürgen so bewußt, daß sie keinen Vorteil in der Union sahen.
Nicht Selbstsucht war es, die die Stände von der Union abhielt, sondern
die Erkenntnis, daß das Leben hier eine individuelle Gestaltung ange=
nommen und im Laufe der Jahrhunderte gefestigt hatte, die nicht zu=
fällig war und die nicht aus der Welt geschafft werden konnte.

Erst dem nationalen Gedanken der folgenden Jahre gelang es,
die Bedenken zurückzudrängen und die Hoffnung in den Herzen der
beiden magyarischen Stände zu wecken, daß ihre nationale Entwicklung,
vom großen Ungarn gestützt, erfolgreicher sein werde als wenn sie auf
sich selber angewiesen sei. Im selben Augenblick, wo diesem einen Ge=
danken alles andre sich unterordnete, mußte für sie die Union ein Glaubens=
satz werden. Aber dieselben Gründe, die sie für die Vereinigung schwärmen,
reden, handeln ließen, mußten die Sachsen gegen die Vereinigung stimmen.
Die Vereinigung der Partes mit Ungarn kam über Vorbereitungen
nicht hinaus.

Von minderm Belang war, aber bezeichnend für die Langsamkeit
und Schwerfälligkeit der Regierung, daß 97 Beschlüsse des Landtags

von 1811 dem Hermannstädter Landtag vorlagen, von denen der Hof 16 bestätigt, einen Teil nicht bestätigt, aber die weitaus große Mehrzahl zu neuer Beratung herabgeschickt hatte. Manches war von der Zeit selbst überwunden, anderes sahen die Stände als überwunden an, für anderes war keine Zeit. Aber wenn auch die eigentlichen Reformfragen nicht in Angriff genommen worden waren, — es waren nicht einmal Kommissionen zu deren Vorberatung gewählt — so hatte der Landtag doch eines erreicht: die verfassungsmäßigen Zustände waren angebahnt worden. Das Land hatte wieder einen gesetzmäßigen Gouverneur, Graf Kornis, einen Hofkanzler Graf Teleki, einen Thesaurarius Jos. v. Brukenthal, den Oberlandeskommissär J. v. Bedeus, das gesetzmäßige Gubernium; es durfte hoffen, auf dem Weg des Rechts weiter vorwärts zu schreiten. Auch inmitten des sächsischen Volkes fing der Gedanke an Leben zu gewinnen, daß es Pflicht sei, für das Recht und für das Volkstum einzustehen.

Am 31. März wurde der Landtag mit herkömmlichen Reden und Gegenreden geschlossen, die bei den Abschiedsaudienzen der Stände und der Behörden beim Erzherzog Ferdinand sich wiederholten. Er gab der Mißstimmung, die ihn erfüllte, keinen Ausdruck und verließ am 3. April 1838 Hermannstadt, wo die Studierenden des ev. Gymnasiums am Abend vorher wie bei seiner Ankunft ihm ein Fackellied dargebracht hatten, und ging wieder nach Galizien, er hat Siebenbürgen nicht mehr gesehen.

Ein Jahr später, am 6. Juni 1839, trat wieder der ungarische Reichstag in Preßburg zusammen. Die k. Propositionen enthielten das wichtigste nicht, die notwendigen Verwaltungsreformen. Die glänzendsten Geister Ungarns waren als Vertreter anwesend: Aurel Desewffy unter den Magnaten, sein großer Gegner St. Szechenyi, dann Eötvös und Deak, Bezeredy und Beöthy, Pulßky und Pazmandy, in allen vereint eine Fülle von Geist, von Liebe zu ihrem Volk, von Begeisterung, Ungarn in die neue Zeit hinüberzuführen. Aber wie sollte es geschehen? Die Hindernisse türmten sich bergehoch bei jedem Schritt auf. Auf der einen Seite ein Reichstag, bei dem nicht einmal die Mitgliedschaft gehörig abgegrenzt war, wo es schwer war zu sagen, wer stimmberechtigt war und wer nicht, ganze Gruppen, die bereit waren das was ihnen nicht gefiel abzustellen, aber wenig geneigt die Mißbräuche aufzugeben, aus denen sie Vorteil schöpften, auf der andern Seite eine Regierung, die am liebsten überhaupt keine Veränderungen wollte. Auf der einen Seite das veraltete Komitatssystem, das vielen als Palladium der Freiheit erschien, auf der andern Seite die nicht mehr abzuweisende Forderung moderner Einrichtungen, die, wenn sie ehrlich durchgeführt wurden, eine nationale Gefahr für die Magyaren in sich bargen. Die verfahrenen Verhältnisse hatten einen Zustand der Unwahrhaftigkeit geschaffen, so daß sowohl die Regierung wie die Vertreter der Landesinteressen — denn es schien fast, als ob die Interessen beider einander widersprächen — mit Widersprüchen arbeiteten. Die Regierung gab sich den Anschein, als ob sie die alten Verfassungsformen hochhielte und beschnitt und fälschte die Komitatsverfassung systematisch seit Jahrzehnten und die heimischen Politiker riefen sie in die Schranken, wenn sie Nutzen aus ihnen ziehen zu können vermeinten und griffen sie an, wenn sie es für nützlicher hielten. Auf der einen Seite wurden die alten Privilegien und die alte Verfassung angerufen, wenn auf der andern die Forderungen des modernen politischen Bewußtseins ins Feld geführt wurden; rückte dann die andere mit diesem vor, dann hielten die ersten den Schild der alten Verfassung vor. Nur eines war klar: die politisch berechtigte Nation war bis dahin in Ungarn ausschließlich der Adel gewesen, eine Standesklasse, nicht ein Volksstamm. Dieser Adel zählte magyarische, deutsche, slavische, walachische Familien unter sich, aber das Gepräge hatte ihm der magyarische Edelmann gegeben. Seit der Josefinischen Zeit war er zugleich Träger des magyarisch-nationalen Gedankens gewesen, der in den Jahren nach den Franzosenkriegen in den Hintergrund gedrängt, seit 1825 neue Kraft gewonnen hatte. Angesichts der modernen politischen Forderungen war es nicht zweifelhaft, daß diese Adelsherrschaft und ausschließliche politische Berechtigung sich nicht aufrecht halten ließ. Nun aber begann der Versuch, unter scheinbaren demokratischen Formen, die klug berechnet waren, an Stelle des Adels den magyarischen Volksstamm zu setzen, was zugleich den Vorteil hatte, daß der Adel, da es ein magyarisches Bürgertum in Ungarn nicht gab, im wesentlichen im Besitz seiner alten Macht blieb, die er nun zum Teil unter andern Formen ausübte.

Das zeigte sich besonders auf dem Landtag von 1839.

Die ungarischen 49 Freistädte verlangten, gewiß im Sinn moderner Rechtsanschauung, eine Vermehrung ihrer Stimmen auf dem Reichstag, denn alle zusammen hatten bloß eine Stimme. Franz Pulßky wies in langer Rede nach, das sei unmöglich, denn dadurch sinke das politische Gewicht des Adels. „Und wenn es sich noch um magyarische Städte handelte! Die Freistädte aber sind entweder von Slaven oder von Deutschen bewohnt. Zur Stärkung dieser Elemente dürfen wir nichts beitragen, nicht indem wir die Zahl der städtischen Stimmen im Reichstag vermehren, dem Deutschtum zum Siege über uns verhelfen." Außerdem seien die Städte reaktionär und ihre vermehrte Macht würde dem Gemeinwohl nur schaden.

Unter den wichtigsten Artikeln des Reichstags war der über die Sprachenfrage. Die magyarische Sprache wurde nicht allein im Verkehr mit den Behörden als die offizielle anerkannt, auch in den nichtmagyarischen Kreisen sollten die Matrikeln in ihr geführt werden. Die kirchlichen Behörden wurden verpflichtet, die Korrespondenzen mit den weltlichen und diese untereinander ausschließlich magyarisch zu führen, als Geistliche dürften nur solche angestellt werden, die magyarisch könnten. Das Ziel des Reichstags war noch weiter gegangen: bei den ungarischen Regimentern solle das Kommando ausschließlich magyarisch sein, nur Einheimische in ihnen Offiziere werden können, die Gesetze sollten ausschließlich in dieser Sprache verfaßt werden, die Sprache des Unterrichts diese sein. Gegenüber dem „fremden" Theater in Pest, dem deutschen, bestimmte der Reichstag aus Landesmitteln jährlich 450.000 Gulden für das magyarische Theater.

Niemand konnte leugnen, daß es hier auf die Alleinherrschaft der magyarischen Sprache abgesehen war und je naiver diese als eine Forderung des Rechts ausgesprochen wurde und je naiver die Gleichstellung der magyarischen Interessen mit den Landesinteressen geschah, ohne Verständnis dafür, daß damit heilige Interessen aller Nichtmagyaren, der Mehrzahl der Bevölkerung, verletzt wurden, um so mehr mußte bei den andern Stämmen die Notwendigkeit empfunden werden, dagegen sich zu wehren. Und wenn nun nicht anzunehmen war, daß der nationale Sinn, bei den Magyaren erwacht und zum Angriffe vorgehend, bei den andern Volksstämmen weiter schlummern werde, daß sie geduldig die neue Zwangsherrschaft ertragen würden, so war damit die bittere Aussicht auf lange schwere Kämpfe von selbst gegeben.

Solche in den Tatsachen gegebene Erwägungen erklären die Haltung der Mehrzahl der Siebenbürger später in der Unionsfrage.

Von Bedeutung war, daß der Reichstag in bezug auf das Urbarialwesen einige fortschrittliche Beschlüsse faßte, es wurde die Ablösbarkeit der bäuerlichen Lasten festgestellt, das Erbrecht der Untertanen geregelt, eine bessere Konkursordnung und ein neues Wechselgesetz geschaffen. Die Emanzipation der Juden wurde nicht erreicht.

Auch eine andre Frage war nicht gelöst worden, die die Gemüter mit Recht erregte, die Frage nach den gemischten Ehen und den Rechten der Protestanten überhaupt.

Diese „Religionsfrage" war in Ungarn älter als die Sprachen-

frage. Der Preßburger Reichstag hatte nach den Theresianischen Katholi=
sierungs= und den Josefinischen Beglückungsversuchen (im 26. Artikel von
1791) bestimmt, daß auch gemischte Ehen vor dem katholischen Priester
zu schließen seien; bei einem katholischen Vater sollten alle Kinder
katholisch sein, bei einem nichtkatholischen Vater die Knaben in der nicht=
katholischen Religion erzogen werden können. Die katholische Kirche nahm
aus dieser Formulierung Anlaß, die Reverse im letztern Fall als erlaubt
anzusehn und forderte sie. Auch dieser Artikel war nur durch harte
Kämpfe erlangt worden, die Bischöfe hatten dagegen Verwahrung ein=
gelegt und die Protestanten trauten der Regierung nicht; sie hatten die
drückende Empfindung des Unrechts und beschwerten sich auf jedem
Reichstag darüber. Im Jahre 1833 verlangten die Stände Abschaffung
der Reverse und die Bestimmung, daß die Kinder dem Bekenntnis des
Vaters folgen sollten. Die Bischöfe richteten in leidenschaftlichem Eifer
eine Vorstellung an den König, in der sie geradezu behaupteten, die
eingedrungenen Ketzereien und gottlosen Lehren stürzten das Reich in
das Unglück und Friede und Einigkeit könne nur durch Glaubenseinheit
erreicht werden. In der Tat begannen die Bischöfe in der Zeit, da der
Ultramontanismus auch in Deutschland im Kölner Streit einen Vorstoß
versuchte, gewiß nicht ohne innern Zusammenhang mit jenen Ereignissen,
die kirchliche Einsegnung in gemischten Ehen von der Ausstellung der
Reverse abhängig zu machen. Der Bischof von Großwardein, Laicsek,
belegte 1839 geradezu die gemischten Ehen mit dem kirchlichen Fluch
und stellte als Regel die passive Assistenz auf. Als der Palatin, der
selbst in einer gemischten Ehe lebte, an die Gesetze erinnerte, verfing das
nicht. Gegen den Bischof von Rosenau, den spätern Erzbischof von
Gran, Scitowsky, klagte das Gömörer Komitat gar wegen Erpressung
von Reversen.

So fand der Reichstag 1839 die Sachlage. Die Stände sahen
in der Verweigerung der Einsegnung der gemischten Ehen eine Verletzung des 26. Gesetzartikels von 1791 und wollten diese Verletzung
abstellen und hielten für das beste eine Bestimmung, wornach der Pfarrer
des Bräutigams hinfort die gemischten Ehen einsegnen solle. Doch war
eine Einigung mit den Magnaten nicht zu erzielen, so daß die Sache
unentschieden blieb. Auch ein andrer Beschluß der Stände, der die Freiheit
des Besuchs ausländischer Universitäten aussprach, ebenso das Recht
der Evangelischen, Schulen zu errichten, dann der Grundsatz, daß bei
Besetzung öffentlicher Ämter die Religion nicht in Betracht zu kommen
habe, erhielt die Bestätigung des Königs nicht. Der Primas aber wies

die Bischöfe an, gemischte Ehen nur nach Ausstellung der Reverse zu trauen, die katholische Kirche verdamme alle gemischten Ehen und dulde sie nur, „um einen größern Skandal zu vermeiden". Das rief eine ungeheure Entrüstung hervor. Das Pester Komitat beschloß, jeden Pfarrer mit 600 Gulden Strafe zu belegen, der sich weigere eine gemischte Ehe einzusegnen und andre Komitate folgten mit ähnlichen Beschlüssen. Da entschlossen sich die Bischöfe und der Hof zu Verhandlungen mit der Kurie, die nach langem Zögern in einem Breve vom 30. April 1841 die passive Assistenz gestattete, aber grundsätzlich diese Ehen auch weiterhin mißbilligte. Die Frage blieb als Erbschaft dem nächsten Reichstag.

Sie schlug ihre Wellen auch nach Siebenbürgen. Hier war die Rechtslage eine andre, für die evangelische Kirche günstigere, die in voller Gleichberechtigung mit den drei andern rezipierten Konfessionen stand. Nach dem 57. Gesetzartikel von 1791 folgten in gemischten Ehen die Kinder nach dem Geschlecht der Religion der Eltern und alle Reverse waren ungültig. Um so unangenehmer empfanden die ev. Kirchen die Übergriffe der katholischen Kirche und sie zauderten keinen Augenblick mit Gegenmaßregeln, hier stärker als in Ungarn. Sie segneten die Ehen ohne Rücksicht auf die katholische Kirche ein, nahmen die Brautleute in ihre Konfession auf, ohne den gesetzwidrigen sechswöchentlichen Unterricht abzuwarten, so daß die katholische Kirche es für angezeigt hielt, hier stillschweigend nachzugeben.

Aber ebenso wie die Religionsfrage wirkte die politische Atmosphäre des letzten Landtags und was daran sich in Ungarn schloß, nach Siebenbürgen herüber. An den ungarischen Landtag, der am 13. Mai 1840 geschlossen wurde, reihte sich die Gründung des Pesti Hirlap von L. Kossuth an, neue Gedanken, neue Ziele wurden ins Volk hineingetragen; die Berge Siebenbürgens waren nicht hoch genug, ihnen den Weg hieher zu versperren.

Diese neuen Gedanken aber ließen sich in den einen Satz zusammenfassen, daß Volk und Land aus dem Mittelalter in die neue Zeit herübergeführt werden müßten, daß der Stillstand langer Jahre abgeschüttelt und ein rascherer Fortschritt auf allen Lebensgebieten begründet werden müsse. Es erstand die neue ungarische Literatur, die bewußt auf das öffentliche Leben einwirken wollte, die Presse wurde eine führende Macht, keine stärker als Kossuths Pesti Hirlap, das seit Anfang 1841 erschien.

Was er wollte, läßt sich vielleicht am deutlichsten aus dem entnehmen, was Szechenyi an ihm bekämpfte. Die beiden großen Gegner trennte doch nicht nur die verschiedene Auffassung der Taktik, sondern auch der Maßstab, den beide an Vergangenheit und Gegenwart, an Empfinden und Urteil der Völker Ungarns anlegten. Kossuth ging vom Grundgedanken aus, für die neuen Gedanken und Ziele sei Agitation nötig, was auch damit zusammenhing, daß er darin unübertroffener Meister war. Szechenyi bedauerte und bekämpfte diese Methode. Er legte den größten Wert darauf, die eigne Nation solle an geistigen und sittlichen Kräften wachsen, die allein die Garantie der Dauer in sich trügen. Daß eine große Umgestaltung des gesamten Staatswesens notwendig sei, war allen führenden Geistern in Ungarn klar, über das wie? gingen die Anschauungen auseinander. Kossuth sah in den Komitaten mit dem lärmenden Kleinadel und den turbulenten Beratungen, mit der passiven Widerstandskraft und dem ungezügelten Eifer des Draufgehens das Palladium der Verfassung, mit Hülfe des Komitatssystems sollte die Umgestaltung der Verfassung durchgeführt werden, Szechenyis Hoffnung stand auf dem Zusammenarbeiten Jener, die durch Geburt, Reichtum, Bildung sich auszeichneten.

Szechenyi hat in seinem aufsehnerregenden Buch A kelet népe — das Volk des Ostens — seinen Gegensatz zu Kossuth scharf gezeichnet. „Er fehlt darin — heißt es dort — daß er die Waffen der Phantasie und der Gefühle in Anwendung bringt und nicht die kalten Zahlen, daß er zum Herzen spricht anstatt zur Vernunft zu reden. Er ist nichts als ein Gefühlspolitiker, der in seine Hauptideen stets etwas Eingebildetes, etwas Ideales einmischt, wodurch seine Idee zwar eine schillernde wird, aber mit der Wirklichkeit im Widerspruch steht; er trägt seine Deduktionen stets auf den Saiten des überempfindsamen Herzens vor, wodurch er die Leidenschaft aufpeitscht und schließlich zur Unruhe führt" ... „Nicht um jene stumpfe Spitze dreht sich bei uns die Sache, daß wir nur fortschreiten. Die Hauptfrage ist: welche sind unsre Wege, welche sind noch geschlossen und welche sind geöffnet? Auf welchen kann man schneller, auf welchen nur behutsam vorwärts schreiten, auf welchen endlich bloß so, wie das Gras wächst?" Und nun charakterisierte Szechenyi Methode und Art Kossuths: stets den Extremen zuneigend rege er die Massen auf, vermindere die Achtung gegen die Obrigkeit, reize die Armen gegen die Reichen auf und lockere auf diese Art die gesellschaftliche Ordnung. Während er die Regierung zum Fortschritt aneifere, reize er zugleich die Komitate zur Vornahme solcher Dinge auf, durch die das Ansehn und die Wirksamkeit der Regierung untergraben werde. Er lobe jede Behörde, die aus ihren gesetzlichen Schranken heraustrete; während er den Adel zu überreden suche, daß dieser die untern Klassen zu sich emporhebe, stelle er mit übertriebener Empfindlichkeit jeden einzelnen Leidenden als das Opfer des mangelhaften gesellschaftlichen Systems dar. Die Jugend table er wegen ihres unruhigen Wesens und schmeichle ihr zugleich als einer gesellschaftlichen Macht und nenne das Geschrei der Massen öffentliche Meinung. Er jage nach Popularität und vergöttere sie und nähre die Leidenschaften der Menge, nach deren Beifall dürstend. Diese verfehlte Methode gebe steigender Gereiztheit Nahrung, wodurch der Erfolg in Lebensfragen aufs Spiel gesetzt werde. Statt behutsam und langsam vorwärts zu schreiten stürme er über Hals und Kopf dahin und vereitle durch diese Art oft das Notwendigste. Zwischen ihrem beiderseitigen Verfahren bestehe eben der Unterschied wie zwischen der friedlichen Reform und — der Revolution. In einem Privatbrief schrieb Szechenyi an Kossuth: „Ich beschwöre Sie beim heiligen Namen des Vaterlandes, treten Sie ab von dem gefahrvollen Pfade der Agitation, den Sie betreten haben, ja ich wende mich an Ihre edlen Gefühle und flehe ergebenst, entsagen Sie im allgemeinen der politischen Führerrolle. . . . Reizen Sie jede Nationalität bis zum Wahnsinn gegen die ungarische Nationalität, werfen Sie Feuerbrände auf des Ackerbauers Haus, peitschen Sie die Interessen des Gesamtreichs bis zu den größten Gegensätzen, füllen Sie bis an den Rand den Becher der Wiedervergeltung mit Ihrem Gifte — und sehen Sie zu. Wenn Sie aber einst, wenn es zu spät sein wird, fühlen und einsehen werden, daß es Fluch und nicht Segen war, was Sie über unsre Häupter brachten, dann entschuldigen Sie sich nicht damit, daß es in der Nation keinen einzigen Treuen gab, der genug Entschlossenheit besaß, noch beizeiten ihre trügerischen Träume in ihr Nichts aufzulösen".

Als ein neuer mächtiger Faktor aber trat in die reiche Bewegung der Zeit täglich wachsend die Nationalitätenfrage, die vorwiegend in der Sprachenfrage sich äußerte. Die zunehmende Agitation der Magyaren für ihre Sprache und deren Ausbreitung erweckte das gleiche Bestreben in den Slovaken Nordungarns, dem vielgeknechteten slavischen Volksstamm, der nun auch anfing, von einer bessern Zukunft zu träumen, regte die Kroaten zur Verteidigung ihres Volkstums an und ließ im „Illyrismus" den Traum eines südslavischen Völkerbundes entstehen, der allerdings für Ungarn eine direkte Gefahr bedeutete. Jede nationale Bewegung ist angreifend und hat das Bestreben nach ausschließlicher Geltung. Sie trug bei dem temperamentvollen magyarischen Volk von vorneherein diese Züge an sich und als von andrer Seite der Wiederstand wuchs, wuchs ihre Kraft und Heftigkeit. Um den „Panslavismus", wie man sofort die nationalen Bestrebungen der Slovaken mißgünstig getauft hatte, zu bekämpfen, erwogen die evangelische und reformierte Kirche in Ungarn, in deren ersterer die Slovaken die Mehrzahl bildeten, eine Verschmelzung beider Konfessionen, um der Magyarisierung ihrer Bekenner Vorschub zu leisten. Was sonst für Ausbreitung der magyarischen Sprache geschah, trug so den Charakter der Unterdrückung der andern Sprachen vielfach an sich, daß Szechenyi 1842 in einer großen Rede in der ungarischen Akademie der Wissenschaften sich für verpflichtet hielt, den Übereifrigen entgegen zu treten. Die einzige Art, die magyarische Nationalität sicher zu stellen, sei, sie geistig zu heben, durch ihre höhere Zivilisation ihr eine einschmelzende Kraft zu geben. Auf der eingeschlagenen Bahn weiter gehen bringe das Magyarentum in Gefahr, denn es gehe nicht an, andern Volksstämmen eine fremde Sprache aufzudringen und jene zu verfolgen, die dem Zwang sich nicht fügen wollten.

Als „ernste Friedensworte" zeigte J. K. Schuller in der Transsilvania (14. Februar 1843) die Rede an, mit dem Wunsch, sie möge überall die verdiente Anerkennung finden „und Alle diejenigen, die in Gefahr schweben, durch die Erscheinungen der neuesten Zeit an der ganzen ungarischen Nation irre zu werden, eines bessern zu belehren". Ein Gedicht verherrlichte in derselben Nummer den Grafen Szechenyi, der auf die ihm zugesandte Huldigung an Schuller schrieb: „Ich hoffe, daß Sie darauf sehen, daß in der Transsilvania der Geist der Versöhnung herrsche. Angriffe und Übertreibungen der Ungarn gegen das Teutschtum mit gleichen Waffen zurückzuweisen oder gar zurückzuschleudern, finde ich nicht loyal und zwar weil die Stellungen nicht gleich sind. Das Teutschtum nämlich stehet auf einer großen soliden Grundlage, das Ungartum hingegen ist erst zu begründen..; es ist Zeit, daß unsere Eifersuchten und Zerwürfnisse geordnet werden, damit wir die Kraft, die wir besitzen, nicht immer in unnützen Alterationen versplittern, sondern in Gemeinschaft endlich zu etwas Praktischen konzentrieren mögen."

Aber diese Stimme klang schon damals vereinzelt. Billigdenkende mochten zugeben, daß die magyarischen Bewohner Ungarns durch Einführung der magyarischen Sprache in das öffentliche Leben statt der lateinischen einen großen Vorzug vor den Nichtmagyaren bekamen, aber sie trösteten sich damit, daß wenn einmal die lateinische durch eine lebende Sprache ersetzt werden solle, die magyarische die erstberufene sei und suchten das mit theoretischen, historischen und praktischen Gründen zu rechtfertigen. Aber wenn hie und da zugestanden wurde, daß es unklug sei, nicht auf eine billige Befriedigung der nichtmagyarischen Nationalitäten zu denken, so fanden solche Erwägungen bei Kossuth und seinem Anhang kein Verständnis. Wohin seine Pläne führen mußten, das enthüllte Wesselenyi in seiner Antwort auf Szechenyis Rede, in der er entwickelte, Österreich solle nach seinen Nationalitäten in ein föderatives Staatsgebilde sich auflösen, in die deutschen Provinzen, wobei den Slaven in Krain und Kärnthen eine ähnliche Autonomie gegeben werden könnte wie den Sachsen in Siebenbürgen, in Böhmen und Mähren, in Galizien, in das lombardo-venetianische Königreich, endlich das Gebiet der ungarischen Krone, innerhalb dessen Kroatien, Dalmatien und Slavonien wieder eine abgesonderte slavische Verwaltung haben sollten.

All diese Vorgänge in Ungarn erklären erst die Ereignisse in Siebenbürgen, wo der neue Landtag am 15. November 1841 in Klausenburg zusammentrat. Er stand schon völlig unter dem Zeichen des Nationalitätenkampfes.

Die k. Propositionen bezeichneten als Aufgabe des Landtags die Wahl des Gouverneurs, Graf Kornis war 1840 gestorben, dann einiger Gubernialräte und eines Protonotärs, die gewöhnlichen Publikationen der Antworten der Regierung auf frühere Landtagsbeschlüsse und verlangten vor allem die rasche Wahl der systematischen Deputationen, die weitere Vorlagen für den künftigen Landtag vorbereiten sollten, darunter besonders das Urbar. Die Vorlagen machten nicht den Eindruck, als könnten sie sonderliche Aufregung hervorrufen. Zum k. Landtagskommissär war B. Josika ernannt worden, auch ein Zeichen der veränderten Zeit. Im Jahre 1835 hatte er dem Ansturm der Opposition weichen müssen, nun galt er als ein Allen genehmer Mann. Noch vor Eröffnung des Landtags hatte Josika mit Bedeus eine Zusammenkunft in Karlsburg, bei der Bedeus vom Kaiser den Auftrag erhielt, auf die sächsische Nation einzuwirken, daß sie die Regierung unterstütze, vor allem an den gemeinschaftlichen Nationalversammlungen nicht teilnehme. Im Zusammenhang damit wurden die sächsischen Oberbeamten auf den 19. Oktober zu einer Besprechung nach Hermannstadt gerufen, ihnen dort das Programm, das die beiden andern Nationen schon festgestellt hatten, mitgeteilt und Grundzüge für das eigne Verhalten besprochen: die sächsischen Abgeordneten sollten wie bisher die eignen Nationalversammlungen halten, dort die Landtagsfragen beraten und auf Grund der gefaßten Beschlüsse einheitlich handeln, sie sollten sich nicht bloß als Vertreter ihrer Kreise ansehen, sondern als Vertreter der ganzen Nation. Das erste Ergebnis war, daß die sächsischen Landtagsvertreter übereinstimmende Instruktionen erhielten. Diesen entsprechend konstituierten sie in Klausenburg sofort die sächsische Nationalversammlung, zu der auch die sächsischen Oberbeamten eingeladen wurden. Die maßgebenden Personen waren Bedeus und Schreiber, Komes Wachsmann fehlte wegen Alter und Krankheit. Sie beschlossen, die Nationalversammlungen der Mitnationen nicht zu besuchen, nicht nur dem Wunsch der Regierung entsprechend, sondern auch weil dort fortwährend die Gefahr vorhanden sei, überstimmt zu werden, wodurch ihnen dann im Landtag die Hände gebunden seien.

Auf dem Landtag vollzogen sich zunächst die Wahlen anstandslos; zum Gouverneur ernannte die Regierung aus dem Ternavorschlag der Stände den Grafen Josef Teleki, bedeutsam auch darum, weil er reformiert war und zum erstenmal neben ihm der Ständepräsident und Thesaurarius zu diesem Bekenntnis gehörten. Der neue Gouverneur war als ein einsichtsvoller, aufgeklärter, rechtlicher Mann bekannt, war ein ausgesprochener Liberaler, wie sie in Ungarn das Heft in die Hand bekommen hatten und ein warmer Freund der Union Siebenbürgens mit Ungarn, zugleich entschiedener Förderer der magyarisch-nationalen Bestrebungen.

Auch dieser Landtag schenkte die Aufzählung der Beschwerden des Landes der Regierung nicht; an der Hand des Leopoldinischen Diploms ergab sich noch immer eine lange Reihe, darunter die vom vorigen Landtag schon berührten. Die Sachsen betraf am meisten die Komesfrage, zu deren endgültigen Lösung, die bei aller Meinungsverschiedenheit allseits gewünscht wurde, die Nationalversammlung Schritte zu tun beschloß. Auch die Regulation wurde für ungesetzlich erklärt, was die Sachsen doch einigermaßen in Verlegenheit brachte. Das Produktionalforum wurde aufgehoben. In bezug auf die Partes wurde eine neuerliche Repräsentation beschlossen, da der Hof beim Beschluß des ungarischen Reichstags zu beharren erklärte.

Zu einem schweren Kampf aber kam es in der Sprachenfrage. Die k. Entscheidung auf den vorigen Landtagsbeschluß ging dahin, daß für die Korrespondenz mit dem Hof die lateinische Sprache beibehalten wurde und daß wenn ein Gesetz abgeändert werden solle, an dessen Stelle ein neues in Vorschlag zu bringen sei. Die Sache kam in den letzten Januartagen des Jahres 1842 im Landtag zur Verhandlung. Die Debatte trug einen andern Charakter an sich als 1838. Zunächst führte D. Kozma aus, Ungarn habe in der Zeit allgemeinen Fortschritts begonnen, das Versäumte nachzuholen, Siebenbürgen dürfe nicht stehen bleiben, im Auftrag seiner Sender stelle er den Antrag, es solle das magyarische, die allgemeine Landessprache, als Amtssprache bei allen Zivil- und Militärbehörden eingeführt werden, bei allen Schulen und Konventen, selbst die Umschriften der Siegel und Münzen sollten in dieser Sprache abgefaßt sein. Für den Fall, als der etwaige Beschluß nicht noch während des Landtags bestätigt werde, solle dieser sofort nach Auflösung des Landtags durchgeführt werden. Wohl könne er Besorgnis wegen den Sachsen nicht unterdrücken, aber er hoffe auf ihr unbefangenes Urteil, daß sie schon aus Dankbarkeit für das viele Gute, das sie im ungarischen Vaterlande genössen, die Hand dazu bieten würden, und zwar um so mehr, als die Schwesternationen sie in ihren inneren Angelegenheiten nicht stören wollten.

Packender sprach D. Kemeny. Er wußte den Deutschen und Engländern Anerkennung zu spenden, denn sie pflegten, bevor sie etwas täten, kalt zu überlegen. Aber nur warmes Nationalgefühl gibt die Riesenkraft, die alles andre überwindet, in Ungarn kann man es sehen. Dort hat die nichtmagyarische Bevölkerung, die viel zahlreicher ist als die Sachsen in Siebenbürgen, erkannt, daß bei Förderung des allgemeinen Interesses das einzelne schweigen muß. Er beantragte: die magyarische Sprache ist die Landessprache, jedes Gesetz ist in ihr abzufassen, sie ist die Sprache des Guberniums, der k. Tafel, des Thesauriariats, der ungarischen und szeklerischen Nation. Dort sollen auch die kirchlichen Angelegenheiten in dieser Sprache geführt werden, in zehn Jahren gilt das auch für anderssprachige Gemeinden auf diesem Gebiet. Beim Generalkommando und allen Siebenbürger Regimentern hat die Korrespondenz in magyarischer Sprache zu geschehen, in ihr wird kommandiert und Münzen und Siegel tragen die Umschrift in ihr. Die sächsische Nation ist nicht verpflichtet, in ihrer Mitte sich der magyarischen Sprache zu bedienen, aber nach zehn Jahren hat sie ihre Korrespondenz an alle Behörden und die ungarischen Gerichtsbarkeiten magyarisch zu richten, wie diese selbst an sie magyarisch schreiben. In den ungarischen und Szekler Schulen ist das Magyarische Unterrichtssprache, in Blasendorf an den walachischen Schulen nach zehn Jahren. In betreff der auf dem Sachsenboden wohnenden Walachen wird der Landtag Näheres bestimmen, wenn von der Errichtung von Volksschulen die Rede ist. Graf Kalnoky suchte zu beweisen, daß die Sachsen durch dieses keine Verkürzung erlitten, denn Sachse und Deutscher sei nicht einerlei, das Volk verstehe gar nicht deutsch. Er beantragte zur Ausbreitung und Hebung der magyarischen Sprache die Errichtung von Schulen, Unterstützung des Theaters in Klausenburg und Errichtung eines Nationalmuseums. Dem

Grafen D. Teleki ging Kemenys Antrag zu weit, er wollte den Sachsen das ungekränkte Recht der Muttersprache nicht nur im Innern, sondern auch nach außen den status quo (Gebrauch der lateinischen Sprache) lassen. Sie seien aus der Ferne gekommen, hätten allerlei gute Anstalten geschaffen und erhalten und was sie von ihren Rechten verloren, das sei aus eigner Schwäche geschehen. Weil die zwei Stände zusammen stärker seien als die Sachsen, gebe das kein Recht, ihnen das Ihre zu nehmen. Ihrer Sprache und ihrem bürgerlichen Stand, die sie siebenhundert Jahre sich erhalten hätten, gebühre Rücksicht — es solle der Zeit ihr Lauf gelassen werden. Während J. Nagy darauf pochte, im ungarischen Land müsse diese Sprache herrschen und die Sachsen könnten durch ein Gesetz gezwungen werden, wünschte Joh. Bethlen, die Sachsen möchten sich freiwillig anschließen. Es sei ihr Vorteil, es mache ihnen keine Schwierigkeit, denn sie sprächen besser magyarisch als lateinisch. Er ehre die Sachsen, jedesmal, wenn er durch ihre Dörfer und Städte reise, erfülle ihn Freude, denn es herrsche bei ihnen Fleiß und Ordnung. Darum sei er gegen jeden Zwang und wolle die gewünschte Annäherung der Zeit und der eignen Überzeugung der Sachsen überlassen, darum stimme er D. Teleki bei. J. Zeyk fand, daß die Rücksicht auf ihre Nationalität genügend gewahrt sei, wenn die Sachsen im Innern sich der deutschen Sprache bedienten, nach außen der magyarischen. Er wies auf Ungarn hin, dort hätten die viel zahlreichern Deutschen sich mit den Magyaren vereinigt, um so mehr dürfe man hoffen, daß auch die Sachsen es täten. Dom. Kemeny bedauerte, daß die Sachsen nicht bei ihrer Einwanderung sprachlich eingeschmolzen worden seien, damals sei es möglich gewesen, jetzt könne der Zwang nur nachteilige Folgen haben. Und nun folgte ein merkwürdig klares Urteil über die ungarischen Vorgänge. Dort sei man nicht vorsichtig genug gewesen, in Slavonien sehe man die Wirkung, die zur Warnung dienen müsse. Am deutlichsten werde die Unbilligkeit, wenn die Magyaren sich in die Lage der Sachsen dächten, wie würde es dann ihnen gefallen, wenn von ihnen verlangt werde, was sie jetzt den Sachsen zumuteten?

So war denn das Gewitter, bis noch ziemlich gnädig, auf die Sachsen niedergegangen, die darauf vorbereitet waren. Schon im Dezember hatten sie die Frage in der Nationalversammlung erörtert und waren zum Beschluß gekommen, es solle, da es sich um den Ausdruck der Gleichberechtigung der ständischen Nationen handle, völlige Gleichberechtigung beantragt werden: jede Nation habe wie bisher in ihrer Mitte ihre Muttersprache beizubehalten; an die höhern Stellen sollten die Sachsen

deutsch schreiben dürfen, wie diese an sie. Sie verkannten die letztere
Schwierigkeit nicht, meinten aber, wenn vom Gubernium nichts Deutsches
ausgehe, so werde man dort allmählich keine Sachsen anstellen. Wohl
sagten sie sich im voraus, daß dieser Antrag nicht angenommen werden
würde, trösteten sich aber damit, daß die magyarische Korrespondenz der
sächsischen Behörden mit den höhern und umgekehrt eben die alte tatsäch=
liche Lage sei und die Nation dabei nichts verliere und wenn die
Beamten nicht mehr lateinisch zu lernen brauchten, könnten sie um so
mehr Zeit auf die magyarische Sprache verwenden. Da die beiden andern
Stände auch nie zugeben würden, daß ihnen von den Sachsen deutsch
geschrieben werde, so sollte dann wenigstens verlangt werden, daß die
Magyaren vor sächsischen Behörden ihr Anliegen deutsch vorbrächten. Nie=
mand hatte Hoffnung, auch dieses zur Anerkennung zu bringen, doch hatten
sie auch hier den Trost bereit, die Sachsen hätten auch in dieser Be=
ziehung früher den beiden andern Ständen nachgegeben. In bezug auf
die Schaffung der Gesetze in magyarischer Sprache wurde kein Einwand
erhoben, doch sollte es den Sachsen freistehen, die jedesmaligen Gesetz=
artikel für ihren Gebrauch ins Deutsche zu übersetzen.

Bedeus war mit diesem Kriegsplan nicht ganz einverstanden gewesen,
er hatte geraten, nur das Erreichbare zu fordern. Es bezeichnete die
Aufregung der Gemüter, daß die Mehrheit für die weitergehenden
Anträge war.

So erhob sich denn Schreiber und stellte den Antrag im obigen
Sinne auf gleiche Berechtigung der deutschen Sprache mit der magya=
rischen. Die sächsische Nation sei gleichberechtigt mit den andern, darum
der Anspruch auf Gebrauch der Muttersprache derselbe wie bei jenen.
Die Muttersprache sei das erste Merkmal der Nationalität eines Volkes,
ihre Erhaltung und Ausbildung das vorzüglichste Bildungsmittel der
Nation selbst. Die Anhänglichkeit der Sachsen an ihre Sprache sei ebenso
groß wie bei den andern Nationen und für ihr gutes Recht spräche
das Gesetz, vom Andreanum angefangen mit dem unus sit populus
bis zum Leopoldinischen Diplom und den Landtagsartikeln von 1791.
Nichtsdestoweniger fühle die sächsische Nation, daß die magyarische
Sprache für den öffentlichen Verkehr notwendig sei und habe an ihren
Schulen Lehrer für diese Sprache angestellt. Das sei freiwillig geschehen,
jeder Zwang werde vom gewünschten Ziele nur entfernen.

Die sächsischen Deputierten erhoben sich sofort, als Schreiber ge=
endigt hatte und erklärten ihre Zustimmung. Sie gewahrten nicht, daß
die Brooser Abgeordneten, die hinter ihnen saßen, sitzen blieben.

Der Eindruck der Rede war der gefürchtete. Die Debatte wurde heftiger. J. Gal warf Schreiber vor, daß aus seiner Rede ersichtlich sei, nicht die Schwierigkeit der Sprache sondern die Abneigung gegen sie halte die Sachsen ab, sich dem Wunsch der beiden ungarischen Stände, der immer mit dem allgemeinen Wohl identifiziert wurde, zu fügen. Schreiber wolle zwei diplomatische Sprachen, er (Gal) sei bereit selbst die walachische Sprache als solche anzunehmen, nur nicht die deutsche, weil diese die magyarische am ersten verdrängen könne. Trotzdem solle die sächsische Nation in ihrer Mitte die lateinische oder magyarische Sprache gebrauchen, aber nach außen jedenfalls nur die letztere. In gleichem Sinn sptachen Szunoghi und Palffy, doch mit mehr Ausfällen gegen die Sachsen und besonders gegen Schreiber. Wenn das Gefühl die Sachsen zur Erhaltung des Deutschtums unter sich treibe, so müsse der Verstand sie belehren, daß ihr eigenes Wohl den Anschluß an die Magyaren verlange. Die Sachsen seien wohl deutsch gebildet, aber das Volk sei kein deutsches; es verstehe die deutsche Sprache gar nicht und könne sich unter einander nicht verständigen. Niemals würden die Deutschen in Deutschland, für deren Zweig die Sachsen sich hielten, sie in ihren Rechten beschützen, das hänge lediglich von den beiden Schwesternationen hier ab. Darauf ergriff der alte Oberrichter Regius von Bistritz das Wort, das er magyarisch meisterhaft beherrschte. Er führte aus, was die Sachsen dem Land geleistet hätten und noch leisteten, die Schwesternationen hätten mit ihnen die Union geschlossen, die habe in den Sachsen das natürliche Streben erzeugt, in der Kleidung, und im Verkehr mit jenen auch in der Sprache, nach ihnen sich zu richten. Zwang sei nicht am Platze; da selbst Sieger nie daran gedacht, den Besiegten ihre Sprache zu nehmen, so könnten die Sachsen solche Tyrannei doch nicht von den Mitnationen besorgen. Solle das Lateinische durch eine andere Sprache ersetzt werden und verlangten die Magyaren ihre, so verlangten die Sachsen mit gleichem Recht die deutsche. Sie sei eine der ersten in der Welt, selbst für die Magyaren das wichtigste Mittel des Fortschritts. Werde sie bei den Sachsen unterdrückt, so beraubten sich die Mitnationen der leichten Gelegenheit, sich die deutsche Sprache anzueignen. Nun stellte J. Horvath den Satz auf, daß zur Gültigkeit eines Gesetzes keineswegs die Zustimmung der drei Nationen notwendig sei und Dion. Kemeny stimmte dem zu; die Sachsen trennten sich von ihren Mitständen, aber in ihrer Mitte nährten sie den Wurm, die Bissenos! Sie knüpften ihre Interessen an das große deutsche Volk, von dem sie doch getrennt seien, ihm sei es niemals in den Sinn gekommen, zu seinen Ahnen ins Morgenland zu ziehen. Die Abgeordneten repräsentierten nicht den Willen des Volkes, nur die Bureaukratie schicke sie. Diese hätten 1811 die Regulation anerkannt mit dem bezeichnenden Zusatz, daß die Beamten und ihre Gehalte vermehrt würden. Es gehe der ungarischen Nation mit den Sachsen wie dem Maulwurf mit dem Igel — rief Bialics — aber jene sei großherzig und lasse den Sachsen den Status quo. Graf Kun belehrte sie, sie sollten magyarisch lernen, denn sie lebten in Ungarn, K. Bartha folgerte kühn: wenn der Staat Geld braucht, schlägt er Steuern auf, wenn er es verlangt, sind die Sachsen schuldig, ihre Sprache aufzugeben. Baron K. Hußar meinte, das Verlangen der Sachsen sei sündhaft, ihn schüttele das Fieber, wenn er sich die deutsche Sprache neben der magyarischen denke. Die Sachsen könnten nicht einmal deutsch, er habe oft gehört, daß die Sachsen sich walachisch verständigten, er werde hinfort nicht mehr, wie bisher oft, ein Beschützer der Sachsen sein, sondern nur da, wo der Buchstabe des Gesetzes ihn binde. Nochmals widerriet L. Josika den Zwang, man solle der Zeit die Annäherung überlassen; in der österreichischen Monarchie lebten 32 Millionen Menschen, überall Deutsche, nur 4 Millionen Magyaren. Die Würde jeder Nation erfordere es, daß sie ihre Sprache rede und schreibe. W. Ver hieb noch einmal gegen die sächsischen Bureaukraten, die Sachsen sollten sich überzeugen, ob in Posen eine eigene diplomatische Sprache eingeführt sei. Weil die Sachsen sich lossagten von den andern Ständen, so sei es notwendig, die Union mit Ungarn durchzuführen. So würde man stark werden.

So floß die Debatte tagelang hin und her. Am 28. Januar abends versammelten sich die sächsischen Abgeordneten zur Erwägung der weitern Schritte. Angesichts der Tatsache, daß jede von den Sachsen noch so glimpflich ausgesprochene Wahrheit die Mitstände nur zu neuer Erbitterung reizte, beschlossen sie, es sollten die zum Reden vorbereiteten Conrad, Gräf, Myß, Marienburg, Meister, Schmidt, Löw von ihrem Vorhaben abstehen und nur der Brooser Abgeordnete Leßai sprechen. Dieser hatte seine Rede schon zweimal in der Nationalversammlung vorgetragen, selbst darüber bis zu Thränen gerührt, in der die Einigkeit und der blühende Zustand der Brooser Bürgerschaft, die aus Sachsen und Ungarn bestand, gerühmt wurde und man durfte hoffen, daß die Worte aus magyarischem Munde beruhigend wirken würden. Leßai war bei dieser Besprechung nicht anwesend, aber sein Genosse Loreni erklärte, sie seien in ihrer Instruktion wohl auf den Standpunkt der Nation im Jahre 1838 gewiesen, aber auch verpflichtet, sich der Mehrheit der Nationalversammlung zu fügen. Sodann sollte Conrad in bezug auf die ev. Kirchen im Szekler- und Ungarland, sowie der Walachen im Sachsenland das Verlangen stellen, es möge jenen die Korrespondenz mit ihren Vorgesetzten deutsch gestattet werden und auf die Walachen das Verlangen, magyarisch zu lernen, nicht ausgedehnt werden. Wäre Zwang überhaupt zulässig, so läge doch näher, die Erlernung der deutschen Sprache von ihnen zu verlangen.

Am folgenden Tag sprach Leßai unter allgemeinem Beifall. Aber die Sachsen ergriff allgemeines Erstarren, als er zum Schluß nicht für den Antrag Schreiber eintrat, sondern beantragte: für die Gesetzartikel die magyarische Sprache, dieselbe für alle Dikasterien, für die innere Verwaltung der Sachsen die deutsche, für den Verkehr nach außen die lateinische, mit der Freiheit, auch die magyarische zu gebrauchen. Donnernder Beifall, verstärkt durch Säbelgeklirr der Nationsgenossen, lohnte den Seitensprung. Und nun begannen erst recht die Ausfälle auf die Sachsen. D. Banffy witzelte über Regius und erzählte, in Berlin habe ihm einmal ein Barbier mitgeteilt, daß es dort merkwürdige Leute gäbe, sie sähen aus wie die Wilden, und gingen mit entblößter Brust auf der Gasse und Jedermann weiche ihnen aus, sie sprächen eine Sprache, die Niemand verstehe und kein Mensch wisse, zu welchem Volk sie gehörten, sie selbst hießen sich Siebenbürger. Graf Wolfg. Bethlen behauptete, es sei der Notär aus einem sächsischen Dorf nur darum weggejagt worden, weil er eine Magyarin geheiratet habe und L. Gyulai rief aus, die magyarische Nation werde nie zugeben, daß das ungarische Gesetz durch die deutsche Sprache entheiligt werde. Nachdem dann der Hermannstädter Abgeordnete Conrad sich seines Auftrags entledigt hatte, griff Schmidt von Groß-Schenk zum Wort und erwiderte, indem er als sächsischen Charakterzug bezeichnete, der Sachse sei gutmütig aber nicht furchtsam, auf die gehörten Ausfälle in sehr entschiedener Weise, z. B. auf den Vorwurf, daß unter den Magyaren die Wahlen frei, unter den Sachsen durch Bureaukraten beeinflußt stattfänden: wir bedanken uns für eine Freiheit, die in Szathmar und Mittel-Szolnok zu Kampf und Totschlag geführt hat. Die Sachsen hätten das Recht, wechselweise von den Magyaren zu verlangen, sie sollten deutsch lernen, und die Hoffnung trüge nicht, denn nicht wenige unter ihnen, selbst auch in ihren Häusern sprächen deutsch. „Bleiben wir bei unsrer angebornen magyarischen und deutschen Sprache, haben wir, nach dem h. Geist der Union, auch weiterhin Platz hier neben einander, der Magyare rede magyarisch, der Sachse deutsch, halten wir aufrecht die heiligen Rechte unsres Volkstums!" Joh. Bethlen blieb die Antwort nicht schuldig: wenn man sich entscheiden müsse, so sei immer noch die genannte Art der Wahlen in den Komitaten besser als wie es bei den Sachsen geschehe. Das Endergebnis war, daß der Antrag des Baron D. Kemeny im wesentlichen angenommen wurde, selbst mit einigen Erweiterungen, in bezug auf die Sachsen mit der Änderung, daß sie auf dem Status quo erhalten wurden.

Schreiber gab im Namen der Sachsen — nur die Brooser Abgeordneten hatten sich nicht angeschlossen — Sondermeinung, die später schriftlich überreicht in ausführlicher Darlegung die Gründe für die Abweisung jenes Antrags auseinandersetzte und mit historischen Belegen festigte.

Die Angelegenheit hatte noch mehrere Nachspiele. Die Sachsen erwogen, ob sie dem Sprachartikel nicht die Besiegelung verweigern sollten, doch hielten sie es nicht für angezeigt. Schäßburg und Mühlbach verlangten, es solle geradezu an Stelle der magyarischen Sprache die deutsche als diplomatische Sprache erklärt werden, weil der Landesfürst ein Deutscher sei und die deutsche Sprache viel ausgebildeter und bekannter sei als die magyarische. Die Nationalversammlung hatte darauf die verständige Einwendung, der Großfürst von Siebenbürgen sei, wenngleich ein Deutscher, doch Fürst eines ungarischen Landes und es sei hier nicht die Rede von einer diplomatischen Sprache für das Ausland, sondern für die innere Verwaltung in Siebenbürgen. Als Hermannstadt später eine lateinische Petition einreichte, gegen den Zwang, für Abhaltung der Maskenbälle jährlich fünfhundert Gulden an das dortige kath. Waisenhaus zahlen zu müssen, protestierte B. Karl Hußar wider diesen offenbaren Beweis der deutsch-sächsischen Sprachbewegung und trug darauf an, das lateinische Gesuch unerledigt zurückzuweisen, während J. Bethlen es sonderbar fand, daß die Hermannstädter das Gesuch in einer Sprache überreichten, die bei den Ständen von vornherein einen widerwärtigen Eindruck mache. Vergebens wies Schreiber darauf hin, daß noch kein Gesetz bestehe, das den Sachsen verbiete, ihre Beschwerden lateinisch vorzubringen, das Gesuch wurde zur Einreichung in magyarischer Sprache zurückgewiesen.

Die Sprachenfrage kostete die Brooser Deputierten ihre Stelle. Da sie gegen ihre Instruktion gehandelt hatten, riefen ihre Sender sie zurück und schickten andre Vertreter. Das gab, obwohl das formale Recht von keiner Seite bezweifelt wurde, einen neuen Aufruhr unter den Mitständen und D. Kemeny Anlaß zu einer neuen Philippika gegen die Sachsen (12. Februar): Alles Elend der sächsischen Nation stamme von ihrer Bureaukratie her, die das Ziel habe, was von Nationalrechten übrig geblieben, mit möglichst großem Gewinn für sich zu verkaufen. In den Todesarmen der Bureaukratie sei die Nation erkaltet. „Was ist die sächsische Nation jetzt? Ein Kranker, dessen Leben von einem ungeschickten Arzt fortgefristet wird; und wo kann man die sächsische Nation auffinden, wo ist ihre Versammlung? Wo erklingt ihre Stimme? Wo kann man von ihren Wünschen, von ihren Klagen Kunde erhalten? Wo ihre Lebenszeichen sehen? Wo findet der sächsische Jüngling sein Vaterland? Ist es Flandern oder die Gegend des Siebengebirges oder ist es Siebenbürgen, in welchem er nach siebenhundert Jahren noch kein Vaterland besitzt?" Dieser traurige Zustand komme daher, daß die Bureaukratie, in deren Händen sich die Rechte der Nation befänden, jede nationale Interessenvereinigung hindere, um sich im Besitz der Macht zu erhalten. Das gehe hervor aus dem Verhalten gegen die magyarische Sprache, aus der Abberufung der Brooser Deputierten, die das sächsische Interesse mit dem des Landes zu vereinigen bestrebt gewesen wären; „nur zwei waren es, die erwogen, daß dem Sachsen die ungarische Herzlichkeit ebenso nottue wie dem Magyaren die Vorsicht der Sachsen und die bedacht haben, daß die sächsische Nation abgesondert keine Zukunft und also auch kein Vaterland habe als dasjenige, was man ungarisches Vaterland nennt und welches nun einmal weder Sachsen noch Deutschland werden kann; zwei waren es, welche die sächsische Nation höher hielten als das Interesse der sächsischen Bureaukratie und siehe diese beiden wurden zurückgerufen. Und ich halte es für meine der Wahrheit und Gerechtigkeit gebührende Pflicht, zu erklären, daß ich dies nicht für die rachsüchtige Tat der Nation, sondern für die der Bureaukratie halte". Zu Ehren der beiden abgerufenen Deputierten wurde von den Mitständen ein Festbankett veranstaltet, sie galten als Märtyrer der Begeisterung für die magyarische Sprache, und ihnen ein Pokal verehrt. Wie die Sachsen die Sache auffaßten, bewies ein Gedicht, das unter dem Titel „Der Judasbecher" damals verbreitet wurde, dessen Verse mit dem Refrain schlossen:

> Doch aus einem ja nicht trink,
> Kostet dreißig Silberling!

und das also schloß:

> Doch verachtest du Ruf und Ehre,
> Gott und Volk und Alles Höhre,
> Freiheit, Vaterland und Fürsten,
> Und es sollt dich dennoch dürsten,
> Nimm dann jenes Glas und trink,
> Kostet dreißig Silberling!

Die Sachsen sahen in der Entwicklung der Sprachenfrage nicht nur eine Gefahr für sich, sondern für das ganze Land, wie sie es in einem Majestätsgesuch vom Jahre 1842 eingehend auseinandersetzten. Sie brachten sie, wie es ja tatsächlich der Fall war, in Verbindung mit der Unionsfrage. „Es ist zwar unsern Augen nicht ersichtlich", — schrieben sie — „wie und worin diese Verbindung bestehen soll, ob sie zur Verstärkung des hie und da zur Sprache kommenden magyarischen Königtums, oder zum Gegengewicht gegen eine überwiegende Religionspartei dienen soll, ob politische oder materielle Zwecke die Grundlage bilden werden, wohl aber fühlen wir mit beklommenem Herzen, daß der Wunsch nach einer engern Verbindung mit Ungarn die Frucht des Magyarismus sei, daß auch in Siebenbürgen durch den projektierten Sprachartikel der Magyarismus tiefere Wurzel fassen wolle, und dieses Land aus seiner glücklichen Ruhe und den Segnungen des Friedens herausreißen könne, daß in Ungarn alle Nationalitäten im Magyarentum untergehen sollen und der Magyarismus selbst die Religion zu seinen Zwecken erniedrigt". Sie wiesen auf das Unrecht hin, das darin liege, den beiden Schwesternationen unbedingt ihre Muttersprache zu erlauben, die Sachsen zur toten lateinischen für den diplomatischen Verkehr zu zwingen. „Hatte schon die Organisation des Landtags und der Verlust der Kuriatstimmen die sächsische Nation des ihr gebührenden Einflusses beraubt und eine Entmutigung der Sachsen herbeigeführt, so wird dies die Verurteilung zu einer bloß passiven Teilnahme an der Gesetzgebung noch mehr tun; der Sprachartikel ist der Schlußstein auf dem Grabe unsrer ständischen Existenz. Geruhen E. Majestät dies selbst aus der Vergleichung der ständischen Repräsentation vom 28. März 1838 und dem gegenwärtigen Sprachartikel zu ermessen. Zu jener Zeit sagten unsre Mitstände: das Recht zur Muttersprache sei ein allen Menschen angeborenes Recht und jetzt sagen sie: die Sachsen hätten keinen Anspruch darauf. Damals nannten sie den Gebrauch der Muttersprache eine Stütze des Thrones und heute wollen sie uns des Glückes berauben, den Thron mitunterstützen zu dürfen. Damals erklärten sie die Muttersprache für das Palladium der Nationalität und heute wollen sie uns diesen Schild der Nationalität rauben. Wie sollen wir in Zukunft bei Fassung der Gesetze Vertrauen zu unsern Mitständen fassen, wenn sie ihren eignen Aussprüchen, im Vertrauen auf ihre eigne Überlegenheit, so offen widersprechen? Welche Gesetze können nicht den Sachsen aufgebürdet werden, wenn man auf sie so geringe Rücksichten zu nehmen braucht, und der Begriff der Nationalität, mitten in einer auf drei Nationen gebauten Verfassung, mit dem Magyarismus identisch zusammenfällt. Welche Zukunft liegt in diesen Erfahrungen? Wer keinen Widerspruch befürchtet, keine Rücksichten auf die Wünsche eines andern zu nehmen braucht, trägt am Ende seinen Egoismus in alle Lebensverhältnisse über, es kann keine Gesetze mehr für das ganze Land und alle Klassen der Gesellschaft, es kann nur eine goldne Bulle für den Übermächtigen geben."

Glatter, mindestens in bezug auf die Sachsen, gingen die kirchlich= religiösen Beschwerden im Landtag durch. Nur eine war teilweise ge= hoben, indem einige deutsche Universitäten freigegeben worden waren. Unter dem 12. September 1842 richtete der Landtag eine eingehende Repräsentation an den Kaiser, in der alle Bedrückungen und Benach= teiligungen der ev. Kirche in ernster Weise dargelegt wurden und um Abhilfe gebeten wurde. Eine besondre Klageschrift wider die sächsische Nation war dem Landtag von den walachischen Bischöfen Joh. Lemeny und Basil Moga vorgelegt worden, die die alten Beschwerden wieder= holten, über die Rechtlosigkeit in politischer Beziehung, die ungenügende Unterstützung ihrer Kirchen und Schulen, die Unterdrückung auf allen Gebieten. Vieles, was sie vorbrachten, war richtig, nur war es verfehlt, mit Berufung auf das Gesetz und die ältern Rechte der Walachen dem ganzen den Ausgangspunkt zu geben, als seien die Walachen von den Sachsen ihres ehemaligen Rechtes beraubt und unterdrückt worden. Wie einst Eder 1791 die historische Unhaltbarkeit ihrer Ansprüche nachwies, so jetzt J. K. Schuller. Und wenn entsprechend der neuen Zeit eine, nach dem damaligen Landesgesetz ihnen nicht zustehende Gleichberechtigung hätte gegeben werden sollen, wie sie die geläuterten Anschauungen forderten, so durfte doch diese Forderung nicht nur an die Sachsen gestellt werden, in deren Mitte die Walachen unvergleichlich besser, freier, wohlhabender, gesitteter waren, als sonst im Lande. Sie allgemein zu emanzipieren, dazu konnten sich die Stände nicht entschließen, der Adel so wenig wie die Sachsen.

Die Frage wurde der systematischen Deputation überwiesen.

Im Zusammenhang mit der Abtrennung der Partes, über die abermals beraten wurde und in die das Land nicht willigen wollte, kam die Unionsfrage auch wieder zur Erörterung. D. Kemeny meinte, er sei geneigter, Siebenbürgen mit Ungarn vereinigen als es weiter schwächen zu lassen. Die Sache werde vielen Einwendungen begegnen, darum hielt er dafür, es solle das für und wieder eingehend von einer Kommission erwogen werden. Dom. Gal bekämpfte die Union aus verschiedensten Gründen, darunter auch, daß die Rechte der Sachsen und Szekler in Gefahr kämen und die Rechte der evangelischen Religionen in Ungarn viel geringere seien, daß in Siebenbürgen nur der Überwiesene gefangen gesetzt werden dürfe, in Ungarn schon der Verdächtige usf. In eine grundsätzliche Verhandlung ließ sich der Landtag nicht ein.

Dafür führten zwei andre Fragen, die vor den Landtag kamen, zu einem wenn möglich noch erbitterteren Streit als die Sprachenfrage, der Antrag auf Errichtung eines Nationalmuseums in Klausenburg, auf die Erbauung eines Landtagsgebäudes und die Unterstützung des magyarischen Theaters ebenda. Die letztere Angelegenheit erklärten die Mitstände von vorneherein als ihre ausschließliche Angelegenheit, mit der die Sachsen nichts zu tun hätten, das Museum und der Landtagssaal aber sollten als Landesanstalten angesehen werden, wozu alle drei Nationen beizutragen schuldig seien. Da aber die Sachsen schon in der Vorberatung erklärt hatten, zum Museum trügen sie nichts bei, so wollten die Stände sie von den Pflichtbeiträgen freihalten, nicht ohne Hoffnung auf freiwillige Beiträge, für den Landtagssaal aber sollten sie ein Drittel der Kosten übernehmen. Es war klar, warum die Sachsen für das Museum — für das verschiedene Namen vorgeschlagen wurden: National- oder Landesmuseum, Ferdinandeum, um die Sachsen bei der dynastischen Ergebenheit zu fassen — nichts beitragen wollten: sie wollten nicht ihr Geld für ausschließlich magyarische Zwecke geben, während sie für ihre derartige Anstalt, das Brukenthalische Museum in Hermannstadt, aus Landesmitteln nichts erwarten durften. Für den Landtagssaal erschien ihnen ein Drittel der Kosten für die sächsische Nation nicht mit Unrecht viel zu hoch. Dazu kam die leicht zu durchsehende Absicht, die Kassen für diese beiden Anstalten zu vereinigen, wo dann die Sachsen ihre Beiträge gezahlt hätten, die andern sie jedenfalls zum Teil schuldig geblieben wären — man erinnerte sich an den Bau der Weißenburger Basteien, wo die des Adels und der Szekler nie gebaut worden waren[1]) — und dann ihr Geld erst recht für das Museum verwendet worden wäre. Dazu kam die prinzipielle Frage, ob zwei Nationen die dritte wider ihren Willen zu einem Beschluß zwingen könnten, was trotz der Aufhebung des Kuriatvotums rechtlich zu verneinen war. Die Sachsen sahen sich gezwungen, auch hier Sondermeinung einzureichen. Als sie darin die Stände »Constatus« (Mitstände) bezeichneten, wollte der Landtag die Sondermeinung nicht annehmen und verlangte die Änderung dieser Bezeichnung. Dadurch hätten aber die Sachsen der Zensur ihrer Schrift-

---

[1]) S. Band I, S. 374 ff.

stücke im Landtag die Tore geöffnet, sie wollten nicht und beschlossen, im äußersten Fall — das Nationalsiegel zu verweigern.

Die Sache selbst, um die es sich handelte, fand auch in magyarischen Kreisen nicht unbedingte Begeisterung. N. Cserei war der Meinung, es sei viel notwendiger, die Jugend in den Waffen zu üben, darnach zu trachten, Hemden und Unterhosen aus vaterländischen Fabriken zu tragen als kostspielige Bauten aufzuführen. Die Kosten seien zu hoch. Es sei töricht, einen Wetteifer mit Ungarn zu beginnen und Klausenburg unnötig zu verschönern. Auch andre hatten gegen das eine und das andre Einwendungen. Wieder war es Schreiber, der in trefflicher Ausführung die Stellung der Sachsen auseinandersetzte, gegen den Bau des Landhauses in Klausenburg u. a. auch anführte, daß es das Recht des Herrschers sei, den Landtag zusammenzurufen wohin er wolle, der Bau in Klausenburg also unter gewissen Umständen unnötig sei.

Als der Beschluß in der angetragenen Weise gegen die Stimmen der Sachsen gefaßt worden war und nun die Entscheidung durch Besiegelung des Aktes in Aussicht stand, versuchte das Gubernium die Sachsen zur Nachgiebigkeit zu bestimmen. Bedeus mußte in dessen Auftrag sie dazu auffordern. Die Lage war keine leichte. Die Sachsen kannten die steigende Gereiztheit der Gegner, sie wußten, daß die Sache dem Gouverneur unangenehm sei, einige Vertreter waren nicht abgeneigt, den letzten Schritt nicht zu tun. Die Mehrzahl aber blieb standhaft, der greise Regius von Bistritz erklärte, wie sehr er sonst geneigt sei, sich höherer Einsicht zu beugen, auf Kosten der Nationalehre dürfe man nicht gefällig sein. Die Einschüchterung hatte nicht verfangen.

Am 16. Januar 1843 war der Landtagssaal überfüllt, auch das Publikum hatte Kenntnis, daß etwas Ungewöhnliches geschehen werde. Die Sachsen waren vollzählig anwesend. Jeder hatte für den Fall, als sie unter dem Vorwand des Friedensbruchs zur „Artikularstrafe" von 200 fl. verhalten werden sollten, je zweihundert Gulden in Silber bei sich. Sie wußten, daß der Ständepräsident, Baron Franz Kemeny, die Ansicht ausgesprochen hatte, man solle, wenn die Sachsen das Siegel zur Besiegelung andrer Repräsentationen hergegeben hätten, dann wider ihren Willen auch den fraglichen Beschluß siegeln.

Die Sitzung wurde eröffnet, der Präsident teilte mit, daß die in der vorigen Sitzung beschlossenen Repräsentationen fertig seien, er fordere die drei Nationalsiegel, um die Besiegelung vorzunehmen. Der Bewahrer des Komitatssiegels, der Abgeordnete von Unter=Alba, übergab es, der Udvarhelyer Abgeordnete tat das gleiche mit dem Szeklersiegel.

Auf die Aufforderung an die Sachsen erhob sich S. Schreiber unter lautloser Stille und ging zu dem Protonotär, der die Siegelung inmitten des Landtags vorzunehmen hatte und indem er das alte silberne Nationalsiegel ihm übergab, sprach er:

„In der vorigen Sitzung haben die sächsischen Deputierten erklärt, daß sie das Nationalsiegel zur Expedition der Gesetzentwürfe und Repräsentation in bezug auf das Museum, Theater und Landhaus deswegen nicht hergeben werden, weil die Stände unser, in dieser Sache gegebenes Separatvotum nicht angenommen. Dieser nämliche Grund bestimmt uns auch jetzt, von unsrer Weigerung nicht abzugehen. Indem ich somit zur Besiegelung der beiden ersten Repräsentationen das Siegel in die treuen Hände des Protonotärs niedergelegt habe, verwahre ich mich zugleich dagegen, daß die Repräsentation wegen des Museums usf. ja nicht etwa auch mitbesiegelt werde. Da es uns übrigens an der Annahme und Beförderung unsres Separatvotums sehr gelegen ist, so erklären wir zur Beruhigung der Stände nochmals, daß wir durch das Wort constatus keineswegs das Kuriatvotum faktisch haben ausüben wollen und bitten wiederholt um Annahme unsrer Sondermeinung in ihrer jetzigen Gestalt."

Der Eindruck der Worte, die ruhig, sicher und selbstbewußt gesprochen worden waren, war ein tiefer. Der Landtag hatte seit lange solchen Mut, solches Beharren auf dem Recht bei den Sachsen nicht mehr gesehen.

Der Ständepräsident erklärte: Der Landtag habe schon früher das Recht der Sachsen, ihr Siegel zu verweigern, nicht anerkannt — wozu er gar kein Recht hatte — es werde also die Besiegelung vorgenommen werden. Im übrigen sei nach der gehörten Erklärung auch kein Grund vorhanden, die Sondermeinung abzuweisen.

Nun aber brach der lang zurückgehaltene Sturm los. Die hitzigsten Redner der Opposition wetterten gegen die Ruchlosigkeit der Sachsen, allen voran D. Kemeny. Was jemals den Sachsen vorgeworfen worden war, von den Zeiten der Einwanderung bis zur Gegenwart, wie sie sich ihre Rechte gewahrt, wie sie magyarisch-abliger Vergewaltigung sich nicht gefügt, stets treu zum Thron gehalten hätten, das wurde ihnen hier in bitterer Rede vorgeworfen, die besonders bei den Zuhörern des Eindrucks sicher war. Diese „Handvoll Nation" habe die Bestrebungen der Stände stets durchkreuzt, wenn sie ihr nicht gefallen hätten. Er ahnte nicht, daß für diese „Handvoll Nation" in vielem, was er als Vorwurf sagte, das beste Lob lag.

Das Ende war, daß auch er — für die Annahme der Sonder=

meinung eintrat; so war denn auch der Grund für die Siegelverweigerung behoben.

Im Zusammenhang mit dieser großen Aktion aber stand, daß wenig später derselbe D. Kemeny den Antrag stellte, es sollten die drei Nationalsiegel in ein Landessiegel vereinigt werden. Zweck und Ziel des Antrags war klar. Die Siegelverweigerung schützte jede Nation vor äußerster Vergewaltigung, es war die letzte Hülfe der Minorität, besonders der Sachsen, die ohne jede Bedeutung blieben, wenn der Antrag angenommen wurde. S. Schreiber widersprach mit Beistimmung sämtlicher sächsischer Deputierten sofort. Die Sache greife so tief in die Verfassung des Landes ein, daß es unmöglich sei, sie — der Landtag stand vor seinem Schluß — zu verhandeln und das um so weniger, als sie nicht auf der Tagesordnung gestanden und niemand eine Instruktion hierüber habe. Trotzdem setzte der Präsident die Verhandlung auf den folgenden Tag an. In der Tat wurde er ohne weitere Debatte am 31. Januar 1843 durch die Mehrheit angenommen. Die Sachsen und die Maroscher Stuhlsdeputierten legten Sondermeinung ein.

Das Urbar, die Bestimmungen über die untertänigen Bauern, kam nicht zur Verhandlung, es stand gar nicht auf der Tagesordnung. Aber die Sache lag so auf dem Wege, daß ihr nicht völlig ausgewichen werden konnte. Der Landtag verhandelte eingehend die Anlage eines Straßennetzes durch das Land, dabei natürlich auch die Frage, wie die Kosten und Arbeiten zu bestreiten seien. Dabei wurde der Grundsatz ausgesprochen, daß jedermann dazu beizutragen schuldig sei und für den Untertan, daß ein Teil der von ihm geleisteten öffentlichen Arbeit in seine Robotten einzurechnen sei. Weiter wurde den Untertanen das Recht gegeben, auch gegen den Adligen persönlich zu klagen, der Nichtadlige erhielt das Recht, Grundeigentum jeder Art zu erwerben. Die grundherrliche Gewalt wurde beschränkt, die Schläge wurden aufgehoben, statt deren Geld und Arreststrafen eingeführt. Nochmals wurde bestimmt, daß niemand mehr als drei Tage Frohndienst in der Woche, oder zwei Tage Spanndienst zu leisten habe, wo die Frohnpflichten leichter waren, durften sie nicht erhöht werden. Die Tage im voraus arbeiten zu lassen oder sich anhäufen zu lassen, wurde verboten. Die Komitatsämter sollten sorgen, daß die Colonicaturen nicht geschmälert würden. Der nächste Landtag sollte endlich das Urbar machen. Zur Vorbereitung der Vorlagen wurden besondere Kommissionen gewählt, in die herkömmlicher Weise auch Sachsen kamen. Am 4. Februar 1843 wurde der Landtag geschlossen; wenig später (16. Mai) starb Josika. Vor dem Auseinandergehn hatten die sächsischen Abgeordneten Bedeus, der das große Verdienst hatte, sie zusammengehalten und zu einmütigem Vorgehen für das Recht und die Sprache gestärkt zu haben, einen Siegelring verehrt. Sie hatten die Empfindung, daß eine neue Zeit für ihr Volk angebrochen sei.

Darin lag die wesentliche Bedeutung dieses Landtags für die Sachsen. Es waren nicht mehr die verschüchterten, zaghaften Männer, die sich nicht getrauten da zu sein und jedes entschiedene Wort fürchteten, es waren die Vertreter eines Volkes, das nach langem Schlaf wieder aufgewacht und zu sich selbst gekommen war, das sich erinnerte, die gleichberechtigte dritte ständische Nation im Lande zu sein. Sie zeigten das auch bei kleinern Anlässen. Sie verlangten eine gerechtere Vertretung auf dem Landtag, es sollten ihre Oberbeamten ebenso wie die der Szekler und aus den Komitaten zum Landtag berufen und aus der Mitte der Sachsen Regalisten genommen werden. Jede Stadt und jeder Markt solle Abgeordnete schicken. Der Landtag wies die Sache der systematischen Deputation zu. Auch Beschwerden einzelner Gemeinden wagten sich hervor. Birthälm, Meschen, Stolzenburg, Bekoften beschwerten sich, daß sie gezwungen würden, die Fiskalzehntfrüchte nach Klausenburg und weiter zu führen. Sie wurden auf den Rechtsweg gewiesen.

Da eine ganze Reihe wichtiger Fragen zur Entscheidung bei der den Sachsen wenig geneigten Hofkanzlei standen, so die Komeswahl, die Beamtenbestätigung, Errichtung der juridischen Fakultät in Hermannstadt, nicht am wenigsten auch die Sprachenfrage, wurde nach Schluß des Landtags eine Deputation nach Wien geschickt, unter der Führung S. Schreibers, um die bezeichneten Angelegenheiten einer günstigen Erledigung zuzuführen, was auch in der Tat im wesentlichen gelang. Jenes Erwachen des Volkes aber hatte vor allem die Sprachenfrage zu bewirken vermocht, die große mit ihr engverbundene Frage nach der Erhaltung des eignen Volkstums.

Sie griff, einmal aufgeworfen und in ihrer Bedeutung erkannt, so tief in das Leben ein, daß alle Gebiete davon beeinflußt wurden und überall neue Kräfte erstanden, die sich in den Dienst dieses Gedankens stellten.

Zunächst auf politischem Gebiet. Die vorwurfsvolle Frage D. Kemenys auf dem Landtag war nicht ohne Berechtigung gewesen: wo ist die sächsische Nation aufzufinden, wo ist ihre Versammlung, wo erklingt ihre Stimme? Man hätte ein Menschenalter lang schwer Antwort gefunden. Aber nun war sie da. Überall war sie zu finden, wo es galt ihr Recht zu verteidigen, sie war auf dem Landtag und in der Nations=

universität, in den Städten und Dörfern, ihre Stimme erklang im Sitzungssaal und vor dem Thron, im Liede und in der Zeitung. Und voran gingen vielfach die häufig mit Recht und so viel Grimm auch inmitten des Volkes gescholtenen Bureaukraten, die Beamten; Bedeus und Schreiber, Schmidt und Löw, Regius und Trausch sind Beispiele dafür.

Den Ton hatte der zu Ende gegangene Landtag angegeben, er klingt auch in den heutigen Kämpfen noch nach. Alles was in der Sprachenfrage nach dem Landtag von 1843 geschrieben worden ist, ist im wesentlichen dort gesagt worden, das für und wider, das die Gemüter erregte, ist dort zum Ausdruck gekommen. Daß die Sachsen auf diesem Landtag weiter gingen als 1838, daß sie den der magyarischen Sprache damals zugestandenen Vorrang nun nicht mehr ohne weiteres zugeben wollten, war eine Folge dessen, was sie von Tag zu Tag deutlicher um sich sahen. Das Streben der magyarischen Sprache in Ungarn nach Alleinberechtigung war nicht zu leugnen, Szechenyi selbst tadelte es als Unrecht. Dieses Streben griff nun nach Siebenbürgen über. Mußte die sächsische Nation nicht Befürchtung ergreifen, daß jene Ansprüche nicht an den Grenzen des Sachsenlandes stehen bleiben würden? Und wenn sie hinter diesen Ansprüchen als Ziel die Magyarisierung sah, wer darf sie, angesichts der tatsächlichen Entwicklung, darum schelten? Solche Absichten empfand sie als tötlichen Angriff auf ihre ganze politische Stellung, auf ihr eigenes Recht, auf ihre Kulturarbeit und ihre Zukunft im Lande. Durfte, konnte sie etwas anderes tun als sich wehren? Und wenn die Anträge ihrer Vertreter auf dem Landtag vielleicht zu weit gingen, ihre Befürchtungen sind nicht zu weit gegangen. Was damals die Seele des Geschlechts füllte, das hat eine von Zimmermann herrührende Instruktion der Hermannstädter Stadtkommunität für ihre Landtagsdeputierten in der Sprachenfrage (am 5. September 1842) und dann St. L. Roth in seinem „Sprachkampf" in wirkungsvoller Weise auseinandergesetzt. Jene „Instruktion" stellte die Haltung der Sachsen in der Sprachenfrage unter den Gesichtspunkt der Pflicht, ebenso für ihre Selbsterhaltung zu sorgen wie den ganzen österreichischen Staatsverband im Auge zu halten und verlangte die volle Sicherung der Gleichberechtigung der deutschen Sprache für die Sachsen. Die Sprachenfrage erschien als ein Glied der Magyarisierungsmaßregeln der beiden Mitstände, die kein Hehl daraus machten, und wenn es gegen die Sachsen Stellung zu nehmen galt, selbst die Walachen gegen die Sachsen aufriefen. Die Instruktion kam zum Schlusse, daß es sich um Sein oder Nichtsein des sächsischen Volks handle, daß es bloß von diesem abhänge, sein nationales Leben zu sichern, darum alles getan werden müsse für dieses höchste Ziel.

Stefan L. Roth aber sandte seine Schrift, von denselben Gedanken getragen, unter dem bezeichnenden Wahlspruch: „Der Wind bläst, wo er will und du hörst sein Sausen wohl, aber du weißt nicht, von wannen er kommt und wohin er fährt" als „Blätter für die Erhaltung des Deutschtums in Siebenbürgen" aus. „Mit vollem Verständnis für die Rechts- und Bildungsaufgaben seines Volkes, als dessen treuester Sohn er sich fühlte und in dessen freiem Bürgertum er die Entwicklung des ganzen Landes auf dem Boden der Gleichberechtigung aller seiner Nationen vorgebildet erkannte, trat er voll großer staatsmännischer Anschauungen in den literarischen Kampf ein, gerüstet dazu wie wenige durch umfassende Kenntnisse, edelste Wahrheitsliebe, sittlichen Ernst, eine Beherrschung der Sprache und eine volkstümliche Darstellungsgabe, in der keiner seiner Zeit- und Standesgenossen ihn erreichte, der immer anschaulich, klar, schlagend mit den wärmsten ergreifendsten Tönen zu den Herzen des Volkes zu reden vermochte." (G. D. Teutsch.) Verblüfft fragte die Hofkanzlei an, ob denn wirklich ein Zensor das Buch erlaubt habe und verbot Roth, den Doktortitel in Zukunft zu führen. Die Gegner hielten es für angezeigt, in Leipzig eine Entgegnung zu veröffentlichen (Der Sprachkampf und seine Bedeutung in Siebenbürgen, Köhler 1847), die Roth lächerlich zu machen versuchte. Er hatte für solche Gegner im voraus im Vorwort das gute Wort gesprochen: „Schütten sie mir die Lauge über den Kopf, je nun, so rein ist er nicht, daß nichts abzuwaschen wäre. Für die Haare aber fürchte ich nichts, denn ich trage keine Perücke und da meine Haare festsitzen, ist mir vor einer Glatze nicht bange." Die Gegenschrift stellte mit bewußter Absicht und wenig Recht seinen „politischen Knechtschaftsgenossen", den Sachsen, die freiheitsliebenden und für die Freiheit kämpfenden Magyaren entgegen.

Das war überhaupt das neue Schlagwort, das wieder Menschenalter lang im In- und Auslande ausgebeutet wurde und es gelang, in vielen Kreisen den Sachsen das Mal der Rückständigkeit, des Unverständnisses der Zeit aufzudrücken, als ob sie engherzig für Privilegien, für eine überwundene Weltanschauung, für veraltete politische Prinzipien kämpften, während sie für ihr Recht und für ihr Volkstum stritten.

Auch ein anderer Schachzug wurde wieder, nicht ohne Erfolg, versucht, das gute sächsische Volk seinen schlechten Beamten gegenüber zu stellen, das verführt anderer besserer Meinung sei, aber die Bureaukraten, die es leiteten, hätten es zu solch böser Meinung gebracht, um ihren eignen Vorteil zu verewigen.

Der Gegensatz zwischen Volk und Beamten war vorhanden, das Ergebnis der Regulation, die nicht das Volk sich gegeben hatte. Und ein Teil der Beamten sträubte sich mit Händen und Füßen gegen die neue Zeit. Noch war Kleinlichkeit und Engherzigkeit an allen Ecken und Enden, Geheimniskrämerei und Schlafsucht nicht überwunden, aber die öffentliche Meinung empfand das alles als Fessel und suchte sich zu befreien. Die Zusammenstöße sind oft hart gewesen, aber sie schafften doch zuletzt den neuen Gedanken Raum. Als solche ergaben sich speziell auf politischem Gebiet Öffentlichkeit für sämtliche Vertretungskörper, Heranziehung des Volks zur Mitarbeit, auf die es ein historisches Recht habe, mit einem Wort Rückgabe der Entscheidung seiner Angelegenheiten in die Hand des Volks. Bald leuchtete es hier, bald dort im Sachsenland auf und langsam, langsam wurde es heller. Schäßburg hatte schon 1838 den Antrag gestellt, die Universitätssitzungen sollten öffentlich sein, Leschkirch wiederholte ihn 1843, Mediasch trat im selben Jahr für die Besteuerung des Adels ein, Hermannstadt für die Regelung der Besteuerung überhaupt und für Emanzipation der Juden. Schäßburg verlangte zur Hebung des sächsischen Beamtenstandes eine Prüfung der Juristen vor der Universität. Bistritz und Kronstadt forderten 1843 größern Einfluß der Städte bei den Landtagswahlen, Bistritz wollte 1841 an die Stände petitionieren wegen anderer Zusammensetzung der Stuhlsversammlungen und unterließ es nur, weil es hieß, die Nationsuniversität werde es tun, was jedoch nicht geschah. Kronstadt empfahl 1844 die Revision des Statutargesetzes (von 1583), Hermannstadt 1845 die Schaffung einer neuen Gerichtsordnung. Die Kronstädter Distriktsversammlung beschloß 2. Oktober 1843, daß ein unter weiser Umsicht verfertigter und zur Öffentlichkeit geeigneter Auszug aus ihrem Protokoll im Wochenblatt veröffentlicht werden solle. Im Jahre 1845 verlangte die Hermannstädter Kommunität die Öffentlichkeit wenigstens für die Juristen. Kronstadt verlangte 1845 die Öffentlichkeit der Vertretungskörper überhaupt und Abschaffung des Verschwiegenheits-Eides. Die Universität erklärte, es stünde ihnen frei, jenen Eid abzuschaffen und in bezug auf Einführung der Öffentlichkeit sollten die Stühle gefragt werden. Im übrigen erklärte sie sich bereit, jeden Fortschritt zu fördern. Im Jahre 1836, dann wieder 1845 hatte sie eine Grundbuchsordnung samt Instruktion für die Führung der Grundbücher gegeben, die bestimmte, daß nur derjenige Eigentümer einer Liegenschaft sei, auf dessen

Namen sie im Grundbuch eingeschrieben sei, im selben Jahre Instruktionen für die Forstmeister und Vorschriften betreffend die Besorgung und Erhaltung der Wälder.

Schon unter dem 13. März 1833 hatte die Universität um das Recht gebeten, wieder einen National-Agenten in Wien anstellen zu dürfen mit 450 fl. Gehalt, nachdem in der wüsten Zeit der Regulationen die Stelle aufgehoben worden war.[1]) Am 19. September 1845 beschloß die Universität sogar an die Revision der Regulativpunkte zu gehen, den eigentlichen Hemmschuh jeder freien Entwicklung und verlangte von den Städten und Stühlen Gutachten darüber.

Daß die Sprachenfrage bald überwiegend im Vordergrund des öffentlichen Interesses stand, wurde von Wohlmeinenden im sächsischen Volk hie und da schmerzlich empfunden, es wurden Lebensfragen in den Hintergrund gedrängt, die eine Antwort dringend haben wollten. Sie mahnten auch, die magyarische Sprache nicht zu hassen, weil Ultramagyaren die deutsche haßten. „Danken wir ihnen, daß sie uns Einheit gelehrt und pflegen wir die Bande derselben — dann bewahren wir uns vor dem Nationalhasse und Magyaren und Sachsen reichen sich wieder friedlich und liebend die Hände." Solche Meinungen waren doppelt am Platz, wo L. Kossuth im Pesti Hirlap schrieb: „So wie wir sind haben wir, ausgenommen die täglich mehr walachisierte besondere Körperschaft der Sachsen in Siebenbürgen, keine Ursache, das deutsche Element in unserm Vaterland als ein feindliches zu betrachten" und „Eilen wir, eilen wir, magyarisieren wir die Kroaten, Rumänen, Sachsen, denn sonst gehen wir zu Grunde!" Beide freilich bestätigten die traurige Tatsache, daß Sachsen und Magyaren anfingen, sich als Feinde anzusehen.

Es gibt in dem Leben der Völker Stimmungen, die nicht von Einzelnen gemacht werden, für die kein Einzelner die Verantwortung trägt; sie kommen wie eine Naturgewalt und führen hier zum Guten und dort zum Bösen; eine solche war die wachsende Erbitterung und Gereiztheit der beiden Volksstämme, die doch hier auf einander angewiesen sind.

In sächsischen Kreisen untersuchte man mit deutscher Gründlichkeit, ob denn der Sprachenfrage überhaupt ein solches Gewicht beizulegen sei? ob es nicht möglich und dabei klüger sei, das Recht der Muttersprache aufzuopfern, um die übrigen Rechte der Nation zu erhalten, denn vergeblich sei es, gegen den Strom zu schwimmen. Zum Leben der Nation gehöre nicht nur die Sprache, sondern auch die Verfassung

---

[1]) S. Band II, S. 383.

und was damit zusammenhänge. Es war im Grunde dieselbe Frage, die
einst Fichte gestellt und beantwortet hatte und die Antwort konnte auch
hier nur die gleiche sein. Die Sprache erschien als die Wurzel des
nationalen Lebens und wenn diese zerstört werde, dann wolle man
umsonst Blätter und Blüten und Früchte behüten — „und das was sie
Magyarisierung nennen, werden sie nicht eher als vollendet betrachten,
bis nicht der letzte Zweig, den der deutsche Baum im Land getrieben,
zerstört ist" (1842). Mit dem Instinkt der Selbsterhaltung ahnte das
sächsische Volk, daß in der Sprachenfrage die Nationalitätenfrage mit
ihrer ganzen Schwere enthalten war und daß es unmöglich sei, das eine
aufzugeben und das andere retten zu wollen. Sie traten für ihr ganzes
Volkstum ein und darin fand die Nation auch ihre Einigkeit und Einheit wieder. Der Kampf ums Recht wurde zu einem Kampf für das
Volkstum und was trübe Jahre in seiner Mitte an trennenden Schranken
aufgerichtet, das fiel angesichts dieser Erkenntnis.

Das zeigte sich sofort bei der Komeswahl, die durch den Tod
Wachsmanns (1845) an die Tagesordnung kam, vorher schon in der
Deputation, die nach Schluß des Landtags nach Wien geschickt wurde,
um die Nation gegen die mannigfachen Verleumdungen und Entstellungen
zu verteidigen, die Nationalinteressen zu wahren und viele Angelegenheiten, die ins Stocken geraten waren, wieder in den Gang zu bringen.
Sie bestand aus Schreiber, Trausch und Meister und es gelang ihr
u. a. in der Tat, die Bestätigung des Sprachartikels zu verhindern.
Der neue Präsident der siebenbürgischen Hofkanzlei, Baron S. Josika,
kam im September 1845 selbst nach Hermannstadt und suchte nebenbei
die Gesinnungen der sächsischen Nation in der Sprachenfrage zu erforschen und mit welchen Zugeständnissen sie wohl zu beruhigen sein werde?

Beim Tode Wachsmanns war die Frage über die neue Art der
Bestellung des Amtes noch nicht entschieden. Die Ansprüche Hermannstadts und der Nation lagen in einer Reihe von Petitionen bei Hof,
der 1843 noch ein Gutachten der Universität verlangte. Was bis dahin
nicht gelungen war, eine Einigung zwischen Hermannstadt und den
Stühlen herbeizuführen, das gelang unter dem Eindruck der Ereignisse
des Landtags von 1841—1843. Darnach sollten die Stühle sechs Männer
kandidieren und aus diesen Kandidaten die Hermannstädter Kommunität
drei auswählen, aus denen der König dann den Komes zu ernennen
hätte. Es gelang in der Tat, die Bestätigung dieses Vorgangs unter
dem 31. Dezember 1845 vom Hof zu erhalten. Der letzte Vorschlag
war der Hermannstädter Kommunität zugewiesen, einmal weil sie das

alte Recht der Wahl des Königsrichters gehabt hatte, dann weil die führenden Männer in diesem Kampf um das Komeswahlrecht, vor allem J. A. Zimmermann, hofften, es werde die Hermannstädter Kommunität schwerer dem Druck und dem Einfluß von oben zugänglich sein als die aus Beamten bestehende Nationsuniversität. Von den elf Stühlen und Distrikten waren Rosenfeld, Salmen, Conrad Thesaur.-Rat und Conrad Hofagent, K. Brukenthal und Samuel v. Brennerberg gewählt worden, die Hermannstädter Kommunität wählte Rosenfeld, Salmen und Brennerberg und am 9. April 1846 wurde Franz v. Salmen als Komes bestätigt.

Die Installation fand am 26. August statt. Die ganze Feier mit dem alten Pomp, mit dem Aufzug der Zünfte, der feierlichen Überreichung von Säbel, Fahne und Streitkolben an den Nationsgrafen, gab — zum letztenmal bei diesem Anlaß — ein unvergessenes Bild deutscher Bürgerherrlichkeit, der Schwerttanz der Kürschner entzückte die zahlreich zusammenströmenden Volksgenossen, aber bedeutungsvoller war, daß die Feier wie in einem Brennpunkt die Stimmung der Zeit widerspiegelte. Das Fest stellte die Nation in die Landesverfassung handgreiflich als gleichberechtigten Landstand hinein: im Namen des Landes wurden vom Gouverneur dem neuen Komes die Insignien des Amtes überreicht und eindrucksvoll trat die Nation als solche auf, die Universität, die Hermannstädter Kommunität, die Zünfte und die Bürgerschaft mit Fahnen usf., Bürgerherrlichkeit und Staatsinteresse schienen zusammen zu fallen. Und dazu ein anderes, nicht minder bedeutend: die Installationsfeier erschien als das große Bruderfest des sächsischen Volkes, das seine Einheit wieder gefunden hatte. Als Brüder, als Genossen standen die Söhne aller Gaue neben einander; der Tag war ein Triumph des Rechtes, des vielumstrittenen, heißgeliebten, er rief in den Herzen den Entschluß wach, von ihm, wie von dem Volkstum, das es zu schützen bestimmt war, nicht zu weichen und auf der Bahn des Fortschritts nicht stille zu stehen. Salmen sprach aus der Stimmung der Zeit heraus: „Der rasch aufstrebende Zeitgeist fordert Verbesserungen in den verschiedenen Richtungen des Staatenlebens. Lange sind wir in den Fesseln eingerosteter Stabilität gelegen. Aber bereits hat es der auch in unsrer Mitte lebendig erwachte Geist der Tatkraft begriffen, daß im Staatenleben Stillstand Rückschritt ist. Diese rege Kraft muß zur Förderung des geistigen und materiellen Wohles hin zum Ziele allgemeiner Wohlfahrt mit Vorsicht geleitet und tätig unterstützt werden". Und aus den Liedern, die Geltch, Dan. Roth und J. K. Schuller zum Tag gedichtet, klang die Mahnung an das

Volk, frei, treu, fest und einig zu sein, das allein verbürge dem Volkstum Dauer:

> Ein Volk sind alle wir und wie das Schicksal auch sich wende,
> In Leid und Freude wollen eins wir sein!

Dazu mahnte freilich nicht nur der Festesjubel. Am 2. Mai 1843 charakterisierte Graf Kemeny in einem Privatbrief die Lage der Sachsen mit folgenden Worten: „Der Sachs, der die Gefahr der Vereinigung Siebenbürgens mit Ungarn einsieht und solche zu hindern sucht, hat kaum eine andre Waffe dagegen als die Verdächtigung dieser Union, allein ich kann Sie versichern und ich glaube doch etwas zu wissen, daß diese Union unserm Hof durchaus keinen Schrecken mehr einjagt, ich bedaure nur unsre armen Sachsen, sie sind ein ehrliches, emsiges, biederes Volk. Schade daß im 16. und 17. Jahrhundert keine Jesuiten unter ihnen geduldet wurden, sonst hätten sie doch etwas von ihnen profitiert. Der Jesuitismus ist in gewissem Grade doch notwendig, sonst wird man jämmerlich über den Löffel balbiert und ich glaube, die armen Sachsen sind bereits mit Seife bestrichen, es fehlt nur noch das Rasieren, das Messer soll auf dem nächsten ungarischen Landtag geschliffen werden. Unbegreiflich bleibt es mir, wie grade die Sachsen sich die Seife zubereiten konnten."

Ein viertel Jahr nach dem Schluß des siebenbürgischen Landtags war am 20. Mai 1843 abermals der ungarische Reichstag in Preßburg zusammengetreten. Im Vordergrund seiner Beratungen stand wieder die Sprachenfrage, die auch hier schon als Nationalitätenfrage behandelt wurde und sich vor allem in die Frage zuspitzte, was man den Kroaten zumuten dürfe. Die erregten Verhandlungen der Stände und der Magnaten, bei denen die Kroaten, so oft sie mit dem herkömmlichen: Excellentissime domine begannen, niedergeschrien wurden, sie sollten magyarisch sprechen, führten zum Ergebnis, daß hinfort alle k. Reskripte, Propositionen und Resolutionen, sowie alle Gesetze ausschließlich in magyarischer Sprache verfaßt und bestätigt werden sollten, die Reichstagssprache sollte ausschließlich die magyarische sein. Den Kroaten wurde eine sechsjährige Frist gegeben, innerhalb der sie noch lateinisch reden dürften. In der Religionsfrage wurde beschlossen, daß gemischte Ehen auch vor dem ev. Pfarrer sollten geschlossen werden dürfen. Die Verhandlungen über die Städte-, Komitats- und Steuerreform führten zu keinem definitiven Ergebnis, aber dreierlei hatte der Landtag, der am 13. November 1844 geschlossen wurde, bezeugt: die allgemeine Überzeugung, daß die alte Verfassung aufrecht zu erhalten, unmöglich sei, es ergab sich die Notwendigkeit, an allem Bestehenden zu rütteln, alle Bestimmungen umzuändern; daraus mußte zuletzt die Tatsache sich ergeben, daß das Ganze unhaltbar sei. Szechenyi sprach aus der Seele aller Staatsmänner: „Eine wahre Reform läßt sich nicht immer durch bloße Modifikation des Bestehenden erreichen; denn zuweilen steht das Bestehende in grellem Widerspruche mit dem Beabsichtigten und so wird in solchen Fällen die radikale Ausrottung des Alten ebenso wie die radikale Herstellung des Neuen notwendig." Da aber der Reichstag dazu ohne eine gewisse äußere Nötigung nicht gebracht werden konnte, so war ein zweites Ergebnis die Erkenntnis, daß für jene radikale Reform eine Agitation im ganzen Land aufgenommen werden müsse, eine öffentliche Meinung zu schaffen, deren Kraft kein Widerstand gewachsen war. In dieser Agitation aber — und das war das dritte Ergebnis — mußte die national-magyarische Seite die erste Rolle spielen. Daß die geplante Reform dem magyarischen Volk die Hegemonie in Ungarn sichern müsse, daß in allen öffentlichen Angelegenheiten seine Sprache ausschließliche Geltung habe, das war aus den Reichstagsreden und aus den Zeitungen als Forderung bekannt, war auf dem letzten Reichstag doch schon der Antrag gestellt worden, die Wählbarkeit in den, zumeist nicht magyarischen Städten, von der Kenntnis der magyarischen Sprache abhängig zu machen. Innerhalb des magyarischen Volkes aber wurden diejenigen immer weniger, die in solchen Ansprüchen eine Ungerechtigkeit gegen die anderssprachigen Völker sahen.

Die Forderung der Union Siebenbürgens mit Ungarn hatte der ungarische Reichstag neuerdings wieder ausgesprochen und dem König vorgelegt.

Jene Agitation aber begann in ausgedehnter Weise unter der Form des 1844 gegründeten Schutzvereins, eine große gesellschaftliche Aktion, wesentlich von Kossuth getragen, die sich zum Ziele setzte, die heimische Industrie dadurch zu heben, daß die Mitglieder sich verpflichteten, keine fremden Fabrikate zu gebrauchen; damit verband sich zugleich die Forderung von mancher Seite, Ungarn durch gesteigerte Zollsätze von Österreich zu trennen. Der Schutzverein sah sich aber zugleich als Agitationsverein für die Ziele des Magyarentums an. Überall hatte er Filialen und Beziehungen, die siebenbürgischen Edelleute schlossen sich ihm an, in Klausenburg wurde ein Zweigverein gegründet, während die Sachsen die ganze Bewegung, wie Alles was von Ungarn damals kam, mißtrauisch betrachteten.

Jene Agitation im Schutzverein aber war das Element für L. Kossuth, der 1844 vom Pesti Hirlap zurückgetreten war, die Konzession zu einer neuen Zeitung von Wien aus nicht erhielt und nun nicht als Schriftsteller, sondern als Redner sein Volk begeisterte. Mit Hülfe des Schutzvereins sollte das Volk politisch erzogen und an geordnete Massenbewegungen gewöhnt werden. Dazu war, das Rednertalent angesehen, kaum Jemand so geeignet wie Kossuth; was den politischen Gedankengehalt betraf, so ersetzte die Begeisterung, die Kunst mitzureißen, häufig positive greifbare Ziele. In ihm verkörperte sich das Ideal politischer Beredsamkeit seines Volkes. Von der Natur mit den äußern Gaben des Redners ausgestattet, besaß er auch die geistige Ausrüstung. Er hatte eine wunderbare Witterung für das, was die Zuhörer packen konnte, wohin ihre Neigung sie zog. Merkte er an ihrer Bewegung, an ihrem Beifall den Punkt, an dem er sie fassen konnte, dann war er sofort Herr der Lage. „In glühendem Strom ergossen sich seine Worte, immer stürmischer wuchs seine Leidenschaft, immer kühner entfaltete sich seine Phantasie. Am Schluß der Rede war die Erhitzung Kossuths auf die ganze Versammlung übergegangen, alle Zuhörer in dem Zustand der Berauschung.... Unwiderstehlich war seine Macht, wenn er leicht bestimmbaren, unter leidenschaftlichen Eingebungen handelnden Volksmassen gegenüberstand."

Der Schutzverein ging 1846 zugrunde, ein Defizit von 60.000 Gulden mußten die Aktionäre decken, aber als Agitationsverein hatte er nicht wenig geleistet. Der Regierung war er ein Dorn im Auge. Er trug mit dazu bei, daß sie versuchte, eine neue Parteigruppierung herbeizuführen, indem sie die später so einflußreichen „Altkonservativen" an sich zog.

Die Regierung hatte überhaupt erkannt, daß auch von ihr viel versäumt worden sei, sie müsse selbst mit Gesetzesvorlagen die Initiative beim Reichstag in die Hand nehmen, von der Absicht, im Interesse des Landes zu handeln, das Land überzeugen, nicht aber ihre Absichten als Staatsgeheimnis behandeln und müsse vor allem für sich eine ausgesprochene Partei schaffen. B. Eötvös hatte offene Worte an den Fürsten Metternich geschrieben (23. Januar 1844) und unter anderm die Gründung einer deutschen Zeitung in Pest als notwendig hingestellt, zu deren Mitarbeiter und stillen Leiter er sich erbot, und der Regierung den Rat erteilt, sich an die Spitze der Reformpartei zu stellen, die Zollinie zwischen Österreich und Ungarn aufzuheben usf. Die Regierung hatte nicht die Einsicht dazu und versuchte es mit den Konservativen, die 1846 sich als öffentliche Partei organisierten, zu der beizutreten Graf E. Dessewffy (dd. Pest 14. November 1846) ein eingehendes Einladungs=

schreiben erließ. Die Regierung gewann auch eine Reihe andrer Männer, aber das geistige Übergewicht der „Partei" hatte im Gefolge, daß bald die Regierung, die zu schieben glaubte, die geschobene war. Dazu kam, daß in einer Richtung diese „Regierungspartei" das gleiche Ziel hatte, für das die Opposition wirkte, nämlich die Stärkung Ungarns und — was sie als zusammenfallend ansahen — der Magyaren. Um den neuen siebenbürgischen Hofkanzler Baron Sam. Josika (an Noptsas Stelle getreten), sammelte sich ein Teil der Genossen, denen es vereint gelang, an Stelle Majlaths G. Apponyi zum Amt des ungarischen Vizekanzlers zu bringen. In Ungarn hatte übrigens der Versuch, an die Seite oder Stelle jener Obergespäne, die die Leitung der Komitate nicht in die Hand nehmen wollten, Administratoren zu stellen, die Opposition aufs neue gekräftigt.

Die neuen Männer hatten die siebenbürgischen Angelegenheiten nicht aus den Augen gelassen, doch war es zweifelhaft, ob sie kundig und kräftig genug wären, sie in die Hände zu bekommen und festzuhalten.

In den leitenden Kreisen bildete die Erörterung der siebenbürgischen Sprachenfrage einen Gegenstand eingehender Beratung. Die siebenbürgische Hofkanzlei und Baron Josika erklärten, daß die Hofentscheidung in der Sprachenfrage Niemanden befriedige; die beiden magyarischen Nationen erblickten eine Zurücksetzung darin und ebenso sähen die Sachsen „das gewiß nicht unbillige Verlangen einer diplomatischen Anerkennung ihrer Sprache durch das Gesetz" unerfüllt. „Ungarn und Szekler", schrieb Josika in einem Memorandum, das er über die Sprachenfrage abgab, „dürften nicht vergessen, daß in Siebenbürgen nicht wie in Ungarn von einer größern oder kleinern Einwohnerzahl, sondern von einer gesetzlich gleichberechtigten Nation die Rede war, die aus Klugheit und Rücksicht des eignen Vorteils den Gebrauch der ungarischen Sprache nie unbedingt verwerfen wird, mit gerechter Eifersucht jedoch ihr, seit Jahrhunderten erhaltenes Recht des eignen deutschen Sprachgebrauchs zu wahren strebt und in diesem Rechte kaum eine andre Beschränkung sich gefallen lassen kann, als jene, die sie selbst freiwillig anerkennt. Dies ist der Standpunkt, den die Regierung in dieser Frage festzuhalten hat."

In Siebenbürgen kümmerten sich weder das Gubernium, noch weniger die Komitate um das Gesetz, sie schrieben an die sächsischen Jurisdiktionen nur magyarisch und wollten von diesen nur magyarische Zuschriften annehmen. Als Schäßburg und Schenk sich nicht fügen wollten, verhängte das Gubernium über den Schäßburger Magistrat eine Gehaltssperre. In einem hochernsten Majestätsgesuch wandte sich die Universität 1844 nochmals an den Kaiser und legte das schwere Unrecht dar, das in alle dem liege: „Auch wird die ungarische Sprache — hieß es darin — beim Lichte betrachtet, nicht mehr des Geschäftsverkehrs wegen so ängstlich in Schutz genommen, sondern sie wird, wie der letzte Landtag über alle Zweifel erwiesen hat, als der wirksamste Hebel zur Belebung der ungrischen Nationalitäten geltend gemacht, und Sprache und Magyarismus identifiziert. Inwiefern aber dieser Magyarismus, wie wir aus den Ereignissen in Ungarn sehen, alle fremden Nationalitäten auflösen und mit sich verschmelzen will, steht allerdings auch die Existenz der sächsischen Nation auf dem Spiele und es ist uns nicht zu verargen, wenn wir in diesem Gefühle den Grundsatz der gleichen Berechtigung zu behaupten suchen und Ew. Majestät als Deutsche im Leben und Tod angehören wollen. . . . Diese im Angesicht der Welt und dem Frohlocken der Gegner sich täglich erneuernden Kränkungen, die bald als Wirkung der Gesetze, bald als Folgen unsres Ungehorsams erklärt werden, prüfen selbst den größten Gleichmut und es gehört eine Ergebung wie die unsrige dazu, um unter solchen Bedrängnissen nicht zu unterliegen."

Zu dieser Sprachenfrage trat die andre, die das Land wie die Regierung als die wichtigste ansah, die Unionsfrage. In den Zeitungen wurde sie leidenschaftlich erörtert, in den Kreisen Ungarns und den mit ihnen in Verbindung stehenden siebenbürgischen Kreisen galt sie eigentlich als gelöst. Außer dem Schutzverein dehnten auch andre ungarische Genossenschaften ihre Arbeiten nach Siebenbürgen aus. Die meisten maßgebenden Siebenbürger Adlige gehörten zur ungarischen Akademie der Wissenschaften, die Gesellschaft der ungarischen Ärzte und Naturforscher hielt 1844 ihre dritte Versammlung in Klausenburg; bei einem Ausflug nach Thorda versicherte eine Anrede, daß die Union beider Länder durch den Verein wesentlich gefördert worden sei. Der Kommandierende Baron Wernhardt meldete nach Wien, daß die Führer der Opposition die Verhandlungen der systematischen Deputationen verzögerten, damit der nächste siebenbürgische Landtag möglichst hinausgeschoben werde, daß seine Tagung mit dem ungarischen zusammenträfe und beide dann über die Modalität der Vereinigung beider Länder Unterhandlungen beginnen könnten. Im Jahre 1845 hatte der Gouverneur Teleki selbst — wie es hieß — Deák nach Klausenburg geladen, der mit Vörösmarty hinkam. Deák erörterte zum Teil in öffentlichen Reden auf der Straße die meisten Agitationsfragen der Zeit, darunter die Union Siebenbürgens mit Ungarn, die er als entschiedne Forderung der Opposition hinstellte. Aus ungarischen Komitaten kamen Aufforderungen an siebenbürgische Komitate, die Sache zu unterstützen.

In dieser Zeit hatten die Sachsen in den Kreisen der Regierung außer dem trefflichen Nationalagenten Franz Conrad, der 1847 starb, in Ludwig v. Rosenfeld einen hervorragenden Vertreter ihrer Interessen. Er war 1804 in Hermannstadt geboren, war in den Staatsdienst getreten und hatte dort durch seine hohe Begabung, durch Fleiß und Kenntnisse rasch eine Stellung gewonnen. Auf dem siebenbürgischen Landtag von 1833/34 und 1837/38 hatte er in das Getriebe der Parteien, in die Verhältnisse des Landes tiefe Blicke getan, auch die sächsischen Männer und Zustände genau kennen gelernt. Vom Jahre 1843 bis 1848 war er Mitglied der Staatskonferenz, von 1845 als Hofrat dort Protokollführer. Dabei hatte er Gelegenheit als genauer Kenner des siebenbürgischen und ungarischen Staatsrechts, das er wie kaum ein anderer vor ihm gründlichst studiert hatte, als eifriger Verteidiger der Rechte Siebenbürgens und besonders auch der Sachsen sich zu bewähren, der mit seltenem Scharfblick die kleinen und großen Fragen übersah und staatsmännisch zu beurteilen verstand. Da alle bedeutenden Fragen auch Siebenbürgens in der Staatskonferenz zur Besprechung kamen, fehlte es nicht an Gelegenheit, Einfluß auf die Entscheidung zu nehmen. Die Sachsen hatten an ihm u. a. auch in der Sprachenfrage eine mächtige Stütze. Sie wußten das und ehrten ihn 1846 bei der Komeswahl, indem er an erster Stelle vorgeschlagen wurde. Doch erklärte der Kaiser, ihn in dem Amt, das er bekleidete, nicht entbehren zu können und so blieb er in Wien. Vielfach wurde behauptet, das allein sei der Zweck gewesen, warum er unter die Komeskandidaten habe kommen wollen.

Unter dem sächsischen Volk aber nahm die Reformarbeit immer größern Umfang an, seine Kraft wuchs mit der Arbeit. Bei den politischen Reformfragen ergab sich zuletzt die Hauptfrage, wie die Nation sich zu den Regulativpunkten stelle? Es ist merkwürdig, daß deren Entstehung, das Unrecht und die Gewalttat, die sie begleitet hatten, aus dem Volksbewußtsein geschwunden waren. Sie waren auch jetzt das Hemmnis des Fortschritts; sie mit einem kühnen Streich abzutun und sich die Innerverhältnisse nach eignem Bedürfnis, nach den Forderungen der Zeit neu zu ordnen, dazu fand die Universität nicht den Mut; es wäre ihr wahrscheinlich auch von oben sofort verwehrt worden. Immerhin wuchs die Überzeugung, daß diese Regulativpunkte abgeschüttelt werden müßten, der Kampf für und wider sie — Benigni in Hermannstadt war ihr eifriger Verteidiger — ging jahrelang durch die Blätter.

Inzwischen hatten die Landtagsdeputationen — die sogenannten systematischen Deputationen — ihre vorbereitenden Arbeiten aufgenommen. Der Gouverneur hatte sie am 4. Dezember 1843 alle zu einer gemeinsamen Sitzung zusammengerufen und sie aufgefordert, an die Arbeiten Hand anzulegen. Der Ausschuß, dem die Urbarial= und Rekrutenfrage zugewiesen war, hatte F. v. Bedeus zum Vorsitzer und seiner zähen Ausdauer war es zuzuschreiben, daß diese Kommission mit ihren Vorlagen in der Tat in eingehender und ausführlicher Beratung fertig wurde. Bedeus hatte dabei wiederholt den Eindruck, daß sowohl die Regierung wie die aus lauter Grundherren bestehende Kommission alles andre, nur nicht eine im liberalen Sinn gehaltene Regelung der Angelegenheit wollten.

Der Landtag selbst, dem das Land mit nicht geringen Erwartungen entgegensah, wurde auf den 9. September 1846 nach Klausenburg ausgeschrieben. Zum k. Kommissär war der neue Kommandierende General FML. Baron Puchner, Wernhardts Nachfolger, ernannt worden. Als Hauptgegenstände der Verhandlung bezeichnete das Einberufungsschreiben die Besetzung der erledigten höhern Ämter und die Ordnung der Urbarialsache.

Diese letztere stand so im Vordergrund des Interesses, daß sie die Stellung der Parteien wesentlich bestimmte. Es lag dem ungarischen Adel daran, durch das Urbarialgesetz seine Macht und Einkünfte möglichst wenig schmälern zu lassen. Die Mehrheit stand darum auf der Anschauung, möglichst wenig zu verändern und das Los der Untertanen möglichst wenig zu verbessern. Wie auf dem Landtag später bemerkt wurde, stand auf der einen Seite Verböczy und auf der andern Seite die Stimme von ganz Europa, die Mehrzahl des Adels stand auf der Seite Verböczys, der nur den Adel als Nation anerkannte, dem das „elende steuerzahlende Volk" zum Dienst verpflichtet war. Da die Regierung auf demselben bedauerlichen Standpunkt stand, so war damit eine, allerdings seltsame „Regierungspartei" gegeben, die freilich in den meisten andern Fragen andre Wege als die Regierung ging. In den nationalen Fragen stand derselbe Adel auf dem neugewonnenen Boden der ungarischen Entwicklung und in enger Verbindung mit den dortigen führenden Geistern.

Unter solchen Umständen war die Stellung der Sachsen diesmal noch schwerer als sonst. Ihre bürgerlichen Anschauungen und ihre Vergangenheit machten sie zu Freunden jeder Erleichterung der Untertanen, setzte sie aber in Gegensatz sowohl zum Adel als zur Regierung; ihre

Eigenschaft als Deutsche, als dritte ständische Nation im Lande, schrieb ihnen ihre Stellung in den nationalen Fragen vor, in denen sie wenigstens an der Regierung eine Stütze zu finden hoffte, häufig vergebens. Die Regierung selbst war außerordentlich empfindlich gegen alle Angriffe, gegen ein Gehn und Stimmen mit den Liberalen, die sie in seltener Verblendung alle für Feinde hielt, tat aber selbst nichts, um sich Anhänger zu verschaffen, die durch die Erkenntnis gemeinsamer Interessen an sie gebunden, zuverlässige Stützen bieten konnten, nichts, aus dem ersichtlich war, daß sie das Wohl des Landes fördern wolle. Im Jahr 1844 hatte sie ein geheimes Informationskomitee eingesetzt, das es an Nachrichten über die wachsende Mißstimmung im ganzen, über die zunehmende Unruhe im Lande nicht fehlen ließ, aber alles nützte nichts. Nicht einmal das Gubernium war in Kenntnis von dem, was die Regierung wollte, selbst nicht über ihre Anschauungen in bezug auf die Landtagsvorlagen, über die das Gubernium zum Teil — wie sich zeigte — abweichende Meinungen hegte. Das war mit ein Grund, daß es auf die Landtagsverhandlungen keinen Einfluß nahm, wie es doch Recht und Pflicht gewesen wäre.

Die Sachsen waren seit dem letzten Landtag gewachsen. Sie traten sicherer, zuversichtlicher auf, sie sahen ihre kleine Welt von höherem Standpunkt an und hofften neue Stützen für ihr Volkstum zu erobern.

Unter den Abgeordneten, die die Kreise auf den Landtag geschickt hatten, waren mehrere, die solche Hoffnung als begründet erscheinen ließen. Zu den frühern Vertretern S. Schreiber, Sam. Meister, J. Trausch (der allerdings nur den letzten Teil des Landtags mitmachte), war W. Löw aus Reußmarkt hinzugetreten, dann vor allem Konrad Schmidt als Hermannstädter Deputierter, J. A. Zimmermann als Reußmärkter, Fr. Hann als Leschkircher Abgeordnete, alle drei bedeutende Männer. Hann war ein gebürtiger Marktschelfer und Professor an der neugegründeten Hermannstädter Rechtsakademie, eine Zeit lang Redakteur der Transsilvania, auf dem Gebiet der Nationalökonomie besonders erfahren und ein eifriger Förderer des Fortschritts auf diesem Gebiet, der die Aufmerksamkeit auf die Notwendigkeit der Populationsvermehrung der Sachsen lenkte. Er war eine gemütvolle Natur, zur Schwermut geneigt, oft verstimmt über die Gedankenlosigkeit und den Kraftmangel, die Prinzip- und Regellosigkeit der sächsischen Politik, gehoben durch das neuerwachte Leben, das sich doch allenthalben Bahn brach und eine Zeit lang voll Hoffnung, es werde gelingen, aus Sachsen und Magyaren eine rechte Mittelpartei zu bilden, die die Entscheidungen des Landtags auf dem Boden des Rechts in gemäßigtem liberalem Sinn beeinflußen könne. Mit Schmidt und Zimmermann aber traten zwei Persönlichkeiten in das größere politische Getriebe ein, die führende Geister wurden und bis 1868 von maßgebendem Einfluß auf die sächsische Politik gewesen sind. Beide waren fast gleich alt, Konrad Schmidt in Agnetheln am 24. Juli, Zimmermann in Schäßburg am 2. Dezember 1810 geboren. Sie hatten sich zuerst zufällig in Vasarhely 1832 gesehen, wo Schmidt studierte und Zimmermann sich einige Tage aufhielt, als er von Klausenburg, wo er beim Gubernium eingeschworen hatte, nach Schäßburg zurückfuhr. In Hermannstadt waren sie näher mit einander bekannt geworden, wo Schmidt 1834 eine Advokatur eröffnet hatte und Zimmermann 1844 die Professur für siebenbürgische Rechtsgeschichte und Diplomatik, siebenbürgisches Staats- und Kirchenrecht, ungarisches Privatrecht und ungarische Gerichtsordnung übernahm. Beide Männer waren in ihrem Wesen sehr verschieden. Schmidt war eine sanguinische, zu raschem Handeln geneigte Natur, Zimmermann der Typus des providus ac circumspectus, der von sich und andern umständlichste und allseitige Überlegung jeder Sache forderte und wenns zum Handeln kam, am liebsten im stillen das tat, was er für nötig ansah; der Eine leicht entzündbar und den Menschen vertrauensvoll begegnend, der Andre schwerflüssiger und nur dem vertrauend, den er erprobt hatte, der Eine kühn auch auf den Augenblick und seinen Erfolg hoffend, der Andre klug vorbauend, daß nichts ihn überrasche, der Eine gern und rasch am Schönen und Guten sich freuend, wo es ihm entgegentrat, der Andre karg im Lob und mit seinen Gedanken und Sorgen vor allem mit den politischen Fragen des Tages beschäftigt, den Begriff im weitesten Sinn gefaßt. Bei Zimmermann ist, wie bei keinem andern unsrer Politiker, der tiefgehende Einfluß der ungarischen Vorgänge und der Ereignisse in den Komitaten auf die Zeit- und Rechtsanschauung des ganzen damaligen Geschlechts nachweisbar. Durch die Berufung jener auf das Recht auf dieses aufmerksam gemacht, hatte er nach den Quellen gegriffen und dem staunenden Blick enthüllte sich eine neue Welt. Er fand in den verstaubten Approbaten und Kompilaten, im Leopoldinischen Diplom und den Landtagsartikeln von 1790/91 die unerschütterlichen Grundlagen nicht nur des Landesrechts, sondern vor allem auch des sächsischen Rechtes. Die Entdeckung hatte nicht er zuerst gemacht, auf den Landtagen 1834 und 1837, ebenso 1841 hatten unsre Vertreter schon auf diesem Boden gestanden, aber Zimmermann gab dem alten Schwert, das unser Volk neu gefunden hatte, neue Schärfe, indem er die Rechtsstudien tiefer führte und bewußter, als es bis dahin geschehen war, den Kampf ums Recht unter den Gesichtspunkt der Erhaltung des Volkstums rückte. Recht und Politik wurden von nun an ein untrennbares Gebiet, alle politischen Fragen der Zeit waren Rechtsfragen und sämtliche Rechtsfragen trugen politischen Charakter an sich; aber alle mit einander griffen tief ins Volksleben ein und mußten darum von der hohen Warte aus beurteilt werden, wie verhielten sie sich zu den Daseinsbedingungen des sächsischen Volkes, wie konnten sie dazu dienen, diese zu stärken?

Und hierin trafen nun Zimmermann und Schmidt zusammen, und Beide standen vereint mit den andern Vertretern des sächsischen Volkes. Die Wahl von Zimmermann, Schmidt und Hann war übrigens auch ein Zeichen, wie die Zeit anfing, alte Zöpfe abzuschneiden. Es war etwas Neues, daß nicht Beamte in den Landtag geschickt wurden und unerhört, daß ein sächsischer Kreis Vertreter schickte, die nicht in seiner Mitte Beamte und dort „possessioniert" waren, wie Reußmarkt Zimmermann und Leschkirch Hann. Die Transsilvania konnte dem ersten ihr Lob nicht versagen, tadelte aber die Wahl als „das Beispiel einer Neuerung", denn Zutrauen hätten nur die Mitglieder der Wahlbürgerschaft, der Magistrate und Kreisbehörden, es sei zur Aufrechthaltung unsrer Nationalität, Privilegien und Vorrechte unerläßlich notwendig, bei der Wahl der Deputierten über diesen Kreis auf keine Weise hinauszugehn. Sie machte Miene, die Gesetzlichkeit dieser Wahl zu bestreiten. Doch unterließ sie es, nicht nur, weil ein guter Freund für diesen Fall Zimmermann in Reußmarkt ein Haus überschrieben hatte, sondern weil die öffentliche Meinung nicht dafür zu haben war.

Es war wieder gelungen, die Instruktionen der sächsischen Vertreter in den Hauptfragen übereinstimmend zu gestalten, in der Sprachenfrage sollten sie nicht nachgeben und beim Urbar möglichst freisinnige Bestimmungen zum Gesetz zu erheben versuchen, darum immer für die freisinnigsten Anträge stimmen. Sämtliche Angelegenheiten sollten in der Nationalversammlung vorher beraten werden und die Minderheit der Mehrheit sich unterwerfen.

Die Eröffnung des Landtags, zu deren Feier die Zünfte ausgerückt waren, erfolgte am 9. September 1846 vom k. Bevollmächtigten B. Puchner mit einer lateinischen Ansprache, die er fließend las, aber die Kenner wollten an der Betonung bemerken, daß sie ihm nicht geläufig war. Anstandslos, wenn auch mit der schwerfälligen Umständlichkeit des altsiebenbürgischen Rechts, wurden die Wahlen vollzogen, und zwar für das Amt des Hofkanzlers, das Josika erhielt, des Thesaurarius, des

Präsidenten der Landesbuchhaltung, zweier Gubernialräte und eines Protonotärs. Für die Sachsen war schmerzlich, daß eine Gubernialratsstelle, die ihnen gehörte, von der Regierung einem Nichtsachsen gegeben wurde. Bei Verhandlung der Angelegenheit im Landtag am 22. Oktober 1847 sprach Konrad Schmidt dazu und ersuchte die Stände, sich des sächsischen Rechtes anzunehmen, was diese in der allgemeinen Form taten, daß sie die Regierung baten, auf die gesetzliche Gleichberechtigung der Nationen und Religionen Rücksicht zu nehmen. Auch an andern Beschwerden fehlte es nicht. Zuerst, es sei die Presse nicht genügend frei. Der Landtag war darin einig, daß die Debatten veröffentlicht werden sollten. In die Zensursdeputation, die darüber zu wachen hatte, wurden auch die Sachsen K. Schmidt, Biedersfeld, Schwarz und Zimmermann gewählt. Die Veröffentlichung der Reden geschah aber nicht unter dem Namen des Redners, sondern es hieß nur: Ein Neußmärkter Deputierter u. ä. Auch darüber beschwerte sich der Landtag abermals, daß der röm.-kath. Bischof und der sächsische Komes unter die Gubernialräte gehörten, obwohl sie nicht gewählt worden seien und daß bei der Ernennung der Regalisten auf die Konfessionen nicht Rücksicht genommen worden sei. Der Landtag ließ sich in eine lange Verhandlung über die Wahl des Komes ein und wollte die Art derselben inartikulieren, bestritt insbesonders, daß der Komes als solcher Gubernialrat sei, dieser müßte vom Landtag gewählt werden. Zimmermann wies in der sechsten Landtagssitzung nach, wie der Komes in rechtmäßiger Weise gewählt sei, daß ihm von Rechtswegen eine Gubernialratsstelle zustehe und daß darum kein Anlaß sei, Beschwerde dagegen zu führen. Der Landtag erklärte es aber als Beschwerde, daß die Wahlmodalität für den Komes „außerhalb des Weges der Gesetzgebung festgesetzt worden sei." Nach den Wahlen hätte nun die Beratung des Urbars beginnen sollen. Aber der Landtag wurde vertagt, damit die von der systematischen Deputation ausgearbeitete Vorlage erst in den Komitaten geprüft werde und die Abgeordneten mit Instruktionen versehen würden.

Die Sachsen waren in diesen Landtag mit der Absicht eingetreten, sich energisch an den Arbeiten zu beteiligen. Sie fanden in den magyarischen Kreisen zunächst eine wohlwollende Gesinnung; sie mögen wie immer gesinnt sein, hieß es da, sie sollten diese Gesinnung kräftig und wacker vertreten, dann würden sie bald erfahren, daß eine mannhaft vertretene Überzeugung wohl auch Haß, aber niemals Geringschätzung und Mißachtung oder gar Verhöhnung nach sich ziehen könne, was die Sachsen früher doch öfter erfahren. Die Sachsen teilten diese Meinung. Sie selbst lernten allmählich in der eigenen Mitte Meinungsverschiedenheiten ertragen, wenn auch die persönliche Empfindlichkeit immer wieder die sachlichen Verhandlungen erschwerte. Salmen war kein guter Leiter in den Nationalversammlungen, zu nachgiebig nach allen Seiten und verlangte unbedingtes Gehen mit der Regierung. Einige Zeit lang herrschte in der sächsischen Nationalversammlung ein allgemeines Mißtrauen, weil ein Abgeordneter im Verdacht stand, regelmäßige Berichte über die Verhandlungen an die Regierung zu schicken. Diese selbst hatte in den ersten Tagen des Landtags den Versuch gemacht, Zimmermanns und Hanns Wahl zu annullieren und sie zu bewegen, von selbst zurückzutreten. Man schrieb das Vorgehn Einflüsterungen sächsischer Kreise zu. Als die Beiden standhaft blieben, wagte die Regierung doch keine weiteren Schritte und sie blieben. Ein Teil der Deputierten besuchte anfangs auf die Einladung der magyarischen Nationalversammlung auch diese. Es mag nebenbei bemerkt werden, daß die Verhandlungen in der sächsischen Nationalversammlung zum erstenmal deutsch und nicht wie bis dahin sächsisch geführt wurden.

Der Landtag trat am 4. Januar 1847 wieder zusammen. Er nahm sofort die Beratung des Urbars auf.

Die Stellung der Parteien war hier ziemlich gegeben. Der Adel war — mit wenigen Ausnahmen, darunter in erster Reihe Dion. Kemeny, — so selbstsüchtig, daß er die allgemeine Bedeutung des Urbars überhaupt nicht erkannte, nicht das Wohl der Untertanen sondern das seine im Auge hatte. Der Szekler Adel zeigte auch wenig Lust, von seinen Rechten viel aufzuopfern. Um diese rückständige Partei zu stärken, hatte man alle möglichen erfolgreichen Versuche gemacht, sie hatte die Mehrheit auf dem Landtag. Die Sachsen allein waren in dieser Frage unbefangen. Auf dem Sachsenboden gab es keine Hörige, auch die dort lebenden, politisch rechtlosen, Walachen waren persönlich frei, konnten Eigentum erwerben usf. Auf den Adelsgütern, die die Universität, Hermannstadt und Kronstadt besaßen, war längst schon an Stelle der meisten Jobagyendienste eine Taxenzahlung getreten, und es waren da Zustände geschaffen worden, die mit dem harten Druck in den Komitaten nicht zu vergleichen waren. Allerdings gab es auf Komitatsboden untertänige sächsische Gemeinden, die schwer unter dem Druck des Adels litten, aber für die Haltung der Sachsen auf dem Landtag war nicht die Rücksicht auf sie maßgebend, sondern der Grundsatz, daß die sächsische Nation als Vertreterin bürgerlicher Interessen verpflichtet sei, für die Untertanen einzutreten. Und sie haben es auf dem Landtag ehrlich getan.

Bevor es zur Verhandlung des Urbars selbst kam, waren einige Vorfragen zu erledigen, deren eine außerordentliche Aufregung verursachte. Es wurde nämlich der Antrag gestellt, es solle vor Verhandlung des Urbars den Ständen die Zusicherung gegeben werden, daß die Steuer nicht vermehrt werden würde, und es solle die Steuerfrage im Zusammenhang mit dem Urbar verhandelt werden. Das schloß im besten Fall für das Urbar neue Hindernisse in sich und die Sachsen erklärten sich entschieden für die getrennte Verhandlung. K. Schmidt ergriff dazu das Wort in diesem Sinne, wurde aber durch ein so stürmisches rosz, rosz (schlecht, der damalige Ruf der Mißbilligung) unterbrochen, daß er nicht weiter sprechen konnte. Mehrere sächsische Abgeordnete sprangen auf und hielten den Ständen die Verletzung der Redefreiheit vor, worauf allmählich Ruhe eintrat und Schmidt weiter reden konnte. Die Sachsen gaben mit ihren Stimmen den Ausschlag (84 gegen 65), daß die nicht zusammengehörigen Dinge getrennt beraten wurden. Es war eine der stürmischesten Sitzungen, die von 10 Uhr bis $^1/_2$4 Uhr gedauert hatte (12. Januar).

Die Hauptfragen des Urbars waren von selbst gegeben: was ist Urbarialgrund, was gehört dem Herrn, was dem Untertanen, was für Leistungen darf der Herr von den Untertanen verlangen?

Die Frage nach dem Urbarialgrund war nicht leicht zu beantworten. Die Konskription, die 1819—21 vorgenommen worden war, war durchaus fehlerhaft, den Untertanen waren durchweg wenige Felder zugeschrieben worden und außerdem in der Zwischenzeit vielen von den habsüchtigen Herrn viele weggenommen worden. Die Mehrheit wollte den Untertanen wenig lassen, und verlangte als Grundlage für die Entscheidung, ob etwas Urbarialgrund sei oder nicht, die fehlerhafte Konskription von 1819. Die Opposition wollte als Urbarialgrund erklären, was die Untertanen jetzt in Händen hätten. Die Sachsen schlugen durch Schreiber eine Kombination vor: was die Konskription ihnen zuweise und was sie jetzt in Händen hätten. Die Mehrheit entschied als Grundlage die Konskription, mit dem erschwerenden Zusatz: wenn der Colone nicht alles, was diese ihm zuweise, in den Händen habe, so solle er nachweisen, daß es ihm widerrechtlich genommen worden sei, widrigenfalls es dem Herrn bleibe. Hatte der Untertan mehr in den Händen als die Konskription ihm zuwies, so sollte er es nach sieben Jahren — nach der Verbesserung des Hofs nach zwölf Jahren — dem Herrn zurückstellen. Die Größe einer Session war aber so klein angenommen, daß sie nirgends eine Familie wirklich ernähren konnte, sie umfaßte je nach den Klassen 4—10 Joch Acker und 2—4 Joch Wiesen oder 6—12 (resp. 7—14) Joch Acker und 3—5 (resp. 4—6) Joch Wiesen. Und nun erst die Verpflichtungen: 52 Tage im Jahr Spanndienst oder statt eines Tages zwei Handdienste, im Winter der Tag von Sonnenaufgang bis Sonnenuntergang zu rechnen, im Sommer ebenso, doch war da die Zeit des Zu= und Abzuges in die Arbeitszeit einzurechnen, dazu die Zehntabgabe an den Grundherrn und die Kirche, und die „kleinen Leistungen," jährlich zwei Hühner, zwei Hühnchen und zehn Eier, dann noch zwei Tage Spanndienste, Holzzufuhr usf., Bestimmungen, denen man ansieht, daß diejenigen, die sie schufen, keine Ahnung davon hatten, daß die ganze Hörigkeit eben nur auf Verböczy, nicht „auf die Stimme von Europa" sich gründete. Kaum ein halbes Jahr nach Schaffung des Gesetzes und es sank die ganze Hörigkeit, die dieses Gesetz aufrecht halten wollte, auch hier in Trümmer. Wohl hatte es die vertragsmäßige Ablösung einzelner Leistungen wie der gesamten Untertänigkeit „freier Übereinkunft" überlassen, aber im Grunde bedeutete das nichts, um so weniger, als der Antrag des Baron Dion. Kemeny auf Erbablösung nicht die Mehrheit fand. S. Schreiber gab im Namen der Sachsen die Erklärung ab, daß er den Grundsatz der immerwährenden Ablösung für sehr liberal halte, indem dadurch mehr freie glückliche Menschen geschaffen würden und stimmte ihm bei.

Das Endergebnis der Urbarialberatung war ein Gesetz, das den Anforderungen der Zeit nicht im geringsten entsprach. Abgesehn davon, daß es Fälle gab, wo auf Grund desselben der Zustand des Untertanen schlechter sich gestaltete als vor dem Gesetz, so trug das ganze Gesetz durchaus den Geist an sich, der im herben Wort auf dem Landtag zum Ausdruck gekommen war, „die Stände sollten nicht gar zu sehr für das Leid des Volkes empfinden". Der Grundherr blieb in seiner alten Stellung unerschüttert. Er behielt das Schankrecht im Gasthaus für Reisende, der Colone durfte bloß eimerweis verkaufen, das ihm bis dahin zugestandene Recht, von Michaeli bis Neujahr zu schänken, sollte auf die Gemeinde übertragen werden. Das Recht Branntwein zu brennen, das Recht der Fleischausschrotung, der Jagd, der Fischerei, der Mühle, des Jahrmarkts, blieb dem Grundherrn, der die Mühle des Colonen ablösen konnte; selbst ein „Gewölbe" zu errichten, blieb sein Vorrecht. Die Regierung hatte abermals eine günstige Gelegenheit tatenlos vorübergehen lassen, wo sie die Mehrheit der Bevölkerung leicht für sich hätte gewinnen können. Das Gesetz, das ausnahmslos den Adel mehr begünstigte als die Hörigen, war so schlecht, daß die Regierung, die es bestätigte, selbst sich scheute, es durchzuführen, bis die Ereignisse von 1848 es über den Haufen warfen.

Eine neue wichtige Angelegenheit, die den Landtag beschäftigte, war die Rekrutierungsfrage. Daß die alte Insurrektion nicht mehr aufrecht zu halten sei, war klar, ein Jahrhundert hatte die Beweise geliefert. Auch der Soldatenfang und die Werbung paßten nicht mehr in die Zeit. Aber zu diesen Fragen trat auch die andre hinzu, die eine strittige zwischen den Ständen und der Regierung war, wieweit sich das Recht des Landtags erstrecke, der das Bewilligungsrecht für die Rekrutenaushebung für sich in Anspruch nahm. Die Sachsen waren hier konservativer als die Stände. Zimmermann stellte in der Sitzung vom 3. September die Grundsätze auf, daß Siebenbürgen in bezug auf die Militärmacht mit der österreichischen Monarchie aufs innigste verbunden sei und daß die Stände bei Ergänzung der drei siebenbürgischen Regimenter nicht ein Recht, sondern eine Pflicht auszuüben hätten. Bloß in außerordentlichen Fällen, wo es sich um Subsidien und vermehrte Truppen handle, komme den Ständen ein Bewilligungsrecht zu. Die Anschauung wurde als „inkonstitutionell" von mehreren Rednern zurückgewiesen, worauf Zimmermann, der genaue Kenner des siebenbürgischen Staatsrechts, sie mit Gesetzesstellen und Landtagsbeschlüssen begründete.

Größeres Aufsehen erregte ein andrer sächsischer Antrag, den K. Schmidt und S. Schreiber stellten, es solle die Insurrektionspflicht des Adels aufgehoben werden und er gleichfalls zur Rekrutenstellung verpflichtet werden. Insbesonders sprach K. Schmidt (19. August) wirkungsvoll, indem er die allgemeine Frage stellte, ob ein solches Vorrecht, wie es der Adel in Anspruch nehme, zulässig sei? Er erzählte, wie sich ihm in der Schule das Gesetz eingeprägt habe, daß der Adel von allen Abgaben und Leistungen frei sei, weil er zum Kriegsdienst verpflichtet sei und seine Brust habe sich ihm bei der Vorstellung der Helden, die selbst ihr Leben dem Vaterland zu opfern bereit seien, gehoben. Für seine Logik sei es unbegreiflich, daß der Adel mit Rücksicht darauf, daß er zu Kriegsdiensten verpflichtet sei, von der Wehrpflicht befreit werden solle. In der Debatte hatte Graf Dom. Bethlen sich einige Ausfälle gegen die Sachsen und gegen Hermannstadt erlaubt, die Schmidt nicht unerwidert ließ: der Adel habe nicht, wie Bethlen behauptete, mehr als einmal sein Blut für Hermannstadt vergossen, sondern für seine Standes- und Volksgenossen, die mit ihrer Habe in Hermannstadt gastfreundliche Aufnahme gefunden hätten. Bethlen hatte behauptet, der sächsische Antrag sei gegen den Unionseid, worauf Schmidt antwortete: dieser sei noch nie so ausgelegt worden, daß der Adel befugt wäre, seine Verpflichtungen gegen den Staat auf die Schultern des steuerzahlenden Volkes abzuladen. Die Gesetze müßten in gesetzmäßiger Weise geändert werden können. Wohin käme man sonst? Auch die sächsische Nation habe auf Grund des Andreanums ein Recht, von der Militärlast befreit zu werden. „Wohlan denn, hochansehnliche Stände, sprechen wir sowohl den Adel als die sächsische Nation nebst allen übrigen bevorzugten Klassen und Körperschaften von der Last des Militärdienstes frei und schaffen wir ein konstitutionelles Land, dessen Bürger nur Rechte genießen und keine Lasten tragen, vergessen wir aber nicht, die Regierung gleichzeitig zu bitten, daß sie die Lasten auf sich nehme". Bethlen hatte gemeint, früher wäre ein solcher Antrag der Strafe des Hochverrats verfallen — es klang die mittelalterliche Auffassung durch, daß ein Angriff auf das Adelsrecht ein Angriff auf das Land selber sei — und hatte von den Sachsen wegwerfend als peculium (Knechte) gesprochen; dagegen Schmidt: er habe noch nie gehört, daß jemand wegen Hochverrat bestraft worden sei, der auf dem Landtag zeitgemäße gesetzliche Änderungen vorgeschlagen habe und wie sei es mit dem Unionseid vereinbar, die Sachsen peculium zu nennen, mit denen der Adel einen Staatsvertrag geschlossen zu gegenseitiger Verteidigung und Aufrechthaltung der Rechte, und die die dritte ständische Nation ausmachten. Schmidt schloß mit einer warmen Aufforderung zu brüderlichem Einverständnis und stellte den Antrag, es solle der Adel sich in gleichem Verhältnis mit den andern Bewohnern des Landes der Militärlast unterziehen. Die Antwort war ein stürmisches rosz, rosz (schlecht), worauf er ruhig entgegnete: „Mit Verlaub, meine Instruktion verpflichtet mich, den H. H. Ständen nicht nur zu sagen, was ihnen gefällt, sondern auch, was ihnen mißfällt", worauf ein allgemeines helyes (richtig) ihm zustimmte.

Auch Hofgräf von Bistritz warf Bethlen Unwahrheiten vor, wenn er behaupte, die Sachsen leisteten keine Militärdienste und ließen die Walachen für sich dienen. Die siebenbürgischen Regimenter bewiesen das Gegenteil. Ebenso sei dessen Behauptung unwahr, daß sie an der Grenzbewachung nicht teilnähmen. Er ersuchte Bethlen, die Sachsen nicht zu verdächtigen und von ihnen ein andermal wahrheitsgetreu und mit Achtung zu reden.

Die Sachsen legten am 25. August Verwahrung gegen die Befreiung des Adels von der Militärpflicht ein.

Das Ergebnis war, daß die Regierung den Grundsatz anerkennen mußte, es stehe dem Landtag das Bewilligungsrecht auch zur Ergänzung der drei Regimenter zu, was auch im Gesetz ausgesprochen wurde. Sodann wurden 11000 Rekruten bewilligt, 4000 „ehestens", die übrigen jährlich zu 1000 Köpfen. Die Dienstzeit wurde auf acht Jahre festgesetzt, die Losung eingeführt, gewisse Erleichterungen und Befreiungen wurden zugestanden, doch die Forderung erhoben, die Rekruten dürften nur bei den siebenbürgischen Regimentern dienen. Der Adel blieb befreit.

Auch in einer andern Sache hatte die Regierung nachgegeben, daß die Notäre in den Komitaten und Szeklerstühlen nicht von der Regierung bestätigt werden sollten, welche Forderung Jahre lang die Gemüter erregt hatte.

Bei der Entwicklung der Verhältnisse und dem Gang der öffentlichen Meinung war es nicht zu verwundern, daß die Sprachenfrage auch von diesem Landtag erörtert wurde. Die Regierung hatte die Beschlüsse des vorigen Landtags in dieser Frage in einen Artikel gebracht, der wesentlich folgenden Inhalt hatte: Die Gesetze werden in magyarischer Sprache abgefaßt, den Sachsen wird eine authentische amtliche deutsche Übersetzung zugestellt. Der Landtag bedient sich bei allen seinen Verhandlungen, in allen seinen Protokollen und Vorstellungen der magyarischen Sprache. Derselben das Gubernium, die Gerichtstafel, die Gubernialerlässe werden im Eingang und Schluß magyarisch sein. Alle Ämter inmitten der Komitate und der Szekler haben die magyarische, inmitten der Sachsen die deutsche Sprache zu gebrauchen, in bezug auf die Korrespondenz mit den übrigen Gerichtsbarkeiten wird die sächsische Nation bei der seit 1791 beobachteten Gepflogenheit belassen. Die Matrikeln werden dort, wo magyarisch gepredigt wird, magyarisch geführt, in der ev. Kirche wie bisher (deutsch).

Noch bevor das Sprachengesetz dem Landtag mitgeteilt wurde, kam die Sprachenfrage durch eine Nebentüre herein. Als am 23. Juli der Landtag über die Vorlage des Urbarialartikels verhandelte, stellte der Fogarascher Deputierte J. Zeyk den Antrag, es möge in der einbegleitenden Repräsentation an den König u. a. die Bitte gestellt werden, da es notwendig sei, daß gegenwärtiger Gesetzartikel von allen verstanden werde, möge Se. Majestät den vom vorigen Landtag beschlossenen Sprachartikel bestätigt herabschicken, damit schon das Urbarialgesetz magyarisch abgefaßt werden könne. Sofort erklärte S. Schreiber im Namen der Sachsen, indem er auch auf den Inhalt und die Grundsätze des Urbars einging, daß die Sprachenfrage nicht im Zusammenhang mit dem Urbar stehe und daß sie der Erwähnung des Sprachartikels nicht zustimmten. Der Wunsch nach Herabsendung des Sprachartikels könne abgesondert dem Hof unterlegt werden. Was aber diesen selbst betreffe, so müßten die Sachsen wünschen, daß ihre Forderung in der Sprachenfrage auch erfüllt würde, daß demnach, falls eine Repräsentation in dieser Angelegenheit an den Hof ginge, diesem Begehren der Sachsen Ausdruck verliehen werde. Im gegenteiligen Fall melde er seinen Rechtsvorbehalt an. Ein allgemeines rosz (schlecht) war die Antwort, worauf Schreiber erwiderte: Sein Verlangen sei nicht schlecht sondern gerecht; schlecht wäre es, wenn er und seine sächsischen Kollegen einem Gesetz ihre Zustimmung geben wollten, durch welches das konstitutionelle Leben der sächsischen Nation aufs Spiel gesetzt würde. In die erregte Debatte trat Zimmermann mit einer großen Rede ein, die in einer etwas schweren aber wuchtigen Beredsamkeit die prinzipielle Stellung der Sachsen kennzeichnete, getragen von dem berechtigten Stolz auf eine siebenhundertjährige ruhmvolle Vergangenheit dieses seines Volkes. Er nannte die Bestätigung des projektierten Sprachartikels einen Todesstreich für die sächsische Nation, geführt von jener Legislatur, welche auch zu ihrem Schutz verpflichtet sei, die Vernichtung ihrer Nationalität im tiefsten Frieden. Er anerkannte die Begeisterung der Magyaren für ihre Sprache, würde es tadeln, wenn jemand sagen wollte, daß die Gesetze nicht auch in magyarischer Sprache abgefaßt werden sollten, „ich verlange keineswegs, daß die sächsische Nation mit dem Nachteile oder der Verkürzung der magyarischen Nation gehoben werde, ich verlange einzig und allein in dem Sprachgesetz selbst eine gesetzliche Garantie, daß die Nationalität der sächsischen Nation durch einen Akt der gesetzgebenden Gewalt nicht vernichtet werde; ich verlange, daß die sächsische Nation in Angelegenheiten der Sprache von den zwei andern Nationen nicht unterjocht werde, und daß dieselbe auch in Zukunft nicht unterjocht werden könne. . . . Wenn ein Land aus polyglotten Elementen zusammengesetzt ist, wenn wie bei uns die drei Nationen zusammengenommen den staatsrechtlichen Begriff des Landes ausmachen, diesem gemäß auch die integrierenden Bestandteile des gesetzgebenden Körpers nicht eine und dieselbe Sprache für ihre Muttersprache halten können, da muß auch die Tätigkeit der gesetzgebenden Gewalt sich ganz naturgemäß in zwei oder mehrern Sprachen äußern, da muß die eine koordinierte Nation das Gesetz in ihrer Muttersprache ebenso authentisch lesen können wie die andere koordinierte Nation gleichmäßig das Gesetz in ihrer Muttersprache verehrt. Wird in einem Lande, wo es mehrere staatsrechtlich koordinierte Nationen gibt, gegen diesen Grundsatz gehandelt, so wird überall das Prinzip der Gerechtigkeit aufgeopfert, eine Nation vor der andern bevorzugt, die Koordination der Nationen aufgehoben, eine der andern untergeordnet, dadurch das Gefühl der Unterdrückung erzeugt und der Nationalzwietracht reiche Nahrung geboten." Zum erstenmal, wie es scheint, sprach er im Landtag aus, daß das Gesetz den Anfang der Magyarisierung der sächsischen Nation bedeute. „Wir sind alle Söhne eines Landes, haben viele Jahrhunderte friedlich neben einander gelebt; warum sollten wir nicht auch weiter friedlich neben einander leben können? Heilig und unverletzlich sei den Sachsen die magyarische Nationalität der Ungarn und Szekler; aber ebenso heilig und unverletzlich muß den Ungarn und Szeklern die deutsche Nationalität der Sachsen sein. Unsre ganze Forderung in der Sprachenfrage ist bloß eine Folgerung aus diesem Grundsatze. Wenn die Sachsen sagen sollten, das Gesetz solle nicht zugleich in magyarischer Sprache abgefaßt werden, so könnte ich die Mehrheit der Stände noch begreifen; allein nach unserm willfährigsten Beitritte zu der Forderung der magyarischen Nationalität in ihrem Rechtsgebiet kann ich es nicht begreifen, warum die sächsische Nation in der Sprachenfrage unterjocht werden soll. . . . Wir werden die ungarische und szeklerische Nation freudig begrüßen, wenn sie in ihrer nationalen Entwicklung innerhalb ihres Rechtsgebietes Fortschritte machen; aber eben deshalb verlangen wir auch, und zwar in dem Sprachgesetz selbst die vollgültigste Bürgschaft, daß unsre nationale Existenz nicht vernichtet werde, daß wir als Nation nicht auf dem Wege der Gesetzgebung vernichtet werden. Ich habe oft behaupten gehört, daß die sächsische Nation die Zusammenberufung des Landtages nicht betreibe, wenn Se. Majestät nicht Landtag halte. Ich gehe in das Meritum dieser Anklage nicht tiefer ein, sondern begnüge mich bloß zu erklären, daß die unbrüderliche Behandlungsweise, die Bedrohung unsres nationalen deutschen Lebens, welche wir auf dem 1842er Landtage in so reichlichem Maße erfahren haben, uns in keiner Weise als Bestimmungsgründe dienen können, Allerhöchst Se. Majestät um die möglichst häufige Zusammenberufung der Landtage zu bitten."

Es wurde beschlossen, den König zu bitten, er möge den Landtag über das Schicksal jenes Sprachgesetzes in Kenntnis setzen, inzwischen aber dessen Verhandlung zu verschieben.

Die Rede Zimmermanns aber enthält einen guten Teil des nationalen Programms der Sachsen, das durch die Stürme der kommenden Jahre ihren Leitstern bildete.

Im Laufe des Landtags gelangte der Sprachartikel nach Klausenburg. Die Mitteilung darüber wurde in der Sitzung vom 2. August 1847

von den magyarischen Mitgliedern mit stürmischem Jubel und Säbel=
klirren entgegengenommen.

Die Sachsen waren nicht zufrieden: er hätte dem Gedanken der
Gleichberechtigung nicht völligen und genügenden Ausdruck gegeben, indem
die zugesicherte Übersetzung der Gesetze nicht gleichwertig mit der Schaffung
der Gesetze in magyarischer und deutscher Sprache sei; aus den Landtags=
verhandlungen werde die deutsche Sprache ganz ausgeschlossen, während
die Sachsen als ständische Nation darauf ein Recht hätten; das Gubernium
solle auch an die Sachsen magyarisch schreiben, die Sachsen hätten ein
Recht, es deutsch zu verlangen; ebenso hätten sie nach dem Grundsatz
der Reziprozität das Recht, an die Komitate und Szekler deutsch ihre
Amtsschreiben zu richten, was ihnen das Gesetz verwehre. Sie berieten
in der Nationalversammlung eingehend, was zu tun sei, erwogen die
verschiednen Möglichkeiten und einigten sich über das Vorgehen, bloß
der Brooser Abgeordnete war abweichender Meinung und berief sich auf
seine Instruktion, die die Bestimmung, wornach inmitten der sächsischen
Nation die deutsche Sprache Amtssprache sei, für Broos beschwerlich
fände und eine Änderung wünsche.

Am 25. August 1847 kam der Sprachenartikel im Landtag zur
Verhandlung. Als er verlesen worden war, standen sämtliche magyarische
Abgeordnete auf und riefen elfogadjuk — wir nehmen ihn an —, die
Sachsen blieben sitzen. Darauf begann die Debatte. Der Zarander
Deputierte Kozma gab seinem Dankgefühl Ausdruck, daß Se. Majestät
so wesentliche Wünsche des magyarischen Volkes erfüllt habe und seine
Sprache zu dem ihr gebührenden diplomatischen Range erhoben habe,
wodurch die zukünftige Blüte der Nation befördert werde. Er beantragte
den Dank an den König, doch solle der Vorbehalt der Stände aus=
gesprochen werden, seinerzeit in Absicht auf die unerfüllt gebliebenen
Wünsche einen neuerlichen Artikel vorzulegen. Die Ansicht fand vielfache
Zustimmung. Der Maroscher Deputierte Antal Imre schlug einen andern
Ton an. Den Sachsen zuliebe, die fiskalische Untertanen seien, solle nun
das Gesetz auch in deutscher Sprache erscheinen. Hiedurch drohe der
magyarischen Nationalität Gefahr, denn die Sachsen stünden im Zu=
sammenhang mit den 40 Millionen Deutschen in Deutschland, von dort
hätten sie sich eben durch eine Einwanderung von Schwaben verstärkt,
wenn dies so fortgehe und die deutsche Sprache diplomatische Berechtigung
im Lande erhalte, so könne die Zeit kommen, wo Siebenbürgen und
Ungarn für eine Appertinenz Deutschlands gelte. Es sei zu befürchten,
daß das magyarische Element vom deutschen wie Jonas vom Walfisch

verschlungen werde, deutsche Zeitungsartikel arbeiteten schon darauf hin. Nur die Sachsen allein hätten durch den Sprachenartikel gewonnen; sein Antrag ging dahin, ihn nicht anzunehmen. Nun legte S. Schreiber die Ansichten der Sachsen dar. Sie gingen gleichfalls auf Nichtannahme des Artikels, aber aus andern Gründen. Der Brooser Deputierte wünschte für Broos die Anerkennung der magyarischen neben der deutschen Sprache, dem sofort Hann (Leschkirch) widersprach: eine Ausnahme für Broos sei nicht möglich, wie die Sachsen eine solche für die sächsischen Orte auf dem Komitatsboden nicht verlangten. J. Gal trat für Annahme des Gesetzartikels ein: dies Zerwürfnis zwischen den drei Nationen bringe dem Lande wenig Heil, die unerfüllten Wünsche solle man der Zukunft anheimstellen. In ähnlicher Weise sprach nochmals Zeyk, der die Verlangen der Sachsen extravagant fand. Auch Baron Josika war der Ansicht, daß die Sachsen von dem Artikel am meisten hätten, S. Mehes von Klausenburg, daß sie etwas gewonnen, jedenfalls nichts verloren hätten. Höhnisch meinte D. Bethlen, die Sachsen hätten den größten Gewinn von dem neuen Gesetz. Er wundere sich, daß sie bei ihrem Liberalismus nicht gleich anfangs darauf angetragen hätten, daß das Gesetz auch ins walachische übersetzt würde.

Das Ergebnis war der Beschluß: die Stände nahmen den vorliegenden Gesetzartikel an und baten Se. Majestät, ihn sofort zu sanktionieren, damit dieser Artikel selbst in magyarischer Sprache verfaßt werde; sie behielten sich zugleich vor, die unerfüllten Wünsche in einem besondern Artikel seinerzeit zu unterbreiten. Als der Präsident verkündete, der Beschluß sei einstimmig gefaßt, widersprach Schreiber mit dem Hinweis auf die Sachsen, so daß der Präsident dann den Ausdruck verbesserte.

Die Sachsen gaben eine Verwahrung zu Protokoll gegen alle Folgerungen des Gesetzes, die eine Verletzung des Prinzips der Gleichberechtigung in sich schlößen und behielten sich vor, die Abhülfe ihrer Beschwerden und die Erreichung ihrer Wünsche auf gesetzlichem Wege zu suchen.

Der Artikel erhielt in der vorgeschlagenen Form Gesetzeskraft.

Die Folge war neuer Streit. Schon 1846 hatte die Universität beschlossen, nur deutsch verfaßte Eingaben bei sächsischen Gerichtsstellen anzunehmen. Das Gubernium aber hob diesen Beschluß auf. Die Nationalversammlung beschloß einen Rekurs dagegen an den Hof, was Kronstadt auf eigene Faust schon getan hatte. Auch gegen einen andern Eingriff hatte sie sich zur selben Zeit zu wehren. Die Landesbuchhaltung begann ihre Bemängelungen der sächsischen Rechnungen in lateinischer

Sprache zu machen. Die Nationalversammlung nahm am 3. November 1847 eine eingehende Repräsentation an Se. Majestät an, von Zimmermann verfaßt, in der mit Berufung auf Gesetze und Verordnungen der Kaiser gebeten wurde, zu befehlen, daß diese Bemängelungen in deutscher Sprache gemacht würden, um so mehr, als die Dorfsleute, die diese Rechnungen stellten, doch unmöglich verhalten werden könnten, lateinisch zu lernen.

Komes Salmen hatte die Anregung gegeben, es solle die Nationalversammlung sich über die Durchführung des Sprachartikels einigen, da doch eine Menge neuer Fragen zu lösen seien. Am 7. November 1847 legte eine Kommission, bestehend aus Trausch, K. Schmidt, Schwarz und Hann, ihr Gutachten vor, das die Nationalversammlung annahm. Es wurde darin ausgeführt, daß der Gesetzartikel einen Markstein im Nationalleben der Sachsen bilde, daß er manche Unklarheit enthalte und darum vor allem einheitliches Handeln nötig sei. Das Gesetz erkenne ganz bestimmt die deutsche Sprache inmitten der Nation als diplomatische an, daraus folge, daß sie hinfort ausschließlich auch bei der Universität zu gebrauchen sei. Aber auch sonst habe inmitten der Nation bei allen Expeditionen die deutsche Sprache zu gelten — auch in den walachischen und magyarischen Gemeinden. In der Korrespondenz mit den Schwesternationen habe auf Grund von § 5, der die Gepflogenheit aufrecht erhalte, zu gelten, was seit Aufhören des gegenseitigen lateinischen Verkehrs Gepflogenheit war, daß die sächsischen Behörden an die der Schwesternationen deutsch schrieben, wie jene an sie magyarisch. „Im bezeichneten Sinne — so schließt jenes Gutachten — mit Einheit, Beharrlichkeit, Ausdauer und Folgerichtigkeit zu handeln, namentlich vom Zeitpunkt an, wo der Sprachartikel vom k. Gubernium durch Erlassung ungarischer Dekrete in Ausübung gebracht wird, sich sogleich der deutschen Sprache in den Berichten zu bedienen, ist das erste und nächste Erfordernis, wenn sich die sächsische Nation der im Sprachgesetz von 1846/47 für ihre politische und Stammnationalität enthaltenen Bürgschaften wirklich erfreuen will. Damit aber vor allem das darin sanktionierte Rechts- und Gesetzesprinzip, daß im Schoß der Sächsischen Nation die deutsche Sprache die diplomatische oder politisch-nationale ist, eine ganze lebendige Wahrheit werde, drängt sich als weitere, ebenso tiefgreifende Forderung auf, daß alle Kräfte aufgeboten werden, die deutsche Muttersprache sowie die Geschichte der Sachsen, nicht nur in allen Stadtschulen, sondern auch hauptsächlich in den Landschulen, zum vorzüglichsten Gegenstande gründlichen grammatikalischen Unterrichts zu machen, damit die deutsche

Muttersprache allenthalben recht gesprochen, gelesen und geschrieben werde, damit sich dieses edle Organ des Gedankens und der Darstellung so von Anfang her berichtige, statt von Anfang her, wie es meist der Fall noch ist, ein verpfuschtes Werkzeug, ein für ein fremdes leichtsinnig umgetauschtes Flickkleid und ein Hindernis für die Darstellung des innern Menschen und jedes anziehenden, gefälligen Bezeigens zu sein, und damit die leuchtende Sonne der Geschichte in Stadt und Land das nationale Volksbewußtsein lebendig erhalte und täglich mehr zum tatenreichen Mute stammgetreuer Fortbildung begeistere."

Die schwerfälligen Worte werden immer ein Beweis dafür sein, wie tief die führenden Männer erkannten, daß die Zeit ihr Volk vor neue große Aufgaben stellte, daß die Ereignisse das innerste Leben des Volkes aufrüttelten. Für ihre politische Bildung legten sie ein gutes Zeugnis ab, wenn das Gutachten fortfährt: „Nebstbei wäre ernstlich darauf zu dringen, daß in allen höhern Stadt- und Marktschulen die ungarische Sprache als diplomatische Geschäftssprache des Landtags, der höhern Landesbehörden und der Schwesternationen vollständig und gründlich gelehrt und die genaue Erlernung derselben durch strenge Prüfungen erzielt werde."

Weniger Aufregung als Sprachenfrage und Rekrutierung brachte die Unionsfrage. Noch immer bewegte sie die Gemüter nicht als selbständige Frage, sondern im Zusammenhang mit den Partes. Diese waren zum bevorstehenden ungarischen Reichstag eingeladen worden und dadurch erst recht nun in eine ganz ungewisse Stellung geraten. Die siebenbürgischen Stände beschlossen in einer Repräsentation vom 3. November 1847 eine neuerliche Verwahrung gegen die Schwächung Siebenbürgens durch Abreißung der Partes. Dabei erklärten sie, einer Union mit Ungarn überhaupt geneigt zu sein „unter Bedingungen, die unsre ererbten Rechte und Freiheiten sicher stellen." Zu diesem Zweck solle eine Kommission beider Länder einen Plan beraten und auf diesem Grund dann weiter verhandelt werden. Die Sachsen hatten den Gegenstand schon im Oktober in der Nationalversammlung verhandelt und waren zu dem Resultat gekommen, daß in bezug auf die Partes auf dem alten Begehren zu beharren sei, sie nicht freizugeben. Die beiden Schwesternationen waren in ihren Vorbesprechungen zum Ergebnis gekommen, es möge jene Regnikolardeputation eingehend die Frage erwägen, ob für Siebenbürgen von der Union Vorteil oder Nachteil zu erwarten sei; sie glaubten die Endentscheidung noch ganz in der eignen Hand zu haben. Dennoch wurde die Geneigtheit zur Union in jener Repräsentation, allerdings unter gewissen Bedingungen und Voraussetzungen, ausgesprochen. Die Sachsen wollten sie nicht aussprechen, sondern wünschten, daß die auszusendende Deputation erst ihren Plan ausarbeite und dann erst, wenn der Inhalt bekannt wäre, über das Prinzip beschlossen werden möge. Die Stände richteten auch an den Erzherzog Stefan eine Vorstellung in der Angelegenheit, in der sie schrieben, sie bäten ihn auch von Seite des ungarischen Reichstags „die nötigen Anstalten zu den, unter Wahrung der gegenseitigen Rechte und Freiheiten anzubahnenden Vereinigung" treffen zu lassen, und dahin zu wirken, „daß dieser Wille, welcher … in seinen Folgen auch für das zu vereinigende Groß-Ungarn hoffnungsreich ist, auf dem, zweien von einander unabhängigen Ländern und Geschwistern geziemenden, Wege vertrauensvollen Übereinkommens je eher erfüllt werden könne."

Am 9. November 1847, kurz vor dem Schluß des Landtags, erinnerte der unierte griechische Bischof Lemeny daran, daß er auf dem vorigen Landtag eine Klage eingereicht hätte wegen Verkürzung der im Sachsenland wohnenden Walachen in ihren Rechten. Er bat, daß den Beschwerden jedenfalls auf dem künftigen Landtag abgeholfen werde, damit den heftigen gegenseitigen Erbitterungen und Aufregungen, die durch die Zeitungen und Flugschriften gesteigert würden, je eher ein Ende gemacht werde.

Die Worte wurden — ging es doch gegen die Sachsen — mit rauschendem Beifall und Säbelgeklirr aufgenommen. Der Leschkircher Abgeordnete Hann ergriff im Namen der Sachsen das Wort und widerlegte die Berechtigung der gegen die sächsische Nation erhobenen Klagen: der walachische Bischof scheine kommunistische Grundsätze zur Begünstigung der Walachen auf dem Sachsenboden verfolgen zu wollen, nach welchen die Sachsen ihre Besitzungen mit jenen teilen sollten, damit jene hinfort über keine Bedrückungen klagen könnten. Vergebens forderte der Ständepräsident, es solle niemand hiezu weiter reden, da der Gegenstand nicht auf der Tagesordnung stünde und Lemeny selbst nur den Antrag gestellt habe, es möchte die systematische Deputation über die erwähnten Beschwerden an den Landtag berichten, Graf Dom. Bethlen, der Rufer im Streit gegen die Sachsen, zog nach seiner Art cum ira et studio zu Felde, er stellte sich auf des Bischofs Seite und forderte die Sachsen auf, sie möchten auch in ihrem Gebiet Liberalität üben und nicht nur immer die Vorrechte des Adels angreifen und verletzen. Dann kam eine kühne Parallele zwischen den Zuständen auf dem Komitats- und Königsboden, dort habe der walachische Adlige gleiche Rechte mit dem ungarischen

Adligen, die walachischen Untertanen hätten dort keine durch Gesetze garantierte Rechte und kämen darum nicht in Betracht; auf Sachsenboden aber seien die Walachen mit den Sachsen gleichberechtigt und gleichwohl würden ihnen keine Rechte gegeben. K. Schmidt trat wiederholt in die Debatte ein, die der Präsident nicht eindämmen konnte, und wies insbesonders mit Anführung bestimmter Gesetze (z. B. 6:1744) nach, daß Bethlens Behauptung in vollem Widerspruch mit den Tatsachen stehe und gab im Namen der Sachsen die Verwahrung dagegen zu Protokoll.

Der Landtag wies die systematische Deputation an, die Sache vor den nächsten Landtag zu bringen.

Es war auch ein Zeichen der neuen Zeit, daß dem Landtag Gesetzentwürfe über Schaffung von Eisenbahnen, Regulierung der Flüsse, Anlegung von Straßen vorlagen, ein Expropriationsgesetz und Grundsätze für die Entschädigung der Eigentümer, Fragen, die auch in der sächsischen Nationalversammlung eingehend beraten wurden. Für Eisenbahnen wurde ganz allgemein ins Auge gefaßt die Linie von Großwardein oder Debrezin bis zur Moldau- oder Walacheigrenze, ebenso von Arad zum selben Ziel.

Die Verhandlungen in der sächsischen Nationalversammlung, die ganz in den schwerfälligen Formen der Landtagsverhandlungen sich vollzogen, mit Sondermeinungen, Verwahrungen, Gegenerklärungen usf., spiegelten die Gedanken der Zeitgenossen auch in der Besprechung solcher Gegenstände ab, die im Landtag selbst nicht zur Behandlung kamen, darunter vor allem zwei, die Frage der Adelsverleihungen an Sachsen und die Einwanderung der Schwaben.

Am 30. September 1847 brachte W. Löw die erste Angelegenheit zur Sprache. Die Nation hatte bei Adelserhebungen stets den Grundsatz verfochten, daß jene keine Rechte in ihrer Mitte gebe und in den einzelnen Fällen auch im Landtag vertreten. Als am 20. September in der Landtagssitzung u. a. zur Erhebung in den Adelsstand auch J. Trausch vorgeschlagen wurde, blieb, da die Sache vorher nicht besprochen worden war, die Einsprache aus. Im Anschluß daran erklärte Löw, daß er auf der herkömmlichen Einsprache beharren müsse, um so mehr als seine Instruktion ausspreche, daß „die Sachsen, welche sich Armales mit einem ungrischen Prädikate erteilen lassen und ansuchen, alle durch diese Änderung des Namens ihren Austritt aus dem Verbande der Nation zu erkennen geben." Er begründete den Antrag mit dem Hinweis darauf, daß die sächsische Nation ihren Bestand und die Aufrechthaltung ihrer Nationalität vorzugsweise dem Umstande verdanke, daß sie imstande gewesen sei, die Ausbildung eines Adels in ihrer Mitte zu hindern und ein freies Bürgertum in seiner Reinheit aufrecht zu erhalten. Schon die Vorfahren hätten den Satz: quia virtus nobilitat hominem aufgestellt[1]), hätten 1791 ausgesprochen, es sei der Vorzug der sächsischen Verfassung, daß alle Sachsen gleiche Rechte, gleiche Freiheiten, das nämliche Grundprivilegium, einerlei Gesetz hätten. Die Erteilung des Adels an Sachsen verwirre die verfassungsmäßigen Ansichten über die Gleichheit der Sachsen unter einander, bei denen von einer Erhebung in den Adelsstand nicht geredet werden könne. Bei der Empfehlung zu Adelsverleihungen durch die Stände hätten die Sachsen selbst keinen Einfluß darauf; wer aber von den beiden andern Ständen empfohlen werde, werde natürlich sich bestreben, diesen zu gefallen und die sächsischen Interessen hintansetzen. In der Tat beschlossen die Sachsen, es solle die bisher beachtete Vorsicht weiter geübt werden und im Landtag erklärt werden, daß der Geadelte auf Sachsenboden keine adligen Rechte in Anspruch nehmen dürfe. In der nächsten Sitzung meldete der so eben zum Adel vorgeschlagene Trausch und Fr. Binder von Bidersfeld Sondermeinung an, der Landtag habe das Recht zu Vorschlägen, die Krone zur Nobilitierung angesehener Männer; viele von den Geadelten hätten den Sachsen gute Dienste geleistet, gegen die Entwicklung einer bevorrechteten Adelsklasse schütze die Sachsen ihre vortreffliche Verfassung. Ein Beschluß, daß auch sächsische Männer ein magyarisches Prädikat führen müßten, wenn sie geadelt würden, sei nicht gefaßt worden.

Die Schwabeneinwanderung brachten die Kronstädter Deputierten zur Verhandlung; es werde gut sein, für den Fall gerüstet zu sein, wenn die Stände die Frage, die das Land damals vielfach beschäftigte, auf die Tagesordnung setzten, eventuell durch ein Kolonisationsgesetz die Rechte und Freiheiten der Nation in Gefahr brächten. Die Sachsen hätten das Recht, auf ihrem Grund und Boden anzusiedeln, wen sie wollten. Am 22. Oktober 1847 legte Hann der Nationalversammlung ein eingehendes Gutachten vor, das zum Schluß kam, daß die Einwanderung deutscher Ausländer auf Sachsenboden ebenso gesetz- und rechtmäßig, wie staatswirtschaftlich gut und notwendig und politisch begründet sei. Darauf solle die Nation stehen, falls die Angelegenheit im Landtag zur Sprache käme. Doch ist das nicht geschehen.

Da das Sprachengesetz noch während des Landtags die k. Bestätigung gefunden hatte, wurden seine Bestimmungen schon für die

---

[1]) S. Band I, S. 355.

weitern Beschlüsse maßgebend. Eine Menge Berichte und Vorstellungen hatte der Landtag zurückgehalten, um sie nun in magyarischer Sprache vorzulegen. Am 10. November 1847 erfolgte der förmliche Schluß des Landtags. Puchner verließ Klausenburg ohne Aufsehen, was nicht dazu beitrug, ihn den Adligen imponierend erscheinen zu lassen. Er hatte vielfach unter der Ratlosigkeit zu leiden gehabt, in der ihn die Regierung ließ, die eben selbst nicht feste Ziele hatte. Puchner getraute sich nicht, offen mit Bedeus zu verkehren. Wollte er von ihm, dem Oberlandeskommissär, etwas erfahren, so trafen sie sich außerhalb der Stadt auf einem Spaziergang; das Denunziantenwesen blühte, von Wien aus unterstützt, als ob damit das Vaterland zu retten sei.

Der Landtag aber, der eben zu Ende gegangen war, hatte die Reformarbeit, wenn auch in ungenügender Weise, doch aufgenommen, weiteres sollte folgen.

Das wichtigste Ergebnis war das veränderte Verhältnis der Sachsen zu den beiden andern Ständen. Wie seltsam hatten sich die Geschicke doch gewandelt. Der gemeinsame Kampf um das allseitig verlorene Recht hatte alle drei Stände — den Adel, die Szekler und die Sachsen — auf den ersten Landtagen zusammengeführt, eine gegenseitige Annäherung, ein besseres Verständnis sowohl der gemeinsamen Interessen als auch der Bedürfnisse der einzelnen Nationen schien sich vorzubereiten und auf dem Boden der Interessengemeinschaft eine gemeinsame Arbeit für das öffentliche Wohl zu ermöglichen. Zum zweitenmal hatten die Sachsen von den Magyaren, im weitern Sinn von Ungarn, die Anregung zum energischen Eintreten für ihr Recht erhalten, wie einst gegen die Josefinischen Reformen so jetzt; sie wären allein nicht so bald dazu gekommen. Dankbar erkannten sie das an. Aber nun wiederholte sich, was im Einzelleben oft tragisch zwischen Männer tritt: auf ein allgemeines Ziel gehts freudig und in gemeinsamem Lauf, aber wenn es bestimmter wird, dann fällt hier und dort einer ab und verliert sich vielleicht gar im Gegensatz.

Den trennenden Keil trieb die Sprachenfrage zwischen die Stände und, da in ihr eben sich der Kampf für das eigne Volkstum konzentrierte, der in ihr enthaltene Nationalitätenkampf. Dabei waren alle drei Stände von dem Gedanken der modernen Gleichberechtigung gleich weit entfernt. Der Adel und die Szekler wollten Vorherrschaft der magyarischen Sprache und dieselben Sachsen, die für die Gleichberechtigung der deutschen Sprache eintraten, wollten weder den Brooser Magyaren noch den walachischen Gemeinden im Sachsenland ihre Sprache zugestehen, die alte Auffassung des territorialen Rechts, das die Geschichte Siebenbürgens bis in die sechziger Jahre beherrscht, bestimmte die Haltung. Wie im Mittelalter einst der Grundsatz cujus regio ejus religio den härtesten Druck in religiösen Fragen begründet und verteidigt hatte, so sollte jetzt die sprachliche Gleichberechtigung die einzelnen Landesteile scheiden; im Komitat und Szeklerland alles magyarisch, ohne Rücksicht auf deutsche und walachische Gemeinden, im Sachsenland alles deutsch mit derselben Rücksichtslosigkeit gegen magyarische und walachische Gemeinden. Da der Adel eine Art Hegemonie über das Land überhaupt für sich in Anspruch nahm, so folgte daraus das Verlangen nach der Hegemonie der magyarischen Sprache im Lande. Und hier begannen nun die Schwesterstände die Sachsen bald nicht zu verstehen. Ihr Trachten, im eignen Land, dem alten freien „Königsboden", das eigne Volkstum zu sichern, das nur dem gleichen Trachten der beiden andern Stände entsprach, wurde als unpatriotisch gebrandmarkt, während es ebenso eine Pflicht gegen das Vaterland als gegen sich selbst einschloß. Im Februar 1845 hieß es in Wien: „Die feindselige Stimmung der Siebenbürger Magyaren gegen die Sachsen dauert fort, auch der Gouverneur ist nicht frei davon" und am Schluß des Landtags 1847 schrieb Bedeus, daß wenn es einen Streifzug gegen die Sachsen gegolten, dann hätten sich dazu Alle vereinigt, Katholiken und Reformierte, Konservative und Liberale, Magyaren und Walachen, Anhänger und Gegner der Regierung. Er sah die Ursachen in einem Dreifachen: weil sie deutsch seien und deutsch bleiben wollten, weil sie Anhänger der Regierung seien und weil ihre bürgerliche Verfassung dem Adel ein Dorn im Auge sei.

Diese Erfahrungen aber drängten die Sachsen noch mehr dazu, die innere Kräftigung mit allen Mitteln durchzuführen. Die Arbeit war zielbewußt und allseitig aufgenommen worden. Sie drückt der ganzen Periode ihren Charakter auf.

XI.

Das wirtschaftliche und geistige Leben vor der Revolution.

Das religiöse und nationale Leben, die Kräfte der Religion und des Nationalbewußtseins, sind wohl mannigfach von einander verschieden, aber in einem treffen sie zusammen; wo sie in voller Stärke lebendig werden, sei es bei einem einzelnen Menschen oder bei einem ganzen Volk, da wandeln sie alle Verhältnisse um, es sind zentrale Kräfte, die sich alle andern in ihren Dienst stellen. Für diese Kraft des nationalen Lebens liefert die Zeit seines Neuerwachens auch inmitten unseres Volkes in den Jahren 1830—48 einen vollen Beweis. Im selben Augenblick, wo der nationale Gedanke erwachte, begann in seinem Dienst ein neues Leben, ein Erwachen all der schlummernden Kräfte, die das Volk in sich trug. Der Vergleich mit der Zeit vor fünfzig Jahren, da eine ähnliche Bewegung in der Josefinischen Periode sich zeigte, ist in der Ähnlichkeit der Erscheinungen begründet. Beidemal schien das nationale Leben bedroht, und um es zu schützen nahm das Volk den Kampf um das Recht auf, die Literatur trat in die Schranken, alle guten Geister wurden im Volk lebendig und alle Kräfte stellten sich vereint in den Dienst des einen Gedankens. Aber auch hier zeigt sich, daß die Geschichte nie sich einfach wiederholt. Der Kampf am Ende des 18. Jahrhunderts war von der Aufhebung der Verfassung durch Josef II. ausgegangen, sein Ziel war die Wiederherstellung der Verhältnisse, wie sie ehedem bestanden, es sollten Bürgschaften für das Recht geschaffen werden, daß es nicht mehr umgestoßen werden könne; dieses Recht verbürgte die nationale Entwicklung. Der Kampf hatte die Überzeugung in den Herzen der Besten geweckt, daß Tugend und Tüchtigkeit die Grundlage für die Erhaltung auch des Volksrechts abgeben müßten. Auch jetzt galt er der Erhaltung des Rechts, aber die führenden Geister hatten erkannt, daß solches zuletzt doch bloß die Form sei, die mit Inhalt gefüllt werden müsse. Damals wollten sie zerstörte Verhältnisse wieder herstellen, jetzt sahen sie, daß eine innere Erneuerung des gesamten Volkslebens notwendig sei, wenn das Volkstum nicht zugrunde gehen sollte. Die Arbeit wurde umfassender, tiefer als jemals aufgenommen, kein Stand, kein Zweig blieb unbeachtet, das geistige und wirtschaftliche Leben, der Bürger wie der Bauer, der Beamte und der Geistliche, die Stadt und das Dorf, das politische und das kirchliche Leben, alles erschien als Teil des Ganzen, bestimmt dem Ganzen zu dienen, alles sollte mit neuer Kraft erfüllt, mit neuen Mitteln ausgerüstet werden, um das Eine fördern zu helfen, dieses Volk deutsch zu erhalten. Eine Erziehungsarbeit des ganzen Volkes breitete sich vor dem staunenden Auge aus, denn furchtbar ernst erkannten die Berufenen, daß für die Zukunft dieses Volkes nur eine Bürgschaft Erfolg verspreche, es durch und durch tüchtig zu machen.

Diese Arbeit zur Hebung des eignen Volkes war zum guten Teil auch ein Wiederschein der Arbeit in Ungarn, insbesonders auf wirtschaftlichem Gebiet, wo der Gedanke Szechenyis, daß die wirtschaftliche Hebung des Volkes auch seine politische Kraft vermehre und erst dauerhaft machen könne, Leben gewonnen hatte, dort eine Einwirkung deutscher und englischer Einflüsse, die unter den Magyaren erfolgreiche Aufgaben zu lösen versuchte. Daß wir zuerst mit der Schule begannen, unbewußt und ohne Ahnung, daß damit die große Reformarbeit überhaupt beginne, war ein Ausdruck des innerlichen deutschen Wesens, das der idealen Bildungsmächte nie entbehren kann. Es mahnt an Kolonistenarbeit dieses emsige Treiben, dieses allseitige Sorgen und Drängen, an den Bienenschwarm im Frühling, in dem Alles sich zu rühren beginnt:

>Auferwacht
>Ist mein Volk aus langer Nacht!

Die Reformarbeit auf dem Schulgebiet knüpfte von selbst an die vorhergegangenen Arbeiten an. Der Gymnasialplan, den das Oberkonsistorium der ev. Kirche im Jahre 1823 der höhern Genehmigung vorgelegt hatte, erhielt diese, entsprechend der Saumseligkeit der Verwaltung, unter dem 29. Oktober 1831 und als er im folgenden Jahr zur Befolgung hinausgegeben wurde, hatte es keinen Erfolg, so daß das Konsistorium 1833 eine neuerliche Beratung und Ergänzung desselben vornehmen ließ, infolge deren nun erst (1835—36) die allmähliche Einführung geschah, jedoch mit solcher Freiheit in den einzelnen Orten, daß von einer Gleichheit oder auch nur Gleichförmigkeit wenig zu finden war. Doch befahl das Oberkonsistorium, daß hinfort niemand an einem Gymnasium angestellt werden dürfe, der nicht drei Jahre in Wien oder zwei Jahre in Berlin studiert habe, desgleichen daß nur taugliche Individuen an allen andern Schulen anzustellen seien. Die Wandlung der Zeit ließ aber bei Beratung der Schulfragen erkennen, daß für die zukünftigen Handwerker in den Gelehrtenschulen nicht genügend gesorgt werde, eine Erfahrung, die früher schon in Deutschland zu besondern Schulanstalten für diese geführt hatte und hier von 1837 an zur Gründung von Bürger- (Gewerbe-, Real-) Schulen führte. Mit Schrecken gewahrte man, daß der zukünftige „Bürger", der hier berufen war, in Kommunität und Stuhlsversammlung zu den wichtigsten und höchsten Fragen des Volkes und des Vaterlandes zu reden, nicht nur von seinem Gewerbe wenig verstand, sondern auch von der Bildung, die die Zeit erforderte, wenig sein eigen nannte. Seit 1838 richteten die sächsischen Städte nacheinander diese neue Schulart ein, auch Sonntagsschulen, die lange Zeit nicht als gleichwertig mit dem Gymnasium angesehen wurden, aber doch allmählich sich Bahn brachen. Unter welchen allgemeinen nationalen Gedanken die Gründung der Gewerbeschule stand, bewies ein Brief Rosenfelds († 1869), wahrscheinlich an Stadtpfarrer Roth in Hermannstadt (dd. 17. Mai 1842), in dem es heißt: „Ich glaube erkannt zu haben, daß seit der stetig zunehmenden Verarmung des Gewerbestandes auch die politische Geltung der sächsischen Nation im Sinken begriffen ist. Wenn diese Wahrnehmung gegründet, wenn es überhaupt richtig ist, daß Reichtum und Einfluß bei Individuen wie bei Völkern gleichen Schritt halten, so muß unsre Aufgabe zunächst dahin gehen, Gewerbe und Handel als die Grundpfeiler des gemeinen Wohlstandes zu beleben und zu kräftigen; die Rückwirkung auf den Landbau, sowie der Einfluß nach außen, wird dann nicht ausbleiben."

Aber der Gedanke der Zusammenfassung der Kräfte zeitigte auch noch einen andern Plan. Die Tatsache, daß ein Teil der Gymnasien ihre Schüler nicht genügend reif für die Universität entließ, veranlaßte das Oberkonsistorium zur Erwägung, ob es sich nicht empfehle, eine gemeinsame Zentralbildungsanstalt über den Gymnasien zu errichten. Der Gedanke war auch sonst erwogen worden, und als Schäßburg 1836 bei der Universität einschritt, es möge aus Nationalmitteln ihm eine Dotation von jährlich hundert Gulden zur Errichtung einer Konrektorstelle bewilligt werden, schrieb die Regierung zurück, ob es nicht besser sein werde, auf Kosten der Universität einen philosophischen Kurs einzurichten, nach dessen Absolvierung die jungen Leute dann besser vorgebildet zur Hochschule gehen könnten. So sehr der Gedanke in Hermannstadt Zustimmung fand, so entschiedenem Widerspruch begegnete er sonst. Vergebens wurde darauf hingewiesen, daß den bestehenden Gymnasien kein Eintrag geschehen solle, es entstand ein Sturm gegen den Gedanken im ganzen Volk, Schäßburg und Bistritz führten die Kolonne und der Antrag wurde aus politischen, intellektuellen, moralischen und ökonomischen Gründen abgelehnt. So groß war noch der Sondergeist im Volk.

Die einzelnen Orte arbeiteten für den Fortschritt ihrer Schulen. In Schäßburg erzog Rektor Binder, der spätere Bischof, ein neues Geschlecht, in Kronstadt war das neue Gymnasialgebäude gebaut worden, das 1836 bei der Prüfung im Februar eingeweiht wurde, wobei Stadtpfarrer und Rektor lateinische Reden hielten.

Aber dieselbe Zeit gebar zwei andre lebensfähige Gedanken, die Unterstützung der Gymnasien aus den Mitteln der Nationsuniversität und die Errichtung einer juridischen Fakultät für die zukünftigen sächsischen Juristen.

An die letztere wurde sofort Hand angelegt.

Die Erfahrungen auf den beiden Landtagen in den dreißiger Jahren hatten gezeigt, wie notwendig es sei, tüchtige Verteidiger der nationalen Rechte unter den Beamten zu haben, der stolze Aufschwung der Rechtswissenschaft in Deutschland ließ erkennen, was hier fehlte, die Vorbildung in Vasarhely und Klausenburg erschien als gar zu schwach. So vereinigte sich Oberkonsistorium und Nationsuniversität zum gemeinschaftlichen Werke, zu dem die von den Kirchen in Ungarn erhaltenen juridischen Fakultäten das Vorbild boten. Auch jetzt waren noch nicht gleich alle Stühle zu haben. Bistritz wollte sehr entschieden nichts davon wissen, Schäßburg und Kronstadt glaubten, der Zweck lasse sich erreichen, wenn an allen Gymnasien ein Rechtslehrer angestellt oder der am Hermannstädter Gymnasium angestellte verpflichtet werde, den praktizierenden Rechtskandidaten in den Ferien Vorlesungen zu halten, und Reußmarkt wollte gleich die Errichtung dreier Fakultäten inmitten der Nation. Aber die Zeit führte die Gemüter zusammen. Oberkonsistorium und Nationsuniversität beschlossen die Fakultät, wieder dauerte es mehrere Jahre, bis die Bestätigung der Regierung zu erhalten war, aber am 2. November 1844 konnte die neue Anstalt feierlich eröffnet werden, Gottfried Müller war Rektor, F. A. Zimmermann, Glatz, Hann die ersten Professoren. Im Sinn alter Überlieferung und den Forderungen der neuen Zeit entsprechend bezeichnete das Oberkonsistorium als Ziel der Fakultät: „es sollten sich die sächsischen Jünglinge, nebst gründlicher Kenntnisse des allgemeinen Rechts, zu Schirmern und Pflegern der besondern Rechte ihres Volkes heranbilden."

Der Gedanke, daß es notwendig sei, das Schulwesen zu verbessern, ergriff immer größere Kreise. Zum zweitenmal regte St. L. Roth die Herausgabe einer Schul- und Kirchenzeitung an, auch diesmal vergebens. Aber an den einzelnen Orten wich die Besprechung von Schul- und Kirchenangelegenheiten nicht von der Tagesordnung. In Hermannstadt hatte schon 1840 ein Kreis warmer Schulfreunde einen pädagogischen Verein gegründet, der die Verbesserung des Schulwesens erstrebte, an andern Orten geschah Ähnliches, wenn auch nicht in den festen Formen eines Vereins. Im Landeskundeverein bildete sich eine pädagogische Sektion, die 1844 den glücklichen Gedanken der Lustrierungen unsrer Gymnasien anregte, um die nötige Einheit und Gleichförmigkeit in den Schulen herbeizuführen und um den Lehrern einen regen Gedankenaustausch zu ermöglichen, der zugleich zu schönem Wetteifer anspornen werde. Zusammenfassung der Kräfte, Einigung war auch hier der neue treibende Gedanke, seine Träger die Jugend der Zeit: Zimmermann, Schneider, A. Bergleiter, Schiel, Gooß, Teutsch, Geltch, in dieser Frage unter der Führung des ältern J. C. Schuller. Das Oberkonsistorium ging auf den Gedanken ein, 1844 fand die Lustrierung in Hermannstadt statt, 1845 in Kronstadt, 1846 in Schäßburg, 1848 in Mediasch. Es waren Tage edelster geistiger Anregung, bei denen die Gymnasiallehrer sich näher traten, an der Größe ihrer idealen Arbeit sich erhoben und mithalfen, die Schranken des Vorurteils, des engherzigen Sondergeistes langsam beiseite zu schieben. Im Jahre 1840 beschloß die Nationsuniversität, angesichts der allseitig steigenden Bedürfnisse, die Beihülfe der Nationalkasse an die 11 sächsischen Kreise von 11.000 fl. auf 22.000 fl. zu erhöhen, wesentlich mit der Begründung, die Bildungsanstalten in der Nation sollten damit gehoben werden.

Am selben Tage, als das Oberkonsistorium die Lustrierungen beschloß, legte Bedeus, damals dessen Vorsitzer, ihm einen eingehenden Plan über die gleichmäßige Einrichtung sämtlicher Gymnasien und über eine ausgiebigere Unterstützung des Hermannstädter und Schäßburger Gymnasiums vor. In der Begründung klangen die Gedanken nach, die zuerst von Szechenyi getragen in Ungarn der neuen Bewegung Bedeutung gegeben hatten, daß nämlich auch das sächsische Volk sein Heil „in der überwiegenden Intelligenz und Industrie" zu suchen habe. Durch die bessere Dotierung sollten jene beiden Gymnasien in den Stand gesetzt werden, Lehrer zu bekommen, die sich verpflichteten, mindestens fünfzehn Jahre zu dienen, so daß ein schädigender rascher Wechsel vermieden werde. Es war erklärlich, daß diesem Gedanken der andre entgegengestellt wurde, daß alle fünf Gymnasien aus Nationalmitteln zu dotieren seien und, da solches im Augenblick nicht ging, auch der Antrag von Bedeus fiel. Aber der Gedanke der Schuldotation aus den Mitteln der Nationsuniversität blieb unverloren.

Bedeus versuchte nun die Schulverbesserung an einem andern Ende anzufassen. Die Kandidatenprüfungen vor den Domestikalkonsistorien waren reine Formsache geworden; so stellte er den Antrag, noch einmal den Versuch zu machen, diese Prüfungen dem Oberkonsistorium zuzuweisen. Und was früher nicht gelungen war, gelang jetzt. Eine neue Prüfungsordnung richtete diese Prüfungen vor dem Oberkonsistorium ein und die Domestikalkonsistorien ließen ihre Prüfungen fallen, als nur die Absicht der Neueinrichtung bekannt wurde. Da aber die neue Ordnung erst am 10. März 1848 endgültig festgestellt wurde und die Revolution und was an sie sich schloß ihre Durchführung bis 1857 hinderte, so hat es ein Jahrzehnt lang überhaupt für die Kandidaten des Lehramts und der Theologie hier keine Prüfungen gegeben. Doch stammten nicht die schlechtesten Lehrer und Pfarrer grade aus dieser Zeit; zu ihnen gehörte u. a. der spätere Bischof Müller. Grade in Lehrerkreisen aber wurde die Erkenntnis allgemein, daß mit Flickwerk nicht weiter zu kommen sei, daß die ganze Schulorganisation einer gründlichen Reform unterzogen werden müsse. Im Jahre 1848 war schon eine Schulkonferenz zur Beratung der Angelegenheit geplant, aber der Sturm der Zeit hinderte sie.

Er hinderte aber nicht die Besprechung von Schulfragen in den Zeitungen. Kaum eine Frage, die nicht erörtert wurde und jede Erörterung stand unter dem allgemeinen Gedanken, daß die Schule in erster Reihe berufen sei, eine Stütze des Volkstums zu sein.

Nicht so leicht fanden neue Gedanken in den kirchlichen Kreisen Eingang. Die ungesunde Absperrung der einzelnen „Promotionskreise" gegen einander hatte ihre bittern Früchte getragen, der Gedanke der Gemeinsamkeit war aus der Kirche geschwunden. Vergebens trat St. L. Roth für die Schaffung der alten Einheit ein, vergebens schrieb der Schäßburger junge Lehrer G. D. Teutsch flammende Worte gegen die damals geltende Pfarrwahlnorm und trat für Abschaffung der trennenden Haupt- und Neben-Promotionskreise ein; noch wollte man davon nichts wissen. Selbstherrlich standen die Kapitel neben und noch häufiger gegen einander. Ob dem Pfarrer von Reußen ein Rang gebühre oder bloß ein Platz, war der Gegenstand heftigen Streites zwischen dem Schelker Kapitel und den Transfrigidani, den Angehörigen der Kaltwasser-Surrogatie; in Hermannstadt stritten sie, wer am Hufeisentisch im Hermannstädter Kapitel zu sitzen habe und wer nicht; zwischen Schenk und Hermannstadt, ob das Schenker Kapitel vom Hermannstädter abhängig sei. Solche und ähnliche Fragen erregten die Gemüter. Dazu kam der immer unleidlicher werdende Dualismus der Doppelregierung durch Konsistorium und Synode, der zuletzt den Erfolg hatte, daß man keinem von beiden gehorchte. Es war doch bezeichnend, daß Bischof Bergleiter in der ersten

Synode, die er hielt (1834), den Wunsch aussprach, es möchten ihre Beschlüsse auch ins Leben treten. Zum Kampf für das Recht der Kirche hatte sich das Oberkonsistorium durch das Beispiel der reformierten Schwesterkirche treiben lassen, Arbeiten für das Innerleben gerieten ins Stocken. Wieder war es Bergleiter, der 1834 den Gedanken einer neuen Agende anregte, die dringend nötig war und die schon 1783 im Zusammenhang mit den Arbeiten für das neue Gesangbuch und die neue Liturgie ins Auge gefaßt war; es geschah nichts. Nicht einmal dazu konnten die Kapitel gebracht werden, ihre Archive in Ordnung zu halten und authentische Protokolle über die Synoden sich zu verschaffen. In Reps beschlossen sie statutarisch, nur Stuhlskinder zu Lehrern anzustellen und als der Beschluß in der Zeitung scharf angegriffen wurde, versuchten sie mit allen Mitteln den Frevler zu erkunden, der solches geschrieben hatte, um ihn bestrafen zu lassen; es war G. D. Teutsch gewesen.

Im Jahre 1843 wurde G. P. Binder Bergleiters Nachfolger († 1867). Es war bezeichnend, daß das Mediascher Domestikalkonsistorium ihn nicht kandidiert hatte, das Oberkonsistorium setzte ihn in die Liste an Stelle des Hermannstädter Stadtpfarrers Roth, der um seine Streichung gebeten hatte. Eine „säkulare" Erscheinung von wunderbarer Tiefe und umfassendem Wissen, in dem Glauben und Wissen, Religion und Leben in vollendetem Einklang standen, ein Mann der Milde und Weisheit, so war er berufen, in kampfreicher Zeit ein Mann des Friedens zu sein. „Nur ein über seine äußere und innere Welt wahrhaft aufgeklärtes, in seinen Bedürfnissen und Bestrebungen bescheidenes und gemäßigtes und nach möglichst kräftiger und gewissenhafter Pflichterfüllung in die väterlichen Fügungen Gottes frommergebenes Volk kann am Ende und in Wahrheit auch ein glückliches Volk sein", so sprach er am Beginn seines Amtes, in dessen Führung er edelsten Humanismus, „mit der ewig wahren und ewig jungen Religion Jesu" verband, ein Hohepriester der Berufstreue, des Lichts und der Liebe, dessen Bild den Zeitgenossen tief in der Seele haften blieb; „er hat als Mensch und Staatsbürger das Höchste erreicht, was ich in unsern Verhältnissen für erreichbar halte", urteilte ein tüchtiger Zeitgenosse über ihn. Er nahm die Kirchenvisitationen neu auf, in der Verehrung seiner Person fand die Kirche sich zuerst aufs neue als ein zusammengehöriges Ganzes wieder. Aber wie die Fragen des Tages, die Sorge um die Fortdauer des Volkes auch in die Kirche hineinschlugen, dafür gab der Bischof selbst ein Zeugnis, da er 1845 in Kronstadt über die Ursachen predigte, die ein Volk seinem Untergang entgegenführen und die Heilmittel, die das Christentum dagegen darreiche.

Diejenigen, die bestimmt waren, die neue Zeit auch in der Kirche einzuführen, dienten damals als junge begeisterte Lehrer an den Gymnasien, eine hochgemute Schar, die unter elendesten Gehaltsverhältnissen im Kampf mit dem Tage das Bibelwort bewährten, daß der Geist es ist, der lebendig macht. In Hermannstadt unter Phleps die Brüder Fuß, Schneider, Michaelis, A. Bergleiter, in Mediasch K. Brandsch, in Schäßburg M. Schuller, C. Gooß, M. A. Schuster, G. D. Teutsch, in Kronstadt S. Schiel, Giesel, Dück, in Bistritz Kelp und Budaker. Gerade diese Garde aber war nicht nur auf dem Gebiet der Schule tätig, die sie mit eignen Lehrbüchern oder doch geschriebenen Heften zu versorgen sich bemühte, sondern auf allen Gebieten rührig, dem Fortschritt die Wege zu öffnen.

Denn dieses — der Fortschritt — war das Losungswort geworden, der Zauber, mit dem alter Bann, der auf dem Volk lag, gelöst werden sollte. Als Mittel des Fortschritts, die nie versagen könnten, erschien jenem Geschlecht die Vereinigung, die sonst in der Welt, soeben auch in Ungarn, ihre Kraft gezeigt hatte und die Publizistik, das Wort der Presse, das an tausende sich richtete, die neue Großmacht, die damals zuerst Triumphe feierte.

So sind jene Jahre die Zeiten unsrer Vereinsgründungen geworden.

Sie gingen zunächst von lokalen Bedürfnissen aus und hatten wirtschaftliche Hebung des Volkes im Auge. Voran gingen Sparkassen, deren erste in Kronstadt 1835 von P. T. Lange gegründet wurde, das erste derartige Institut im gesamten Umfang der Länder der ungarischen Krone, das nicht die Bereicherung der Gründer, sondern Förderung humaner Zwecke und des öffentlichen Wohls sich zum Ziele setzte. Im Jahre 1841 folgte Hermannstadt, wo M. Herbert Jahrzehnte lang die Seele der Anstalt war.

Mit kleinen Mitteln fing die Anstalt an. Siebenundachtzig Männer taten sich zusammen und legten, die meisten bloß 10 fl. C.-M. zusammen und verpflichteten sich, sie fünf Jahre nicht zu beheben (zusammen 1322 fl. C.-M.). Damit eröffnete die Hermannstädter Sparkasse, — eine „allerhöchste Hofentscheidung" war zur Bestätigung notwendig gewesen — ihre Arbeit. Als Zweck bezeichneten die ersten Statuten: „Jedermann das geeigneteste Mittel an die Hand zu geben, vom mühsamen Erwerb oder Ersparnis in gesunden Tagen, oder von erhaltenen Geschenken, dann und wann etwas zurückzulegen, solches auf die sicherste Art durch Interessen zu vermehren, um es entweder im Alter oder zur einstigen Aussteuer, oder zur Handwerkseinrichtung oder zur Aushilfe in Krankheit u. dgl. m. verwenden zu können."

„Junge Leute vor unnötigen Ausgaben ihrer Barschaft zu bewahren, und beizeiten zu einer vernünftigen Sparsamkeit zu gewöhnen."

„Die vielen unbenützt liegenden kleinen Geldsummen dem öffentlichen Verkehr zuzuwenden", endlich

„einen Fond zu wohltätigen Zwecken zu gründen."

Der Schuldner verpflichtete sich, das Kapital nicht nur pünktlich, sondern „mit Dank" zurückzuzahlen.

Der Idealismus der wachsenden Zeit lag auch in dieser neuen Arbeit. Die Kronstädter Pensionsanstalt 1843, eine Rentenanstalt, versuchte mit einem neuen Gedanken, 1840 wurde der erste Gewerbeverein in Hermannstadt gegründet, in Kronstadt 1841, in Bistritz und Mediasch 1844, in Schäßburg 1847 (doch erst 1849 bestätigt). Bei all diesen Vereinigungen stand im Vordergrund der Gedanke, Gewerbe und Handel zu heben, Arbeitsamkeit und Sparsamkeit zu beleben, — die ersten Enthaltsamkeitsvereine entstanden damals — den Kredit zu mehren, die Bedingungen einer modernen Wirtschaft zu schaffen, den Stillstand auch im wirtschaftlichen Leben zu überwinden. Die Hermannstädter und Kronstädter Sparkasse verzichteten auf jeden Gewinn für die Gründer und Mitglieder und widmeten den Reingewinn grundsätzlich allgemeinen Zwecken. Der Volkswohlstand sollte gehoben und damit eine neue Waffe im Kampf für das Volkstum geschaffen werden. Noch gab man im Lande für ein Darlehen von 50 Gulden W. W. als Zinsen 50 Arbeitstage, für 100 fl. 10 Viertel reinen Weizen; das änderte sich nun langsam.

Gerade Gewerbe und Handel bedurften allerdings der steigenden Fürsorge. Draußen hatte sich die Welt gewandelt, Schienenwege verbanden die Länder miteinander, Dampfschiffe durchfurchten die Meere und belebten die Ströme, die Wunderkraft des Dampfes begann seine Wirkungen zu üben, und hier freuten sie sich, daß (1844) der Postwagen von Wien alle zehn Tage nach Hermannstadt fuhr, wo er am zehnten Tag eintraf, während er jeden zweiten Dienstag von hier nach Wien ging. Zwischen Hermannstadt und Klausenburg verkehrte die Post wöchentlich einmal hin und her, von Hermannstadt nach Schäßburg fuhr der gute Fuhrmann zwei Tage, vier bis nach Kronstadt und Bistritz. Die Fortschritte der Technik hatten „draußen" neue Arten und neue Formen des Betriebes in fast jedem Handwerk geschaffen, die Grenzen der einzelnen waren verrückt worden, hier stritten die versteinerten Zünfte heftig miteinander um urkundlich begründete Vorrechte und das Publikum litt darunter. Der Wettkampf mit der Industrie nötigte das Handwerk, sich alles dienstbar zu machen, um rascher und billiger und besser zu produzieren, und hier wollte niemand anders arbeiten als der Vater und Großvater es getan. Die Konkurrenz zwang sonst zur Anspannung aller Kräfte, auch hier begann jedes Haus sie zu fühlen, aber die Zünfte wollten sich schützen, indem sie die Zahl der Meister beschränkten oder niemanden in die Zunft aufnahmen, der „ein Fremder" war d. h. im Nachbarort geboren war. Das Naturgesetz der modernen Volkswirtschaft, kleinen Gewinn durch raschen Umsatz zu mehren, war hier ganz unbekannt.

Vieles hatte dazu beigetragen, Handel und Gewerbe zurückzudrängen. Die Mißbräuche, die sich in die Zünfte eingeschlichen hatten, die Starrheit und der Zwang, die jede freie Kraftentfaltung hinderte, lähmten auch die Arbeit der Besten. Dazu kam der Mangel an Absatz. Aus den Donaufürstentümern verdrängten die englischen und österreichischen Waren, die auf dem Wasserweg hingeführt wurden, die sächsischen Erzeugnisse, die Kontumazen hinderten auch die geringe Ausfuhr. So sank das Gewerbe rapid. Noch rechnete (1843) die Heltauer Wolltuchfabrikation auf einen Umsatz von 200.000 Gulden jährlich, die Ausfuhr der unter dem Namen Brassovian bekannten Waren schätzte man auf über eine Million, Schafwolle und Tierhäute gingen nach Debrezin, Pest, Wien, der siebenbürgische Fuhrmann mit seinen 14—16 Pferden war eine bekannte Erscheinung, und doch spürte das Land überall den Rückgang. Schon 1839 klagte Kronstadt darüber. Noch führten die Drechsler ihre Waren in die Walachei, aber die Hutmacher machten nur grobe Bauernhüte, die Seidenhüte wurden billig eingeführt. Die Seiler, Sattler, Tischler, Schuster, Klempfner hatten verhältnismäßig große Ausfuhr in die Walachei und in die Türkei hinein, die Seifensieder führten ihre Kerzen nach Ungarn, die Kürschner ihre Waren bis nach Wien. Die Lederfabrik des Georg Dück sah schon die Konkurrenz mit eingeführtem Leder von Wien und Pest wachsen, das Maschinengarn verdrängte die Baumwollspinnereien und die Tuchmacher konnten die Konkurrenz mit auswärtigen Erzeugnissen nicht aufnehmen. Noch bevor der ungarische Schutzverein sich bildete, trat 1839 eine Gesellschaft in Kronstadt zusammen, die mit heimischem Tuch sich kleiden wollte, um den Tuchmachern aufzuhelfen. Der Erfolg war gering, wie ihn die Zeitung vorausgesagt hatte, „bei dem eingewurzelten Vorurteil gegen alles Einheimische, ja man könnte sagen, vornehmer Verachtung und dem vorherrschenden übergroßen Luxus, der besonders die gewerbetreibende Klasse angesteckt hat und mehr noch als das Sinken der Gewerbe und des Handels ihren sichern Ruin herbeiführen muß. Unsere Vorfahren trugen Kleider aus inländischem Tuch und hatten gefüllte Kästen und Truhen, während sie heutzutage, wo freilich der junge Mann Tücher zu 15—20 fl. die Elle trägt, sehr leicht und licht sind." In Kronstadt waren im Jahre 1844 statt der 43 Zünfte im Jahre 1798 nur noch 38, die 1936 Meister jenes Jahres waren auf 1256 gesunken. In Hermannstadt waren seit 1829 die Hutmacher um 17 Meister geringer geworden, die Kürschner um 20, die Leinweber um 17, die Riemer um 12, die Seifensieder um 10, die Tuchmacher ebenso. In Bistritz richtete der unvernünftige Zoll in die Bukowina die Hutmacher zugrunde, 1841/2 wanderten 20 Familien in die Moldau und Walachei, um ihr Gewerbe dort zu treiben. Gerade bei Bistritz zeigte sich, daß an manchem Rückgang auch die Regierung Schuld war, die um diese Dinge überhaupt sich wenig kümmerte. Sie hatte jene erhöhten Zollsätze für die Einfuhr in die Bukowina schon 1833 aufgestellt und alle Schritte der Bistritzer Hut= macher hatten keinen Erfolg. Wohl hatten in Bistritz sich einige Hand= werke seit dem Anfang des Jahrhunderts vermehrt, Lederer, Faßbinder, Schlosser, Tischler hatten an Zahl zugenommen, aber die Leinweber, Knopfstricker, Maurer waren weniger geworden, die Beutler, Fellglänzer, Perückenmacher, Zinngießer waren eingegangen. In Mühlbach konnte man von einem Gewerbe kaum reden. Am beliebtesten sei dort, klagten sie, das müßiggängerische Wirtshaushalten und mit den Händen auf dem Rücken dann und wann die Hausteilungen besuchen. In Schenk und Agnetheln wurde das Handwerk ganz ländlich betrieben. In Mediasch war der Verkauf der Luxusgegenstände am größten, es gab dort die meisten Schuster, Schneider, Kürschner und Musikanten. Besser stand es in Schäßburg. Im Jahre 1846 zählte man 1159 Personen, die beim Handwerk und bei den acht Kaufleuten beschäftigt waren. Voran standen die Weber mit 164 Meistern, 133 Gesellen und 54 Lehrjungen, dann die Tschismenmacher mit 125 Meistern, die Rotgerber mit 58 Meistern, die Hutmacher und Kürschner mit je 38, die Tischler mit 30. Aber auch der Sachse selbst trug am Rückgang Schuld. „Ihm geht der einstige Handels= und Unternehmungsgeist ab — urteilte ein einsichtiger Zeitgenosse — seine altdeutsche Ehrlichkeit grenzt an Engherzigkeit, was ihn zurückhält, sich in Spekulationen einzulassen" und „eine Menge zünftiger und unzünftiger Meister in Hermannstadt wenden den größern Teil ihrer Zeit auf Landwirtschaft, Wein= und sonstige Spekulationen oder behalten, wenn sie in ein untergeordnetes städtisches Amt oder eine Dorfschreiberei treten können, nur noch den Namen von Handwerkern." Der ganze Handel Siebenbürgens war passiv. Das alles sollte nun besser werden. Noch immer war das Gewerbe vornehmlich in sächsischen Händen. Während in ganz Siebenbürgen auf 32 Einwohner ein Handel- und Gewerbetreibender fiel, war im Sachsenland das Verhältnis wie 1:16, wenn die gewerbereichsten Gegenden allein ins Auge gefaßt wurden, sonst wie 1:23. Die eingerichteten Schulen sollten die Bildung des Handwerkers heben, Gewerbeausstellungen, in Kronstadt 1843, in Hermannstadt 1843 und 1844, die errungene Fertigkeit zeigen und weitere Anregung geben, heimische Jünglinge wurden ins Ausland geschickt, sich weiter fortzubilden, es wurde eine Zuckerfabrik in Hermannstadt und Klausenburg, eine Papierfabrik in Orlat, eine Stearinkerzen- und Schwefelsäurefabrik in Hermannstadt, eine Papierfabrik in Freck, eine ganze Anzahl verschiedener Fabriken in Kronstadt gegründet, Proben mit der Seidenzucht wurden in Klausenburg, Kronstadt, Reußmarkt gemacht, auch Reps errichtete eine Sonntagsschule. Bei Gierelsau wurde die Brücke über den Alt gebaut, die sächsische Universität beriet 1843 über die Anlage eines zeitgemäßen Straßensystems.

Das Streben einer „zeitgemäßen Reform" hatte diese Seite des Lebens ergriffen und es hofften viele eine neue Blüte des Handels und der Gewerbe herbeizuführen. Der Landtag von 1841/43 hatte eine systematische Deputation eingesetzt, um eine Gewerbeordnung für das ganze Land auszuarbeiten. Die sächsische Nationsuniversität fürchtete, es würden die sächsischen Verhältnisse nicht genügend dabei berücksichtigt werden und erinnerte sich außerdem an ihr altes Recht, die gewerblichen Angelegenheiten inmitten der Nation selbst zu ordnen, und machte sich daran, für das Sachsenland eine eigne „Gewerbeordnung" zu schaffen. Der Entwurf beruhte auf der Aufrechthaltung der Zunft, deren beengende Fesseln aber zum größten Teil abgestreift wurden. Das Wehen der neuen Zeit zeigte sich auch darin, daß der vorletzte Abschnitt von den Fabriken handelte. Doch kam der Entwurf in den Wirren der folgenden Jahre nicht zur Durchführung.

Zur Hebung von Handel und Gewerbe sollte die Eröffnung der billigern Wasserstraße, aus dem Lande hinaus, die Schiffbarmachung des Altflusses dienen. In Hermannstadt hatte sich eine Gesellschaft gebildet, die am 7. September 1837 das erste Schiff, mit Eisen beladen, von Boicza nach Rimnik fahren ließ, im Jahre 1839 bis in die Donau. Allerdings hatte das Unternehmen nicht den gewünschten Erfolg und die Gesellschaft mußte sich 1844 auflösen, da sie über zu wenig Kapital verfügte, bei der Regierung keine Unterstützung fand und sich in verfehlte Handelsspekulationen eingelassen hatte.

Aber die Reformarbeit hatte nicht bloß Handel und Gewerbe, sondern auch die Landwirtschaft ins Auge gefaßt. Es war zum erstenmal, daß die Intelligenz des Volkes dem Bauernstand ihre Aufmerksamkeit zuwandte, das beste Zeichen für den Umfang und die Tiefe der zum Schutz des Volkstums aufgenommenen Arbeit. Denn der sächsische Bauer war zuletzt der Brunnen, aus dem die Städte sich ergänzten, die Dörfer die Schutzwehren auch der Stadt. Und wenn das Gewerbe der einsichtigsten Fürsorge bedurfte, so bedurfte die Landwirtschaft ihrer nicht weniger. Die Welt hatte ungeahnte Fortschritte auch auf diesem Gebiet gemacht und hier baute der sächsische Bauer seinen Acker wie sein Ahne, der im 12. Jahrhundert vom Rhein eingewandert war, hing an der Dreifelderwirtschaft mit Flurzwang und Brache — ja in Botsch, das auf sein altes jus gladii stolz war, herrschte sogar die Zweifelderwirtschaft — ließ die Jauche zum Hoftor hinausfließen und hatte keine Ahnung von Futterbau und Wechselwirtschaft und daß die Landwirtschaft inzwischen auch eine Kunst geworden war. Wohl hatte die Hermannstädter Kommunität schon 25. Oktober 1838 beschlossen, die Sechsfelderwirtschaft und Stallfütterung einzuführen, aber noch 1846 verlangte die Regierung neue Daten und Aufklärungen und hinderte die Durchführung. Trotzdem hatte die Stadt 1841 mit der Sechsfelderwirtschaft (mit Brache) begonnen, zur großen Unzufriedenheit vieler Gegner. Doch konnten sie nicht hindern, daß der Magistrat im September 1846 vom 1. November 1846 an die Brache auf dem Hermannstädter Hattert gänzlich aufhob, wobei ein dreijähriger Feldwechsel vorgeschrieben wurde. Im Jahre 1847 beschloß die Hermannstädter Stuhlsversammlung, die Hofteilungen dürften nicht getrennt werden, Äcker und Wiesen sollten aufgeteilt werden und die Universität solle ein Statut für das ganze Sachsenland machen. Sechs Joch galt als kleinster Besitz, der den Bauern noch ernähre, aber auch nur so kümmerlich, daß der Besitzer nur dreimal im Jahr Fleisch esse. Im Jahre 1843 hatte St. L. Roth „eine Bittschrift fürs Landvolk" unter dem Titel: Wünsche und Ratschläge herausgegeben, wie alles was er geschrieben mit seinem Herzen geschrieben. Gründliche Umänderung, Reform der ganzen Wirtschaftsweise, das war der Grundgedanke der Schrift, die moderne Wechselwirtschaft sollte an Stelle der Dreifelderwirtschaft treten, der Hans Schlendrian und Michel Vorurteil endgültig abgetan werden, deutsche Landwirte sollten hereingerufen werden und Musterwirtschaften gründen. In Kronstadt besprach ein Freundeskreis bei der Versammlung des Landeskundevereins die Frage. Es traf sich glücklich, daß der deutsche Nationalökonom Fr. List

1841 auf die untern Donaugegenden hinwies, die er deutschen Auswandrern empfahl und im folgenden Jahr die Allgemeine Zeitung in Augsburg gradezu zur Auswanderung nach Siebenbürgen aufrief. Jene Besprechung in Kronstadt führte zum Ergebnis, daß zur Hebung der Landwirtschaft ein Verein gegründet werden solle. Im folgenden Winter wurden die Gedanken und Pläne bei Bedeus in Klausenburg, unter den sächsischen Landtagsmitgliedern und Oberbeamten, weiter erörtert und am 5. März 1845 veröffentlichten zwanzig Männer aus jenen Kreisen das Programm zur Gründung eines siebenbürgisch-sächsischen Landwirtschaftsvereins, dessen Statuten noch im selben Jahre bestätigt wurden, die als Zweck die Hebung des Landbaues im Sachsenlande bezeichneten, als Mittel die Einberufung verständiger deutscher Landwirte, die Errichtung von Musterwirtschaften und die Verbreitung geläuterter Ansichten über den Landbau in Wort und Schrift. Unter den Mitgliedern der ersten Jahre gab es nicht viele Bauern, die meisten aus dem Reußmärkter, Schäßburger und Schenker Stuhl, aus dem Hermannstädter nicht einen einzigen, dem Mediascher einen, dem Kronstädter zwei; es ist das ausschließliche Verdienst der Intelligenz des Volkes, in nimmermüder Arbeit zuletzt doch auch den Bauern dazu bekommen zu haben. Es war eine neue Organisation des ganzen Volkes, nicht nur der Sachsen auf dem alten Königsboden, sondern auch jener auf Komitatsboden, zu einer freien Arbeit im Dienst des Gemeinwohls, auch ein Bote der neuen Zeit. Kleinere örtliche Vereinigungen zu landwirtschaftlichen Zwecken, so eine Gesellschaft in Reußmarkt, verschmolzen mit dem neuen Verein, nur in Großschenk hielt sich der pomologische Verein, dessen Verdienst heute noch das köstliche Obst rühmt, das im Bezirk in hervorragender Weise gepflegt wird. Georg Hann († 1883) war u. a. ein unermüdlicher Vorkämpfer für diesen Fortschritt.

Der neugegründete Verein nahm sofort die Ansiedlung deutscher Landwirte in die Hand. Schon im Jahre 1844 hatte die württembergische Regierung sich durch die Hofkanzlei nach Siebenbürgen gewandt, um Aufklärungen über die Bedingungen zu erhalten, unter denen Auswandrer von dort hier angesiedelt werden könnten, die die Nationsuniversität am 3. Oktober in aufklärender Weise beantwortet hatte. Als nun St. L. Roth 1845 nach Deutschland reiste, erbot er sich zugleich, für Grundbesitzer und Gemeinden, die schwäbische Kolonisten brauchten, solche persönlich zu vermitteln. Es gelang ihm in der Tat. Die ganze Angelegenheit wurde öffentlich betrieben, in den Zeitungen besprochen, Roth klärte auf, die österreichische Gesandtschaft in Stuttgart und die württemberger Regierung stellten Pässe aus und die ersten Familien kamen anstandslos nach Siebenbürgen. Als aber im März 1846 an dreihundert Einwandrer in Wien erschienen, wurde die unter magyarischem Einfluß stehende Hofkanzlei stutzig. Wohl konnte sie nichts Gesetzwidriges konstatieren, trotz der durchsichtigen Absicht, etwas herauszufinden, sie mußte die Leute ziehn lassen; aber nun sorgte sie dafür, daß im Land Lärm geschlagen wurde. Es war nicht zum erstenmal, daß aus politischen Rücksichten eine Maßregel in ein falsches Licht gerückt wurde, man begann diese Einwanderung zur Stärkung des deutschen Elementes in Siebenbürgen als einen Akt des Angriffs gegen die Magyaren darzustellen, die Gereiztheit aus dem unseligen Sprachenkampf spielte hinein, die Hofkanzlei verlangte Rechtfertigungen von Maßregeln, die alle unter ihrer Mitwirkung geschehen waren, stellte die Personen, die dabei mitgewirkt, unter geheime Polizeiaufsicht und wie tief die Gehässigkeit gefressen hatte, bewies das Gubernium, das wenig später die Bitte Roths, ihm die Herausgabe einer ev. Schul- und Kirchenzeitung zu bewilligen, mit der Begründung zurückwies, daß Roth, der durch unvorsichtige Zeitungsartikel die Überschwemmung des Sachsenlandes mit württemberger Einwandrern veranlaßt habe, die er zugrunde gerichtet habe, nicht der Mann von dem gesetzten Urteil und jener maßvollen Gesinnung sei, die man von einem Zeitungsherausgeber verlangen müsse. Eine bewußte Unwahrheit, die nun in den Zeitungen, grade in solchen, die von der Hofkanzlei beeinflußt wurden, weiter behandelt wurde. Die sächsischen Zeitungen schwiegen auch nicht, soweit die sehr willkürlich gehandhabte Zensur sie überhaupt reden ließ, und so vermehrte der Zeitungskampf die Spannung der Gemüter im Lande. Die Einwanderung selbst, der von hier aus abgewinkt werden mußte, auch aus dem Grunde, weil die Sache noch nicht so vorbereitet war, um ungezählte Einwandrer sofort zu unterbringen, die auch von Seite der Bauern nicht sehr freundlich betrachtet wurden, der nun von der Hofkanzlei und der württembergischen Regierung, bald auch von den Zeitungen Hindernisse in den Weg gelegt wurde, geriet ins Stocken und hörte bald ganz auf. Auch in den leitenden sächsischen Kreisen urteilte man, die Sache sei übereilt worden. Es waren im ganzen 407 Familien mit 1886 Köpfen und einem Vermögen von etwa 85.000 fl. ins Land gekommen und an verschiedenen Orten angesiedelt worden. Der kleinere Teil nur waren wirkliche Bauern, die Mehrzahl Handwerker; Musterwirte, wie der landwirtschaftliche Verein sie hatte haben wollen, waren keine darunter. Soweit sie sich im Sachsenland niederließen, verschmolzen sie mit den Sachsen; mehr als einer aber ist hier zu Grunde gegangen.

Die Erörterungen über die Hebung der Landwirtschaft und des Bauernstandes blieben eine ständige Rubrik in der neuen Publizistik unsres Volkes. Die modernen Schlagworte über Zerbisselung des Bodens und Kommassation, Stallfütterung und Wechselwirtschaft, Futterbau und Viehzucht klangen da zum erstenmal an das Ohr des Bauern und W. Löw machte Vorschläge, wie der Zehnte im Sachsenland abgelöst werden könne, indem in Formen, die dem Einzelnen nicht drückend würden, der Kirche, der Besitzerin des Zehntens, diese Ablösung nicht in Geld, sondern in Grund und Boden gegeben werde. Ein schmerzliches Kapitel bildeten die Viehdiebstähle, die das ganze Land heimsuchten, in einem Jahre zählten sie im Burzenland allein über dreihundert Fälle; wie sie abzustellen seien, wurde viel erörtert. Es gemahnt an amerikanische Zustände, wenn die Burgberger, um sich vor den fortwährenden Räubereien und Brandlegungen der Gesäßer zu schützen, als 1834 Burgberg niedergebrannt war, bald darauf in die Nachbargemeinde ritten, sie umstellten und von allen Seiten anzündeten, daß sie in Grund und Boden brannte. Es entstand ein langwieriger Prozeß, den erst das Jahr 1848 begrub. Doch hatte Burgberg, bis auf die Ermordung eines Einwohners durch Gesäßer 1841, hinfort Ruhe.

Noch vor der Gründung des landwirtschaftlichen Vereins war ein andrer Verein gegründet worden, gleichfalls bestimmt, das Volk zu einigen, und zwar auf geistigem Gebiet, der Verein für siebenbürgische Landeskunde. Schon im Jahre 1830 war von Benigni und Neugeboren die Einladung zur Gründung einer Gesellschaft ausgegangen zur Herausgabe von Arbeiten über die vaterländische Geschichte, doch ohne Erfolg. Da ergriff G. Binder 1839 aufs neue die Gelegenheit, einen Verein anzuregen, der „ein deutscher Verein für die Kunde Siebenbürgens" das Land geschichtlich, statistisch und naturwissenschaftlich erforschen solle, die jährlichen Generalversammlungen sollten fünf Tage dauern und allseitige Anregung verbreiten. J. C. Schuller gab dem Gedanken freudige Zustimmung, doch wollte er den Verein nicht bloß als einen deutschen wissen und den wissenschaftlichen Charakter durchaus wahren. Sein warmes Wort, „das Sedezbändchen von vaterländischem Wissen, das jeder sich zusammengelesen hat", zusammenzunehmen und sich jährlich einmal zu sehn „und wäre es auch nur um des Lebensgenusses Willen und um die Vorurteile, die wir gegen einander haben, weil wir uns nicht kennen, abzulegen", fand Wiederhall. Auf Grund eines Aufrufes vom 14. September 1840, unterfertigt von D. und S. Gräser, zwei Senatoren in Mediasch und J. Fabini, Pfarrer in Waldhütten, fand die

Gründung des „Vereins für siebenbürgische Landeskunde" am 8. Oktober in Mediasch statt und die dort festgestellten Statuten erhielten am 11. Mai 1841 die Bestätigung der Regierung. Bei den vorbereitenden Schritten klang immer wieder durch, daß die Vereinigung allein stark mache, daß das Stilleben der vergangenen Jahre überwunden sei, daß es gelte, „dem teuren Vaterlande und mit ihm uns selbst den Anschluß an das übrige gebildete Europa zu sichern". Im Bestätigungsdekret war ausdrücklich betont, daß die Publikationen des Vereins der vorgeschriebenen Zensur zu unterbreiten seien, daß nicht unter dem Vorwand historischer Untersuchungen zur Publikation ungeeignete Aktenstücke veröffentlicht würden und das Gubernium behielt sich vor, so oft es ihm nötig erscheine, von dem Treiben des Vereins sich Kenntnis zu verschaffen. Und nun begann dieser „Verein", wie er schlechtweg im Volke genannt wurde, seine Erziehungsarbeit in dem Volke und an dem Volke, deren Wirkungen in die Tiefe gingen und die Herzen packten. Die allgemeinsten Wirkungen gingen zuerst nicht von seinen Schriften, sondern von seinen Generalversammlungen aus, die als Wanderversammlungen jährlich wechselten. Eine kleine Völkerwanderung fand in der Woche nach Pfingsten statt, für Viele anfangs eine Überraschung, die nicht daran hatten glauben wollen, „daß um idealer Güter Willen die meist karg mit irdischen ausgestatteten Arbeiter auf dem Feld des Geistes, diese daran setzen würden". „Man kann sich" — so schildert G. D. Teutsch, der 1842 Mitglied des Vereins wurde und jene Anfänge an sich selbst erfahren — „in der Gegenwart, der an geistigen Arbeit überreichen, von stürmischem Wechsel so vollen, von schwersten Kämpfen oft so müden, kaum vorstellen, wie zündend dieses Ereignis in die Stille jener Tage fiel. Wie freudig bewegten Herzens sie auf der ersten Generalversammlung in Schäßburg 1842 sich begrüßten, Viele nachdem sie seit der Universität in Wittenberg und Göttingen oder seit den lateinischen Kollegienheften in Klausenburg wohl 30 Jahre lang sich nicht gesehen und doch wohnte der Eine nur an der Kokel, der Andere am Zibin. Wie sie im folgenden Jahre dort unter der Zinne in der „Honterusstadt" im Saal zur Sonne der Feuerrede der Männer lauschten und tiefbewegt den Kreis der Jüngern die Hände einschlagen sahen, als der aufrufende Pfarrer aus dem Unterwald wie weihend das ungarische Königswort über sie sprach: vos qui semper unum fuistis esseque debetis indivisi. Wie sie darauf 1844 in Hermannstadt, Jung und Alt, rüstig daran gingen, ein Urkundenbuch zur Geschichte Siebenbürgens zu begründen, und in Bistritz 1845 beschlossen, — in jener geheimnisfrohen Zeit ein vielbestrittenes,

faſt kühnes Wagnis — die Vereinsprotokolle zu drucken. Ja, das ſäch=
ſiſche Leben hatte einen Teil ſeiner beengenden Feſſeln geſprengt, einen
neuen edeln Inhalt, das ſtärkende Gefühl erhebendſter Gemeinſamkeit
gefunden und wurde ſich deſſen in friſcher fröhlicher Arbeit auf dem
Felde der Wiſſenſchaft bewußt und ſein herzlich froh." Im Jahre 1846
tagte der Verein in Mühlbach, ſchon gingen die politiſchen Wogen im
Lande hoch, St. L. Roth brachte in einem Trinkſpruch ein Hoch auf
die ſächſiſche Verfaſſung, in der er vom Bürgertum, von der Humani=
ſierung der Geſetze, vom poſitiven Recht und humanen Unrecht des Adels
ſprach und mit den Worten ſchloß: „Vor denen, die da draußen ſind,
fürchten wir uns nicht, ſeien ſie auch Legion. Da habe ich kein Bangen.
Aber vor den großen Mägen im eignen Volk fürchte ich mich, die mit
dem kleinen Einkommen ihn nicht ausfüllen können. Ich fürchte mich vor
dem eignen Begehren, an die Krone der Bürgerwürde noch ein Schnitzel
Zendelgeld zu kleben. Ich fürchte mich vor den Jaherrn, die wie Weiber
weinen, wenn ein Schwert auch nur gezückt wird. Da, da iſt Gefahr.
Mögen darum die Wächter der Verfaſſung von den hundert Augen keines
ſchließen, daß jeder Zoll unſres Rechtsgebietes bewahret bleibe und auf
dieſem Gebiete die Verfaſſung Geiſt und Leben, Tat und Wahrheit ſei.
Hierauf trinke ich mein Glas. Wer gleicher Geſinnung iſt, der ſtoße an
und trinke mit. Der ſächſiſchen Verfaſſung ein dreimaliges Hoch!"

  Die Hofkanzlei zog den Sprecher dafür zur Verantwortung, der
„Erdely Hirado", der grimmigſte Feind der Sachſen, fand demagogiſche
Umtriebe darin, die Politik begann überall hineinzuſpielen. Als der
Verein 1847 in Großſchenk zuſammentrat, konnte ſelbſt der vorſichtige
Vorſtand, Hofrat Bedeus, nicht umhin, in der Eröffnungsrede auszu=
ſprechen: Wir brauchen unſre Nachbarn nicht zu haſſen, aber auch nicht
unſre Perſönlichkeit aufzuopfern, um mit ihnen ein geſtaltloſes Mittel=
ding oder einen geſchmackloſen Miſchmaſch zu bilden, ſondern wir haben
Platz, ruhig und glücklich neben einander zu beſtehen, zu blühen und
zu gedeihen. Was andre von uns fordern, das ſind auch wir von ihnen
anzuſprechen berechtigt; was hingegen wir von andern begehren, das
ſind wir denſelben zu leiſten verpflichtet. Der ſtellvertretende Vorſitzer
aber, Königsrichter Schmidt, begrüßte die Verſammlung als ein Ereignis,
das früher niemand für möglich gehalten hätte: „Der Städter reicht
dem Dorfbewohner, der Hochgebildete dem ſchlichten Feldbauer die Hand.
In der beſcheidenen Hütte des Landmanns werden die innigſten Ver=
bindungen geſchloſſen, die wichtigſten Angelegenheiten beſprochen, und
unſre Kinder merken mit ebenſo bewegten Herzen wie ihre Väter, daß

die Beglückung und Ausbildung des Volkes das gemeinsame Ziel aller Bestrebungen sei."

So rückte sich auf diesen Vereinsversammlungen das Volk näher, man lernte sich kennen. Ein begeisterter Kreis von Männern, junge und alte, standen trotz allen Mühen und Sorgen des Tages treu zu seiner Fahne, zum erstenmal wurde die deutsche Wissenschaft die Quelle der Erhebung nicht nur für Einzelne, sondern für ein ganzes Geschlecht unsres Volkes. Im Jahre 1845 hielt man es für angezeigt, falls die Versammlungen in die Zeit fielen, wo sonst die Nationsuniversität tagte, daß der Komes die Sitzungen verschiebe und 1844 hatte das Theater in Hermannstadt kaum Platz, die Erschienenen zu fassen, die den Vorträgen lauschten. Dem Verein für siebenbürgische Landeskunde war es zu danken, daß der Gedanke einer gemeinsamen Vergangenheit zu einer Quelle der Stärke in der Gegenwart wurde, daß aus den gemeinsamen Kämpfen und Leiden alter Tage das Bewußtsein der Kultureinheit, der untrennbaren Zusammengehörigkeit als eine neue Lebenskraft stieg. Bewußt arbeitete er darauf hin, „daß unser Volk zum Gefühle seiner Einheit kommt, und die Vorurteile, welche die Bewohner der verschiedenen Kreise gegen einander haben, fallen und wir aufhören, Hermannstädter, Mediascher, Schäßburger, Kronstädter zu sein, sondern daß wir Sachsen sein und uns als solche fühlen werden."

Dazu trug nun wesentlich die Erforschung der heimischen Geschichte bei. Die Anfänge, die Schlözer und Eder am Ende des 18. Jahrhunderts hoffnungsfroh begonnen hatten, waren in der Zeit der Regulation und den ihr folgenden schlummerseligen Jahren nicht weiter geführt worden. Jetzt nahm das Geschlecht sie neu auf, und zwar in erweiterter Form. Die neuen Arbeiten knüpften bewußt an Schlözer und Eder an. Jene beiden Väter unsrer Geschichte hatten die Urkunden und zeitgenössischen Berichte als die Quellen einer kritischen Darstellung der Geschichte erkannt, auf sie ging die neue Entwicklung zurück. Wer etwas bieten wollte, mußte auf dem sichern Boden der Urkunden stehen. Der Verein für Landeskunde legte darum sofort eine Sammlung von Urkundenabschriften an, aber er steckte auch gleich das letzte Ziel, eine Geschichte der Sachsen, für die er einen Preis ausschrieb. Die Forschungen und Arbeiten jener Tage schufen erst die Möglichkeit, die sächsische Geschichte als einen eigenberechtigten Stamm aus den Wurzeln der siebenbürgischen Geschichte herauswachsen zu lassen. Diese sächsische Geschichte wurde zu gleicher Zeit in drei Kreisen aufgenommen. Den Mittelpunkt des einen bildete J. C. Schuller, den andern die Rechtsfakultät in Hermannstadt, ein dritter begann im Schäßburger Lehrerkollegium sich zu bilden.

Joh. C. Schuller (1794 geboren) war Lehrer in Hermannstadt, wo er zuletzt als Geschichtsprofessor sich besonders der heimischen Geschichte widmete. Er hatte 1819 in seiner Dissertation „kritische Geschichte der Reformation des Hermannstädter Kapitels" die Wege Eders weiter begangen, im Jahre 1837 dachte er an eine pragmatische Geschichte Siebenbürgens, die nicht bloß die äußern Verhältnisse des Landes, sondern auch das innere Leben seiner Bewohner schilderte, doch geriet das Werk, von dem nur ein Bogen erschien, ins Stocken, es fehlten noch zu viele Vorarbeiten. Aber diese herbeizuschaffen war er nun rastlos tätig, seine Einzeluntersuchungen erstreckten sich im Laufe seines Lebens über alle Jahrhunderte, 1841 begann er ein „Archiv für die Kenntnis von Siebenbürgens Vorzeit und Gegenwart" herauszugeben, dessen Fortsetzung dann das Archiv des Vereins für siebenbürgische Landeskunde wurde, 1840 erschien das erste Heft „Umrisse und kritische Studien", darin neue Grundsteine der sächsischen Geschichte. Heimische und fremde Verhältnisse wurden zum Vergleich herangezogen, lichtvoll Vereinzeltes zusammengefaßt, die sächsische Entwicklung in die Geschichte Siebenbürgens hineingestellt.

In der Hermannstädter neugegründeten Fakultät war J. A. Zimmermann der Träger der historischen Studien. Er leitete die Jüngern an, die Geschichte politisch, mit den Augen des Juristen und Advokaten anzusehn, unter seiner Leitung schrieb der Studierende Jakob Rannicher die Untersuchung über das Recht der Komeswahl (1846) und beleuchtete die damals brennende Frage vom Standpunkt der historischen Entwicklung und Schuler-Libloy wurde in die verwickelten Gänge des siebenbürgischen Staats- und Privatrechts eingeführt.

In Schäßburg hatte an Binder und M. Schuller anknüpfend der geistvolle C. Gooß grade auch die Geschichte als ein wirksames Mittel der Erziehung in seiner Bedeutung erkannt; was dort für die Schule und in der Schule geschah, das sollte nun fürs Volk geschehen, aus der Geschichte Erhebung und Kraft ihm zufließen. Der junge Lehrer G. D. Teutsch, der schon als Hauslehrer in Karlsburg eine umfangreiche Urkundensammlung angelegt hatte, begann ausgiebige Einzeluntersuchungen über Fragen der sächsischen Geschichte, gab sich selbst und andern in einem kurzen Abriß Rechenschaft über die Geschichte Siebenbürgens (1844) und faßte zugleich die Sachsengeschichte ins Auge.

Alle diese Kräfte fanden den einigenden Mittelpunkt im jungen Landeskundeverein. Ihm gelang zu gleicher Zeit auch ein Doppeltes, er weckte langsam und mit vielen Hindernissen das Interesse der deutschen Wissenschaft an unsern Arbeiten, damit auch allmählich das Interesse des deutschen Volkes an dem lang vergessenen und ungekannten Zweige deutschen Lebens und er durfte sich über die Teilnahme der Besten des magyarischen Volkes im Lande freuen. Graf J. Kemeny ist bis zu seinem Tode ein Freund und Förderer seiner Arbeiten gewesen und Graf Miko gehörte mit andern zu den Mitgliedern des Vereins. Graf J. Kemeny schrieb unter dem Eindruck des ersten Heftes der Schullerischen Umrisse: „ich meinesteils getraue mich, es offen zu sagen, daß die spezielle Geschichte unsrer Sachsen nicht nur in historischer, sondern auch in moralischer und industrieller Hinsicht einen Glanzpunkt (ich möchte als Ungar vielleicht gern etwas Wenigeres sagen, doch die Wahrheitsliebe verbietet es) unsrer siebenbürgischen Geschichte ausmache." Wie mußte solche Erkenntnis nun erst die Sachsen selbst erheben und begeistern.

Auch im Volk nahm das Interesse an historischen und landeskundlichen Arbeiten merkbar zu. Schon 1833 hatten Benigni und Neugeboren eine periodische Zeitschrift für Landeskunde, die Transsilvania, begründet, die wesentlich von Bedeus, Ackner, Schaser, Schuller, Bielz, Kemeny, mit Beiträgen versehen wurde. Sie stand auf dem Boden, daß „echte genaue Landeskenntnis unstreitig auch eine der lautersten Quellen der Vaterlandsliebe" sei. In der gesamten Publizistik jener Tage, den Beiblättern des Siebenbürger Boten ebenso, wie im Siebenbürger Wochenblatt, das der aus Frankfurt a. M. nach Kronstadt eingewanderte Buchdrucker J. Gött seit 1837 herausgab, auch mit verschiedenen Beiblättern, bildeten historische und landeskundliche Arbeiten stehende Artikel. Eines der Beiblätter, die „Blätter für Geist, Gemüt und Vaterlandskunde", hob es auch im charakteristischen Titel hervor. Auch hier gebührt zunächst J. C. Schuller das Verdienst, daß er im Publikum die Freude an geschmackvoller, geistvoller Darstellung erzog. Seine historischen Auseinandersetzungen, ob sie kleine oder große Fragen behandelten, mit dem Wechsel von Ernst und Scherz, den lichtvollen Darlegungen vergangener Zustände und verständlichen Hinweisen auf die Gegenwart, mit der warmen Liebe zu Land und Volk und dem weiten Blick für Welt und Leben, waren gute Nahrung für Geist und Herz und weckten die Freude am Volkstum und an historischen Fragen in weitern Kreisen. Mit Freude begrüßten die Leser Henrichs Erinnerungen an Albert Huet, Schasers Denkwürdigkeiten aus dem Leben des S. Brukenthal, zwei der würdigsten Söhne des sächsischen Volks, die in kampfreicher Zeit Ehre und Recht des Volkes gerettet hatten. M. Schnell in Kronstadt veröffentlichte 1844 „Die Sachsen in Siebenbürgen nach ihren Herkommen und ihrem Charakter", eine begeisterte Darstellung ihrer Vergangenheit, ohne viel Kritik, das achtzehnte Jahrhundert nur streifend, doch mit bewußter Absicht, den Volksgenossen auch das Verbesserungswerte zu zeigen: „Man will, Alles soll nach der vorgeschriebenen Richtschnur, nach dem einmal eingeführten Leisten gerichtet sein, Alles in seinem Gleise, Alles im langweiligsten Schneckengang zum Ziele schleichen; wer einen neuen Weg einzuschlagen wagte, wäre verloren für immer. Aber dadurch wird die freie Entwicklung außerordentlicher Talente der Nation, wird die Originalität und Größe des Charakters gehemmt".... „Wie könnte bürgerliches Gemeinwohl aufleben und freien Platz gewinnen sich auszubreiten, wo Alles in Egoismus, in allgemein verderbliche Hab- und Herrschsucht, in Familieninteressen zusammenschrumpfte! Wenn eine Nation zu sinken anfängt, so ist kein andres Mittel, um sie zu retten, als sie mit ernstem Zuruf aus dem Schlafe zu wecken...." Bedeus befriedigte mit seinen größern Arbeiten (Wappen und Siegel, Verfassung) die gelehrten Kreise, für die auch Schullers wissenschaftliche Arbeiten bestimmt waren. Aber Schuller hatte noch eine weitere Bedeutung. Er nahm die germanistischen Studien inmitten unsers Volkes neu auf, lenkte die Aufmerksamkeit auf die Mundart, auf Brauch und Sitte, erörterte geistreich altheidnische Reste in unverstandenen Worten und Gewohnheiten und bereicherte in der Tat nicht nur unsre Literatur sondern auch das Volksleben mit neuen Gedanken. Er war der erste, der sächsische Gedichte sammelte und herausgab (1840), selbst ein feinfühliger Dichter — das Lied vom Pfarrer, eine Parodie auf Schillers Lied von der Glocke fand viel Bewunderung — und Übersetzer, wohlbewandert in alten und modernen Sprachen mit den Zügen des tiefgebildeten Schöngeistes, ein Mann berufen, in lebensfrischer Zeit seinem Volk ein literarischer getreuer Eckart zu sein. Es muß als ein Glück angesehn werden, daß nicht einseitige und nur politisch angeregte Naturen damals in unsrer Publizistik das Wort führten, sondern Männer wie Schuller umfassend die Gedanken des Geschlechts bereicherten.

Was er als Grundsatz für die auch von ihm geforderte Verbesserung der Schulen aufstellte, das leitete ihn auch in seiner Publizistik: „Was wir vermeiden müssen, das sind die Sandbänke seichter Vielwisser... und die Schwäche des Geistes durch Überreizung...." Seit 1815 hatte man in den Städten, vor allem in Hermannstadt, hie und da die Kinder anzuhalten angefangen, hochdeutsch zu reden. Es gab eine Anschauung, es solle der Dialekt überhaupt zugunsten des Hochdeutschen zurücktreten. Da trat wieder Schuller mit seinen geistvollen Ausführungen ein und wies auf die Bedeutung des Dialektes hin: „ein unauflösliches Band, wodurch das geistige Leben eines Volkes mit seiner Sprache verknüpft ist, bleiben wir bei unserer sächsischen Mundart, die Sprache des Lebens bleibe der Dialekt. Was wir jetzt besitzen, ist naturgemäße Mannigfaltigkeit. Was er rohes, gemeines hat, wird er ausstoßen, sobald die innere Quelle durch geistige Bildung und sittliche Veredlung versiegt."

Mit größerer germanistisch-philologischer Bildung ausgestattet, trat ihm G. Fr. Marienburg (geboren 1820) mit mundartlichen Untersuchungen an die Seite. Er war der erste, der auf die Verwandtschaft unsrer sächsischen Mundart mit dem Kölner, und den mittelrheinischen Dialekten überhaupt hinwies und vor allem auch der erste, der unsre Mundart zur Lösung der Herkunftsfrage heranzog, der die alte Heimat annähernd fand. Wie rührend klingt am Schluß der Untersuchung, die er 1843 fertig stellte, das Wort: „Mögen auch diese Zeilen dazu dienen, die Blicke unsrer Brüder jenseits der Karpathen auf unser Treiben und Wirken an den Grenzen abendländischer Kultur zu lenken! Möchte doch einmal zwischen dem alten Mutterlande und der siebenhundertjährigen, fast vergessenen, aber treugebliebenen Tochter das Fest des Wiedererkennens gefeiert werden!"

Das Bedürfnis nach neuer Anregung wuchs von Jahr zu Jahr. Ein Zeichen dessen war u. a. die wachsende Zahl der Zeitungen, der literarischen Produkte überhaupt, die Einrichtung von Lesegesellschaften, in der Regel im Zusammenhang mit den Gewerbevereinen. Wenn die Zeitung mit den Landtagsberichten kam, sammelte sich im Hermannstädter Gewerbeverein ein Kreis von Bürgern und einer las vor, denn niemand wollte warten. In allen Amtskanzleien wurden die Kronstädter und Hermannstädter Blätter gelesen. Neben den Siebenbürger Boten, der sich durch Beiblätter vergrößerte, trat in Hermannstadt 1844 der Siebenbürger Volksfreund von J. Michaelis (1844—49), in dem die volkstümlichen Figuren des Zach. Wirbel und Seb. Zwickel die Leser erfreuten. Benigni gab 1839—44 das Unterhaltungsblatt aus der Geschichte Siebenbürgens heraus, Kurz in Kronstadt das Magazin für Geschichte, Literatur und alle Denk- und Merkwürdigkeiten Siebenbürgens, in das neben Kurz vor allem Kemeny aus dem reichen Schatz seines Wissens Vieles bot. Am bedeutendsten aber griff das Siebenbürger Wochenblatt in Kronstadt durch, das im Jahre 1842 die unerhörte Zahl von tausend Abonnenten erreichte. Es war das Blatt der Jungen, die sich dorthin wandten. M. A. Schuster, Gooß, Teutsch von Schäßburg schrieben viel nach Kronstadt. Von der „Publizität" erwartete das Geschlecht die Heilung von hundertfachem Übel. In überschwenglicher Weise verkündete das

Kronstädter Wochenblatt: „Durch Publizität kann der Ruhm einer Nation, ja selbst die öffentliche Glückseligkeit derselben begründet, weiter ausgebreitet, verherrlicht werden und die Sachsen sind selbst zu beschuldigen, wenn sie dieses zweckmäßige Mittel verabsäumt haben. Keine Schwierigkeiten sind unüberwindlich; es kommt doch alles zuletzt auf den Geist an."

Aus jener Publizistik aber läßt sich der Wandel des Lebens, der neue Geist auch inmitten des sächsischen Volkes erkennen. Die Grundstimmung jener Tage, daß das Volk erwacht sei, daß es einem fröhlichen, sonnigen Morgen und Mittag entgegengehe und daß sein Abend noch ferne sei, klang in hundert Variationen wieder. Der alte Schlendrian müsse abgetan werden, der Fortschritt auf allen Gebieten angebahnt werden. Aber es war nicht nur ein allgemeines Schwärmen für politische Freiheit, es waren ganz bestimmte Ziele, die aufgestellt wurden. Neben die Forderung des Rechts und der nationalen Gleichberechtigung trat die der Öffentlichkeit der Verwaltung, Reorganisierung des Kommunallebens, das unter dem Druck der Regulativpunkte lag, Fortschritt auf dem Gebiet der Landwirtschaft, des Handels, der Gewerbe, der Bildung.

Insbesonders wurden die Mängel der Verwaltung und der Rechtspflege schwer empfunden. Die Verwaltung beruhte ganz auf der Tüchtigkeit des einzelnen Beamten. War die gering oder nicht vorhanden, so ging alles wie es wollte. Schon 1823 hatte die Universität eine neue Gerichtsordnung entworfen, die Bestätigung war nicht zu erlangen gewesen. Die Gerichtsgebräuche waren überall verschieden, Strafgesetze existierten eigentlich nicht, denn die Bestimmungen des Statutarrechts von 1583 paßten weder für die Rechtspflege noch für die Verwaltung mehr. Nur eines stand inmitten dieses Chaos fest, das Trinken der Dorfsämter und der Viehdiebstahl. Sie tranken, wenn sie den Hirten und den Schulmeister dangen, sie tranken nach jedem Urteil, das sie zu fällen hatten, denn es lautete in der Regel auf so und so viele Kannen Wein. Die Pfänder wanderten sofort ins Wirtshaus. Kam eine Amtsperson zu spät zur Gerichtssitzung, und war etwa der Wein schon ausgegangen, so mußte der Kläger oder Beklagte sofort frisches Getränk kommen lassen. „Man muß den Dorfbeamten das Trinken gestatten — klagte die Zeitung öffentlich — sonst hören sie auf zu strafen." Dabei war es Regel, daß das Vieh der Geschwornen ins Verbot getrieben wurde. Der Viehdiebstahl aber hatte fast im ganzen Land seine öffentliche Anerkennung durch den berüchtigten »felelat«, eine Abgabe in der Regel an den Hirten oder an ein Konsortium, die alle entweder selbst die berüchtigsten Diebe waren oder mit ihnen mindestens gemeinsame Sache machten und gegen jene Abgabe das Vieh vor dem Gestohlenwerden bewahrten. Damals ist wohl der traurige Spruch aufgekommen: Das Recht ist, wie mans macht. Immer dringender wurde das Bedürfnis nach tüchtigen Notären, von denen verlangt wurde, sie sollten ein richtiges Konzept machen können, deutsch, magyarisch und rumänisch gut und rein schreiben können und in der Rechnungsführung sich auskennen.

Die neuen Gedanken und Ziele der Zeit blieben allerdings nicht ohne Widerspruch. Ja sie hatten zum Teil schwere Hindernisse im Volk selbst zu überwinden. Das konservative Beamtentum bekreuzte sich bei einem Teil der neuen Forderungen, insbesonders der Gedanke der Öffentlichkeit war ihm ein leibhaftiger Satan. Dazu kam, daß das ganze Geschlecht, noch nicht daran gewöhnt, daß die geheimsten Gedanken und Empfindungen ans Licht gezerrt und — oft auch in den Schmutz getreten werden, sehr empfindlich gegen jeden persönlichen Angriff war und alles persönlich ansah. Es war kein Zweifel, die Kräfte des eignen Volkes waren durch die Bureaukratie unterbunden, und in der geheimnisfrohen Zeit hatte die Unduldsamkeit gegen fremde Meinungen nicht Gelegenheit gefunden, von dem Leben korrigiert zu werden. Als 1844 im Kronstädter Wochenblatt ein Artikel erschienen war, der diese Wunden des Innerlebens scharf klarlegte, versuchte der Orator in Hermannstadt die Kommunität zu bewegen, einen Prozeß gegen Gött anzustrengen. Zimmermanns Eintreten war es zu verdanken, daß nach hartem Kampf der Antrag angenommen wurde, die Kommunität wünsche dieselbe freie Bewegung für die deutsche Presse im Lande, wie die magyarische sie habe und sehe es als eine Pflicht an, sogar den Schein von Einschüchterungsmaßregeln zu vermeiden, die von Beamten oder Behörden ausgingen. Aber weil es an solchen immer aufs neue nicht fehlte, und weil in vielen Vertretungskörpern willenlose Werkzeuge der Bureaukratie saßen, wurde der Kampf heftig geführt. Gegen die willenlosen Jaherrn in den Kommunitäten, gegen den organisierten politischen Unverstand in den Stuhlsversammlungen, gegen „die Unordnung und Konfusion, in die wir gleichsam jure patrio et avitico so blindlings verliebt sind", flogen scharfe Hiebe. Es wollte kaum irgendwo den alten Beamten einleuchten, daß die Zeit sich gründlich geändert hatte. Es gab bald kein Amtsgeheimnis mehr; was am grünen Tisch gesprochen wurde, das wußte bald alle Welt. Entsetzt sahen die Beamten in dieser neuen Öffentlichkeit eine Gefahr für ihr Ansehen, einen Verstoß gegen die Verfassung und es gab unter ihnen Leute, die ihrer Würde etwas zu vergeben meinten, wenn sie eine Zeitung anrührten.

Den Zeitungen war es nicht leicht, Berichte zu erlangen und zu drucken. Mancher fürchtete sich, zu schreiben, er konnte sich oder einem lieben Verwandten leicht schaden oder gar beim Bürgermeister, vielleicht sogar — Herr behüte! — bei der Regierung anrüchig werden. So schrieb er lieber nicht. Aber auch wer schrieb, mußte sich vor der Zensur hüten. Vieles wurde in den Schleier des Geheimnisses gehüllt, mit versteckten Anspielungen bloß angedeutet, so daß manches heut ganz unverständlich ist. Die Zensur wurde in kleinlicher Weise besonders gegen die Kronstädter Zeitungen geübt, als dort ein freier Ton laut zu werden begann. Wo es sich um politische Erörterungen handelte, da ließ die Regierung den magyarischen Zeitungen, z. B. dem Erdely Hirado ganz andre Freiheiten als der sächsischen Publizistik. Komes Salmen beschwerte sich umsonst darüber. In Hermannstadt besorgte eine Zeit lang in patriarchalischer Weise Benigni, der Redakteur des Siebenbürger Boten, die Zensur der Transsilvania, die Schuller redigierte und dieser zensierte den Boten. Aber seit 1844, wo die politischen Reibungen ärger wurden, war vom Gouverneur Teleki für die Hermannstädter Blätter der Thesaurariatssekretär Gyergyai zum Zensor bestellt worden, ein unwissender, taktloser Mann, der noch dazu kaum deutsch verstand. Der strich willkürlich Artikel, die nichts Staatsgefährliches enthielten, sogar solche, welche die Regierung verteidigten, auch Übersetzungen aus dem Erdely Hirado, es war eine Tollheit, was er trieb. Die deutschen Zeitungen durften aus dem Landtag nur mitteilen, was die Klausenburger Blätter brachten. Am 1. Dezember 1845 wurde in Hermannstadt Eugen Sues Ewiger Jude verboten. Der Hermannstädter Magistrat, die Nationsuniversität beschwerten sich über die Mißhandlungen und erlangten in der Tat ein kais. Handbillett an die Hofkanzlei, die es aber einfach ad acta legte. Der unerträgliche Zustand blieb bis 1848.

Aber auch wenn die Zensur vernünftiger geübt wurde, sie legte immer schweren Zwang auf, sie hinderte den Schreiber, frisch heraus zu sagen, was ihm auf dem Herzen lag und manches blieb ungeschrieben, weil es aussichtslos war, das Imprimatur zu erlangen.

Um so bedeutsamer erscheint, was die sächsische Publizistik damals geleistet hat. Bei aller Schwerflüssigkeit wie frisch und jugendlich, bei mancher Zurückhaltung angreifend und keck, bei mancher Einseitigkeit wie viel Wissen und Umsicht, bei mancher Besorgnis voll Zuversicht und Stolz, für Volk und Vaterland in treuer Hingabe entbrannt!

„Die Verteidigung des, ob zwar in unserm Vaterland konstitutionell gesicherten doch vielfach angefeindeten und angegriffenen deutschen Elements, die richtige Darstellung der Rechte, Freiheiten und Verhältnisse unsers Volks, die Widerlegung der gegen dasselbe gerichteten Angriffe, die Aufklärung falscher, hierüber geflissentlich und ungeflissentlich verbreiteter Angriffe ist unser Hauptzweck", so charakterisierte der Siebenbürger Bote 1843 seine Aufgabe. Der „leitende Artikel" an der Spitze jeder Nummer seit 1842 diente in erster Reihe dieser Aufgabe. Der Bote stand in scharfem Gegensatz zum Kronstädter Wochenblatt in Fragen der Reform und des Fortschritts, manches, was jenes forderte, ging ihm zu weit. Er stand auf dem Standpunkt, daß es gefährlich sei, die Kommunität durch die gesamte Bürgerschaft wählen zu lassen, denn es kämen auf solche Weise nur Maulhelden und Günstlinge der Menge hinein. Die Zulassung der Lehrer in die Kommunität wehrte er ab, denn die städtischen Verhältnisse lägen außer ihrem Gesichtskreis, er war ein maßloser Bewundrer der Regulativpunkte. Das Wochenblatt wollte Aufhebung der Zünfte, der Bote war für die Beibehaltung; das erste bekämpfte die Bureaukratie, der andre leugnete sie. Aber wenns galt für das Deutschtum einzutreten, dann fehlte es nie an Entschiedenheit. Sowohl die Hermannstädter wie die Kronstädter Blätter fanden den gemeinsamen grimmigsten und höhnischen Gegner im Klausenburger Erdely Hirado, in dem der unsinnige Haß des ungebildeten Kleinadels gegen das Deutschtum in der Verfolgung der Sachsen sich verkörperte. Die Abwehr seiner Angriffe rief die sächsischen Zeitungen immer wieder in die Schranken.

Unter den Publizisten jener Jahre soll nicht vergessen werden Johann Hintz, damals Akzessist beim Komitatrevisorat († 1888), ein eifriger Mitarbeiter der Transsilvania, der Blätter für Geist, Gemüt und Vaterlandskunde und besonders der Kronstädter Zeitung. Einer der geistreichsten Männer, die wir gehabt haben, mit ungewöhnlicher Geschmeidigkeit des Styls, voll Phantasie und guter Laune, war er der erste, der an Riehls Gedanken über „die Naturgeschichte des Volks" die großen wissenschaftlichen und praktischen Fragen, die damit zusammenhingen, auf unser Volksleben anwandte, der soziale und wirtschaftliche Fragen geistvoll zu erörtern verstand, scheinbar unerklärbare Erscheinungen des Volkslebens unter allgemeine Gesichtspunkte stellte und dadurch dem Verständnis näher brachte. Er hat auch darum eine besondee Stellung, daß er einer der wenigen Sachsen war, der eine Zeit lang für Kossuth eintrat und schrieb.

Zu den Zeitschriften kam die weitere Literatur, die sich nicht nehmen ließ, in den Kampf für das Volkstum einzutreten. Es war zum erstenmal in unserm Volksleben, wenn von den paar Kriegsliedern im Jahre 1809 und 1813 abgesehen wird, daß die Poesie in Lied, Novelle und Roman in die Reihen trat.

Zunächst im Lied. Unser Volk ist immer ein sangfrohes gewesen. Noch sang es Lieder, die es aus dem Mutterland mitgebracht hatte, die düstere Ballade: Et froat e Keneng genzt dem Reng, oder das Minnelied: Et saß e kli wäld Vigeltchen, im Lied ließ es die verschiedenen Berufsarten an sich vorübergehn und das Mädchen entschied sich darin zum Schluß für den Bauern, den es zum Manne nehmen will, selbst die herbsten Erfahrungen aus der bösen Türkenzeit waren ihm zum Liede geworden und klangen in den traurigen Tönen der Waisenlieder wieder, die die Burschen und Mädchen sangen, wenn sie am Sommer= abend durch die Gasse wanderten. Nun kam zum erstenmal die Liebe zu Volk und Heimat in der Kunstdichtung in Formen zutage, die einen Übergang ins Volksgemüt, zum Volkslied ermöglichten. Alles was in jenen Tagen an Begeisterung für Freiheit, Deutschtum, Vaterland vor= handen war, klang im Liede wieder. Der Grundton jener Lieder war, daß das sächsische Volk hier ein deutsches sei — darum drehte sich ja je mehr der politische Kampf — und daß es deutsch bleiben wolle. „Wir sind ein Volk von deutschem Blut", so klingts aus allen Versen und Reimen heraus, bisweilen mit einem Zug von Sentimentalität:

> Deutschtum, das ich meine,
> Das mein Herz erfüllt,
> Komm, o komm, ich weine
> Nach dir, Engelsbild!

Dieses gilt es zu wahren. Zu seinem Schutz ist das Recht da, dieses gilt es zu verteidigen. Zu solcher Verteidigung aber gehört Treue, Einigkeit, Hingabe an Volk und Vaterland, opferfreudiger Mut:

> Unsre Einheit, singt ein Sänger,
> Soll nicht bloß ein Spruch beim Wein,
> Unsre Einheit soll nicht länger
> Nur ein Wort der Klage sein.
> Hören wird man neue Weisen:
> Unsre Einheit sei hinfort
> Eine Tat wie Stahl und Eisen,
> Ein geharnischt, stolzes Wort!

Mit tausend Fasern hängt der Sachse an seiner Heimat, die das Blut der Väter geweiht und erkauft hat, es gilt ihnen gleich oder doch würdig zu sein, alles Unedle aus der eignen Mitte auszutilgen, dem Vaterland treu bis zum Tod, einig, fromm, stark zu sein, — das sind

die wiederkehrenden Gedanken und Empfindungen, die in ungezählten
Liedern, bald fließend bald holperig, in guten und schlechten Reimen
durchs Land flogen:

> Bis der Zeiten stumme Zeugen,
> Meiner Burgen Zinnen stehn,
> Sich nicht morsch darnieder beugen
> Und wie Sand im Wind verwehn,
> Der Erinnerung letztes Zeichen
> In der Zeiten Stürme bricht —
> Mahnen sie: vom Geiste weichen
> Deiner Väter sollst du nicht.

Wir dürfen diese Poesie niemals nur vom ästhetischen Standpunkt
beurteilen, es liegt das Herz jener Zeit darin und das hat Anspruch darauf,
verstanden zu werden. Im „Liederbuch der Siebenbürger Deutschen"
hat J. F. Geltch, damals Rektor in Broos, eine Sammlung jener
Poesie herausgegeben, die vielen Anklang fand. Er selbst der unge-
zähmteste Stürmer und Dränger, bei dem das Pathos und die Über-
schwenglichkeit jede Poesie erdrückte, ein ehrenwerter Charakter, durch
und durch ein Biedermann, deutsch, treu, kühn und hochgemut, er starb
jung schon 1851, aber andere wußten die Leier besser zu schlagen.
Aus all der Flut hat sich wenig bis auf unsre Tage als wirkliches
Volksgut gerettet. Marienburgs „Sachsenadel" erwärmt das Herz noch
heute und Schusters „Bei Marienburg, bei Marienburg" ist Gemeingut
des Volkes geworden. Jahrelang noch hat man Wittstocks: Kennst du
das Land so schön geschmückt? gesungen und Kossacks: Sieben Burgen
laßt uns singen, aber alle überdauert M. Moltkes schönes Lied, das
unser Volkslied geworden:

> Siebenbürgen Land des Segens,
> Land der Fülle und der Kraft,
> Mit dem Gürtel der Karpathen
> Um das grüne Kleid der Saaten,
> Land voll Gold und Rebensaft.

Wo eine Schar Sachsen in innigem Verein beisammen ist, wird
die weihevolle Melodie angestimmt, die der Kronstädter Hedwig zu dem
Text des aus Küstrin in Kronstadt eingewanderten Mannes gesetzt hat
und alte Sehnsucht wird zum Wort und Wunsch im Schlußvers:

> Siebenbürgen süße Heimat,
> Unser teures Vaterland,
> Sei gegrüßt in deiner Schöne,
> Und um alle deine Söhne
> Schlinge sich der Eintracht Band!

Jene Poesie hier trug ganz den Stempel der Zeit der deutschen Befreiungskriege an sich, Arndt, Körner, Rückert, Schenkendorf sind die Muster, die Vorbilder, an die sie sich anschloß. Das ist die Ursache, daß ein großdeutscher Zug durch sie hindurchgeht, der aber nicht sosehr das Spiegelbild politischer Gedanken war, sondern jene Gedanken als Ausdruck deutschen Wesens und vaterländischer Begeisterung überhaupt übernahm. Auch spielte das andre hinein: Die Isolierung müsse dem nationalen Leben schaden, das nur im Anschluß an deutsches Geistesleben gedeihen könne. Ein Beweis dafür ist, daß in der politischen Presse jene Gedanken nie auch nur angeklungen wurden; kein ernster Politiker hat hier jemals daran gedacht, nicht einmal im tollen Jahr 1848, daß Siebenbürgen ein Teil von Deutschland werden könne oder solle. Arndt bezeichnete treffend den Zweck des Geltchischen Liederbuchs, es wolle für sächsisches und deutsches Wesen entflammen, die herrlichsten und großartigsten Momente aus der freien Staatsverfassung „in den erhabenen Talar der Dichtung kleiden; deutsches Recht und deutsches Gesetz in seiner Ur=Klarheit und Ur=Ächtheit im Liede heraufbeschwören; die Heroen aus ihrer Geschichte besingen und auf solche Weise namentlich das Gemüt der Jugend für alles Schöne und Erhabene begeistern, zu gleicher Tat anfeuern und die Zukunft des Volkes sichern." Das ist in der Tat der Zweck jener Vaterlands= und Deutschtumspoesie gewesen, einer Jugendpoesie voll Hoffnungsfreudigkeit und Frische, deren Strauß unverwelklich ist, wenn auch die einzelnen Blumen nicht mehr so farbenprächtig und duftig anmuten wie damals.

Zum Lied trat Roman und Novelle hinzu. Unter den Liederdichtern jener Zeit ragte besonders Josef Marlin hervor, dessen glatter Fluß der Verse besondere Geschicklichkeit verriet, ein frühreifes Talent, das eine besondre Stellung in jenen aufgeregten Tagen sich eroberte (geboren 1824). Im Jahre 1847 erschienen seine „Politischen Kreuzzüge im Sachsenlande (von Josi)." Auch hier sind es Vaterland, Volkstum, Freiheit, die den Dichter begeistern, er möchte ihnen alle Hindernisse aus dem Wege räumen, aufrütteln möchte er die Schlafenden,

> Mein Ernst versuche ihren Sinn zu wenden
> Und mit des Tadels Geißel, mit dem Spotte
> Verfolg ich die verstockte, blinde Rotte.

In den „freien Sonetten", die einen Teil des Büchleins bilden, sind Rückerts „Geharnischte Sonette" Vorbild gewesen, deren Ziel auch das Ziel dieser Kreuzzüge sind. Gegen die Feigen und Kleinen, die Engherzigen und Trägen, Falschen und Kalten sendet er spitze Pfeile, aber die Liebe zum eignen Volk bestimmt ihn.

> Mein heilig Volk zu schelten will ich wagen
> Mit ernsten Worten und mit scherzend bittern,
> Doch fühl ich reine Geister mich umwittern,
> Auf heil'gen Schwingen fühl ich mich getragen.

Nichts schenkt er den Zeitgenossen, der Kanzleistil der Historiker und die moralische Erziehung der Mädchen, die schwachen Landtagsdeputierten und der alte Schlendrian bekommen ihre Hiebe, ein politisches Programm ist darin nicht zu erkennen. Nur eins ist klar:

> Nein, nimmer soll dein Stern vergehn
> Du treues Volk der Sachsen!
>
> Die Jugend glüht, den alten Ruhm,
> Den alten Stamm zu wahren,
> Das gute deutsche Heiligtum
> Mit Kämpfern zu umscharen.
>
> O wachse, wachse du alter Stamm,
> Du freie feurige Jugend!
> O schwelle, was die Zeit uns nahm,
> Du alte Kraft und Tugend!
>
> Dann stehst du fest, mein Vaterland,
> In neuer Kraft erwachsen,
> Wenn neu in uns der Geist erstand
> Der guten, alten Sachsen!

Im selben Jahr mit den Politischen Kreuzzügen erschien Marlins erster Roman Attila, ein großartiges Gemälde der Völkerwanderung und des entnervten Römervolkes, mit starken Farben und ungezähmter Phantasie, aber ebenso ein Beweis für die glänzende Gestaltungs- wie Darstellungskunst des Verfassers. Während sein zweiter Roman Sulamith mit orientalischer Glut ein orientalisches Volk schildert, griffen die „Siebenbürgischen Erzählungen" und die nicht veröffentlichten Werke, ein Drama Dezebalus, ein Roman Hora unmittelbar in die vaterländische Geschichte. Jene erstern stellten sich grabezu das Ziel „mindestens einigen Anteil an meiner dem deutschen Volk fast gänzlich fremden Heimat zu wecken und ihr Scherflein dazu beizutragen, das deutsche Mutterland an die vergessene Tochter in Siebenbürgen zu mahnen." So wie er als erster nicht verschmähte, die Poesie in den Dienst des Tages zu stellen, so war er der erste sächsische Journalist im modernen Sinn des Worts, der es wagte, von seiner Feder zu leben. In der „Pesther Zeitung" rühren u. a. die Briefe aus Siebenbürgen von ihm her.

Mit ihm berührte sich sowohl auf dem Boden der Romantik, die in Marlin nachweisbar ist, als auch auf dem der Politik Dr. Daniel

Roth, beide auch darin sich ähnlich, daß die Ereignisse jener Tage sie aus der Heimat trieben und beide außerhalb derselben gestorben sind. Daniel Roth hatte Theologie und dann Medizin studiert und diente abwechselnd der einen, dann der andern Wissenschaft (geboren 1801), zuweilen auch beiden zugleich, literarisch vielfach tätig, auch eine Zeit lang Redakteur der Transsilvania. Im Jahre 1849 gab er die Pfarre von Kastenholz auf und ging in die Walachei, und starb 1859 in Jassy. Er sah in der Pflege der schönwissenschaftlichen Literatur ein Mittel, das Volk zu stärken und griff darum bewußt in den Schatz der Vergangenheit. Die geschichtlichen Erzählungen, die Landskron, der Kurutzenanführer, der Pfarrhof von Kleinschenk, die Wahlfürsten, vor allem der politische Roman Sachs von Harteneck schildern, der letzte auf Grund eingehender historischer Studien, unter Bulwers und Walter Scotts Einfluß insbesonders auch das sächsische Volk in Lust und Leid, im Kampf um sein Recht, seine Ehre und seine Habe. Ein Meister der Erzählung kannte er die Forderungen des künstlerischen Aufbaues und liebte, auch dem Leser hie und da etwas davon mitzuteilen. Anschaulich und unmittelbar traten die politischen Schilderungen dem Leser vor die Seele, überrascht fand das Volk in dem Bilde Züge seiner selbst und Situationen, die es packten, hier eine Flucht aus dem Kerker, dort ein Versteck auf einsamer waldiger Bergeshöhe, im geheimen Gemach des Pfarrhofs oder gar im düstern Grabgewölbe, hier die Liebe, dort die Treue, der fürstliche Wüstling hier, die Treue der Gattin dort, so steigt aus den Erzählungen das Bild von alten Kämpfen, von alter Ehre und Hingabe des Volkes an Eid und Pflicht. Aber nirgends ein Zug des Hasses gegen andre Volksgenossen in dieser ganzen Literatur. Im sächsischen Haus findet der Magyare Zuflucht im Kriege und der walachische Knecht edles Vertrauen. Derselbe Gedanke war in den politischen Blättern in der Form ausgesprochen: „Wir Deutsche können den Magyaren und unsre magyarischen Brüder den Deutschen nicht entbehren." Aus politischen Rücksichten wurde das Drama Rakoczy und Barcsai 1843 in Hermannstadt zur Aufführung nicht zugelassen, doch reichten sie mit andern dramatischen Versuchen an des Verfassers Erzählungen nicht heran.

Der Fortschritt dieser Literatur fällt bei einem Vergleich mit dem, was früher hier erschienen, in die Augen. Die Erzählungen in den Blättern für Geist, Gemüt und Publizität 1839 trugen noch das alte Gepräge an sich, es sind zum guten Teil Räuber- und Mordgeschichten, die Erfindung findisch, die Lust am Gräßlichen ihr Kennzeichen, die

Darstellung schwerfällig und in der Schilderung der Gefühle kindlich: "Ein angenehmes Gefühl, das er nicht nennen konnte, manchmal kam es ihm vor, als müßte er etwas an sein höher klopfendes Herz drücken und doch kannte er sie nicht. . . ." Nun spiegelte sich Leben, helles, tatkräftiges, tatendurstiges Leben auch in den Erzählungen ab.

Nicht nur das Aufführungsverbot jener Dramen, der Inhalt von der Poesie jener Tage im weitesten Sinn zeigte an, daß die Zeit politisch geworden war. Wie unter den Händen des Midas alles zu Gold wurde, so wurde damals alles zur Politik, und was nicht aus sich dazu wurde, das wurde es durch die Beurteilung, die es fand. Aber auch das andre aus der Sage ging in Erfüllung, der einst ersehnte Reichtum konnte doch den Hunger und den Durst nicht stillen und es mußten Zeiten kommen, die sich von diesem Übermaß der Politik befreiten.

In einer andern bedeutsamen Erscheinung jener Zeit trat zutage, wie die Politik zuletzt die alles andre beherrschende und verzehrende Tagesfrage wurde, in St. L. Roth.

St. L. Roth, geboren 1796, erst Lehrer und Rektor, dann Prediger in Mediasch, von 1837—47 Pfarrer in Nimesch, seit 1847 in Meschen, war von Hause aus alles andre mehr als Politiker. Unter Pestalozzis Einfluß hatte er tiefe Blicke in das Wesen der Erziehung getan, dort war er zur Überzeugung gelangt, daß die Volksbildung auf das Fundament der Selbsttätigkeit gebaut werden müsse und im Zusammenhang mit den Zeitverhältnissen sein Volk sich auf eigne Füße stellen müsse. Diese Gedanken des jungen Studenten blieben die Wurzeln seiner ganzen spätern Lebensarbeit. Durch alle seine Bestrebungen ging der rote Faden durch: Hebung der Volksbildung, der Selbsttätigkeit des Volks, daß es durchaus selbständig werde. Darum seine ersten Anregungen jene zur Schaffung besserer Lehrer, besserer Schuleinrichtungen, zur Gründung einer Schul- und Kirchenzeitung. Und wie nun seit 1830 der allgemeine Kampf im Land entbrannte, in dem die Notwendigkeit der Stärkung des sächsischen Volkes seinen Besten klar wurde, da war Roth einer der Tapfersten und Geistvollsten bei jener Innerarbeit. Auch ihm handelte es sich darum, die sittlichen Grundlagen des Volkslebens überall zu stärken. Es ist nicht bedeutungslos, daß von den drei größern Schriften aus den vierziger Jahren nur eine, der Sprachenkampf, eine Frage der Politik behandelte und daß die andern ins Volksleben hineingriffen, die Zünfte, dann der Geldmangel und die Verarmung in Siebenbürgen besonders unter den Sachsen, beide 1843 erschienen, die Zünfte zuerst 1841 in der Transsilvania abgedruckt. Er nannte „die Zünfte" eine

Schutzschrift. Ohne ihre Schäden und ihre Verkümmerung zu verkennen, redete der Verfasser ihrer Verbesserung das Wort und würdigte sie vom Standpunkt der sächsischen Kommunalverfassung nach ihrer Wirksamkeit als Rechtsanstalt, als Pflanzschulen der Gewerbe, als Anstalten der Humanität und vom Standpunkt der Politik. Er sah die von vielen gepredigte Aufhebung der Zünfte als eine unnötige und mutwillige Verstümmelung des Nationalkörpers an — „drinnen im Herzen der Völker ist der wahre Frieden zu bauen, im Familienleben, in dem Hauswesen, im Recht, in frommer Sitte, im Glauben ans Vaterland, im Vertrauen in die Regierung, in der Furcht Gottes, die aller Weisheit Anfang ist." Die andre Schrift rollte die ganze Existenzfrage des sächsischen Volkes auf. „Wir sind krank, von Herzen krank" klangs darin, aber die Gesundung ist nicht ausgeschlossen. Und nun erörterte er, von den Fragen der Wirtschaft ausgehend, die verschiednen Fragen, die damit zusammenhingen, die Ehe und das Gerichtswesen, die Gründung einer Rechtsschule, die beste Verwendung des Nationalvermögens usf., mit tiefsten Einblicken in das Leben der Vergangenheit und Gegenwart, in Stadt und Land, in Haus und Gemeinde und das alles mit dem ausgesprochenen Zweck, dem Einzelnen das Gewissen zu schärfen, daß er in jedem Augenblick sein Tun und Lassen unter dem Gesichtspunkt der Gesamtheit ansehe, daß er sich in den Dienst des Ganzen stelle, denn „daß du sächsisch sprichst, macht dich noch zu keinem Sachsen; du bist, ohne deinen Teil an der Bestimmung und Bedeutung unsres Postens zu haben, ein sächsischredender Niemand."

Das waren Gedanken und Dinge, die mit der Politik nichts zu tun hatten. Aber soweit die sächsische Politik damals wie immer die Aufgabe sich setzen mußte, das Volk hier zu erhalten und in seinem Dasein zu schützen, wurde auch Roths Schaffen, das im Dienst desselben Zieles stand, wie jede Arbeit in jenen Jahren, eben ein Teil der Politik. Vielleicht nur in den Zeiten der Reformation wurde vorher sämtliche Arbeit so in den Dienst des Volksganzen gestellt wie jetzt, beide Male erfüllte die Hoffnung auf das Gelingen die Herzen und ein Zug der Jugendfrische gibt der einen und der andern Zeit einen Hauch jenes Hochgefühls, das in Huttens Wort zusammengefaßt ist: „Es ist eine Lust zu leben." Gewiß, der junge Marlin in seinem Sturm und Drang hatte Recht, wenn er 1846 sang:

> Die Kraft bricht los, das Leben schäumt,
> Es schüttelt der Geist die Ketten,
> Das Volk erwacht, hat ausgeträumt,
> Will selber sich erretten;

> Da brausen die freudigen Kräfte heran,
> Da schwellen die Herzen so mächtig an,
> Frisch auf, schon fallen die Schranken!

Bis in die ferne Dorfgemeinde auf altem Adelsboden drang der neue Geist und die Ober=Eidischer schrieben an den neuen Glockenturm, den sie 1842 bauten:

> Deutsche Treu und deutscher Fleiß
> Bauten Gott zu Lob und Preis
> Diesen Turm — ihr Enkel hört:
> Bleibt der deutschen Ahnen wert.

Die Sorge für die Gesamtheit, darin besonders auch für den kleinen Mann im Bürger= und Bauernstand, zeichnete diese Bewegung vor allen frühern aus. Darum die neue Erscheinung, daß zum erstenmal von diesem Standpunkt aus der Kalenderliteratur Aufmerksamkeit geschenkt wurde. Es entstanden neue Kalender und die bestehenden erhielten neuen Inhalt und führten dem Volk die neuen Gedanken zu.

Dieses neue Leben suchte zugleich neue Formen der Betätigung. Sie trat ebenso in den neuen Vereinen wie in den gern gesuchten Versammlungen derselben zutage, in denen eine neue Art allgemeiner Volksfeste sich herausbildete. Die Zeit suchte nach Gelegenheiten Feste zu feiern auch abgesehen von dem jährlichen „Verein", und sie fand sie, verschieden in den einzelnen Orten nach den lokalen Ursachen und dann wieder für die Gesamtheit. Im Jahre 1830 hatte bloß das Schäßburger Gymnasium die Erinnerung an die Übergabe der Augsburger Konfession durch die gedankenreiche Rede des damaligen Rektors Binder gefeiert. Jetzt häuften sich die Anlässe. Die Gründung der Rechtsfakultät 1844, die Installation des neuen Komes 1846 boten allgemeine Feste, die Säkularfeier des Kronstädter Gymnasiums 1845 gab den Kronstädtern, die Erinnerung an die Einwanderung der Baden=Durlacher 1843 den Mühlbächern Anlaß zu erhebender Feier. Im Jahre 1843 ehrten die Hermannstädter ihre wackern Landtagsabgeordneten mit einem Festmahl und einem silbernen Pokal. Bei allen diesen Gelegenheiten standen im Vordergrund die Gedanken der Verteidigung des Rechts, deutsche Treue, deutsche Männer, Erhaltung des Volkstums. Zur siebenhundertjährigen Feier der Einwanderung der Sachsen, die zu einer allgemeinen zu machen 1843 die Universität erörterte, aber sich nicht getraute, sie in die Hand zu nehmen und durchzuführen, schrieb 1843 J. Fabini „Der Sachsen Zukunft" — er nannte sie angesichts all der Sorgen und Kämpfe der Tage „eine Elegie":

> Eigne Schuld taucht auf, eignes Vergehen ihr büßt!

Doch aus der Furcht erhebt Wunsch und Hoffnung sich, daß es möglich sein werde, in gemeinsamer Arbeit mit den Brudervölkern, der Väter Erbe sich zu erhalten. Auch in den Zeitungen war in jenen Jahren die Erinnerung an die Einwanderung hervorgeholt worden, auch in dem Sinn, daß das deutsche Leben eine Zukunft hier habe:

Du wirst bestehn,
Mein deutsches Volk; du klingst in diesen Gauen fort,
Du meiner Muttersprache heiliges deutsches Wort!

Das Einzelleben stellte sich in den Dienst des Ganzen. Es ist rührend zu sehn, wie in den kleinen Kreisen des Lebens die allgemeinen Gedanken zündeten und Tatkraft und Opferfreudigkeit erweckten. In Schäßburg trat eine Dilettantengesellschaft zum Theaterspielen zusammen, um die Mittel für eine Turnschule zu schaffen. Gerade dieser Zweck wurde vielfach auf gesellschaftlichem Wege gefördert. Als St. L. Roth nach seiner Heimkehr das Turnen in den Schulen einbürgern wollte, stieß er auf unüberwindlichen Widerstand, jetzt erkannte Jung und Alt darin ein Mittel, die Kraft des Leibes zu stählen und zugleich die sittlichen Kräfte zu heben. Es war auch ein Wiederschein der Bestrebungen aus der Zeit der deutschen Befreiungskriege. Im Anschluß an die Hermannstädter Rechtsfakultät erstand dort der erste Turnverein, in Kronstadt und Mediasch fand das Turnen besondre Freunde und erfolgreiche Förderung, es zeitigte wieder überall neues Leben.

Im Jahre 1838 hatten Musikfreunde in Hermannstadt den Musikverein gegründet, veranlaßt „von der Überzeugung und dem häufig gegebenen Beispiel, wie die Veredelung der Tonkunst auf Sitten und Kultur so unberechenbar wohltätigen Einfluß nimmt" und als Aufgabe bezeichnet: „Vervollkommnung der ausübenden Mitglieder, unentgeltlicher Unterricht der Jugend in der Tonkunst und Vergnügung des Publikums." Bei der Bestätigung gab eine allerhöchste Entschließung dem Verein die Befugnis, ein eigenes Siegel zu führen „unter der Bedingung, daß der Musikverein den Polizei- und allerhöchsten Vorschriften gemäß sich zu benehmen habe." Die Konzerte, zu deren erstem am 17. Februar 1839 Joh. C. Schuller den Prolog geschrieben hatte, standen in den vierziger Jahren mit ihrem klassischen Inhalt auf der Höhe der Zeit. In Kronstadt war 1840 ein „musikalischer Instrumentalchor" eingerichtet worden.

Die Kraft und Innerlichkeit des neuen Lebens äußerte sich nach zwei Richtungen zu gleicher Zeit, das Abgeben eigner Kräfte an das Ausland und daß Fremde durch die Macht des nationalen Gedankens hier gefesselt und ergriffen wurden. Wieder wie in den Zeiten der Re=

formation konnte unser Völkchen Einzelne von seinen Männern in die Fremde entlassen, daß sie dort ihm Ehre machten. Zu dem Politiker Rosenfeld und dem Professor Wenrich in Wien, die schon früher dort sich einen angesehenen Wirkungskreis geschaffen hatten, kam der Mediascher Paul Meißner, der am polytechnischen Institut in Wien starkbesuchte Vorlesungen über die Wärme hielt und an den die vielen „Meißnerischen Heizungen" und die Verwendung des Dampfes aus den Lokomotiven zur Heizung der Waggons die Erinnerung erhalten haben. Sein Sohn war einer der hervorragendsten Eisenbahningenieure Österreichs. An der Pester Universität wirkte als berühmter Augenspezialist ein andrer Mediascher — Fabini, in Wien der Arzt K. Siegmund aus Schäßburg. Dort war auch A. Gunesch aus Mediasch ev. Superintendent, sein Vorgänger Chr. Heyser aus Kronstadt war gleichfalls ein Sachse gewesen. Der Kronstädter Honigberger ging gar „als Doktor aus eignen. Gnaden" nach Asien und wurde Leibarzt verschiedener asiatischer Könige und erzählte seine Erlebnisse der Welt in einem umfangreichen Buch.

Aber auch Fremde, die nach Siebenbürgen einwanderten, wurden von der Macht deutschen Lebens und deutschen Empfindens ergriffen und legten an die sächsischen Aufgaben Hand an. Der Feldkriegssekretär Benigni wurde ein sehr eifriger Publizist und Schriftsteller, der Auditor Söllner ein Besucher der Versammlungen des Vereins für siebenbürgische Landeskunde und Mitarbeiter, M. Moltke der Sänger einiger der schönsten Lieder der damaligen Zeit, auch außer dem bekanntesten „Siebenbürgen, Land des Segens."

Zu den hervorragendsten Trägern der einzelnen so mannigfachen Arbeiten kam eine ganze „Wolke von Zeugen", die eifrig mittaten und mitarbeiteten. Nach vielen Dutzenden zählten die Kritiker, die Reformer und die Versemacher; mancher fand in guten Stunden ein sangbares Lied wie Kirchner, Schiel, Hann, Wittstock, selbst Bedeus u. A. und auf dem Gebiete der Erzählung gings ähnlich. Michael Fuß schrieb 1841 „Das Bienenmädchen", die ergreifende Volkssage der Gemeinde Holzmengen und 1845 eine hübsche Novelle Iliana, der eine rumänische Volkssage zugrunde lag, und wie es der Vorzug kleiner Verhältnisse ist, so geschah es jetzt, daß auch der kleinsten Kraft leicht eine gute Stelle zu tapferer Mithülfe am großen Werk sich darbot.

Denn es war ein großes Werk, an dem die Besten arbeiteten. Es galt, die Zukunft des Volkes zu sichern.

In dieser Arbeit spielte das Verhältnis zur öffentlichen Meinung Deutschlands auch eine bedeutsame Rolle. Es war in Ungarn traditionell, sie bei großen Fragen in die Schranken zu rufen. Als im 17. und

18. Jahrhundert die Gegenreformation zerstörend und verwüstend durch das Land fuhr, wandten die verfolgten Protestanten sich an die Glaubensgenossen in Deutschland und Holland, auch an die Herrscher der ev. Länder, daß sie ihnen doch in ihrem Elend hülfen. Als Joseph II. in andrer Weise das Recht des Landes zerstörte, erklang wieder der Ruf Ungarns in Deutschland, um es über die Rechtsfrage aufzuklären und mit Hülfe der öffentlichen Meinung dem Recht zum Siege zu verhelfen. Zur selben Zeit trat sie, in Schlözer imponierend verkörpert, zum erstenmal für die Sachsen ein. In den vierziger Jahren hatte die Bewegung in Ungarn den Versuch mit Erfolg gemacht, für ihre freiheitlichen Ziele Deutschland zu begeistern. Vor allem war Leipzig ein Mittelpunkt, von wo aus die Broschürenliteratur zu diesem Zweck hinausflog. So konnten die Sachsen nicht zurückbleiben. Aber im ganzen war jene öffentliche Meinung damals wenig für die Sachsen zu haben. Sie wußte nichts von den hiesigen Verhältnissen und was sie wußte, floß zum Teil aus den Quellen, die uns nicht wohl wollten und so erschienen die Sachsen als die Vertreter veralteter Privilegien, rückständige Leute, die von der neuen Zeit nichts wissen wollten.

Ein verfehlteres Bild war von ihnen nie gezeichnet worden. Sie überwanden eben in hingebender Innerarbeit, was man ihnen vorwarf.

Dabei ist nicht zu übersehen, daß Vieles, was jene Zeit als neues Evangelium verkündete, für die Sachsen alte Wahrheit war. Sie brauchten keine Hörigkeit abzuschaffen, denn auf Sachsenboden hatte sie nie bestanden; sie brauchten keine neue Gleichheit vor dem Gesetz, denn uralte Gleichberechtigung war die Grundlage der sächsischen Verfassung gewesen; sie brauchten keine neue Glaubensfreiheit, denn sie war ihr Recht seit der Reformation.

Was sie brauchten, Freimachung der gebundenen Kräfte, frische Luft im nationalen und wirtschaftlichen Leben, daran arbeiteten sie.

Diese Arbeit übersah in ihrer Begeisterung eines: wohl war die sächsische Nation die dritte ständische Nation des Landes, aber sie hatte nicht mehr die alte Bedeutung. Auf dem Landtag spürte sie es jedesmal, aber sonst sah sie es nicht so klar, wie wir es heute sehen. Sie war nicht mehr imstande, in festen Mauern und Burgen zuletzt alles auf die Entscheidung des Schwertes zu setzen. Das hing mit allen Zeitverhältnissen zusammen, es war nicht so sehr Schuld als Schicksal der Sachsen. Einsichtige Politiker unter ihnen fühlten es schmerzlich. Im Rückblick auf den Landtag schrieb Fr. Hann 1847 ein charakteristisches Wort in sein Tagebuch: „Aristoteles forderte für die Tragödie eine gewisse Größe als wesentlich; mit noch viel mehr Recht heischten die Griechen für den Staat ein gewisses Maß räumlicher Entfaltung, oft schwer genug zu erlangen. Wo Kleines sich bei ihnen als dem Großen gleich geberdete und gern übersehen hätte, was die freie Bewegung nach außen und für das innere Sein bedeutet, da fehlte es in jener Zeit lebendiger Verhältnisse nicht an mancherlei Zurechtweisung: „Mache nicht große Schuhe für einen kleinen Fuß" hieß es da oder: „Entweder füge deiner Stärke etwas hinzu oder nimm von deiner Hitze etwas hinweg" oder was der Megarenser von Lysander hören mußte: „Deinen Reden fehlt weiter nichts als der Staat." Wie triftig finde ich diese Wahrheiten für das übermäßige Treiben der Mehrheit der sächsischen Landtagsabgeordneten in ihren Nationalversammlungen. Sie stellen sich stets entweder außer oder über die Ständemehrheit und legen ihrer subjektiven Ansicht in allgemeinen Staatsfragen immer Gewicht genug bei, um zu deren Behauptung das Notmittel einer Sondermeinung heraufzubeschwören. Sie kennen weder sich selbst noch ihre Lage."

Es ist eine neue Gedankenreihe kühler Erwägung, die aber nur langsam eine Macht im Volke werden sollte.

Mit Befriedigung sahen die Sachsen auf die wirtschaftlichen Zustände der Gemeinden. Im Jahre 1846 gab es in den sächsischen Gemeinden keine Passiven. Das National- und Sieben-Richtervermögen wies in jenem Jahre eine Mehreinnahme von 53.148 Gulden auf, die Stuhls- und Distriktskassen eine solche von 12.000 fl.; von den Städten hatte nur Kronstadt in jenem Jahre 4565 fl. mehr Ausgaben als Einnahmen, Schäßburg bloß wenige Gulden.

Vom Privatbesitz ein Bild zu entwerfen ist nicht leicht. Zunächst war im Bauernstand die Gleichheit des Besitzes noch größer als heute und der Einzelbesitz kleiner, es waren im Grunde genommen lauter Zwergwirtschaften, in der freien Verfügung über ihren Besitz eingeengt, die ihrem Besitzer, der durch die Dreifelderwirtschaft jährlich ein Drittel vom Grund und Boden überhaupt nicht rechnen durfte, nur dadurch die Möglichkeit der Existenz boten, daß das große Gemeindeland, der Wald, die Weide zur Not ersetzten, was ihm fehlte. Der Korn- und Weinbau war die eigentliche Quelle des bäuerlichen Lebens. Die Steuern waren gering, aber der Zehnte, der der Kirche gegeben wurde und in den untertänigen Gemeinden auch dem Grundherrn, waren eine schwerere Last als alle Steuern der Gegenwart. Das Vermögen des Bauern bestand außer dem Haus und Hof und den Grundstücken in Vieh und Kleidung, in der Wäsche, die zahlreich in den Truhen aufbewahrt wurde, in Schmuck und wenigem barem Geld, das im alten Strumpf zu unterst in der Truhe lag. Bei Teilungen nach dem Tode des Hausvaters erbte nach dem Eigenlandrecht vom ganzen Vermögen die Witwe $^1/_3$, starb die Frau der Mann $^2/_3$, nach dem Tod des Vaters der jüngste Sohn den Hof, die Geschwister den gleichen Anteil an dem Grundbesitz, der dadurch sehr zerstückelt wurde. Ein Joch Land geringer Güte war um 8—40 Gulden, mittlerer Güte um 20—80 Gulden, bester Güte um 60—300 Gulden zu kaufen. Der Taglohn betrug 7—20 Kreuzer, dazu das Essen.

Auch die Vermögensverhältnisse in der Stadt waren außerordentlich bescheiden. Aber das fleißige Bürgerhaus konnte doch bei den außerordentlich geringen Einkünften einen Sparpfennig zurücklegen. Es kam vor, daß besonders geschickte oder glückliche Handwerker, besonders Lederer, aber auch Wollenweber, Hutmacher u. a. bei ihrem Tode ein großes Vermögen zurückließen, wo bei der Teilung die Silberzwanziger in solcher Menge vorhanden waren, daß sie mit dem Viertel gemessen wurden. Auch die Patrizierhäuser waren wohlhabend, hatten Haus und Grund und Boden und liehen oft gegen Prozente, bis die Sparkassen das Geschäft übernahmen. Der Pfarrer wurde leicht wohlhabend, wenn die Jahre gut waren, denn seine und seines Hauses Bedürfnisse waren gering und der Zehnertrag groß. Eine ganze Reihe verhältnismäßig großer Vermögen stammte aus dem Pfarrhaus.

Eigentlich große Vermögen nach modernen Begriffen gab es unter uns bis 1848 nicht. Fabriksherr und Großgrundbesitzer waren ganz unbekannt. Die paar Sachsen, die auf Komitatsboden Adelsbesitz erworben hatten, fielen nicht ins Gewicht. Am reichsten waren die hohen Beamten — Gubernialräte usf. — das Heydendorffische Vermögen in Mediasch war bedeutend, in Kronstadt besaßen wieder die Beamten reiches Gut, auch liegendes Erbe: die Plecker, Closius, Trausch, Brennerberg, die Rotgerber Dück und Müller, die Tuchmacher Günther, Stenner, Hutmacher Rideli, Kaufmann Schmidt und Marienburg, neben ihnen die Nichtdeutschen Diamandi, Emanuel, Orgidan, in Hermannstadt die Brukenthal, Wayda, Hochmeister, der Lederer Fülek, der Erbauer des jetzigen Bischofshauses.

Der Handel war noch vorwiegend in sächsischen Händen, nur in Kronstadt konkurrierten die Griechen. Hermannstadt versorgte bis ins Banat hinunter das Land mit den Bedürfnissen, die der Kaufmann feil hatte, das Haus Nendwich einen großen Teil des Landes mit Eisen und das Haus Misselbacher in Schäßburg das ganze Szeklerland mit Kolonial- und Materialwaren.

Die Schichtung des Volkes war wohl im ganzen die gleiche wie heute, aber der Unterschied ist doch erkennbar. Schwerflüssiger als heute war der Bauernstand, mehr an der Scholle klebend. Seit alter Zeit, trotz aller Bevormundung gewohnt, sich selbst zu regieren und in der freien Dorfgemeinde die eignen Angelegenheiten zu ordnen, begann er grade in dem Jahrzehnt vor der Revolution tiefern Anteil an dem nationalen Leben zu nehmen und wurde in die nationale Arbeit hineingezogen. Größer als heute war die Zahl der städtischen Bürger, die das Kleingewerbe, daneben zugleich auch etwas Landwirtschaft trieben. Diese Volksschichte mit dem leitenden Beamtentum in den Städten und Märkten bildete damals den eigentlich maßgebenden Kern des Volkes. Grade in dem Bürgertum lebte der nationale Gedanke mächtig auf, diese Kreise waren nahezu alle durch das Gymnasium durchgegangen, hatten Anteil an der Bildung der Zeit und nahmen die neuen Gedanken, die sie brachte, freudig auf. Die führende Schichte waren bis dahin die Juristen gewesen. Nicht nur in den Städten, auch in den Märkten, den Vororten der kleinern Stühle saßen sie in großer Menge, es war die eigentliche vornehme Gesellschaft, die bis in die höchsten Kreise hinaufragte, deren Angehörige, wenn es gut ging, Gubernialrat und Hofrat werden konnten, dem Orden und Titel winkten. Sie regierten das Volk, die Kirche, die öffentliche Meinung. Sie waren bisher die Verteidiger der Verfassung gewesen, die wissenschaftlichen Forscher, auf den Landtagen und bei Deputationen an den Hof die Wortführer.

Aber grade gegen sie stürmte die neue Zeit an. Ihr bureaukratischer Geist galt als Hemmschuh des Fortschritts. Die jüngern des Standes warfen sich der neuen Bewegung in die Arme und hofften, eine bessere Zukunft herbeizuführen.

Die Träger dieser neuen Gedanken aber waren in erster Reihe mit den jungen Juristen die jungen „Theologen", die Gymnasiallehrer. Sie hatten bis noch im öffentlichen Leben des sächsischen Volkes keine Rolle gespielt. Es war das Zeichen einer neuen Zeit, daß sie es begannen. Sie standen in innigerer Verbindung mit dem deutschen Geistesleben als irgend ein andrer Stand durch die deutschen Universitätsjahre, mit der Literatur durch ihre Studien, durch beides mit der größern Welt. Und langsam vollzog sich eine der interessantesten Erscheinungen in unserm Volksleben, wie das wissenschaftliche Leben, vor allem die historische Forschung, an der sie schon im 18. Jahrhundert Anteil gehabt, in die Hand der Lehrer und Pfarrer überging und zu gleicher Zeit ihnen eine maßgebende Rolle im öffentlichen Leben zufiel. Die wirtschaftlichen Verhältniffe diefer auffteigenden Schichte waren die engften und befchränkteften, die fich denken laffen. Aber wie niemals in unfrer Vergangenheit das wirtschaftliche Übergewicht eines Standes das politische Leben bestimmt hat, mit der einen Ausnahme in den Zeiten des Erbgräfentums, so war dies neue Leben, das allenthalben keimte, die Frucht des reinen Idealismus, des Geistes, der sich den Körper baut.

In den wirtschaftlichen Verhältnissen aber war ein Doppelkampf maßgebend. Das Gewerbe kämpfte um sein Dasein, nicht nur um die Form, die die starren Zünfte ihm gegeben, sondern um seinen Bestand, wenn auch die schwersten Jahre erst nach 1848 kamen. Aber zugleich erkannten Einsichtige, daß ein nicht minder schwerer Kampf um den Boden entbrannt war, der still und unmerklich begonnen hatte, dem Fluß gleich, der die Ufer unterwäscht und bald hier, bald dort ein Stück Boden wegspült — und nach einer Weile ist ein gut Teil Land in ihm versunken.

Es wird sich niemals nachweisen lassen, wann die ersten Walachen in die erste sächsische Gemeinde und auf den Sachsenboden gekommen sind. Aber als sie kamen, waren sie den Bauern willkommen als Arbeiter und später als Mitträger der Drangsale in böser Zeit, als Steuerzahler usf. Grund und Boden war genug da, warum sollten sie nicht auch einen Teil bearbeiten? Im Volk selbst wurde allerdings verhältnismäßig früh die Empfindung lebendig, daß was der neu hinzukommende Genosse bearbeite, den Altansässigen weggenommen werde. Sie begannen sich gegen die Ansiedlung zu wehren, während die Beamten die eine und andre Gemeinde gegen ihren Willen zwangen, sie aufzunehmen.[1] Um 1750 war die Gefahr erkannt, der Unwille kam u. a. im Hermannstädter Stuhl zu gewaltsamem Ausdruck, schon war kein Unterschied zwischen Beamten und Bauern in diesem Fall.[2] In Bistritz benützten sie die Einrichtung der Grenze, die Walachen aus dem Bezirk abzuschieben. Aber ihre Zahl nahm zu, die bessere Rechtsstellung auf dem Sachsenboden lockte die Zuwanderung an und besonders seit 1790 wuchs auch der Erwerb sächsischen Grundes in den Händen der Walachen. Noch vollzog sich dieser Kampf sozusagen in naiver Form, oft nicht als Kampf empfunden, aber der wirtschaftliche Gegensatz, der dann besonders nach 1848, der rechtlichen und persönlichen Gleichstellung der Walachen mit den alten rezipierten Nationen und Religionen im ganzen Land, größern Umfang annahm und bewußt als Kampf ums Dasein von beiden

---

[1] S. Band II, S. 164.
[2] Ebenso S. 165.

Seiten geführt wurde, wurde in diesen Jahren vor der Revolution um so mehr empfunden, als auch die wirtschaftliche Frage zur öffentlichen Besprechung kam und der nationale Gedanke auch dieses Gebiet beherrschte.

Die einsichtigsten Beurteiler des sächsischen Volkslebens fanden einen Zusammenhang zwischen den wirtschaftlichen Fragen und den politischen und bedauerten die geringe Volksvermehrung. Gegen die künstlichen Mittel, die dabei mitwirkten, sollte Aufklärung und Strafe wirken. Die Frage war schon 1802 auf einer Partialsynode in Birthälm im Anschluß an ein Gubernialdekret vom 1. August 1799 beraten worden, aber der Unterschied bestand darin, daß damals die Anregung von außen kam, jetzt drängte sie sich dem Volk selbst auf. In einer Eingabe an das Oberkonsistorium (1. März 1848) schlug Fr. Hann Prämien für zahlreiche Nachkommenschaft vor, Regelung der bürgerrechtlichen Verhältnisse, Feststellung eines Minimums für das Bauerngut, Aufhebung des Triftzwangs, Zusammenlegung der Feldgründe auf privatrechtlichem Weg, zeitgemäße Umbildung der Zunfteinrichtungen, vor allem Nationalisierung des Schulunterrichts und seine Verbesserung nach mehr als einer Richtung. Es erschien den Besten eben das ganze Volksleben als ein ganzes und überall gab es der Schäden so sehr viele zu heilen.

Grade auch die wirtschaftlichen Sorgen vertieften die Hauptfrage der Zeit nach der Erhaltung des sächsischen Volkes in seiner deutschen Eigenart. Darum die energische Behandlung der Sprachenfrage. Die Hermannstädter Kommunität hat im Jahre 1842 ihre Anschauungen, die jene der ganzen Zeit widerspiegeln, in klassischer Weise Ausdruck gegeben; so beurteilte man sie allgemein. Jeder Urteilsfähige — so führte sie aus — müßte zur Überzeugung gelangen, „daß der sächsischen Nation als dem natürlichen Träger des deutschen Elementes in Siebenbürgen, wenn auch nicht augenblickliche Austilgung, doch ein sicheres Siechtum und sukzessives Absterben zugedacht sei und diese Ansicht über die Zukunft der Nation in allen Beziehungen und Berührungspunkten der Magyaren mit den Sachsen als die vorherrschende sich bereits ankündige und bekunde." Alle Parteien, die sich sonst entgegenstünden, seien einig in der Befehdung der Sachsen. Auf den Einwand, daß auch früher ungarische Dekrete erlassen worden seien, wandten sie ein, „unsere ehemalige Autonomie ist nicht die ehemalige geblieben, unser politischer Zustand hat sich zum Teil sogar ändern müssen. Eben deswegen aber drohet unserer Nationalität jetzt auch größere Gefahr, wenn wir nicht alle gesetzlichen Mittel erschöpfen, unser deutsches Leben auch für die

Zukunft zu sichern. Wer unsern ehemaligen autonomen Zustand mit dem gegenwärtigen vergleicht, und mit dem Resultat dieser Vergleichung das in den gegenwärtigen Landtagsakten vorfindige reiche Material zu Betrachtungen, mit Rücksicht auf unser politisches, bürgerliches und nationales Dasein ordnend zusammenhält, wird wohl keiner Brille bedürfen, um einzusehen, daß es sich um die Frage handle: sein — oder nicht sein? Und da die Sicherung des deutschen nationalen Fortbestandes nur von uns abhängen kann, so stellt sich uns zur unvermeidlichen Lösung die Frage: wollen wir auch ferner Deutsche bleiben, unser deutsches Leben sichern, oder am Grabe des Deutschtums, wenigstens durch Fahrlässigkeit mithelfen? Und da wir nicht so tief gesunken sind, um zur siebenhundertjährigen Jubelfeier unsers Deutschtums das letzte zu wollen, ... so können wir den Verlust unsres deutschen nationalen Lebens nur uns allein zuschreiben. Fallen wir in diesem, dadurch, daß das Recht auf unsrer Seite ist, so bedeutend erleichterten Kampfe, so haben wir Niemand anzuklagen als uns selbst; denn keine äußere Gewalt kann die eiserne Charakterstärke und moralische Tatkraft einer Nation zerstören, wenn nicht die eignen Glieder derselben in progressiver Demoralisation sich zu solchem heillosen Beginnen pflichtvergessen die Hände reichen. Um aber nicht zu fallen, müssen wir Kraft entwickeln. ..."

Aus dieser Gedankenreihe ergab sich mit Notwendigkeit eine andre Frage: wird die Union mit Ungarn dem gezeichneten Ziel dienen oder seine Erreichung erschweren oder gar unmöglich machen?

Die Antwort, die bis zum Jahre 1847 darauf gegeben wurde, war inmitten des sächsischen Volkes nicht gleich. Aber sie war auch nicht so grundverschieden von der Antwort der Mitstände, sosehr die Voraussetzungen Beider verschieden waren. Allgemein war die Anschauung, daß die Union keine völlige Verschmelzung Siebenbürgens mit Ungarn sein dürfe, von Bedingungen redeten die ungarischen Komitate ebenso wie die sächsischen Zeitungen. Die Verhandlung über diese Frage nahm ihren heftigsten Charakter erst 1848 an.

Die Gedanken, die ein Geschlecht als eisernen Bestand sein eigen nennt und mit denen es arbeitet und in denen es lebt, stammen aus verschiedenen Zeiten. Den vierziger Jahren verdankt die Gegenwart die Innigkeit des nationalen Gedankens, die Beurteilung der Sprachenfrage vom nationalen Standpunkt, die Erkenntnis, daß das Volk vor dem schwersten Kampf stehe und in diesem nur Kraft entwickelt werden könne, wenn Alles, was an geistigem, moralischem und materiellem Besitz im Volke sei, ausgebildet werde, daß die Frage nach dem Bestand der

Nation die andre in sich schließe, ob sie imstande sei, auf allen Gebieten des Lebens den Anforderungen der Zeit zu genügen.

Jene Zeit beantwortete die Frage herzhaft und kühn. Und wenn hie und da Einer zagend fragte:

>   Neuer Tag,
> Bringst du Ruhm uns oder Schmach?

so antwortete der Andere, aus den Herzen der Zeitgenossen heraus:

> Noch reckst du erst die Glieder
> Und blickst umher nur scheu,
> Und reibst die Augenlieder
> Vom langen Schlafe frei.
> Doch was kann draus erwachsen,
> Wenn du dich ganz ermannt,
> Du edles Volk der Sachsen
> Im Siebenbürgerland!

Für die große Innerarbeit des sächsischen Volkes, die nationale Selbsterziehung, die aufgenommen worden war, kam die Revolution von 1848 zu früh.

XII.
Die Revolution von 1848—49.

Die Bewegung des Jahres 1848 hat zum erstenmal das europäische Festland, mit Ausnahme Rußlands und der Türkei, als eine politische Einheit in dem Sinn gezeigt, daß im selben Augenblick die gleichen Gedanken alle Länder bewegten und die gleichen Ziele alle politischen Kräfte in Bewegung setzten. Die französische Revolution am Ende des 18. Jahrhunderts mußte ihre Ideen mit den Bajonetten des Revolutionsheeres in die Nachbarländer tragen, die Flamme der Julirevolution 1830 warf einige Funken schon über die Grenze hinüber, die hie und da zündeten, ohne einen allgemeinen Brand zu erregen, die Februarrevolution von 1848 aber glich einem Sturmwind, der all diese Länder durchfuhr und in wenigen Wochen die Welt veränderte. Es war nur möglich, weil überall die Empfindung lebendig war, daß die Zeit für Freiheit und neue Formen des staatlichen Lebens gekommen sei, die eine Bürgschaft für das Glück der Völker bieten sollten. Überall ein Drängen und Ringen aus den bestehenden Verhältnissen heraus zu kommen und zuletzt gilt doch das Wort Treitschkes: „wie viel der Historiker auch an wirtschaftlichen, politischen, religiösen Erklärungsgründen vorbringen mag, zuletzt kann er doch nur einfach die Tatsache konstatieren, daß die Stimmung der Zeit reif wurde für eine Revolution."

Sie entwickelte sich in Ungarn fast unmerklich aus dem Kampf für freiere Formen des staatlichen und des Volkslebens.

Zwei Tage nach Schluß des siebenbürgischen Landtags war der ungarische Reichstag am 12. November 1847 eröffnet worden. Er stand unter einem doppelten Zeichen. Am Anfang des Jahres war der alte Palatin Erzherzog Josef gestorben und es handelte sich um seinen Nachfolger, den der Hof im Sohn des Verstorbenen, Erzherzog Stefan, wünschte und dem darum die vorläufige Leitung der Administration übertragen worden war. Das andre war die Tatsache, daß Szechenyi von der Opposition in das Lager der Regierung übergegangen war, von der Überzeugung geleitet, daß die Pflege der materiellen Interessen und die Verständigung mit der Regierung, die dem Fortschritt nicht abhold sei, das sicherste Mittel sei, die politischen Zustände einer gedeihlichen Reform zuzuführen. Szechenyi erblickte in Kossuth den bösen Dämon der Nation, von dem er erklärte, „er wird unser Volk in eine Lage stürzen, aus der selbst Gott es zu retten nicht mehr imstande sein wird"; seine „phantastische Inkompetenz, seine politische Unmündigkeit und eitle Selbstüberhebung" seien eine große Gefahr für die Entwicklung Ungarns. Szechenyis Stellung war ein Anlaß mehr, daß die Opposition ihr Programm vor dem Reichstag festigte und klärte. Deak war der Verfasser. Er erklärte, daß die Opposition sich gegen das System richte, daß sie auf den nächsten Reichstag die dringenden Reformen durchführen wolle: Die allgemeine Steuerpflicht, die Aufhebung der Avitizität, Hebung des Kredits, die weitere Durchführung der Urbarialgesetze, die Änderung der Komitatsverfassung. Das Programm wies auf den Widerspruch hin, der zwischen den Worten und Taten der Regierung bestehe, die nichts tue, den Beschwerden des Landes abzuhelfen. „Wir wollen nicht — so schloß das Programm, das im Sommer in den Zeitungen veröffentlicht wurde — die Interessen unsers Vaterlandes mit dem Interesse der Einheit der Monarchie und der Möglichkeit ihres Bestandes in Widerstreit bringen, wir halten es aber für unbillig, wenn die Interessen Ungarns jenen der Erbländer untergeordnet werden und werden niemals dulden, daß der Einheit der Administration, welche man gern mit der Einheit der Monarchie als gleichbedeutend annimmt, unsre Verfassung und unsre Rechte geopfert würden. Die pragmatische Sanktion und der Artikel 10 aus 1791 sind die unzertrennlichen Grundlagen der Konstitution."

Das Programm stimmte in vielen Punkten mit dem der Regierungspartei, den Altkonservativen, überein. Auch diese waren der Meinung, daß die alte Konstitution unhaltbar sei, daß das Staatswesen modernisiert werden müsse. Aber im Grunde war doch das Ziel beider sehr verschieden. Die Liberalen wollten die Änderung der Komitatsverfassung, um das Repräsentativsystem zu erweitern, die andern, um der Regierung größern Einfluß zu verschaffen, jene die Adelsrechte vermindern zugunsten des Volkes, diese zugunsten der absoluten Regierung. Das Ideal der einen Partei war, die politische und nationale Selbständigkeit Ungarns zu sichern — sie forderten u. a. freie Presse, freies Versammlungs- und Vereinsrecht u. ä. — das der andern die engere Verbindung mit Österreich. Volle Übereinstimmung herrschte nur in bezug auf nationale Stärkung und Herrschaft des magyarischen Volkes.

Die k. Propositionen, die diesmal von förmlichen Gesetzentwürfen begleitet waren, bezogen sich vor allem auf die Palatinswahl, Reform der Städteordnung, Aufhebung der Avitizität, Erleichterung der Urbarialablösungen, Zolleinigung mit Österreich, Verbesserung der Kommunikationsmittel, Einverleibung der Partes u. a.

Die Parteien stießen schon in der Adreßdebatte heftig aufeinander, ebenso bei der Verhandlung eines Antrags, der am 29. November eingebracht wurde, betreffend die allgemeine Steuerpflicht. Ein leidenschaftlicher Angriff Kossuths auf den Adel, der mit allgemeinem Beifall aufgenommen wurde, zeigte den Wandel der Stimmungen an. In der Sprachenfrage entwickelte Kossuth einen nationalen Fanatismus, der bei den Magnaten auf offnen Widerstand stieß. Aber im Abgeordnetenhaus wuchs sein Einfluß. Dieses selbst richtete seine Aufmerksamkeit mit wachsender Spannung auf die Ereignisse in Frankreich. Am 24. Februar 1848 war in Paris die Revolution ausgebrochen, der König vertrieben, die Republik ausgerufen worden, Preßfreiheit und Ministerverantwortlichkeit, Volksbewaffnung und öffentliches Gerichtsverfahren verkündigt worden und am 1. März erklärte Kossuth im Reichstag, „es gibt Augenblicke, wo die Gesetzgebung nicht nur Reformen fordern, sondern auch Gefahren beseitigen muß" und am 3. März verlangte der Reichstag auf seinen Antrag die Durchführung der vielbesprochenen Reformen, ein verantwortliches ungarisches Ministerium; „in der innigsten Verschmelzung der verschiedenen Provinzen der Monarchie liegt die Gewähr für die Ruhe, die Stütze für die Dynastie, der Schutz für unsre Freiheit. Wir bitten daher, den kaiserlichen Thron mit konstitutionellen Einrichtungen umgeben, allen Ländern Österreichs eine

Verfassung verleihen zu wollen." Der Kampf um die Freiheit begann in neuen Formen.

Schneller als der Reichstag in Preßburg es vielleicht ahnte, ging der bis vor kurzem unerhörte Wunsch in Erfüllung. Die Pariser Revolution hatte ihren Siegeszug durch Europa begonnen, sie fegte am 13. März in Wien Metternich weg, — das Wort des Kaisers Franz: „mich und den Metternich wirds ja noch tragen" hatte sich nicht erfüllt — erzwang am 14. die Zusage der Preßfreiheit, und am 15. das Zugeständnis einer „Konstitution". Das alte Österreich war vollständig zu Grabe getragen und hatte es durchaus verdient.

Als dunkle Gerüchte von diesen Vorgängen nach Pest kamen, sammelten sich dort am 14. März Studenten, Juraten, Journalisten, denen die Repräsentation vom 3. März viel zu wenig verlangte. Es gelang ihnen, am 15. März in einer Volksversammlung auf den Straßen in Pest, 12 Punkte als „Forderung der Nation" festzusetzen, die folgendermaßen lauteten: "Wir verlangen 1. die Preßfreiheit mit Vernichtung der Zensur; 2. ein verantwortliches Ministerium in Budapest; 3. jährlichen Landtag in Pest; 4. Gleichheit vor dem Gesetz in religiöser und bürgerlicher Hinsicht; 5. Nationalgarde; 6. gleiche Beteiligung an den Lasten; wir steuern Alle gleich; 7. die Aufhebung der Urbarialgesetze; 8. Geschwornengericht, Volksvertretung auf dem Prinzipe der Gleichheit; 9. eine Nationalbank; 10. das Militär beschwöre die Konstitution, unsre Soldaten schleppe man nicht mehr in das Ausland, die ausländischen Fremden schaffe man hinweg; 11. die politischen Staatsgefangenen sollen freigelassen werden; 12. Union, Verbindung Siebenbürgens mit Ungarn." Mit „Freiheit, Gleichheit, Brüderlichkeit" schloß der Aufruf.

Was sich von diesen Forderungen augenblicklich durchführen ließ, wurde sofort durchgesetzt, so die Preßfreiheit und die Befreiung wenigstens eines politischen Gefangenen und die vollziehende Gewalt ergriff ein Sicherheitsausschuß.

In Preßburg hatte Kossuth am 14. März den Antrag auf Durchführung der Preßfreiheit gestellt und auf seinen Antrag hatte der Reichstag die obligatorische Einführung der Nationalgarde in jeder Stadt und eine Wehrverfassung beschlossen, nach der jeder Wähler zum Waffendienst verpflichtet wurde. Aber schon erklärte Kossuth, es sei nicht nötig, zu den Beschlüssen des Abgeordnetenhauses die Zustimmung der Magnaten zu verlangen, die Stände beschlossen allein die allgemeine Steuerpflicht, die Aufhebung der Urbariallasten gegen Entschädigung der Grundherrn. Am 17. März forderte der Palatin den Grafen L. Batthyány auf, das ungarische Ministerium zu bilden, während der Reichstag erst am 22. März den Gesetzesvorschlag beriet. Die Hofkanzlei und die Hofkammer sollten aufhören. Schon am 23. März verkündigte Batthyány die Namen der Kabinettsmitglieder, eine Zusammensetzung, die allen Wünschen Rechnung trug: Deák, Kossuth, Eötvös, Szechenyi, P. Eszterhazy. Aber schon war der Reichstag unter den Terrorismus der radikalen Agitation geraten, „Kossuth stellte die Anträge, Kossuth motivierte ihre Annahme, Kossuth lenkte die Stimmen, Kossuth proklamierte die Beschlüsse. Den übrigen Mitgliedern blieb nur die bescheidene Rolle des im Refrain einfallenden Chores." Und Kossuth neigte nach seiner ganzen Natur dahin, auf die „Volksstimmung" zu horchen und ihr nachzugehen und die flog auf den Flügeln revolutionärer Wünsche durchs Land. Pest stand unter der Gewalt des Sicherheitsausschusses, Wien unter revolutionären Komitees, eine Regierung gab es da eigentlich überhaupt nicht mehr. Der Hof gab seine Zustimmung zu den ungarischen Forderungen, die Hofkanzlei wurde aufgehoben, die Truppen wurden in Friedenszeiten dem ungarischen Ministerium zugewiesen, nur im Kriege behielt sich der König die Verwendung der Armee außer Landes vor. Der Reichstag beschloß noch ein neues Wahlgesetz und eine neue Komitatsverfassung, nach der der Adel in dem vollen Besitz seiner aristokratischen Machtfülle blieb.

Am 10. April schloß K. Ferdinand mit glänzendem Gefolge den Reichstag, am 11. April wurden sämtliche Gesetze (einunddreißig Artikel) bestätigt, darunter die wichtigsten: Die Einsetzung des ungarischen Ministeriums, jährlicher Reichstag, allgemeine Besteuerung, Aufhebung der Avitizität und der Urbariallasten, die durch den Staat abzulösen sind, Vereinigung Siebenbürgens mit Ungarn, der letztere Beschluß mit folgendem Wortlaut (VII: 1848): „Da die Einheit der Nation und die Rechtsgleichheit die vollständige Vereinigung des zur ungarischen Krone gehörigen Siebenbürgens mit Ungarn unter einer Regierung auf vollkommener Rechtsgrundlage erheischen, die Ereignisse der Gegenwart aber die Vertretung dieser beiden Schwesterländer auf dem nächsten Landtag dringend gebieten, so wird zum Gelingen dieser Zwecke beschlossen": Die Stimmberechtigung der siebenbürgischen Regalisten im ungarischen Magnatenhaus, die Zuweisung von 69 Stimmen für Siebenbürgen beim ungarischen Reichstag, dann heißt es: § 4. Es wird dem verantwortlichen Ministerium zur Pflicht gemacht, alle möglichen gesetzlichen Mittel anzuwenden, um sich sowohl mit der von dem verflossenen Landtag Siebenbürgens zu diesem Zweck ernannten Kommission als auch mit dem in Siebenbürgen je eher abzuhaltenden Landtag selbst in Verhandlung zu setzen; auf jeden Fall aber sowohl die zur vollständigen Durchführung der Union erforderlichen Schritte zu tun, als auch in dieser Angelegenheit dem nächsten Landtage erschöpfende Gesetzesvorschläge zu unterbreiten, wobei als leitender Grundsatz ausgesprochen wird: § 5. Ungarn ist bereit, alle besondern Gesetze und Freiheiten Siebenbürgens, welche nebst dem, daß sie die vollständige Vereinigung nicht hindern, die Nationalfreiheit und Rechtsgleichheit begünstigen, anzunehmen und aufrecht zu halten. § 6. Die obige Anordnung wird sowohl in betreff der Regalisten, als auch der Volksvertreter von der Einwilligung des demnächst einzuberufenden siebenbürgischen Landtags abhängig gemacht, und erstreckt sich bloß auf den nächsten ungarischen Reichstag; alsdann wird die Regelung der Vertretung der Interessen Siebenbürgens eine Aufgabe der vereinigten Gesetzgebung sein."

Mit der Sanktion der Gesetze vom 11. April beginnt das neue Ungarn, „die tausendjährige Verfassung" desselben war mit diesen Gesetzen begraben, die die Grundlage für eine freiheitliche Entwicklung boten. Denn die Grundlagen jener alten Verfassung: die ausschließlichen Rechte des Adels, die großen Vorrechte der kath. Geistlichkeit, Robottdienste, Zehnten usf. waren, wenigstens grundsätzlich, aufgehoben.

Die ersten Nachrichten von der Pariser Revolution waren nach Siebenbürgen in den ersten Tagen des März gekommen. Die Freude darüber war eine allgemeine, besonders auch in den sächsischen Städten, die Tatsachen sprachen beredter als Alles für Fortschritt und Freiheit. Am 10. Februar 1848 war die Nationsuniversität zu einer Sitzung zusammengetreten, die unter dem Zeichen der Reformen stand, wenn auch viel alter Zopf noch hinten hing. In den Instruktionen der Abgeordneten hieß es, sie sollten die Eisenbahn über Hermannstadt und Kronstadt als Nationalangelegenheit ansehen, der Fiskalzehnte im Sachsenland solle abgelöst werden, den Walachen Gleichberechtigung zugestanden, die Abgeordneten zur Universität nicht nur aus den Magistraten gewählt werden. Bei der Eröffnung der Sitzungen hatte Komes Salmen darauf hingewiesen, die Zeit wachse, mit ihr die Aufgaben und Anforderungen an jeden Einzelnen und an jede Körperschaft. Die Mängel und Gebrechen in unsern öffentlichen Zuständen heischten Verbesserung, gewissenhafte Tätigkeit, rastlose Anspannung müsse an Stelle der Lässigkeit und Schlaffheit treten. Insbesonders Fr. Hann war eine treibende Kraft. Als mitten in die zum Teil schleppenden und langweiligen Verhandlungen und Protokollverlesungen und Aktenauszüge die Nachricht von der Februarrevolution kam, kam frischeres Leben in die Sitzungen.

Dazu mahnten sehr energisch auch die Ereignisse. Am 21. März schon hißten sie in Klausenburg auf dem Rathaus eine Riesentrikolore mit der Inschrift: „Unio" auf und die Kommunität von Klausenburg bat den Kaiser um Durchführung der Union und um baldige Zusammenberufung des siebenbürgischen Landtags. Opposition und konservative Partei hatten sofort die Gegensätze untereinander fallen lassen, sie fanden sich nicht nur im obigen Ziel, auch die Aufhebung der Urbarialverhältnisse, die Besteuerung des Adels, die Gleichheit vor dem Gesetz, das alles war nicht mehr fraglich. Auch die Beschwerden der Szekler erklärten sie abstellen zu wollen, von Sachsen und Walachen war keine Rede. Doch wurden alle Patrioten aufgefordert, die Sonderinteressen fahren zu lassen, den Egoismus zu vergessen und für Ruhe und Ordnung einzutreten. Wenige Tage später äußerte sich Hermannstadt. Eine Anregung aus der Mitte der Bürgerschaft veranlaßte die Kommunität am 27. März zum Beschluß, es solle eine Huldigungs= und Loyalitätserklärung an den Kaiser geschickt werden, und zwar solle die Nationsuniversität, die eben beisammen war, solches tun. In der Tat beschloß sie, nachdem eine große Deputation aus der Mitte der Bürgerschaft im Sitzungssaal der Universität erschienen war, am 29. März eine Adresse an den Kaiser, in der sie nebst dem Gefühl der Treue und Ergebenheit gegen den Thron versicherte, „daß sie zur Verwirklichung der größtmöglichen verfassungsmäßigen Einheit im Länder= und Völkerverbande des österreichischen Kaiserstaates, im Geiste der durch die siebenbürgischen Grundgesetze geheiligten pragmatischen Sanktion, nebst der Bitte um Aufrechthaltung ihrer Verfassung und deutschen Nationalität und Teilhaftigmachung an den dem Gesamtvaterland gewährten Zugeständnissen nichts sehnlicher wünscht, als diese Gesinnungen einst auch in einer Reichsständeversammlung aller konstitutionellen Länder der Monarchie beurkunden zu können."

In der Klausenburger und Hermannstädter Erklärung lag der Unterschied der magyarischen und sächsischen Auffassung deutlich ausgesprochen, er konzentrierte sich im Augenblick in der Frage: für oder gegen die Union.

Diese Frage bildete in den nächsten Wochen die aufregende Tagesfrage. Dabei konnte es auf deren Erwägung allerdings nicht ohne Einfluß bleiben, daß sie von einer Seite schon entschieden war. Nicht nur der ungarische Reichstag hatte die Union beschlossen; wenn auch aus dem Beschluß herauszulesen war, daß er der Entscheidung Siebenbürgens nicht vorgreifen wolle, so konnte der Beschluß ebensowenig wie dessen

Bestätigung durch den König ohne Einfluß auf Siebenbürgen bleiben. Niemand durfte voraussetzen, daß der Großfürst von Siebenbürgen hindern werde, was er als ungarischer König wünschte, wenn auch ähnliche Erfahrungen nicht gerade unerhört waren. Die Magyaren und Szekler in Siebenbürgen waren im selben Augenblick für die bedingungslose Union, als diese vom Standpunkt der Stärkung des magyarischen nationalen Gedankens wünschenswert erschien. Und von diesem Standpunkt aus behandelten die Komitate die Frage. In der Markalkongregation von Unter-Alba stellte B. Dionis Kemeny am 29. März den Antrag, den Gouverneur zu ersuchen, sofort den Landtag zusammenzurufen, das Militär im Lande zurückzuhalten und der städtischen Bevölkerung Waffen in die Hände zu geben, dann alle ungarischen Gerichtsbehörden aufzufordern, gleiche Schritte zur Einberufung des Landtags zu tun. Auf den Wunsch des Professors K. Szaß, es solle auch die sächsische Nation zu diesen Schritten eingeladen werden, rief Kemeny höhnisch: „Was? Wir sollen ein solches Volk bitten, das wir in unser Vaterland aufgenommen haben, welches an keinen Gesetzesvorschlägen zur Beförderung der Nationalwohlfahrt (!) teilnehmen, nie mit uns im Einklang handeln wollte? Nein, nein, nein, sie sollen uns suchen, wie sie uns auch gewiß suchen werden"! Dem Drängen der Markalkongregationen gelang es in der Tat, den Gouverneur zu bestimmen, den Landtag „kraft der ihm gesetzlich zustehenden Machtvollkommenheit", die aber tatsächlich nicht bestand, auf den 29. Mai auszuschreiben, welchen Termin der Hof dann beibehielt.

Für einen Teil der sächsischen Nation hatte die Erklärung der Nationsuniversität die Haltung in der Unionsfrage vorgezeichnet. Die Abweisung der Union ging von der Erwägung aus, daß durch ihre Durchführung der Rechtsstand, vor allem aber auch die nationale Entwicklung des Sachsenlandes Schaden leiden werde. Das grade in jenen Jahren stets wachsende und stürmischer hervortretende leidenschaftliche Begehren des magyarischen Volkes, dem Land und seinem öffentlichen Leben den Charakter des eignen Volkstums aufzudrücken, ließ sie schlimmste Gefahr für die Nationalität des sächsischen Volkes fürchten. Auch sahen sie in dem Streben Ungarns nach Selbständigkeit den Beginn einer völligen Loslösung von Österreich, einer Erschütterung der pragmatischen Sanktion, die Zertrümmerung der Monarchie. Die Union gebe das Land den Magyaren in die Hand; was die Sachsen von ihnen erwarten dürften, das hätten die vergangenen Zeiten, auch die letzten Landtage gezeigt, in der allgemeinen Magyarisierung werde das deutsche Leben des sächsischen Volkes seinen raschen Untergang finden. Dem gegenüber stand ein andrer Teil der Sachsen der Union nicht feindlich gegenüber: was habe denn Österreich den Sachsen genützt? Es sei nicht vorauszusehen, daß die Magyaren, die für die Freiheit und Entwicklung ihrer Nationalität kämpften, andern Völkern das eine und das andre verwehren würden. Das Kronstädter Wochenblatt mit seinen Beiblättern trat für eine bedingte Union ein, wie alle Sachsen nur eine solche im Auge hatten, sofern sie überhaupt eine Vereinigung mit Ungarn wollten, der Siebenbürger Bote war gegen jede Union. Auch in Broschüren wurde die Frage erörtert, zielbewußt traten die „Unterhaltungen aus der Gegenwart" in Hermannstadt gegen die Union ein. Der Kampf war um so heftiger, als von beiden Seiten mit Hoffnungen, mit Vermutungen gekämpft wurde, mit Erwartungen und Befürchtungen, die nur für diejenigen Beweiskraft hatten, die sie hegten und fühlten. Hermannstadt stand durchwegs auf dem Standpunkt, der von einer Union nichts wissen wollte, sonst gab es nahezu überall auch Freunde derselben. Während die Beamten, bei denen die Eindrücke der letzten Landtage von der wenig freundlichen Gesinnung der Magyaren die Entscheidung gaben, Gegner der Union waren, waren an vielen Orten die Jüngern ihre Freunde. Anfang April kamen beide Anschauungen, beide von Jüngern vertreten, im Satelliten zu charakteristischem Ausdruck. Gooß aus Schäßburg, er war seit kurzem Pfarrer in Denndorf, schrieb das Wort für die Union: Der Geist bürgerlicher vernünftiger Freiheit habe in Ungarn gesiegt, das sei eine Bürgschaft auch für die sächsische Freiheit, der konstitutionelle Geist Ungarns könne am erfolgreichsten die inmitten der Sachsen noch immer vorhandenen Gelüste nach bureaukratischer Bevormundung hintanhalten. Nach Durchführung der Union sei die Neugestaltung unsers Volkslebens auf freisinnigster Grundlage durchzuführen. Demgegenüber schrieb Theodor Fabini: Jede Union, auch die auf Bedingungen eingegangene, sei eine Übergabe auf Gnade und Ungnade. Keine Bürgschaft könne sicherstellen, daß das Verbürgte nicht in Zeiten der Umwälzung auch geändert würde. Ungarn wolle gar keine Bedingungen, und bei der Rücksichtslosigkeit der Magyaren in solchen Fragen sei nicht zu erwarten, daß sie Bedingungen würdigen würden. Die Mängel in der eignen Mitte sei das sächsische Volk abzustellen stark genug.

Die Walachen wollten von einer Union nichts wissen. Während die Magyaren sie zu gewinnen suchten, wurden die Sachsen mit ihnen geschreckt. Bei der Installation des neuen Oberkönigsrichters im Maroscher

Stuhl, des Grafen Tholdalagi, sprach bei der Festtafel, als die Rede auf die Union kam, aus seinem Kreis ein Mann das Wort: „Nur die Sachsen sind noch, wie ich höre, gegen die Union; aber wir werden ihnen durch die Walachen eine solche Demonstration in die Füße werfen, daß die Welt sich wundern wird." Der Erdely Hirado ließ es weder an Hetzen noch Verunglimpfungen fehlen, sie lockten nicht zur Union.

Inzwischen war auch hier die Preßfreiheit verkündigt worden. Mit goldenen Lettern verkündete das Wochenblatt in Kronstadt am 27. März die große Nachricht seinen Lesern: „Wir werden zeigen, daß wir dieser Freiheit würdig sind." Aus den sächsischen Orten, vor allem stürmisch aus Schäßburg, kamen die Forderungen, Verbesserungen einzuführen: Die Universität solle Verwaltung und Justiz trennen, unbedingte Öffentlichkeit einführen, eine wahrhafte Repräsentativverfassung mit nicht lebenslänglichen Vertretern und Wehrhaftmachung des Volkes. In der Tat wurden überall Bürgerwehren organisiert, die sich die Offiziere wählten. Die Bürger waren des Kriegshandwerks entwöhnt und es kam in der ersten Zeit vor, daß der Exerzierenden immer weniger wurden, weil sie zu barsch behandelt wurden. Am 3. April hatte die Universität die Gleichberechtigung der Walachen auf Sachsenboden ausgesprochen. Sie sollten zu allen Ämtern Zutritt haben, in die Zünfte aufgenommen werden und jeder nichtunierten Kirche im Sachsenland eine kanonische Portion zugewiesen werden, die unierten Kirchen hatten sie schon früher erhalten. Eine ausdrückliche Stellung zur Unionsfrage scheute sie sich einzunehmen, ein Zeichen wohl auch dafür, wie im Sachsenland selbst noch die Meinungen vielfach auseinander gingen. Während in Udvarhely der Ruf erklang: Es lebe die Union ohne jede Bedingung! und sie an Schäßburg die Aufforderung richteten, ihr beizutreten „mit unantastbarer Aufrechthaltung der Munizipalrechte der verschiedenen Nationen", antwortete Schäßburg am 12. April, sie seien für die Vereinigung Siebenbürgens mit Ungarn, doch müßten die Sachsen einige bestimmte Bedingungen stellen in der pflichtmäßigen Sorge für das eigne Volkstum und Munizipalleben. In Kronstadt schmückten sie die Bürgerfahne mit einem rot-weiß-grünen Bande zum Zeichen, daß auch sie die Union wollten, in der Umänderung Ungarns aus einem aristokratischen Gemeinwesen in ein bürgerliches sahen sie die Bürgschaft dafür, „daß unsre Munizipalverfassung und unser Deutschtum aufrecht erhalten wird." Auch hier hatte man dieselben Bedingungen im Auge wie in Schäßburg. In Bistritz war die Stimmung der Bürgerschaft ähnlich und die Sachsen von Broos erklärten ihre Zustimmung in der Hoffnung, daß der ungarische

Liberalismus die Unterdrückung der Sachsen nicht zulassen werde und Broos ein Teil des Sachsenlandes bleibe.

Während in den einzelnen sächsischen Städten zeitgemäße Reformen, wie Öffentlichkeit u. dgl. eingeführt wurden, in Hermannstadt in der „Verschwörung auf der Hallerwiese" einige unfleißige Studierende um Verlängerung der Osterferien petitionierten, nahm die Aufregung im Lande, vor allem auch die Gereiztheit zwischen den Magyaren und Sachsen in wachsendem Maße zu. Schon im März hatte der Erdely Hirado geschrieben: „Wer nicht einsieht, daß wir jetzt eine gründliche und augenblickliche Umwandlung durchmachen müssen, und zwar durch einen so großen Sprung, als wenn eine mächtige Hand uns plötzlich vom sibirischen Zobelfang an die Ufer des Missisippi schleuderte, an dessen dickem Hirnschädel scheitern alle Waffen der Zeitpresse." Im Udvarhelyer Stuhl beschloß eine Volksversammlung unter freiem Himmel, man solle sich der Salzgruben und Bergwerke als Eigentum der Nation bemächtigen, kein Geld mehr nach Wien schleppen lassen, das Grenzmilitär die Waffen ablegen. Eine Deputation wurde nach Klausenburg geschickt, dort (8. April) mit ausgelassenem Jubel empfangen. Beim Fackelzug Abends erschollen brausende Rufe: „Es lebe die Union! Nieder mit Josika!" Sein Bild, wie das des Sachsengrafen Salmen wurden mit Blättern der konservativen Zeitschrift Mult és Jelen (Vergangenheit und Gegenwart) verbrannt, dem Redakteur Franz Szilagyi die Fenster eingeworfen und die kaiserlichen Adler zertrümmert. Szekler Regimenter verweigerten den Gehorsam.

Um so dringender mahnte S. Schiel aus Kronstadt am 11. Mai zur Verständigung.

Am 2. Mai war der Gouverneur Graf Teleki plötzlich in Hermannstadt erschienen, angeblich um mit dem Kommandierenden Baron Puchner über die Aufrechthaltung der Ordnung im Lande zu sprechen. Wie es Sitte war, machte die Nationsuniversität mit dem Hermannstädter Magistrat ihm am 3. Mai ihre Aufwartung. Da erklärte der Gouverneur, ohne einen besondern Anlaß dazu zu haben, die Frage der Union müsse von vorneherein als entschieden angesehen werden; die Sachsen könnten ihre Wünsche vorbringen, aber die allgemeine Geschäftssprache im Lande müsse die magyarische sein, auch die Territorial-Einteilung des Landes müsse eine andre, zweckmäßigere werden; bei einem Widerspruch gegen die Union auf dem Landtag in Klausenburg werde für die Widersprechenden außerhalb des Landtags die Sicherheit gefährdet sein. Die Ansprache des Gouverneurs, wie immer sie gemeint sein wollte, wurde als ein Einschüchterungsversuch, als eine Drohung aufgefaßt, die ihre Antwort in dem stürmischen Unwillen der Bevölkerung fand, und in der Annahme schwarz-gelber Kokarden, die mit Blitzesschnelle überall sichtbar wurden. Am selben Abend verlangte das Publikum im Theater plötzlich die Absingung der Volkshymne und es wurde die schwarz-gelbe Fahne aufgepflanzt. An der Spitze der Demonstration stand der junge Komitial-Akzessist Jakob Rannicher, der die kaiserliche Fahne in der Hand eine hinreißende Ansprache hielt. Er trat damit ins öffentliche Leben ein. Am nächsten Morgen flatterten auf dem Rathausturm nach allen vier Winden die schwarz-gelben Fahnen. Zu Mittag wurde auf dem großen Ring neben den vier Tannen vor dem Haus des Komes eine hohe kaiserliche Fahne mit dem Doppeladler aufgepflanzt und manche Häuser flaggten in derselben Weise. Am 6. Mai wurde eine gleiche Fahne auf dem Gymnasium aufgehißt, wobei Rektor Geltch aus Broos patriotische zündende Worte sprach. In jenen Tagen waren in Hermannstadt zugleich die ersten Exemplare der neuen österreichischen Verfassung vom 25. April verteilt worden und instinktiv fühlte das Volk, daß die Frage, um die sich alles drehte, auch jene der Union, zuletzt sich in die Frage: hie Österreich — hie Ungarn zuspitze. Denn die ungarische Bewegung geriet immer sichtbarer in das Fahrwasser der Selbständigkeit Ungarns, in den Gegensatz zu Österreich, getragen von dem Gedanken der Loslösung Ungarns von Österreich.

Die Hermannstädter entschieden sich für den Zusammenhang und die Aufrechthaltung der Monarchie auf Grund der pragmatischen Sanktion, für einen Gesamtstaat und damit, wie man allgemein empfand, für den Kaiser.

Was sie dazu bestimmte, das läßt sich auch heute noch klar sehen und sagen. Es war keine Vorliebe speziell für Österreich; von diesem Staat, der als solcher überhaupt eine neue Schöpfung war, hatten die Sachsen nie etwas gehabt. Aber das neue konstitutionelle Österreich schien die Entwicklung der Nationalität mehr zu verbürgen als das neue Ungarn mit den ausgesprochenen Magyarisierungstendenzen, mit den Aussichten, die der Gouverneur Teleki, der Erdely Hirado und das Pesti Hirlap eröffneten.

Diese entschiedene Haltung Hermannstadts, die Telekis Verhalten bewirkt hatte, rief im Sachsenland bei der vielfach abweichenden Meinung das Bedürfnis nach einer Verständigung hervor. Anfang Mai war der Schäßburger Konrektor G. D. Teutsch von dort nach Hermannstadt zu dem Zweck gekommen, von da ging er am 7. Mai mit Konrad Schmidt und Friedenfels nach Kronstadt, doch kam es zu keiner Einigung. Die Nationsuniversität hatte ihrerseits auf die Nachricht, daß der ungarische Reichstagsartikel über die Union bestätigt worden sei, eine Deputation an den Kaiser beschlossen, mit der Aufgabe, die Union abzuwehren, die Interessen der Nation zu vertreten und sich mit den neuen Regierungs=organen ins Einvernehmen zu setzen. Bischof Binder sollte die Deputation führen, die aus den Mitgliedern Senator Lange aus Kronstadt, Dr. Wächter und Professor J. Zimmermann aus Hermannstadt bestand. Die Deputation traf in Wien am 17. Mai ein, als der Hof eben nach Innsbruck ge=flüchtet war.

Inzwischen hatten auch die Walachen Stellung genommen. Auf zwei großen Volksversammlungen in Blasendorf, am 24. April und 15. Mai, hatten sie die Forderung nach Gleichberechtigung mit den ständischen Nationen erhoben, statt der Benennung Walachen die der „Romänen" proklamiert, gegen jede Verhandlung der Union ohne sie protestiert und einen Eid für den Kaiser, das Vaterland und die Nation abgelegt. Die Massen hatten mit der Gegnerschaft gegen die Union nicht zurückgehalten; der Bischof Schaguna rückte in den Vordergrund des öffentlichen Lebens. Er war eine ehrfurchtgebietende Gestalt, klug und welterfahren, und hatte in großen Zügen die Erziehung seines Volkes durch die Kirche aufgenommen.

Die Hauptaufmerksamkeit richtete sich naturgemäß auf den Landtag, der am 29. Mai in Klausenburg zusammentreten sollte. Unter demselben Tage hatte die sächsische Nationsuniversität den Entwurf einer neuen Verfassung zur Begutachtung an die Kreise hinausgegeben. Darnach sollte das Sachsenland ein deutschnationales Munizipium bilden; Beamter könne jeder werden, der die Qualifikation habe ohne Unterschied des Glaubens und der Nationalität. Neben den Zeitungen erörterten die Flugblätter, die wie Sturmvögel von allen Seiten durch das Land flogen, die Unionsfrage — heftig, leidenschaftlich, alle Parteien sahen für die Sachsen darin die Entscheidung einer Lebensfrage. Am 18. Mai trat in Hermannstadt eine große Anzahl von Männern aus allen elf Kreisen des Sachsenlandes zusammen und beriet über die Union. Sie kamen zum Beschluß, die Sachsen könnten in diese nicht eingehen, da sie eine vollständige Verschmelzung Siebenbürgens mit Ungarn bedeute, ein Auf=gehen im Magyarentum, in der also die Sachsen den völligen Unter=gang ihrer heiligsten Güter, das Grab ihrer Nationalität, Verfassung und Sprache finden müßten. Dafür solle die Union der sächsischen Kreise von 1613 erneuert werden und dieser Sachsenbund die Selbsterhaltung der Nation sich zum heiligen Zwecke setzen. Eine größere Nationalversammlung sollte im Laufe des Sommers in Mediasch zusammentreten. Am Nachmittag feierten die Turner den Zusammentritt des Frankfurter Parlaments unter großer Teilnahme der Bevölkerung. Es scheinen in Hermannstadt bloß die Gegner der Union versammelt gewesen zu sein. Die einzelnen Kreise mußten für sich Stellung nehmen.

Unter solchen Umständen trat der Landtag in Klausenburg am 29. Mai zusammen. Die Nationsuniversität hatte noch einen von vorneherein aussichtslosen Versuch gemacht, eine Verschiebung des Landtags zu erwirken, indem sie am 22. Mai an den Kaiser die Bitte richtete, die Union nicht verhandeln zu lassen, den Landtag an einen andern Ort zu verlegen, wo die freie Beratung gesichert sei, an der es in Klausenburg fehle. In der Hermannstädter Stuhlsversammlung war der Gedanke erwogen worden, die Deputierten nicht zu wählen, bis auf die obige Bitte die Entscheidung erfolgt sei, doch hatte sie die Wahl dann doch vorgenommen.

Zum k. Bevollmächtigten war B. Puchner, der Kommandierende in Hermannstadt, ernannt worden. Eine eingehende Instruktion, die ihn anwies, den Terrorismus zu verhindern, für genaue Einhaltung der k. Propositionen zu sorgen und für alle Fälle eine ansehnliche Truppenmacht bei Klausenburg zu sammeln, war im Durcheinander der Flucht des kaiserlichen Hofes von Wien, dort vergessen worden und so war Puchner tatsächlich ohne jegliche Instruktion. Er kam still und unbemerkt nach Klausenburg, wo das Gubernium sich gezwungen gesehen hatte, gegenüber dem herrschenden Terrorismus, (16. Mai) das Standrecht zu publizieren.

Die k. Propositionen enthielten folgende Beratungsgegenstände: Die Wahl des Hofkanzlers mit dem Beisatz, sie solle sofort und vor allen andern Gegenständen vollzogen werden, die Wahl des Tabulae Praeses, die Union Siebenbürgens mit Ungarn, die Aufhebung der Urbariallasten, die Steuerpflicht des Adels, die Emanzipation der Romänen, die Freiheit der Presse.

In Klausenburg war die Aufregung groß, die Stadt machte einen kriegerischen Eindruck. Die Aufregung wuchs, je näher die Eröffnung des Landtags rückte.

Sie fand in der Tat am angekündigten Tag, am 29. Mai, statt. Der k. Bevollmächtigte eröffnete den Landtag mit einer magyarischen Rede, und der Ständepräsident bestimmte auf allgemeines Verlangen für den 30. Mai als Tagesordnung die drei ersten k. Propositionen, da sie miteinander in enger Verbindung stünden. Noch am 29. Mai traten die Stände in einer „Nationalversammlung" (nemzeti gyülés) zusammen, um über den nächsten Tag Beschluß zu fassen. Die beiden Stände des Adels und der Szekler ließen darüber keinen Zweifel, daß sie am nächsten Tag die Union ausrufen würden. Die Versuche der Sachsen, die Entscheidung hinauszuschieben, wurden abgelehnt: „Selbst wenn sie wollten, könnten sie nicht". Zugleich versicherten die Mitstände, es sei Unkenntnis oder böser Wille, zu glauben, Ungarn wolle sich von der österreichischen Monarchie trennen; nie mehr als jetzt erkenne es die hohe Notwendigkeit und die Bedeutung der pragmatischen Sanktion und sei inniger als je von der Notwendigkeit eines Anschlusses an Österreich und an Deutschland überzeugt, wo auch sie die Quelle ihrer Bildung sähen. Sie sahen in der Union zugleich ein Mittel zur Beruhigung des Landes, durch welche den bisher Rechtlosen Gleichberechtigung gegeben werden solle und gaben zugleich das heilige Versprechen der Achtung jeder Nationalität. Bischof Lemeny erklärte sich hierauf mit der Union einverstanden. Der Adel und die Szekler sprachen es entschieden aus, daß sie die Vereinigung durch niemanden wollten hindern lassen; die Sachsen seien nicht darum ins Land gerufen worden, um dem Ungartum ein Pfahl im Fleisch zu sein; sie seien mit Siebenbürgen ein Glied der ungarischen Krone. Niemand solle sich einbilden, daß Siebenbürgen um ihretwillen die Union zurückweisen werde. Der Magyare werde wie immer seinen Freunden Freund, seinen Feinden Feind sein. Die Sachsen möchten bedenken, was ihre Zukunft sein würde, wenn Siebenbürgen ohne die sächsische Zustimmung sich mit Ungarn vereinige. Auch eine bestimmte Versicherung gaben sie den Sachsen „öffentlich und heilig", die Nationalität der Sachsen solle geachtet, ihren gerechten Wünschen Rechnung getragen werden. Von einer Verletzung des sächsischen Gebietes könne keine Rede sein; die Josefinischen Zeiten sollten nicht wiederkehren. Bedingungen aber würde der Landtag keine annehmen. Die Sachsen sollten wie die Ungarn und Szekler ihre Wünsche vorbringen und das übrige der Loyalität des ungarischen Volkes, seiner Ehre, dem Geist der Zeit, ihrer eignen Mitwirkung überlassen. Die Nation werde dadurch mehr erreichen, als wenn sie durch anderes Auftreten erbittere.

Mit diesen Eindrücken versammelten sich die sächsischen Abgeordneten zur entscheidenden Sitzung in der eignen Nationalversammlung am 29. Mai abends 6 Uhr. Das Gefühl der Verantwortung lastete schwer auf ihnen. Der Vorsitz wurde mit Akklamation dem Hermannstädter Abgeordneten Konrad Schmidt übertragen; mit ihm waren 15 Abgeordnete anwesend, es fehlten die von Reps und Schenk, die noch nicht eingetroffen waren, dann ein Abgeordneter von Reußmarkt und der Abgeordnete von Broos Leßai, der die Union schon angenommen hatte.

Der Vorsitzer stellte die Frage, was die sächsische Nation am nächsten Tag im Landtag bezüglich der Union erklären solle? Er hielt dafür, es sollten die Abgeordneten sofort ihre Instruktionen vortragen.

Dem gegenüber erhob sich der eine Schäßburger Vertreter Carl Gooß und erklärte: angesichts der Wichtigkeit der Frage und der Tatsache, daß seit der Abfassung der Instruktionen sich die Lage wesentlich geändert habe, sollten die Abgeordneten sich nicht an den Buchstaben der Instruktion binden, sondern nach bestem Wissen und Gewissen zur Sache sprechen.

C. Gooß, damals Pfarrer in Denndorf, 34 Jahre alt — in der rasch lebenden Zeit war die Leitung an die Jugend übergegangen — und K. Schmidt waren die maßgebenden Männer der Versammlung. So schildert einer seiner ältesten Schüler C. Gooß: „Jede Fiber seines Wesens war Geist und Gewissen und seine Rede ein erfrischender lebenweckender Quell. Er war streng gegen sich selbst und seine Schüler und durfte mit Cato sagen: Der ich mir und meiner Seele niemals irgend einen Fehler nachgesehen habe, ich verzeih auch nicht leicht die Sünden der Begierden eines Andern." Er war gedankenreich, von hinreißender Beredtsamkeit, der Sprache so mächtig, daß von ihm erzählt wurde, wenn er nachts aus dem besten Schlafe geweckt werde, sei er imstande, sofort über jedes Thema eine bedeutende Rede zu halten. Er lebte in dem Gedanken der Pflicht, für das sächsische Volk und seine Zukunft glühte er wie Konrad Schmidt. Und Beide standen hier einander gegenüber. Schmidt wollte über den Antrag Gooß nicht verhandeln lassen, sondern meinte, es solle ohne Beschlußfassung jedem Deputierten überlassen bleiben, ob er sich bei der Beratung der vorliegenden Frage an seine Instruktion binden oder seine abweichende Meinung vertreten wolle. Als diese Anschauung Zustimmung gefunden, stellte sofort Gooß den Antrag: es solle der Beitritt der sächsischen Abgeordneten zur Union morgen erklärt werden „in der zuversichtlichen Hoffnung und im festen Vertrauen darauf, daß die ungarische Nation und Se. Majestät den Sachsen die ihnen nach dem Naturrecht und positiven Gesetzen zustehenden nationalen und munizipalen Rechte ungeschmälert lassen werden." Er begründete den Antrag mit der Einstimmigkeit, mit der die Mitstände die Union verlangten, die zurückzuweisen die Sachsen kein Recht hätten, da Siebenbürgen ein Glied der ungarischen Krone sei, mit der Bestätigung des Ungarländer Unionsartikels durch den König, der darin doch keine Gefahr der pragmatischen Sanktion sehen könne, mit der Wahrscheinlichkeit, daß die Romänen der Union kaum entgegentreten würden — Lemeny hatte seine Zustimmung im Einverständnis mit der großen Romänendeputation gegeben, die eben in Klausenburg war. Er wies weiter darauf hin, daß die Sachsen in Aufrufen aus Deutschland an die Seite der Ungarn gewiesen wurden und endlich, „daß der Natur der Sache und den in der ungarischen Nationalversammlung von den Stimmführern der Ungarn gegebenen diesfälligen Erklärungen nach die Ungarn gemüßigt und geneigt seien, die unantastbaren nationalen Rechte der sächsischen Nation unverletzt zu lassen."

Die Kronstädter Deputierten stimmten dem Antrag bei, doch solle in der Form von Bedingungen alles gesagt werden, was im Interesse der Sachsen vom ungarischen Reichstag berücksichtigt werden solle. Als solche führten sie an: die Aufrechthaltung der pragmatischen Sanktion, die Emporhaltung der deutschen Sprache bei allen amtlichen Verhandlungen in der sächsischen Nation und in ihrem Verkehr mit der Regierung und den übrigen Gerichtsbarkeiten des Landes, die Munizipal=Autonomie und die Aufrechthaltung des sächsischen Gebiets und deren Gerichtsbarkeit. Der Abgeordnete von Reußmarkt W. Löw schloß sich dem Kronstädter Votum an, doch fügte er zu den Bedingungen noch hinzu: Die Unantastbarkeit des Nationalvermögens und die freie Regelung der Kirchen= und Schulangelegenheiten. Die Hermannstädter Abgeordneten erklärten sich entschieden gegen jede Union und ließen durchblicken, daß die Klausenburger Erlebnisse und Demonstrationen die Gemüter der Andern ängstlich gemacht hätten, sie erklärten sich bereit, selbst auf die Gefahr, daß es das Leben koste, im Landtag den Antrag auf Ablehnung der Union zu stellen und zu begründen. Sie betonten, daß auch Bedingungen zwecklos seien, denn Ungarn werde sie nie gewähren; die Magyaren wollten ihre Nationalität in Ungarn und Siebenbürgen zur herrschenden machen, von Seite der Romänen drohe eine ebenso große Gefahr, wenn diese sich gegen die Union erklärten; darum keine Union.

Die Haltung der Hermannstädter Deputierten, vor allem Schmidts, ging davon aus, daß die Union den Sachsen nur Nachteile bringen werde. Da die Sachsen ihre Nationalität und ihre autonome Munizipalverfassung freiwillig doch nicht aufopfern wollten, so handle es sich wesentlich darum, ob denn jene Partei, die eine Verschmelzung Sieben=

bürgens mit Ungarn wünsche, wirklich so mächtig sei, daß ein An=
kämpfen gegen die Union von vorneherein aussichtslos sei. Das sei
nicht der Fall, denn der ungarische Adel, der eigentliche Träger der Be=
wegung, sei der kleinere Teil der Bevölkerung, die Magyarisierungs=
bestrebungen hätten der ungarischen Nation die nichtmagyarischen Stämme
entfremdet, die ihre politische und nationale Selbständigkeit nicht auf=
geben würden; auch sei es nicht angezeigt, durch die Union Siebenbürgen
in die Wirren Ungarns hineinzuziehen, die dort durch die überstürzten
Verfassungsänderungen herbeigeführt worden seien. Die Sachsen seien
stark genug, um während etwaiger Anarchie mit den Waffen in der
Hand jeden Angriff auf ihre nationalen und politischen Rechte zurück=
zuweisen.

Die Freunde der Union bestimmte: die Union sei unvermeidlich.
Der Kaiser habe sie bestätigt, die Mitstände wollten sie unter allen Um=
ständen, die Romänen seien ihr geneigt — es lagen solche Anzeichen
vor — die Verwerfung beschwöre sofort den Bürgerkrieg herauf. Be=
dingungen wollten die Magyaren keine annehmen. Da schien es sich zu
empfehlen, den Kampfplatz in den ungarischen Reichstag zu verlegen,
wo man bessere Zugeständnisse zu erlangen hoffte.

Es war 2 Uhr morgens, als nach achtstündiger Debatte die Ab=
stimmung stattfand. Hermannstadt stimmte gegen die Union, Schäßburg
dafür, Kronstadt, Mühlbach dafür; von Mediasch erklärte der eine Depu=
tierte, er erinnere sich nicht genau an seine Instruktion, stimmte aber zum
Schluß mit seinem Kollegen gegen die Union; Bistritz dafür, Reußmarkt
dafür, ein Abgeordneter von Leschkirch dafür, einer dagegen, zehn hatten
für die bedingte Union gestimmt, fünf dagegen. Da die Minderheit nach
der Organisationsvorschrift von 1846 verpflichtet war, sich der Mehrheit
unbedingt zu fügen, wurde also beschlossen, am nächsten Tag sich für
die Union zu erklären, ohne Bedingungen zu stellen, die nicht angenommen werden würden, jedoch in einer Weise, welche die Geltendmachung
der Forderungen in bezug auf nationale und munizipale Rechte er-
mögliche. Gooß übernahm es, bis nächsten Morgen die abzugebende
Erklärung zu verfassen, die von der sächsischen Nationalversammlung in
der Tat am 30. Mai morgens gutgeheißen wurde.

Die Gründe, die die Hermannstädter Deputierten bestimmte, so ent=
schieden gegen die Union einzutreten, haben sie in der Sondermeinung,
die sie zu Protokoll gaben, in folgender Weise zusammengefaßt:

„1. Weil durch die Union nicht weniger als gänzliche Aufopferung
jener Selbständigkeit bezweckt wird, welche Siebenbürgen seit seiner Unter-

werfung unter das österreichische Kaiserhaus, kraft des Leopoldinischen Diploms, in Gesetzgebung, Verwaltung und Rechtspflege behauptet hat; ein solcher Verlust aber die nachteiligsten Rückwirkungen für ein Land nach sich ziehen muß, dessen Verhältnisse und Interessen von denen Ungarns ganz verschieden sind und mit den letztern in so manchem kollidieren;

2. weil durch die Verschmelzung beider Länder das Band der pragmatischen Sanktion, welches sämtliche Provinzen der österreichischen Monarchie bisher umschlungen und dieselben gegen feindliche Angriffe gekräftigt hat, gelockert und der Bestand und die Einheit der Monarchie auffallend gefährdet wird, aus welchem Grunde auch die niederösterreichischen Landstände eine Protestation wider die Verschmelzung beider Länder allerhöchst Sr. Majestät unterbreitet haben;

3. weil das Repräsentativsystem Ungarns in Verbindung mit den auf Zentralisation in der Staatsverwaltung und auf Alleingeltung des Magyarentums hinzielenden Grundsätzen der neuen Reichstagsgesetze, eine Gewährleistung jener Bedingungen, welche die sächsische Nation für ihren nationalen Fortbestand, Aufrechthaltung ihrer Munizipalverfassung in kirchlicher und bürgerlicher Hinsicht, Integrität ihres Wohngebietes usw. zu stellen genötigt ist, vollends unmöglich macht;

4. weil die sächsische Nation durch ihren Beitritt zur Union mit allen, einer solchen Verschmelzung widerstrebenden, dem Volksstamm der Ungarn in numerischer Hinsicht weit überlegenen, nichtmagyarischen Völkerstämmen, namentlich mit den Walachen und Slaven höchst wahrscheinlich in einen Verzweiflungskampf verwickelt wird."

Am Vormittag des 30. Mai 1848 fand die entscheidende Landtagssitzung statt. Auf der Gasse wogten die Massen durcheinander, unio vagy halál rief sie einzelnen Abgeordneten zu — Union oder den Tod — bis in den Ständesaal hinein drang die tobende Menge und erst als der Kommandant der Nationalgarde ihnen zurief, es werde keine Union, wenn sie nicht zurückginge, ließ sie sich aus dem Saal entfernen.

Sofort wurden die drei ersten k. Propositionen vorgelesen. Als erster Sprecher erhob sich N. Wesselenyi. Er wies darauf hin, daß die Entscheidung über alle drei von der dritten abhängig sei, die von der Union handle. Der ungarische Reichstag habe sie beschlossen, der König bestätigt, die Frage sei, ob Siebenbürgen die von den Brüdern gereichte Hand annehmen wolle oder nicht. Er stellte den Antrag, es solle die Union im Sinne des siebenten ungarischen Gesetzartikels von 1848 angenommen werden. Alle Landtagsmitglieder standen auf, auch die sächsischen Abgeordneten. Wesselenyi rief: „Es lebe und sei ewig die Union"!, worauf im Saal und auf der Galerie ein donnerndes „Es lebe die Union" antwortete, eine viertel Stunde dauernd, von Säbelgeklirr, Schwingen von Fahnen und Tüchern begleitet, voll Begeisterung, die in tausendstimmigen Rufen auf der Gasse widerhallte.

Alle Blicke waren auf die Sachsen gerichtet. Da ergriff K. Szaß das Wort und verlangte die Verkündigung des Beschlusses, den die Stände einstimmig gefaßt, eine weitere Verhandlung sei nicht nötig. Wieder begleitete allgemeiner Beifall die Worte. Dagegen bemerkte Baron Dom. Kemeny, es solle niemand gezwungen werden, der Union beizutreten, man solle vielmehr trachten, die etwa gereizten Gemüter zu versöhnen und nicht feindselige Elemente in das ohnehin schon gährende Schwesterland hinübertragen. Und wieder richteten sich die Blicke Aller auf die Sachsen.

Nun nahm der Kronstädter Abgeordnete Elias Roth das Wort und gab die von der sächsischen Nationalversammlung vereinbarte Erklärung ab: „In Anbetracht dessen, daß die edle ungarische und Szekler-Nation die Vereinigung Siebenbürgens mit Ungarn nicht nur mit gewöhnlicher Stimmenmehrheit, sondern mit der begeistertesten Einmütigkeit für ihren heißen Nationalwunsch feierlichst erklärt haben, in Erwägung ferner dessen, daß der in diesem Sinn von dem gegenwärtigen Landtag zustande zu bringende Gesetzesvorschlag nur durch die gnädige Bestätigung Sr. Majestät, unsers geliebten Fürsten und Königs, der zugleich österreichischer Kaiser ist, zu einem für Alle verbindlichen Gesetze werde endlich aus pflichtmäßiger Rücksicht darauf, daß Siebenbürgen nach den bestehenden Grundgesetzen ein unzweifelhaftes Glied der Krone Ungarns ist — trete ich im Namen meiner Sender der mit Emporhaltung der pragmatischen Sanktion zustande zu bringenden Vereinigung mit Ungarn bei. (Langanhaltendes, donnerndes Eljen.)

„Infolge dieser meiner Äußerung kann ich zu meiner Rechtfertigung vor meinen Sendern nicht umhin, in dieser feierlichen Stunde, im Angesicht Siebenbürgens, Ungarns und des ganzen gebildeten Europa zu erklären, daß ich zur Gewährleistung der Emporhaltung unsrer, auf Vernunft und positive Gesetze sich gründenden Rechte, unsrer Volkstümlichkeit, unsrer Muttersprache, der Einteilung unsrer Gerichtsbarkeit, unsrer gesetzlich bestehenden Munizipaleinrichtungen in administrativer wie in staatsökonomischer Hinsicht mir vorbehalte, daß meine Sender ihre diesfälligen gesetzlichen Verlangen der in Sachen der Ausführung der Union zu ernennenden landtäglichen Kommission und durch diese dem nächsten ungarischen Reichstage zur gerechten und billigen Berücksichtigung, unter dem Zutritt der in der gestrigen Nationalversammlung versprochenen Unterstützung der l. Stände, im Gefühl ihrer gesetzlichen Rechte, in einer zu dem Zweck einzureichenden Denkschrift unterbreiten werde. Diese Erklärung bitte ich ins Protokoll aufzunehmen."

Auch bei den Forderungen der Sachsen gaben die Stände ihre Zustimmung zu erkennen.

Die sämtlichen sächsischen Deputierten schlossen sich der Erklärung an. Ein Szekler Deputierter rief zum Fenster hinaus: „Auch die Sachsen sind der Union beigetreten" und in der Menge auf der Gasse und auf der Galerie wie im Ständesaal erscholl lautes Éljen. Die sächsischen Abgeordneten mußten zum Fenster, wieder von lauten Rufen empfangen, und während Urhazi vor dem Thron eine von Pest mitgebrachte Fahne aufpflanzte, wollten die Hochrufe kein Ende nehmen. Da ergriff Dion. Kemeny zu längerer Rede das Wort. Er erörterte die Bedeutung der Union, erwähnte, daß es Aufwiegler im Lande gebe, das seien die eigentlichen Feinde, tadelte einen Artikel in der Transsilvania, in dem ein Sachse den Sachsen rate, wenn die Ungarn die Union erzwingen sollten, dem Beispiel der Kroaten zu folgen und die Erlässe des ungarischen Ministeriums nicht anzunehmen. Er wolle dies Machwerk eines Zeitungsschreibers nicht auf die ganze Nation beziehen, aber der Magyare werde sein vor tausend Jahren erobertes Vaterland zu wahren wissen. Als die stürmische Begeisterung, die diese Rede hervorgerufen hatte, sich gelegt hatte, nahm Konrad Schmidt das Wort. Den Vorwurf des Aufwieglers beziehe er nicht auf sich (allgemeines nein!). Die Ursache der Aufregung und Erbitterung der Nationen in Siebenbürgen liege hauptsächlich im Mißbrauch der Preßfreiheit. Namentlich seien die Klausenburger Blätter schuld daran. Er gestehe, daß seine Sender hinsichtlich der Union Besorgnisse hätten, doch hoffe er deren Beruhigung, wenn sie vernähmen, mit welcher Teilnahme die Stände die Forderungen der Sachsen entgegengenommen hätten. Er schloß mit dem Wunsch, die Union möge den Schwesterländern Heil bringen. Der begeisterte Zuruf der Stände rief in der Volksmenge draußen den Wunsch hervor, die sächsischen Abgeordneten, vor allem K. Schmidt zu sehn. Als er auf die Gasse trat, ergriffen ihn einige Nationalgardisten, hoben ihn in die Höhe und gaben ihm eine Unionsfahne in die Hand. Die Menge verlangte eine Rede von ihm und er sagte: „Mitbürger! Ihr habt der Union Siebenbürgens mit Ungarn ein Hoch gebracht; ein solches Hoch möget ihr nun auch jener Union bringen, welche unsre Vorfahren mit euern Vätern vor mehr als 300 Jahren zu gegenseitigem Schutz und Trutz geschlossen.

haben (stürmisches Eljen). In diese Union mögen wir nun auch das Volk der Walachen als vierte Nation aufnehmen und so mögen denn in brüderlicher Eintracht hinfort leben die vier Nationen Siebenbürgens." (Beifall.)

Nun rief das Volk nach dem romänischen Bischof Lemeny, der gleichfalls erschien und die Mitbürger zu treuer Anhänglichkeit an den König und zur Einheit aufforderte und im eignen wie seines Volkes Namen beides versicherte.

Inzwischen hatte im Landtag der Abgeordnete des Maroscher Stuhls Berzenczei seine Zustimmung zur Erklärung der Sachsen gegeben und darauf hingewiesen, daß auch die Szekler besondre Wünsche hätten und der Deputierte des Udvarhelyer Stuhls Palfi erklärte, daß er mit seinen Szeklern bereit sei, sich für das Vaterland zu opfern, wenn ihm Gefahr drohe und dieses Opfer trage er an zum Schutz der ungarischen wie der sächsischen und walachischen Nation Ungarns und Siebenbürgens.

Rasch wurde der Landtagsbeschluß redigiert, eine Repräsentation an den König, den k. Kommissär und den Palatin sowie das ungarische Ministerium beschlossen, mit der Bitte an das letztere, beim König zu vermitteln. Am selben Nachmittag wurde das Protokoll der Vormittagssitzung bestätigt und die Repräsentation an die Genannten mit Kurieren abgeschickt.

Noch am 30. Mai hielten die Sachsen zwei Nationalversammlungen ab. In der einen beschlossen sie, über die Vorgänge des Tags an den Komes und die einzelnen Kreise sofort Bericht zu erstatten, in der zweiten — einige Stunden später — nahmen sie den inzwischen von Teutsch entworfenen Bericht an, der mit den Worten schließt: „Die Abgeordneten haben ihrer Überzeugung gemäß in einem unverkennbar großen Augenblick gehandelt nach bestem Wissen und Gewissen. Die Union erschien ihnen, wie sie die Verhältnisse hier fanden, als eine Naturnotwendigkeit. Wie die Zukunft sich gestalten werde, kann niemand voraussehn. — Wir hoffen auf den Allwaltenden und auf den deutschen Geist unsers Volkes."

Der Landtag, der die Bestätigung des Unionsgesetzes abwartete, erledigte noch rasch einige andre Gesetze, darunter die Aufhebung der Frohnden, des Zehnten, wobei er die Schadloshaltung der Privat=Grundherrn „unter Schutz und Schirm der National=Gesamtehre" stellte, und über die Tragung der öffentlichen Lasten, die Rechtsgleichheit der Religionen, das Preßgesetz, die Bestimmungen über die Wahl der Deputierten zum ungarischen Reichstag, der inzwischen von Preßburg nach Pest verlegt worden war. Am 23. Juni wurde er vertagt, am 18. Juli geschlossen.

Zwei seiner Beschlüsse fanden im Land den größten Wiederhall, der über die Union und die Aufhebung der Frohnden. Die letztere gab Tausenden von fleißigen Menschen erst ein menschenwürdiges Dasein; wie eine Himmelsbotschaft sei die Nachricht ihnen vorgekommen, erzählten die sächsischen Männer aus den untertänigen Dörfern. Das Gubernium hielt die Veröffentlichung dieses Beschlusses für so dringend notwendig, daß es noch vor dessen Bestätigung, am 17. Juni 1848, ihn verlautbarte und daran eine nähere Auseinandersetzung über dessen Bedeutung knüpfte. Es warnte dabei die ehemaligen Untertanen vor eigenmächtigem und gewalttätigem Vorgehen, mahnte zur Dankbarkeit gegen die ehemaligen Herrn und Gott und erklärte, was die Worte bedeuteten, die damals alle Welt im Munde führte: Freiheit, Gleichheit, Brüderlichkeit. „Die Brüderlichkeit — so hieß es zum Schluß — besteht darin, daß wir einander wie Brüder lieben, sind wir doch alle Kinder eines Gottes, folglich Verwandte, und da wir ohne Unterschied der Sprache und Religion freie, mit denselben Rechten begabte, unter denselben Pflichten und Lasten stehende Bürger dieses Vaterlandes sind, so müssen wir uns als Brüder betrachten. Aus dieser Brüderlichkeit folgt daher, daß wir einander lieben, achten und schätzen. Ja, Ungarn, Walachen, Szekler, Sachsen und Armenier! alle sind wir Brüder und unsre liebe Mutter ist das Vaterland. Das mit dieser lieben Mutter, mit Siebenbürgen, in eins verschmolzene große ungarische Vaterland und seines mächtigen Königs Ferdinands V. k. k. Majestät hat niemandem von uns deswegen Rechte und Freiheit gegeben und uns deswegen Pflichten und Lasten auferlegt, weil wir entweder Ungarn oder Walachen oder Szekler oder Sachsen sind, und keiner besitzt seine Freiheit und Rechte und erfüllt seine Pflichten und Leistungen als einer, der diese oder jene Sprache redet, der aus diesem oder jenem Blut entsprossen ist, der zu dieser oder jener Religion gehört: sondern er besitzt seine Freiheit und Rechte als ein freier Bürger des einen und desselben Vaterlandes und als treuer Untertan des einen und desselben Königs. Als solche segne uns Alle der Himmel, reichen wir uns als solche die Hände und lieben wir einander!"

Die ängstliche Belehrung mit ihren guten Wünschen ließ erkennen, daß das Gubernium selbst schon nicht mehr an das glaubte, was es so sehr wünschte.

Der Beschluß über die Union erregte im Sachsenland gemischte Gefühle. Überall gab es eine Partei, die der Union feindlich oder doch bedenklich gegenüber stand, nirgends im Sachsenland eine solche, die die Union ohne Bedingungen haben wollte. Wenn man die Vorgänge genau betrachtete, so hatten die sächsischen Abgeordneten ihre Zustimmung ohne Bedingung gegeben und nur sich vorbehalten, ihre Wünsche und Forderungen seiner Zeit vorzubringen. Wenn nun aber weder die Kommission noch der ungarische Reichstag sie berücksichtigte?

Die Nation sah sich vor eine ungewisse Zukunft gestellt.

Zugleich brach der innere Hader verderblich aus. In dem Durcheinander der Versammlungen der Magistrate und Kommunitäten, dann des Volks in den einzelnen Orten, wo nacheinander die widersprechendsten Beschlüsse gefaßt wurden, gab es harte Worte gegen die Abgeordneten, besonders in Hermannstadt und Schäßburg, die abberufen dann wieder anerkannt wurden, alte persönliche Gegensätze lebten wieder auf, sachliche Meinungsverschiedenheiten traten dazu, die Blätter Hermannstadts und Kronstadts stritten leidenschaftlich miteinander, das Volk wurde an seinen Besten irre. K. Schmidt mußte wochenlang Hermannstadt meiden, und Gooß und Teutsch entgingen dem Vorwurf des Verrats am Volke nicht. Eine Adresse an den Kaiser mit 20.000 Unterschriften aus dem Sachsenland protestierte wider die Union und bat den Kaiser, sie nicht zu bestätigen.

Zunächst übergaben die sächsischen Abgeordneten am 20. Juni den Ständen eine Denkschrift in bezug auf die Union, in der sie die Rechte des sächsischen Volkes darlegten, die sie ihm auch bei der Zustimmung zur Union vorbehalten hatten, die Aufrechthaltung des Sachsenlandes, der Universität und ihres Rechtskreises, die Selbstverwaltung, die deutsche Sprache als Amtssprache, Autonomie in Kirche und Schule. Die Denkschrift gipfelte in der Bitte, die Stände möchten diese Forderungen der Deputation mit dem Auftrag übergeben, einen eignen diese Forderungen des sächsischen Volkes gewährleistenden Gesetzentwurf auszuarbeiten, in dessen Annahme seitens des ungarischen Reichstags die sächsische Nation eine Grundbedingung sähe, durch deren Erfüllung erst die Union für sie zur vollen Wahrheit werde. Der Landtag ging darauf ein und K. Schmidt dankte in der Sitzung vom 20. Juni für die wohlwollende den Sachsen erwiesene Gesinnung und versicherte, daß die Sachsen ebenso bereit seien, für die Aufrechthaltung ihrer Nationalität alles zu opfern, als fest entschlossen, für das Vaterland gegen jede Gefahr zu kämpfen. In derselben Sitzung erklärte der Landtag auf die vorgebrachten Bitten der Romänen, daß durch alles, was geschehen sei, ihren Beschwerden abgeholfen sei und ihre gerechten Forderungen erfüllt seien. In die Landesdeputation, die an dem Gesetzentwurf über die Einzelheiten der Durchführung der Union mitarbeiten sollte, wurden von den Sachsen K. Schmidt, Gooß, Elias Roth und Löw gewählt.

Inzwischen war am 26. Juni 1848 die Nationsuniversität in Hermannstadt neuerdings zusammengetreten, verstärkt durch Vertrauensmänner aus allen Stühlen. Die Hauptfrage war die politische, die Feststellung der Bedingungen, unter denen die Universität die Union anerkennen könne, die Festsetzung der Art und Weise, wie diese Bedingungen bei der Reichsdeputation zur Geltung zu bringen seien, die Wahlen zum ungarischen Reichstag, Beratung was zu tun sei angesichts der Aufhebung des Zehnten, Festsetzung der Instruktion für die Reichstagsabgeordneten, Erneuerung des alten Schutzbündnisses der sächsischen Kreise.

Die Bedingungen, die die Nationsuniversität die Union betreffend stellte, deckten sich mit jenen Garantien, die die Landtagsdeputierten als „Wünsche und Forderungen" vom ungarischen Reichstag verlangt hatten, aber es lag ein sehr wichtiger formaler Unterschied darin, daß die Universität in der Denkschrift vom 3. Juli 1848 gradezu erklärte: „ohne diese Bedingungen kann die sächsische Nation in eine engere Verbindung Siebenbürgens mit dem Königreich Ungarn nicht eingehen." In diesem Sinne wurde eine Siebenerdeputation gewählt, mit dem Auftrag in Pest und Wien die Anschauungen der Universität zu vertreten, und vor allem für die Annahme und gesetzliche Sicherstellung der aufgestellten Unionsbedingungen zu wirken. Als die Deputation wenig später diesen Auftrag in einer Audienz beim Minister Franz Deak vertrat, fragte dieser unwillig: „Was? Auch die Sachsen stellen noch Forderungen auf?", worauf J. Fabini, ein Mitglied der Deputation, ernst erwiderte, „es wäre traurig, wenn wir um unser gutes Recht bitten und betteln müßten." Bei der obigen Auffassung der Union war es erklärlich, daß es der Universität große Schwierigkeiten machte, zu entscheiden, ob die sächsischen Reichstagsabgeordneten sich vor der Anerkennung der Unionsbedingungen in eine Verhandlung im Reichstag einlassen sollten. Sie entschied, da ja eben die Unionsbedingungen im Wege der Verhandlungen im Reichstag zur Geltung gebracht werden sollten, so sollten die Abgeordneten an den Verhandlungen teilnehmen, jedoch gleich beim Eintritt mündlich oder schriftlich Verwahrung einlegen gegen jede Folgerung, die für die Union etwa gezogen werde für den Fall, wenn jene Bedingungen nicht angenommen würden.

Neben diesen Lebensfragen hatte die Universität Sinn und Verständnis auch für andere Interessen. Die Zeit schien gekommen, das alte Unrecht der Konfiskation des Domestikalfondes (13 Kreuzerfondes) endlich gut zu machen. Er hatte von Anfang an die Bestimmung gehabt, die Bedürfnisse der Kreise zu decken. Seit er aber 1762 mit dem Provinzialfond vereinigt wurde, wurde tatsächlich aus jenem sächsischen Aufschlag der Bedarf der Szekler und der Komitate gedeckt, ein Verlust für die Sachsen, der 1848 über fünf Millionen Gulden ausmachte.[1]) Die Stühle wurden angewiesen, zunächst jenen 13 Kreuzer-Aufschlag für die eignen Kassen zu behalten.

In bezug auf den Zehnten verlangte die Universität, daß nach einem neunjährigen Durchschnitt der Zehntertrag zu ermitteln sei und als jährliche Rente einer Kapitalssumme als immerwährende Staatsschuld anzuerkennen sei; die Aufnahme von Sächsisch-Reen mit den umliegenden sächsischen Dörfern in den politischen Verband der Nation wurde von der Universität als selbstverständlich angesehen und sollte beim Reichstag befürwortet werden.

Im Vordergrund standen die unmittelbaren politischen Interessen und Fragen. Gegenüber der Entsendung des Baron R. Bay als Ministerialkommissär mit außerordentlichen Vollmachten sah sich die Universität zu protestieren gezwungen und schickte ihrerseits den Professor der Rechtsakademie Heinrich Schmidt nach Pest und Wien, um jenen Protest zu verbreiten und zu unterstützen und alles zu tun, um die Rechte der Nation zu wahren.

Da Geltch eben von seiner Reise aus Deutschland zurückgekehrt war, ließ sich die Universität von ihm Bericht erstatten. Sein begeisternder Rechenschaftsbericht brachte ihm „ein anhaltendes Hoch" ein, und die Vollmacht, die dem Nationsgrafen gegeben wurde, den Rest der Kosten jener Deputation aus der Nationalkasse zu decken. Der nach Frankfurt gesandte Hofsekretär Miller hatte gewünscht, es möge ihm in der Person J. A. Zimmermanns noch ein Mitglied an die Seite gegeben werden; die Universität aklamierte Geltch dazu.

Das vorgeschlagene Schutz- und Trutzbündnis der sächsischen Kreise hatte hie und da Widerspruch erregt, weil im Entwurf vom Volk so wenig die Rede sei und so hielt die Universität es für gut, davon abzusehn, es legte aber jeder Abgeordnete der Universität in die Hand des Nationsgrafen das folgende Gelöbnis ab: „Ich verspreche hier als ein ehrlicher Mann und Sachse in meinem Namen sowohl als im Namen aller derer, auf die ich einen Einfluß habe und die ich dazu bestimmen kann, daß ich nicht nur selbst meine persönlichen Vorteile den allgemeinen sächsischen unterzuordnen, sondern dahin zu wirken bemüht sein

---

[1]) S. oben S. 82.

werde, daß auch bei andern die besondern Kantönli=Interessen der gemein=
schaftlichen Wohlfahrt der ganzen Nation jederzeit nachgesetzt und auf=
geopfert werden mögen, also zwar, daß kein Teil absonderlich handle,
sondern Alle wie Ein Mann Einer für Alle und Alle für Einen ein=
stehen wollen. Hierauf gebe ich mein Wort und diesen Handschlag."

Indem die Universität schließlich Grundsätze aufstellte zur weitern
Ausbildung der Bürgerwehr im Sachsenland zu einem organischen
Ganzen, hatte sie vor allem die unmittelbare Gestaltung der Verhältnisse
im Auge. Alle Männer vom 15.—50. Lebensjahr wurden zum Eintritt
verpflichtet, „der Oberbefehl über die Bürgerwehr des gesamten Sachsen=
bodens gebührt verfassungsmäßig dem Grafen der Nation."

Denn im Land selbst wuchs die Aufregung. Am 2. Juni war
bei dem Zusammenstoß der Szekler Grenzer bei Durchführung einer
Exekution in Mihalczfalva das erste Blut geflossen, es waren eine Anzahl
Romänen getötet und verwundet worden. Ende Mai hatte ein k. Erlaß
das gesamte Militär in Siebenbürgen unter den Palatin gestellt, auch
das ungarische Ministerium hatte, noch bevor das Unionsgesetz rechts=
kräftig geworden war, von Siebenbürgen Besitz ergriffen und eben Baron
Vay zum k. Kommissär ernannt und am 14. Juni an die siebenbürgischen
Landstände geschrieben, daß durch die Union für das Land und für die
Völker aller Zungen und Religionen die heiligen Grundsätze der Freiheit,
Gleichheit und Brüderlichkeit ins Leben treten würden. In allen säch=
sischen Städten traten die Bürgerwehren in Wirksamkeit, größere und
kleinere Aufläufe, Aufregungen und Aufreizungen gab es fort und fort.
Die ungarischen Zeitungen, in erster Reihe der Klausenburger Hirado,
hetzten in bedenklicher Weise. Als der Siebenbürger Bote eine Dar=
stellung der Ereignisse von Mihalczfalva gebracht hatte, erhielt der Re=
dakteur Benigni einen Drohbrief von Karlsburg im Namen von 150 un=
garischen Jünglingen, wenn er nicht widerrufe, werde ihm binnen kurzem
der Kopf vor die Füße gelegt werden. Gegen Ende Juni schickte das
Gubernium eine Kommission nach Hermannstadt, um die dort bestehenden
Unordnungen zu untersuchen, doch mußte sie selbst zugeben, daß es leere
Verdächtigungen gewesen seien. Am 23. Juni war die Hofkanzlei in
Wien aufgelöst worden, die Wahlen zum ungarischen Reichstag wurden
ausgeschrieben, überall im Sachsenland auch vollzogen und als die ersten
Wahlprotokolle anfang August im Reichstag vorgelesen wurden, hatte
dieser sie mit lauter Zustimmung begrüßt. Aber kurz vorher hatte das
Ministerium (31. Juli) den Sachsen vorgeworfen, sie seien Aufwiegler;
Nachsicht sei nicht mehr am Platze, Umtriebe wider die Union würden

mit größter Strenge bestraft werden. Insbesonders war Komes Salmen
beauftragt worden, darauf zu achten, daß alle geheimen Versammlungen
im Sachsenland unterblieben; überhaupt möge er sehen, das Vertrauen
der Bürger auf die neue Verfassung zu befestigen, widrigenfalls das
Ministerium einen andern Mann auf seinen Posten stellen werde. Salmen
reiste sofort nach Pest und nahm beim Palatin und Szemere, dem Inner=
minister, Audienz. Der Palatin war huldvoll und meinte, nicht Salmen
sondern Rosenfeld sei verdächtig und als darauf Rosenfeld sich recht=
fertigte, wich er aus. Szemere wollte durch Drohung imponieren, er
werde ihn nicht nur absetzen, sondern verhaften lassen, worauf Salmen
ruhig erwiderte: „Versuchen Sie es, den Sachsengrafen einsperren zu
lassen"!

Immer mehr wuchs inmitten des sächsischen Volkes die Über=
zeugung, die Union bedrohe das nationale Leben in seinem innersten
Wesen. Im Juni hatten sich 1240 Frauen aus Hermannstadt an die
Kaiserin gewendet und um Schutz gebeten, „weil durch die mit List und
Trug, auf scheinbar gesetzlichem Weg durchgeführte Union Siebenbürgens
mit Ungarn unsern Vätern, Brüdern, Gatten und Söhnen das ererbte
Gut der teueren Muttersprache und Gesittung, seit Jahrhunderten in den
größten Stürmen treu bewahrt von unsern Vorfahren, plötzlich gewaltsam
entrissen wird."

Inzwischen hatte die Universitätsdeputation, die im Mai an den
k. Hof geschickt worden war, die Union abzuwenden, unter mancherlei
widrigen Schicksalen nichts erreicht. Da bei ihrer Ankunft in Wien der
Hof eben nach Innsbruck geflüchtet war, war der Anfang wenig ver=
sprechend. Der Fortgang wurde es noch weniger. Denn die Deputation
war ohne jede bestimmte Nachricht von Hause, bei den schwierigen Ver=
kehrsverhältnissen erklärlich, doch war die Folge, daß die Voraussetzungen
ihrer Schritte selten zutrafen. Sie glaubten, die Sachsen hätten den
Landtag in Klausenburg nicht beschickt, dann sie hätten gegen die Union
gestimmt, zuletzt sie wären terrorisiert worden und mußten immer nach=
träglich ihren Irrtum erfahren. In Wien hatten sie zunächst Zeit, eine
Broschüre zu besprechen: „Die Vereinigung Siebenbürgens mit Ungarn
von dem Standpunkt der sächsischen Nation beleuchtet", ursprünglich nur
für den deutschen Verein in Wien, dann zur weitesten Verteilung be=
stimmt. Die Minister in Wien erklärten, weder auf Ungarn noch auf
Siebenbürgen Einfluß zu haben und der Finanzminister Kraus suchte
die Deputation zu überzeugen, daß der Einfluß der Sachsen wachsen
werde, wenn sie aufhörten, durch die abgeschlossene Verfassung und

Nationalität die Eifersucht der Mitnationen zu wecken. So wendete sich
denn die Deputation nach Innsbruck. Sie kam am 4. Juni an, und
erfuhr bald, daß sowohl ungarische Herrn als eine Deputation der
Romänen da seien und merkte sofort, daß es sich in allen Fällen um
die Unionsfrage handle. Noch mit den Vorbereitungen zur Audienz be=
schäftigt, für die ein Promemoria verfaßt wurde, erfuhren sie, daß der
Ministerpräsident Graf Batthyany selbst in Innsbruck war — eben
wegen der Bestätigung des Unionsartikels. Ein Attaché wußte Beziehungen
mit der Deputation anzuknüpfen, gab ihr authentische Mitteilungen über
die siebenbürgischen Ereignisse und riet ihr unter diesen Umständen, sie
solle sich mit den anwesenden Ministern Batthyany und Eßterhazy in
Beziehung setzen und sich diesen empfehlen. Die Deputation glaubte aber
ihren ursprünglichen Auftrag ausführen zu müssen, doch erfuhr sie
allmählich, daß die Mitteilungen des Attaché richtig gewesen seien. Am
10. Juni war der Gesetzartikel über die Union bestätigt worden. Der
Kaiser hatte gezögert, Batthyany hatte gedrängt, so daß der Kaiser in
seiner gutmütigen Weise sagte: „Aber, lieber Graf, gönnen Sie mir
doch ein wenig Bedenkzeit!" — Dann hatte er unterschrieben. Die
Deputation wußte von all dem nichts, als sie am 11. Juni zur Audienz
erschien, ausgerüstet mit einer umfangreichen Darlegung der Gründe,
aus denen die sächsische Nation die Union nicht annehmen könne. Zimmer=
mann hatte sie verfaßt, noch immer von der Anschauung ausgehend, die
sächsischen Abgeordneten hätten die Union nicht freiwillig angenommen.
Sie trafen im Vorzimmer die romänische Deputation, die vor den Sachsen
vorgelassen, sehr bald mit niedergeschlagenen Mienen herauskam. Nun
wurden die Sachsen zur Audienz befohlen. K. Ferdinand erwartete sie im
Audienzsaal, mit einem Blatt Papier in der Hand; neben ihm standen
der Erzherzog Franz Karl und die Kaiserin Marie Anna; etwas im
Hintergrund der ungarische Minister des Auswärtigen Fürst Eßterhazy.
Bischof Binder sprach einige vom Augenblick eingegebene Worte der
Huldigung, in denen er der Treue der Nation zum Kaiserhaus Aus=
druck gab, dann darauf hinwies, wie sie durch die Union in ihren
Grundvesten sich bedroht sehe. Denn unter diesem Namen verberge sich
eine totale Umgestaltung sowohl für ihre Nationalität als ihre Ver=
fassung. Sie wolle niemandem die politische und humane Ausbildung
und Entwicklung verargen oder gar verkümmern, am wenigsten der
magyarischen Nation, nur solle solches nicht zum Nachteil der Sachsen
geschehen, die durch alle Verheißungen von Freiheit, Gleichheit und
Brüderlichkeit nichts gewinne. Darum bitte die Nation um Nichtbestätigung

des Unionsgesetzes. Das unruhige Stehen und Schwanken des Kaisers hatte die größte Kürze geboten. Kaum waren diese Worte zu Ende, als der Kaiser von dem bereitgehaltenen Papier folgende Antwort las: „Nachdem die Union meines Großfürstentums Siebenbürgen durch die Siebenbürger Stände, mit Beistimmung aller sächsischen Deputierten einstimmig beschlossen und von Mir auch bestätigt, hiedurch aber weder die Nationalität noch die Freiheiten Meiner sächsischen Untertanen in Siebenbürgen gefährdet, vielmehr bestärkt und gesichert wurden, freut es mich Ihnen erklären zu können, daß Ihre Besorgnisse ungegründet sind und Ich Sie mit der Versicherung in Ihre Heimat entlassen kann, daß Ich Meine treuen Sachsen, wie bisher so auch fernerhin, in ihren Rechten und Freiheiten beschützen werde, die Ich hiemit Meiner königlichen Huld und Gnade versichere."

Der Kaiser verneigte sich und gab der niedergeschmetterten Deputation das Zeichen, daß die Audienz zu Ende sei. Einen ähnlichen Bescheid hatten vorher die Romänen erhalten.

Die Deputation war ratlos. Auf dem Wege nach Hause hielt plötzlich Fürst Eßterhazy mit seiner Kalesse neben ihnen, sprang aus dem Wagen und kam zu Bischof Binder, drückte ihm die Hand und sagte: „Die Sachsen sind ja vor uns. Da aber die Union beider Länder nun doch unwiderruflich beschlossen und vollzogen ist, so wenden Sie sich an mich; ich will mir gewiß Mühe geben, Ihren Wünschen zu begegnen und Ihre künftigen Verhältnisse zu Ihrer Zufriedenheit zu vermitteln." Die Deputation konnte im Augenblick nur für das gnädige Anerbieten danken. Sie sprach noch im Zweck ihrer ursprünglichen Sendung beim Erzherzog Franz Karl und Johann, dann bei der Erzherzogin Sophie vor, doch fand sie überall Ratlosigkeit und Verwirrung, in der es schwer war für das letzte Ziel zu arbeiten, die endgültige Sanktion des Gesetzes (die sogenannte Authentifikation) hinauszuschieben und die Erkenntnis zu wecken, daß es sich in letzter Reihe um Trennung Ungarns von Österreich handle. Erzherzog Johann gab ihnen den Rat, sich nach Frankfurt an die Nationalversammlung zu wenden. Zur Erzherzogin Sophie war auch Frau Bischof Binder, die ihren Mann begleitet hatte, zur Audienz befohlen worden. Die beiden Frauen hatten sich gegenseitig das Herz ausgeschüttet, auch über Kindererziehung gesprochen, wobei die Erzherzogin klagte, wie schwer es doch sei, besonders die Knaben zu tüchtigen und reifen Männern zu erziehen, worauf die sächsische Pfarrerin offen und naiv erwiderte, wir hätten ein sicheres Mittel, wir schickten unsre Söhne auf die deutschen Universitäten. In der Erinnerung an die Begegnung mit der sächsischen Deputation schickte Erzherzogin Sophie, als ihr Sohn den Thron bestiegen hatte, den vier sächsischen Deputierten das Bildnis des jungen Kaisers, eine lithographische Vervielfältigung, die sie als Mutter für die beste hielt. Die Stimmung in den Herzen der Deputation spiegelten einige Verse ab, die dort in Innsbruck entstanden, Antwort auf die Frage gaben, wie die zwei Häupter des Doppeladlers zu deuten seien:

> Seht! das eine sieht zurücke
> Auf die vielen, vielen Schulden,
> Und auf seiner guten Völker
> Altherkömmliches Gedulden.
>
> Und das andre sieht ergrimmet
> Auf der Gegenwart Empörung,
> Aufs Erwachen des Gedankens,
> Auf das Weichen der Betörung.
>
> Nur das dritte Haupt, das fehlt ihm,
> Daß in Zukunft es gewahre,
> Wie man abschlägt beide Häupter
> Dem erlauchten Doppelaare!

Die Sachsen sahen die Zukunft der Monarchie auf dem Spiel stehen.

Die Deputation kehrte nach Wien zurück. Sie hatte den Auftrag, auch beim österreichischen Reichstag über die Union Mitteilungen zu machen und dachte auch über den Rat des Erzherzogs Johann nach, sich nach Frankfurt zu wenden, wohin auch der ungarische Reichstag eine Abordnung geschickt hatte. Als um dieselbe Zeit eine Deputation des Frankfurter Parlaments unter der Führung Hekschers in Wien eintraf, um den zum Reichsverweser erwählten Erzherzog Johann zu begrüßen, machte die sächsische Deputation ihre Aufwartung bei den Herrn und wußte ihr Interesse für Siebenbürgen zu wecken und ihnen die Klage zu entlocken, daß man eher von Amerika etwas wisse als von Siebenbürgen. Als die Deputation später beim Erzherzog Johann noch einmal vorsprach und an den Rat, den er gegeben, erinnerte, sie sollten sich nach Frankfurt wenden, meinte der Erzherzog: „Lassen Sie das zuvor mich auskochen", womit die Sache für sie entschieden war. Die für den österreichischen Reichstag bestimmte Schrift wurde dem Präsidenten übergeben; darin sprach die Deputation ihre Sympathie für den Fortbestand Österreichs und die fernere Entwicklung der pragmatischen Sanktion aus. Im übrigen erkannten sie, daß die Entscheidung der ungarischen Verhältnisse nicht in Wien sondern in Pest lag und wandten sich endlich dahin.

Eine neue Sorge für Bischof Binder war inzwischen durch die Aufhebung des Zehnten auch der Geistlichkeit erwachsen und diese Frage führte ihn zunächst zu dem Palatin und zu den Ministern. Der Palatin war außerordentlich liebenswürdig und wohlwollend, der Empfang bei Batthyany unfreundlich: „es sei endlich Zeit, daß die Sachsen, namentlich der Superintendent, sich an ihre rechtmäßige Regierung wendeten und nicht in Innsbruck und Frankfurt Hülfe suchten." Kossuth fuhr sie barsch an, lenkte dann aber ein und versprach seine Mithülfe, am freundlichsten war Deak und vor allem Eötvös. Doch zog sich die endgültige Entscheidung sehr in die Länge. Unter dem 5. September wies der Palatin die ev. Kirche an, ihre Wünsche beim Ministerium einzureichen und authentische Ausweise über die Zehneinkünfte der Geistlichen vorzulegen. Selbst Dion. Kemeny, der erbitterte Feind der Sachsen, damals Staatssekretär im Innerministerium, ließ die Deputation seine Gegnerschaft diesmal nicht fühlen.

Inzwischen hatten Sachsen und Magyaren das Bedürfnis, den Zusammenhang mit Deutschland zu gewinnen und aufklärend zu wirken. Die vom ungarischen Reichstag entsandte Deputation hatte die Aufgabe, ein Bündnis mit Deutschland zustande zu bringen. Im Namen der Jugend, vor allem der Hermannstädter Rechtsakademie, waren die Studierenden Fr. Schuler=Libloy und Martin Schenker unter der Führung des Brooser Rektors Geltch schon früher nach Deutschland gereist, von Seite der Turner hatte sich Theodor Fabini angeschlossen. Sie hatten viel Sympathie und wenig Kenntnisse von siebenbürgischen Verhältnissen gefunden und Brudergrüße ausgetauscht. Schon am 5. Mai hatte der Fünfzigerausschuß des Frankfurter Parlaments, auf eine Eingabe der Sachsen „um Aufrechthaltung ihrer Nationalität", über Antrag Schuselkas der Nationalversammlung empfohlen, an den ungarischen Reichstag das Ansuchen zu stellen, „Ungarn, durch die wichtigsten politischen Interessen mit Deutschland verbunden, wolle die Sachsen in ihrer Nationalität und Verfassung nicht beeinträchtigen." Jene junge Deputation, respektive Geltch, überreichte als „Abgeordneter des siebenbürgisch=deutschen Volkstums" eine Adresse, von Salmen und den Vertretern in der Universität unterschrieben, dem Frankfurter Parlament, in der um tatkräftige Hülfe in der Stunde der Gefahr gebeten wurde. Die von der Universität verfaßte Denkschrift über die Bedingungen der Vereinigung mit Ungarn wurde verteilt und Geltch reichte beim Parlament einen schriftlichen Antrag ein, es solle ein Staatsvertrag zwischen Deutschland und Ungarn geschlossen werden, der den Sachsen ihre Verfassung und ihr Volkstum gewährleiste. Verschiedene deutsche Vereine schickten Adressen, Petitionen, Erklärungen für die Sachsen in die Welt, die Nationsuniversität gab der zweiten Deputation (Geltch=Miller) eine neue Adresse an das Frankfurter Parlament mit, in der die Liebe zum Deutschtum in begeisterten Worten widerklang.

Unsre sächsischen Studenten, die damals in Deutschland studierten, halfen mit, die Begeisterung für sächsisches Wesen zu schüren, in den Leipziger Grenzboten fand Gustav Freytag freundliche Worte: „wir sind eure Boten, die Anwälte eures Rechts vor Österreich und Deutschland und wir bleiben euch treu, wenn auch unsre tollgewordenen Vettern in Wien euch und euer Geschick vergessen haben."

Aber auch an der Entwicklung der Heimat nahmen jene sächsischen Studenten teil. Im April schickten sie eine vom Studierenden der Theologie Fr. Müller (dem spätern Bischof) verfaßte Petition an das Oberkonsistorium, in der sie, wenig zufrieden mit der neuen Prüfungsordnung, die Trennung von Kirche und Schule verlangten, jeder möge sich für Lehramt oder Theologie entscheiden und jene Prüfung ablegen, die ihm passe.

Die Verhältnisse im Lande selbst aber waren peinlich unklar, niemand wußte eigentlich, wem er gehörte. Nur eins war klar und das war durch die Erfahrungen in Deutschland ebenso wie in Wien und Innsbruck sicher geworden, zuletzt war dieses sächsische Volk hier allein auf sich selbst angewiesen. Um so notwendiger aber war es, daß die Jugend zu einem Geschlecht heranwachse, in dem die Selbstsucht durch Gemeingeist, Kälte durch Begeisterung, Tatlosigkeit durch kräftige Hingabe an das Ganze verdrängt werde. Es entsprach dem Charakter der Zeit, solches durch Vereinigung zu versuchen. Bei Fabinis Anwesenheit in Deutschland saßen die Landsleute, die in Leipzig studierten, mit ihm einmal im Café National zusammen und sprachen über das, was aller Herzen bewegte, die Gegenwart und Zukunft des sächsischen Volkes. Da wurde im Gespräch, wie es scheint vom Studierenden der Theologie Friedrich Müller, der Gedanke hingeworfen, es wäre an der Zeit, die ganze sächsische Jugend zur Hebung des Gemeingeistes, zur Kräftigung des Volkes, zum Schutz des Vaterlandes zu verbinden. Fabini griff den Gedanken auf. Was sonst nur langsam durch die Erziehung bewirkt werden konnte, das sollte durch eine großartige Jugendversammlung auf einmal erreicht werden, die Jugend mitgerissen werden, „Arme, Taten, Begeisterung" dem Vaterland zur Verfügung zu stellen. Von solchen Gedanken getragen ließ Th. Fabini den Aufruf „an das sächsische Jungtum" ausgehen und lud zu einer Jugendversammlung in Mediasch ein zur

Besprechung darüber, wie das Volk geweckt und wach erhalten und das nationale Bewußtsein belebt werden könne. Bei der Vorbereitung der Versammlung, die in der Presse eifrig besprochen wurde, wurde darauf hingewiesen, es handle sich um Stärkung und Kräftigung des Volksgeistes „in deutscheigner Weise", um die Heranbildung einer tüchtigen, opferwilligen Jugend, ohne daß sie sich einen Einfluß auf die politischen Verhältnisse anmaßen wolle. Als Mittel der Kräftigung wurden besonders das Turnen und tüchtige Journalistik angegeben.

Am 13. August 1848 versammelten sich etwa 200 sächsische „Jünglinge" — das Wort im Sinn des Lateiners gebraucht — in Mediasch, die meisten waren zu Fuß in Turnerkleidung dorthin gewandert, bereit für das Vaterland und das Volkstum zu leben und zu sterben. Die Formen jener Zusammenkunft waren die des deutschen Studententums, bei denen Kommers, Gesang und Tanz nicht fehlte. Nachdem auf dem Markt in Mediasch begeistert „Was ist des Deutschen Vaterland?" gesungen worden war, gings zur Versammlung in die ev. Kirche. Zum Vorsitzer wurde Pfarrer St. L. Roth, zum Schriftführer Theodor Fabini gewählt. Die viertägigen Verhandlungen führten zur Gründung des „siebenbürgisch-deutschen Jugendbundes", als dessen Zweck „die Hebung des Volkstums unter den Siebenbürger Deutschen" bezeichnet wurde. Als Mittel dazu wurde das Turnen im Zusammenhang mit Schützen- und Fechtwesen sowie volkstümlicher Gesang angesehen und darum die Unterstützung dieserartiger Vereine in Aussicht genommen. Der Bund sollte jährliche Versammlungen zu gleicher Zeit mit dem Landeskundeverein halten. Die Gedanken und Empfindungen, die jene Jugend bewegten, legte sie in drei Adressen nieder, die sie in jenen Tagen beriet und beschloß, an die akademische Jugend in Deutschland, an das Frankfurter Parlament und an das ev. Oberkonsistorium. In den beiden ersten Adressen stehen nebeneinander die Liebe zum Vater- und zum Mutterlande, neben dem Wunsch des geistigen Zusammenhangs mit Deutschland das Bewußtsein, auf sich selbst angewiesen zu sein. Sie grüßten die akademische Jugend, gaben der Hoffnung Ausdruck, Deutschland werde auch für das Deutschtum hier sorgen, „am meisten aber trauen wir auf unsre Selbstermannung, die überall Schwert und Schild ist. So wir uns selbst nicht verlassen, muß Gott uns helfen." Ähnlich schrieben sie an das Frankfurter Parlament: „Unser Stolz ist dahin, wenn Deutschland zerbröckelt wird, wir werden stark, wenn Deutschland es ist. Wir können uns rühmen unsrer Treue gegen die ungarischen Könige, deren Vorfahren uns vor mehr als siebenhundert Jahren hieher beriefen; wir können uns rühmen, in diesem selbstgewählten und innigstgeliebten Vaterland unsre hiesige Stellung klar begriffen und vollkommen darnach gehandelt zu haben.... Wir wollen sein und bleiben, was wir gewesen sind, ein ehrlich deutsches Volk und auch ehrliche treue Bürger des Staates, dem wir angehören." An das Oberkonsistorium richteten sie zwei Eingaben, in der einen wurde die lebendige Verjüngung des niedern Volksschulwesens, die Schaffung von tüchtigen Seminarien als notwendig hingestellt, in der andern baten sie das Oberkonsistorium, ein Bittgesuch der Studierenden an der Hermannstädter Rechtsakademie unterstützend, um zeitgemäße Reorganisation der Akademie, die an vielen Gebrechen der alten Zeit kranke.

Aber nicht nur in den Verhandlungen, auch beim Becherklang auf dem „Commersche", wie man damals sagte, beim Ausflug nach Baaßen, beim Ball in Mediasch zeigte sich der prächtige Sinn der Jugend. Sie war nicht so altklug und früh mit sich im reinen wie die heutige und nicht so weltklug, aber idealer, anspruchsloser, opferwilliger und bereiter, sich dem Ganzen einzuordnen. „Nie wohl hat ein Tag mehr hohe Entschlüsse und aufrichtiges Wollen von einem Punkte aus nach allen Richtungen hingetragen, als der 16. August 1848, an dem die Glieder des neuen Jugendbundes der Heimat wieder zuzogen."

Wie sehr übrigens der Gedanke des innern Aufbaus im Volk lebendig war, zeigte sich einige Tage später, wo in Mediasch die Lustrierung des Gymnasiums abgehalten wurde, mitten in den fast schon kriegerischen Tagen eine stille Friedensarbeit. Als eine heilige Sache erschien die Volkserziehung den Männern, die sich dort versammelt hatten und sie baten das Oberkonsistorium, möglichst bald die damals schon geplante Schulkonferenz zur Ausarbeitung eines Schulplans zusammenzurufen, die nur unterblieben war, weil Bischof Binder außerhalb der Heimat weilte.

Die sächsischen Abgeordneten hatten indessen ihre Plätze im ungarischen Reichstag in Pest eingenommen, unter ihnen Konrad Schmidt, Gooß, Rosenfeld, Friedenfels. Der Reichstag war am 5. Juli eröffnet worden. Der mit der königlichen Vollmacht ausgestattete Palatin hielt die Thronrede an Stelle des „kranken" Kaisers. Die Aufgaben des Reichstags, der unter andern Umständen berufen gewesen wäre, den innern Ausbau des neuen Staates in Angriff zu nehmen, waren durch die allgemeinen Verhältnisse etwas anders vorgezeichnet. Die Landesverteidigung, die Finanzen und das Verhältnis zu Österreich standen als Hauptfragen vor ihm. Dazu gesellte sich von selbst die Frage, wie die Verhältnisse zu Kroatien und zu den Serben sich gestalten würden, die sich immer mehr zuspitzten. Jelachich war zum Ban von Kroatien ernannt worden, seine Volksgenossen sahen auf ihn, am 10. Juni hatte Batthyany insgeheim in Innsbruck ein k. Handschreiben erwirkt, das den Ban des Ungehorsams anklagte und ihn dem ungarischen Kriegsminister unterstellte, die Antwort Ungarns auf die magyarenfeindlichen Beschlüsse und Stimmungen des kroatischen Landtags. Die Versuche einer Ausgleichung der Gegensätze zwischen Ungarn und Kroatien scheiterten. Der ungarische Reichstag aber beschloß am 11. Juli die Kriegsmacht auf 200.000 Mann zu erhöhen und die Kosten — 42 Millionen — durch eine Anleihe oder durch Ausgabe von Papiergeld aufzubringen. Im Banat war es schon zum Kampf zwischen Serben und Magyaren gekommen, als der Reichstag in die Budgetdebatte eintrat. Kossuth war der Herr der Lage geworden. Das zeigte sich auch in dem vorgelegten Budget, das den Stempel der Absage von Österreich an der Stirne trug. Dort war von dem Heer, von der ungarischen Diplomatie die Rede, als ob es kein Österreich mehr gäbe.

Das trug mit dazu bei, den Umschwung in den Wiener Kreisen zu befördern. Sie begannen die Vorgänge in Ungarn als fortgesetzte Revolution zu betrachten, die auf die Loslösung Ungarns von Österreich hinarbeite und den Einfluß der Wiener Regierung immer mehr einenge. Im Wettlauf der beiden Regierungen, den Kaiser zur Übersiedlung von Innsbruck zu bewegen, siegte Wien, K. Ferdinand kehrte dorthin zurück und damit begann der Versuch der österreichischen Regierung, wieder Einfluß auf Ungarn zu gewinnen. Die ungarische Regierung gab selbst den Anlaß dazu, als sie in Wien anfragte, ob die dortige Regierung die pragmatische Sanktion in bezug auf Ungarn anerkenne und auf Grund derselben Ungarn im Kampf mit Kroatien unterstützen werde. Die Antwort lautete, allerdings, aber der Ban stütze sich auch auf die pragmatische Sanktion; die Wiener Regierung werde die Sachlage untersuchen und dann ihr Urteil abgeben. Schon am 22. August waren die außerordentlichen Vollmachten des Palatin zurückgenommen worden und die Entscheidung der Angelegenheiten des Pester Reichstags war nun wieder in Wien zu suchen. Und dort verweigerte man die Bestätigung sowohl des Rekrutierungsgesetzes als der Beschlüsse über die Anleihe. Wohl war mancher Anlaß dazu da; die Ausgabe ungarischen Geldes brachte die ganze Kredit- und Wirtschaftslage der Monarchie in völlig neue Bahnen, von denen kaum jemand sicher wußte, wohin sie führen würden und im Rekrutierungsgesetz mußte mindestens die neue Eidesformel, wornach der

Rekrut schwören sollte, „die Unabhängigkeit der magyarischen Nation" zu verteidigen, Bedenken erregen. Zu dieser Weigerung kam das k. Reskript vom 31. August, das die ungarischen Minister wie den Ban nach Wien zu einer Konferenz berief und jeden Angriff und jede Rüstung Ungarns gegen Kroatien einzustellen verlangte. Dazu erschien eine ausführliche Denkschrift der österreichischen Regierung, welche kurz gesagt den ungarischen Ereignissen seit dem 15. März die Rechtsbasis bestritt und ein langes Sündenregister aufzählte, das besonders Kossuth treffen sollte. Sie schloß mit der Erklärung, daß es unbedingt notwendig sei, die seit 15. März in Ungarn getroffenen Einrichtungen nach den Bedürfnissen der Gesamtmonarchie und nach dem Wortlaut und Sinn der pragmatischen Sanktion zu ändern.

Es war die Aufstellung eines neuen Programms, das eine Zentralisation der Monarchie als historisch und als im Staatsrecht begründet aufstellte, die weder hier noch da vorhanden gewesen war, eine Beweisführung, die unmöglich als richtig anerkannt werden konnte. Ungarn konnte sich darauf berufen, daß was bisher geschehen war, die Formen des formalen Rechts nicht verletzt hatte. Was hier von ihm gefordert wurde, war ein Verzicht auf seine politische Existenz, auf die größte Errungenschaft der letzten Monate. Eine hundertgliedrige Deputation des ungarischen Reichstages begab sich am 6. September nach Wien, den Kaiser aufzuklären über die Lage und ihn zu bitten, nach Ofen zu übersiedeln. Das letztere wurde abgewiesen und noch mehr als dieses klärte eine andre Tat die Gesinnungen der österreichischen Regierung auf, der Ban Jellachich wurde (4. September) in alle seine Würden und Ämter, die ihm früher abgesprochen worden waren, wieder eingesetzt, „da er nie die Absicht hegen konnte bei seiner unzweifelhaften Treue und Anhänglichkeit an die Dynastie und die Gesamtinteressen der Monarchie, sich den kaiserlichen Befehlen hochverräterisch zu widersetzen oder an einer Trennung der Nebenländer von der ungarischen Krone zu arbeiten." Nach dem Mißerfolg in Wien beschloß der ungarische Reichstag, Papiergeld auszugeben, ohne besondre Deckung, die Truppenaushebung durchzuführen und den Übertritt aus der Linie zu den Honveds zu gestatten, „unbeschadet der künftigen Sanktion der Gesetze durch den König".

Damit hatte der Reichstag nun allerdings die legale Basis verlassen — die Revolution begann. Wenige Tage später meldete ein Kurier in Pest (17. September), Jellachich habe am 11. September die Drau überschritten und sei nach Ungarn einmarschiert; auch der Bürgerkrieg war da.

Inzwischen waren auch die sächsischen Angelegenheiten in Pest einen

Schritt weiter gediehen. Die von der Nationsuniversität nach Pest entsandte Deputation hatte sich in einer Vorstellung vom 24. August an das ungarische Ministerium gewendet und noch einmal auf Grund der Universitätsbeschlüsse die Wünsche und Forderungen der Sachsen dargelegt. Denn die Landtagsdeputation, die dem Ministerium ihr Gutachten über die siebenbürgischen Angelegenheiten geben sollte, hatte von den sächsischen Forderungen kaum eine berücksichtigt. Auch was im Augenblick etwa anerkannt wurde, wie z. B. die Wahl des Komes und der Wirkungskreis der Nationsuniversität, auch die Autonomie der Kirche, wurde dadurch illusorisch, daß eine Änderung durch die Gesetzgebung vorbehalten wurde. Jetzt schon sollten die Oberbeamten der Nation vom Ministerium eingesetzt werden. Die Denkschrift unterließ nicht, darauf hinzuweisen, daß eine Garantie nicht nur für den Augenblick, sondern für die Zukunft notwendig sei, wenn die Nation beruhigt werden solle.

„Die Gesetzesvorschläge in Angelegenheit der Union", die auf Grund des Gutachtens jener Landtagsdeputation gemacht wurden, brachten jene Beruhigung nicht. Sie enthielten u. a. die Bestimmung, daß die Prozesse von der Nationsuniversität an ein Appellationsgericht berufen werden könnten, die kirchliche Gerichtsbarkeit wurde nur vorläufig aufrecht erhalten, die Oberbeamten auch des Sachsenlandes sofort der Ernennung durch das Ministerium unterworfen, mit Ausnahme des zu wählenden Komes, als Amtssprache wurde im Sachsenland die deutsche aufrecht erhalten, ausgenommen den Brooser Stuhl; der Verkehr der Jurisdiktionen mit dem Ministerium sollte in magyarischer Sprache stattfinden.

Die Universitätsdeputation sowie die sächsischen Reichstagsdeputierten waren über diese Wendung außerordentlich beunruhigt. Gooß gehörte auch zu jener systematischen Landtagsdeputation. Bischof Binder war mit ihm in Pest zusammengetroffen und hatte seine Berichte über die Klausenburger Ereignisse entgegengenommen und ihn aufgefordert, nun alles daran zu setzen, um „den in der besten Absicht seiner idealen Weltanschauung und Menschenkenntnis begangenen Fehler der angenommenen Union nun durch die guten Bedingungen, welche für die Nation erkämpft und ihr zugestanden wurden, wieder einigermaßen gut zu machen." Gooß kam der, auch seiner Anschauung entsprechenden Aufforderung nach, erreichte aber nichts. Den Eindruck der Pester Vorgänge in bezug auf sein Volk faßte er, einem Schäßburger Landsmann gegenüber, der aus Deutschland von der Universität nach Hause reiste, in das bezeichnende Wort: „Sagen Sie unsern Leuten, sie sollen Pulver und Gewehre kaufen und sich rüsten, denn man hintergeht uns."

Am 12. September hatte im Reichstag Zsemberi den Antrag gestellt, den Reichstag für permanent zu erklären. Konrad Schmidt hatte entschieden dagegen gesprochen und dabei einen andern ernsten Gedanken freimütig behandelt: „Unter den das Land bewohnenden Nationen finden Mehrere im jetzigen Staatssystem ihre volle Beruhigung nicht; sie finden sie aber deshalb nicht, weil die große Idee der Menschheit, die Freiheit, Rechtsgleichheit und Brüderlichkeit in bezug auf sämtliche Staatsbürger als Einzelwesen zwar ausgesprochen, zur Gewährleistung der Volkstümlichkeit für die Bewohner nicht ungarischer Zunge aber bisher kaum ein Schritt getan wurde (Aufregung). Belieben Sie zu bedenken, meine Herrn, daß an der Verteidigung des Landes mit Begeisterung nur jener Bürger teilnehmen kann, dessen angeborne heiligste Rechte durch die Verfassung gewährleistet werden. Ein solches Recht aber ist die Nationalität, welche nicht geringern Wert hat als die Freiheit, vielmehr getraue ich mich zu behaupten, daß es Volksstämme gibt, welche fähig sind, nicht nur die Freiheit sondern sogar ihr Leben eher aufzuopfern als ihrer Nationalität zu entsagen. Betrachten Sie es nicht als Ultraismus, nicht als revolutionäre Bestrebung, wenn ich in einem so ernsten Augenblicke das verehrte Haus zur Ausgleichung der Nationalitätsverhältnisse auffordere; denn ich bin überzeugt, daß diese zur Rettung des Vaterlandes mehr beitragen werde, als was immer für eine außerordentliche Macht." Er stellte den Antrag, der Reichstag wolle aussprechen, daß er die verfassungsmäßige Selbständigkeit Ungarns nur auf Grundlage der pragmatischen Sanktion aufrecht erhalten wolle und daß er den Grundsatz der Rechtsgleichheit nicht nur auf einzelne Staatsbürger, sondern auch auf die Nationalitäten ausdehnen wolle. Zsemberi zog seinen Antrag zurück und Schmidts Antrag entfiel damit gleichfalls.

Am folgenden Tag, am 13. September, kam der Gesetzentwurf über die Union vor den Reichstag. Die Versammlung machte Miene, ihn en bloc anzunehmen. Konrad Schmidt wagte es abermals, der Überstürzung entgegen zu treten, obwohl die aufgeregte Stimmung des Hauses ihn schwer zu Wort kommen ließ. Er erreichte in der Tat, daß nur die Artikel 10—13, 16 und 20 sofort verhandelt wurden, was Kossuth durchsetzte, die übrigen an die Abteilungen gewiesen wurden. Bei der Verhandlung gelang es durchzusetzen, daß die neu zu errichtende Appellationsinstanz in Klausenburg für die Sachsen nur in den Fällen gelte, in denen sie bisher vor die k. Tafel hätten vorgerufen werden können und daß auch sächsische Richter bei jener Instanz anzustellen seien.

Am nächsten Tag bei der Protokollsverlesung vernahmen die Sachsen, der Gesetzentwurf sei auch in einem jener Teile, der an die Abteilung gewiesen wurde, angenommen worden. Sofort protestierte C. Gooß energisch gegen diese Unterstellung und wies nach, daß dieser Beschluß nicht gefaßt worden sei; Präsident und Reichstag blieben dabei, er sei gefaßt worden. Diese Vorgänge, zusammengehalten mit den allgemeinen Ereignissen jener Tage, der Erfahrung, daß die Nationalitäten auf keine Förderung, nicht einmal auf Schonung rechnen dürften, daß der Gedanke der Absonderung von Österreich immer mehr an Boden gewann, daß der Reichstag durch jene Beschlüsse über Aushebung der Rekruten und Ausgabe von Papiergeld den gesetzlichen Boden verlassen hatte, ließen in den sächsischen Abgeordneten den Gedanken reifen, den Reichstag zu verlassen. Eötvös war in die Fremde gezogen, Deak sah sich veranlaßt, aus dem Kabinett auszuscheiden, Szechenyis Geist verdüsterte sich, die ruhigen Elemente fürchteten, daß eine friedliche Lösung nicht möglich sei. Warum sollte den Sachsen nicht gestattet sein, was jene tun durften?

Der Gedanke, aus dem Reichstag auszutreten, hatte die sächsischen Abgeordneten schon am 11. September beschäftigt. Die Vorgänge jener Tage, die tatsächliche Ergreifung der Diktatur durch Kossuth, die Ausgabe von Banknoten, der Beschluß, das Rekrutierungsgesetz auch vor der k. Bestätigung anzuwenden — also formale Abweichungen von dem Gesetz — hatten sie bestimmt, in einer gemeinsamen Konferenz, die in Pest ebenso gehalten wurde wie bei den frühern siebenbürgischen Landtagen, nahezu mit Einstimmigkeit den Austritt zu beschließen. Schon hatten sie am 12. September die Abdankung verfaßt, einige sie auch unterschrieben, als Bedenken entstanden, ob es sich nicht empfehle, erst die Verifikation des Protokolls abzuwarten. In diesem aber waren so wesentliche Korrekturen vorgenommen worden, daß man ihnen die Absicht ansah, jene Vorgänge in milderem Licht erscheinen zu lassen. So beantwortete am 13. September die Mehrheit der sächsischen Abgeordneten die Frage des Austritts nun abweisend, einmal mit Rücksicht auf die Tatsache, daß zu bemerken war, man versuche den gesetzlichen Boden wieder zu finden und dann vor allem, weil die Verhandlung des Unionsgesetzes eben angekündigt worden war, bei der die Sachsen doch nicht fehlen durften. So geschah es in der Tat. Die sächsische Nationaldeputation aber suchte auf die Deputierten bestimmend einzuwirken, den Austritt doch durchzuführen, da keine Aussicht vorhanden sei, die von den Sachsen geforderten Bedingungen der Union zu erreichen. Am 19. September verkündigte der Präsident des ungarischen Reichstags, daß sechs sächsische Abgeordnete, Heinrich Schmidt, L. v. Rosenfeld, Eug. v. Friedenfels, M. Bransch,

J. Schnell und Fr. Fabini ihre Mandate niedergelegt hätten und aus dem Reichstag ausgetreten seien, „in dem die Gesetzlichkeit nicht länger herrscht und die sächsische Nation keine Anerkennung findet." Ein unbeschreiblicher Tumult erhob sich, der Ruf Landesaufwiegler und Volksverräter durchtönte den Saal und fand kräftigen Widerhall auf der Galerie. Kossuth aber hielt eine seiner flammenden Reden: „Vierzehn Könige haben unsre alten Freiheiten beschworen und vierzehn Könige haben ihren Krönungseid gebrochen, jetzt hat uns Ferdinand V. unsre alten, mit so vielem Meineid geraubten Rechte zurückerstattet. Diese wieder zu rauben ist das Ziel der Reaktion und der in ihrem Sold stehenden Empörer; sie zu behaupten, mit Gut und Blut zu verteidigen, ist das Ziel unsrer Bestrebungen; wer also unsre Tendenzen mißbilligt, der muß vermutlich den Tendenzen der Reaktion und der Empörung in seinem Innern huldigen und so beleuchtet muß diese Abdankung beurteilt werden. . . . Es kann sein, daß wir zugrunde gehen werden, aber ich schwöre es bei Gott, daß wir nicht die letzten sein werden, die zugrunde gehen, sondern wir werden über die Leichen der Verräter ins Grab sinken. Das merke sich Jedermann." Er beantragte, daß das Haus erkläre: Die sechs Deputierten dürften nicht weg, bis ihre Stellvertreter nicht da seien; wer überhaupt seinen Platz verlasse, werde als Verräter erklärt und darnach behandelt. Der Abgeordnete Palffy — ein Szekler — solle als königlicher Kommissär nach Siebenbürgen gesendet werden, um mit Hilfe der Szekler die Reaktion in ihrer Wiege zu erwürgen. „Wir werden uns mit den Herrn Sachsen bald in Siebenbürgen messen." Die Aufregung des Hauses suchte Konrad Schmidt zu beruhigen, von dem Ruf „nieder mit dem Verräter" empfangen, bis es ihm gelang zu erklären, daß er nicht der ausgetretene Schmidt sei; „Gott segne Sie", klangs ihm dafür entgegen. Er erklärte, wenn Palffy als Kommissär nach Siebenbürgen geschickt werde, werde auch er sofort seine Stelle niederlegen, eine Haltung, für die nach der Sitzung Batthyany Schmidt besonders dankte. Fr. Eitel hatte den Mut, darauf hinzuweisen, daß der Reichstag den besten Beweis für das Verlassen des gesetzlichen Bodens liefere, wenn er jene Deputierte für „Ausreißer" erkläre, denn es gäbe kein Gesetz, das den Abgeordneten verbiete, ihre Stelle niederzulegen. Schließlich beruhigte sich der Reichstag, Palffy wurde nicht als Kommissär geschickt, aber die Deputierten, die wegzögen, bevor ihre Ersatzmänner einrückten, wurden für treulose Verräter erklärt. Jene sechs waren übrigens schon nach Hause gereist; die andern suchten einzeln in die Heimat zu kommen.

Sie nahmen von Pest auch die Nachricht einer andern Verhandlung mit, die in den ersten Tagen des September stattgefunden hatte und das kirchliche Leben der Sachsen betraf. Für den 1. September war ein Generalkonvent sämtlicher evang. Kirchen in Ungarn zusammenberufen worden, um sich mit dem Kultusministerium ins Einvernehmen über die kirchlichen Verhältnisse und die Reform von Kirche und Schule zu setzen. Die Einladung war unter dem 11. Juli auch an das ev. Oberkonsistorium in Hermannstadt und an Bischof Binder gelangt, als er noch in Pest weilte. Das Oberkonsistorium bestimmte neben den Bischof im Einvernehmen mit der Generalsynode zu Vertretern: Komes Salmen, Professor Zimmermann, Trausch aus Kronstadt, Schwarz aus Schäßburg, dann die Pfarrer M. Schuller aus Schäßburg und Fabini, damals Pfarrer in Reichesdorf. Doch scheinen Salmen und Zimmermann nur einem Teil der Verhandlungen beigewohnt zu haben. Die erste Sitzung des Konvents fand am 30. August statt, den Vorsitz führte der Neutraer Obergespan Jeßenack, später Baron Albert Pronay, der mit Würde und Energie des Amtes waltete. Die Verhandlungen, die auf Grund von „leitenden Ideen" geführt wurden, die vorher verteilt worden waren und viele Einzelfragen betrafen, drehten sich um die Hauptfrage, das Verhältnis der Kirche zum Staat und die kirchliche Autonomie. Der Kultusminister hatte als Verhandlungsgegenstand die Kirchen- und Schulreform bezeichnet. Die große Mehrheit, darunter Hunfalvi, Szekacs und sämtliche Superintendenten waren Freunde des besonnenen Fortschritts. Von den letztern konnte nur einer (Haubner) gut magyarisch, Szeberenyi und Stromsky sprachen lateinisch. Alle waren darin einig, daß die Autonomie der Kirche auch jetzt behauptet werden müsse, lieber solle sie auf alle Unterstützungen des Staats verzichten. Auch darin fand die Mehrheit sich zusammen, daß die Kirche ihren Einfluß auf die Schule nicht aufgeben dürfe, darum die Lehrer an den Gymnasien anstellen und auf die Ernennung der Professoren der Theologie einen Einfluß ausüben solle. Die sächsischen Vertreter waren mehr nur Zuhörer, da sie vom Oberkonsistorium angewiesen waren, sich nur zu informieren, nicht aber direkten Einfluß auf die Beschlüsse zu nehmen, da die ev. Landeskirche in Siebenbürgen eine völlig selbständige Stellung einnahm. Binder hatte in der ersten Sitzung unter allgemeiner Zustimmung deutsch gesprochen und den Standpunkt gekennzeichnet, auf dem er stand. Der Vorsitzende Baron Pronay war von besondrer Liebenswürdigkeit gegen ihn, wie die ev. Abgeordneten aus Siebenbürgen überhaupt ungewöhnlich aufmerksam behandelt wurden. Da sie aber den Eindruck hatten, als ob ihrem Erscheinen, trotz der abgegebenen Erklärung des Bischofs Binder, der Sinn einer angesuchten oder gar schon vollzogenen Vereinigung ihrer Kirche mit der ungarländischen ev. Kirche unterlegt würde, hielten sie es für ihre Pflicht, in einer besondern Erklärung zu Protokoll diesem entgegenzutreten, in der sie besonders auf die verschiedene Rechtsstellung der ev. Kirche in Ungarn und Siebenbürgen hinwiesen, die besser und umfassender als jene der ungarischen sei, die diese nicht aufgeben könne. Am 30. August übergab Bischof Binder die Erklärung, die alle Vertreter der siebenbürgischen ev. Kirche unterschrieben hatten, um keinen Zweifel über die Stellung ihrer Landeskirche dem Konvent und seinen Beschlüssen gegenüber zu lassen, mit einigen begleitenden Worten: daß er und seine Abgeordnetenkollegen aus Siebenbürgen mit wahrem Vergnügen den geistreichen und freisinnigen Verhandlungen im Konvent gefolgt seien und auch darin den freimachenden Geist des Evangeliums erkannt hätten, daß sie aber dessen ungeachtet im ausdrücklichen Auftrag des Oberkonsistoriums zu keiner definitiven Anerkennung des Geschehenen sich verpflichten könnten, überhaupt alle Beschlüsse bloß zur Kenntnis nähmen. Denn die ev. Landeskirche in Siebenbürgen habe schon jene innere und äußere Freiheit, welche hier erst angestrebt werde, sie bedürfe keiner k. Erlaubnis für Konsistorium und Synode, sie besitze die Ehegerichtsbarkeit, und es folgten in gemischten Ehen die Kinder der Religion der Eltern, und dann sei diese Kirche eine deutsche, die sich unmöglich der Gefahr aussetzen könne, durch einen Anschluß an die ungarische Kirche ihr angestammtes und landständisch gleichberechtigtes Deutschtum zu verlieren, denn „wir können unsre deutsche Sprache, mit welcher wir bis über den Ozean hinüber reichen, um keinen Preis gegen eine Sprache vertauschen, die nur bis an die Leitha reicht." Es war als ob eine Bombe in die Versammlung eingeschlagen hätte. Gemurmel und Lärm im Saal und auf der Treppe. Der Vorsitzende bedauerte, daß der Sprecher auch dieser kirchlichen Versammlung nationale Färbung und Unterlage geliehen habe; er bedaure die Sachsen, wenn sie aus Mißtrauen gegen ihre magyarischen Glaubensbrüder meinten, sich allein besser behaupten zu können als im Anschluß an diese. Als die Sitzung sich bald darauf auflöste, ergriff Pronay Binder am Arm und führte ihn durch die aufgeregte Menge unangefochten hindurch. Deutsche und slavische Dekane und Prediger drängten sich draußen an ihn heran, drückten ihm herzlich die Hand und gaben ihm ihre Zustimmung zu erkennen. Auch die Superintendenten, wenngleich die meisten nur im stillen. Stromsky rief: „Bleiben Sie was sie sind" und Szeberenyi dankte Binder

„für das freie Wort, das er nach Jahren wieder einmal im Konvent gesprochen habe." Nur Haubner, der sein Deutschtum aufgegeben hatte, meinte, auch die Sachsen würden es wohl aufgeben müssen. Am 1. September kam die eingereichte Erklärung zur Verhandlung. Der Konvent beschloß: die Deputation habe allerdings ihrer Weisung gemäß nichts anders tun können; dennoch werde die Aufforderung zur Vereinigung mit der ungarischen ev. Kirche an die siebenbürgische gerichtet werden, worauf es ihr freistehe, dann nach bestem Wissen und Gewissen sich dafür oder dagegen zu erklären. Inzwischen hatten die Reformierten und Unitarier ihre besondern Sitzungen auch beendigt und eine gemeinsame Sitzung war für den 3. September angekündigt. Die Evangelischen ernannten Bevollmächtigte für etwaige weitere Schritte, die die siebenbürgischen Vertreter ablehnten. Jene gemeinsame Sitzung fand in der Tat statt, die erste und einzige seit der Reformation und es wurden gemeinsame Grundsätze, so für die Kindererziehung in gemischten Ehen das siebenbürgische Gesetz, aufgestellt. Am 4. September übernahm der Kultusminister B. Eötvös die Protokolle der drei Konfessionen und versprach, für das Beste der Kirchen zu sorgen, was er in einer neuerlichen Audienz am 6. September näher ausführte und die Protestanten damit beruhigte, die eine Beeinträchtigung der ev. Kirche gegenüber der katholischen aus den Worten des Kultusministers hatten herauslesen wollen, was Eötvös von sich entschieden abwies.

Diese Friedensarbeit ging sofort in den aufsteigenden kriegerischen Wirren unter. Am 4. September war — wie oben erwähnt — durch ein k. Handschreiben Ban Jellachich in alle seine Ämter und Würden wieder eingesetzt worden, und am 11. September hatte er die Drau überschritten und war nach Ungarn eingedrungen. In diesem angstvollen Augenblick dachte auch Kossuth an eine Reise ins Ausland, doch verweigerte Batthyany den Paß. Und nun fand Kossuth die alte flammende Beredsamkeit erst recht wieder und die Kühnheit des Volkstribuns, die vor dem Äußersten nicht zurückscheute. In fieberhafter Eile wurde das Heer organisiert, Offiziere und Soldaten zum Übertritt aus der k. Armee in die Landwehr aufgefordert und der Übertritt mit rascher Beförderung belohnt. Ein k. Manifest vom 22. September an „Meine Völker Ungarns" rief sie zur Treue für den Kaiser auf, ein andres „an die in Ungarn stehenden k. Truppen" gerichtet, versuchte ein gleiches mit dem Heere. FML. Graf Lamberg wurde zum Oberkommandanten der Truppen in Ungarn ernannt, dort aber am 28. September auf grauenvolle Weise auf der Schiffsbrücke zwischen Ofen und Pest ermordet. Der Wiener

Hof antwortete mit dem Manifest vom 3. Oktober. Er stellte sich darin Kossuth und dessen Anhängern gradezu als Partei gegenüber; es war eine offene Kriegserklärung gegen Ungarn. Der Reichstag wurde aufgelöst, die letzten Beschlüsse für ungültig erklärt, Ungarn unter das Kriegsgesetz gestellt, der Ban zum Stellvertreter des Königs und obersten Truppenkommandanten ernannt. Wenige Tage später wurde der Kriegsminister Latour in Wien ermordet und der Hof verließ die Hauptstadt abermals und zog nach Olmütz.

Die Nachricht von diesen Ereignissen kam fast zur selben Zeit nach Ungarn. Sie riefen, besonders das Manifest vom 3. Oktober, eine begreifliche Aufregung hervor. Die Auslieferung des Landes an Jellachich, die Aufhebung der Komitatsverfassung, die Auflösung des Reichstags, jede einzelne Tatsache hätte genügt, die Leidenschaften auch in ruhigen Zeiten zu entflammen, jetzt empörten sie alle Gemüter. „Das Manifest ist untergeschoben, die Unterschrift des Monarchen gefälscht, erklärte der Reichstag. So krank und unbehilflich auch immer der König sein mag, so läßt sich doch nicht annehmen, er sei der Fähigkeit des Denkens in solchem Grade beraubt, daß seine Hand nicht vor der Furcht des göttlichen Strafgerichts zurückschrecken sollte bei der Unterschrift eines Manifestes, durch welche er den konstitutionellen Bestand seines treuen Ungarreiches unbarmherziger Weise einem Räuberhauptmann zur Beute hinwerfen würde." Der Reichstag erklärte das Manifest für ungültig, verurteilte die Ratgeber des Kaisers als Fälscher und Landesverräter und ächtete Jellachich. Der Landesverteidigungsausschuß aber, an dessen Spitze Kossuth, übernahm die Regierung. Sie forderte die ungarischen Truppen zum Abfall vom Kaiser auf, die Festungskommandanten, sie sollten die ungarische Trikolore aufpflanzen und sich dem Landesverteidigungsausschuß unterwerfen, sie errichtete neue Honvedbataillone und rüstete sie aus. Der Kampf, der seit Wochen schon ausgebrochen war, nahm größere Dimensionen an. Auf Siebenbürgen und die Sachsen kam nicht wenig an.

Die kaiserliche Armee, die unter dem Kommandierenden FML. Baron Puchner, einem alternden und kränklichen Manne, stand, war von gutem Geist beseelt, die Hermannstädter Garnison hatte schon am 6. Juli an die Lemberger geschrieben, sie stünden zum Reich und auf der Seite eines starken freien Österreich. Aber die Kenner wußten um ihre Schwäche; es fehlten u. a. Puchner taugliche Stabsoffiziere, solche wie Reichetzer und Losenau, der bei Piski fiel, waren Ausnahmen. Bedeus, der sie genauer als andre kannte, war „über den Ausgang nichts weniger als beruhigt." Bei den Romänen wurde immer klarer, daß sie als entschiedne Gegner der Union sich gleichfalls auf die Seite des Kaisers stellten. Nachdem am 11. September in Orlat, am 13. und 14. September in Naßod größere Versammlungen gehalten waren, bestätigten und erweiterten sie auf einer zweiten Volksversammlung in Blasendorf (25. September) die Maibeschlüsse. Sie erklärten keine Union mit Ungarn haben zu wollen, verlangten unmittelbare Unterstellung unter das Wiener Ministerium, Ausdehnung der österreichischen Konstitution über Siebenbürgen, Einsetzung einer provisorischen Regierung, in der die siebenbürgischen Nationen gleich vertreten sein sollten. Für die Romänen wählte die Versammlung auch sofort einen „Pazifikationsausschuß", mit der vollen Regierungsgewalt über die Romänen. Am selben Tag kehrte ein walachisches Grenadierbataillon (Uracca) eigenmächtig von Großwardein wieder nach Siebenbürgen zurück, als es von den Zerwürfnissen des Wiener Hofs und des ungarischen Ministeriums hörte, ein anderes Grenzbataillon verweigerte den Eid auf die ungarische Verfassung.

In den sächsischen Kreisen hatten die Ereignisse die Neigung zur Union rasch abgekühlt. Als der Austritt der sächsischen Deputierten aus dem ungarischen Reichstag bekannt wurde, erklärte die Hermannstädter Stuhlsversammlung am 29. September den Austritt für richtig, kündigte dem ungarischen Ministerium und dem Gubernium den Gehorsam und stellte sich unter den Kaiser und das österreichische Ministerium der Gesamtmonarchie. Eine Bürgerversammlung stellte am 1. Oktober sich auf den gleichen Standpunkt und forderte die andern Stühle auf dasselbe zu tun. Am 13. Oktober tat Bistritz das gleiche, sagte sich von der ungarischen Regierung los und rief seine Abgeordneten von Pest zurück. Ähnliches geschah auch sonst im Sachsenland.

Dem gegenüber versammelten sich die Szekler am 16. Oktober in Agyagfalva, pflanzten in Gegenwart von angesehenen Gubernialbeamten einen Kossuthhut als ihr Fahnenzeichen auf und beschlossen den Kriegszug gegen die „rebellischen" Sachsen und Romänen.

Nun endlich ließ sich Puchner zu einem entschiedenen Schritt herbei. Nachdem die in Hermannstadt anwesenden Magyaren entwaffnet worden waren, erschien die Proklamation vom 18. Oktober. Sie forderte das Land auf, sich zum Kaiser zu stellen, Puchner ergriff die Zügel der Regierung und rief zugleich die Truppen auf, für den Monarchen und für die konstitutionelle Freiheit der Gesamtmonarchie einzustehen. Der Pazifikationsausschuß wurde von Puchner anerkannt und von Seite der Sachsen in denselben Senator C. Müller aus Schäßburg, Senator Lange aus Kronstadt und Pfarrer Roth aus Meschen ernannt. Am 19. Oktober richtete der Pazifikationsausschuß an die Ungarn und Szekler einen Aufruf, der zur Menschlichkeit mahnte, die Szekler Grenzoffiziere erklärten am 21. Oktober, daß sie bloß die Herstellung der Ordnung wollten, am 28. Oktober antworteten die Offiziere der Hermannstädter Garnison ihnen, und hielten ihnen vor, sie hätten kein Recht zu behaupten, daß sie für Herstellung der Ordnung die Waffen ergriffen hätten. B. Vay, der noch als k. Kommissär im Lande weilte, antwortete auf Puchners Proklamation in einer Kundmachung vom 23. Oktober, in dem er diese für nichtig erklärte, alle Behörden aufforderte, ihm (Vay) zu gehorchen, unter den sich die bewaffneten Szekler gestellt hätten; unter dem 25. Oktober richtete er an die Romänen die Aufforderung zum Frieden, und warnte vor Gewalttaten. Vay brauchte nicht die Aufforderung an das Land zu richten, sich zur Verteidigung des Vaterlandes zu erheben, es stand schon alles in Waffen und der Kampf hatte begonnen. Am 26. Oktober hatte in Puchners Auftrag FML. Pfersmann an die sächsische Nationsuniversität die Aufforderung gerichtet, das neu zu errichtende Jägerbataillon aus der sächsischen Bevölkerung auszuheben.

Zunächst hatte das Land eine Doppelregierung. Es gemahnte an die Zeiten Ferdinands und Zapolyas, wie hier von der einen dort von der andern Seite, oft zu gleicher Zeit die Briefe kamen mit der Aufforderung zum Recht zu halten, das jede Partei für sich in Anspruch nahm und nun Jeder sich entscheiden mußte.

Am 30. Oktober trat die Nationsuniversität zu kurzer Beratung zusammen. Sie billigte den Pazifikationsausschuß und beschloß nicht nur die Errichtung des Feldjägerbataillons, sondern auch dessen Ausrüstung aus Nationalmitteln. Komes Salmen erließ einen begeisterten Aufruf an seine Volksgenossen (14. November 1848) und in wenigen Tagen waren die Mittel (50.000 Gulden) zusammen. Auch die Mannschaft fand sich gleich, die Jugend flammte in edler Begeisterung auf, in Schäßburg traten aus einem Hause drei Söhne unter die kaiserlichen Fahnen, aus mehr als einem Haus zwei Brüder. Von der sächsischen Jugend, die damals dem Kaiser schwuren, haben nicht Wenige hohe Stellen erklommen, und Jeder hat seinem Volk Ehre gemacht. FZM. Ludwig Fabini aus Mediasch hat die besondre Gnade seiner Majestät sich verdient († 1906), Johann Goldschmidt aus Kronstadt († als General 1893), M. A. Mathie († als Major 1881) und viele Andre leben ebenso in der Erinnerung der Armee als im Herzen ihres Volkes. Auch der Gründer

des Jugendbundes Theodor Fabini, ein Bruder Ludwigs, folgte dem
Ruf seines Kaisers. Der Kaiser genehmigte die Errichtung des Jäger=
bataillons mit der Bestimmung, es solle auch in Friedenszeiten nicht
aufgelöst, sondern der Armee eingereiht werden. Am 13. November
rückten die Jägerfreiwilligen des Kronstädter Bezirks mit schwarz=goldner
Fahne in Hermannstadt ein, die Regimentsmusik von Bianchi schritt
ihnen voran, der Komes und die kaiserlichen Generäle hatten sie feierlich
empfangen. Die Kronstädter Freischar hatte zu Pfingsten der Fahnen=
weihe der Marienburger Freischar beigewohnt, beide waren unter der
Führung Karl Maagers zu dem „Studentenhügel" hinausmarschiert.
Dort hielt Maager eine eindrucksvolle Rede, die Fahnen senkten sich
und Schusters Lied: „Bei Marienburg" klang ergreifend über die Ebene.
Die Vergangenheit wurde lebendig in den Herzen des lebenden Geschlechts.

Die Zahl der kaiserlichen Truppen in Siebenbürgen war eine
geringe, im ganzen etwa 6000 Mann Kerntruppen und diese waren
geteilt. Bei Bistritz standen etwa 3000 Mann, mit den galizischen Ver=
stärkungen, bei Hermannstadt 7000 Mann, von diesen aber viele außer=
halb Hermannstadts als Besatzung verwendet, in Kronstadt nicht mehr
als etliche hundert Mann. Dabei litten sie unter der geistlosen Form=
reiterei hofkriegsrätlichen Andenkens. Im Feldzug noch ists vorgekommen,
daß die Decken für die Mannschaft nicht angenommen wurden, weil sie
nicht ganz der Vorschrift entsprachen, — dafür froren die Truppen bei
— 20° R ganz naturgemäß und vorschriftswidrig.

Dazu kam nun der Landsturm. Im Sachsenland wie in den
romänischen Teilen war der Landsturm und die Bürgerwehr organisiert
worden; die Aufgabe, die sich der erste gewählt hatte, war die Entwaffnung
der magyarischen Ortschaften. „Er ging dabei gründlich zu Werke, er=
schlug die Waffenträger und steckte die Ortschaften in Brand." Das
vergalt der Szekler Landsturm mit derselben Münze. Die sächsische Bürger=
garde hat keine großen Heldentaten getan, als Besatzung zur Aufrecht=
haltung der Ordnung in der Vaterstadt hin und wieder gut verwendet,
hat sie Anlaß zu inniger Teilnahme des Volkes gegeben und die Er=
zählungen derjenigen, die „dabei gewesen" waren, haben jahrelang einen
Hauptstoff der Unterhaltung abgegeben, wie der „ungarische Krieg" über=
haupt einen eignen Sagen= und Liederkreis im Volk geschaffen hat.

Der Krieg selbst aber war im Land entsetzlich. Seit fast 150 Jahren
war Friede gewesen, nur in den Sagen und Märchen lebten die Er=
innerungen an die „Türken" und „Tartaren", nun wurden die alten
Greuel wieder Leben, ein neuer Würgengel flog über die fruchtbaren

Gefilde und das Geschlecht empfand mit Schaudern: „ein furchtbar
Schreckniß ist der Krieg, die Herde schlägt er und den Hirten." Im
Sommer hatten Heuschrecken und in einigen Teilen des Landes die
Cholera die Gemüter verstört, am 17. November kündigte ein Nordlicht
mit feurigen Säulen die kommenden Schrecken an. Die Erinnerung an jene
Schrecknisse soll hier nicht erneuert werden, was an Grausamkeiten von
der einen und von der andern Seite geschehen ist, nicht erzählt werden,
denn die Aufgabe dieser Blätter ist nicht, alte Wunden aufzureißen oder
Bitterkeit im Herzen zu wecken. Es erfüllt uns mit Genugtuung auch
heute noch, daß die Sachsen sich an den Unmenschlichkeiten am wenigsten
beteiligt haben. In den einzelnen sächsischen Städten wurden „Groschen=
vereine" gegründet zur Linderung der wachsenden Not; wie immer in
harten Zeiten trat neben die Selbstsucht opferfreudige Liebe und Hülfs=
bereitschaft.

Als Urban im Norden Siebenbürgens die Romänen zu organisieren
begann, sandte die Pester Regierung Ende August Berzenczei in seine
Szeklerheimat, dort ein Reitergeschwader zusammen zu bringen. Seine
Agitation trug wesentlich dazu bei, die Aufregung und Erbitterung zu
steigern. In Maroschvasarhely sammelte sich die Hauptmacht der Szekler
unter Somborys Oberbefehl, Urban hatte sich in Sächsisch=Reen fest=
gesetzt, mußte aber vor der Übermacht der Szekler sich zurückziehen, die
am 1. November in Sächsisch=Reen einrückten. Berzenczeis Antwort auf
die Bitte um Schonung, die Stadt sei ein Nest von Aufwieglern, von
Anhängern der Reaktion und Kamarilla, es müsse ohne Schonung und
Barmherzigkeit damit verfahren werden, wurde buchstäblich erfüllt, Mord,
Raub, Plünderung durchzog die Häuser und Gassen, bis die Stadt am
2. November ein Flammenmeer wurde, so daß man kaum die Stätte
erkannte, wo die einzelnen Häuser gestanden waren. Schon im Oktober
hatte Kossuth Hirlapja geschrieben: „Wenn Sächsisch=Reen nicht das
Schicksal von Sodom und Gomorha ereilt, gibt es keine Gerechtigkeit auf
Erden." Es sollte ein abschreckendes Beispiel gegeben werden, wie es
den Feinden der Union ergehen werde und Sächsisch=Reen hatte es ge=
wagt, sich gegen sie zu erklären und gebeten, es solle mit dem Sachsen=
land vereinigt werden. Kossuth hatte die Deputation, die bei ihm wegen
der letztern Bitte vorsprach, durch eine halbgeöffnete Tür mit den Worten
abgefertigt: „Ich habe ihre Bittschrift gelesen, ich bin okkupiert, sie
können gehen!" In Thorda konnte man später vom Reener Raub um
einen Spottpreis Wein und Wäsche, Honig und Rinder, Tücher und
Wagen kaufen. Aber wenige Tage später gelang es General Gedeon

vor Maroschvasarhely die Szekler zu schlagen, der Landsturm floh auseinander, Vasarhely ergab sich, am 9. November konnte Heydte in Udvarhely seinen Einzug halten, die Csik trat in Unterhandlungen wegen der Unterwerfung; Enyed, Felvincz und Thorda, das erstere vom walachischen Landsturm arg zerstört, erkannten die kaiserliche Herrschaft an.

Noch handelte es sich um Klausenburg. Am 5. November war General Wardener aus der Bukowina in Siebenbürgen eingerückt und hatte mit Urban sich vereinigt, und nun sollte von Vasarhely und Bistritz zugleich der Angriff auf Klausenburg unternommen werden. Am 9. November stand Urban vor Dees, das sich unterwarf, am 10. rückte er in Szamosujvar ein, am 18. mußte Klausenburg sich ergeben, von wo aus Urban noch einmal einen Einfall Telekis und Katonas zurückschlagen mußte, wobei am 30. November auch Nagybanya seine Unterwerfung ankündigte. Eine andre Abteilung unter Losenau war von Klausenburg gegen Großwardein vorgerückt, am 21. November unterwarf sich die Csik; nur die Haromßek setzte den Widerstand fort, die Gemeinden gaben ihre Glocken her und es wurden Kanonen daraus gegossen. Am 19. November erschien Gedeon in Kronstadt, um das Burzenland gegen die Haromßek zu sichern, das von den Szeklern schon viel zu leiden gehabt hatte. Die Hoffnung war berechtigt, es werde bald das ganze Land unter k. Botmäßigkeit sein. Hermannstadt war von Militär fast entblößt, die Bürgerwehr versah wochenlang den ganzen Garnisonsdienst. Die Nachricht von der Einnahme Wiens durch Windischgrätz, die am 15. November ankam, stimmte die Hoffnungen auf baldigen Frieden noch sicherer. Ende November schickte auch das Gubernium an Puchner seine Unterwerfungs-Erklärung ein. Am 30. November rückten von dem neuformierten sächsischen Jägerbataillon drei Kompagnien aus, zwei von ihnen nach Karlsburg. Hermannstadt und Kronstadt hatten die alten Befestigungen, soweit es möglich war, in frischen Stand gesetzt, allerdings ohne viel Erfolg.

Inzwischen hatten zwei bedeutsame Tatsachen in Siebenbürgen sich vollzogen, die miteinander in Widerspruch standen, aber die Lage scharf beleuchteten, die Versuche, die Verwaltung des Landes mit der fortschreitenden Pazifikation zu ordnen — und die neuen Ansprüche des Guberniums.

Die Frage nach dem Verhältnis zwischen Sachsen und Romänen beschäftigte ebenso die Gemüter wie die politischen Faktoren. Der romänische Pazifikationsausschuß beklagte sich über die Zurücksetzung der Romänen gegenüber den Sachsen im Sachsenland und Puchner sandte die Beschwerden an die Nationsuniversität. Sie verlangten Gleichstellung aller sächsischen und romänischen Bewohner auf dem Königsboden in Rechten und Pflichten, gleichmäßige Aufteilung der öffentlichen Lasten, Besoldung aller Kirchen und Schulen aus Allodialmitteln „im Verhältnis zur Kontribution", Wahl der Beamten durch sämtliche Steuerträger, ihre Bestellung, sowie der Abgeordneten zur Universität und zum Landtag aus beiden Nationen nach der Seelenzahl, Gleichstellung beider Sprachen im Geschäftsleben der gemischten Gemeinden. Die Universität antwortete darauf dem Kommandierenden unter dem 22. November: ein Teil der Forderungen sei schon erfüllt; die Gleichstellung sei durchgeführt, da wo die romänischen Kirchen sie noch nicht besäßen, sei die Portio canonica anzuweisen angeordnet worden, die Wahlfähigkeit zu Kommunitätsmitgliedern, der Anspruch auf Anstellung und Beförderung zu Beamten sei Sachsen und Romänen unter denselben Bedingungen zuerkannt worden. Die Dotierung aller Kirchen und Schulen aus Allodialmitteln sei eine Aufgabe der künftigen Gesetzgebung. Die geforderte neue Wahlmodalität widerspreche den bestehenden Gesetzen, die im Augenblick umzugestalten sicher nicht der geeignete Zeitpunkt sei. Um aber zu beweisen, „wie lebhaft sie ein wahrhaft brüderliches Einvernehmen zweier Volksstämme, welche der Gang der Geschichte zusammengeführt und zur Teilung gleicher Geschicke berufen hat, und die Ausrottung aller gegenseitigen Vorurteile, welche dasselbe stören könnten, wünsche und wolle", beschloß die Universität, es sollten in den gemischten Ortschaften des Sachsenlandes sofort Romänen den Kommunitäten zugezogen werden.

Im Sachsenland blieb im übrigen die ganze Ordnung, wie sie bestand, auch weiterhin erhalten, aber in den Komitaten und in den Szekler Stühlen mußte für Herstellung der politischen Verwaltung gesorgt werden. Puchner setzte militärische Vorstände ein, denen Zivilbeamte an die Seite gegeben wurden. Die sächsischen Enklaven des Ober=Albenser Komitats wurden den angrenzenden sächsischen Stühlen zugewiesen, so u. a. die 13 Dörfer, für den Rest des Komitats wurde Hauptmann Kommando Vorstand, St. L. Roth und Erzpriester Moldovan waren ihm an die Seite gegeben. Konrad Schmidt war dem Udvarhelyer Vorstand beigegeben. Roth und Schmidt haben viel Unglück verhütet und wie sehr u. a. Schmidt in der Erinnerung der Leute geblieben war, bezeugte ein Szekler Bauer, der 1876 eine Beschwerde beim König vorzubringen hatte und sich erst in Wien an Schmidt um Rat und Weisungen wandte, denn man habe ihm zu Hause gesagt, der werde ihn am besten beraten.

Bei dieser Regelung der Verwaltung blieb der maßgebende Gesichtspunkt, die Zusammenlegung der nationalgleichartigen Teile zu einem Ganzen. Der Gedanke war besonders in Siebenbürgen durch die ganze Geschichte und durch die nationalen Verhältnisse gegeben, er berührte sich aber auch mit einem einschneidenden Gedanken des Ministeriums Schwarzenberg-Stadion.

Schon anfang November war in Olmütz auf Anregungen des Fürsten Windischgrätz Schwarzenberg zum Ministerpräsidenten und Stadion zum Innerminister ernannt worden. Ihr Programm faßte Schwarzenberg am 27. November in die Erklärung zusammen: „Das große Werk, das uns im Einverständnis mit den Völkern obliegt, ist die Begründung eines neuen Bandes, das alle Länder und Stämme der Monarchie zu einem großen Staatskörper vereinigen soll. Wir wollen die konstitutionelle Monarchie aufrichtig und ohne Rückhalt." Er bezeichnete als Ziel „die ungeschmälerte Erhaltung der den Völkern Österreichs zugesicherten Freiheit", in Ungarn habe eine Partei, „deren letztes Ziel der Umsturz und die Lossagung von Österreich ist", den Widerstand der „in ihren unveräußerlichen Rechten gekränkten Völker" hervorgerufen; „nicht der Freiheit gilt der Krieg, sondern Jenen, die sie der Freiheit berauben wollen. Aufrechthaltung der Gesamtmonarchie, ein engerer Verband mit uns, Anerkennung und Gewährleistung ihrer Nationalität sind der Gegenstand ihrer Bestrebungen. Das Ministerium wird sie unterstützen mit allen ihm zu Gebote stehenden Mitteln."

Bei der Frage nach der Angliederung Ungarns und Siebenbürgens an die Gesamtmonarchie mußte sich sofort ergeben, daß weder mit dem einen noch mit dem andern die Verhandlung als einem Ganzen möglich war. Da hätte der Landtag hier und dort mitsprechen müssen und wenn es auch möglich gewesen wäre, nach Herstellung des Friedens diese Landesvertretungen zusammen zu bringen, eine Einigung derselben herbeizuführen war unmöglich, und eine Gleichberechtigung der Nationalitäten auf diesem Wege niemals zu erreichen. So ergab sich als notwendige Folge die Trennung der Nationalitäten als einziges Mittel, das geeignet erschien, sowohl die Interessen des Staates als auch der Völker zu befriedigen. Demnach sollten beide Länder in neue nach Nationalitäten zu bildende Provinzen zerschlagen werden, deren Einrichtung mit der militärischen Besetzung und Eroberung des Landes Hand in Hand gehen sollte. Diese Nationalprovinzen sollten unmittelbar der Krone, respektive dem österreichischen Ministerium unterstellt werden und dabei war ein selbstverständlicher Gedanke, daß die vorläufigen innern Einrichtungen nicht die gleichen sein konnten, sondern je nach der Verschiedenheit der Vergangenheit und nach ihrer Haltung in der Revolution verschieden sein müßten. Diese Gedanken wurden im Dezember 1848 und Januar 1849 im Schoß des Ministeriums eingehend erwogen und zu einem System ausgebildet. Aus den Komitaten Preßburg, Wieselburg, Ödenburg, Eisenburg, der Stadt Raab sollte eine deutsche Provinz geschaffen werden, deren geistige und materielle Interessen durchaus nach Österreich gravitierten. Einen slovakischen Verwaltungsbezirk sollte das nördliche Ungarn, mit Schemnitz als Zentrum, bilden, in welchem eine kluge Administration bei der Lenksamkeit des Volkes die Ruhe leicht aufrecht erhalten werde. Ob man die ruthenischen Gebiete in den Komitaten Scharosch, Zemplin, Abaujvar, Beregh selbständig konstituieren oder sie an Galizien angliedern solle, blieb vorläufig unentschieden. An der Ostgrenze Ungarns, wo die Romänen die Mehrheit bildeten, dachte man zwei Verwaltungsbezirke einzurichten, im Norden — Marmaros, Szathmar, Bihar, Kraßna, Mittel-Szolnok, Kövar, Zarand — einen romänischen, im Süden — Arad, Temesvar, ein Teil des Torontaler Komitats, Batsch, Barany — einen gemischtsprachigen, mit Rücksicht auf die zahlreichen Deutschen in diesen Gegenden. Die magyarische Bevölkerung in der Mitte des Landes gab von selbst einen eignen Distrikt, doch sollten die deutschen Enklaven, wie die Umgebung von Ofen und die Zipser Kolonie besondre Berücksichtigung erhalten.

Dieser Plan zeigte sich praktisch zuerst in Siebenbürgen.

Aber grade dort spielte sich, als das Land nahezu als unterworfen angesehen werden konnte, ein rätselhafter Vorfall ab. Ende November wurden zwei Handbillets des Kaisers, datiert vom 14. November, bekannt, in denen dem Grafen Miko, dem ausgesprochenen Freund und einem Führer des Aufstandes in Siebenbürgen, die Pazifikation des Landes übertragen und dem Gubernium, dessen Vorstand Miko war, aufgetragen wurde, die Verwaltung des Landes fortzuführen, einen Kommissär ins Szeklerland zu schicken usf., mit einem Wort, das Gubernium sollte plötzlich Vertreter der kaiserlichen Regierung sein, das bisher in einzelnen Fällen schwankend, in andern ganz entschieden Führer der revolutionären Bewegung gewesen war. Im Land war man verblüfft über diese Reskripte und hielt sie für unecht. Die kaiserlich Gesinnten erklärten, es sei unmöglich, dem Gubernium auch nur das geringste Vertrauen entgegenzubringen, der romänische Pazifikationsausschuß bat, mit Berufung auf das Verhalten des Guberniums, um dessen Auflösung und die sächsische Nationsuniversität schickte am 3. Dezember Eug. v. Friedenfels nach Olmütz, um dort sichere Aufklärungen über den Stand der Dinge in Siebenbürgen zu geben und über die Lage oben sich zu informieren. Auch Puchner erklärte sowohl dem Gubernium als eingehend dem Fürsten Windischgrätz gegenüber, daß auf diesem Wege alle Erfolge hierzulande wieder fraglich würden; Graf Miko war auch nach Olmütz gegangen, dort seine Anschauungen zu vertreten. Als man in Olmütz der Sache nachging, stellte sich heraus, daß jene Reskripte allerdings echt waren, aber ihre Entstehung ist nicht aufgeklärt worden. Das Resultat war, daß am 22. Dezember das Gubernium aufgelöst wurde, und daß jene Handschreiben förmlich widerrufen wurden. Fast zur selben Zeit löste auch das ungarische Ministerium das Gubernium auf, das auch ihm nicht zuverlässig erschien.

Mitten in diese allgemeine Verwirrung kam die Nachricht von dem Thronwechsel, der am 2. Dezember in Olmütz den Neffen Ferdinands, nach der Thronentsagung des Erzherzogs Franz Karl, Franz Josef I. auf den Thron geführt hatte, die junge Kraft, die berufen war, den zerfallenden Staat wieder aufzubauen. Die Proklamation, die dieses Ereignis auch Ungarn kundmachte, fand zunächst in Pest nur einen feindlichen Widerhall. Die Blätter erklärten, es könne der König ohne Einwilligung des Landes nicht abdanken, sein Nachfolger die Krone nicht aufnehmen, in beleidigender Form erklärte der ungarische Reichstag dasselbe. Die Revolution nahm den Schein an, als ob sie für den rechtmäßigen K. Ferdinand kämpfe, der gewaltsam und unrechtmäßig vom Thron verdrängt worden sei.

Während dessen ging in Siebenbürgen der kleine Krieg weiter. Anfang Dezember brach der Szekler Rittmeister Kiß von Arad ins Miereschtal herein, und zur selben Zeit kämpften Szekler und Romänen miteinander im Osten des Landes. Die Szekler fielen ins Burzenland ein, die schönen sächsischen Dörfer wurden nacheinander geplündert und verbrannt, das gleiche Schicksal ereilte Hoßufalu, doch konnten sich die Aufständischen nirgends fest setzen.

Die Zahl der k. Truppen im Land war aber eine zu geringe, um den Frieden dauernd zu befestigen und Puchner, der schon vor Ausbruch der Revolution Schritte für seine Pensionierung getan hatte, war der Sache nicht gewachsen. Die Bitte an Jellachich und Windischgrätz um militärische Hülfe und Waffen hatte nur den Erfolg gehabt, daß der Nationalagent Fr. v. Sachsenheim am 21. Dezember 6000 Stück Gewehre nach Hermannstadt brachte, die größtenteils dem Militär übergeben wurden. Am selben Tag (21. Dezember) hatte der neue Kaiser ein warmes Manifest „an Unser treues Sachsenvolk" gerichtet, das aus Olmütz datiert, also lautete:

„Als Wir bei dem Antritte Unserer Regierung alle, unter Unserer kais. Krone vereinigten Völker überblickten, war es Unserm Herzen wohltuend und hat Uns hohen Trost gewährt, in einer Zeit, wo jene heiligen Bande der Treue und Anhänglichkeit der Völker an den Thron vielfachen Versuchungen ausgesetzt und die Begriffe von Freiheit und Unabhängigkeit zur Verwirrung der Gemüter mißbraucht wurden, die hohe Aufopferung zu erkennen, mit welcher Ihr bereitwillig Haus und Hof, Werkstätte und Pflug verlassen, und mit freudiger Hingebung von Gut und Blut die Waffen ergriffen habt, um den seit Jahrhunderten bestehenden Bau der Gesamtmonarchie, ihre Einheit und Kraft, so wie die Rechte Unsers kais. Hauses, in dem Augenblick drohender Gefahr zu stützen und zu schirmen. Thron und Staat, für die Ihr gekämpft, werden Euch die verdiente Anerkennung zollen und die Bürgschaften zu schätzen wissen, welche Eure von Unsern Ahnen oft belobte Tapferkeit, Ausdauer und Treue, vornehmlich aber Euer Sinn für Ordnung und Gesetzlichkeit und der vernünftige Gebrauch der, hiedurch unter Euch heimisch gewordenen Freiheit, für den Glanz der Krone und den Bestand des Staates gewähren.

„Es gereicht Uns daher zur erfreulichen Beruhigung, den Wünschen Unsrer getreuen sächsischen Nation, welche dieselbe durch Ihren Abgeordneten Uns vorgetragen hat, Unsere kais. Genehmigung erteilen zu können.

„Der Inhalt dieser Wünsche hat Uns Eure richtige Erkenntnis von der Notwendigkeit einer einigen und starken Gesamtmonarchie und eines organischen Verbandes der einzelnen Nationen, auf Grundlage der Gleichberechtigung beurkundet, und diese Grundsätze sind es eben, welche Wir bei Unsrer Thronbesteigung Unsern Völkern verkündet haben und in der Erfüllung Unsrer Regentenpflichten stets vor Augen halten werden.

„Das uralte Recht der unmittelbaren Unterstellung der Nation unter die Krone, der innige Verband mit der Gesamtmonarchie und die dadurch bedingte unmittelbare Verbindung der Central-Nationalbehörde mit dem verantwortlichen Ministerium in Unsrer Residenz, sowie die Vertretung der sächsischen Nation durch ihre eignen Abgeordneten auf einem allgemeinen österreichischen Reichstag, sind Wünsche, welche Unserm Allh. Willen, auf Grundlage der Gleichberechtigung und freien Selbstbestimmung der Völker den Neubau des Staates zu vollführen, hülfreich entgegen kommen.

„Indem Wir daher diesen Wünschen der getreuen sächsischen Nation

Unsre kaiserliche Genehmigung erteilen, haben wir unter Einem Unser k. k. Ministerium beauftragt, sich mit dem Grafen der sächsischen Nation, rücksichtlich der Nationsuniversität in ämtliche Verbindung zu setzen, und die von diesen Behörden Unsrer Allh. Entscheidung vorzulegenden Vorstellungen, Berichte, wie auch alle in den Bereich der sächsischen Nation fallenden Bitten, Gesuche und Klagen der Privaten, entweder Unsrer Allh. Einsicht und Entscheidung oder der entsprechenden Amtshandlung zu unterziehen.

„Was die Art der Teilnahme Unsrer getreuen sächsischen Nation an der Volksvertretung der Gesamtmonarchie durch ihre eignen Abgeordneten, wie auch die Anzahl ihrer Vertreter anbelangt, so behalten wir Uns darüber das Einvernehmen mit der gesetzlichen Vertretung der Nation, und die hiernach zu erfolgende Einberufung ihrer Abgeordneten bis zu jenem Zeitpunkt vor, in welchem die organischen Gesetze über die definitive Gestaltung eines allgemeinen österreichischen Reichstags, wie auch die Wahlmodalität festgestellt sein werden.

„Wir geben sonach Unsrer getreuen sächsischen Nation einen bleibenden Beweis Unsrer kais. Huld und Gnade, und versehen Uns von derselben, daß sie in dem engen Verbande mit dem Herzen und den höchsten Interessen der Monarchie, für ihre Blüte, Kräftigung und ihr Gedeihen die beruhigendsten Bürgschaften anerkennen wird."

Ein Reskript vom 22. Dezember bestimmte, daß der Komes die bisher im Wirkungskreis der Landesbehörde gelegenen Verwaltungsgegenstände erledigen solle, die über diese hinausgehenden das Ministerium, die von der Universität weiter appellierten Prozesse sollte der oberste Gerichtshof entscheiden, bei dem auch Sachsen Anstellung finden sollten. Die Universität wurde beauftragt, über das weitere Anträge zu stellen und Frhr. v. Geringer zum k. Bevollmächtigten ernannt, mit dem die Universität verhandeln solle. An die Nationaldeputation — Schmidt, Wagner, Rosenfeld — hatte Stadion am 25. Dezember im Zusammenhang mit jenem allh. Reskript geschrieben: „Das Gesamtministerium begrüßt den Eintritt Ihrer freien und politisch-gereiften Nation in die große Genossenschaft der österreichischen Völker mit freudiger Teilnahme, und mit dem Vorgefühle, daß dieses neue, einige Bündnis für beide Teile reich an glücklichen Folgen sein wird". Der Minister betonte, daß die Nation in ihr altes Recht der unmittelbaren Unterstellung unter die Krone wieder eingesetzt sei und meinte, „die Nation wird in diesem Verhältnis die sichere Bürgschaft für ihre nationale Selbständigkeit und alle Bedingungen für die zeitgemäße Entwicklung ihrer Institutionen finden. Sie dankt diesen Erfolg ihrer nie verleugneten Loyalität und der richtigen Voraussicht, mit welcher sie in der Integrität der Monarchie und in der Kräftigung der Gesamtregierung die Grundbedingung für die nationale Existenz der einzelnen österreichischen Volksstämme erkannt hat".

Am 27. Dezember feierte Hermannstadt in glänzender Weise den Regierungsantritt des jungen Kaisers, gehoben durch die Hoffnung auf baldigen Frieden — am nächsten Tag erfuhr man, daß Klausenburg in die Hände des Generals Bem gefallen sei. Damit begann ein neuer Leidensabschnitt in dem Bürgerkrieg. Tieferschütternd wirkte auf das sächsische Volk die Nachricht, daß einer seiner besten Söhne, Pfarrer C. Gooß, am 30. Dezember 1848 in Denndorf Hand an sich gelegt hatte. Gewiß mag die Enttäuschung über den Gang der politischen Entwicklung, der er so hoffnungsfroh entgegen gesehen hatte und die er durch die Union Siebenbürgens mit Ungarn hatte fördern wollen, mit dazu beigetragen haben, daß er verzweifelte, aber dem geistesstarken Mann hatte körperliche Krankheit die alte Kraft des Willens und die Freiheit des Entschlusses gebrochen. Im Volk aber sah man die Zeiten Zapolyas und Ferdinands wiederkehren und die Erinnerung an die Treue der Väter, die sie dem Haus Habsburg einst bewährten, erleichterte den Enkeln den Entschluß, ein Gleiches zu tun, wie die Erlebnisse dieser Jahre mit dazu beigetragen haben, jene Kämpfe des 16. Jahrhunderts in einem Licht zu sehen, das vor der tiefer dringenden historischen Erkenntnis nicht stand hält.

General Josef Bem, mit dessen Namen die folgenden Ereignisse untrennbar verbunden sind, war ein Pole von Geburt, hatte für sein Vaterland schon gekämpft und gelitten, war in Wien in die Revolution verwickelt, von da nach Ungarn gekommen und Kossuth hatte mit Mühe im Landesverteidigungsausschuß durchgesetzt, daß Bem nach Siebenbürgen geschickt werde. Er ging zuerst nach Großwardein und sein Genius bewirkte, daß wo er den Fuß hinsetzte, eine Rührigkeit der Geister platzgriff, die man nicht für möglich gehalten hätte. Die Soldaten spürten den neuen Geist, bevor der Feldherr selbst ins Lager gekommen war. Als er zum erstenmal in Szilagy-Somlyo das Offizierskorps, das er kommandieren sollte, musterte, sprach er die wenigen Worte mit polnisch-deutschem Akzent: „Meine Herrn! Die Regierung hat mich zum Obercommandanten mit plein pouvoir ernannt. Ich fordere von ihnen unbedingten Gehorsam. Wer nicht pariert, wird erschossen; ich werde aber auch zu belohnen wissen." Die kleine Gestalt mit dem polnischen Gesichtsausdruck, den grauen losen Haaren auf dem Haupt, dem schleppenden

Gang des rechten Fußes, der schwer verwundet worden war, hatte nichts imposantes, auch an dem alten Honvedmantel waren zuletzt die 8—10 Löcher das sehenswerteste, die Spuren von Kugeln, die ihn durchbohrt hatten, aber sein durchdringendes, feuriges Auge zeigte, daß er ein Herrscher war. Er konnte die Menschen packen und lenken, sie spürten, daß sie ihm gehorchen mußten. Er forderte von seinen Soldaten das größte, aber er ertrug mit ihnen alle Strapazen. Er hat nie einen Kriegsrat gehalten, auch seinen Nächsten sagte er seine Pläne nicht, aber er verblüffte Freund und Feind durch die Einfachheit und Sicherheit seiner Konzeptionen und nicht weniger durch die Raschheit seiner Bewegungen. Er hielt strengste Disziplin, eiserne Mannszucht und bewies in allen Fällen auch dem unterworfenen Feinde Humanität. Er war ein seltener Mann und ist die einzige bei Freund und Feind populäre Persönlichkeit jener Zeit gewesen.

Am 27. Dezember, am selben Tag, da Hermannstadt die Thronbesteigung des Kaisers feierte, erließ Bem einen Aufruf an die Bewohner Siebenbürgens: er komme mit dem ungarischen Heer, sie vom Joch des Militärdespotismus und der Reaktion zu befreien; die durch die ungarische Konstitution gesicherte Freiheit trete wieder ins Leben. Für die bisherigen politischen Vergehen werde dem ganzen Land Amnestie zugesichert, alle weitern Vergehen würden kriegsrechtlich bestraft werden. Wer mit den Waffen in der Hand ergriffen würde oder die Waffen nicht abliefere, werde mit dem Tode bestraft.

Bems Erscheinen auf dem siebenbürgischen Kriegsschauplatz veränderte sofort die ganze Sachlage.

Nach der Einnahme Klausenburgs mußte Urban in die Bukowina sich zurückziehen, in der Haromßek ergriffen die Szekler wieder die Waffen, Enyed ging in Flammen auf, am 2. Januar war Bistritz in die Hände der Feinde gefallen, eine Brandsteuer von 200.000 Gulden wurde dem Distrikt auferlegt, er schätzte den nachweisbaren Verlust im Lauf des Sommers auf ½ Million Gulden. Zur selben Zeit mußte eine große Anzahl Leute mit Vieh und Wagen der k. Armee in der Bukowina dienen, wo viele in Not und Tod gerieten. Am 13. Januar 1849 stand Bem in Marosch-Vasarhely und Puchner machte sich auf, in eigener Person dem „Rebellen-Chef" entgegen zu treten. Er rückte über Kokelburg an der kleinen Kokel hinauf, Gedeon marschierte über Reps auf Schäßburg und Losenau hatte den Auftrag, sich näher an das Zentrum zu halten. Nachdem Puchner am 16. Januar in Dicsö-Szt.-Marton und Szökefalva eingetroffen, befestigte Bem bei furchtbarer Kälte die kleine Kokel an geeigneten Punkten und am 17. stießen die Feinde bei Szökefalva zusammen. Trotz der mutigen Ausdauer der kaiserlichen Artillerie mußte Puchner den Befehl zum Rückzug geben, der in wilde Flucht ausartete umschwärmt von den feindlichen Husaren. In Mediasch machte Puchner Halt, der weitere Rückzug auf Hermannstadt wurde beschlossen, die Bataillonskasse war in den Händen der Feinde, die Vorräte in Mediasch und die Offiziersbagagen wurden ihm überlassen. Am 18. Januar traf Puchner in Hermannstadt ein. Dort war allgemeiner Schrecken verbreitet, viele hatten Anstalten zur Flucht getroffen, die ärarischen Kassen und Archive wurden in die Walachei gerettet, viele Flüchtlinge folgten, Cinen an der Grenze gelegen war voll von ihnen; die russischen und türkischen Offiziere waren so rücksichtsvoll, in den paar Häusern, aus denen das Dorf bestand, den Flüchtlingen Platz zu machen, doch reichte der Raum nirgends und die Temperatur draußen fiel auf — 23° R. In Hermannstadt wandte sich eine Anzahl Offiziere an Puchner mit der Erklärung, daß sie nicht weichen würden. Puchner verhob ihnen den reglementswidrigen Schritt, aber es stärkte doch auch seinen Mut.

Am 20. Januar traf Bem, auf der Mediascher Straße vorrückend, in Großscheuern ein; am 18. war er in Mediasch gewesen, am 19. in Stolzenburg. Er nahm in Großscheuern auf dem ev. Pfarrhof Quartier, — im damaligen kleinen Amtszimmer des Pfarrhofs schlief er — im großen Familienzimmer spielten seine Offiziere Karten mit Zwanzigern, die der Pfarrer ihnen geliefert hatte. Als Bem am 21. Januar mit dem frühesten gegen Hermannstadt aufbrach, sprach er zu Pfarrer Dendler: „Wenn Sie in Hermannstadt ein Anliegen haben, so suchen Sie mich im dortigen General=Commando auf."

Inzwischen war Losenau bis Neppendorf vorgerückt, von Hammersdorf über die Weingärten des Altenberges bis Hahnebach hatte Major Riebel Streifwachen aufgestellt, die niedrigen Erdwälle im Retrenchement waren notdürftig zum Widerstand hergerichtet worden. Der Kampf begann mit einem heftigen Artilleriefeuer, von beiden Seiten wurde tapfer gefochten, aber um 1 Uhr war die Flucht des Bemschen Heeres allgemein, das sich nach Stolzenburg zurückwandte. Bem, der dem heftigsten Kugelregen sich ausgesetzt hatte, so daß die Szekler ihn baten, auf sich zu sorgen, „denn wenn Ihr fallt, wo bekommen wir ein zweites Väterchen?", hatte selbst einige Geschütze, die an dem Bergabhang bei Stolzenburg aufgepflanzt und mit Kartätschen geladen waren, auf die anstürmenden Kaiserlichen abgefeuert, als die früh einbrechende Nacht dem Kampf ein Ende machte.

Die Lage Puchners in Hermannstadt war aber trotz des Sieges

keine beneidenswerte. Bem blieb in Stolzenburg fest und bereitete einen
neuen Angriff vor, in Klausenburg gab der Kossuthische Regierungs=
kommissär eine Verordnung heraus, nach der jeder Kriegsgefangene stand=
rechtlich zu behandeln sei, Blasendorf wurde vernichtet, Romänen und Ungarn
töteten sich gegenseitig, wo sie konnten, die Szekler waren wieder ab=
gefallen, die Kronstädter mußten mit den Haromßekern unterhandeln und
sie freundlich zu stimmen suchen. Puchner erkannte, daß er allein nicht
imstande sei, den Sieg an die kaiserlichen Fahnen zu fesseln und dachte
darum an russische Hülfe, ein Gedanke, der um so näher lag, als die
Russen wegen der Wirren in der Walachei dorthin eingerückt waren
und unmittelbar an der Grenze Siebenbürgens, wenige Meilen weit
von Hermannstadt und Kronstadt standen.

Die russische Hülfsbereitschaft ging in die frühere Zeit zurück.

Im Jahre 1833 hatten die beiden Kaiser von Rußland und Österreich
eine Zusammenkunft in Münchengrätz. Der russische Kaiser, getragen
von den romantischen Erinnerungen der h. Allianz, hatte sich in über=
schwenglicher Begeisterung vor dem österreichischen Kaiser aufs Knie
niedergelassen und feierlich geschworen, er werde ihm zu jeder Zeit mit
Rat und Tat beistehen und vier Jahre später hatte Zar Nikolaus bei
den großen Manövern zu Wosnosensk zum Fürsten Windischgrätz gesagt:
„Betrachten Sie diese Truppe als Ihre Reserve". Nun brachte das
Jahr 1848 Österreich in der Tat in große Verlegenheiten. Bei seinen
Gesinnungen mußte der Zar sich an jenes Versprechen erinnern, woran
es übrigens auch Windischgrätz nicht fehlen ließ. In der Tat machte
der Zar kein Hehl daraus, daß er im Namen des österreichischen Kaisers
Galizien besetzen werde, wenn es sich von Österreich lossagen wolle.
Windischgrätz wußte auch den Kaiserhof für die russische Hülfe geneigt
zu stimmen. Auf eine Anfrage hatte er von Petersburg die Antwort er=
halten, der Zar habe die russischen Kommandanten an der österreichischen
Grenze bevollmächtigt, auf eine Aufforderung von Österreich hin, einzu=
marschieren und dort Hülfe zu bringen, wo man sie begehre.

Das Ministerium Schwarzenberg wehrte sich aber energisch dagegen,
auch als Windischgrätz in Ungarn einmarschierte und die galizischen Truppen
gleichfalls nach Ungarn gezogen wurden und Windischgrätz unter Hinweis
auf Galizien, das nun von Soldaten entblößt sei, wieder auf die russische
Hülfe hindeutete. Auch in Siebenbürgen mußten politische Bedenken
gegen die Hereinberufung fremder Truppen sprechen. Dem Kommandierenden
standen gleich schwer wiegende militärische Bedenken daneben. Aber die
Kriegsereignisse brachten bald beide zum Schweigen.

Die Aufforderung zum Einmarsch russischer Truppen ging zu gleicher
Zeit aus der Umgebung des Kommandierenden B. Puchner und aus
der Mitte der Bevölkerung hervor. Schon am 28. Dezember 1848 hatte
Puchner an Windischgrätz die Meldung erstattet, „daß er bei der Un=
möglichkeit die sächsischen Städte und die Bevölkerung dem schrecklichsten
Schicksal preiszugeben, für den Fall als er, was beinahe unausweichlich,
dieses Gebiet verlassen müßte, sich mit dem Kommandanten der an der
Grenze stehenden russischen Streitkräfte in das Einvernehmen setzen werde,
um ihn zu bewegen, dieser Nation jenen Schutz angedeihen zu lassen,
den derselbe mit seinen Instruktionen zu vereinigen vermöge und der
jedenfalls durch die Menschlichkeit geboten sei." Doch erhielt er weder
von da, noch von Schwarzenberg, noch vom Kriegsminister Antwort,
setzte sich aber mit Lüders, dem russischen Kommandanten in der Walachei,
ins Einvernehmen, der zunächst erwiderte, er habe einen Kurier nach
Petersburg abgeschickt, der werde Antwort bringen. Ende Dezember schickte
auch der aus Sachsen und Romänen in Hermannstadt bestehende Pazi=
fikationsausschuß an Lüders die Bitte um Hülfe ab, anfang Januar 1849
erging eine gleiche aus der Bürgerschaft Kronstadts. Das Petersburger
Kabinett hatte die Weisung erteilt, auf die ausdrückliche und unmittel=
bare Aufforderung der österreichischen Militärbehörden solle die nachge=
suchte Hülfe gewährt werden; auch an der galizischen Grenze erhielt der
russische Feldmarschall dieselbe Vollmacht. Noch immer zauderte das
Ministerium Schwarzenberg, „Bedenken der höchsten und ernstesten Art
stehen einem solchen Auskunftsmittel entgegen. Österreich ist stark genug,
um den innern Feind mit eignen Mitteln zu bekämpfen." Doch erhielt
Puchner freie Hand, zu tun was er für nötig erachte, während offiziell
ihm mitgeteilt wurde, er handle auf eigne Verantwortung und solle
solches den Russen sagen, zugleich werde im diplomatischen Weg Alles
geschehen „wegen ehebaldigster Räumung des kais. Gebietes", falls die
Russen ins Land gerufen würden.

Augenscheinlich um dieser fatalen Lage auszuweichen, übergab
Puchner die Funktionen des Kommandierenden Generals an FML. Pfers=
mann, unter dem Vorwand, er könne nicht zugleich das Kommando der
mobilen Korps auf sich nehmen. Am 1. Februar fand ein Kriegsrat
in Hermannstadt statt, er beschloß, um russische Hülfe zu ersuchen. Pfers=
mann schrieb an Lüders, sobald als möglich russische Besatzung nach
Hermannstadt und Kronstadt einrücken zu lassen, und zwar 2000 Mann
und 8 Kanonen in jede der beiden Städte, Kavallerie aber nicht mehr als
200 Mann, da es an Fourage fehle. General Schurter hatte eine ähnliche

Bitte aus Kronstadt nach Bukarest abgeschickt. Am 2. Februar rückte Skariatin durch den roten Turm in Siebenbürgen ein, am 1. Februar Engelhardt in Kronstadt, der erste mit 1690 Mann Infanterie, 160 Kosaken und 6 Geschützen, der letztere mit 2680 Mann Infanterie, 450 Uhlanen, 190 Kosaken und 8 Geschützen.

Als Puchner des russischen Einmarsches sicher war, beschloß er sofort zum Kampf zu schreiten. Bem war von Stolzenburg nach Salzburg hinübergegangen, um von der andern Seite Hermannstadt anzugreifen und am 4. Februar griffen die Kaiserlichen Bem bei Salzburg an und schlugen ihn vollständig. Zwölf Kanonen und Bems Wagen gerieten in die Hände Puchners. Die sächsischen Jäger hatten ehrenvollen Anteil an dem Erfolge. Als der kaum auf den Füßen stehende Kommandierende in Salzburg, vor dessen letzten Häusern noch die Schüsse krachten, seine Krankenchokolade trank, sprengte ein Kurier mit einer Depesche an. „Da kommts nun — lesen Sie", sprach Puchner und überreichte sie seinem Generalstäbler Reichetzer. Es war der Befehl von Wien, durch kein Mißgeschick, wie es sich immer wende, sich bestimmen zu lassen, russische Hülfe anzusprechen. Der Kommandierende wandte sich an den Kurier: er sehe die Lage mit eignen Augen. Er solle Seiner Majestät den Sieg melden und dazu, daß Puchner bis jetzt alles für den Kaiser geopfert, zerstörte und konfiszierte Güter; falls auch das Opfer seiner Person nötig wäre, bäte er zu verfügen. Vier Wochen später erhielt Puchner das Großkreuz des Eisernen Kronordens und die russische Hülfe wurde weiter gestattet. Bei Salzburg aber machte man mit den Toten — 400 auf Bems Seite, 92 bei den Kaiserlichen, — kurzen Prozeß, eine große Anzahl wurde in die aufgelassene Salzgrube, in das sogenannte Echo, hineingeworfen. Zweiundvierzig Jahre später (1890) kamen bei einem furchtbaren Gewitter in der inzwischen eingestürzten Grube etliche durch die gesättigte Salzsoole, in der sie gelegen, gut erhaltene Leichen zum Vorschein, zum Entsetzen der Zeitgenossen.

Am Tag der Salzburger Schlacht wurden die Szekler aus dem Burzenland zurückgetrieben.

Puchner aber verfolgte die Feinde nach der Schlacht bei Salzburg in den Unterwald, besetzte Mühlbach und mußte bei Piski Bem, der aus Ungarn Verstärkungen erhalten hatte und von jeder Niederlage sich rasch zu erholen wußte, am 9. Februar eine neue schwere Schlacht liefern. Die Erinnerung an den Kampf um die Strellbrücke lebt noch im Lande, dort traf die tötliche Kugel Theodor Fabini, den tapfern Heldenjüngling, der seine Begeisterung für Kaiser und Vaterland und für sein Volkstum mit dem Leben bezahlte. Er starb am folgenden Tag in Broos und ist dort begraben. Die Schlacht hatte keine Entscheidung gebracht, indem Bem sich in Deva, Puchner in der Gegend bei Karlsburg und Mühlbach festsetzten. Die Verfolgung Bems und das Zurückdrängen ins Miereschtal sollte der Armee des Fürsten Windischgrätz Veranlassung geben, von Ungarn her Bem im Rücken zu fassen und ihn endgültig zu vernichten.

Doch unterblieb diese Unterstützung.

Windischgrätz, der am 16. Oktober 1848 dazu bestimmt worden war, „Ruhe und Ordnung wieder herzustellen, um das Reich aus der drohenden Gefahr zu retten und den Völkern Österreichs die Aussicht auf eine bessere Zukunft zu eröffnen", war nach der Niederschlagung der Revolution in Wien nach Ungarn vorgerückt, gegen Ende des Jahres stand er in der Nähe der Hauptstadt. Die Führer des Landes, angesehene besonnene Männer wie Deak, Batthyany wandten sich in einer großen Deputation an den Fürsten mit der Bitte, sich in Verhandlungen einzulassen. Der Fürst erwiderte: „Mit Rebellen verhandle ich nicht." Infolgedessen hielt der ungarische Reichstag und der Landesverteidigungsausschuß es für geraten, die Hauptstadt zu räumen. In den ersten Tagen des Januar 1849 übersiedelten sie nach Debreczin, Windischgrätz rückte am 4. Januar in Ofen und von da nach Pest ein. Er war weder der politischen noch der militärischen Sachlage gewachsen und hielt den ganzen Feldzug für entschieden. Es wurden Steckbriefe gegen die, wie man meinte, flüchtigen „Rebellenhäupter" erlassen, die vielfach den Spott herausforderten, Militärgerichte eingesetzt, die auch jene Individuen zur Verantwortung zogen, „die an den revolutionären Umtrieben entweder gar nicht oder nur im mindern Grade teilgenommen haben!" Das Heer des Banus hatte die Drau überschritten, Schlick war aus Galizien in Nordungarn einmarschiert, Görgei über die Raab zurückgedrängt worden. Aber nach der Besetzung der Hauptstadt gerieten die Erfolge ins Stocken. In Nordungarn gelang die Vereinigung Görgeis und Klapkas, die Schlick in Verlegenheit setzte. Wohl brachte die Ernennung Dembinskys zum Oberfeldherrn der ungarischen Streitkräfte die erwartete Einheit in die Kriegführung nicht, — er wurde nach wenigen Wochen wieder abgesetzt — aber es gelang eine kräftige Offensive zu ergreifen. Damianich schlug ein kaiserliches Korps bei Szolnok (5. März), Komorn konnte nicht zur Übergabe an die Kaiserlichen gezwungen werden, und anfang April erlitt die ganze Armee bei Hatvan, Gödöllö, Isaseg mehrere Niederlagen, so daß der Plan, weiter gegen die Theiß vorzurücken, aufgegeben werden mußte. Spöttisch bemerkte Görgei in seinen Erinnerungen, daß an diesen Siegen Ungarns in letzter Reihe Windischgrätz und Jellachich den meisten Anteil gehabt und ein boshaftes Gerücht erzählte, daß die ungarischen Patrioten täglich in den Kirchen für das Leben des Feld= marschalls beten ließen.

Auch in Olmütz erkannte man, daß Windischgrätz nicht an seinem Platze sei. Ein Minister= und Kriegsrat beschloß am 12. April seine Ab= berufung. Pest mußte aufgegeben werden, Ende April befand sich die kaiserliche Armee an der österreichischen Grenze, Ungarn war „befreit".

Es war erklärlich, wenn das Debrecziner Parlament das Bedürfnis fühlte, diesem auch einen politischen Ausdruck zu geben, aber es war sein Verhängnis, daß die Entscheidung hierüber in Kossuths Händen lag. Die Zustände im Parlament waren trostlos. Die Friedenspartei hatte die Mehrheit, aber sie traute sich nicht, durch den Terrorismus der Andern im Schach gehalten, entschieden aufzutreten, das Parteitreiben war kleinlich, ärgerlich, voll Skandal. Aber es erschien zugleich nötig, eine Antwort auf die neuproklamierte österreichische Verfassung zu geben, die im März für Gesamtösterreich oktroiert worden war und Ungarn einfach als einen Teil Österreichs behandelte, der auf keine besondern Rechte Anspruch habe. Am 14. April 1849 verkündigte Kossuth in der reformierten Kirche in Debreczin den ewigen Bruch mit Österreich. „Es ist unsere heilige Pflicht, vor Gott und den Menschen zu erklären, daß wir frei, daß wir unabhängig sein wollen." Der Reichstag erklärte das Haus Habsburg=Lothringen aus Ungarn für ewige Zeiten verbannt und der Herrschaft verlustig und als Kossuth nach einer begeisterten Rede hinzufügte: So soll es sein, Amen!, da sprach die ganze Kirche das Amen feierlich nach. Kossuth wurde das neue Oberhaupt der ungarischen Republik und ein ausführliches Manifest an die europäischen Völker (vom 19. April) suchte den Schritt mit besonders scharfen Ausfällen gegen die Dynastie zu rechtfertigen: „Die Dynastie kann keinen einzigen Herrscher aufweisen, welcher nicht dafür arbeitete, Ungarn zu schwächen und den andern Provinzen dienstbar zu machen, damit diese den größten Nutzen wie aus einer zinspflichtigen Kolonie ziehen. Von Sohn zu Sohn befolgte die Dynastie gegenüber Ungarn beharrlich die Politik des Mein= eides, jeder neue Schwur, der von den königlichen Lippen glitt, war nur der Anfang eines neuen Eidbruchs. Alle Sünden und Verbrechen, welche einzeln verübt eine Dynastie der Herrschaft verlustig machen, haben Ungarns Könige zusammen begangen, die Langmut der Nation bis zum letzten Tropfen erschöpft. Die Vertreter des ungarischen Volkes verkündigen daher im Namen des letztern Ungarn mit Siebenbürgen und den vereinigten Königreichen als einen freien, autonomen, unabhängigen Staat, sie erklären den Thron für erledigt, die Glieder der Dynastie aller bürgerlichen Rechte verlustig und verbannen sie auf ewig aus dem Reiche; sie geben ihren guten Willen kund, mit den österreichischen Völkern in gutem nachbarlichem Einvernehmen, mit allen andern Staaten im Frieden und Freundschaft zu leben, sie übertragen endlich die Regierung, bis eine Nationalversammlung über die definitive Regierungsform entscheiden wird, auf Kossuth, welcher als verantwortlicher Gouverneurspräsident an die Spitze des Staates treten und durch von ihm gewählte Minister die Verwaltung leiten wird." Das oberste Heereskommando wurde an Görgei übertragen, obwohl er mit dem Schritt des 14. April nicht einverstanden gewesen war. Es gelang 16.—21. Mai Ofen zu erstürmen und einzunehmen, wobei der tapfere General Henzi auf österreichischer Seite den Heldentod fand. Die neueingesetzte ungarische Regierung und der Reichstag kehrten nach Pest zurück — aber schon stand neben der Höhe der tiefe Fall.

Die Unabhängigkeitserklärung vom 14. April führte ihn herbei. Die „Friedenspartei" hatte den Schritt widerwillig mitgemacht. Der damalige Generalstabschef Stein, ein Gegner der Kossuthischen Politik, hatte sich ihr angetragen, Kossuth nächtlich gefangen zu nehmen und über die türkische Grenze zu schaffen, ein toller Plan, vor dem die Partei selbst erschrak. Die ungarische Revolution hatte bisher wesentlich auch von der Fiktion gelebt, daß es gelte, den rechtmäßigen König gegen seine Bedränger und Feinde zu schützen; für die Republik hatte der gemeine Mann, der sein Leben in die Schanze schlug, kein Verständnis. Und dazu fehlte dieser Republik nichts weniger als alles, was sie zum Bestande bedurfte: ein starker Reichstag — der nach Pest zurückgekehrte war ein Rumpfparlament, aus dem die wirklichen Politiker alle ausgeschieden waren, — die Einheit der Kriegführung — unter den Generälen herrschte Neid und Eigensinn und Unbotmäßigkeit —, große, selbstlose Charaktere und ein Rechnen mit den gegebenen Verhältnissen, von welchen Eigenschaften Kossuth keine einzige besaß, außer der Selbstlosigkeit.

Dazu griff Österreich ausgiebiger nach der russischen Hülfe, die ein kaiserliches Manifest vom 12. Mai den Völkern Ungarns ankündigte.

Über diese russische Hülfe aber schrieb damals G. Freytag in den Grenzboten: „Krieg im Innern, so fürchterlich er wütet, ist immer einem Familienhader vergleichbar, man haßt sich bitterlich, aber man kann sich auch brüderlich lieben. Ein Fremder, der dazwischen kommt,

Ordnung zu stiften, vernichtet den Rest der Familienpietät, die in einem Winkel der Seelen auch beim heißesten Zorn zurückgetrieben dauert." Und in bezug auf die Sachsen: "Leider ist es gleichgültig, ob der Einzug mit oder ohne euren Willen geschah, an dem, was bei diesem Freund= schaftsdienst tragisch ist, seid ihr doch schuld. Ich table die Sachsen nicht, welche riefen; aber es war ein Unglück, daß sie es taten und daß die Russen so geneigt sein durften zu kommen, ist das größte Unglück, ist eure Schuld. Und doch ward ihr ehrlich und euer Wille gut. . . ."

Daß die Russen nicht auf die sächsische und romänische Einladung, die erfolgt war, sondern auf das offizielle Hülfsgesuch gekommen, wußte man damals nicht.

Inzwischen war für das ganze Reich die Märzverfassung (vom 4. März 1849) oktroyiert worden mit der wichtigen Bestimmung, daß die Verfassungen der "Königreiche und Länder" nicht aufgehoben wurden, aber nur insofern Geltung haben sollten, als sie der Verfassung vom 4. März nicht widersprächen. "Reichsrecht brach also Landrecht", "es war doch das Todesurteil über die ungarischen 1848er Gesetze und über die Unabhängigkeit des Landes." Wohl sollten die Landtage von Ungarn, Kroatien und Siebenbürgen auch das Recht der Gesetzgebung in bezug auf das bürgerliche Recht und das Strafrecht haben, doch allmählich die Sonderrechte in Einklang mit den in Österreich geltenden Gesetzen bringen.

Im Augenblick freilich hatten die Schöpfer und Träger der neuen "Reichsverfassung" in Ungarn wie in Siebenbürgen wenig zu reden.

Siebenbürgen blieb vor allem auf sich selbst angewiesen. Der k. Bevollmächtigte B. Geringer war unter diesen Umständen gar nicht ins Land gekommen, aber seine Instruktion ist doch nicht uninteressant, beeinflußt von den Zielen der Reichsverfassung. Als erste Aufgabe war ihm bezeichnet, die Unterstellung der sächsischen Nation unter die Krone, respektive die Zentralbehörde, durchzuführen, mit organischem Anschluß an die Monarchie und sich zu dem Zweck mit den legalen Organen, der Universität und dem Komes, in Verbindung zu setzen. Bei der Schaffung von Statuten solle er darauf sehen, daß man sich in der Hauptsache den Verwaltungsformen der Erbländer nähere. Die deutschen Gemeinden sollten, soweit möglich, zum Sachsenland geschlagen, die andern davon abgetrennt werden. Was die Ausschließlichkeit deutscher Beamten im Sachsenland betreffe, so werde man sehen müssen, ob das rätlich sei. Den Kämpfen der einzelnen Nationalitäten miteinander müsse ein Ziel gesetzt werden, dazu sei vor allem notwendig, die kaiserliche Autorität herzustellen. Es solle nationale Gleichberechtigung durchgeführt werden. Nationale Zentralbehörden sollten im Lande eingesetzt werden, auch für die Romänen, doch müsse bei der tatsächlichen Verbindung dieses Stammes mit ihren Volksgenossen in der Moldau und Walachei Vorsicht walten. Für das magyarische Element seien in Siebenbürgen die Szekler der Mittelpunkt, auch ihr Komes solle unmittelbar unter der Krone stehen. Bei persönlicher Freiheit, Gleichberechtigung und allgemeiner Wehrpflicht sei es möglich, sie für eine Organisation zu gewinnen, die der sächsischen ähnlich ihre Bedürfnisse befriedige. Im übrigen erhielt er vollkommen freie Hand, mit Puchner vereint das Notwendige durchzuführen, um das Ziel, Eingliederung des Landes in die Gesamtmonarchie, zu erreichen.

Das Land war nie weiter von ihr entfernt als damals. Es befand sich kaum noch überhaupt in kaiserlicher Gewalt. Bem war nach der Schlacht bei Piski durch einen kühnen Marsch zwischen den Kaiserlichen durch über Blasendorf nach Mediasch gezogen, um sich mit den Szeklern zu vereinigen, Puchner zog nach Hermannstadt zurück, General Schurter verließ plötzlich mit seinen Truppen Kronstadt, die Stadt „einem milden Schicksal empfehlend" und zog sich nach Törzburg zurück, B. Heydte floh von Schäßburg mit seinen Leuten durch das halbe Land und zwang die Schäßburger Bürgerwehr mitzugehen, falls sie die Waffen behalten wolle. Von Hermannstadt ging am 22. Februar das Ersuchen an Lüders, Verstärkungen zu schicken, doch ohne Erfolg. So marschierte Puchner am 1. März auf Mediasch, um einen entscheidenden Schlag zu führen. Es gelang ihm in der Tat, Bem bei Mediasch zu schlagen (2. und 3. März) und ihn zum Rückzug zu zwingen, den er Schäßburg zu nahm, um mit dem Szeklerland in Berührung zu bleiben. Puchner aber hatte den unglücklichen Gedanken, Bem nicht zu folgen, sondern auf dem Umweg über Reichesdorf—Agnetheln nach Schäßburg zu gelangen. Bem kam am 4. März nach Schäßburg, seine Soldaten zerstreut und müde, ohne Munition. Aber er wußte den Mut der Seinigen aufzurichten, zog Verstärkungen aus dem Szeklerland heran, auch Munition und als er merkte, daß Puchner ihm nicht folgte, ja die Hauptstraße frei gegeben hatte, kehrte er um und wandte sich nach Hermannstadt. Am 11. März 3 Uhr war er in Großscheuern, beim Altenberg stellten sich die Russen unter Skariatin Bem entgegen, mußten aber nach kurzem Kampf sich zurückziehen, als von Hammersdorf her, aus der Flanke der Flügel, den Bem unter dem Major Graf Bethlen ausgesandt hatte, Bem zu Hülfe kam. Noch am Abend des 11. März rückte Bem in Hermannstadt ein — und „fünf Monate hatte die Stadt Zeit, über ihre Treue nachzudenken". Benigni fiel als Opfer des Hasses, sonst aber hielt Bem auch hier strenge Ordnung. Ihm verdankte die Stadt ihre Erhaltung. Ein großer Teil der Bürger war in die Walachei geflüchtet, wo insbesonders Bedeus bemüht war, ihr Los zu erleichtern, wozu die österreichische wie die türkische Regierung nach Kräften mithalf.

Im Norden des Landes war Oberst Urban aus der Bukowina wieder nach Siebenbürgen herüber gekommen. In Eilmärschen war Bem nach Bistritz gezogen, die Geschwindigkeit verdoppelte seine Kraft. Er hatte am 23. Februar bei Jaad Urban angegriffen und zurückgedrängt; auch Bistritz und Umgebung war in Bems Händen, während Puchner ungläubig in das leere Schäßburg am 10. März einzog und dann über Leschkirch Bem suchte. Puchner gab mit seinen Generälen darauf die Sache verloren und flüchtete in die Walachei. Bem sandte ihm seine Orden und Diplome aus Hermannstadt mit zwei Husarenoffizieren nach. Am 14. März brach Bem gegen Kronstadt auf, das am 20. in seinen Händen war. Die Kriegssteuern, die er einhob, brauchte er, um seine Leute zu belohnen und das Heer besser auszurüsten.

Auch hier war Bem der Beschützer der Stadt, der billigdenkende und klug handelnde Mann. Härter wurde Kronstadts Schicksal, als die Stadt in die Hände des Obersten Kiß und des Regierungskommissärs Csanyi kam. Bei Strafe mußte jedes Gebäude mit der ungarischen Fahne geschmückt sein, als der letztere einzog und abends mußte die Stadt illuminieren. An Peter Lange, Wilhelm Schmidt, C. Maager fanden die geängstigten Bürger Halt und Schutz. Nur wie durch ein Wunder entkam Gött dem Tode. Leichter wurde es als der gebildete Alexander Dozsa, der bekannte Rechtslehrer aus Marosch-Vasarhely, Csanyi ablöste. Am 17. Mai feierte das ung. Militär die Unabhängigkeitserklärung durch einen Gottesdienst auf dem Markt, wobei der Feldkaplan, statt Versöhnung zu predigen, es an Spott und Beleidigung den „Sachsen, Walachen und übrigen Bastardvölkern" gegenüber nicht fehlen ließ. Von Kronstadt wurde die gesprungene große Glocke „für das Vaterland" verlangt, doch wußte der Zimmermeister Haupt die Herabnahme solange zu verzögern, bis die Stadt in die Hände der Kaiserlichen kam, wodurch die Glocke vor dem Einschmelzen bewahrt wurde.

Nachdem das ganze Land, mit Ausnahme des Erzgebirges, wo Avram Jancu unter seinen romänischen Volksgenossen eine unglaubliche Popularität besaß und die Anerkennung der ungarischen Herrschaft verhinderte, in Bems Gewalt war, begann er es zu organisieren. Vergebens bat, verbot, drohte Kossuth, Bem solle sich ausschließlich auf den

Teutsch, Geschichte der Siebenbürger Sachsen. III. 18

Krieg beschränken, es lag in der Natur der Sache, daß Bem es nicht tat und es zeigte eine völlige Unkenntnis der Verhältnisse, wenn Kossuth solches aus Pest und Debreczin zu machen in Anspruch nahm. Bem ging dabei — es muß immer wieder zu seiner Kennzeichnung und zu seinem Ruhme gesagt werden, — andere Wege als Kossuth wollte. Er suchte durch Gerechtigkeit und Milde die Gemüter zu gewinnen, jener wollte Rache und Strafe und Schrecken, insbesonders den Sachsen gegenüber. Am 17. März schrieb er an Bem: „Erlauben Sie mir die Bitte im Interesse der heiligen Sache, für die Sie so glorreich kämpfen, mit den verräterischen Sachsen nicht zu großmütig zu verfahren... Trauen Sie den Sachsen nicht... Ich bin nicht Terrorist, denke nicht an Repressalien, aber ich will Sicherheit haben gegen neuen Verrat dieser verbrecherischen, undankbaren Sachsen. Ich bitte Sie demnach den Sachsen nichts zu versprechen, sondern bloß zu sagen, daß ihr künftiges Schicksal von ihrem Benehmen abhängen wird und da sie sich erfrecht haben, die Russen völkerrechtswidrig in das Land zu rufen und dadurch sich des gottlosesten Landesverrats tausendfach schuldig gemacht, so erkläre ich, daß, wenn die Sachsen nicht bis auf den letzten Mann die Russen aus dem Lande entfernen, werde ich keinen Sachsen auf dem Gebiet der ungarischen Krone dulden, sondern sie aus dem Lande jagen, oder alles Schutzes, aller Freiheiten des Gesetzes verlustig erklären und all ihr Hab und Gut zum Ersatz des unendlichen Raubens, Plünderns und der Kriegskosten sequestrieren. Ich erteile dem Herrn General die positive Weisung, die vorzüglichsten Leiter des sächsischen Aufruhrs arretieren zu lassen und selbe dem Regierungs-Commissär Csanyi zu überliefern, mit der Weisung, daß selbe als Geiseln für die alsbaldige Entfernung der Russen und friedliches Verhalten ihrer Mitbürger dienen sollen und falls die Russen sich nicht alsogleich aus dem Lande entfernen oder die mindeste Widersetzlichkeit unter den Sachsen sich offenbart, werden selbe als des ärgsten Landesverrats schuldig vor ein Kriegsgericht gestellt und unabweislich mit dem Tode bestraft.

„Sie aber, Herr General, ziehen jede denkbare Kraft an sich, und halten Sie Hermannstadt bis auf den letzten Mann. Werden Sie angegriffen, sagen Sie dem landesverräterischen Volk Hermannstadts, daß Ihre Kanonen aus den Trümmern der Stadt sich ein Bollwerk gegen den verräterisch ins Land gerufenen Feind bilden werden, bis ich, wenn es Not tut, mit einer neuen Armee komme, um den unerhörten Landesverrat zu züchtigen. Darum möge der Magistrat hinauswandern in des Feindes Lager, mit Hinterlassung seiner Familien als Geiseln und als ihr einziges Rettungsmittel von den Russen erflehen, daß sie augenblicklich aus dem Lande ziehen. — Kronstadt soll sich ergeben, sonst wird seine Widerspenstigkeit an Hermannstadt gerächt."

Bem ließ ihn schreiben und sprach eine allgemeine Amnestie aus. Darüber ergrimmte Kossuth und schrieb am 23. April: „Sie haben Amnestie den Sachsen erteilt, — hätten Sie gesagt, wenn ihr Sachsen die Waffen niederlegt, einliefert, wenn ihr Treue den Ungarn schwört, für euer künftiges ruhiges Benehmen Bürgschaft leistet, Rekruten stellt, die Contribution bezahlt und die durch euch verursachten Privatschäden vergütet, so wird euch Amnestie durch die Regierung erteilt werden und ich — General Bem — werde mich dafür verwenden, so hätten der Herr GL. Ruhe im Lande verschafft und mir die Möglichkeit gegeben, Milde mit Erfolg üben zu können..." Wie er diese Milde faßte, dafür lieferte er den Beweis, indem er durch den Regierungskommissär Csanyi Bems Amnestie für ungültig erklärte und Kriegsgerichte zur Bestrafung der „Vaterlandsverräter" und zur Konfiskation ihrer Güter einsetzte. Wenn Csanyi nicht mehr Blut vergoß, so dankte das Land es wieder Bem.

Sofort nach der Eroberung Hermannstadts forderte Bem (13. März) alle auf, diejenigen, die sich der Plünderung und des Raubes schuldig machten, sogleich festzunehmen und zur Einleitung des standrechtlichen Verfahrens dem Platzkommando anzuzeigen. Am 24. März verkündete Csanyi von Hermannstadt aus für den Königsboden den Belagerungszustand, stellte Militärstandgerichte in Hermannstadt, Schäßburg, Kronstadt und Bistritz auf und nahm sämtliche Kassen unter die Aufsicht des Staats. Die Lotterie aber wurde für immer abgeschafft. Am 26. März 1849 hatte Csanyi „an die sächsischen und walachischen Dorfsbewohner auf dem Königsboden" einen Aufruf erlassen, „Sachsen, Walachen, die Ihr auf dem Lande mit dem Ackerbau beschäftigt, weder von den Geheimnissen der Umtriebe, noch von den Plänen der Verräter unterrichtet waret, daher Euch leichtsinnig durch hinterlistige Verführer auf Irrwege leiten ließet, Ihr könnt jetzt sehen und erfahren, daß Ihr nichts als die Werkzeuge der Städtler, der reicheren ehrgeizigen Bürger, eigennütziger und gewinnsüchtiger Abenteurer und der über den Verlust des Zehnten rachebrütenden Geistlichkeit waret. Sachsen, Walachen! Eure Schuld ist groß — sie ist jene der Untreue gegen das Vaterland — aber verzeihlicher als die Schuld Derer, die Eure Leidenschaften aufstachelnd, Euch verführt haben. Kehret daher um auf den Pfad des Gesetzes — damit Ihr der Wohlthaten, die das vereinigte Vaterland über Euch in den heilsamsten Gesetzen verfügt, je eher teilhaftig werden könnt. Diese Gesetze befreien Euch von den über Euch und Eure Kassen gewalteten drückenden Herrschaft der Städte, beteiligen Euch mit dem, nach billigem Maßstab festgesetzten Wahlrecht und erheben Euch zum Genusse der heiligsten Rechte der Menschheit!" Bem hatte schon am 15. März eine Neuwahl der Oberbeamten in Hermannstadt vollziehen lassen, Konrad Schmidt war Polizeidirektor geworden. Er wußte, im Einvernehmen mit dem Regierungskommissär Moses Berde und dem Platzkommandanten W. Pap, das Schicksal der Stadt, die die Humanität der Genannten kennen lernte, erträglich zu machen. Es war natürlich, daß die Hermannstädter die Waffen abliefern mußten. Den Flüchtlingen wurde, sofern sie nicht zurückkehrten, Güterkonfiskation und Strafe angedroht. Für das ganze Land befahl Csanyi die Öffentlichkeit der Beratungskörper, „daß nicht die unter der alten österreichischen Regierung modernisierenden geheimen Beratungen aufs neue ins Leben treten sollen" „als Mittel zur Wiederbelebung der verdammten Zeiten". Moses Berde sorgte in Hermannstadt rechtschaffen für Ordnung und Ruhe. Im Juni (11.) ordnete er eine allgemeine Assentierung im Lande an; das Sachsenland, ohne Kronstadt und Bistritz, sollte 3744 Mann stellen. In Mediasch war eine Zeit lang ein Kispal Lajos politisches Oberhaupt und ein Graf Lazar militärischer Befehlshaber. „Wir mußten illuminieren und Feste feiern, wie es ihnen gefiel, — schreibt ein Mediascher — selbst die Predigt mußte nach ihrem Gusto eingerichtet sein". Ende Januar lag ein Regiment unter Szilagyi dort, „die ganze Zeit hindurch wurde kein Unterschied mehr zwischen mein und dein gemacht, so weit war die Brüderlichkeit gediehen".

Als Bem zur Teilnahme am Kampf im Banat im Mai Siebenbürgen verließ, erhoben sich die Romänen im Erzgebirge aufs neue, zerstreuten die Truppen, die ihnen entgegengingen, man zählte wieder über 300 verbrannte Orte und viele Tausende, die den Tod gefunden. Die Abwesenheit Bems benützte Csanyi zur Gefangennahme St. L. Roths, der mit einem Schutzbrief Bems auf seinem Pfarrhof in Meschen seines Amtes waltete, und ließ ihn gefangen nehmen (21. April), wesentlich um zu zeigen, daß er um Bem, mit dem er in fortwährendem Händel stand, sich nichts kümmere. Roth war ein Rufer im großen Streit um die Verjüngung seines Volkes gewesen, dessen geistige und sittliche Güter er stärken wollte, er hatte mitgeholfen, Schwäbische Einwanderer ins Land zu rufen, hatte in der Sprachenfrage entschieden Stellung genommen, war Vorstand des Jugendbundes geworden, hatte zuletzt als Vertrauensperson Puchners in dem Kokelburger Komitat, in den 13 Dörfern vor allem, und in Elisabethstadt die Verwaltung übernommen und dort viele Übeltaten verhindert. Nun wurden ihm die zur Last gelegt, die er nicht hatte verhindern können. Gefesselt brachten ihn seine Begleiter nach Schäßburg. Als sie ihn aufforderten, die Fesseln zu verbergen, erwiderte er: „mich schänden sie nicht". Auf dem Spital war er in einem Privathaus, unter geringer Bewachung untergebracht. Jüngere Freunde (Gull u. a.) wollten ihn retten, doch er verschmähte die Flucht im Bewußtsein seiner Unschuld. Der damalige Konrektor des Gymnasiums, G. D. Teutsch, besuchte ihn täglich und tröstete ihn; er erwiderte: „Sie werden mich töten, denn sie wollen Schrecken verbreiten". In Klausenburg wurde er vor das Kriegsgericht gestellt und dieses verurteilte ihn am 11. Mai zum Tode, „weil er der Anordnungen des Rebellen A. Puchner sich angenommen und im Sinne derselben den Feinden des Vaterlandes wesentliche und große Dienste geleistet habe". Innerhalb drei Stunden sollte das Urteil vollzogen werden. Er nahm die Nachricht gefaßt auf und benützte die Zeit zur Ordnung seiner Angelegenheiten. Auf dem Wege bis Klausenburg hatte er lateinische Distichen gemacht. Eines davon lautete:

Der Sachse dem Magyaren.

Gleichst du dem Löwen an Kraft, so sei auch gesinnt wie ein König,
Sicher durch Waffen wirst du Sieger durch Menschlichkeit sein!

So voll Ruhe und Seelengröße schrieb er aus dem Kerker an seine Kinder den Abschiedsbrief.

„Liebe Kinder!

Ich bin eben zum Tode verurteilt worden und über drei Stunden soll das Urteil an mir vollzogen werden. Wenn mich etwas schmerzt, so ist es der Gedanke an Euch, die ihr ohne Mutter seid und nun auch den Vater verliert. Ich aber kann dieser Macht, die mich zur Schlachtbank führt, keinen Widerstand leisten, sondern ergebe mich in mein Schicksal, wie in einen Ratschluß Gottes, bei dem auch meine Haare gezählt sind.

An Sophie schließet Euch alle fest an und betrachtet sie als Eure Mutter. Seid gehorsam gegen Gott und ehrerbietig gegen Jedermann, damit es Euch wohlgehe, oder ihr es wenigstens verdient.

Mit dem Vermögen, das ich in großer Unordnung hinterlasse, haltet Rat, damit ihr Mittel in Händen habt zu Eurer Bildung. Es giebt noch viele gute Menschen, die Euch auch um Eures Vaters willen raten und helfen werden.

Meinen Schwägern in Kleinschelken, Mediasch, Holdvilág bringe ich in meinen letzten Augenblicken meinen Dank für alles dar, was sie mir gethan haben, auch für das, was sie meinen Kindern noch thun werden.

Die Frau Lehrerin (Wirtschafterin) wird mir einen Gefallen thun, wenn sie so lange noch da bleibt, bis meine Habseligkeiten verordnet und jedes Kind unter einem Flügel sein wird. Das Teilamt wird ihr für ihre treuen Dienste gerecht werden.

Das ungarische Findelkind, welches ich zur Aufziehung aufgenommen, bitte ich auch ferner zu unterhalten. Nur wenn es die Eltern verlangen sollten, hätten sie ein näheres Recht dazu. Ich habe ohnedem keines mehr auf dieser Welt.

Meiner Meschner Kirchenkinder, meiner Niemescher gedenke ich in Liebe. Lasse Gott diese Gemeinden reich an Früchten der Gottseligkeit werden, wie Fruchtbäume, deren belastete Äste bis zum Boden hangen. Ich habe wenig an ihrer Veredelung gearbeitet und nur wenigen Samen ausgestreut. Möge der Herr der Ernte die Halme um so körnerreicher machen! Liebe habe ich gepredigt und redliches Wesen. Mein Tod möge meinen ausgestreuten Worten in ihren Herzen einen um so größeren Nachklang verschaffen. Lebet wohl, lieben Leute!

Mit meiner Nation habe ich es wohl gemeint, ohne es mit den übrigen Nationen übel gemeint zu haben. Meine Amtierungen in Elisabethstadt und Kokelburg habe ich aus Gehorsam in einem höhern Willen geleitet. Dieses ist das politische Verbrechen, das mir den Tod zuzieht. Eines Verbrechens bin ich mir nicht bewußt. Fehlgriffe könnten es sein, welche ich gethan hätte, vorsätzlich gewiß kein Unrecht. Es freut mich jetzt in meinen letzten Augenblicken, das Eigentum und das Gut des Adels nach Möglichkeit geschützt zu haben.

Unter meinem Schreibtische befinden sich die Programme der herauszugebenden Schul- und Kirchenzeitung. Der Nationalkörper ist zerschlagen — ich glaube an keine äußerliche Verbindung der Glieder mehr. Um so mehr wünsche ich die Erhaltung des Geistes, der einmal in diesen Formen wohnte. Ich bitte daher meine hinterbleibenden Amtsbrüder, für die Ausführung dieser Zeitschrift zu sorgen, um Charakter, reine Sitten und Redlichkeit des Willens in dem Volke zu erhalten, das historisch die jetzigen schönen Zeitideen antizipert hat. Ist es im Rat der Geschichte beschlossen, unterzugehen, so geschehe es auf eine Art, daß der Name der Vorfahren nicht schamrot werde.

Nur von den lizitierten Sachen des Gál Miklos (s. Protokoll) ist das Geld als Depositum bei mir. Das übrige Geld hat Kommando. Ich schreibe dieses bloß deswegen hier, um meinen ganz elternlosen Kindern nicht wissentlich Unrecht geschehen zu lassen. Ein guter Name ist von einem guten Vater auch ein gutes Erbstück. Dieses Geld, das ich gut versorgt hatte, mußte ich in die Brandsteuer der Stadt Mediasch geben, um diese Stadt zu retten. In der vorfindlichen Obligation von 1000 fl. C.=M. besteht mein Anteil aus dieser Summe. Ich hatte kein eigenes Geld zu geben, da man mir in Kokelburg meine ganze Barschaft gestohlen hatte.

Die Zeit eilt. — Ob der kranke Leib meinen willigen Geist ehrlich tragen werde, weiß ich nicht. Alle, die ich beleidigt habe, bitte ich um herzliche Verzeihung. Ich meinesteils gehe aus der Welt ohne Haß und bitte Gott, meinen Feinden zu verzeihen. Mein gutes Bewußtsein wird mich auf meinem letzten Gange trösten. Gott sei mir gnädig, führe mich ins Licht, wenn ich im Dunkeln war, und lasse diese Voranstalten, die mich umgeben, meine Sühne sein für das, was ich in dieser Sterblichkeit gefehlt habe.

So sei es denn geschlossen — in Gottes Namen.

Klausenburg, am 11. Mai 1849.

Stephan Ludwig Roth,
evang. Pfarrer in Meschen.

Nachträglich muß ich noch ansetzen, daß ich weder im Leben noch im Tode ein Feind der ungarischen Nation gewesen bin. Mögen sie dieses mir, als dem Sterbenden, auf mein Wort glauben, in dem Augenblicke, wo alle Heuchelei abfällt.

Idem ut supra.

Dann redete er mit Pfarrer Hintz aus Klausenburg über eigne und Nationalangelegenheiten, ein mäßiger Sturm sei unserm Volk von Nöten gewesen, um die schlummernden Kräfte und das schlafende Selbstbewußtsein zu wecken, aber der Sturm, der nun gekommen, werde die Kräfte des Volkes ganz brechen — und dabei traten große Tränen in sein Auge. Nach tiefem Gebet, das die Umstehenden rührte, erklärte er noch einmal, er sei kein Feind der Ungarn, was er getan, sei geschehen, weil er die Überzeugung gehegt, sie seien im Unrecht und er müsse seinem Eide treu bleiben. So stellte er sich der Exekution zur Verfügung. Auf die Scheltworte, die aus der Menge an sein Ohr drangen, wies er auf den Heiland hin, dem sei das Gleiche geschehen. Auf dem Richtplatz bewunderte er noch einmal Gottes schöne Welt: „Wie ganz eigentümlich sieht sie aus, wenn man sie zum letztenmal sieht!" Ruhig schaute er auf die drängende Menge, gefaßt trat er ins Quarré und gab Pfarrer Hintz das Schnupftuch mit der Bitte, es in sein Blut zu tauchen und seiner ältesten Tochter zu schicken. Noch einmal wurde das Urteil vorgelesen, ein Lügengewebe nannte er die Anklagen — dann sprach er:

„Herr Hauptmann, ich habe eine Bitte. Um meiner Kinder willen bitte ich um Pardon." Als die vorausgesehene Antwort erfolgte, er habe keinen Auftrag Pardon zu geben, betete Roth noch ein Vater unser, dann warf er seinen Hut rückwärts in die Menge: „den brauche ich nicht mehr" und wendete sich zum Kommandanten: „Nun stehe ich zu ihrem Befehl, Herr Hauptmann." Die Augen wollte er sich nicht verbinden lassen — die Hände über der Brust gekreuzt stand er da, da krachten auf das Kommando „Feuer" drei Schüsse rasch nacheinander, der erste traf den Arm, er ließ ihn sinken, die zweite Kugel drang in die Seite, er sank ins Knie, die dritte traf das Haupt. Bebend trat der Offizier vor die Front: „Soldaten lernt von diesem Mann, wie man für sein Volk stirbt." — Es war noch nicht ein Jahr seit dem Unionslandtag verflossen.

Der Tod St. L. Roths, die Art wie er starb, ist auch ein Charakterzug im Bild der Sachsen im Jahr 1848/49.

Während dieses im Lande vorging, mußte u. a. Kronstadt eine Huldigungsdeputation an Kossuth nach Debreczin schicken mit einer Ergebenheitserklärung. Sie kam gerade an, als Kossuth in der ref. Kirche den Eid als Gouverneur abgelegt hatte. Er erklärte den Burzenländern: „Ich bin gewohnt aufrichtig zu sein, darum sage ich Ihnen, auf Worte gebe ich nichts, Taten müssen sprechen. Die Sachsen haben Vieles gut zu machen, da sie durch Aufhetzung der Walachen die Schuld so vieler Untaten der letztern tragen". Es war wieder ein Zeichen, wie wenig man in Debreczin die wirklichen Verhältnisse kannte.

Als Bem von seiner militärischen Expedition aus dem Banat zurückkehrte, gab er seiner Entrüstung in einem Aufruf „an die Bewohner Siebenbürgens" (Hermannstadt, 5. Juni 1849) offenen Ausdruck, daß seine Amnestie vielfach nicht eingehalten worden sei und befahl, alle Gefangene zu entlassen mit Ausnahme der Mörder und Räuber und solche, gegen die unwiderlegliche Beweise des Hochverrats vorlägen, „ich will, daß meine bis zu einer gewissen Grenzlinie von der Regierung anerkannte Amnestie eine Wahrheit bleibe und nicht angetastet oder gar zum Köder herabgewürdigt werde — und diesem meinem Willen werde ich Nachdruck zu verschaffen wissen... ich beabsichtige während des militärischen Provisoriums nicht nur die Zufriedenheit aller loyalen Staatsbürger zu begründen, sondern auch das Vertrauen und die Liebe zur ungarischen Regierung von Tag zu Tag immer mehr zu befestigen, was auch der persönliche Wunsch und Zweck des Regierungspräsidenten ist".

Es ist bezeichnend, daß diese Erfahrungen, die erschütternd in die Seelen fielen, sie zu innerer Einkehr drängten. Im Mai 1849 traten

in Hermannstadt eine Anzahl entschlossener Freunde der Naturwissen=
schaften zusammen und vollzogen die Gründung des länger schon geplanten
„Siebenbürgischen Vereins der Naturwissenschaften", zunächst ein Beweis
geistiger Kraft, die im Kriegsgetümmel und in der Sehnsucht nach fried=
licher und beruhigender Beschäftigung den Glauben an die Macht des
Ewigen nicht verliert, dann eine neue Zusammenfassung der Kräfte, die
mit kleinen Mitteln Großes geleistet hat. Die Brüder Karl und Michael
Fuß, damals junge Lehrer am Hermannstädter Gymnasium, bildeten den
Mittelpunkt. „Ihre runde Tischplatte beherbergte in der gemeinsamen
Wohnung lange Wochen hindurch die kargen Anfänge jener Vereins=
sammlungen, die jetzt so reichhaltig und wohlgeordnet eine Ehre uud
Zierde nicht nur Hermannstadts sind."

Es war keine Frage, ebenso wie Ungarn konnte auch Siebenbürgen
durch die österreichische Militärmacht allein nicht gehalten werden. Als
diese vor Bem in die Walachei hatte flüchten müssen, wandte sich die
österreichische Regierung nach Petersburg um Verstärkung der russischen
Hülfe und (im Mai 1849) um Einmarsch in Ungarn. Der Zar ging
darauf ein und FM. Paśkiewitz rückte in Ungarn, Lüders aufs neue
in Siebenbürgen ein, ein Aufruf an die Bewohner Siebenbürgens, datiert
Predial am 19. Juni, verhieß allen Guten Schirm und Schutz und den
Ruhestörern strenge Strafe. Die Einmischung der Russen empörte die
Gemüter in Ungarn bis ins tiefste Innerste. Unter dem 18. Mai 1849
protestierten Reichstag und Regierung gegen den russischen Einmarsch
und riefen das ganze Volk im Namen des Heilands zum heldenhaften
Kampf auf, drei Wochen hindurch sollten in allen Kirchen Sonntag und
Donnerstag Messen gelesen und Gebete gehalten werden gegen die russische
Invasion, an jenen Tagen zweimal die Glocken geläutet werden und der
6. Juni ein allgemeiner Fasttag sein, den Russen aber keine Lebens=
mittel oder Unterstützungen irgend welcher Art gegeben werden. In
Ungarn war Haynau der österreichische Oberbefehlshaber geworden, Ende
Juni war Westungarn wieder unterworfen und nun begann das große
Kesseltreiben, von Süden Jellachich, im Norden die Russen, aus Sieben=
bürgen die Russen und Österreicher, erschütternd und ergreifend, da es
das Ringen eines ganzen Volkes um Güter in sich faßte, die dieses als
seine höchsten ansah, erkältend und abstoßend, da soviel kleinlicher Neid,
Rivalität und persönliche Ziele in die allgemeine Sache sich hineinmischten.
Am 8. Juli mußte die ungarische Regierung zum zweitenmal Pest ver=
lassen, sie flüchtete nach Szegedin, da der Weg nach Debreczin durch die
Russen versperrt war. Am 2. August stand Haynau vor Szegedin. Am

12. Juli war Kossuth dort eingetroffen, entmutigt, schwankend, auch seine Reden zündeten nicht mehr. Am 28. Juli hielt der Reichstag noch eine Sitzung; er ahnte das nahe Ende. Der Ministerpräsident Szemere hielt eine große Rede, in der er ausführte, daß die Revolution auf drei Grundideen wie auf festen Säulen ruhe: die parlamentarische Regierungsform, — die sei verwirklicht —, die persönliche Gleichberechtigung — die sei so rasch und tief wie nirgend sonst in das Blut des Volkes übergegangen; die dritte sei die freie Entwicklung der Nationalitäten; in bezug auf diese sei noch sehr wenig geschehen. Dies müsse nachgeholt werden, damit die Volksstämme sähen, das magyarische Volk befolge nicht die österreichische Politik der Unterdrückung, damit die Welt sähe, „daß wir den Bürgern nicht bloß die Freiheit geben, sondern den Völkern auch ihre eigne Nationalität geben, wir die wir dieses Land erobert, diesem Reich den Namen gegeben haben, die wir um die Freiheit in jedem Jahrhundert einen neuen Kampf geführt haben, daß wir alle Völker als Brüder ansehen, daß dieses Wort nicht nur auf unsern Lippen ist, sondern auch in unsern Herzen wohnt." Ausgehend von diesen Grundsätzen, „welche die magyarische Politik aus ihren frühern Vorurteilen herausheben und die Nationalitäten nicht als Gegner sondern als gleichgesinnt ansehen", beantragte er auszusprechen, daß bei Aufrechthaltung des Magyarischen als Regierungssprache der freie Gebrauch der andern Sprachen in den öffentlichen Verhandlungen der Gemeinde und Komitate und Gerichte gestattet werde, Gemeinden und Komitate sollten sich die Amtssprache wählen, in der Volksschule die Muttersprache herrschen, die Kirchenbücher in der Muttersprache der Gläubigen geführt werden, Appellationen in der Muttersprache der Kläger gestattet sein, das alles „zur völligen Beruhigung der nichtmagyarischen Bürger des Vaterlandes."

Es war wie wenn im Sterbenden das Gewissen erwacht. Mit der Sprachenfrage hatte die neue Bewegung begonnen, mit einer Erklärung über diese Frage schloß sie. Aber auch die hier beantragten Zugeständnisse fanden nicht den Beifall des ganzen Parlaments, nur eine Mehrheit nahm sie an. „Den Magyaren konnte, wie die Sachen standen, die Gleichstellung der andern Nationalitäten keinen Schaden bringen, die bisher so eifersüchtig bewahrte Suprematie jetzt, wo es sich um das nackte Dasein handelte, nicht mehr so sehr am Herzen liegen. Dagegen war es wohlbekannt, daß der österreichischen Regierung die ehedem soviel gepriesene nationale Gleichberechtigung schlecht mundete, die kleinen ungarischen Völkerschaften mit Mißtrauen nach Wien zu blicken begannen. Als die Majorität des Szegediner Parlaments das gleiche Recht aller Nationalitäten verkündigte, dachte sie schadenfroh an den Erben ihrer Macht, an das österreichische Ministerium, welches sich doch von den Rebellen an Gerechtigkeitssinn nicht überbieten lassen durfte." (Springer.) Auch Szilagyi schreibt mit Recht: „Die letzten Reden mögen wohl im Munde eines Volkes, das sich inmitten von Siegen ein ewiges Leben bereitet, am Platze gewesen sein, aber nicht auf diese Art und nicht hier." Wenn in den langen Konferenzen, die der letzten Sitzung und der Beschlußfassung vorausgingen, der Gedanke ausgesprochen wurde, man müsse den Nationalitäten Zugeständnisse machen, um sie zu beruhigen und sie auf die Seite der Revolution zu bringen, so konnte doch kein Politiker meinen, das sei im Augenblick möglich, wo sie mit den Waffen in der Hand, um auch die ihnen solange verweigerten Rechte zu erobern, eben daran waren, den vollen Sieg zu erringen.

Am selben Tag (28. Juli) mußte Parlament und Regierung aus Szegedin nach Arad weichen; am 11. August zwang der Kriegsrat Kossuth zur Abdankung und ernannte Görgei zum Diktator, der schon mit der Debrecziner Erklärung vom 14. April nicht einverstanden gewesen war, der jeder Selbsttäuschung fern, damals am liebsten mit den Waffen in der Hand einen Ausgleich mit dem Haus Habsburg gesucht hätte, was Kossuth erst im geheimen, dann offen als Görgeis Verrat bezeichnete.

Dieser wußte schon seit längerer Zeit, daß angesichts der Siege der Feinde nichts als die Unterwerfung übrig blieb. Schon am 11. August schrieb er an den russischen General Rüdiger: „Beeilen Sie sich, wenn Sie fernerem unnützem Blutvergießen Einhalt tun wollen, den traurigen Akt der Waffenstreckung in der kürzesten Zeit, jedoch derart möglich zu machen, daß er nur vor den Truppen Sr. Majestät des Kaisers von Rußland stattfinde, denn ich erkläre feierlich, lieber mein ganzes Korps in einer verzweifelten Schlacht gegen welche Übermacht immer vernichten zu lassen, als die Waffen vor österreichischen Truppen unbedingt zu strecken."

Am 13. August fand bei Vilagos die Waffenstreckung statt und Paskiewits meldete nach Petersburg: „Ungarn liegt zu den Füßen Eurer kais. Majestät."

Vergebens hatten die Führer des ungarischen Hauptheers auf Bems Unterstützung gewartet, auch in Siebenbürgen hatte das Schicksal gegen ihn entschieden.

Unter heftigen Kämpfen waren die Russen, nach dem Einmarsch im Juni in Siebenbürgen vorgerückt und hatten Kronstadt am 20. Juni und das Burzenland besetzt. Von da aus rückten die Kaiserlichen ins Szeklerland, doch ohne es völlig zu unterwerfen, während ein Teil der Russen über Fogarasch nach Hermannstadt marschierte, ein Teil über Reps nach Schäßburg. Am 21. Juli war Hermannstadt in den Händen Lüders, nachdem die Feinde sie schon zwei Tage früher verlassen hatten. Schon am 24. Juli erließ der k. k. Kommissär Franz von Dorsner eine Verordnung, mit der alle Kundmachungen und Anordnungen der revolutionären Regierung aufgehoben, die ungarischen Banknoten für ungültig erklärt wurden, den einzelnen Nationen wurde Schutz der nationalen Entwicklung und Gleichberechtigung der Sprachen zugesagt, alle „die Suprematie der magyarischen Sprache begründenden Gesetze" wurden für aufgehoben erklärt.

Am 30. Juli 1849 war der russische Flügel in Reps, wo eine Zeit lang Oberst Kiß kommandierte, der eine Brandsteuer von 15.000 fl. von Reps und von mehreren tausend Gulden von den umliegenden Gemeinden erhob; zuletzt hatte Oberst Dobay den Oberbefehl gehabt. Das Marktamt hatte für die Verpflegung sorgen müssen. Jeden Tag brachten die Bewohner das Brot aus jedem Haus auf den Markt, wo es unter die Truppen verteilt wurde, den Speck lieferte der Speckturm auf der Burg. Die Repser Fleischhauer mußten täglich die 16 Stück Großvieh schlachten, die aus den Herden der Umgegend requiriert wurden. Nun lagerten die Russen in den breiten Gassen und auf dem Markt und die Lagerfeuer erhellten die sonst dunklen Nächte. Nebeneinander standen die vielen Feldkessel, in denen gekocht wurde. Es war allgemein erlaubt, das Holz für die Feuer aus den Höfen zu holen. Zur Schlacht bei Schäßburg (am 31. Juli) langten diese Truppen zu spät an.

Auch im Norden des Landes waren die Russen aus der Bukowina ins Land eingerückt, unter General Grotenhjelm, der die ungarischen Truppen bis Bistritz zurückdrängte, das am 21. Juni von den Russen eingenommen wurde. Bem befand sich in Klausenburg auf einer Inspektionsreise, ging sofort zu der Nordtruppe und das alte Glück war ihm noch einmal hold. Bevor er von Klausenburg fort ging, wandte er sich noch einmal „an die Bewohner Siebenbürgens" (24. Juni), sie sollten sich ruhig verhalten und keiner Furcht Raum geben, der Feind werde in kurzem vertrieben sein: „Die gegen die ungarische Freiheit und Unabhängigkeit feindlich gesinnten Bewohner dieses Landes — nämlich die Sachsen und die Walachen — fordere ich ernstlich auf, sich auf keine Weise bei diesem Kampf zu beteiligen sondern ruhig zu bleiben, denn ich verlange von ihnen nicht, daß sie mithelfen sollen, die Russen und Österreicher hinauszujagen; aber darum, weil ich dieses nicht verlange, kann ich nicht zugeben, daß sie im Einverständnis mit unsern Feinden gegen meine Armee konspirieren oder ihnen irgend eine andre Hülfe zu meinem Nachteil leisten." Wer dies dennoch tue, werde aufs strengste bestraft werden. Am 26. Juni verkündete ein Bulletin: "Heute haben wir Bistritz ohne Schwertstreich genommen. Der Feind hat sich zurückgezogen und ich hoffe ihn weiter zu verfolgen und über die Grenze Siebenbürgens zu jagen." Aber Bem mußte vor der russischen Übermacht die Stadt wieder räumen, die in jenen Tagen bald von der einen bald von der andern Seite besetzt wurde. Bem war in diesen Tagen mit den Szeklern sehr unzufrieden. Ein Teil hatte am 27. und 28. Juni in "schändlicher Flucht" das Schlachtfeld verlassen, das Kriegsgericht über sie war so ausgefallen, daß Bem in einem Tagesbefehl vom 5. Juli erklärte, "daß ich entweder Massen von Szeklern müßte erschießen oder zu Hunderten prügeln lassen. Das Erstere will ich nicht, weil ich glaube, daß die dem Schrecken Unterlegenen dem Vaterlande und der Freiheit noch gute Dienste werden leisten können, wenn sie ihre weibische Furcht besiegt haben und zu sich gekommen sind; und das zweite nicht, weil ich euch nicht wie das Vieh behandelt wissen will. Ich habe demnach beschlossen, diesmal noch Gnade für Recht ergehen zu lassen und allen am 27. und 28. Juni flüchtig gewordene Honveds zu verzeihen. . . . Seid eurer Abstammung von den heldenmütigen Hunnen und eures großen Königs Attila würdig!" Als die kaiserlichen Truppen bis Sächsisch-Reen vorrückten, wandte Bem sich ins Szeklerland, um dort noch einmal zusammenzuraffen, was an Streitkräften möglich war und gelangte mit seinen Truppen bis in die Moldau, ein nutzloser Zug, der einige Beute, doch keinen namhaften Erfolg brachte. Unterdes war der Unterwald von den kaiserlichen Truppen besetzt worden und Lüders rückte von Hermannstadt nach Schäßburg, wo er unvermutet am 31. Juli von Bem angegriffen wurde. In der Ebene zwischen Schäßburg und Weißkirch trafen sich die Feinde. Eine heftige Kanonade eröffnete die Schlacht, eine der ersten Kugeln traf den russischen General Skariatin, an der Stelle, die heute noch das Denkmal bezeichnet, dann befahl Bem einen Bajonettangriff auf die russische Infanterie, den Lüders mit einer Attacke seiner Uhlanen beantwortete. Vom Schäßburger Schulberg sah man die flatternden Fahnen, erblickte die anstürmenden Reiter, auf dem Hennerberg hörte man das Wehgeschrei der Niedergerittenen, in der Stadt klangs wie das Geräusch fallender Garben, Bems Truppe war zersprengt und suchte den Weg nach Kereßtur. Dort im Kampf bei Schäßburg fiel Petöfi, der als Adjutant Bems mitgezogen war, Bem selbst geriet in einen Sumpf, in dessen Schlamm er sich verbarg, bis er mit Einbruch der Nacht einsam auf Kereßtur zu ging; einer seiner Adjutanten kam ihm auf der Suche nach seinem Leichnam entgegen. Er eilte sofort nach Vasarhely und von dort mit den übriggebliebenen Truppen über Mediasch nach Hermannstadt, während Lüders ihn in Kereßtur suchte; zum zweitenmal war Bem fast das gleiche Kunststück gelungen, vom Feinde unbemerkt nach Hermannstadt zu kommen. Er besetzte die Stadt am 5. August, doch schon am Morgen des 6. stand Lüders mit seinen Russen auf der Höhe von Großscheuern. Beim Vorrücken der Russen soll Bem in Hermannstadt gesagt haben: „Da kommt mein alter Freund Lüders. Er war in der Schule immer vor mir, er wird mich auch heut überwinden." Die ehemaligen russischen Schulkameraden trafen sich zum letztenmal in Siebenbürgen. Noch einmal kam es in der Ebene bei Hermannstadt zur Schlacht. Bem stellte einen Teil seiner Streitmacht in der Ebene vor der Stadt auf, einen Teil sandte er zur Verfolgung des Generals Hasford, der sich nach Talmesch zurückgezogen hatte. Als dieser den Kanonendonner hörte, erriet er, daß Lüders heranrücke und schritt auch zum Angriff, so daß Bem zwischen zwei Feuer geriet und eine vollständige Niederlage erlitt. Alle Kanonen fielen in die Hände Lüders, Bem entkam nur wie durch ein Wunder der Umzingelung der Uhlanen und wandte sich gegen Temesvar, wo er am 8. August ankam, um die letzten Zuckungen der Revolution mitzumachen. Er wollte, als dort alles umsonst war, nach Siebenbürgen zurückkehren und forderte Kossuth auf, mit ihm zu gehen und dort den Verteidigungskrieg bis zum äußersten fortzusetzen. Kossuth antwortete, daß er nur auf Aufforderung der Armee und der Nation abermals an die Spitze der Regierung treten könne, die Armee sei in der Auflösung begriffen, den Krieg nur um des Krieges Willen fortsetzen, wolle er nicht, auch nicht die Hand dazu bieten, daß mit Gewaltmaßregeln gegen das Volk die Armee erhalten und zusammengehalten werde, doch wurde die Antwort von den Österreichern aufgefangen und kam nicht in Bems Hände. In der Tat kam Bem nach Deva zurück, bis wohin die Russen vorgedrungen waren, doch war die Auflösung und Desertion bei den ungarischen Truppen eine so allgemeine, daß auch Bems Feuergeist nichts ausrichten konnte. In kleinern und größern Abteilungen wurden sie abgefangen, bei Deva, Hatzeg, Karansebes, am 25. August der Rest zwischen Orsova und Mehadia. Im Innern des Landes waren sie zerstreut worden. Am 19. August war Bem auf einsamen Gebirgspfaden mit einem kleinen Päckchen, das seine Habseligkeiten enthielt, ohne Geld der türkischen Grenze zugeritten — er ist in der Türkei nach seinem Übertritt zum Muhamedanismus am 10. Dezember 1851 gestorben. Kossuth hatte die ungarische Krone bei Orsova vergraben und hatte gleichfalls Zuflucht in der Türkei gesucht.

Der Krieg war zu Ende.

Und nun folgte die blutige Rache an den Führern, deren man habhaft werden konnte, ein schauerliches Nachspiel trauriger Ereignisse, das eine Erklärung nur darin findet, daß es Strafen für ähnliche Taten bringen wollte. Doch trafen sie vielfach Schuldlose. Der einstige Ministerpräsident Graf L. Batthyany wurde in Ofen am 6. Oktober erschossen, am selben Tag fanden 13 Generäle in Arad den Tod durch den Strang oder Pulver und Blei, am 20. Oktober wurde Csanyi gehängt, zahllose wurden, da man sie nicht greifen konnte, mit dem Namen an den Galgen genagelt. Haynaus blutige Strenge machte seinen Namen und Österreich unauslöschlich verhaßt. Vor das Kriegsgericht zu Arad kamen 490 ehemalige kaiserliche Offiziere. Ein einziger wurde sofort begnadigt, Arthur Görgei, für den der russische Kaiser ausdrücklich und persönlich Fürsprache einlegte. Auch für die übrigen legte Paskiewits und der russische Thronfolger Fürsprache ein, was selbst guten Österreichern tiefes Weh im Herzen weckte. Haynau hatte Schreckliches vor, am 24. August schrieb er: „Über die Chefs, Deputierte und Offiziere behielt ich mir die weitere Bestimmung vor, welche darin besteht, daß ich die Chefs alle hängen, die österreichischen Offiziere, welche Dienste bei dem Feinde genommen, erschießen, die ungarischen Offiziere, welche früher im Zivilstande oder als Feldwebel in unsern Diensten waren, als Gemeine assentieren lasse. Dieses schreckliche Beispiel bin ich der Armee und der Welt zum abschreckenden Beispiel schuldig." Umsonst mahnte der österreichische Minister Wessenberg, „man muß auch versöhnen, sonst ist kein Frieden auf die Dauer denkbar." Die ungarische Emigration aber entfaltete, wesentlich auch durch diese nachträglichen Leiden in der Sympathie Europas befestigt, in Frankreich, England, Italien, Deutschland, ja in Amerika eine außerordentliche Tätigkeit, die das eine Ziel hatte, die österreichische Politik und „die Feinde der Revolution" zu diskreditieren. Durch einseitige Beleuchtung der Verhältnisse, durch ungerechte Beurteilung der sächsischen Haltung gelang es ihnen, wesentlich unterstützt durch den allgemeinen Unmut über die kleinliche und unvernünftige Reaktion in fast allen Ländern Europas, für Jahre hinaus die Sachsen als Reaktionäre, als Feinde der Freiheit zu verschreien.

Wer billig urteilt, kann unschwer die Haltlosigkeit des Vorwurfs nachweisen. Die Sachsen waren bei ihrer Haltung von dem gleichen

Grundgedanken, demselben Hauptziel geleitet, die die Magyaren zu ihrem Vorgehn bestimmten, sie wollten Sicherung ihrer nationalen Entwicklung. Die Mehrzahl hoffte sie in einer bedingten Union mit Ungarn zu finden. Als diese Bedingungen verworfen wurden, mußten sie die Sicherung auf diesem Weg für unmöglich halten und auf die andre Seite treten.

Am 19. Juli 1849 war FML. B. Wohlgemuth — nach der Versetzung Puchners nach Verona, der schon am 22. Juli in Bukarest eingetroffen war und von dort eiligst nach Wien gereist war, — zum Zivil= und Militärgouverneur für Siebenbürgen ernannt und Ed. Bach, ein Bruder des Ministers, ihm als k. Kommissär an die Seite gegeben worden. Der sächsischen Nation wurden diese Ernennungen mit dem Bei= satz bekannt gegeben, daß der Kommissär auch die früher B. Geringer übertragene Mission zu übernehmen habe, daß also die Nation ihre Bitten an die neuen Funktionäre zu richten habe, deren Verfügungen als vom Kaiser ausgehend anzusehen seien. Der Auftrag, den sie von Wien mitbekamen, ging dahin, die Autorität der Regierung wieder herzustellen und „den verhaßten ungarischen Sprachzwang mit allen seinen Folgen zu beseitigen", Ordnung und Ruhe und eine regel= mäßige Verwaltung zurückzuführen. Die Sonderstellung Siebenbürgens sei völlig zu beseitigen, die Administration besonders bei den Sachsen „in Anerkennung ihrer besondern Treue" nach den Zusicherungen des Manifestes vom 21. Dezember 1848 einzurichten, aber auf gleichem Fuß wie in den Erbländern zu organisieren. Als weitere Aufgabe sei die Einfügung Siebenbürgens in den Gesamtstaat vorzubereiten. Sämtliche der Regierung nicht wahrhaft ergebenen Beamten sollten entfernt werden, gegen die kompromitierten Individuen standrechtlich vorgegangen, die nötigen Kriegsgerichte eingesetzt werden. Das Land wurde in Verwaltungs= distrikte eingeteilt, an deren Spitze militärische Distriktskommandanten und Zivil=Oberkommissäre stehen sollten. Zur Verwaltung der Unter= distrikte sollten Regierungskommissäre ernannt werden, alle natürlich vom Gouverneur abhängig. Für das Sachsenland bestimmte das Ministerium als Oberkommissär den Komes (Salmen), der Vorschläge für die zu bestellenden untern Verwaltungsorgane machen sollte. Im Sachsenland sei „der Kriegszustand in der mit den militärischen Rücksichten verein= barlichen Mäßigung zu handhaben." „Was schließlich die sächsische Nation betrifft — so schließt die Instruktion — wird der k. Kommissär ... die organische Verbindung des Sachsenlandes mit dem Gesamtstaat, im Verein mit der verfassungsmäßigen Vertretung der Nation, wenn die Verhältnisse es gestatten, in Angriff nehmen, und seine Vorschläge hie=

rüber im Einvernehmen mit dem Zivil- und Militärgouverneur dem Ministerium vorlegen." Unter demselben Tage wurde die „getreue sächsische Nation" verständigt, daß an Stelle des Frh. v. Geringer E. Bach entsendet werde, um wegen der organischen Einfügung des Sachsenlandes in die Gesamtmonarchie mit der Nation zu verhandeln und ihre Anträge dem Thron vorzulegen.

Als der erste Geburtstag des jungen Kaisers am 18. August 1849 im Lande gefeiert wurde, wurde die Nachricht von der Kapitulation bei Vilagos allgemein bekannt und das Land atmete auf, der Friede kam heraufgezogen mit allen seinen Hoffnungen. Eine Vertretung der Nation in Wien schrieb am 15. September 1849 an Radetzky eine begeisterte Huldigung, den Schirmer des einigen und mächtigen Österreich, der am 5. November tiefgerührt dankte: „So lange die Geschichte die Ereignisse der letzten Jahre bewahrt, wird sie das treue Ausharren der Sachsen unter furchtbarer Bedrückung nicht vergessen. Freudig hat sie das Herzblut vergossen für das Gemeinsame eines Vaterlandes, hat die blühenden Felder verwüsten, ihren Herd vernichten gesehen, aber Treue bewahrt dem angestammten Herrscherhause. Dafür zollt ihr das gesamte Vaterland unvergänglichen Dank, besonders aber wir, des Kaisers Soldaten, die in ihr den treuesten Bundesgenossen fanden.... Möge Ihnen die ewige Gerechtigkeit alle Segnungen des wieder begründeten Friedens zuteil werden lassen, damit die schweren Wunden geheilt werden, die der Krieg Ihnen schlug; sagen Sie den treuen Sachsen, daß die größte Achtung für sie in meinem Herzen eingegraben ist."

Aber die Segnungen des Friedens wollten nicht kommen. Die Städte waren gebrandschatzt und geplündert, die Dörfer verbrannt, das Volk verarmt, viele Tausende waren dahingemordet oder im Kampf gefallen. Unvergeßlich blieb es dem Geschlecht, was die wortreich verkündete „Freiheit" ihm gebracht, Grausamkeiten und Schrecknisse, Zerstörung und Taten menschlicher Leidenschaft, die am besten vergessen werden und die zu vergessen so schwer war. Und Härteres kam nach. Das sächsische Volk hatte diese Opfer auf sich genommen, um sich die nationale Entwicklung zu sichern; nun fand sie grade von jener Seite keine Förderung, für die das Volk geblutet hatte. Es war für die Gesamtmonarchie eingetreten, weil in ihr Recht und Volkstum gesichert zu sein schien, und das eine wurde vernichtet und das andre nicht beachtet; für die Freiheit und die historische Mission des Deutschtums im Lande hatte es das Schwert gezogen und Verfolgung erlitten und alles schien umsonst gewesen zu sein. Damals schrieb G. Freytag in den Leipziger

Grenzboten über die allgemeinen Verhältnisse: „Ungarn ist besiegt, soweit man aus der Ferne seinen Kampf beurteilen kann. Österreich aber hat durch diesen Sieg eine große Pflicht übernommen, die Pflicht, der ungarischen Nation an der Stelle seiner Nationalität ein höheres Glück zu schaffen: ein freies Leben in einem vernünftig geordneten Staat. Erfüllt es diese Aufgabe, so wird sein Kampf gegen Ungarn ein gerechter werden; wo nicht, so wird die Niederlage Ungarns das Verderben für Österreich sein."

Das „freie Leben" in einem „vernünftig geordneten Staat" wollte sich nicht finden, weder für die Sieger, noch die Besiegten.

Aber eins hat jenes Geschlecht hier nie verloren, die Überzeugung, daß es so und nicht anders handeln mußte. Die Stellung des sächsischen Volks im Jahre 1848/49 entsprach seiner Vergangenheit und diese Stellungnahme rettete ihm den Zusammenhang der Gegenwart mit der Vergangenheit. Auf der andern Seite hat grade diese Stellungnahme das Hineinfinden in die Verhältnisse, die 1867 begannen, wesentlich erschwert.

Was die Reformarbeit in den vierziger Jahren schon gezeigt hatte, das wurde durch die Ereignisse der Revolution und durch das, was ihr folgte, neuerdings zur Wahrheit: dieser kleine Volksstamm war nur auf sich selbst angewiesen und mußte darum immer aufs neue sehen, sich innerlich zu kräftigen. „Der Nationalkörper ist zerschlagen — schrieb St. L. Roth vor seinem Tode — ich glaube an keine äußerliche Verbindung der Glieder mehr. Um so mehr wünsche ich die Erhaltung des Geistes, der einmal in diesen Formen wohnte. Ich bitte daher meine hinterbliebenen Brüder dafür zu sorgen, um edeln, festen Charakter, reine Sitten und Redlichkeit des Willens in dem Volk zu erhalten."

Die sächsische Politik der folgenden Jahre war von diesen Gedanken getragen und sie sind der Schlüssel für das Verständnis der folgenden Zeiten.

Viertes Buch.

1850—1868.

XIII.

Der Kampf gegen den Absolutismus.
1850—1860.

Wenn das Gewitter vorüber ist, grollt der Donner noch einige Zeit nach und nur langsam verschwinden die Wolken. Es kommt wohl auch vor, daß an dem blau werdenden Himmel nun von einer andern Seite die Wolkenwand aufsteigt und neues Düster verhüllt die Sonne.

Das Bild aus der Natur wiederholte sich buchstäblich in der politischen Geschichte des sächsischen Volkes nach der Revolution.

Zunächst dauerte es noch eine geraume Zeit, bis völlig friedliche Verhältnisse einkehrten. Noch waren die Russen in Siebenbürgen, dazu österreichische Truppen. An die 30.000 Mann standen bei Hermannstadt und im Reußmärkter Stuhl, sie verlangten Verpflegung und mehr als einmal war es nicht leicht, unbillige Forderungen abzuwehren. Am 6. September verließ Lüders Hermannstadt, im November folgte der letzte Rest der Truppen ihm in die Walachei. Eine dauernde Erinnerung hat der russische Einmarsch außer der politischen Verstimmung hinterlassen, die „russische Distel", die seither an Wegen und im Felde der vielbekämpfte dornige Gast des Landes blieb.

Inzwischen war der Gouverneur FML. Baron Wohlgemuth, dann der Kommissär für Zivilangelegenheiten E. Bach ins Land gekommen, auch die Flüchtlinge kehrten allmählich zurück, es begann die neue Organisation des Landes, in dem — das Sachsenland ausgenommen — alle alten Gewalten und Organisationen in Trümmer lagen.

Das Land wurde provisorisch in sechs Distrikte eingeteilt, wobei nach Möglichkeit die Rücksicht auf nationale Sonderung maßgebend war. Aus dem alten Sachsenland wurde, mit Einschluß der verschiedenen Komitatsenklaven, der Hermannstädter Distrikt gebildet, zu dem noch S.=Reen und Tekendorf mit seinen deutschen Gemeinden gehörte, das Szeklerland, gleichfalls mit den Komitatsenklaven, doch ohne den Aranyoscher Stuhl, bildete den Udvarhelyer Distrikt, der Retteger Distrikt umfaßte die östlichen Teile des Kövarer Distrikts, den Inner=Szolnoker, Dobokaer,

Koloscher und Thordaer Komitat; der Kraßnaer und Mittel-Szolnoker Komitat und der Aranyoscher Stuhl wurde im Klausenburger Distrikt zusammengefaßt, der Fogarascher Distrikt aufrecht erhalten, der Rest als Karlsburger Distrikt organisiert. Sämtliche Distrikte wurden in Bezirke eingeteilt, im Hermannstädter blieb die Einteilung der Stühle bestehen. An der Spitze jedes Distriktes stand ein Militär-Distriktskommandant und ein Distrikts-Oberkommissär. Im Sachsenland blieben die alten Beamten zunächst in ihren Stellungen, Komes Salmen als Distrikts-Oberkommissär. Bis zur gesetzlichen Vereinbarung mit der Krone sollte im Sachsenland der altgesetzliche Stand aufrecht erhalten bleiben. Auch das „Gouvernement", die oberste Regierung im Lande konstituierte sich, unter den Beamten gab es im ganzen Land eine Menge Sachsen, vor allem wegen ihren Sprachkenntnissen gesucht, dann weil Magyaren sich zunächst nicht wollten verwenden lassen, deren viele politisch kompromittiert waren.

Und nun begann eine Geschäftigkeit, die an sich begründet von Anfang an sicheres Zielbewußtsein vermissen ließ. Das zeigte sich schon darin, daß nahezu alles von vorneherein als provisorisch hingestellt und eingerichtet wurde, von der neuen Landeseinteilung an und dem Grundsteuerprovisorium bis zu den naturgemäß nur vorübergehenden Einrichtungen und Befehlen vom Tag für den Tag. Die Finanzverwaltung wurde neu eingerichtet, dem Oberlandeskommissariat eine andere Form und ein anderer Wirkungskreis gegeben, ein Oberlandesgericht in Hermannstadt eingesetzt, das aber für das Sachsenland zunächst nicht galt, weil die Nationsuniversität oberste Gerichtsinstanz blieb, die Staatspolizei wurde eingerichtet, die Militärgrenze aufgehoben, die Gendarmerie eingeführt, Handelskammern errichtet. Noch stand das Land unter dem Belagerungszustand und die Kriegsgerichte waren nicht zur Ruhe gekommen. Daneben wurde die Erinnerung an die Toten des Bürgerkriegs im Lande gefeiert. In Gottesdiensten gedachte man der Opfer der bösen Zeit, in Hermannstadt predigte am 20. Januar 1850 in der Pfarrkirche Bischof Binder, „im Geist des Herrn, des Gesetzes und der Versöhnung", „er predigte die Herrschaft des Gesetzes, er mahnte zur Versöhnung der Völker und Stämme — der Hauch der Versöhnung griff mächtig an das Herz der Zuhörer". Bei Schäßburg wurde das Denkmal Skariatins errichtet, in Mediasch aus Sammlungen der Volksgenossen das Denkmal St. L. Roths, dessen Leiche dorthin überführt worden war, zu deren Beisetzung die Schäßburger zahlreich zu Fuß hinübergegangen waren und die unter Beteiligung der Jäger und des Militärs stattfand. Für die hinterbliebenen Kinder hatte der Kaiser Erziehungsbeiträge gewidmet.

Das Sachsenland spürte von dem Belagerungszustand anfangs weniger als das übrige Land. Dankbar hatten die heimgesuchten und geplünderten Gemeinden und die einzelnen am schwersten Getroffenen ein Ärarialdarlehn von 1½ Million Gulden empfangen, S.-Reen zur Herstellung der zerstörten Heimat ein besonderes von 200.000 Gulden. Aber neben diesen privaten Sorgen schwanden die öffentlichen nicht. Die Gemüter harrten erwartungsvoll der Durchführung der Reichsverfassung und sahen zwei Grundsätze als festen Boden für die Weiterentwicklung an: die in dem Manifest vom 21. Dezember 1848 und im Reskript vom 22. Dezember 1848 ausgesprochene unmittelbare Unterstellung des Sachsenlandes unter die Krone und die unmittelbare Verbindung der Universität mit dem verantwortlichen Ministerium. Dabei galt als selbstverständlich, daß die liberalen Grundsätze der Reichsverfassung vom 4. März 1849 nun auch hier ihre Durchführung fänden. Die sächsische Nationsuniversität hatte sich schon 1848 offen für „die lebendigste Staatseinheit" ausgesprochen und auf ihre Wünsche eingehend hatte die Krone (21. Dezember 1848) „das uralte Recht der unmittelbaren Unterstellung der sächsischen Nation unter die Krone" wiederhergestellt und den andern Wünschen, in den Verband der Gesamtmonarchie zu treten, der unmittelbaren Verbindung mit dem Ministerium in Wien, der Vertretung der Nation auf einem allgemeinen österreichischen Reichstag, die Genehmigung erteilt. Es galt nun diese Gedanken zu verwirklichen. Als die Nationsuniversität an sie herantrat, hatte sie keine Kenntnis, nicht einmal eine Ahnung davon, daß in den leitenden Wiener Kreisen die Reichsverfassung vom 4. März 1849 im Grunde schon aufgegeben war und damit so vieles, was mit ihr zusammenhing. So begann die Nationsuniversität ihre Neuarbeit mit dem tragischen Mißgeschick, daß was sie schuf von vornherein vergebliche Arbeit war, ohne daß sie es wußte.

Die 22 Männer, die die Nation in den Konflux geschickt hatte, der am 17. Dezember 1849 zusammentrat, — mit Ausnahme der beiden Hermannstädter Vertreter Zimmermann und Heinrich Schmidt, beide Professoren an der dortigen Rechtsakademie, lauter Beamte aus den Städten und Stühlen, — gingen guten Muts an die Arbeit, „die zum weitern organischen Anschluß an die Gesamtmonarchie erforderlichen und den zukünftigen Verhältnissen des Sachsenlandes entsprechenden Einrichtungen zu beantragen." Sie taten das, indem sie ihre Anschauungen in fünf großen Vorstellungen der Regierung darlegten: betreffend die politische Einteilung des Sachsenlandes (12. Januar 1850), die Landesverfassung desselben und die Landtagswahlordnung (8. Februar 1850),

über den politischen Verwaltungsorganismus (15. Februar 1850), über
den gerichtlichen Verwaltungsorganismus (4. März 1850), und das im
Sachsenland einzuführende Gemeindegesetz (6. März 1850).

Die Universität ging dabei von zwei Grundanschauungen aus.
Sie erkannte die Reichsverfassung vom 4. März 1849 als Grundlage
der neuen Entwicklung rückhaltlos an und zog daraus die Folgerung:
„es können daher auch bloß jene bisherigen Rechte der sächsischen Nation,
welche mit dem Einheitsstaat in keinem Widerspruch stehen, aufrecht erhalten werden." Damit war zugleich ausgesprochen und anerkannt, daß
die Nation „sehr wichtige, ihr teuer gewordene Rechte" durch die Reichsverfassung verliere. Den einzigen Trost für diese Verluste fand sie in
der Hoffnung der unmittelbaren Unterstellung unter die Krone und der
Erhaltung als Nation, damit im Zusammenhang der Beibehaltung der
„noch niemals in Frage gestellten vielhundertjährigen Institution eines
eignen sächsischen Landtags." Aber inmitten der Nation war die Befürchtung nicht abzuweisen, daß es mit jenen Versprechungen aus dem
Jahre 1848 am Ende nichts sei. Die Hermannstädter Kommunität gab
ihr (7. Januar 1850) Ausdruck, indem sie in einer Vorstellung an das
Ministerium schrieb: „Die sächsische Nation kann an ihre Vernichtung
nicht glauben. . . . Jetzt, nach so vielen Leiden und Stürmen, nach so
redlicher Aufopferung der sächsischen Nation für den Staat, kann und
darf das Manifest nicht bloß dazu dienen, die Archivsakten der Vergangenheit zu vermehren." Von dem Gedanken der einheitlichen Monarchie
aus beantragte die Universität die Einführung des österreichischen allgemeinen bürgerlichen Gesetzbuchs auch für das Sachsenland, des Straf-
rechtes, der Gerichtsverfassung, des Gerichtsverfahrens, wie es für die
österreichischen Länder galt. Um die Nation als solche zu erhalten,
wurde insbesonders die Aufrechthaltung des Territoriums, die Einrichtung
der Universität als eigner Landtag als notwendig angesehen. Er sollte
45 Vertreter zählen, den Komes die Regierung ernennen. Die unmittelbare Unterstellung unter die Krone war im Grunde die alte Rechtslage
gewesen, die der Andreanische Freibrief 1224 geschaffen oder neu festgehalten hatte, die im Lauf der Entwicklung grundsätzlich niemals aufgegeben worden war. Was die Nation in den letzten Jahrhunderten
von dem Gubernium und von den Ständen erlitten hatte, ließ die unmittelbare Unterstellung unter die Krone gradezu als politische Notwendigkeit erscheinen. So allein meinte man die notwendige Stärkung
des Deutschtums, die nationale Kräftigung durchführen zu können, die
auch im Interesse des Einheitsstaats dringend notwendig erschien. Der

Gedanke, das Sachsenland als eignes Kronland, als „Markgrafschaft Sachsenland" zu konstituieren, erhielt somit nicht nur eine historische Begründung, sondern vor allem auch eine reale politische Grundlage. Dem naheliegenden Einwand ungarischer Zeitungen, ob denn dies kleine Sachsenland die materielle und geistige Kraft habe, ein eigenes Kronland zu sein, stellte man das Bewußtsein höherer Bildung gegenüber, den Hinweis, daß es auch andre so kleine Kronländer gebe und daß die gesonderte Verfassung und Verwaltung unter der Krone unmittelbar — das Kennzeichen des Kronlandes — altes Recht sei. Über die Territorialfrage dieses Kronlandes gingen die Meinungen in der Universität und im Volk stark auseinander. Die Mehrheit der Universität stand auf dem historischen Sachsenland, wesentlich mit Rücksicht auf die Reichsverfassung, die das historische Sachsenland garantiert habe, doch nahm sie dazu auch noch die ehmals den ungarischen Komitaten zugehörigen sächsischen Orte Sächsisch-Reen, Tekendorf mit ihrer Umgebung, die 13 Dörfer usf.

Demgegenüber wollte eine Minorität, es sollten nichtsächsische Orte des Sachsenlandes aus diesem ausgeschieden werden, die sieben Dörfer bei Kronstadt, das Törzburger Dominium, der Selischter und Talmescher Stuhl, die übrigens auch nicht zum ursprünglichen Sachsenland gehört hatten, ja selbst der Brooser Stuhl und die am Rand des Sachsenlandes nahezu überall gelegenen nichtdeutschen Dörfer. Auf diese Weise könne eine nichtdeutsche Bevölkerung von 70—80.000 Seelen aus dem Sachsenland ausgeschieden werden, wodurch die Majorität der Bevölkerung deutsch werde, während sie im gegenteiligen Fall als Minorität in ihren nationalen Gütern schwere Gefahr erleide. Auch für die Ausgeschiednen sei es vorteilhaft, da sie im Anschluß an national gleiche Gebiete sich besser würden entwickeln können. In gleicher Weise erheische es das Staatsinteresse, daß das Deutschtum im Sachsenland möglichst rein erhalten werde. Nicht nur in den Zeitungen wurden die Gegensätze scharf erörtert; die Schäßburger Kommunität verlangte, die Universität solle die Angelegenheit in nochmalige Erwägung ziehn, was ihr einen scharfen Verweis des Komes Salmen eintrug, als er die Stadt 26. März 1850 besuchte: die Kommunität solle sich nicht in Räume versteigen, die sie nicht kenne. Die Universität sei ebenso patriotisch wie sie und klüger; die Kommunität mit ihrer kurzsichtigen Politik müsse vorsichtiger sein, den kühnen Flug einiger Schreier niederhalten und sich nicht von diesen verführen lassen. Am 3. Mai überbrachte eine Deputation der sächsischen Nation dem Kaiser die Vorschläge der Universität. Der Sprecher betonte, daß die Nation freiwillig dem Recht der freien Beamtenwahl, der Wahl des Komes entsage, daß sie ihr altes Gesetzbuch mit jenem Österreichs vertausche, indem sie dadurch den Einheitsstaat zu fördern bereit sei. Sie verlange aber dafür die Möglichkeit des nationalen Fortbestandes, zu diesem Zweck die unmittelbare Unterstellung unter die Krone und den eignen Landtag. „Die Allerhöchste Genehmigung der Anträge der sächsischen Nation würde ein Sieg des österreichischen Grundgedankens und der erste haltbare Grundstein beim Wiederaufbau für das so arg zerklüftete und erschütterte Siebenbürgen sein." Der Kaiser erwiderte, daß die Treue der Nation ihm bekannt sei und daß er hoffe, sie werde sich gleich bleiben; die Anträge würden, wenn sie durch die Regierungsorgane hinaufgesendet worden seien, sofort geprüft werden, worauf geschehen werde, „was billig und mit dem Einheitsstaat vereinbar sei". Die Entscheidung zog sich zunächst in die Länge, so daß die geistliche Deputation, die im Sommer und Herbst in Wien weilte, um die kirchlichen Fragen zu betreiben, auch in diese Frage wiederholt eingriff und aufzuklären versuchte. Sie sprach sich besonders ernst gegen jede gemeinsame siebenbürgische Landesverwaltung und Vertretung aus. Diese sei unmöglich, wenn nicht die unheilvolle Suprematie einer Nationalität die Rechte der übrigen mit Vernichtung bedrohen solle, wenn nicht die durch die frühern siebenbürgischen Landtage erzeugte Gehässigkeit und Erbitterung verewigt werden solle. Sie sei auch nicht rätlich, da die kleinern Verwaltungsgebiete mit selbständiger Vertretung ihrer Interessen dem Einheitsstaat dienlicher wären als große Vertretungen, sie sei auch unnötig, da sie keine Betätigung für sich fände. Denn allgemeine Angelegenheiten seien auch bisher in administrativem Wege oder durch die Munizipalvertretungen erledigt worden; soweit es durch den Landtag geschehen sei, werde der Reichsrat in dessen Stelle treten.

Zur Förderung und Erledigung dieser Angelegenheiten hatte die Nationsuniversität auch eine eigne Deputation nach Wien geschickt, die im Sinn der Universität besonders für die Aufrechthaltung des historischen Sachsenlands wirken sollte. Sie kam in Wien im Verkehr mit den maßgebenden Personen zur Überzeugung, daß jenes weder möglich noch gut sei und trat selbst für die Abtrennung der romänischen Gebiete ein, was ihr den Ausdruck entschiedener Unzufriedenheit von Seite der Universität zuzog. Die Deputation empfand eben, wo sie die Verhältnisse von allgemeinem Standpunkt ansah, die Schwierigkeit der Lösung mehr als die Universität, die mit formalen Gründen sich beruhigte. Für das „Kronland" Sachsenland fand sie wenig Neigung. Die Schwierigkeit lag darin, daß die Mehrheit der Bevölkerung im „Sachsenland" — nicht Sachsen waren, sondern Romänen, die nun für sich die Forderung der Gleichberechtigung in einer Art geltend zu machen suchten, welche den Sachsen wenig Rechte übrig ließ. Der Regierung selbst machte das Verhältnis der beiden Nationalitäten und die Frage, wie das Deutschtum im Lande am besten zu halten und zu heben sei, anfangs wirklich Sorgen. Eine ausführliche Denkschrift, die im November 1850 — nicht aus sächsischen Kreisen — dem Zivilkommissär Bach überreicht wurde, erörterte die Gesamtheit der in Betracht kommenden Fragen umfassend und teilweise scharfblickend, schlug zur Stärkung des Deutschtums eine neue große Kolonisation vor, daneben allerdings auch — die Wiederherstellung der ehemaligen Probstei des h. Ladislaus von Hermannstadt, deren Probst durch die Synode der katholischen Geistlichkeit im Sachsenland gewählt werden sollte und mit bischöflichen Rechten ausgestattet dem Fürstbischof in Wien zu unterstellen sei. Diese Probstei werde eine neue Pflanzstätte deutscher Bildung und Gesittung sein. Im Lande selbst wäre man über diese Förderung deutscher Bildung sehr entsetzt gewesen, wenn man davon gewußt hätte.

Die Deputation der Nationsuniversität, die vom 23. April 1850 bis 11. Juni 1851 in Wien weilte, (Heinrich Schmidt, Wilhelm Schmidt und Aug. v. Roth), bei der der kleinliche Hader unter den Mitgliedern ein trauriges Bild der Verhältnisse in der Heimat bot, sah ihre frohen Erwartungen bald sehr herabgedrückt. Niemand von den leitenden Persönlichkeiten hatte eine klare Vorstellung und eine richtige Kenntnis der siebenbürgischen Verhältnisse, es wiederholte sich die alte Erfahrung aus den Zeiten Hartenecks und Brukenthals. Schmerling legte der Deputation nahe, das deutsche Element in Siebenbürgen sei berufen, die andern Elemente zu durchdringen und sich nicht von ihnen abzusondern, er begreife die Furcht der Sachsen vor der Vereinigung mit den Romänen nicht. Minister und Hofräte ließen sie tagelang in den Vorzimmern warten und hatten keine Zeit, sie zu empfangen, bald kam die Meinungsverschiedenheit mit der Universität dazu, als die Deputation nicht starr auf der Instruktion blieb und das Kronland selbst aufgab, so daß das Ende höchst unerquicklich war. Was sie erreichte, stand — wie so oft schon — in keinem Verhältnis zu dem, was die Sender erhofft hatten.

Während die Fragen der Neugestaltung der Dinge die Gemüter in Siebenbürgen sehr erregten, war ein lebensfähiger Gedanke von der Universität verwirklicht worden, die Widmung der Nationaldotation.

Durch die neue politische Organisation waren die Beträge aus dem Vermögen der Universität frei geworden, die bis dahin zur Be=

zahlung der Beamten dienten. Es war schwer erworbenes Vermögen, das die Nation für treue Leistungen in Krieg und Frieden von ungarischen Königen als Anerkennung erhalten hatte, dann das Erträgnis aus dem Fogarascher Dominium, das durch gute Bewirtschaftung und Verwaltung seit Jahren schöne Reinerträgnisse abwarf, und das Maria Theresia gleichfalls als Lohn für geleistete treue Dienste durch Brukenthals Vermittlung der Nation inskribiert hatte. Mehr als einmal hatte die Nation wegen der einzelnen Bestandteile schwere Anfechtungen erleiden müssen, nun schien der Augenblick gekommen, es einmal für etwas Großes zu verwenden. Josef Andreas Zimmermann, damals Professor an der Hermannstädter Rechtsakademie und Mitglied der Nationsuniversität, war der Anreger des Gedankens, es solle das gesamte Erträgnis zu Schulzwecken verwendet werden, einmal weil Schule und Kirche in der Zukunft für die Aufrechthaltung und Weiterentwicklung des deutschen Lebens in Siebenbürgen noch größere Bedeutung haben würden als bisher und die notwendige Umgestaltung der Schulen ohne größere Mittel unmöglich sei, dann weil auf diese Weise der Verwendung des Nationalvermögens für fremde Zwecke ein Riegel vorgeschoben wurde. Der Gedanke, aus dem Nationalvermögen die evangelischen Schulen zu unterstützen, war nicht neu. Schon im 16. Jahrhundert hatte die Universität, als die Reformation die Wichtigkeit der Schulen neu erkennen ließ, aus ihren Mitteln der Schule in Hermannstadt eine Unterstützung gegeben, im 19. Jahrhundert hatten verschiedene Gymnasialorte gradezu Bitten um dauernde Unterstützungen an die Universität gestellt, Bedeus in den vierziger Jahren seinen Reorganisationsplan auf diesen Gedanken aufgebaut. Neu war zweierlei: daß das ganze Erträgnis des Universitätsvermögens aufzuteilen sei und daß darin ein Mittel gefunden wurde, sämtliche Gymnasien zu erhalten, und zwar auch vom Gesichtspunkt ihrer nationalen Bedeutung. Es gelang dem klugen Vorgang Zimmermanns, dessen Person nach seiner Gewohnheit ganz in den Hintergrund trat, unterstützt von den Freunden, in erster Reihe G. D. Teutsch, alle Hindernisse beiseite zu schieben und am 22. August 1850 beschloß die Nationsuniversität einstimmig die große Nationaldotation, „in Erwägung dessen, daß Schulanstalten überhaupt der Grundpfeiler des Bestandes und der Blüte jeder bürgerlichen Gesellschaft sind, daß mithin über das Nationalvermögen nicht zweckmäßiger und fruchttragender verfügt werden kann als wenn es zur Hebung solcher Anstalten verwendet wird." Darnach erhielten die fünf Gymnasien in Hermannstadt, Schäßburg, Kronstadt, Mediasch und Bistritz jährlich je 5000 Gulden C.-M., die Seminarien

7000 fl. zusammen, die Hauptvolksschulen in Broos, Mühlbach, Leschkirch, Reußmarkt, Schenk und Reps 8000 fl. Für Gymnasialstipendien an Schüler aus den Konsistorialkreisen, die kein Gymnasium hatten, wurden 4950 Gulden (zu je 150 fl.) bestimmt, für Seminarstipendien 2000 Gulden (40 zu je 50 fl.), zur Unterstützung armer Volksschulen 3050 Gulden. Der Kaiser bestätigte am 16. August 1851 die Stiftung mit dem Ausdruck des Wohlgefallens und der Kultusminister Graf L. Thun gab seiner Freude darüber gleichfalls Ausdruck.

Das Geschlecht jener Tage meinte, dem sächsischen Schulwesen auf lange Zeit den festen materiellen Halt gegeben zu haben.

Es wurde allerdings immer notwendiger, sich mit Gedanken der Zukunft zu trösten, denn die Gegenwart wurde immer düsterer. Anfänglich war der Schein aufrecht erhalten worden, als ob die Sachsen anders behandelt werden sollten als diejenigen, die in dem Bürgerkrieg gegen den Kaiser gestanden. Bald zeigte es sich, daß ein Unterschied nicht gemacht wurde, es wurde ein Militär-Bureaukratismus oder ein bureaukratischer Militarismus eingerichtet, der mit unerhörter Willkür und mit übermütigem Selbstbewußtsein wie einem rechtlosen Haufen gegenüber wirtschaftete, darauf pochend, womit ein Offizier dem sächsischen Bauern gegenüber sich brüstete: „wir haben das Land erobert", worauf der Bauer die treffende Antwort gab: Ich weiß es, mein Sohn ist auch dabei gewesen.

Es lag nicht so sehr in dem Charakter Wohlgemuths als in dem ganzen System, daß die Regierungspolitik in vielfache Schikanen ausartete. Persönlich freundlich und leutselig, umgänglich und gesprächig machte er vornehm Haus, dabei von der Gattin aufs beste unterstützt. Bei den großen Bällen, die er in Hermannstadt gab, waren die Vertreter aller Stände geladen und die zwanglose edle Unterhaltung wurde gerühmt. Durch Besuch der Waisenhäuser und der Armen, durch Wohltätigkeit und reiche Spenden bei allen Anlässen hatte die Frau die Herzen gewonnen. Am Gouverneur trat mit der Zeit unangenehm hervor, daß er eifersüchtig auf seine Macht war, mißtrauisch und leichtgläubig, für Schmeichelei, wie fast alle Machthaber der Zeit, zugänglich. Es war allgemeiner Charakterzug des Systems, daß das Militär in seinen Augen immer recht hatte, daß Vorstellungen nichts halfen und die Bedrückungen kein Ende nahmen, ebenso daß niemand gern die Wahrheit hören wollte. In der Allgemeinen Zeitung wurde offen gefragt, ob im Lande eigentlich der Kaiser oder Wohlgemuth regiere?

Als ein Typus der neuen Zeit galt auch hier der Gendarm.

Die Regierung hatte gefunden, daß sie außer den Beamten noch ein Organ brauche, das unmittelbar eingreife und ihren Willen durchsetze. Zugleich sollte dieses an Stelle der auf dem Lande von den Gutsherr= schaften gehandhabten Polizei treten. Dies Organ schuf sie sich in der Gendarmerie, die in der Stärke von 16 Regimentern aufgestellt wurde, ein Erbstück der französischen Verwaltung in der Lombardei, Venetien und Südtirol und von dort herübergenommen. Als Organ der öffent= lichen Sicherheit bald unentbehrlich und gern anerkannt, gebrauchte die Regierung sie auch rücksichtslos für politische Zwecke, um die „Ver= dächtigen" zu überwachen und erregte dadurch viel Erbitterung. Die Gendarmerie fühlte sich nicht bloß als Hülfsorgan der politischen Ver= waltung, sondern überwachte bald auch deren Tätigkeit, gab Berichte über Hoch und Niedrig, Zivil und Militär. Dazu kam die unheilvolle Bestimmung, daß der Gendarm für jeden eingebrachten Übeltäter eine Belohnung empfing, die im Verhältnis zur Größe der Strafe stand, die dem Eingebrachten zuerkannt wurde, 4 Gulden, wenn die Strafe ein Jahr Kerker war, 60 Gulden, wenn die Todesstrafe verhängt wurde. Nun war aber kurz vorher die Revolution niedergeschlagen worden. Wer war da sicher, nicht wegen aufrührerischer Worte oder Taten vor das Kriegsgericht geschleppt zu werden? „In die Hand des einzelnen Gen= darmen war eine ungeheure Macht gelegt und sie hätten nicht Menschen sein müssen, um sie nicht zu mißbrauchen." (Friedjung).

Die allgemeinen Verhältnisse trugen mit dazu bei, ein Vertrauen auf die Zustände nicht aufkommen zu lassen. Ungarn war ähnlich wie Siebenbürgen, unter Zuweisung der Partes an Siebenbürgen und unter Errichtung eines neuen Kronlands, der Woiwodina, die das Temescher Banat und die Bacska umfaßte, in fünf Teile geteilt, die direkt dem Ministerium unterstehen sollten; später wurde Erzherzog Albrecht General= gouverneur von Ungarn. Die einheimischen Beamten waren auch da durch fremde ersetzt worden. Der Adel hielt sich abseits, aber er war nicht untätig. Die Konservativen (Graf E. Dessewffy an der Spitze) waren zunächst in der Verurteilung der Revolution mit der Regierung einig: Waffengewalt und russische Hülfe seien die unentbehrlichen Mittel zur Unterdrückung der Revolution. Ungarn und Siebenbürgen müsse mit den Waffen niedergehalten werden, bis die Ordnung einkehre und der Wunsch hier rege werde, „in den konstitutionellen Mechanismus Gesamt= österreichs aufgenommen zu werden und den Entschluß zur Reife zu bringen, alle Reminiszenzen an eine frühere bevorzugte Sonderstellung ein für allemal fahren zu lassen." Allerdings könne keine Rede sein von der Verwirkung der Verfassung. Der König dürfe sich nicht vom historischen Recht wegdrängen lassen. Zunächst stellten sich die Konservativen der Regierung zur Verfügung und hofften, das Regiment in die Hand zu bekommen. Als aber österreichische Beamte die ersten Stellen erhielten, und das Gesamtministerium dem historischen Recht gegenüber den Satz aufstellte, daß Ungarn seine Verfassung und sein Recht selbst vernichtet und durch die Revolution verwirkt habe, als sie erkannten, daß von einer „nationalen Verwaltung", wie sie sie erhofft hatten, keine Rede war, als Schwarzenberg zornig aufbrauste: „Was ist denn die ungarische Nation? Der ungarische Adel! Diese waren und sind immer Rebellen gewesen, die man vernichten, ja für immer unschädlich machen muß", da traten zuerst einige des Hochadels, die ein Amt angenommen hatten, aus der Stellung, dann die Andern. Eine Gruppe der maßgebenden Mitglieder dieser Partei überreichte eine Adresse, datiert vom 7. April 1850 dem Kaiser, unterzeichnet von Apponyi, Josika, Dessewffy, Sennyei u. A., die eine Absage enthielt, wenn sie auch vor allem die Treue und Anhänglichkeit an den Thron beteuerten, die Revolution verurteilten, die Einheit der Monarchie betonten und in vorsichtigen doch nicht mißzuverstehenden Worten den Stab über das brachen, was ihr Vaterland getroffen, zum Schluß aber um Herstellung der alten Verfassung Ungarns, der Verwaltung durch Eingeborene baten, um Zusammenberufung des Landtags, Alles um Ungarn Gelegenheit zu geben, zu sühnen, was es verbrochen habe.

Es war die erste Mine, die entschieden gegen den Absolutismus gelegt wurde und das Ziel dieser Politik, die Herstellung des Landesrechtes, trat unverhüllt zutage; das Jahr 1867 brachte mehr als die Erfüllung dieser Wünsche.

Im Augenblick schienen freilich die Gefahren von zwei andern Seiten größer, von den Romänen und der wachsenden Macht der katholischen Kirche.

Es war natürlich, daß die Romänen, je drückender sie früher die Rechtlosigkeit empfunden hatten, nun um so eifriger dahinter waren, auch für sich das zu sichern, was die andern Völker schon als Erbteil der Vergangenheit besaßen, aber eben so natürlich, daß sie sich viel zu wenig beachtet fanden. Am 18. März 1850 überreichte eine romänische Deputation dem Kaiser eine Petition, in der sie über Zurücksetzung klagten, über die Bevorzugung der Sachsen und Magyaren und wirkliche und volle Gleichberechtigung verlangten. Wurde diese in der verlangten Weise gedeutet und durchgeführt, dann bedeutete das freilich den Untergang der Sachsen. Ihre Wünsche hatten die Vertrauensmänner der Romänen schon in einer Denkschrift vom 8. September 1849 dem Innerministerium in Wien vorgelegt, die insbesonders was die Gesinnung gegen die Sachsen betraf, nichts an Deutlichkeit zu wünschen ließ. Sie verlangten die Ausscheidung der von Romänen bewohnten Gebiete Ungarns und Siebenbürgens zu einem eignen nationalen Territorium, in das u. a. fast das ganze Sachsenland einbezogen war, dessen Benennung als Sachsenland sie als rechtlich unzulässig bezeichneten, wobei sie entschieden gegen „die von den Sachsen usurpierten Rechte" sich wandten. Von ihnen ging das erste Begehren aus, die Benennung Sachsenland überhaupt zu verbieten. Die Forderungen wurden neuerdings am 10. Januar 1850 erhoben.

Auch die wachsende Macht der katholischen Kirche, die hierzulande immer deutschfeindlich gewesen ist, mußte dem sächsischen Volk neue Sorgen machen. Die Ereignisse des Jahres 1848 hatten besonders auch in Österreich der falschen Theorie zu neuer Anerkennung verholfen, daß der Thron eine Stütze in der katholischen Kirche suchen müsse und dort allein finde. Das Ergebnis dieser Anschauung war das Konkordat, das Österreich 1855 mit dem päpstlichen Stuhle schloß und das den Staat der katholischen Kirche vollständig auslieferte. Die letzten „Josefinischen" Ideen waren damit begraben, die protestantische Kirche erschien bloß als geduldet und das nur solange, bis die Gelegenheit sich bot, sie ganz zu vernichten. Wenn die Mißhandlung der ev. Kirche in Siebenbürgen, wo das Konkordat gesetzlich keine Geltung hatte, nicht so arg war wie in Österreich oder auch nur wie in Ungarn, wo die ev. Schulen der Aufsicht der katholischen Geistlichkeit unterworfen, ev. Gymnasien gesperrt wurden, die Jesuitenschulen auf alle Weise unterstützt wurden, so zogen doch auch hier Jesuitenmissionen durchs Land, die Reverse bei gemischten Ehen wurden gefordert, die Übertritte zur katholischen Kirche unterstützt, zu den Frohnleichnamsprozessionen die sächsischen Zünfte aufgeboten, dazu selbst die Musik der ev. Seminaristen verlangt und die Geschichte der Reformation im Sachsenland von G. D. Teutsch polizeilich verfolgt u. dgl. m. Der katholische Bezirksvorsteher Strohmeyer in Schäßburg verlangte, daß die ev. Pfarrerswahlen in seiner Gegenwart vorgenommen würden und erst die entschiedene Weigerung des Konsistoriums, in Trappold, wo er erschienen war, wählen zu lassen und das Einschreiten bei der höhern Instanz wies den beschränkten Mann in seine Schranken. Derselbe Mann hatte in Schäßburg die Zünfte ausrücken lassen, als der katholische Bischof in die Stadt kam, und als das Konsistorium sich über dessen Übergriffe beschwerte, verlangte Fürst Schwarzen-

berg gegen den Schäßburger Rektor G. D. Teutsch einen Verweis wegen
seiner feindseligen Gesinnung gegen die katholische Kirche, den das Oberkonsistorium in seiner Schwäche in der Tat, ohne den Beschuldigten auch
nur zu hören, erteilte. Auf eine Eingabe des katholischen Bischofs von
Karlsburg, L. Haynald, hatte das Kultusministerium am 24. Oktober 1854
angeordnet, es sei für ihn künftighin der Titel „Bischof von Siebenbürgen" zu brauchen. Diese Forderung ist immer ein Gradmesser dafür gewesen, wie weit die katholische Kirche mit ihren Ansprüchen hervorzutreten
wagte. Bei der Neugründung des siebenbürgischen katholischen Bistums
war ausdrücklich vom römisch-katholischen Bistum die Rede; den katholischen Bischof als siebenbürgischen Bischof bezeichnen hieß: sein Jurisdiktionsrecht mindestens grundsätzlich auch auf die Evangelischen ausdehnen. Kardinal Rauscher aber hatte am 15. August 1855 in einem
Zirkular geschrieben: „Die größten Feinde der Gesellschaft sind die höhere
Bildung und die Wissenschaft."

Inzwischen waren die politischen Verhältnisse auf der abschüssigen
Bahn weiter gegangen. Trotz der kaiserlichen Zusicherung, daß die sächsische Verfassung und Verwaltung vorläufig unverändert aufrecht erhalten werde, war am 21. März die Benennung „Sachsenland" verboten worden, der Martinszins wurde abermals eingefordert, die Distriktskommandanten mischten sich in die städtischen Angelegenheiten derart,
daß sie — ohne ein Recht dazu zu haben — in der Kommunität erschienen
und dort einfach diktierten, was sie beschlossen wissen wollten. An einem
Ort verlangten sie, daß das Dach eines Hauses, das den Schönheitssinn
beleidige, binnen einer bestimmten Frist abgetragen werde. Auch den
Sachsen wurden die Waffen abgenommen wie den Aufständischen und
ihre Versammlungen unter den Belagerungszustand gestellt, der immer
härtere Formen annahm. Ein Gewerbsmann, der mit einem militärischen
Kunden in Streit geraten war, wurde verhaftet, in Hermannstadt erklärte
ein Leutnant es für eine Ehrenbeleidigung, daß ein Zivilist, dem Recht
verweigert wurde, nach dem Namen des Offiziers fragte und in Bistritz
stach auf offenem Markt ein Offizier einen friedlichen Kaufmann vor
seinem Laden nieder. Empört schrieb eine Stimme „aus dem verbotenen
Sachsenland" in eine Wiener Zeitung: „Die sächsische Nation verlangt
kein Privilegium, am wenigsten für Störer der Ordnung und Sicherheit.
Allein damit das Eigentum, das Vermögen, die Ruhe der Gesellschaft
nicht gefährdet werde, dazu bedarf es nicht der Suspension der politischen
und bürgerlichen Rechte; gegen Aufwiegler und Räuber genügt unter
allen Umständen das Standrecht."

Dazu kamen die neuen Steuern: die Grundsteuer, das Tabak=
monopol, die Verzehrungssteuern; auch das an sich Gute erhielt durch
die Art, wie es eingeführt wurde, eine drückende Beigabe, vor allem
wurde immer deutlicher, daß es mit den verheißenen Rechten gar nicht
ernst sei.

Mitten in dieser allgemeinen Ungewißheit über Gegenwart und
Zukunft starb der Gouverneur Wohlgemuth in Pest, auf einer Reise
nach Wien begriffen, wohin er berufen worden war, um an den Be=
ratungen über die definitive Organisation des Landes teilzunehmen
(18. April 1851). Er hatte kurz vor der Abreise aus Hermannstadt in
betreff der definitiven Landeseinteilung seine Meinung dahin ausge=
sprochen, daß wenigstens Reen und Bistritz nicht zum Sachsenland werde
kommen, daß Fogarasch dazu geschlagen werde.

Ihm folgte als Gouverneur FML. Fürst Carl Schwarzenberg,
der im Mai ins Land kam. Eine hohe imponierende Erscheinung, wort=
karg doch leutselig, machte er von vorneherein einen guten Eindruck. In
seiner ersten Kundmachung vom 25. Mai wies er auf den guten Willen
hin, mit dem er komme und gab der Hoffnung Ausdruck, es werde ihm
gelingen, mit offnen Augen sich mit den Bedürfnissen Siebenbürgens
bekannt zu machen. „Mit wahrem Bedauern — hieß es darin — habe
ich bei Durchreisung eines Teils dieses sonst so gesegneten Landes be=
merken müssen, wie die hie und da noch mangelnde Achtung des Eigentums,
fortdauerndes Mißtrauen und gegenseitiges Anfeinden der verschiedenen
Nationalitäten die Folgen der Revolution und des Bruderkrieges noch
verschlimmern und die Heilung der Wunden verzögern." Er forderte zur
Achtung des Eigentums und des Gesetzes auf und stellte Strenge gegen
jeden Versuch in Aussicht, Mißtrauen gegen die Regierung zu verbreiten,
Unordnung oder Unzufriedenheit zu erregen. Was er den Sachsen bringe,
wußte niemand, doch berührte es angenehm, als er bei einer Tafel beim
Komes Salmen die schönen Worte sprach: „Ich trinke auf das Wohl
eines Stammes, der bewiesen hat, daß deutsche Treue noch nicht er=
loschen ist."

Kurz bevor Schwarzenberg Wien verließ, war die Entscheidung
über die neue politische und gerichtliche Organisation Siebenbürgens ge=
fallen (12. Mai 1851). Darnach sollte an der Spitze der Verwaltung
der Gouverneur in Hermannstadt stehen, das Land aber nach dem Vor=
bild der österreichischen Länder in fünf Kreise geteilt werden, deren einer
das ehemalige Sachsenland war — ohne Broos und einige romänische
Bezirke — aber mit Einschluß Elisabethstadts und einiger ehemals

komitatlicher Enklaven. An der Spitze der Kreise stand ein Kreispräsident, der des Sachsenlandes sollte den Titel „Graf der sächsischen Nation" führen. Die fünf Kreise zerfielen in 36 Bezirkshauptmannschaften, sechs davon im alten Sachsenland mit den Vororten Hermannstadt, Mediasch, Schäßburg, Reps, Kronstadt, Bistritz. In Hermannstadt wurde ein Obergericht eingesetzt, in jedem Kreis ein Landesgericht, dann 20 Bezirks- und 79 Einzelgerichte. Noch am 4. Mai hatte eine sächsische Deputation dem Kaiser eine Petition überreicht, in der die Bitten nochmals zusammengefaßt waren, die der Nation am Herzen lagen: um die Belassung in dem uralten Recht der Unterstellung der Nation unter die Krone, um den Fortbestand des eignen Landtags und dereinstige Vertretung auf dem allgemeinen österreichischen Reichstag, um die Aufrechthaltung der eignen Gerichtsbarkeit des Sachsenlandes und Einführung der österreichischen Gesetzbücher, um die Aufrechthaltung der Integrität des Nationalgebietes.

Die neue Organisation erfüllte keine einzige dieser Bitten und was etwa von der Zukunft erhofft wurde, das wiesen die Ereignisse in weite Ferne. Nach bedeutsamen Personalveränderungen in dem Ministerium wurde am 20. August die Grundlage der Märzverfassung so verrückt, daß ihre Aufhebung nur eine Frage der Zeit war. Das Ministerium wurde zum Rat des Monarchen erklärt, als sein Vollziehungsorgan ihm allein verantwortlich, der Reichsrat sollte gleichfalls bloß eine beratende Körperschaft sein, den der Kaiser nach Belieben um seine Meinung fragte. Und zunächst sollte er wie der Präsident des Ministeriums darüber sich aussprechen, ob und wie die Märzverfassung weiter aufrecht zu erhalten sei?

Die Reichsverfassung und der Konstitutionalismus waren damit vorläufig begraben.

Das mußte auf die Entwicklung der siebenbürgischen Verhältnisse bedeutsamen Einfluß üben, besonders die Tatsache, daß am 31. Dezember 1851 die Märzverfassung auch formell aufgehoben, der Absolutismus als Regierungsform erklärt wurde. Sofort wurde die Durchführung der politisch-administrativen Organisation aus dem Sommer als im Widerspruch mit den neuen Verfügungen sistiert und um dem Absolutismus im Sachsenland die Wege ganz frei zu machen, wurde der sächsische Komes Salmen zum obersten Gerichtshof nach Wien versetzt. Die Absicht war offenbar, es galt den rechtmäßigen Vertreter der Nation beiseite zu schaffen, aber mit Rücksicht auf die Vergangenheit und wohl auch, um nicht unnütz zu beleidigen, geschah es in einer Form, daß der Betroffene schwer ausweichen konnte. Am 21. Februar trat die Nationsuniversität zusammen, um der neuen Sachlage gegenüber Stellung zu nehmen. Sie beschloß eine Vorstellung an den Gouverneur, in der sie bat, es möge auch bei veränderten Verhältnissen das Manifest vom 21. Dezember 1848, das noch vor der Märzverfassung erlassen worden sei, aufrecht erhalten werden, und darauf fußend der Verband der Nation nicht aufgelöst werden.

Der Gouverneur Fürst Schwarzenberg aber erklärte, daß er diese Anschauungen nicht teile und demnach diese Wünsche nicht unterstützen könne. „Vermöge der Grundzüge der politischen Organisation sei den Sachsen nichts geblieben als der Komestitel, der als eine leere Floskel auch leicht beseitigt werden könne. Die Aufgabe der Nation sei nicht die, sich abzusondern, sondern die, die Regierung dadurch zu unterstützen, daß die Sachsen sich überall im Lande verwenden ließen und dadurch die deutsche Verwaltung zu kräftigen suchten. Sollte die magyarische Partei ihre alten Vorrechte wieder erreichen wollen, so werde er der Erste sein, der auch die Forderungen der Sachsen kräftig unterstütze. Jetzt könne er sie aber nicht unterstützen und ihnen keine Hoffnung machen."

Es war eine neue Anschauung darüber, in welcher Weise die Sachsen Kulturdünger werden sollten. Schade nur, daß dem, was jenes Regiment brachte, die Grundlage jeder Kultur, die Rechtsachtung fehlte.

Bevor Salmen im Mai nach Wien zur Übernahme seiner Stelle reiste, legte er in einem Schreiben an Schwarzenberg gegen alle Verfügungen, welche die verfassungsmäßigen Rechte der Nation verletzten, Verwahrung ein und behielt sich das Amt des Komes, der Nation aber die ungestörte Ausübung ihrer Verfassung vor. Er konnte auf der Fahrt nach Wien noch der Generalversammlung des Landeskundevereins in Broos beiwohnen. Dort las in der öffentlichen Sitzung G. D. Teutsch aus dem eben erschienenen Heft der Sachsengeschichte die Schilderung, wie die Sachsen unter Pemfflingers Führung Gut und Leben für die Herrschaft des Hauses Habsburg geopfert und wie der Komes unter den Sorgen des Amtes grau geworden; da wandten sich aller Blicke auf Salmen hin, der sinnenden Hauptes unter den Zuhörern war und die stumme und doch so beredte Huldigung des Volkes dankbar bemerkte. Zur Führung der politischen Geschäfte im Hermannstädter Distrikt war schon vor Salmens Abreise Graf Amadei berufen worden, ihm zur Seite stand der Kronstädter Peter Lange († 1875), der seinerzeit in Kronstadt durch die Errichtung der dortigen Sparkasse, der Pensionsanstalt und des Versatzamtes sich bleibende Verdienste für seine Vaterstadt erworben hatte. Die Universität war aufgelöst worden. Schon am 6. März waren die Justizgeschäfte von ihr — sie war Appellationsinstanz des Sachsen-

landes gewesen — an die k. k. Obergerichtskommission übertragen worden. Am 15. März verfügte der Gouverneur, die Nationsuniversität solle Anträge stellen in bezug auf die künftige Verwaltung des National=
vermögens, für die Besorgung des Archivs Anstalten treffen und, da sie ein wesentlicher Teil des Oberkonsistoriums war, dort einen Ersatz für sich schaffen.

So trat denn die Universität noch einmal zusammen, ihr Testament zu machen. Die Vertreter des Volks, das so namenlos im Kampf für das Recht gelitten hatte, konnten sich der Bitterkeit im Herzen nicht erwehren; die Zerstörung jeglichen Rechts sollte das Ende sein. Noch einmal wagte sie das Wort der Verteidigung, noch einmal trat sie für die Erhaltung der politischen Nation ein und bat in einer Denkschrift an den Kaiser um Fortbestand der Nation (30. März). Eine Antwort in Worten ist nicht erfolgt, die Taten machten sie unnötig. Bis die definitive Organisierung der Nation durchgeführt worden sei, schlug die Universität vor, solle die Besorgung des Nationalvermögens dem Ober=
konsistorium übertragen werden. Unter der Aufsicht des Oberkonsistoriums sollte ein Verwalter (Dr. Josef Wächter) mit fünf Beamten die un=
mittelbare Verwaltung führen, bis zur förmlichen Übertragung ein Uni=
versitätsausschuß, die überflüssigen Beamten der Universität solle der Gouverneur sonst unterbringen. Für das alte Archiv sollte ein Archivar ernannt werden, der zugleich Aktuar des Oberkonsistoriums aus der Universitätskasse den Gehalt von 800 fl. bekommen sollte.

Nach zwei Monaten antwortete der Gouverneur, indem er die Übertragung der Vermögensverwaltung an das Oberkonsistorium miß=
billigte und die Auszahlung der großen Widmung aus dem Jahre 1850 bis dahin verschob, bis das Universitätsvermögen durch die neue Organi=
sation der Behörden frei werde. Den eingesetzten Ausschuß genehmigte er, aber behielt sich oder einem Regierungsbeamten den Vorsitz vor; jede Sitzung müsse vorher dem Gouverneur angezeigt werden. Der provisorische Ausschuß aber sollte die Verwaltung nach den Regulativpunkten führen und das Gouvernement da entscheiden, wo nach jenen Bestimmungen der Wirkungskreis der Universität aufhörte. Am 26. Juli wurde auch der eigne Vermögensverwalter für überflüssig erklärt und seines Dienstes enthoben. Schwarzenberg war es wesentlich, der diese ungünstigen Er=
ledigungen herbeigeführt, der im Verein mit Bach selbst die Widmungen angriff, die der Kultusminister Thun schützte. Bei den Verhandlungen, die noch 1855 im Innerministerium in Wien über die Frage geführt wurden, war ein maßgebender Gesichtspunkt, daß die Sachsen wie bis

dahin auch künftig in Siebenbürgen politische Wichtigkeit hätten und wenn sie mit der Regierung gingen, auf deren Schutz rechnen könnten; aus politischen Gründen dürfe das Ministerium den Einfluß auf das National=vermögen nicht aufgeben.

Wie sehr in den Regierungskreisen, fortwährend von Schwarzen=berg unterstützt, die Nationaldotation überhaupt angegriffen und die Ver=wirklichung bekämpft wurde, davon hatte man in den Kreisen des säch=sischen Volks und der ev. Kirche keine Kenntnis. Wenn nicht Zimmermanns Fürsorge in Wien, der bei Thun im höchsten Ansehn stand, der getreue Schützer gewesen wäre, vor allem wenn nicht die Bestätigung der Dotation durch den Kaiser als Bollwerk sie geschirmt hätte, wäre ihr Schicksal besiegelt gewesen. Es fehlte auch von hier unten nicht an stets erneuten Versuchen, sie in Frage zu stellen. Noch 1859 (7. Februar) schrieb der katholische Bischof Haynald an Bach, die Universität sei nicht berechtigt gewesen zur Nationaldotation und verlangte, aus den Überschüssen des Nationalvermögens sollten katholische Kirchen und Schulen unterstützt werden, was in gleicher Weise, augenscheinlich im Zusammenhang hiemit, Schaguna (20. Februar) für die romänischen Kirchen und Schulen be=anspruchte. Ein Kalauer charakterisierte, im Anschluß an Namen, die damals die Hauptrolle spielten (Schwarzenberg, Kleinmeier, Glanz), die Situation: Siebenbürgen ist eine Kleinmeierei, die vom schwarzen Berg mehr mit Schmutz als mit Glanz regiert wird.

In den traurigen Ereignissen war es ein Lichtblick für die Sachsen, daß der junge Kaiser im Sommer 1852 Siebenbürgen bereiste. Am 23. Juni war er in Hermannstadt, von da gings nach Kronstadt, in das Szeklerland, über Schäßburg, Vasarhely, Bistritz, Klausenburg, über Dees und Nagybanya nach Kaschau und dann über Preßburg nach Wien zurück. Der Empfang war überall voll Jubel und im Sachsenland besonders herzlich; in Hermannstadt wurde der Grund zum Franz=Josef=Spital gelegt, zu dessen erstem Primararzt später der junge Schäßburger Dr. Fr. Irtl berufen wurde, der erste Vertreter der modernen Medizin im Lande, ein Schüler Wiens, bald der bedeutendste Arzt von großem Ruf, als solcher und als Mensch gleich hoch geachtet und geliebt. Im jungen Wald, den der Kaiser besuchte, wurde eine Eiche zur Erinnerung an den hohen Besuch Kaisereiche benannt, und die Kürschnerzunft führte beim Volksfest im jungen Wald vor dem Kaiser den Schwerttanz auf (25. Juli 1852), der sonst nur bei der Komesinstallation getanzt wurde. Einen Einfluß auf die Verhältnisse hatte die Reise nicht.

Das folgende Jahr begann mit einer neuen Organisation. Unter

dem 10. Januar 1853 wurden ganz neue Grundsätze über die politische
und gerichtliche Administration aufgestellt, nach denen der gesamte Staat
einzurichten sei, nach ihrem Urheber das Kriegische System genannt,
wornach auch in Siebenbürgen eine Statthalterei eingesetzt wurde, das
Land in Kreise, diese in Bezirke eingeteilt wurden. Ein gesunder Gedanke dabei war, daß die politischen, gerichtlichen und Steuer-Bezirke
zusammenfielen. Die Vorarbeiten für die Durchführung dieser neuen
Organisation dauerten in Siebenbürgen länger als in Ungarn, so daß
die neue Statthalterei erst am 29. Mai 1854, die Kreisbehörden am
30. Oktober und die Bezirksämter am 30. November ihre Wirksamkeit
begannen. Es war bezeichnend, daß die Organisation von oben nach unten
und nicht umgekehrt durchgeführt wurde. Siebenbürgen zerfiel in zehn
Kreise und neunundsiebzig Bezirke, vom Sachsenland war nicht mehr die
Rede. Unter den zehn Kreisvorständen war kein einziger Sachse, unter
den ersten Kreiskommissären zwei Sachsen. Dafür aber kam nun die
schwere Menge „Galizianer" ins Land, katholische böhmisch-galizische
Leute, fast alle mit dem Dünkel, Träger der „deutschen Kultur" zu sein,
die sie bei den Nichtdeutschen im Lande auf Menschenalter hinaus verhaßt
machten und bei den Sachsen mit Füßen traten, ehrenwerte Ausnahmen
— wie u. a. in Schäßburg der Bezirksvorsteher Miksicsek war — zu-
gegeben, eine Menge ungebildeter, hochmütiger Männer, denen im Land
nichts recht war, die die Leute nicht verstanden und von der Vergangenheit ebensowenig einen Begriff hatten als sie die Gegenwart verstehen
wollten. Jetzt erst verstanden alle, was Heinrich Schmidt schon 1851
am Geburtstag des Kaisers in dem Siebenbürger Boten geschrieben hatte:
„Befiehl, mächtiger Kaiser, daß ein kräftiges und strenges Regiment geführt
werde in diesem Lande, denn die Achtung vor dem Gesetz ist schwach geworden
und die Zucht des bürgerlichen Lebens will nach vielen Seiten hin erst
angebahnt werden. Befiehl, o mächtiger Kaiser, daß uns Beamte gegeben
werden, die ein Herz haben auch fürs Volk und die nicht glauben, ihr
Äußerstes getan zu haben, wenn sie die Rubriken ihrer Protokolle voll-
geschrieben haben." Und auch ein anderer Wunsch kam aus tiefstem Herzen:
„Weniger Befehle, aber strenger gehalten auf Befolgung der gegebenen."
Es begann ein Schreiberregiment und eine Willkürherrschaft wie während
der Regulation am Anfang des Jahrhunderts. Insbesonders fiel jede
Selbstverwaltung der Gemeinden den fremden Beamten zum Opfer. Der
spöttische Trost, den der Magyare dem Kroaten gegeben haben sollte, als
dieser sich über die Regierung beschwerte, galt ganz auch für die Sachsen:
„Na ja, was wir als Straf haben, das habt Ihr als Belohnung!"

Schon am 15. Dezember 1853 hatte das Gouvernement eine Vorschrift zur Reorganisierung aller Magistrate und Kommunitäten gegeben. Als die Hermannstädter Kommunität Gegenvorstellungen machte, wurde ihr mit Auflösung gedroht. Der — auch schon ernannte — Bürgermeister Konradsheim wurde, ähnlich wie Salmen, zu einem andern Amt „befördert" und an seine Stelle Josef Schotsch, an sich ein tüchtiger Mann und guter Beamte, gesetzt und Magistrat und Kommunität nach Belieben „reguliert". Es gab für Siebenbürgen überhaupt kein Gemeindegesetz. Nach der für Ungarn erlassenen Gemeindeordnung stand es im Belieben der Behörden, die Mitglieder der Gemeindevertretung wählen zu lassen oder zu ernennen; kurzerhand wurde der Grundsatz auch in Siebenbürgen angewendet. Schon Salmen hatte als Distriktsoberkommissär Mitglieder des Hermannstädter Magistrats ernannt und in Einzelfällen befohlen, was zu beschließen sei, nun wurde dieses zum System. Als die Hermannstädter Kommunität es wagte, gegen Anordnungen des Gouverneurs Vorstellungen zu machen, wurde der verdiente Orator Binder seines Amtes enthoben und dem Bürgermeister der Vorsitz übertragen. In einem Majestätsgesuch (20. Dezember 1854) legte er „zu seines Gewissens Beruhigung" Protest gegen diese „Verletzung der gesetzlichen Ordnung und der bürgerlichen Gerechtsamen" ein und Berufung gegen die Verletzung der Regulativpunkte, die durch kein Gesetz aufgehoben seien, natürlich erfolglos. In Kronstadt war der Oberrichter Albrich v. Albrichsfeld gleichfalls seines Amtes enthoben worden, als er „höhern Anordnungen" zu widersprechen wagte. Überall erschienen die Bezirksvorsteher in den Sitzungen der Kommunitäten, in die die Mitglieder nach Gutdünken und Willkür aufgenommen und wieder daraus ausgeschieden wurden, es gab kein Recht im Lande. Es kam vor, daß die Mitglieder der Hermannstädter Kommunität vorher in der Zeitung die Beschlüsse lasen, die sie fassen sollten und mit Verwunderung lasen sie zuweilen Dinge als Beschluß, von denen keine Rede gewesen war.

Am 30. November 1854 war der Belagerungszustand in Siebenbürgen aufgehoben worden, an sich erfreulich, praktisch nicht von übermäßiger Bedeutung, denn die Knebelung des ganzen öffentlichen Lebens war gründlich durchgeführt worden. Die Presse war gebunden. Heinrich Schmidt, der im Siebenbürger Boten scharf und zielbewußt für das einheitliche konstitutionelle Österreich gekämpft hatte, legte die Redaktion nieder, der Bote wurde unter der Leitung von Alois Sentz ein farbloses Regierungsblatt, das die Aufhebung der Verfassung mit den Worten begrüßte: „Staatsmännische Weisheit und Erfahrung hat damit einen schönen Sieg über hohle Theorien errungen, die Täuschung mußte der Wahrheit, Separatismus dem überwältigenden Gedanken der Einheit der Monarchie weichen." In den Spalten der einheimischen Blätter konnte sächsische Empfindung kaum noch zum Ausdruck gelangen, aber in den kleinen geselligen Kreisen wurde der nationale Gedanke um so mehr gepflegt. Tiefe Töne fanden im Schäßburger Kollegium Fr. Müller, G. D. Teutsch:

> Auf dich, du Schar der Sachsen mit deiner Burgen Kranz,
> Mit deinen schmucken Dörfern, mit deiner Städte Glanz,
> Auf dich ists abgesehen und warnend durch die Nacht,
> Horch, tönt Honterus Stimme: o schlaft nicht, rüstet, betet, wacht!

In den Gedichten eines Verschollenen pries Obert, damals Pfarrer in Schaal, als die beste von allen Stützen, die wir haben

> „daß wir in dem Weltgewühle
> Niemals opfern fremdem Ziele
> Unsre heiligsten Gefühle"

und bezeichnete als das schwerste Los:

> Mir alle Lebenslust entschwand,
> Denn ich verlor das Vaterland.

Von einem „Kommunalleben" konnte nur noch in passivem Sinn geredet werden; es zeigte überall dasselbe Bild, das in kurzen Strichen von Schäßburg entworfen werden soll.

Das Jahr 1848/49 hatte das Proletariat in unsern Orten überall begehrlich gemacht, die Zigeuner und Genossen sahen den Wald vor allem als Freitum an. Es war nicht leicht, sie daran zu gewöhnen, daß es überhaupt wieder ein Regiment gab und der Stock mußte erst gewaltsam ihnen den Begriff des fremden Eigentums einprügeln. Bei der ersten Ergänzung der Kommunität 1851 wollte man die Lehrer ausschließen und sprach ihnen die Fähigkeit, Mitglieder der Kommunität zu sein, ab; sie beschwerten sich beim Komes und bekamen Recht, worauf sofort auch Lehrer in die Stadtvertretung gewählt wurden. Während fast alle städtischen Beamten im Amt geblieben waren, kam im Bezirksvorsteher Strohmeier aus Galizien ein neuer Mann in die Stadt, so schlecht wie möglich für sie geeignet. Von dunkler Vergangenheit und rücksichtslosem Verwaltungseifer erregte er mit seinem Katholizismus und seiner Bildungslosigkeit in der Stadt Anstoß. Daß er energische Maßregeln gegen die Unreinlichkeit in den Gassen ergriff, wofür der Volkshumor ihn Kierschelgräf (Kehrichtgraf) nannte, konnte niemand tadeln, aber daß er auf dem Jahrmarkt die Stiefel auf dem Markt probierte, daß er Branntwein trank, daß er mit der Mütze auf dem Kopf in die Häuser eintrat und die Bewohner mit Er und Ihr anredete, empfahl ihn wenig. Als er hie und da Bilder von Bem in den Stuben fand, eine dankbare Anerkennung dafür, daß dieser die Stadt vor Plünderung bewahrt hatte, befahl er deren Entfernung. Wo einige Leute harmlos zusammenkamen, witterte er eine unerlaubte Versammlung. Einen Mann, dem die Laterne auf der Gasse ausgegangen war, wollte er zur Bestrafung nach Hermannstadt führen lassen. Am 28. Mai 1853 ließ er plötzlich das Gymnasium von einem Gendarmerieleutnant und zwei Mann besetzen, ging in alle Klassen und ließ die Schüler ein Diktat schreiben, das er an sich nahm, zur großen Erheiterung der Schüler über die Inkorrektheit des Diktats. Die ganze Stadt lachte ihn aus, da sie erfuhr, daß der Kommissär es darauf abgesehen hatte, die Handschrift eines Pasquills herauszubekommen, das auf ihn erschienen war. Natürlich war der Liebe Müh umsonst gewesen. Der Kommunität wurde zugemutet, auf Befehl des Gouvernements den Schäßburger Herrnhof in Hermannstadt zu einem Staatsgefängnis herzugeben, was sie nicht wollte trotz der Drohungen des Bezirkskommissärs, der in schauderhaftem Deutsch ihr auftrug, „nicht den geringfügigsten, das Interesse der Commune betreffenden Gegenstand, insbesondere was die Bewirtschaftung der Nutzungen, Geldumlagen und Geldverwendungen anbelangt, auszutragen, ohne mir hierüber den gehörig motivierten Antrag erstattet und meine Zustimmung eingeholt zu haben, weil ich jedes Überschreiten dieser Anordnung an dem Schuldtragenden mit rücksichtsloser Strenge behandeln werde". Strohmeier blieb übrigens nicht lange in Schäßburg, von seinen Nachfolgern wußte sich insbesonders Miksicsek, ein sehr gebildeter Mann mit liebenswürdigster Familie, ein gutes Andenken zu sichern, wie es überhaupt den Sachsen jener Tage nachgesagt werden muß, daß sie einen Unterschied zwischen der Person und dem System machten. Das letztere bekämpften sie, wo sie konnten, die erstern erkannten sie an, wo sie Gutes an ihnen fanden. In den höhern Landesämtern war auch eine Zahl außergewöhnlich gebildeter Männer, mit denen die sächsischen Kreise gern Fühlung nahmen, und wo sich freundschaftliche Bande knüpften, wie J. K. Schuller sie mit dem Haus des Grafen Amadei in Hermannstadt fand.

Aber das Maß der Rechtlosigkeit war noch nicht ganz erfüllt. Es war in den Grundsätzen vom 31. Dezember 1851 ausgesprochen worden, daß in allen Kronländern Landesvertretungen eingesetzt werden

sollten, und im Zusammenhang damit erhielt die siebenbürgische Statthalterei 1855 den Auftrag, ein Gutachten über die hier zu schaffende
Landesvertretung abzugeben. Es ist nicht der Mühe wert, jenen Vorschlägen näher zu treten, die nie ins Leben traten und die von vorneherein ein Hohn auf jede konstitutionelle Einrichtung waren, wenn sie
die Mitglieder der „Landesvertretungen" von der Regierung ernannt
werden ließen und ihnen keine andern Rechte gaben als ständische Uni-
formen zu tragen. Die Vertrauensmänner der Statthalterei gaben aber
nach einer andern Seite eine Anregung, die die Zeit noch deutlicher
kennzeichnete als die verfehlten Vorschläge betreffend die Landesvertretung: mit allen gegen die zwei Stimmen der sächsischen Vertreter
(Baron Brukenthal und Sparkassadirektor Herbert) wurde vorgeschlagen,
das Vermögen der ständischen Nationen, das Eigentum der Komitate
und Distrikte und Stühle als Landesvermögen zu erklären. Da aber,
mit Ausnahme des Klausenburger Theaters und einiger Offiziersquar-
tiere, die Szekler und der Adel kein Vermögen hatten und die Komitate
und Distrikte auch nichts als Prätorialhäuser besaßen, so hieß der
Vorschlag im Grunde nichts anders als Plünderung der sächsischen
Nation und der sächsischen Stühle. Die neun Stimmen aber, die solches
beschlossen hatten, setzten sich aus dem Gouverneur und seinem Stellvertreter, aus vier Regierungsbeamten und drei Magyaren zusammen.

Die Josefinischen Zeiten waren in ihrer ganzen Schwere für das
sächsische Volk neu aufgelebt. Und der Absolutismus der fünfziger Jahre
war nach einer Richtung hin schwerer als der Josefinische, seine Träger
waren Fremde und jeder ins Land geworfene Beamte glaubte, er dürfe
sein Mütchen an den Sachsen kühlen, an dem „Volk, das heute — wie
sie damals klagten — fast Niemandem mehr etwas zu Dank machen kann."

Neben diesen kläglichen politischen Verhältnissen drückte noch
manches andre das Land. Der orientalische Konflikt, der zum Kampf
Rußlands mit der Türkei führte, hatte zur Folge, daß Österreich zum
Schutz seiner Macht rüstete. Schon im Sommer 1854 wurde eine Aushebung von 95.000 Mann angeordnet, dann wurden zahlreiche Truppen
nach Siebenbürgen selbst geworfen. Die Requisition der vorrätigen
Früchte, die die Statthalterei in voreiligem Eifer in Aussicht nahm und
ohne Preisbestimmung bei den Eigentümern mit Beschlag belegen ließ,
wurde vom Ministerium zwar abgestellt, aber die Bauern dafür gezwungen, unter endlosen Plackereien mehrere hunderttausend Kübel
Getreide und Hafer aus Ungarn hereinzuführen. Dazu kamen die Lasten
der Militäreinquartierung, die in Hermannstadt z. B. so groß war, daß

einzelne Häuser bis sechzehn Mann zu erhalten hatten. Als die Russen die Donaufürstentümer räumten, rückten die österreichischen Truppen ein. Anfang Dezember 1854 nahm Erzherzog Albrecht mit dem Generalstab und Hauptquartier der IV. Armee in Hermannstadt Winterquartiere, die große Garnison fiel wieder zum größern Teil den Bürgern zur Last. Auch das „freiwillige" Nationalanlehen, das in jenem Jahr dem Staat über die schweren Geldverlegenheiten hinüberhelfen sollte, zwang zu neuen Leistungen. In dem armen ausgesogenen Siebenbürgen wurde die unglaubliche Summe von über 13 1/2 Millionen Gulden gezeichnet.

Die Vermählung des Kaisers am 24. April 1854 mit der schönen bairischen Prinzessin Elisabeth rief das Land, nicht zuletzt die Sachsen, zu gern gegebenen Äußerungen dynastischer Treue und Ergebenheit auf, aber die Stimmung über die politische Lage wurde auch im sächsischen Volk immer düsterer. „Unsere jetzigen Machthaber — schrieb Bedeus 1855 — haben nicht mit uns gekämpft, wissen nichts von unsern Drangsalen, haben kein Gefühl für uns, puffen, hämmern und rupfen darauf los, was das Zeug hält; und will man von Verdiensten sprechen, so werden sie ungeduldig und kehren uns den Rücken ... Aber Projekte, um uns glücklich zu machen und uns zu zivilisieren gibt es ohne Ende ... Für die Mittel aber soll die Stadt sorgen. Die Bürger aber fragt man nicht einmal um ihre Meinung, viel weniger um ihre Zustimmung, sondern sie müssen wollen ..."

Von den Projekten zur Verschönerung unsrer Städte trat in der Tat manches ins Leben. Hermannstadt ist damals langsam in eine für die damalige Zeit moderne Stadt umgewandelt worden, das städtische Budget allerdings war dadurch stark erschüttert und Kommunalsteuern mußten aushelfen. Was übrigens geschah, um in unsern Orten dem Fortschritt die Wege zu bahnen, war nicht ausschließliches Verdienst des Absolutismus. Die Erkenntnis, daß Vieles nachzuholen sei, trieb von selbst, Hand an alte Schäden anzulegen. Schwere Unglücksfälle trugen das ihrige dazu bei. Im Jahre 1851 wurde Schäßburg von einer großen Überschwemmung heimgesucht, ganze Teile der Stadt standen unter Wasser, in der Baiergasse waren die Häuser nur mit Boten zu erreichen, mehr als hundert waren eingestürzt, viele unbewohnbar geworden. Da entschlossen sich die Bürger, wesentlich auf des Rektors Teutsch Drängen, zur Ableitung des Schaserbachs, der oberhalb der Stadt durch einen gewaltigen Bergdurchstich direkt in die Kokel abgeleitet wurde, ein großes Werk, das in jahrelanger Arbeit und mit einem Kostenaufwand von 50.000 Gulden durchgeführt wurde. Eine neue Mühle war in derselben Zeit gebaut

worden. Das Stadtwirtshaus aber, das kurz nach dem Besuch des
Kaisers 1852 eingestürzt war, blieb ein Menschenalter lang, mitten auf
dem Markt eine Ruine, in der die Kinder spielten. In Bistritz hatte
am 18. April 1857 eine Feuersbrunst 214 Häuser eingeäschert, das
schreckliche Erlebnis blieb unauslöschlich in der Erinnerung der Menschen
haften.

 Am schmerzlichsten aber wurde neben dem politischen Druck der
Rückgang von Handel und Gewerbe empfunden. Vieles traf zusammen,
das Unglück zu einem schweren zu machen. Die Revolution hatte auch
auf diesem Gebiet eine große Reformarbeit unterbrochen, die freilich
entsprechend den kleinen Verhältnissen mit kleinen Mitteln aufgenommen
worden war. Und nun brach die neue Zeit zerstörend über das Klein=
gewerbe herein, das in alter Weise arbeitete und zum Widerstand nicht
gerüstet war und vor allem der modernen Industrie gegenüber schutzlos
war. Die Zünfte waren in ihren Grundvesten erschüttert und als durch
Einführung der Gewerbefreiheit für den Einzelnen auch diese Stütze
brach, die er doch noch in jener, wenn auch vielfach verknöcherten und
ihn einengenden, doch ihn auch haltenden Organisation gefunden hatte,
da brachen viele hunderte von Familien zusammen. Alles schien zusammen
zu treffen, um diesen Zusammenbruch zu einem fast vollständigen zu
machen. Während der Einfuhr aus Österreich das Tor geöffnet wurde,
hinderten hohe Mauten die Ausfuhr in die Moldau und Walachei, in
die englische Fabrikate auf dem billigen Wasserweg in Massen drangen
und die sächsischen Erzeugnisse ganz verdrängten. Im Jahre 1850 gaben
die sächsischen Kreise Gutachten über die Hebung der Landwirtschaft,
des Handels und der Gewerbe, aus denen zu entnehmen ist, wie sie
alle miteinander ratlos vor der schweren Frage standen. Großes und
Kleines, Richtiges und Falsches stellten sie nebeneinander: Errichtung
von technischen Schulen und Regelung der Justiz in der Walachei, eine
bessere Forstordnung und Herbeischaffung tüchtiger Arbeitskräfte, Ver=
besserung der Eisenfabrikation und zeitgemäße Reform der Zünfte, Ein=
führung der Torfstecherei und Einschränkung der Jahrmärkte, Sorge
für die notwendigen Rohstoffe u. dgl. m. Das Alles konnte im Augenblick
den Verfall nicht aufhalten. Es begann der letzte Akt des großen Trauerspiels,
das im 18. Jahrhundert schon begonnen hatte und das den Verfall
des alten sächsischen Gewerbes in sich schloß.

 Den ersten Schlag empfanden die Weber, die die englische Kon=
kurrenz umbrachte. In Schäßburg standen 400 Webstühle, die 50—60.000
Stück Baumwolleinwand, das Stück durchschnittlich zu zehn Gulden

gerechnet, erzeugten, die Zunft zählte rund 200 Meister, mit den Gesellen und Lehrjungen ein halbes tausend Menschen. Schon im Dezember 1849 waren viele brotlos, vergebens setzten sie den Preis um ein Drittel niedriger, der Jude, der mit der englischen Leinwand den Jahrmarkt besuchte, gab sie noch billiger. Im Jahre 1856 betrieben von den vorhandenen 217 Meistern das Gewerbe noch 52 selbständig und nach einem weitern Jahrzehnt war kaum einer noch übrig.

Die Heltauer Weber hielten sich noch eine Zeit lang, aber es ging im ganzen rückwärts. Die 48 Hutmacher des Jahres 1829 in Hermannstadt waren 1854 auf 10 gesunken, die 18 Kammacher auf 10, die 15 Kupferschmiede auf 6, die 84 Kürschner auf 25, die 28 Lederer auf 12, die 66 Leinweber auf 29, die 35 Riemer auf 18, die 66 Schneider auf 43, die 34 Seifensieder auf 6, die 58 Tuchmacher auf 30, die 75 Wollenweber auf 24, die 18 Wagner auf 6. Ganz ähnlich war es in Kronstadt. Dort hatten 1790 die Wagner eine Zunft von 29 Meistern gebildet, im Jahre 1854 waren es 14, im ersten Jahre waren dort 27 Töpfer, 1854 18, die Schmiede waren von 24 auf 9 gesunken, die Kupferschmiede von 16 auf 10, während die Seifensieder und Fleischer sich in derselben Zahl erhalten, die Seiler und die Tuchmacher um einige zugenommen hatten. Aber von den 153 Wollwebern arbeiteten nur 50, von den 223 in Zeiden gleichfalls nur 55, von den 50 Gerbern in Kronstadt arbeiteten nur 29, die 41 Kürschner waren auf 24 gesunken, die 33 Faßbinder auf 18.

Ähnlich war es auch sonst in dem Lande. Nur Hermannstadt und Kronstadt wiesen Handwerker auf, die ganz dem Gewerbe lebten. In allen andern Orten trieben sie auch Landwirtschaft, eine Doppelbeschäftigung, die in der Regel keiner zu statten kam. Auch alte Zunftüberlieferungen hinderten das Gewerbe mannigfach. Wenn die Bistritzer Hutmacher einen Gesellen freigesprochen hatten, so erkannten die Hermannstädter das nicht an, sondern verlangten noch weitere Lehrlingsjahre und nochmaliges Freisprechen.

Fast noch trauriger wie mit dem Gewerbe stand es mit dem Handel im Lande. Nachdem die provisorische Gewerbeinstruktion jedem freistellte, nach den Lehrjahren sich selbständig zu machen und ohne Rücksicht auf den ehmals maßgebenden Ortsbedarf ein Geschäft zu eröffnen, entstanden eine Menge Firmen, die sich gegenseitig Konkurrenz machten. Die Kronstädter „levantischen Handelsleute", die ehmals ausschließlich heimisches Fabrikat in die Donaufürstentümer geführt hatten, mußten, um den Bedarf an feinern Fabrikaten zu befriedigen, von draußen Waren beziehen. Immerhin hatten 1852 noch 37 Kronstädter Kaufleute offene Handlungen in der Türkei, bis die englische Konkurrenz auch sie rasch verdrängte. In Schäßburg hatte die Firma Misselbacher es verstanden, das ganze Hinterland der benachbarten Szekler Landstriche zu versorgen, aber in Mediasch brachte im wesentlichen bloß der Weinhandel einen Umsatz. Von Hermannstadt aus wurde das Altland und zum Teil der ganze Unterwald nicht nur mit Eisen (durch die Firma Rendwich), sondern auch mit allem andern versehen, was aus den Geschäften bezogen wurde, besonders durch die Firmen Artner, Thalmeyer, Schneider. Bistritz hatte den Handel in die Moldau und Bukowina ganz verloren und die wenigen Kaufleute lebten vom Detailhandel, während in S.=Reen der Floßhandel in langsamem Steigen begriffen war und guten Gewinn brachte.

Handel und Gewerbe litten unter dem Mangel an Kapital und unter der Schwierigkeit, Geld zu bekommen. Der Zinsfuß war hoch und Geldinstitute gab es nur in Hermannstadt und Kronstadt, die fast nur auf den genannten Plätzen arbeiteten.

Unter solchen Umständen konnten die Versuche, Fabriken zu gründen, nur beschränkte sein und die gegründeten waren nicht in der Lage, sich zu entwickeln. Einige Glashütten und Pulvermühlen arbeiteten abwechselnd mit Gewinn und Verlust, die Zuckerfabrik in Hermannstadt, eine Garnspinnerei in Guraru und eine Baumwollspinnerei in Zernest konnten die fremde Konkurrenz nicht überwinden, auch die verhältnismäßig zahlreichen Papierfabriken (in Strugar, Petersdorf und Orlat, Hermannstadt, Zernest usf.) kämpften mit Arbeitermangel und der Schwierigkeit, die erforderlichen Materialien zum Betrieb zu bekommen. Die Stearinkerzenfabrik in Hermannstadt und Zündhölzchenfabrik in Kronstadt litten, die erste unter dem Verbot der Unschlittausfuhr aus der Walachei, die letztere unter mannigfachem Besitzwechsel. Erfolg versprachen die ersten Branntweinbrennereien, die im Land entstanden.

Die Gewerbevereine, die nun in allen Städten bestanden, versuchten helfend einzugreifen, sie halfen Sonntagsschulen errichten u. dgl., aber die Kronstädter Handelskammer, die 1850 errichtet wurde, und die es an unermüdlichem Eifer, verständigen Vorschlägen zur Hebung von Handel und Gewerbe nicht fehlen ließ, klagte 1858, daß es dem Gewerbestand ebenso an Willenskraft wie an Kenntnissen fehle und daß die Gewerbevereine allmählich den eigentlichen Zweck ihres Daseins aus den Augen verlören, indem sie fast ausschließlich Geselligkeitsvereine wurden.

Für Handel und Gewerbe brachten die Jahre 1854—1855 einen kurzen Aufschwung, indem die kriegerischen Verhältnisse in der Walachei, dann die Truppendurchzüge durch das Land den Absatz steigerten. Doch spürte das Land nachher den Rückgang um so mehr.

Der landwirtschaftliche Verein hatte sich nach der Revolution neu konstituiert und war wesentlich durch den 1857 zum Schriftführer gewählten Josef v. Bedeus zu neuem Leben erweckt worden. Seiner Ausdauer, seiner Zähigkeit, seinem selbstlosen Eifer, der keine Hindernisse kannte und das eine Hauptziel seines Lebens, die Stärkung des Bauernstandes, als die Grundlage des Volkes, fest und unaufhaltsam verfolgte, war es zu verdanken, daß die notwendigen Gedanken der Reform der Landwirtschaft, wenn auch langsam, sehr langsam, doch allmählich durchdrangen. Dazu gehörte die Einführung der Grundbücher, die Handhabung einer strengen Feldpolizei, die Erleichterung des Hypothekarkredits, die Abschaffung der Hutweide, die Durchführung der Kommassation, Ziele, die ein Menschenalter lang viel opferreiche Arbeit in Anspruch nahmen. Und wenn sie erlahmen wollte, dann hielt Bedeus den Mut und die Tatkraft der Zaghaften aufrecht.

Im Bauernstand wurde das Bedürfnis nach einer Wirtschaftsänderung noch nicht empfunden, wohl aber in den Städten. Im April 1855 beschloß die Brooser Kommunität, einen Teil der Wiesen nicht mehr als Viehweide zu benützen nnd einen andern nur bis 24. April freizugeben; zugleich sollten die Äcker in diesen Gewannen der beliebigen Benützung der Eigentümer freigegeben werden. Die Kronstädter und Schäßburger Kommunität hatte im November desselben Jahres die Aufhebung der Dreifelderwirtschaft und die Einführung der Stallfütterung beschlossen, überall ohne Erfolg, da die Mehrheit der Bürger davon nichts wissen wollte.

So zehrte, während die Wege zu neuem Leben tastend gesucht wurden, Landwirtschaft und Gewerbe von altem Gut. Je geringer der Erwerb und der Absatz wurde, um so mehr mühte sich der Einzelne, auf den langsam durch den Absolutismus besser gemachten Wegen, wobei allerdings zunächst nur die Hauptlinien in Frage kamen, auf den zahlreichen Jahrmärkten des Landes abzusetzen, was Gewerbe und Landwirtschaft hervorbrachte, vielfach mit geringem Erfolg. Äußerlich hatte das Leben für Bürger und Bauern die alte Form angenommen. Unterschiedslos herrschte in der Stadt wie auf dem Land die weißgetünchte Wand in der Wohnung und der häufig zu scheuernde Fußboden, es war eine vielbesprochene Ausnahme, wenn ein reicheres Beamtenhaus etwa die „gute

Stube" malen ließ. Noch suchte das Vergnügen nicht die Öffentlichkeit. Freunde und Nachbarn fanden sich abends zum Gespräch in der Wohnung zusammen, wobei die Erinnerungen an 1848 im Vordergrund standen. Wer ins Wirtshaus — änt letchef — ging, galt in diesen Kreisen als bedenklich. Einfachheit in der Lebensführung wie in den Lebensansprüchen war das Zeichen auch dieser Jahre, die dem sächsischen Haus in der Stadt den Gewinn der schönen Sitte des Weihnachtsbaumes brachten, der früher vereinzelt bekannt, nun allmählich die Herzen von Jung und Alt am heiligen Abend oder am Morgen des ersten Christtags entzückte. Noch bestanden auch in den Städten die alten Ordnungen der Nachbarschaften. In Hermannstadt stellte 1857 die neue Nachbarschaftsordnung auf den alten Grundlagen den Wirkungskreis der Nachbarschaften fest und berief sie zur Mitwirkung bei öffentlichen Angelegenheiten, ja machte die Nachbarhannen zu vollziehenden und Aufsichts-Organen des Magistrats. Dabei sollten sie auch für die Heiligung der Sonn- und Feiertage, für Sittlichkeit und Anständigkeit in der Nachbarschaft sorgen, geringfügige Privatstreitigkeiten, über Aufforderung der Parteien, in gütlichem Wege schlichten.

Aber in der völligen Unterstellung der Nachbarschaft unter Magistrat und Statthalterei — der letztern mußten die Rechnungen vorgelegt werden — zeigte sich die veränderte Zeit. Der Staat mischte sich in alles ein. Um die Mittel für alle möglichen, wichtige und unbedeutende Dinge aufzubringen, nahmen die Städte, die fast Alle Steuerzuschläge auf den Bürger auflegten, dem Einzelnen das alte Schankrecht, das ihm zustand, für sich in Anspruch, führten Torakzisen ein und versuchten auch dem Stadthaushalt eine neue Gestalt zu geben. Neben die alten Einnahmen aus der Zeit der Naturalwirtschaft, dem Erträgnis von Grund und Boden, den die Städte besaßen, traten die neuen aus Gebühren, Gefällen, Steuern.

Wenn alles zusammengenommen wird, so stand auch die Regierung vor ungeheuren schweren Aufgaben. Gegenüber den in Gewerbe und Handel sich vollziehenden — man könnte fast sagen — Naturereignissen war auch sie machtlos.

Ganz ohne Verdienste für das Land ist jene absolute Regierung nicht gewesen. Ihr bedeutendstes, vom ganzen Lande gern anerkanntes war, daß sie die schwere Arbeit der Grundentlastung durchführte und Ordnung und Sicherheit im Lande schuf. Im Anfang der fünfziger Jahre waren Überfälle auf der Landstraße, Plünderung des Postwagens, Raub auf dem Dorf und Diebstahl in der Stadt an der Tagesordnung, bis die Gendarmerie und das geordnete Gerichtswesen die Sicherheit herstellten. Eine große Verbesserung erfuhren die Wege. Die „Kaiserstraße" durchzog das Land nach allen Richtungen und was Jahrhunderte hier versäumt hatten, wurde nun erst nachgeholt, der Telegraph wenn auch zunächst nur bis Hermannstadt und Klausenburg wurde ins Land hereingeführt. Am 1. September 1852 trat das österreichische Strafgesetz, am 1. September 1853 das allgemeine österreichische bürgerliche Gesetzbuch in Wirksamkeit und verbürgte dem Land eine einheitliche Rechtsprechung. Damit trat für das Sachsenland erst das Statutarrecht von 1583 außer Gebrauch, nach dem die Sachsen 270 Jahre Haus und Ehe, Testament und Erbrecht, kurz ihr öffentliches und privates Leben geordnet hatten. Der Gouverneur Fürst Schwarzenberg suchte das Gute, wie er es auffaßte, zu fördern, bereiste selbst wiederholt das Land, wobei er auch die Schulen besuchte und es gewann ihm die Herzen der Schüler, wenn der große Mann sich neben sie auf die Schulbank setzte und mit ihnen Cornelius Nepos oder Livius übersetzte und es imponierte ihnen, wenn er den Anfang der Ilias griechisch zitierte. Auch er starb nach kurzer Amtswirksamkeit außer Landes, da er Heilung eines Leberleidens in Karlsbad suchte. Die Ursache davon schrieb man im Lande einem großen Schrecken zu, den der Fürst auf einer Bärenjagd gehabt hatte, die er als leidenschaftlicher Jäger liebte. Der Tod überraschte ihn nach dem Besuch des Bades in Wien am 25. Juni 1858.

Ihm folgte als Gouverneur Fürst Liechtenstein, der noch im Sommer ins Land herein kam, von den Behörden devot empfangen. Das Begrüßungsgedicht, das ein Nepomußky in Hermannstadt ihm widmete, erregte allgemeine Heiterkeit mit dem vom Verfasser als Poesie gebotenen Vers:

>Du kommst aus dem Lande der Märker
>In Siebenbürgens luftigen Erker!

Als er an Schwarzenbergs Stelle trat, begann der Absolutismus schon zu wanken, die Zuversicht auf seine Dauer war geschwunden, langsam begannen die Machthaber die Zügeln zu lockern. In Ungarn gährte es in bedenklicher Weise. Da wurde Österreich in den unglücklichen Krieg mit Sardinien verwickelt. Napoleon III. hatte schon in seiner Neujahrsrede 1859 auf die kommende Verwicklung hingewiesen, er griff nach dem Lorbeer des Befreiers von Italien. Die Schlachten bei Magenta und Solferino entschieden gegen Österreich und im Frieden von Zürich, der dem Waffenstillstand von Villafranca folgte, trat Österreich die Lombardei an Sardinien ab und verzichtete tatsächlich auf das Protektorat über Mittelitalien (22. November 1859).

Der Krieg mußte die Wendung beschleunigen, die in Ungarn auch anderweitig vorbereitet war. Die Magnatenpartei und der Hochklerus hatten den Sturmlauf insbesonders gegen den Minister A. Bach unternommen, der der verhaßteste Repräsentant des Absolutismus war. Er hatte im Jahre 1857 die ungarischen Zustände, wie sie der Absolutismus geschaffen, unter dem Titel „Rückblick auf die jüngste Entwicklung Ungarns" besprechen lassen und dabei zu beweisen gesucht, „es gibt kein Land in Europa, welches einen wichtigern und raschern Prozeß der Kulturentwicklung vor den Augen der staunenden Mitwelt durchgemacht hat, als das Königreich Ungarn", wobei das Gute, das der Absolutismus geschaffen hatte, natürlich besonders hervorgehoben wurde. Szechenyi schrieb aus dem Irrenhaus in Döbling die Antwort „Ein Blick auf den anonymen Rückblick", der mit schneidendem Hohn das „Gute" beleuchtete, das Ungarn zuteil geworden war und vor allem Töne anschlug, die aus tiefstem Herzen kamen und des Widerhalls überall sicher waren. Auch die Zustände und Stimmungen in Siebenbürgen waren gezeichnet, wenn es dort hieß: „Menschen wie Nationen verlangen, daß man ehrlich mit ihnen umgehe. Glauben uns Exzellenz, es gibt keine sublimere Regierungsmethode, keine heilbringendere Politik" oder: „Gegen die Willkür als solche fühlen die Menschen keine Antipathie; aber was ihnen nicht behagt, sie empört, sie anekelt, sie erbittert ... das ist jene Taktik, jene Duplizität, oder um besser zu sagen jene Gleißnerei, welcher zufolge man den Völkern etwas weißmachen oder sie hintergehen, sie ‚anschmieren' will; wenn man ihnen z. B. sagt: Ihr habt eine Preßfreiheit und es ist nicht wahr, über euch entscheidet nur das Gesetz und es ist nicht so, man will eure Freiheit nicht schmälern und es geschieht das Gegenteil, eure Nationalität wird nicht gefährdet und es ist eine Lüge ... Eine derartige Manipulation, eine solche Tartüffiade saturiert das sanfteste Blut am Ende mit dem giftigsten Geifer, welcher früher, später gewiß ausbricht".

Ähnliche Gedanken, wenn auch in ganz anderer Form, hatten die angesehensten Notabilitäten Ungarns, an deren Spitze der Fürstprimas von Gran, in einer Adresse an den Kaiser ausgesprochen, als er 1857 einige Zeit in Ofen residierte und größere Ausflüge ins Land machte. Neben dem Ausdruck dynastischer Treue und Loyalität erklärten diese Männer, darunter Eötvös, Sennyei, Zsedenyi, Ghiczy, Wenckheim, Apponyi, „das Land fühlt es und wir fühlen es mit demselben, daß die Ereignisse von 1848/49 immer Trauerblätter in unserer Geschichte bleiben werden. Unsere Erinnerungen trüben unsere Einsicht nicht. Wir haben es begriffen, was die notwendige Konsequenz dieser Ereignisse ist. Wir beteiligen uns bereitwillig mit allen Untertanen Ew. Majestät in allem, was die Aufrechthaltung, Mehrung und Kräftigung des Ansehens, der Sicherheit, der Macht der Gesamt=Monarchie erheischt. Die Macht Ew. Majestät und die Kraft der Monarchie ist unsere Sicherheit, die allgemeine Wohlfahrt der Monarchie ist unser Gedeihen. Die Einheit der Monarchie ist der Erwerb von Jahrhunderten..." Aber was in Ungarn geschehen sei, sei nicht notwendig zum Zweck jener Einheit: die Komitate seien aufgehoben, die Territorial=Integrität vernichtet, die administrative Einheit zerstört; die neuen Formen der politischen Verwaltung und der Rechtspflege seien ungewohnte und mit Kosten verbunden, die magyarische Sprache sei auf diesen Gebieten verdrängt, desgleichen aus den Schulen, es würden Beamte in großer Zahl verwendet, die nicht im Land geboren, mit den Verhältnissen, der Sprache, den Gewohnheiten und Interessen des Volkes unbekannt seien, bei der Besteuerung sei den Verhältnissen nicht Rechnung getragen. „Wir müßten Ew. Majestät die Wahrheit verhehlen, wenn wir verschweigen wollten, daß uns nach unserer Kenntnis der Denk= und Fühlweise, der Verhältnisse, der Vergangenheit und Gegenwart des Landes dieser Weg nicht als derjenige erscheint, dessen Betreten und Befolgung jene Beruhigung und jenen innern Frieden der Gemüter herbeiführen kann, welche die von Ew. Majestät beabsichtigte allgemeine Zufriedenheit Ihrer ungarischen Völker zu sichern vermögen."

Als am 22. August 1859 Bach entlassen wurde, erschien die Tatsache allgemein als die Ankündigung eines durchgreifenden Systemwechsels und als am 23. Okt. Graf Grünnes Entlassung folgte, der als die Seele des höfischen Militarismus angesehen wurde, stieg die Befriedigung.

In Ungarn mahnte auch die steigende Erregung des Landes dringend zur Umkehr. Im Ausland bearbeiteten Kossuth und Genossen die Gemüter im Sinne der ungarischen Forderungen, seine Emissäre beeinflußten in Deutschland die öffentliche Meinung, vor allem war Ungarn selbst von einem Netz von geheimen Verbindungen übersponnen, die das Volk auf den Tag der Befreiung vorbereiten sollten. Auch nachdem am 8. September 1853 die eiserne Kiste mit der ungarischen Krone, mit Mantel, Schwert und Reichsapfel in der Nähe von Orsova aufgefunden worden war, hoffte das Volk noch immer auf die Rückkehr des „Gouverneurs" und auf der einsamen Heide hütete der arme Bauer ängstlich seine Kossuthnoten, daß er sie einlöse, wenn der Gouverneur wiederkomme. Alle polizeilichen Maßregeln drängten die Bewegung höchstens zurück, sie konnten sie nicht aus der Welt schaffen. Die Italiener, Vorbild und Meister auf den Wegen der Verschwörung, hatten ihre Hand mit im Spiele, im Dezember 1854 wurde Orsini, der Genosse Mazzinis, der vier Jahre später das Bombenattentat auf Napoleon III. machte und das ehemalige Carbonarimitglied an seinen Schwur erinnerte und zur Befreiung Italiens mahnte, in Siebenbürgen verhaftet. Als dann der Krieg 1859 ausbrach, wartete ein Teil der Verschworenen in Ungarn nur auf das Zeichen zum Losschlagen, während ein Teil der Emigranten in Napoleons Heer diente. Ein französisches Heer sollte an der kroatischen Küste landen, Kossuth dem Prinzen Napoleon die Krone antragen und Ungarn aufs neue für seine Freiheit die Waffen erheben. In der Walachei sammelten die Emigranten unter Napoleons geheimem Schutz bewaffnete Leute zu einem Einfall in Siebenbürgen und scharenweise eilten die Szekler hinüber, sich in die Reihen jener zu stellen. Von Frankreich sollten 30.000 Gewehre und von Belgrad eine Anzahl Kanonen geliefert werden, um einen Teil der ungarischen und siebenbürgischen Insurgenten zu bewaffnen. Daneben hatte das „ungarische Nationaldirektorium" — Kossuth, Klapka, Teleki — mit dem Fürsten Cousa eine Konvention abgeschlossen, in der folgende Prinzipien festgestellt waren, die in die ungarische Verfassung aufzunehmen seien:

1. Vergessen aller alten Zerwürfnisse und vollständige Aussöhnung zwischen Serben, Ungarn und Walachen.

2. Gleiches Recht und gleiche Freiheit für alle Bürger Ungarns ohne Unterschied des Stammes und der Konfession.

3. Autonomie des Komitates und der Gemeinde. Die Bevölkerung der von Bürgern gemischter Zunge bewohnten Gegenden wird die Administrationssprache in freundschaftlichem Wege feststellen.

4. In den Kultus- und Unterrichtsangelegenheiten volle Unabhängigkeit für die verschiedenen Konfessionen und Nationalitäten.

5. Die serbischen und walachischen Truppen werden besonders organisiert und in ihrer Sprache kommandiert werden. Zur Erlangung der verschiedenen Ämter wird jedermann in der Armee gleiches Recht haben.

6. Nach Beendigung des Kriegs hätte eine in Siebenbürgen einzuberufende Versammlung über die administrative Einheit dieses Landes mit Ungarn zu bestimmen und falls die Majorität beschließen sollte, daß Siebenbürgen seine frühere selbständige Stellung wieder erhalten solle, so wird dies nicht angefochten werden.

7. Das Prinzip der Brüderlichkeit muß alle leiten. Nur dieses kann uns zu dem Ziele führen, das wir anzustreben haben; die Kon-

föderation der drei Donaustaaten Ungarn, Serbien und der Moldau-Walachei.

Zum Führer der Insurrektion in Siebenbürgen war der aus dem Jahre 1848 bekannte General Czecz bestimmt. Das „Nationaldirektorium" fürchtete ein zu frühes Losschlagen und schrieb, um die Sache selbst weiter vorzubereiten, am 20. Juni 1859 an die Leiter der Bewegung in der Heimat: „Bestreben Sie sich die Gefühle und Wünsche der Rumänen und Sachsen sowohl, als auch der Serben und Kroaten zu erforschen. Zu diesem Behufe wollen Sie sich an die einflußreichsten Repräsentanten der betreffenden Nationalitäten wenden. Während Sie sie einerseits versichern, daß wir, auf Grund der Integrität des ungarischen Territoriums und der 1848er Gesetze bereit seien, Alles zuzugestehen was ein Bruder vom andern fordern kann, belieben Sie sie andrerseits aufzufordern, ihre etwaigen weitern Wünsche wenn möglich durch ihre, besonders hieher zu sendenden, Leute zu unsrer Kenntnis zu bringen. Wenn wir indessen auch die 1848er Gesetze als Ausgangspunkt betrachten, so gedenken wir beiweitem nicht diese unverändert aufrecht zu halten, sondern wollen vielmehr die in ihnen enthaltenen Prinzipien in dem Maße erweitern und ausdehnen, daß alle Interessen sowohl die nationalen als auch die konfessionellen unter den Fittigen der ungarischen Verfassung vollständige Befriedigung finden." In bezug auf die Nationalitätenfrage wurden folgende „Prinzipien" aufgestellt: „Der Staat hat weder mit der Religion noch mit der Nationalität etwas gemein. Da die Verfassung das Vereinsrecht sichert, steht es den Bürgern frei, sich zum Schutz und zur Entwicklung ihrer nationalen und andern Interessen zu verbinden und in den Gemeinden, Komitaten oder im ganzen Land Versammlungen zu halten; die Religionsverbindungen und Nationalitäten können für sich, hinsichtlich ihrer Ziviladministration, nicht Behörden nach Territorien fordern, sondern müssen sich auf die Pflege ihrer nationalen Interessen beschränken. In dieser Hinsicht aber werden sie vollkommen freies Verfügungsrecht haben; sie können Oberhäupter wählen, welchen sie beliebige Titel beilegen können, gerade so wie die von den Religionsverbindungen gewählten Präsidenten Patriarchen, Metropoliten usf. genannt werden. Sie können Versammlungen halten und Beschlüsse fassen, aber nur in den Grenzen der Verfassung und der Gesetze und der Staat kann nichts fordern, als daß die Versammlungen öffentliche seien. Dieses Prinzip wird sowohl auf die ungarische als auch auf die übrigen Nationalitäten Anwendung finden, keine wird ein besonderes Privilegium besitzen und die Regierung als solche wird

keine in Schutz nehmen zum Schaden der andern. Insofern aber die
Regierung, der Reichstag, das Komitat, die Gemeinde eine Amtssprache
nötig hat, würde obiges Prinzip in der Weise angewendet werden, daß
überall die Majorität bestimmt, in welcher Sprache die öffentlichen Angelegenheiten geführt werden sollen, ohne jedoch die Rechte der Minorität
zu schmälern. Wenn z. B. eine Komitatsversammlung für das laufende
Jahr als Amtssprache die rumänische, serbische, deutsche, ungarische
bestimmt, dann haben die Bürger andrer Zunge dennoch das Recht, in
ihrer eigenen Sprache nicht nur Gesuche einzureichen, Prozesse zu führen,
sondern auch in den Versammlungen zu sprechen. Die Regierung aber
muß in dem Falle, als das Komitat, an das sie einen Erlaß richtet,
eine andre Sprache als Amtssprache angenommen, den in der amtlichen
ungarischen Sprache geschriebenen Erlässen eine Übersetzung in der betreffenden Sprache beifügen; ebenso wie das Komitat einen ähnlichen
Vorgang bei seinen Berührungen mit den Gemeinden befolgt. Umgekehrt
muß das Komitat, wenn seine Amtssprache nicht die ungarische ist,
seinen Meldungen an die Regierung eine Übersetzung beigeben. Die
Gesetze aber werden in sämtliche im Lande gebräuchliche Sprachen
übersetzt und in den betreffenden Sprachen verkündet werden."

Das war im einzelnen damals allerdings nicht bekannt geworden,
aber daß etwas vorging, blieb doch nicht verborgen.

Der Krieg ging unglücklich aus; zum Losschlagen wars nicht gekommen, aber seine Erfahrungen mahnten dringend an eine Umkehr.

In der Tat trat die Erleichterung bald nach dem Kriege ein.
Das erste Zeichen war, daß die Presse freier wurde. Sofort erschien
als neues sächsisches Organ vom 29. Oktober 1859 an in Hermannstadt
die „Siebenbürger Quartalschrift", redigiert von Heinrich Schmidt, die
nun in entschiedener Weise den Absolutismus bekämpfte, wie die unabhängigen Führer des sächsischen Volkes es von Anfang an getan hatten.
„Der sittlich-ernste Charakter dieses Volkes wird jedem System nur
grollend sich fügen, das den Stempel der Rechtsverachtung an der
Stirne trägt und seine Diener nicht nach ihrer Fähigkeit und Unbe-
scholtenheit sucht und belohnt, sondern nur nach dem Eifer, womit
sie den Absichten der augenblicklichen Gewalt oder gar jeder Laune
der regierenden Persönlichkeiten sich beugen. Keinem System, auch
dem verworfensten, hat es an willigen Werkzeugen aus allen Nationalitäten jemals gefehlt; aber Schuld und Ehre der Völker mißt der
vorurteilslose Beurteiler nicht nach den Taten einzelner Renegaten, sondern
nur nach denen ihrer geistigen Führer." (Fr. Müller). Und diese haben

jenes absolute System ertragen, nicht ihm gedient, an mehr als einem Punkt es in Wort und Schrift bekämpft, allerdings ohne an Personen und Sachen das Gute, das mit ihnen verbunden war, zu übersehen. Für die Idee des konstitutionellen einigen Österreich waren die Sachsen bereit gewesen, Opfer zu bringen, für den Absolutismus hatten sie nichts angeboten und nichts gegeben, sie hatten sich gefügt wie andere, weil sie mußten.

Im selben Augenblick, wo die Möglichkeit der Bekämpfung sich zeigte, stellten sie sich zum Kampf. Die Quartalschrift war auch ein Beweis dafür. Ihr Redakteur H. Schmidt, ein erprobter Politiker, der seinen nationalen und österreichischen Standpunkt auch in den Wirren des Jahres 1848/49 nie verleugnet hatte, war geschaffen zum Journalisten. Er arbeitete rasch und führte eine scharfe Feder, zuweilen zu scharf, wo es abweichende Meinungen im eigenen Volk zu bekämpfen galt, besaß Geist und Witz, klaren Verstand und politischen Blick. Er wollte nicht bloß Nachrichtendienste leisten, sondern leiten, die Zeitung sollte die politische Richtung angeben, die Gedanken der Leser auf ein Ziel richten. Er kannte keine Halbheit, sondern verlangte ganzes Eintreten für die als richtig erkannte Sache. Er trat für ein konstitutionelles Groß-Österreich ein, das allen seinen Nationen und Ländern gerecht sein sollte und versuchte dem sächsischen Volk in dem Neubau eine Stelle zu gewinnen, die eine Stütze des Gesamtstaats, aber ebenso zugleich auch die Sicherheit der eigenen nationalen Entwicklung verbürgte. Auch für die innern Schäden des sächsischen Volkes hatte er einen scharfen Blick, wußte sie zu finden und die Mittel für deren Heilung anzugeben. Vor allem erkannte die Zeitung die bedeutsame Stellung der Kirche und Schule im Volksleben und trat für die Weiterbildung beider, vor allem auch den Ausbau der Verfassung entschieden ein. Es war eine Zeitung aus einem Guß, die den Stempel ihres Redakteurs an sich trug.

Am 12. Juli 1859 hatte ein kaiserliches Manifest versprochen, die innere Wohlfahrt und die äußere Macht Österreichs durch „zweckmäßige Entwicklung seiner reichen geistigen und materiellen Kräfte wie durch zeitgemäße Verbesserung in Gesetzgebung und Verwaltung dauernd zu begründen". Um diese „zeitgemäßen Verbesserungen" handelte es sich in den nächsten Monaten.

Die Regierung selbst veröffentlichte zunächst wie für die andern Länder so auch für Siebenbürgen den Entwurf einer Gemeinde- und Städteordnung, die aber noch völlig vom Geist der Bevormundung diktiert war. Im Sachsenland insbesondere, wo die Selbstverwaltung altes Recht und historiche Übung gewesen war, herrschte nur eine Stimme darüber. „Die Autonomie hat in Siebenbürgen nichts als Grenzen und gar kein Gebiet" schrieb spöttisch die Quartalschrift und die sächsischen Kommunitäten weigerten sich, das abverlangte Gutachten über die Städteordnung zu geben, nicht nur weil sie selbst ungesetzmäßig zusammengesetzt seien, sondern weil eine solche Ordnung im administrativen Weg überhaupt nicht zustande kommen könne. Sie gingen von der Überzeugung aus, daß es Bürgerpflicht sei, die Mitwirkung zu verweigern, da die Verfassung Österreichs fehle und da nach den Staatsgrundverträgen, die Siebenbürgen an die Krone knüpften, nach den beschworenen Gesetzen und der jahrhundertalten Übung die gesetzgebende Macht hier nur dem Fürsten und den zur Ausübung dieses Rechts gesetzlich berufenen Vertretungen gemeinschaftlich zustehe, eine rechtskräftige Ordnung also nur von beiden zusammen geschaffen werden könne. Damit war zugleich deutlich ausgesprochen, daß vor allem eine Verfassung nötig sei und daß ein gesundes Leben nur auf dem Boden der Selbstverwaltung denkbar sei.

Es waren nicht neue Wahrheiten, aber es muß immer wieder betont werden, daß sie in jenen Tagen am frühesten und entschiedensten unter den Sachsen ausgesprochen wurden.

Die Regierung selbst nahm den „zeitgemäßen Fortschritt" nur sehr langsam auf.

Ein Patent vom 5. März 1860 ordnete die Verstärkung des Reichsrats an, der 1857 zu völliger Tat- und Bedeutungslosigkeit umgewandelt worden war und wies ihm die Feststellung des Staatsvoranschlags zu, Entwürfe in Sachen der allgemeinen Gesetzgebung, die Vorlagen der Landesvertretungen. Eine Initiative zur Vorlegung von Gesetz- und Verordnungsvorschlägen wurde ihm ausdrücklich abgesprochen, auch als mit Reskript vom 17. Juli neue Steuern und Gebühren wie die Aufnahme von Darlehen an die Bewilligung des Reichsrats gebunden wurden. Zu Reichsräten sollten die Landesvertretungen Vorschläge machen, der Kaiser sie ernennen, da aber diese Landesvertretungen selbst nicht bestanden, so wurde die Ernennung direkt vorgenommen. Aus Siebenbürgen trafen sie den griechisch-orientalischen Bischof Schaguna, den Bürgermeister von Sz.-Ujvar Advokat v. Jakabb und den Präsidenten der Kronstädter Handelskammer Karl Maager.

Die Verhandlungen des verstärkten Reichsrats vom 31. Mai bis 27. September 1860 brachen in dem, was sie zutage förderten, den Stab völlig über die Politik des Absolutismus, obwohl die vornehme

Gesellschaft, die dort sich zusammengefunden hatte, die Worte vorsichtig abwog und oft mehr in Andeutungen als direkten Beschuldigungen sich erging. Aber zweierlei ließ sich nicht verhüllen: der Absolutismus hatte finanziell den Staat an den Bankerott gebracht und keines der vielen Länder und Völker der Monarchie war befriedigt worden. Kaum ein Zweig der Verwaltung, des Unterrichts, der Justiz, über den nicht entschieden geklagt worden wäre, nicht am wenigsten über die Unterdrückung der nichtkatholischen Kirchen durch die herkömmliche Intoleranz der römischen Kirche, über den Sprachenzwang, der überall ausgeübt wurde und als schweres Unrecht empfunden wurde, über die Vielregiererei, über die Steuern und Gebühren, über die Unterdrückung der öffentlichen Meinung, die Knebelung der Presse. Das was in dieser Beziehung in der Debatte gesagt und dann publiziert wurde, war im Grunde bedeutender als die Schlußanträge, die gebunden durch die Vorschrift, es stehe dem Reichsrat keine Initiative zu, wieder mehr in Andeutungen sich ergehen mußten. Sie schieden sich übrigens in einen Majoritäts- und einen Minoritätsantrag, auf deren erstern 34 Stimmen fielen, auf den letztern 16, während 6 Stimmen beide ablehnten. Der Majoritätsbeschluß faßte das Endergebnis in folgendem zusammen: „Die Kräftigung und gedeihliche Entwicklung der Monarchie erheischt die Anerkennung der historisch-politischen Individualität der einzelnen Länder, innerhalb welcher die naturgemäße Entwicklung und Förderung der verschiedenen Nationalitäten ihre Geltung zu finden hat und die Verknüpfung dieser Anerkennung mit den Anforderungen und Bedürfnissen des gesamtstaatlichen Verbandes: daher bei prinzipieller Gleichstellung aller Länder der Monarchie — sowohl die Anerkennung und Begründung ihrer Autonomie in der Administration und innern Legislation als auch die definitive Feststellung, Sicherung und Vertretung ihres gemeinsamen staatsrechtlichen Verbandes. Diese staatsrechtliche Regelung kann aber ihre Ergänzung nur durch die Wiederbelebung und Begründung munizipaler Institutionen im Sinne einer ernst gemeinten Selbstverwaltung finden."

Der Minoritätsantrag ging von dem Bedürfnis einer realen Reichseinheit und einer kräftigen Reichsgewalt aus, um zum Schluß dem Kaiser die Bitte vorzulegen: „daß Se. Majestät aus allhst. dero Machtvollkommenheit geruhen wolle, jene Institutionen in das Leben zu rufen, durch welche, bei möglichster Entwicklung freien Selbstverwaltungsrechtes in allen Kronländern und bei vollständiger Wahrung der Einheit des Reiches und der Legislation, so wie der Exekutivgewalt der Regierung —

dann bei wirksamer und unabhängiger Kontrolle des Staatshaus=
haltes — alle Interessen der Bevölkerung in der Kommune, im Landtag
und im Reichsrat ihre geeigneten Vertretungen finden".

Graf Hartig hatte Recht, wenn er beiden Anträgen den Vorwurf
machte, gegen das was sie geschrieben enthielten lasse sich wenig be=
merken, die meisten Einwendungen ergäben sich gegen das, was nicht
geschrieben sei und zwischen den Zeilen stehe. Der Gegensatz der beiden
Anträge bestand kurz darin: der Minoritätsantrag verlangte eine starke
Zentralgewalt, die Feststellung der Reichseinheit und eine Selbstver=
waltung, die nach jener Einheit sich zu richten und ihr gegebenenfalls
Opfer zu bringen habe; der Majoritätsantrag verlangte Wiederher=
stellung der alten Verfassungen, Autonomie der Länder und eine Reichs=
einheit, die einfach nahm, was übrig blieb. Dort galt es den Zentra=
lismus, hier den Föderalismus. Beide führten dahin, wohin weder die
Majorität noch die Minorität eigentlich wollte und die meisten sehr
entschieden abwehrten, zu einer parlamentarischen Konstitution, zu einer
Verfassung, bei der das Volk eine Vertretung mit ganz bestimmten, nicht
gering bemessenen Rechten haben mußte.

Es ist das Verdienst des sächsischen Vertreters Karl Maager ge=
wesen, dieses nicht nur erkannt, sondern auch mutig und frei ausge=
sprochen zu haben. Schon in der Sitzung vom 10. September hatte er,
gegen den Willen seiner bürgerlichen Genossen im Reichsrat, die er ver=
geblich zu entschiedenem Handeln aufmunterte, die Frage der Gleichbe=
rechtigung der Katholiken und Protestanten zur Sprache gebracht und ihr
Fehlen als die richtige Ursache großer und tiefgehender Unzufriedenheit be=
zeichnet. Er hatte das Konkordat angegriffen, die Ungerechtigkeit bei den
gemischten Ehen, beim Übertritt der Katholiken zum Protestantismus,
die Forderung des Konkordats, daß „akatholische Soldaten" abgesondert
zu beerdigen seien, wobei das Singen „akatholischer" Lieder und die
Leichenreden sowohl im Spital wie auf dem Friedhof verboten waren,
ins rechte Licht gerückt, darauf hingewiesen, daß bei den Katholiken
kirchliche Vereine gestattet seien und deren Verbindung mit ähnlichen
Vereinen des Auslandes, während den Evangelischen der Gustav=Adolf=
Verein nicht gestattet werde, um zum Schluß den Antrag zu stellen,
es wolle die vollkommene Gleichberechtiguug aller christlichen Konfessionen
als Staatsgrundgesetz ausgesprochen werden und der Kaiser gebeten
werden, daß diese Gleichberechtigung zur Wahrheit werde; weiter: da die
Durchführung einer vollkommenen Gleichberechtigung bei den Bestim=
mungen des Konkordats durchaus nicht möglich sei, wolle der Kaiser gebeten

werden, das Konkordat einer Revision zu unterziehen. Die Anträge machten im Reichsrat und nicht weniger außerhalb desselben ungeheures Aufsehen. Im Kaffeehaus standen die Leute auf, wenn Maager das Lokal betrat, wenn er in die Sitzungen ging, stellte sich die Menge auf, um ihn zu begrüßen, Frauen schickten ihm namenlosen Dank, daß er gegen die Mißhandlung des evangelischen Teils in den gemischten Ehen Stellung genommen hatte. Seine Popularität wuchs, als er für die Freiheit der Presse eintrat und am 21. September das erlösende Wort sprach: „Unsere Finanzfrage ist eine rein politische geworden, nicht arithmetische und mathematische Kombinationen können uns den Kredit im Ausland wieder geben, sondern einzig und allein glückliche politische Institutionen, mit andern Worten eine Reichsverfassung", die er am 24. September näher als eine „Repräsentativverfassung" bezeichnete. Der Eindruck war ein unbeschreiblicher. Ein Teil des verstärkten Reichsrats stimmte im stillen zu, ein anderer widersprach laut, der Ministerpräsident Graf Rechberg erwiderte, Maager habe sich auf ein Feld begeben, auf welches zu folgen das Ministerium sich nicht für berechtigt halte und Fürst Salm spöttelte, solche Weisheit sei billig, sie sei im Rotteck-Welkerischen Staatslexikon zu haben. Selbst der Berichterstatter der Minorität, Dr. Hein, hielt sich für verpflichtet, zu erklären, daß weder ihm, noch der Minderheit auch nur im entferntesten eingefallen sei, eine Repräsentativverfassung zu verlangen. Aber um so durchschlagender war der Erfolg draußen, Maager war monatelang der volkstümlichste Mann in Österreich. Wo er erschien, wurde ihm herzlich gehuldigt, in den Schaufenstern war sein Bild zu sehen, viele tausende seiner Photographien wurden verkauft, man trug Maager-Hüte, Maager-Anzüge, -Krawatten, -Uhren u. dgl., Städte und Vereine wetteiferten ihn zum Ehrenbürger und Ehrenmitglied zu machen, schickten Deputationen, um ihn zu begrüßen, in der ev. Kirche in Wien dachte man seiner im Gebet als eines „gottbegnadigten Streiters", der für die ev. Kirche eingetreten sei. Selbst das adlige Kasino in Pest hatte eine Dank- und Anerkennungsadresse an Maager geschickt, doch rief es die Deputation von dem Wege nach Wien zurück, als es die Abstimmung Maagers erfuhr, der sich nicht für das Majoritätsgutachten ausgesprochen hatte.

Damit war zugleich ausgesprochen, daß die tiefsten Gegensätze im verstärkten Reichsrat hinter den beiden Anschauungen der Majorität und der Minorität sich bargen und der bedeutendste war der über die ungarische Frage.

Maager selbst aber hatte in jenen Verhandlungen kein Hehl gemacht, daß was er in bezug auf Religionsfreiheit, Freiheit der Presse, Verfassung usf. beantragte, nicht sein Sondereigentum sei, sondern ihm aus der Geschichte seines Volkes herausgewachsen sei, von seinen Volksgenossen geteilt werde und in dessen Institutionen früher zum besten Teil verwirklicht gewesen sei. Mehr als einmal hatte er eingehend historisch seine Anschauungen belegt, die in Siebenbürgen rechtlich bestehende Religionsfreiheit auseinandergesetzt, den Stolz als Bürger inmitten der Adelsgesellschaft, das Selbstbewußtsein, ein Sachse zu sein, deutlich gezeigt. Ein Teil von dem Ruhm, der ihm zuteil wurde, fiel auch auf sein Volk. Vor seiner Abreise aus Wien wagte er es, dem Kaiser in einer besondern Audienz, huldvoll empfangen, die Umänderung der Regierungsform in eine parlamentarisch-konstitutionelle zu empfehlen (1. Oktober), im einzelnen die Emanzipation von der Herrschaft der katholischen Kirche, Freiheit des Gedankens, der Presse, des bürgerlichen Lebens, die ebenso im Interesse der Völker wie der Dynastie liege. Der Kaiser dankte freundlich und versprach Prüfung der Ansichten: "Seien Sie überzeugt, daß ich nur das Beste meiner Völker will. Sagen Sie meinen treuen Sachsen, daß ich hoffe, daß sie mit meinen Entschließungen zufrieden sein werden."

In Siebenbürgen selbst war die Freude über die Haltung Maagers nicht geringer wie draußen. Seine Heimkehr war ein Triumphzug durch die sächsischen Orte, überall freudiger Empfang, Deputationen, Festessen, Trinksprüche, Ständchen und Fackelzüge. Die Nation begann wieder zu hoffen und sah einer bessern Zukunft entgegen.

In Siebenbürgen hatte der Sommer auch einen weitern Fortschritt gebracht, die gesetzmäßige Konstituierung der Kommunitäten. Die noch lebenden Mitglieder der aufgelösten Vertretungen wurden wieder einberufen, an Stelle der verstorbenen auf Grund der Regulativpunkte neue gewählt, es war ein langsames Einlenken in verfassungsmäßige Bahnen. Aber um so mehr wurden die kleinlichen Plagen und Sekkaturen des Absolutismus als unerträglich empfunden. Der Kampf dagegen war nie still gestanden, ja es war, ein Zeichen der innerlichen Befreiung der Geister, auch der Witz in die Schranken getreten. Der Schäßburger Gymnasiallehrer Fr. Fronius hatte in der Siebenbürgischen Quartalschrift in den Litterae obscurorum virorum mit köstlichstem Witz die Plakterei und Schinderei der rücksichtslosen Beamtenwirtschaft zu bespötteln begonnen und ein fröhliches Lachen antwortete von Broos bis Draas. Denn was da mit drolligem Ärger erzählt wurde, in lustigstem Küchenlatein, aus dem der sächsische Dialekt witzig und schelmisch hervorlugte,

das hatten die Leser alles erlebt und freuten sich, die vielgerühmten Seg=
nungen der neuen Regierung endlich in rechte Beleuchtung gerückt zu
sehen. In diesen Briefen erzählte der Michael Saxo ex circulo Cibiniensi
seinem Gevatter Bela Hungaro in circulo Claudiopolitano, was er
alles erduldet habe und bittet ihn um Rat. Er wisse auch, daß die für=
sichtigen und weisen Sachsen nicht so gern tanzten wie die ungarischen
Brüder. Aber bisweilen komme doch auch in ihrem armen Leben eine
Zeit, daß auch wir einen bescheidenen Tanz in allen Ehren zu riskieren
wagen. Das besonders bei Hochzeiten, die wir nicht wie die Heiden im
Wirtshaus, sondern im eigenen Hause feierten. Nun hätten die Sachsen
seit des Königs Geisa Zeit, der sie allerdings nicht zum Tanzen sondern
ad retinendam coronam ins Land gerufen habe, nach Belieben getanzt
und zwar frei, ohne dafür etwas zu bezahlen. Das stehe nun zwar nicht
im Andreanischen Privileg und wenn es stünde, würde es nichts nützen,
nam ut et tu bene scis, dilectissime compater, diu jam passata et
trucata sunt tempora bona illa privilegiata. Aber er glaube, das Recht
umsonst zu tanzen sei ein Naturrecht des Menschen, wie ein gewisser
Goethe sage, ein Recht, das mit uns geboren sei. Allerdings fange er
nun an den Gedanken zu begreifen, den derselbe Goethe in das Wort
gefaßt habe: vae tibi ut nepos es, quam cogitationem Kazinczy
vester in lingua hungarica sic expressisset: jai neked hogy unoka
vagy. Nun aber verlange man, daß wer im eigenen Haus tanzen wolle,
sich eine Lizenz löse, 16 Kreuzer für die Stunde, dazu den Stempel
auf die Lizenz mit 72 Kreuzern, das mache für acht Stunden Tanz
zwei Gulden. Das scheine nun unrecht und unbillig. Appetitum
nempe saltandi deus nobis dat (et quidem satis raro!), domum, in
qua saltamus, ipsi nobis aedificavimus, Pharaonibus, qui musicam
nobis faciunt, nos ipsi solvimus, calceamenta, quae rumpimus,
ipsi nobis emimus. Sed quid faciendum? Aut solvere debemus usque
oculi nobis supereunt aut nuptias ut exequias peragere debemus.
Und so fragt er seinen Gevatter, ob sie beim Tanzen im eigenen Haus
sich auch eine Lizenz kaufen müßten. Wenn der Sachse für eine Stunde
16 Kreuzer zahle, so müßten die Ungarn das drei= bis vierfache zahlen,
quia vos in una hora quatuor feros Csardasus saltare potestis, usque
nos unum Landlerum lentum trahimus. In Udvarhely und Kronstadt
tanzten sie auf den Hochzeiten usque pedes omittent sine ulla licentia.
Er wolle dorthin auswandern, wo man umsonst tanzen könne.

Der Klausenburger Gevatter antwortet, bei ihnen verlange man
eine derartige Lizenz nicht, nec autem ulli hoc suadere velimus. Aber

sonst sei es auch bei ihnen schlecht und propter duos florenos pediculosos solle er nicht auswandern, es könne ihn morgen oder übermorgen gereuen. Quid denique diceret postmundus, si propter saltum terram relinqueres, quam majores tui multo cum sanquine et sudore habitabilem fecerunt. Mane igitur in terra, nutri te honeste et salta — ut tibi violinatur. Wenn er aber die Hochzeit der Tochter bei ihm feiern wolle, so solle er nur kommen, er werde willkommen sein. Pro hoc casu filius meus te rogare sinit, ut eum cum una filia tua ad unam Quadrillam angages.

Bevor die Antwort recht angekommen, muß der sächsische Gevatter neuen Ärger melden. Die Hochzeit ist vorbereitet gewesen, Gänse, Hühner, Lämmer sind angeschafft, aber Krähen, Raben, Wölfe, Füchse haben alles aufgezehrt und er kann sie nicht schießen, denn — so höhnt ihn der Rabe — quare te ita male gessisti, ut tibi passum armorum non dederunt. Als ihm gemeldet wird, daß die beiden Wölfe, die die Lämmer fraßen, in podicibus respectivis sedent et si celeriter mecum venis, eos puscare potes, da eilt er zum Richter, er solle ihm erlauben, eine Treibjagd auf die Wölfe zu machen. O te, legum novarum ignarum, antwortet dieser, hoc non est muneris mei, lupi non jurisdictioni meae intersunt, habent constitutionem propriam et privilegia praecipua et principalia. Nec mihi, nec communitati licet, ne crinem quidem eorum curvare. Sed perge in pagum X., ibi residet venationis magister circularis, nobilis Dominus de Y., narra ei calamitatem tuam et ille tibi suo tempore ad jus tuum juvabit. Aber es kommt eine Hiobspost über die andere. Die Hasen haben im Garten den Salatum capitatum gefressen, da machen sie Jagd mit Knütteln auf sie und der zukünftige Schwiegersohn se ante unam ruptionem pacis collocat und dem Hasen, der dort durch will cum fusti valido unum in caput dat, ut extemplo animam exhalat. Nun wurden sie gefangen gesetzt, da sie unbefugt gejagt haben, bis es der jammernden Braut gelingt, die Hasen mit Milch und dem Salat, den sie übrig gelassen haben, wieder munter zu machen und so zu erweisen, daß keine Schuld vorliege, während der biedere Michael Saxo doch kopfschüttelnd meint, die Zeiten vor 1848, in quibus homines constitutionem et privilegia habebant, multo meliora erant quam mundus noster conversus, in quo lupi tantum et lepores aliaeque bestiae privilegiis utuntur et fruuntur. Bei der Hochzeit erscheinen die gentes de armis, qui de vino arso et herba nicotiana vigilant und forschen nach tabacum nigratum et vetitum und glauben nicht recht, die vor=

gezeigten Zigarren seien crucigeranae, quas dicunt stincadores. Auch dem Gevatter Bela ists schlecht ergangen, auch seine Viehstücke ad diabolum sunt omnes. Noli autem desperare, dilectissime compater, non si male nunc, et olim sic erit. Faciamus petitionem ad gubernium, ut damnum a bestiis privilegiatis nobis illatum reluat. In diaetam vero recuperandam tales legatos cum acerrimis instructionibus mittere debemus, qui omni studio in id incumbant, ut passibus armorum et cartis venatoriis denique cervix frangatur!

Und so wurden die Chikanen des kleinen täglichen Lebens dem Gelächter preisgegeben. Die Kabinettsstücke des Humors wirkten nicht nur auf die Volksgenossen, auch die leitenden Männer wurden auf die Schäden aufmerksam, die Forderung der Lizenz zum Tanz im eigenen Haus wurde abgestellt, die Empfindung drang in größere Kreise, daß die Stunden des Absolutismus gezählt seien. Und hierzulande haben die Litterae obscurorum virorum mitgeholfen, ihn in der öffentlichen Meinung zu stürzen.

Diese zu Ende gehende Zeit des Absolutismus aber war für das sächsische Volk eine Zeit innerer Prüfung, der Selbstbesinnung und der Sammlung geworden. Mit jugendlichen Hoffnungen hatten sie den Kampf in den vierziger Jahren, zuletzt 1848 die Waffen aufgenommen; von all diesen Hoffnungen hatte sich keine erfüllt. Da wurde in diesen Jahren des erstorbenen öffentlichen Lebens klarer noch als in den Jahren des lauten Kampfes, daß dieses Volk auf auswärtige Stützen nicht zu rechnen habe, daß alles darauf ankomme, innerlich stark zu werden, „der Geist ists, der lebendig macht". Je rücksichtsloser und hochmütiger der fremde Beamte die Sitte und Sprache, das Hängen am alten und die Kleinheit des Lebens bespottete und auf all das als etwas Minderwertiges herabsah, um so inniger umfaßte die Seele des Volkes das alles, um so schwärmerischer hing es daran. Während es in Hermannstadt Mode wurde, den fremden Beamten zuliebe deutsch und nicht mehr sächsisch zu reden, auch in vielen Häusern, die das als „Zeichen der Vornehmheit" ansahen, schrieb der erste mundartliche Dichter Viktor Kästner an seinen sächsischen Gedichten, die die ganze Fülle sächsischer Eigenart ergreifend wiedergaben. Jetzt vollzog sich erst, was die vierziger Jahre vorbereitet hatten, das Volk erkannte, daß es abgesehen von der politischen Einheit, die nicht mehr bestand, ohne Rücksicht auf die politischen Formen, die wie die Wolkengebilde in ständigem Wechsel waren, eine Kultureinheit des sächsischen Volkes gebe, die ein unverlierbares Ergebnis all der Wandlungen aus Vergangenheit und Gegenwart diese mit jener verbinde, die sich auf dem gemeinsam Erlebten und Erlittenen sich aufbaue und das ganze Leben des Volkes umfasse. Das spiegelte sich auch in Kästners Gedichten wider.

Es ist kein Zufall, daß es ein Pfarrerssohn war, der diesem Gefühlsleben so warmen Ausdruck verlieh. Im Pfarrhaus zu Kerz war Viktor Kästner 1826 geboren, wo Volksempfinden und Denken durch die Seelen flutete, wo der Alt am Dörfchen vorbeirauschte und die alte Linde vor der zerfallenden Klosterkirche mit den Überresten der Abtei an vergangene Zeiten erinnerte. Die Weichselbäume, die vor dem Fenster stehen, das Bächlein, das durch den Garten über die Steine plätschert, das die herabgestürzte Gnadensäule der Maria bespült, die Erlen, die sich ins Wasser neigen, die Nachtigall im Bodenzaun und das Gebirge in der Ferne, das alles gibt die Stimmung ab, die aus den Gedichten widerklingt. Und sie verkünden zuletzt das eine, daß es am besten zu Hause sei, in der Heimat. Diese Heimat aber ist „das Sachsenland", an dessen Enden die Schwerter von Broos und Draas die Grenze schirmen, dessen Schmuck die Sachsenstädte sind, Hermannstadt, Kronstadt, „die Stadt der Ehren", Broos, das vom Olymp wie jenes von der Zinne überschaut werden kann, in dem die Wellen des Alt, Mieresch, Zibin und der Kokel die Volksgenossen verbinden, das Sachsenland mit der reichen Vergangenheit, aus der die Strellbrücke von Fabinis Tod, das Brotseld von der Türkenschlacht, die Zinne von Weiß und Honterus erzählen ... Das sächsische Vaterunser reicht zwar nur von Broos bis Draas, aber innerhalb dieses Gebietes spricht Berg und Tal, Blume und Käfer, Bach und Quelle nur sächsisch:

Alle Quälle, Bäch und Brännen,
Alle Fließker sachsesch kennen;
Uch den Alt, e Sälwerband,
Hirt em sachsesch bere, ramplen,
Zwer Stin uch Fälsen tramplen,
Kid all morwelā gerant.

Uch de Burzen, ägeripelt
Bun der Häzt, säht wā se pripelt
Sachsesch än dem Burzeland.
Ân dem Nisnerland dertiwen
Rouscht de Bistritz, kent mert gliwen,
Sachsesch iwer Sand vu Guld!

Alle Pflanzen, alle Blumen grüßen sich sächsisch, selbst der Donner und die Wolken reden diese Sprache, um so mehr die Menschen:

Wā, ech sil net sachsesch rieden,
Sachsesch dinken, sachsesch bieden,
O, det ret mer nor e Fånd ...
Sachsesch riet meng inig Schatzken,
Git af sachsesch mir se Matzken,
Bän e Sachs äm Sachselånd!

Je weniger die harte Wirklichkeit äußerlich von dem Sachsenland und Sachsenvolk übrig gelassen hatte, um so mehr fühlten sie, daß es ein sächsisches Wesen gebe, das kein Feind rauben könne.

Ein Jahr nach dem Tode Kästners — er starb kaum 31 Jahre alt 1857 — erschien ein Bändchen Gedichte von Fr. W. Schuster, dem um zwei Jahre ältern Genossen Kästners, die nach einer andern Seite den Gedankeninhalt der Zeit widerspiegelten. Bei Kästner beherrschte ausschließlich der Gedanke der Heimat Stimmung und Seele, bei Schuster war die Erinnerung an die Kämpfe der Vorfahren nur ein Moment in seinem Gefühlsleben, in dem das allgemein Menschliche im Vordergrund stand. Es war eine durchaus eigenartige Natur, geistvoll und herbe, die sich selbst in dem Vers kennzeichnete:

>   Ihr Lieben! und wenn euch denn mißfällt
>   Mein Denken und mein Streben,
>   So hat die weite, breite Welt
>   Für Viele Raum zu leben.
>   Da suchet sich Jeder sein eigen Ziel,
>   Und wer nicht mit mir gehen will,
>   Der gehe sein daneben!

Mit ungewöhnlicher Sprachgewalt behandelte der Dichter was das Leben in seiner Brust weckte, nach dem Grundsatz, „der Dichter gibt oder soll zwar Wahrheit geben, aber nicht Wirklichkeit". Und daß der Dichter das wirkliche Leben nimmt wie es ist und durch das Künstlerauge das Wesentliche erkennt, die Idee hervorhebend und verstärkend, und es verklärt und zum poetischen Leben erhebt, das erinnert unwillkürlich an Goethe. Eine Morgenstimmung und Sonnenklarheit herrscht in Schusters Poesie, die dadurch den Vergleich mit der „sprachgewaltigen Marmorkühle der römischen Lyrik" hervorgerufen hat, soweit der Sohn des germanischen Nordens, bei dem der Ernst seiner Natur immer wieder durchbricht und der Deutsche überhaupt mit dem Römer, der moderne Mensch mit dem antiken verglichen werden kann. Neben den Liedern, die der Liebe Lust und Leid feiern, den Gedichten, deren Grundton ist: „nun ist es Zeit zum Leben und zum Lieben", die Elegien, getragen vom Zuge ungestillter Sehnsucht und ihren schweren Ernst auflösend die Tändeleien, die mit mutwilligem und neckischem Spiel das Herz von Sorgen befreien.

Wer diese Gedichte übersah, der mußte erkennen: hier redete ein Mann, der auf der Höhe des Lebens stand, dem nichts Menschliches fremd war und der aus der Enge des sächsischen Lebens den Blick in die

Weite gefunden hatte. Aber auch das Völkchen, dem er angehörte, hatte mit seinem Sinnen und Sorgen sich nicht in sich selbst verloren, sondern versuchte das eigene kleine Dasein dadurch zu stärken und reiner zu machen, daß es sich in die große Gedanken= und Gefühlswelt der Menschheit, besonders des deutschen Volkes einordnete und wie der Adler mit seinem Fluge die Welt an das Gewölk knüpft, so knüpfte der Dichter das sächsische Leben an ein höheres außerhalb desselben an.

Dabei aber fand auch er ergreifende Töne für heimatliche Empfin= dungen, für die Erinnerung an vergangene Zeiten, die mit der Schwere der Gegenwart in eins verwuchsen. Es ist nicht Zufall, daß von den Liedern Schusters das eine, das Gemeingut des Volkes geworden ist, die Schlacht bei Marienburg behandelt, mit dem ernsten Blick auf die Gegenwart:

>Für uns auch hat begonnen
>Ein Kämpfen hart und schwer.
>Und oft wie wird so bange
>Der zweifelvolle Strauß!
>Marienburg, o Marienburg
>Schick deine Toten aus!

Wie seltsam, von dem Dichter, der ausschließlich in der heimischen Gedanken= und Gefühlswelt lebte, von Kästner ist die schwermütige Braut am Alt mit dem allgemein menschlichen Motiv, das ihr zugrunde liegt, Volkslied geworden, von Schuster, der dem allgemein Menschlichen Worte lieh, das einzige vaterländische Gedicht „Bei Marienburg".

Aber diese beiden Momente, das vaterländische und das Anschließen an die große deutsche Kulturwelt, lagen zusammen in der Volksseele und der Druck des Absolutismus schweißte sie aufs neue zusammen.

Die Dichtung jener Tage nahm auch die unmittelbaren politischen Gedanken auf und in mehr als einem Gedicht fanden sie treffenden Ausdruck, besonders in jenen Franz Oberts, der unter dem Namen des „Verschollenen" in der Quartalschrift eine Anzahl veröffentlichte.

>Tiefer, immer tiefer bringe
>In dein eignes Wesen ein —

das war die Lehre, die die Zeit dem Volk gab, das in dem Jammer der Tage trauernd fragte:

>Wo gibt es heute solch ein Haus
>Im großen Vaterland —
>Ein Wirtshaus der Gerechten?

Während des Belagerungszustandes tritt das Lied vor den Kaiser und bittet „frei zu geben Schrift und Rede", aber es vermag auch Trost dem Volk zu bringen:

> Doch was die Zeit dir auch geraubt,
> O trage stolz das deutsche Haupt! ...
> Einst kommt der Frühling angezogen
> Es bricht das Eis, die Fessel sinkt,
> Wenn neues Leben er dir bringt.
> Die Hoffnung hat noch nie gelogen —
> Drum was die Zeit dir auch geraubt,
> O trage stolz das deutsche Haupt!

Und als der Frühling wirklich kam und zeitgemäße Verbesserungen von oben in Aussicht gestellt wurden, da klangen diese Lieder, so recht ein Widerklang der allgemeinen Empfindung, in das tapfere Gelübde aus:

> Wohlan, wir wollen fest und treu
> Die neue Freiheit nützen,
> Und mutig gegen Tyrannei
> Jedweder Art beschützen!

Um dieselbe Zeit erwog der junge Traugott Teutsch in Kronstadt, auf welche Weise der Sinn für einheimische schöne Literatur im sächsischen Volk zu beleben sei, wie in der tüchtig aufsprießenden Geisteskultur des Volkes der schönen Literatur der ihr gebührende Platz zu erobern sei. Derjenige, der ihm dabei vor allem mithelfen sollte, M. Albert, kam eben (1860) von der Universität nach Hause zurück und brachte Verse von Frühling und Liebe mit sich, voll Wohllaut und Gedanken, aber das Leben in der Heimat, der Blick in die Enge und Tiefe des eigenen Volkslebens sollte ihn erst zum vollen Dichter machen. Ja, der Absolutismus hatte die Spannkraft und den Mut des sächsischen Volkes nicht gebrochen, sondern gehoben und gestärkt.

Die führenden Männer hatten keine Gelegenheit vorübergehen lassen, was die Volksseele stärken konnte, heranzuziehen und zu benützen. Schon 1849 war der Verein für siebenbürgische Landeskunde neu konstituiert und zu frischem Leben erweckt worden, im Jahre 1851 trat er zu Reps, 1852 in Broos zur Generalversammlung zusammen, dann jährlich mit Ausnahme des Jahres 1854, wo die Militärdurchmärsche im Lande den Zusammentritt unmöglich machten, und diese Versammlungen hoben das Selbstbewußtsein und stärkten den nationalen Gedanken, in deren Dienst bewußterweise die heimische Wissenschaft wieder eintrat, indem sie die alten Fäden weiter spann. Mehr als einmal gelang es bei diesen Gelegenheiten, auch den fremden Machthabern, die an den Sitzungen Anteil nahmen, Respekt vor sächsischem Wesen und wenn auch nur vorübergehende Teilnahme bei ihnen zu erwecken.

Aber auch wo außerordentliche Gelegenheit sich ergab, die Seelen zu heben, wurde sie gern und reichlich benützt, so die Feier des 50jährigen Dienstjubiläums des Bischofs Binder, der hundertjährige Geburtstag Schillers und die dritte Säkularfeier von Melanchthons Todestag, die 1858—1860 aufeinander folgten. Die beiden Grundtöne, die in der Seele des Volkes lebten, daß es hier gelte, die eigene Art, die im Dienst des Vaterlandes stehe, festzuhalten und den nationalen Gedanken als ein nicht unwürdiges Glied der großen deutschen Kultur zu vertiefen und in Taten umzusetzen, gaben bei allen drei Festen einen so gewaltigen Zusammenklang, daß sie bis zum heutigen Tag unvergessen geblieben sind. Das fünfzigjährige Dienstjubiläum Binders wurde von allen Gymnasien gefeiert fast überall wurden Stiftungen für Kirche und Schule gemacht, dann feierte die Kirche in Birthälm einen gemeinsamen Tag. Am tiefsten ging die Feier in Schäßburg, wo Binders bahnbrechende Tätigkeit unvergessen war, wo seine unmittelbaren Schüler sein Bild festgehalten hatten und dankbar seines Wirkens und vor allem seiner großen milden Persönlichkeit gedachten. An seiner Person, an seinem Charakter hatten viele das eigene Wesen gestärkt und neues Leben hatte sein in Gott gegründetes Leben geweckt. Es war zum erstenmal, daß eine deutsche Universität unser gedachte, Jena ehrte Binder mit der Verleihung des theol. Doktors, wie ein Jahr später bei ihrem Gründungsjubiläum G. D. Teutsch mit dem der Philosophie.

Und nun kam 1859 die Feier des hundertjährigen Geburtstags Schillers, eingeleitet und vertieft durch „Schillerkränzchen", die sich zusammenfanden und des Dichters Werke mit wachsendem Verständnis und steigender Begeisterung lasen. Was das arme Geschlecht an äußerem Glanz aufbieten konnte, das wurde willig und gehobenen Herzens dargebracht und durch das ganze Sachsenland hindurch klangen diese Festfeiern wie ein lauter Protest gegenüber den oft gehörten Behauptungen, daß es mit dem sächsischen Volk aus sei. Wie stimmten die Gedanken der politischen Freiheit, der Gedanke des Vaterlandes, der reinen schönen Menschlichkeit, die in des Dichters Werken in vollendeter Form ihren unvergänglichen Ausdruck gefunden hatten, zu der Sehnsucht, zu den innersten Herzensneigungen der Feiernden. Nicht nur an der Feier, auch an den ausführlichen Berichten über sie aus den einzelnen Orten, erhoben sich die Seelen und selbst der Kleinmütige mußte gestehen,

daß soviel edle Begeisterung nicht leerer Wortschwall sei, sondern die
tiefsten und heiligsten Güter der Menschheit darin nach Ausdruck rangen,
und wie die Schäßburger Festrede des Gymnasialdirektors Teutsch, so
klang die gesamte Feier in ein Gelübde aus: „Auch wir, des deutschen
Volkes ferne vereinsamte Söhne, mischen das Stammeln unsers Dankes
heute in den vollen freudigen Chor seiner Verehrer. Sind doch auch in
unsere Täler, die der reichen Kulturströmung des alten Heimatlandes
so weit abseits liegen, seines Geistes Strahlen gedrungen, doppelt segens=
reich und dankenswert bei den Nebeln, die ihre Gründe drücken; auch
unsere Schulen trinken von seinem Licht; auch unser Leben kann sich
an seinen Ideen in die reineren Höhen ranken und die unvergängliche
Schönheit seiner Dichtungen will mit ihrem Zauber auch unser Dasein
schmücken. Ja auch wir sind gewürdigt, gleichfalls das stolze Wort mit=
rufen zu können: Er war unser! Möchte es nur Kraft und Willen
stählen zum Streben, daß er auch unser bleibe und es immer mehr und
mehr werde!"

Es war bezeichnend, daß an diesen Schillerfeiern auch die Vertreter
der Magyaren teilnahmen; in Schäßburg stiftete Graf Haller ein
Prämium für den Schüler am Gymnasium, der neben anderm auch
dichterische Begabung zeige.

Für die Sachsen selbst aber bezeichneten diese Schillerfeiern einen
neuen großen Gedanken, der aus dem Jammer der Zeit dem Volk
erwuchs, es war der erste bewußte allgemeine Ausdruck des gemeinsamen
deutschen Kulturbewußtseins in unserm Völkchen, aus dem Kampf ums
Recht stieg, eine neue Sonne, der Gedanke der Kultureinheit leuchtend auf.

Die Melanchthonfeier lenkte von selber die Aufmerksamkeit auf die
Schule und Kirche und auf den Wert, den sie besonders für uns hatten
und doppelt in jenen Tagen zu haben begannen.

In der Hoffnung, das deutsche nationale Leben zu stärken, hatten sie
die Stellung im Kampf der Revolution eingenommen, die Arbeit der
fünfziger Jahre galt demselben Ziel. Wo sich Gelegenheit bot, dem Ge=
danken Ausdruck zu geben, daß sie für dieses Ziel im Feld standen, da
geschah es. Sie sammelten für ein Denkmal Platens und sammelten
für Schleswig=Holstein, sie versuchten den Jugendbund wieder ins
Leben zu rufen, auf dem Verein in Reps 1851 war hoffnungsvoll
die Rede davon, doch gelang es nicht, besonders nachdem der feurige
Geltch, der hinter der Sache stand, in jungen Jahren, im 37. Lebensjahr,
1851 starb.

Zeiten der stillen Einkehr eines Volkes in sich selber führen natur=

gemäß gerade zu den tiefsten Quellen des Lebens. So war es nur natürlich, daß in den fünfziger Jahren Kirche und Schule und Wissenschaft in den Vordergrund der Arbeit rückten und auf jedem dieser Gebiete ein neuer Bau aufgeführt wurde, der Sicherheit auch für Zeiten neuer Stürme verhieß.

XIV.
Die Neuordnung der Kirche und Schule.
1850—1860.

Die Revolution von 1848/49 hatte die Arbeit, die eine Neugestaltung des Schulwesens sich zum Ziele gesetzt hatte, jäh unterbrochen, aber das Bedürfnis nach einer gründlichen Reform hatten schon die vierziger Jahre gezeigt. Ähnliche Stimmen waren auch in bezug auf die Kirche laut geworden, doch hatten sie nicht die allgemeine Anerkennung gefunden wie die Forderung der Schulreform. Nun stellten die veränderten Zeitverhältnisse Schule und Kirche zu gleicher Zeit vor eine neue Ordnung. Sie mußte für die Kirche darum geschaffen werden, weil die kirchlichen Behörden, auf Grund der „allhst. begnehmigten Vorschrift" von 1807, in allen drei Gliederungen der Orts-, Domestikal- und Gesamtgemeinde, mit der politischen Organisation zusammenhingen[1]) und es nun undenkbar war, die ernannten, größtenteils katholischen Beamten als kirchliche Vertreter anzunehmen. Für die Schule aber lag neben der innern Nötigung zur Reform der äußere Anlaß darin, daß die Märzverfassung das Schulwesen für eine Reichsangelegenheit erklärte und das sächsische Schulwesen den neuen Grundsätzen angepaßt werden mußte.

Die Reorganisation des Schulwesens gelang verhältnismäßig leicht und rasch, am raschesten bei den Gymnasien. Die ev. Kirche als Erhalterin der Schule und die Regierung trafen sich auf halbem Wege.

Schon im Spätjahr 1849 war der Organisationsentwurf, der den österreichischen Gymnasien die moderne Grundlage und neue Form gab, auch nach Siebenbürgen gekommen und das Oberkonsistorium nahm, auf Grund eines eingehenden Gutachtens, das eine Kommission bestehend aus Stadtpfarrer Roth aus Hermannstadt, Gymnasialdirektor Schneider ebenda, Stadtpfarrer Schuller aus Schäßburg und Pfarrer Phleps aus Großau vorgelegt hatte, diesen schon im Januar 1850 als Grundlage der neuen Gymnasialeinrichtung an. Allerdings hatte es einige Bedenken, die es offen aussprach; es wünschte eine Reduktion der Realien und die

---
[1]) S. Band II, S. 411.

klassischen Sprachen in dem alten Umfang aufrecht zu erhalten. Der ganze Bildungsstolz der alten Humanisten sprach aus den Ausführungen der Kommission, die als eine Hauptaufgabe des Gymnasiums eine Bildung ansah, welche zur Wirksamkeit auf die geistige Welt vorbereite und die darum das Nützlichkeitsprinzip aus der Schule hinauswies, das nur den Egoismus zu stärken vermöge, während das Gymnasium „den antiken Geist mit seinen Tugenden in die Gegenwart zu verpflanzen" habe. Das Konsistorium war darüber im klaren, daß die ev. Gymnasien als solche weiter bestehen müßten, daß von einer Verstaatlichung nicht die Rede sein könne, „da es für den einheitlichen Fortbestand der vom Mutterstamme durch fremde Nationalitäten weit abgetrennten sächsischen Nation von hoher Wichtigkeit ist, die Nationalität und die Konfession als die Trägerin der Kultur im Sachsenvolk möglichst zu wahren". Ob aber sämtliche Gymnasien aufrecht zu erhalten sein würden, das bezweifelte das Oberkonsistorium, es hielt ein, wenn möglich zwei, Gymnasien für „absolut notwenig".

Während dieser Erwägungen inmitten des Konsistoriums hatte der Gouverneur Wohlgemuth die Aufmerksamkeit der Regierung auf die Schulverhältnisse des Landes gelenkt (20. Oktober und 15. Dezember 1849): das Unterrichtswesen Siebenbürgens bedürfe einer gänzlichen Umgestaltung. Die Sache sei angesichts der schroffen Stellung der Bewohner in Betreff ihrer verschiedenen Nationalität und Religion besonders schwierig. Die meisten Lehrer der Katholiken, Reformierten und Unitarier seien in die Revolution verwickelt und könnten nicht auf ihren Posten bleiben. Auch die sächsischen Schulen brauchten wesentliche Verbesserungen, es müsse für eine entsprechende Besoldung der Lehrer Sorge getragen werden, wenn diese Anstalten nicht in Verfall kommen sollten. Es fehle an Realschulen und technischen Instituten, ebenso an Bildungsanstalten für Volksschullehrer. Es handle sich in Siebenbürgen nicht bloß um die Verbesserung der vorhandenen Lehranstalten, sondern um die Aufstellung derselben, um Einführung eines geregelten Schulwesens nach den wahren Bedürfnissen der Bevölkerung, um praktische Durchführung des Grundsatzes der Gleichberechtigung aller Nationalitäten und der garantierten Religionsfreiheit. „Die Volksschulen, Gymnasien, Realschulen, technischen Institute, die eventuell zu gründende Universität wie nicht minder die Erziehungs- und Bildungsanstalten der Geistlichen — so schrieb er — müssen im Verhältnis zu den verschiedenen Nationalitäten und Religionsbekenntnissen in der Art eingerichtet werden, daß den Bedürfnissen der einzelnen Volksstämme in ihrer Eigentümlichkeit Rechnung getragen und die Beaufsichtigung und Leitung des Religionsunterrichts für jede Konfession vollkommen gewahrt bleibe". Die Lösung dieser Aufgaben sei nur möglich bei Aufstellung eigener Schulkommissionen, zur Leitung aber möge ein befähigter Mann von der Regierung gesendet werden.

Diese bestimmte dazu den Ministerialsekretär Ritter v. Heufler, der im Sommer nach Siebenbürgen kam. Er besuchte u. a. auch die evangelischen Gymnasien, in Schäßburg machte er das Stopationsfest, das Maifest der Schule, mit und tanzte auf der Breite im schattigen Wald mit dem jungen Volk fröhlich mit, nach dem Besuch des Turnplatzes, wo die Stunde mit frischem Gesang geschlossen wurde, äußerte er sich zu den Lehrern, er beneide sie um dieses Leben. Er brachte „Grundsätze über die Organisierung des Unterrichtswesens in Siebenbürgen" mit, nach denen der Staat die Oberaufsicht über die Schulen in Anspruch nahm. Die Volksschulen sollten konfessionelle bleiben, ebenso die Gymnasien, die auch paritätisch eingerichtet werden konnten. Die Schulen sollten für die einzelnen Nationalitäten sorgen, darum den Unterricht in der Muttersprache der Schüler erteilen. Die juridischen Fakultäten sollten vierjährig eingerichtet werden und mit jeder ein philosophischer Kurs verbunden werden.

Heufler wandte sich (10. Mai 1850) an das ev. Oberkonsistorium, um dessen Wünsche zu erfahren, wie das hiesige Unterrichtswesen jenem des Gesamtstaats am besten angepaßt werden könnte; es sei dem Oberkonsistorium gelungen, „mit kleinen Mitteln Großes zu leisten und hier deutsche Zivilisation und Wissenschaft nahezu auf gleicher Stufe mit dem Mutterland zu erhalten". In bezug auf die Volksschulen legte Heufler dem Konsistorium nahe, die vierjährige Anstellung der Lehrer in eine dauernde zu verwandeln, die Gemeinden für den Schullohn verantwortlich zu machen und die Seminarien von den Gymnasien zu trennen. In bezug auf die Gymnasien war seine Anschauung einschneidender. Er hielt die Aufrechthaltung von fünf Anstalten für unmöglich und fragte, ob irgend eines der Gymnasien in eine staatliche Anstalt verwandelt werden solle, welche öffentlichen, welche privaten Charakter tragen sollten, ob etwa das Kronstädter Gymnasium paritätisch einzurichten sei. Er wünschte die drei Landessprachen als obligatorische Unterrichtsgegenstände eingeführt und den Gymnasialkurs auf neun Jahre verlängert. Die Realschulen wünschte er von den Gymnasien getrennt und gab der Hoffnung Ausdruck, daß die Kirche die bisher für Realschulen aufgewandten Mittel den neu zu errichtenden staatlichen Anstalten zuwenden würde, selbst in dem Fall, wenn sie paritätisch eingerichtet würden. In bezug auf die juridische Fakultät, die nun durch einen philosophischen Kurs zu ver-

mehren sei, stellte er die Frage, welche Geldmittel und welche Lokalitäten
das Konsistorium zur Verfügung stellen könne?

Das Oberkonsistorium gab die ganze Angelegenheit an die Do=
mestikalkonsistorien hinaus, es handle sich um die Schulen, „d. i. das=
jenige Element, woraus die Lebenssäfte der Nation flossen". Die ein=
gelaufenen Gutachten übergab das Konsistorium einer Kommission, be=
stehend aus den Mitgliedern: Stadtpfarrer Schuller und Konrektor
G. D. Teutsch aus Schäßburg, Gymnasiallehrer Giesel aus Kronstadt,
Rektor Gräser und Gymnasiallehrer Brandsch aus Mediasch, Gymnasial=
lehrer M. Fuß aus Hermannstadt. Es waren geistig angeregte und
innerlich frohbewegte Tage eingehender Beratung und vielseitiger Er=
wägungen einer Lebensfrage des sächsischen Volkes. Die Gedanken der
Kommission, die Erklärungen, die das Konsistorium anfang Juli auf
Grund der kommissionellen Arbeiten an Heufler gab, enthalten die Grund=
gedanken der Schulpolitik der ev. Kirche für das ganze kommende Menschen=
alter, deren Hauptträger G. D. Teutsch war. Ein Zug freudiger Zuversicht
ging durch die Tage und ihre Arbeiten hindurch, die Überzeugung sprach
aus allem, daß mit der zeitgemäßen Neuordnung der Schulen eine neue
feste Grundlage für die nationale Entwicklung des Volkes gelegt werde.
In fast überschwenglicher Weise meinten sie, daß die höhere Bildung
imstande sei, alles andere, was die Entwicklung hindern könne, zu über=
winden. Einige Vorschläge Heuflers wurden sofort durchgeführt, die An=
stellung der Volksschullehrer auf Lebenszeit ausgesprochen, die selbständige
Organisation der Seminarien in Angriff genommen. Aber das Kon=
sistorium stellte sich grundsätzlich auf einen andern Standpunkt als Heufler,
und zwar infolge der Kommissionsberatungen, wenn es in seiner Antwort
ausführte, daß es den Fortbestand sämtlicher fünf Gymnasien für not=
wendig halte, die als konfessionelle und öffentliche zu erhalten wären, ohne
daß eines paritätisch oder staatlich würde, die Grammatikalschulen wären
in Volksschulen umzuwandeln, während die Realschulen vorzugsweise aus
Staatsmitteln zu erhalten wären. „Die fünf sächsischen Gymnasien sind es
gewesen — so schrieb das Konsistorium an Heufler — die Pflege= und
Schirmstätten deutschen Geistes und seiner reichen Schätze von Gesinnung
und Gesittung, unser Volkstum in den Stürmen roher Zeiten und wenig
zivilisierter Völker als unbezwingliche Burgen gewahrt und nach dem
Zeugnis der Geschichte unser Volk fortwährend hingezogen haben zu dem
Mittelpunkte unseres Staates und dem deutschen Mutterlande; sie sind
es gewesen, die als Quellen aller unserer Bildung, mit kleinen Mitteln
hier deutsche Zivilisation und Wissenschaft nahezu auf gleicher Stufe

mit dem Mutterlande erhalten,' dadurch aber den Ostmarken unseres Staates einen Kulturstamm gegeben haben, dessen Pflege in unberechenbarer Weise beitragen muß, auch fortan höhere Bildung und Gesittung in stets weitere Kreise zu tragen". Bei diesen Anschauungen war es ein Zeichen doppelter Klugheit und richtiger Beurteilung der Verhältnisse, wenn die Anstalten nicht aus der Hand gegeben wurden und der Gedanke der Verstaatlichung unbedingt abgelehnt wurde. Es lag in der Natur der Verhältnisse begründet, wenn das Verlangen gestellt wurde, Geschichte von Siebenbürgen als obligaten Gegenstand einzuführen, dagegen war eine bedauernswerte Anschauung, es genüge, die Landessprachen bloß für fakultativ zu erklären.

Aber das Konsistorium sagte sich, daß diese ganze neue Organisation nur unter der einen Voraussetzung möglich sei, wenn der Kirche größere Geldmittel verfügbar würden. So wandte es sich am 12. Juli an die Nationsuniversität um eine Dotation von $^1/_2$ Millionen Gulden zu Schulzwecken, mit der sie sich ein der Väter würdiges Denkmal setzen würde.

Die Universität antwortete mit der Nationaldotation vom 22. August 1850.[1])

In bezug auf die juridische Fakultät konnte das Konsistorium im Augenblick auf keine Unterstützung Hoffnung machen und so ist sie in der Tat bald verstaatlicht worden.

Für die städtischen Elementarschulen wurde 1851, für die Mädchenschulen 1852 ein Plan ausgearbeitet; der vorzügliche Organisationsplan für die Seminarien 1851 wurde aus Mangel an Mitteln nirgends völlig durchgeführt.

Die Regierung ging nahezu auf alle Wünsche des Konsistoriums ein und lud die oberste Schulbehörde, unter Vorlage von leitenden Grundsätzen zum Entwurf von „Übergangslehrplänen", zu deren Annahme ein. Indem das Konsistorium der Einladung folgte, nahm es den Organisationsentwurf auch in formell rechtlicher Weise an. Zur selben Zeit tagte in Hermannstadt eine andere Kommission unter Heuflers Leitung, in der ein Vertreter der reformierten, unitarischen und evangelischen Kirche war — der letztere G. D. Teutsch aus Schäßburg — um einige allgemeine Gedanken der Unterrichtspolitik zu erörtern. Joh. C. Schuller wurde zum Schulrat für die ev. Gymnasien ernannt.

Die Einrichtung der sächsischen Gymnasien aber auf Grund des Organisationsentwurfes bedeutete für diese einen mächtigen Fortschritt. Sie schuf zuerst die wünschenswerte Einheit, die bisher nicht erreichbar

---

[1]) S. oben S. 299 f.

gewesen war, gab allen einen gemeinsamen geordneten Lehrplan, brachte geordnete, wenn auch kleine Gehalte — die geringsten 300 fl., die höchsten 900 bis 1000 fl., — für die nicht mehr der städtische Kassier belagert werden mußte, wenn der Zahltag kam, stellte sie in eine Reihe mit den österreichischen Anstalten. Die Städte und Stühle legten sich namhafte Opfer auf, um die Mittel aufzubringen, die natürlich bedeutend größere sein mußten als bisher. Schon durch die vermehrte Zahl ihrer Mitglieder wurden die Lehrerkollegien nun mehr als früher in den Städten und damit in dem Leben der Nation maßgebende Faktoren. Das mußte noch mehr ins Gewicht fallen, da der alte Beamtenstand durch den Absolutismus zerschlagen und versprengt wurde, so daß auch, was er bisher in nationaler Beziehung getan und gegolten, nun zum guten Teil auf die Lehrer überging. Das erklärt mit das angeregte geistige Leben in den Kollegien jener Tage, die allerdings zum Teil ungewöhnliche Männer in ihrer Mitte zählten, deren Beste die „großen Rektoren" der fünfziger Jahre waren. Und diese Kollegien wurden nun zugleich die Träger des wissenschaftlichen Lebens in einer früher nicht vorhandenen Art.

In Hermannstadt stand von 1854—1861 Josef Schneider an der Spitze der Anstalten († 1874), Logiker und Mathematiker, ein scharfer Denker, gewissenhafter Lehrer, strenger Rektor. Er handhabte scharfe Zucht und war imstande, auch das Kollegium zusammenzuhalten und seine Begeisterung für Schule und Wissenschaft ihm einzupflanzen. In ihm ragten die beiden Brüder Fuß, Pfarrerssöhne aus Gr.-Scheuern, hervor, der ältere Mich. Fuß (geb. 1815) der beste Botaniker im Lande, daneben Philologe und Theologe († als Superintendentialvikar 1883), ein Mann ohne Falsch, geistreich und witzig, voll Gemüt und Humor, eine tief, rein und edel angelegte Natur, die nie etwas um des Beifalls willen Anderer tat. Seinem kindlichen Gemüt war Unwahrhaftigkeit und List ein Gräuel, aber für das tiefste Wesen des Volkes, seine Sprache und Sitte hatte er ein feines Verständnis und konnte es trefflich darstellen. Er selbst hatte einen Zug von volkstümlicher Einfachheit, dazu die Lauterkeit seines Wesens, die Milde und Güte, die immer zutage trat, so war er einer der liebenswürdigen Menschen, der die Herzen überall gewann, wo er erschien. Nicht am pünktlichsten in der Schule und in der Kleinarbeit des Lehrers, ersetzte sein ganzes Wesen den Mangel und seine Schüler hatten ihn gern, der sie im Herzen packen konnte. Eine schwerflüssigere Natur war der jüngere Bruder Karl Fuß, (geb. 1817, † 1874), ernster, gewissenhafter im Beruf, der beste Kenner der Käfer Siebenbürgens, auch er durch und durch wahr und gerecht, leicht auf=

brausend aber dann schnell wieder versöhnt, aller Selbstüberhebung und aller Phrase geschworener Feind, an edler Geselligkeit sich erfreuend, mit dem Bruder verwachsen wie eine Seele, der zuverlässigste Freund, den es geben konnte. Durch sachliche Forschungen, besonders meteorologische, war ihnen Ludw. Reissenberger verbunden († 1895), ein vielseitiger aber trockener Mann, später mit den Kennzeichen des alten Junggesellen, doch immer bereit zu lernen und zu lehren und einer der ersten, der auf die Schönheiten der Gebirge aufmerksam machte und selbst sie häufig bestieg, bereit für seine Wissenschaft und Schule auch Opfer zu bringen. Etwas jünger war Martin Malmer († 1893), dichterisch veranlagt, der in jenen Jahren die Begeisterung für den Lehrerberuf in die Kreise der Seminaristen zu pflanzen versuchte, dann seit 1860 Carl Albrich, eine energische rasche Natur, in Mathematik und Physik wie in Philologie erfahren, bestimmt die Realschule auszubauen und ihr eine neue Stellung auch in unserem Schulleben zu erobern.

In Mühlbach leitete das Untergymnasium, das aus der alten Grammatikalschule erwachsen war, Fr. W. Schuster, der in jenen Jahren zum ersten Dichter der Nation heranreifte, die germanistischen Studien mit frischen Kräften aufnahm und in seiner schlichten Wahrhaftigkeit und hie und da derben Eigentümlichkeit Menschen und Zustände scharf durchsah und charakterisierte, den höchsten Maßstab an jede Leistung legte und in Musik und Poesie die Klassiker im Herzen trug. Neben ihm bis 1862 Moritz Guist († 1892) der umfassende Geist, der alle Formen der Mathematik ebenso sicher beherrschte wie das Wort, das sich ihm zum Vers gestaltete, der die Erscheinungen der Natur wie die Gestalten Homers gleich tief verstand und zu erklären wußte, eine vielseitige Natur, der in der Welt der Gedanken lebte und seine Geisteskraft an der Lösung allgemeiner Probleme versuchte, abhold dem praktischen Treiben der Gegenwart, dem nur der Trieb zum Handeln fehlte, sonst hätte er ein Führer in weiten Kreisen werden müssen.

In Mediasch war seit 1855 an dem äußerlich mehr als ärmlichen Gymnasium Karl Brandsch († 1894) Scholarch, ein scharfer Dialektiker, der unter humansten Formen ernste Strenge übte und einmal im ganzen Gymnasium keine einzige Promotion vornahm, um die Leistungen zu heben. Philosoph und Mathematiker, handhabte er das lateinische Versmaß wie ein Humanist und hatte seine Freude am geistreichen Wortgefecht. Wenn die Viertelstunde schlug, dann machte er die Türe des Sprechzimmers auf und mit der freundlichsten Miene der Welt fragte er: wer geht mit — und sperrte die Türe hinter den Kollegen zu, die unter seiner

Führung in die Vorlesungen gingen und denen er zeigte, wie die Schule die Menschen erziehen könne. Unter den jüngern Lehrern wirkte Franz Obert († 1908) mit Stef. L. Rothischen Gedanken anregend auf die Schüler und suchte den Unterricht durch selbstverfaßte Lehrbücher, darunter ein froh begrüßtes Lesebuch, zu heben.

In Schäßburg sammelte sich unter G. D. Teutsch, seit 1850 Rektor, eine neue Garde selbstloser schaffensfroher Lehrer. Der Rektor selbst, die Lebens= und Weltanschauung Binders, Schullers, Gooß' fortsetzend, im Gedanken der Pflicht lebend, sich selbst das Schwerste zumutend, darum auch von andern immer das Höchste fordernd, und jeden Einzelnen anspannend, im Frohgefühl gesunder Schaffenskraft mit dem Schwung seiner Seele auch schwächere Geister mit sich fortreißend, trug als Ethos seines Lebens die Arbeit für das Volk im Herzen und wußte von dieser Hingebung und Begeisterung jedem, der ihm nahe kam, mitzuteilen; nur gemeine Naturen fühlten sich instinktiv von ihm abgestoßen. Seine Kollegen jubelten ihm zu:

> Woll es und du wirst gewißlich deinem Volk ein Josua,
> Und von deinem Arm gehalten strahlt die Sonne reifend milde
> Auch auf unsers Vaterlandes ährenreiche Saatgefilde!

Es hat kaum jemals ein Kollegium so viele ungewöhnliche Kräfte zu gleicher Zeit besessen wie damals das Schäßburger. Friedrich Müller (geb. 1828), ein blasser schmächtiger Mann mit zäher Ausdauer, von einer Geistesschärfe, die mit dialektischer Kraft verblüffen und widerlegen, gewinnen und verletzen konnte, hinter kalten Formen reich an innerm Leben, kritisch den Menschen und dem Tag gegenüber vom Leben nicht zu viel hoffend, darum aber auch selten enttäuscht, karg im Lob, bestimmt im Tadel, durch Energie und Geistesmacht die Menschen an sich fesselnd, war er ein Mann, der auch andere zum Handeln trieb und in sich trug, was den Menschen zum Führer macht. Neben ihm der etwas ältere Josef Haltrich († 1886), mit dem Kindergemüt und dem Kinderglauben an das Gute im Menschen, der in seinem Leben niemandem etwas Böses getan und nie eine Unwahrheit geredet und wo ihm beides im Leben entgegentrat, da verstand er es nicht. Aber dies kindliche Herz schlug neben einem männlichen Verstand, der insbesonders an den Schönheiten der deutschen Literatur sich und die Schüler begeisterte und an Homer und Sophokles das ästhetische Urteil reifen ließ. Wo ein Schüler Gutes leistete, hatte er seine helle Freude dran, Alberts Dichtertalent hat er zuerst entdeckt und gepflegt. Ihm war an schöner Lebensauffassung Fr. Fronius († 1886) verwandt. Auch ihm war ein frohes Gemüt eigen, seine humorvolle Art, Menschen und Verhältnisse anzusehn, paarte sich mit mildem Urteil und dem Bestreben, vorhandene Gegensätze auszugleichen. Er kannte als vorzüglicher Botaniker nicht bloß die Blumen des Landes, sondern daneben auch das sächsische Volk und dessen Leben und konnte es reizend schildern. Neben diesen waren Joh. Mätz († 1901), dann Georg Schuller († 1909) tüchtige Lehrer, die für die Volkskunde gewonnen wurden, Karl Fabritius († 1881) als Historiker bedeutend und zu ihnen kamen die jüngern Joh. Teutsch, Gottfr. Orendi, Georg Bell († 1909), deren keiner ein gewöhnlicher Mann war.

In Kronstadt lenkte 1856—1860 Samuel Schiel (geb. 1812, † 1881) das Schulwesen, unterstützt von den Freunden Dück, Giesel, von Jüngern Franz Lassel († 1876), die alle miteinander die Ideale der Universitätszeit ins Leben zu übersetzen sich Mühe gaben. In arbeitsfreudiger Hingabe an das Ideale, in williger Einordnung in das Ganze, in warmfühlender Hilfsbereitschaft gegenüber allem, wo Hilfe notwendig, in der Lauterkeit des Wesens ging ihnen der für alles Gute begeisterte Rektor voran. Dieser Kreis erweckte die Erinnerung an Honterus zu neuem Leben, sorgte daß das Andenken an St. L. Roth nicht erlosch, half das Burzenland allmählich in das Gesamtbewußtsein des sächsischen Volkes hineinverflechten, daß das Gemeinsame über die trennenden Kantönlischranken zuletzt den Sieg davontrug.

Denselben Gedanken und Zielen dienten im Nösnerland die Getreuen, die seit 1853 unter Gottl. Budakers Führung († 1902) den Bistritzer Distrikt innerlich an das übrige Sachsenland anzugliedern mit Erfolg arbeiteten. Eine sonnige Natur wie aus dem alten Frankenland verstand der junge Rektor die Geister zu einigen, die Gemüter zu erwärmen und im Anschluß an die Lustrierung des Bistritzer Gymnasiums (1853) die Anstalt zu einer völlig neuen zu machen. Auch seine Gedanken gingen über die alten Stadtmauern hinüber, sie umfaßten Volk und Vaterland, deutsche Bildung und Gesittung, alles Edle, das den Menschen über den Staub des Tages zu erheben imstande ist. Ihm zur Seite, fast gleich alt, Heinrich Wittstock († 1901), mit dem preußischen Erbe des ernsten strengen Pflichtgefühls heitern Sinn und frohe Laune verbindend, eine leidenschaftliche Natur voll Herz und Gemüt, wahr und frei, treu und fromm, dessen Biederkeit und Lauterkeit nie angezweifelt wurde, auch wenn er bisweilen andre Wege ging als die Mitkämpfer für gut hielten.

Es war eine hochgemute Schar, die noch immer bei kärglichsten Gehalten, im engsten Verkehr unter einander, in derselben Stadt bei anspruchsloser Geselligkeit in gegenseitiger Anregung, auszog, sich und ihrem Volk die deutsche Bildung zu sichern. Und das charakterisiert nun das Lehrergeschlecht jener Jahre, daß es von idealstem Streben erfüllt, nicht nur in der Schule selbstsuchtlos, ohne auf irdischen Gewinn zu rechnen, dem Volk diente, sondern „alle Mann an Bord" überall zu haben war, wo Volk und Kirche den Einzelnen brauchten. Ein gut Teil des öffentlichen Lebens, der Fortschritt in den einzelnen Städten, die Führung in lokalen Fragen lag in ihrer Hand, die Publizistik jener Jahre wurde von ihnen in erster Reihe versehen, die Neuordnung der Kirche verdankte ihrer Mithilfe das Gelingen, die Vereinsarbeit lag zum guten Teil auf ihren Schultern und nun kam, nicht als letztes Verdienst, die begeistert aufgenommene wissenschaftliche Arbeit dazu.

Sie schloß an die Anfänge der vierziger Jahre an, erweiterte und vertiefte sie und bereicherte das Volksleben in weitern Kreisen.

Diese wissenschaftliche Arbeit umfaßte zu gleicher Zeit das naturkundliche und historisch-volkstümliche Gebiet und für beide waren Hermannstadt und Schäßburg immer deutlicher hervortretende Mittelpunkte. Die erste fand im naturwissenschaftlichen Verein, die andre im Landeskundeverein ihren Sammelpunkt.

Auf dem naturwissenschaftlichen Gebiet galt es zuerst die Beschreibung durchzuführen. Die beiden Brüder Fuß, im Verein mit L. Neugeboren, Bielz, Schur, Fronius, Herbich nahmen die Arbeit auf und es gelang in grundlegenden Arbeiten Richtlinien auf fast allen Gebieten zu ziehen. Ackner arbeitete auf dem Gebiet der Geognosie und Mineralogie erfolgreich, G. Binder unternahm Höhenmessungen, Reissenberger beobachtete die meteorologischen Erscheinungen und die Blütezeit der Pflanzen und Bielz, dem kein Fach des großen Gebietes fremd war, schrieb eine Statistik und ein Handbuch der Landeskunde Siebenbürgens, eine Geographie und wußte besonders auch im Ausland Interesse für die Merkwürdigkeiten Siebenbürgens zu wecken. Die Wiener geologische Reichsanstalt nahm auch seine Mithilfe bei der großen Arbeit der geologischen Durchforschung Siebenbürgens in Anspruch, deren Ergebnis das bedeutende Werk Hauer-Stache: „Die Geologie Siebenbürgens" war. Dabei sorgten alle vereint, daß die eignen Sammlungen, wie die des naturwissenschaftlichen Vereins wuchsen und auch dadurch Kenntnis des Landes und das Interesse an diesen Studien zunahmen.

Nicht weniger umfassend waren die historischen und volkskundlichen Arbeiten. Sie fanden ihren „Altmeister" in Joh. C. Schuller in Hermannstadt, der in seiner Person und in seinen Studien die historische und germanistische Seite vereinigte.

In seinen historischen Studien baute er auf dem Grund Schlözers und Eders fort. Das zweite Heft der „Umrisse und kritischen Studien zur Geschichte von Siebenbürgen mit besonderer Berücksichtigung der deutschen Kolonisten im Lande" (1851) legte die Hauptmomente der siebenbürgischen Geschichte bis 1224 dar, das dritte Heft, das erst später, nach des Verfassers Tode herauskam, führte die Kritik des Andreanums zu Ende. In beiden Arbeiten legte der Verfasser besondern Wert auf die Entwicklung des sächsischen Volkes, belegte mit Quellen was er behauptete, bezeichnete die noch zu lösenden Aufgaben, und zog ähnliche deutsche Rechtszustände zur Vergleichung und Aufhellung heran; die Arbeit fesselt ebenso durch die edle Form wie durch die Resultate, die sie auf sicherm Boden stehend, vielfach gewann. An diese Untersuchungen reihten sich eine Fülle kleinerer Arbeiten, viele davon als Sylvestergabe an die Freunde in die Welt gesandt, interessante Personen und Erscheinungen in buntem Wechsel behandelnd, immer mit einer Fülle neuer Aufschlüsse über bedeutsame Vorgänge aus der kampfreichen Vergangenheit. Von besonderm Wert war, daß Schuller während seines Aufenthalts in Wien (1849—1850) Zutritt zum k. k. geheimen Haus-, Hof- und Staatsarchiv fand und aus dessen unerschöpflichem Reichtum nicht nur neue Aufschlüsse über den schweren Kampf der Sachsen für das Haus Habsburg im 16. Jahrhundert entnahm, die er in Einzeluntersuchungen verwertete, sondern vor allem auch, daß er auf diese neue Quelle der siebenbürgischen Geschichte aufmerksam machte. Wie nahe lag doch der Vergleich der letzten Jahre einschließlich der Kämpfe von 1848/49 mit der Haltung der Sachsen im Thronkampf zwischen Ferdinand und Zapolya. Die Geschichte schien den Beweis für die Richtigkeit ihrer Haltung zu geben und es war zugleich ein Widerhall politischer Anschauungen jener Tage, wenn Schuller auf das Schriftchen über das geheime Haus-, Hof- und Staatsarchiv das Motto setzte: „Haltet stets mit treuer Liebe fest an Östreichs Kaiserhaus", ein Gedanke, der auch in den Erfahrungen des 16. Jahrhunderts begründet schien, das übrigens gerade unter dem Gesichtswinkel der Gegenwart vielfach mehr im Licht dieser als in historischer Treue gesehen wurde.

Neben Schuller trat mehr und mehr auf dem Gebiet historischer Arbeit der Schäßburger Rektor G. D. Teutsch in den Vordergrund. Auch er stand auf den Schultern Eders und Schlözers und schloß sich zunächst an Schuller an, den auch er als „Altmeister" der heimischen Wissenschaft verehrte; im Jahre 1854 nannte er ihn in einem Brief princeps patriae historiae. Aber er griff kühner und weiter aus als Schuller. In Rankes sicherer Schulung in Berlin hatte er ebenso den Wert der Quellen und die Unerläßlichkeit, auf sie zurückzugehen, kennen gelernt wie die Kunst, in pragmatischer Darstellung der Volksgeschichte zerstreute Notizen zu verwerten, in scharfsinnigen Kombinationen Einzelzüge zur Charakteristik ganzer Perioden herbeizuziehen, den Gestalten der Vergangenheit Leben einzuhauchen. Der junge Kandidat hatte, da er in der Batthyányischen Bibliothek in Karlsburg 1840 Studien machte, an einen Freund geschrieben: „Wer das frühere Leben unseres Vaterlandes, namentlich unseres Volkes Vergangenheit will kennen lernen, der muß zu den Quellen zurückgehen, die für die älteste Geschichte bloß in Urkunden bestehen", und dort schon beschäftigte ihn im stillen der Plan, das Höchste zu wagen, die Geschichte der Siebenbürger Sachsen. So brachten seine Arbeiten in dem Jahrzehnt von 1850—1860 eine weitere Reihe Spezialuntersuchungen aus der heimischen Vergangenheit, sodann die Sammlung eines Teils der Quellen, von denen die Urkunden im Urkundenbuch zur Geschichte Siebenbürgens (bis 1301), das auf die Kirche bezügliche Material der Universitätsbeschlüsse, Landesgesetze und Fürstenbriefe im Urkundenbuch der ev. Landeskirche (erschienen 1862), die sich auf das Zehntrecht beziehen im Zehntrecht der ev. Landeskirche (1858) veröffentlicht wurden, daneben Rechtsquellen der ev. Landeskirche in Hornyansky's Protestant. Jahrbüchern für Österreich (1857), sodann die bedeutendste Chronik des 17. Jahrhunderts, vom Schäßburger Ratsschreiber G. Krauß, die 1862—1864 gedruckt wurde. Die Spezialarbeiten schritten von den ältesten Zeiten durch die spätern Jahrhunderte weiter, keins ist unvertreten, — die meisten veröffentlichte das Archiv des Vereins für siebenbürgische Landeskunde — sie boten, im Anschluß an die Arbeitsart der deutschen Wissenschaft in den Anmerkungen die Belege für die Darstellung des Textes und gaben dem Verfasser die Grundlage für die Gesamtgeschichte, die in kleinen Heften von 1852—1858 erschien und die Zeit bis 1699 umfaßte. Diese „Geschichte der Siebenbürger Sachsen" aber war in gleicher Weise eine wissenschaftliche wie eine national-politische Tat. Wattenbach urteilte über sie: „Es war ein unscheinbares kleines Heft, aber kaum hatte ich begonnen, es zu lesen, als es mir lebhaft entgegentrat, daß hier etwas ganz anderes vorliege als die mühsam zusammengestoppelten Lokalgeschichten, wie sie sonst oft vorkamen. Hier war tüchtige historische Kenntnis, auf ernsten Studien beruhend, hier aber auch die dichterisch-schöpferische Kraft, welche allein vermag, die ferne Vergangenheit wieder zu beleben und dem Leser anschaulich vor Augen zu führen" und L. Häußer bedauerte bei der Lektüre nur das eine, „daß wir nicht eine ähnliche Geschichte des gesamten deutschen Vater=

landes für das Volk besitzen". Diese Darstellung der sächsischen Vergangenheit umfaßte nicht nur die politische Entwicklung, auch die Kultur im engern und weitern Sinn hatte, wie in den Einzeluntersuchungen, ihre Stelle gefunden. Mit einem Schlag lag hier die Vergangenheit des Volkes klar vor den Augen des staunenden Geschlechts, es erkannte wehmütig und zugleich freudig bewegt die eigenen Züge im Bild der Ahnen. Wie war doch auch ihnen das Leben nicht leicht gewesen, in harten Kämpfen hatten sie um Recht und Gesittung und Freiheit gerungen und geblutet, aber der Kampf war nicht erfolglos gewesen. Als lebendige Menschen standen die Honterus und Huet, Pemfflinger und Haller, Weiß und Eisenburger vor den Lebenden und aus jedem Blatt der ruhmreichen Geschichte klang die Mahnung, der Väter würdig zu sein und die Lehre, nur das Volk geht zugrunde, das sich selbst aufgibt. Wohl war in der Darstellung selten ein Hinweis auf die Gegenwart, aber dem Leser drängte der Vergleich sich unwillkürlich auf. Vor allem mußte ihn die Liebe des Verfassers zum eignen Volk ergreifen, die aus jeder Zeile sprach. Denn der hier die Leidensgeschichte des sächsischen Volkes darstellte, konnte über das, was ihm ans Herz griff, nicht kalt und gleichgültig wie ein fremder Beurteiler schreiben, der Väter Leiden erschienen ihm als eigenes Leid, der Väter Ehre erhob das eigene Herz. Getragen von dem stolzen Bewußtsein, daß der Historiker vermag, was kein andrer Gelehrter in dem Maß kann, den ganzen Menschen zu ergreifen, ein Vorzug, den er mit dem Dichter teilt, fand er in lebendiger Beziehung mit den Bestrebungen der Gegenwart die sittliche Wärme, aus der der Vergangenheit ein neues künstlerisches Dasein erblühte.

Für die weitern Arbeiten war die Sachsengeschichte ein Markstein in unsrer historischen Literatur. Sie gab Anregung und Anlaß zu einer Fülle von weitern Untersuchungen und Forschungen, die nun den Rahmen gewonnen hatten, in den sie sich stellen konnten, den Boden, auf dem sie stehen konnten, ohne den sie nicht möglich gewesen wären. Wollte jemand die Arbeiten aus unserer historischen Literatur streichen, die nur auf Grund der Sachsengeschichte entstehen konnten, er nähme uns mehr als die Hälfte des Ganzen.

Die Sachsengeschichte war aber auch eine politisch=nationale Tat. Das sächsische Volk war immer ein historisch=empfindendes gewesen, vielleicht war dieser Zug zuweilen dem raschen Fortschritt hinderlich gewesen, jedenfalls aber hatte er zur Erhaltung des Volkes wesentlich beigetragen. Nun wurde dieses historische Empfinden durch die Darstellung der kampf= und ehrenreichen Vergangenheit gewaltig gestärkt und mit

Bewußtsein der Versuch gemacht, die Strebungen der Gegenwart durch die Vergangenheit und was in ihr geleistet worden war zu begründen. Das Buch hat das Volk politisch erzogen und ihm den Gedanken, festzuhalten an dem angestammten Volkstum, unverlierbar ins Herz gesenkt, damit aber auch das Pflichtbewußtsein geschärft, durch Arbeit im großen und kleinen die Güter des Volkstums zu erhalten. Als Teutsch ein Exemplar der Sachsengeschichte dem Freunde Haltrich schenkte, schrieb er dazu folgende Worte:

> Die Feinde rings sie sagen: Wir aber wissen, es lebet
> Tot sei nun der deutsche Baum, Der Wurzel die alte Kraft,
> In Stamm und Ästen zerschlagen Noch oft, so Gott wills, hebet
> An der Karpathen Saum. Sich zu Blütenkronen der Schaft.
>
> Wir aber, ob leben ob sterben,
> Was auch die Zukunft sei:
> „Wenn Alle untreu werden,
> So bleiben wir doch treu".

Die Gedanken, die die Freunde erfüllten, wurden eine neue Macht im Volke und die Sachsengeschichte vertiefte und befestigte den Glauben des Volkes an sich selbst. Wenn spätere Forschung im einzelnen tiefer gegraben und zum Teil neue Gebiete gepflügt und bebaut hat, selten ohne gerade von der Sachsengeschichte die Anregung erhalten zu haben, so war es im Geist des Verfassers dieser ersten Geschichte des sächsischen Volkes, der später einmal das schöne Wort schrieb: „Das ist das erhebende, neidlos auch von uns im vorhinein anerkannte Recht der Späterkommenden, mehr zu werden als die Vorangegangenen, auf deren Schultern sie stehen, wie schon der alte jonische Sänger den menschlich edelsten Helden seines unsterblichen Liedes, da er in den Tod gehen soll, zum jungen Sohn das tiefempfundene Wort sprechen läßt:

‚Und man sage hinfort, der ragt noch weit vor dem Vater!'"

Heute noch sehen wir die Vergangenheit mit den Augen an, wie er sie gesehen und in dem Licht, das er über sie gebreitet, und ihre Wirkung, die sich in der Erfüllung unseres Volksbewußtseins mit seinem historischen Wert und mit dem begeisternden Glauben an seine Mission in diesem Lande von Geschlecht zu Geschlecht äußert, und das lebende gelehrt hat, aus den Erinnerungen der Vorzeit frischen Mut zu schöpfen, wird nur mit dem Untergang des sächsischen Volkes aufhören, selbst wenn das Buch einmal, was bei Menschenwerken das natürliche, durch anderes und besseres verdrängt worden sein wird.

In derselben Zeit wie die Sachsengeschichte erschien die Sieben=

bürgische Rechtsgeschichte von Schuler=Libloy (1854—1858), der als Professor an der Hermannstädter Fakultät in Zimmermanns Geist das große Werk geschrieben hatte. Sie hatte darin Ähnlichkeit mit der Sachsengeschichte, daß auch sie auf die unmittelbaren Quellen zurückging und noch viel geringere Vorarbeiten vorfand als die Sachsengeschichte, kaum eine Einzeluntersuchung, die als Grundlage hätte dienen können. Die ganze individualisierte Entwicklung des Landes spiegelte sich in den Einzelrechten der ständischen Nationen, über dem zuletzt doch ein gemeinsames öffentliches Recht sich erhoben hatte, bestimmt jenes Einzelrecht zu schützen.

Um diese großen Arbeiten aber, wie der junge Wald neben den hochragenden Eichen und Buchen, eine Fülle einzelner Arbeiten, nicht gleich wertvoll, aber darin sich gleich, daß sie alle von herzlicher Freude getragen waren, an einem Werk teilzuhaben, das dem Volk und Vaterland diente. Nicht als Zeitvertreib für müßige Stunden, als Herzenssache trieben sie die Wissenschaft, die geeignet war, die Seelen aus der Kleinheit der Verhältnisse emporzuheben. Im Verein mit dem alten Ackner, der die erste archäologische Sammlung im kleinen Gartenhaus des Hammersdorfer Pfarrhofes angelegt hatte, sammelte Fr. Müller die römischen Inschriften aus Dacien und ließ sich in die Archäologie des Landes einführen. Die Fahrt der Schäßburger Kollegen zur Jahresversammlung des Vereins für siebenbürgische Landeskunde nach Reps 1851 sah die ersten praktischen Studien auf dem Gebiet unsrer Kunstarchäologie. „Von da an datiert unter uns die herrliche Wissenschaft, der die Steine reden", und Müller wurde der Dolmetsch ihrer Sprache. Die Arbeiten über die Schäßburger Bergkirche und die Kirche in Mühlbach, über den Dom zu Karlsburg und das siebenbürgische Bistum, über die romanischen Kirchen und die Verteidigungskirchen, über die Keisder Burg, die archäologischen Skizzen aus Schäßburg brachten all die behandelten Bauten in Zusammenhang mit der Gesamtentwicklung des Landes und der Baukunst draußen und lösten im Zusammenhang mit ihnen interessante historische und kulturhistorische Fragen. Selbst die Glocken, um die sich bisher kaum jemand gekümmert, begannen nun neue Töne zu läuten, sie erzählten Fr. Müller und durch ihn dem Volk von Kunst und Gewerbe, von Seelenleid und Kriegesnot, von Glaubensmut und Friedenshoffnung, zuletzt wieder vom Leben des Volkes, das sie goß, dem sie läuteten, das sie hörte. An allen Gymnasien fanden sich Lehrer, die die Geschichte der betreffenden Anstalt bearbeiteten und die Geschichte erweiterte sich zur Landes= und Volkskunde.

Auch für sie hatte Joh. C. Schuller tiefgehende Anregung gegeben.

Er hatte Brauch und Sitte zu deuten versucht und auf altdeutsche Lebens=
formen zurückgeführt, im Volksglauben Überreste heidnischer Anschauungen
nachgewiesen, vor allem die sächsische Mundart in ihrem Werte überhaupt
neu erkennen lassen und sie zum Beweis der rheinischen Herkunft unsers
Volkes herangezogen. Sein ansprechendes Büchlein „Zur Frage der
Herkunft der Siebenbürger Sachsen" (1856), baute auf alle diese Einzel=
heiten den Nachweis der rheinischen Herkunft des Volkes. Auch die
Arbeit am Idiotikon hatte er aufgenommen, allerdings ohne da zu einem
rechten Ergebnis zu gelangen.

Nun nahm der Schäßburger Freundeskreis alle diese Arbeiten auch
auf, wo Teutsch den jungen Genossen Kraft und Mut stählte und zu
immer neuer Entfaltung brachte, indem er sie lehrte, gerade auch die
wissenschaftlichen Arbeiten vom Standpunkt der Stärkung des Volkes
zu beurteilen. Auf der Universität Leipzig hatten sich die Genossen
Fr. W. Schuster, J. Haltrich, Fr. Müller das Wort gegeben, angeregt
von dem ersten, dem ältesten von ihnen, der Grimms Schriften studiert
hatte, in der Heimat einmal zu sammeln, was an Märchen, Sagen
und Liedern im Volk vorhanden war. Und so hatten sie sich in den Stoff
geteilt, daß jeder wohl alles sammle, dessen er habhaft werden könne,
aber im einzelnen nahm Schuster die Volkspoesie, Haltrich die Märchen,
Müller die Sagen auf sich, für Sitte und Brauch gewannen sie Mätz
und Georg Schuller, beide Kollegen in Schäßburg, deren erster was
um Hochzeit, der andere was um Tod und Begräbnis sich gruppiert,
sammelte und darstellte. Die drei Leipziger Genossen aber brachten in
jahrelanger Arbeit in der Tat Volksbücher zustande, die vom reichen
Leben der Volksseele ebenso Zeugnis ablegten, als sie dieses Leben selbst
befruchteten. Zuerst erschienen die Märchen, 1855 im Schäßburger Gym=
nasialprogramm die Tiermärchen, dann 1856 die gesammelten Volks=
märchen, „diese Stiefkinder der Literatur, die doch in unscheinbarem
Gewande, selbst verwunschenen Prinzen gleich als altes Königserbe Schätze
echter, sinniger Poesie tragen". Zwei Jahre später folgten die Sieben=
bürgischen Sagen, „ein Urkundenbuch lebendiger Volksüberlieferung",
mit dem musterhaften Kommentar den bedeutendsten deutschen Samm=
lungen an die Seite zu setzen. Erst 1865 erschien, aber in dem voran=
gehenden Jahrzehnt gesammelt, die Arbeit Schusters: Siebenbürgisch=
sächsische Volksdichtungen mit dem alten echten Volksgut der Poesie, die
die Ahnen einst mit ins Land gebracht hatten und dem weitern Schatz,
den das Volksgemüt hier geschaffen und gesammelt hat. Die beigegebenen
Abhandlungen wie jene, in der der Verfasser im Mühlbächer Gymnasial=

programm die Aufgaben der germanistischen Studien zeichnete, zeigten den ganzen Mann, mit weitem Ausblick, mit großen Gesichtspunkten, die die Sammlung auch für die Lösung der Heimatsfrage zu verwerten wußten und aus den innern Kennzeichen der Volkslieder ihre Geschichte zeichneten.

Schuster legte aber den staunenden Zeitgenossen auch noch ein anderes Ergebnis seiner Studien vor, die zur Bewunderung zwangen. Er fand in den Märchen uraltes mythologisches Gut, wies solches in seiner Programmabhandlung Wodan (1856) nach und baute aus Zauberspruch und Märchen, aus Sitte und Sage, aus Brauch und Sprichwort und Aberglauben den germanischen Götterhimmel, wie er einst im Volksgemüt gelebt, neu auf.

Fast mehr noch wie bei Schuller und Schuster trat die Verbindung der historischen und germanistischen Studien bei Marienburg zutage. Auf dem Boden, den er früher schon gefunden hatte, ging er der Verwandtschaft der sächsischen Mundart mit den rheinischen Dialekten nach und bahnte die philologische Lösung der Herkunftsfrage endgültig an, vor allem in der eingehenden Untersuchung über einige Eigentümlichkeiten der sächsischen Mundart, während er in der, allerdings unvollständig veröffentlichten Arbeit über die frühere und jetzige Ausbreitung und Dichtigkeit des deutschen Volkstums in Siebenbürgen Fragen der Ansiedlung und Völkerschichtung im Lande anmutend und geistvoll behandelte.

Alle zusammen aber arbeiteten an dem sächsischen Idiotikon, das Haltrich schon bei Lebzeiten Schullers in die Hand genommen hatte und das er mit rührender Sorgfalt pflegte, damals voll Hoffnung, daß es ihm gelingen werde, die langersehnte Vollendung herbeizuführen.

Auch hier aber, wie auf dem engern historischen Gebiet ein allgemeines fröhliches Arbeiten, das in Programmen und sonstwo Kleineres und Größeres zutage förderte. Alle miteinander hatten das stärkende Bewußtsein, aus dem Vollen zu schöpfen.

In Bistritz hatten Budaker und Wittstock die Erforschung der besondern Geschichte des Bistritzer Distrikts kräftig aufgenommen, in Kronstadt hatte Trausch im „Magazin für Geschichte, Literatur und alle Denk= und Merkwürdigkeiten Siebenbürgens", dessen erste zwei Bände 1844—1846 von A. Kurz herausgegeben worden waren, einen zweiten Mittelpunkt neben dem vom Landeskundeverein herausgegebenen Archiv geschaffen. Im Jahre 1859 übernahm Dr. jur. Eugen v. Trauschenfels († 1903) die Herausgabe und wußte die besten Mitarbeiter zu gewinnen. Er stand ebenso mit den Schäßburgern, wie mit den Bistritzern und Hermannstädtern in Verbindung, wußte durch tiefe und vielseitige

Kenntnisse nach allen Seiten anregend zu wirken, u. a. durch den Kalender, den er redigierte (Sächsischer Hausfreund), bereitete die Fortsetzung der Kemenyischen, später tatsächlich von ihm herausgegebenen „Deutschen Fundgruben zur Geschichte Siebenbürgens" vor, in denen wertvolle Chroniken der Vergangenheit publiziert wurden und mehrte im stillen das eigene Wissen, mit dem er nachher an den politischen Kämpfen für sein Volk teilnahm.

Sämtliche Arbeiten aber fanden ihren Mittelpunkt im Verein für siebenbürgische Landeskunde. Wie sonst den Festsitzungen der großen Akademien folgte man seinen Generalversammlungen, deren nationaler Schwung wesentlich durch die Hochachtung vor den Forschungen der Wissenschaft getragen wurde. Diese Arbeiten und Ergebnisse aber gaben ihr den heimischen Einschlag, den gesunden Erdgeruch des Frühlings, den Stolz auf die „heimische Wissenschaft". Es war ihr schönes Kennzeichen, was Schuster von seiner Sammlung der Volksdichtungen sagte: des Volkes Sinn und Weise sollte daraus erkannt werden, die Geistes- und Gemütsrichtung des Volkes, seine Freuden und Leiden, sein Hassen und Lieben, sein geistiges Wesen sollte beleuchtet werden, damit ein gut Stück Kulturgeschichte, das Zeugnis ablegte, „wie treu der Sachse dem aus der Heimat mitgebrachten Geist und der mitgebrachten Sitte auch im fernen Siebenbürgen geblieben, wie er diesen Geist in derselben Weise fortgebildet, als es dort in Deutschland geschah, das er mit ganzem Bewußtsein seine Mutter nennt, den Brüdern aber eine Mahnung, auch nicht zu vergessen des fernen Sendlings".

So hing diese Wissenschaft, die nichts anders sein wollte als Wissenschaft, eng mit dem Leben zusammen. Der harte Zwang des Polizeistaates wollte nicht einmal den Namen des Sachsenlandes dulden, die Nation war zerschlagen, aber die aus den politischen Rechten Vertriebenen nahmen eine neue, höhere, dauerndere Besitzergreifung der Heimat vor, sie eroberten sie geistig und mit dem Gemüt noch einmal, um sie nicht mehr zu verlieren. Jetzt erst erkannten sie des eigenen Wesens innersten Kern und fingen wieder an, zu vertrauen. Das um so mehr, als zu all den Bildern aus der Vergangenheit die Schilderungen aus der Gegenwart kamen, die Fronius begann, da er den sächsischen Bauern mit dem gesunden Kern seines Wesens, seiner Lebenslust und Arbeitsfreude zeichnete.

Die wissenschaftlichen Arbeiten jener Jahre brachten aber auch einen weitern Gewinn, sie spannen neue Fäden des Zusammenhangs mit dem Ausland. Man könnte zunächst sagen: einen historischen. Ein

Ergebnis dieser neubelebten Wissenschaft war die Auffindung und Bloß=
legung jener Fäden, die oft bis zur Urzeit hinaufgehen und unsre Kultur
mit der deutschen verbinden. Und wie zahlreich waren diese von den
Tagen der Auswanderung, da der Zweig vom Stamme sich löste und
in die neue Heimat verpflanzt wurde bis zu jener Gegenwart; im Cha=
rakter und in Institutionen, im Recht und in der Sprache, in Brauch
und Lebensführung, kurzum wohin das Auge sah, überall erblickte es im
kleinen eigenen Leben das Abbild, die Züge des großen deutschen Volkes
und was hier zuweilen unverstanden und unerklärt dastand, das erhielt
Wert im größern Zusammenhang. Das ganze sächsische Leben, soweit
es Äußerung innern Fühlens und Wesens war, gliederte sich geistig
in die große deutsche Volksgemeinschaft ein. Das bewegte die Herzen
freudig und befriedigte die Arbeitenden und die Lesenden.

Das führte aber auch zu äußerer neuer Verbindung mit der
deutschen wissenschaftlichen Welt. Joh. C. Schuller berichtete über das
was hier geschah an die Wiener Akademie, die sich fördernd desselben
annahm, u. a. das Urkundenbuch zur Geschichte Siebenbürgens in ihre
Publikationen aufnahm. Die hervorragendsten wissenschaftlichen Zeitschriften
nahmen Notiz von dem, was hier geschah, Wattenbach zeigte die Sachsen=
geschichte rühmend an, Warnkönig die Rechtsgeschichte, die Brüder Grimm
hatten ihre Freude an den Märchen und besonders auch der Abhandlung
über die Tiermärchen, Menzel und Wolff bewunderten Schusters mytho=
logische Arbeiten, die Sagen fanden bei Müllenhoff u. a. die gebührende
Beachtung. Simrock schrieb an Haltrich, „die deutsche Nation muß noch
nicht so nahe dem Untergang sein, als es oft scheinen will, wenn das
Bewußtsein des Zusammenhangs sich in solcher Form und mitten unter
Fremden noch wach erhält". Hier aber wirkte wieder diese Teilnahme
aufrichtend und stärkend, die Vereinsamung der alten Zeit schien über=
wunden zu sein. Je reiner und idealer diese Liebe war, denn an eine
politische Einmischung Deutschlands — und noch dazu des damaligen
Deutschland! — konnte niemand denken und hat niemand gedacht, um
so tiefer wirkte sie. Österreich tat damals, als ob es selbst die deutsche
Bildung schirmen und fördern wolle, es war das einzige Mal, daß
damit unsern geistigen Bestrebungen offizielle Unterstützung zuteil wurde.
Es machte tiefen Eindruck hierzulande, als auf dem großen Philologentag
in Wien 1858 der Minister Graf Leo Thun die Gemeinsamkeit der
wissenschaftlichen Bestrebungen in Deutschland und Österreich rühmte
und rühmend als Träger des deutschen Geistes die Sachsen in Sieben=
bürgen nannte und der Schäßburger Direktor vom Heimatsgefühl in der

Versammlung redete und den Hoffnungen, die man in Siebenbürgen auf die neue Bildung setze.

Die Erfolge der wissenschaftlichen Arbeiten veränderten die Stellung ihrer Träger im Volksleben. Der Beamte, besonders der höher stehende, hatte es ehmals als seine Pflicht angesehen, sich mit der Geschichte seines Landes und Volkes bekannt zu machen, weil sie ein Rüstzeug in dem nationalen und politischen Kampf war, der hier niemals aufgehört hatte. Nun kehrte das Verhältnis sich um, der Gelehrte wurde Stütze und Träger des Volkstums, Schirmer und Führer auch auf politischem und nationalem Gebiet. Dieselben Lehrer, denen man bis 1850 verwehrt hatte, Mitglieder der Kommunität zu sein, wurden nun in allen öffentlichen Angelegenheiten maßgebend. Ihre wissenschaftlichen Arbeiten aber fanden in breiten Schichten des Volkes freudige Aufnahme und Anerkennung. Die Mitglieder des Landeskundevereins taten sich in den einzelnen Orten zu Zweigvereinen zusammen, die in regelmäßigen Versammlungen literarische Fragen besprachen und auf die Programmabhandlungen seines Gymnasiums war der Bürger stolz.

Aber auch ein anderes soll nicht vergessen werden: vielleicht läßt sich niemals mehr als damals in unsrem Volksleben der veredelnde Einfluß der wissenschaftlichen Arbeit auf ihre Träger nachweisen. Es hat der Mehrzahl wirklich die Seelen geadelt und sie über die Sorgen des Tages hinübergehoben, sie wußten, daß sie einer großen Sache dienten und sie dienten ihr freudig und hingebungsvoll. Von Haltrich wird besonders gerühmt, wie er dem jüngern Freunde Fr. Müller selbstlos den Vortritt bei der Wahl zum Direktor überließ, später dem gelehrten Freunde J. Wolff neidlos und entsagend seine ganze Lebensarbeit am Wörterbuch übergab, als er erkannte, daß seine Kraft dazu nicht ausreichte und im besten Schaffen Fr. W. Schuster, wenn auch mit innerem Seelenschmerz, doch ohne Bitternis die mythologischen Arbeiten überließ. Es lag darin allerdings die reine Seele, die ihn zu den bescheidenen Märchen gezogen hatte und ihn kennzeichnete, aber solche Bescheidenheit und Hülfsbereitschaft andern gegenüber war dem ganzen Kreise eigen. Allerdings fand daneben, wie es kaum anders sein kann, auch das Stürmen und Drängen Platz und der ungestüme Drang nach Vorwärts machte in dem brieflichen Verkehr der Freunde, der alle zu einer großen Genossenschaft verband, in der es auch an Reibereien nicht fehlte, sich oft in derber Weise Luft.

Diese junge Garde des geistigen Lebens half aber auch freudig an der Reform der Kirche mit. Hin und wieder tauchte in ihren Kreisen die Frage auf, ob die Verbindung des Lehramts mit dem Kandidatentum des geistlichen Amtes auf die Dauer vereinbar sei und einzelne antworteten zweifelnd oder verneinend, aber zuletzt überwog doch die Erkenntnis, daß die Trennung beiden Teilen unter den gegebenen Verhältnissen nur schaden könne.

Die Neuordnung der Kirche ging von den veränderten politischen Verhältnissen aus, es war eine Arbeit, die nicht nur die ev. Kirche beschäftigte, sondern auch die andern Kirchen in Ungarn ebenso wie in Siebenbürgen. Doch beeinflußten eben politische Erwägungen und Ereignisse die Entwicklung hier und dort verschieden.

Den Anfang, die ev. Kirche auf den Rechtsboden zurückzuführen, hatte Bischof Binder schon 1849 gemacht. In geradezu imponierender Weise erklärte er in einem Umlaufschreiben vom 27. Oktober 1849, um das zerrüttete Kirchenwesen mit dem freigewordenen Geiste der Neuzeit in Übereinstimmung zu bringen, unter Berufung auf die Reichsverfassung vom 4. März 1849, „von den meiner Stelle zuständigen Episkopalrechten im vollen Sinne des Wortes tatsächlich Besitz zu ergreifen. Ich tue dies um so anspruchsloser und zuversichtlicher, weil alle diese Rechte bis in das erste Viertel des 18. Jahrhunderts von meinen vielgeprüften Amtsvorfahren wirklich und unbestritten ausgeübt wurden und weil ‚die Gleichberechtigung aller, in der Monarchie gesetzlich anerkannten Kirchen und Religionsgesellschaften' dieselben von nun an auch jenen Ländern zusichert und gewährleistet, welche bis jetzt sich dieser Rechte nicht erfreuten." Hierauf fußend verordnete er, daß der sechswöchentliche Unterricht jener, die aus der kath. Kirche zur ev. übertreten wollten, aufzuhören habe, daß auf Grund der Landesgesetze Reverse in gemischten Ehen wegen Erziehung der Kinder unzulässig und ungültig seien, daß bei gemischten Ehen die Trauung in der Kirche der Braut vorzunehmen sei, die Heiratsdispensationen in verbotenen Graden erteile hinfort der Bischof, wie es unangefochten bis 1716 geschehen sei, die vom Oberehegericht entschiedenen Prozesse würden nicht mehr von Amts wegen an den Hof appelliert.

Die Berufung auf die Approbaten fehlte noch, auch das Oberkonsistorium fand diesen Boden erst später.

Im Dezember 1849 hatte Bedeus, der damalige Vorsitzer des Oberkonsistoriums, dieses zu einer vollzähligen Versammlung für den 8. Januar 1850 nach Hermannstadt eingeladen. Es handelte sich auch bei ihm um die Anwendung der Reichsverfassung vom 4. März auch auf die ev. Landeskirche in Siebenbürgen, dann um die notwendig gewordene Neu=

organisation des Oberkonsistoriums, um die Ablösung des geistlichen Zehntens, die Einführung einer allgemeinen Kirchensteuer zur bessern Dotation der Geistlichen und zur Bestreitung allgemeiner Bedürfnisse, um Schaffung einer Dotation für den Bischof, um Verfügungen über die Sinekuren, das sind Pfarren ohne Gemeinden, um die Vereinigung sämtlicher ev. Gemeinden unter dem Oberkonsistorium, um die Schulreform. Das Resultat der Beratungen konnte natürlich nicht sofort für alle Fragen ein endgültiges sein, aber Richtpunkte für die Hauptsachen wurden doch gefunden und durchgeführt oder teilweise deren Durchführung in Angriff genommen. Die Neuorganisierung des Oberkonsistoriums hing mit der Verfassungsfrage zusammen, die das Konsistorium durch Ausarbeitung einer neuen Verfassung zu lösen versuchte. Um das Amt des Bischofs von der Birthälmer Pfarre zu trennen, wurde eine Staatsdotation für den Bischof angesucht, die Loslösung der unter der ref. Superintendentur stehenden ev. Gemeinden vor allem des Tekendorfer und Schogener Kapitels und deren Vereinigung mit der ev. Kirche durchgeführt (1852), wobei auch einige reformierte Gemeinden, die unter dem ev. Kirchenregiment standen, den Reformierten zurückgestellt wurden, so daß nun erst von völliger Einheit der ev. Kirche geredet werden konnte. Die Neuordnung der Gymnasien wurde mit Hülfe der Nationaldotation sofort durchgeführt.

Längere Zeit nahm die Durchführung der Zehntentschädigung und die Verfassungsfrage in Anspruch.

Der siebenbürgische Landtag von 1848 hatte den Zehnten aufgehoben und der Beschluß, gegen den Bischof Binder sofort geltend gemacht hatte, er möge nur im Zusammenhang mit den Bestimmungen über die Entschädigung selbst Gesetzeskraft erhalten, war bestätigt worden. Nun handelte es sich nach eingetretenem Frieden eben um die Entschädigung, wobei nicht nur die Höhe, sondern auch die Art und Weise und manch anderes in Frage kam. Die Anschauung der ev. Kirche ging, auf dem Boden der historischen Entwicklung und des Rechts, dahin: die Entschädigung habe aus Landesmitteln zu geschehn, wie der übrige aufgehobene Zehnte aus Landesmitteln entschädigt wurde, der Zehnte sei eine Grundlast gewesen, demnach sei nicht nur der Zehnte zu entschädigen, den der ev. Besitz getragen, sondern der ganze Zehnte, den der Boden zu leisten hatte, auch wenn er in nichtevangelischem Besitz war und die Höhe sei zu bemessen nach dem Durchschnittsertrag und Durchschnittswert der Jahre 1837—1848. Im Sommer 1850 weilte Bischof Binder mit einer Deputation, der er als Sekretär den damaligen

Konrektor Teutsch aus Schäßburg zuzog, in Wien, um u. a. gerade auch in der Zehntfrage eine Entscheidung herbeizuführen. In leitenden Kreisen fand besonders die Entschädigung als Grundlast Widerstand und es bestand große Neigung, den Sachsen diese Entschädigung überhaupt allein zu überlassen. Die grundsätzliche Entscheidung fiel endlich in der Sitzung vom 26. Oktober, in der Graf Kemeny, der gelehrte Kenner der siebenbürgischen Geschichte mit seinen Ausführungen den Ausschlag gab, indem er historisch nachwies, daß es sich um eine Grundlast handle und demnach den ev. Geistlichen der ganze bezogene Zehnte entschädigt werden müsse, u. zw. aus denselben Mitteln, aus denen die Urbarialentschädigungen erfolgten.

Die Durchführung selbst zog sich sehr in die Länge, war auch in der Tat eine der schwierigsten Arbeiten. Zunächst mußten die sächsischen Gemeinden den Zehnten weiter geben, da sonst die Pfarrer einfach brotlos geworden wären. Auch so mußten Staatsvorschüsse helfen, die zu wiederholten Malen gegeben wurden, bis endlich auf Grund des k. Patents vom 21. Juni 1854 und 15. September 1858, im März 1861 die Entschädigung für die ev. Geistlichen in staatlichen Grundentlastungsobligationen, die auf den Namen der Superintendentur ausgestellt waren, der Kirche zuerkannt wurde. Die Summe betrug 5,319.196 Gulden 56 Kreuzer, die jährlichen Zinsen 269.598 Gulden 28 Kreuzer. Es waren als durchschnittliches Ergebnis von neun Jahren angenommen worden: 86.167 Metzen Winterweizen, 15.953 Metzen Winterkorn, 5332 Metzen Gerste, 42.957 Metzen Hafer, 86.624 Metzen Kukurutz in Kolben, 28.040 Eimer Wein usw. Das ganze Ergebnis blieb weit hinter dem tatsächlichen Erträgnis und hinter dem, was die Kirche zu fordern das Recht hatte, zurück.

Die Schuld traf sowohl die ev. Geistlichkeit als den Staat. Die erste, insofern die Bekenntnisse nicht genau genug gewesen waren. In einigen Kapiteln fürchteten sie, die Einbekenntnisse würden die Grundlage neuer Besteuerungen werden und hielten sie möglichst nieder. Den Staat, insofern als Grundlage für die Preisbestimmung des einbekannten Einkommens nicht der zehnjährige Durchschnittspreis der Jahre 1838—1848 genommen wurde, sondern der Marktpreis aus dem billigsten Jahr des Jahrhunderts, nämlich 1824. Wäre das einbekannte Einkommen, von dem der Kathedralzins, der an einzelnen Orten nicht gering war, und dann $1/6$ unter dem Titel Wirtschaftskosten abgezogen wurden, zu den natürlich gegebenen Durchschnittspreisen eines längern Zeitraumes berechnet worden, so wäre das Ergebnis befriedigender ausgefallen.

Immerhin hoffte die Kirche, daß der sichere Boden wirtschaftlicher Un=
abhängigkeit damit für die Geistlichen gegeben worden sei; daß nach
einem Menschenalter kaum die höchsten Renten zu einer befriedigenden
Lebensführung ausreichen würden, ahnte niemand. Es waren übrigens
diese Renten der Mehrzahl nach von vorneherein zu nieder. Es gab von
den 252 Pfarrern 27 mit weniger als 300 Gulden Rente, 43 bezogen
zwischen 300 und 500 fl., 63 zwischen 500 und 1000 fl., 55 zwischen
1000 und 1500 fl., 64 über 1500 fl., davon bloß 1 Pfarrer über 3000 fl.,
und 21 über 2000 fl. Die Ablösung aber hatte einer bunten Mannig=
faltigkeit ein Ende bereitet, die die großen Verschiedenheiten der Renten
mit erklärt. In einem Teil der sächsischen Gemeinden hatte der Pfarrer
$^3/_4$, in andern $^1/_4$ des Zehntens bezogen, der Fiskus $^1/_4$ oder $^3/_4$ und
den Zehnten von Lämmern, Zicklein und Ferkeln, aber in einigen Ge=
meinden des Leschkircher Kapitels hatten die Pfarrer auch den letztern
gehabt; in Stolzenburg bezog ein Viertel des Zehntens das römisch=
katholische Konvikt und Seminar in Karlsburg, in Bekokten hatte der
Fiskus nur den Ferkelzehnten, in Katzendorf auch von den Kürbissen,
in Schönberg gehörte $^1/_4$ des Zehntens der Telekischen Familie usf. Den
meisten Pfarrern war doch durch die Ablösung eine schwere Last ab=
genommen. Der Schäßburger Stadtpfarrer hatte von allem Feld auf
dem linken Kokelufer den ganzen Zehnten bezogen, von jenem auf dem
rechten nur eine Quarte, die andern 3 Quarten hatte die Stadt ge=
pachtet. Der Stadtpfarrer mußte einen „Dezimator" bezahlen zur Ein=
hebung des Zehntens. Die Einfuhr des Kukuruzzehntens mußte er selbst
besorgen lassen. Bei der Einhebung des Weinzehntens war der Colla=
borator secundus verpflichtet, dem Dezimator als Schriftführer bei der
Kontrolle zu helfen, wofür ihm der Stadtpfarrer „etwas in das
Dintenfaß" gab.

Das alles fiel nun weg und die Zeit ward frei für andre Arbeit.

Die Durchführung der ganzen Angelegenheit machte der Kirche
viele Sorge und Kosten. Immer wieder mußten Deputationen nach Wien,
immer neue Darlegungen des Rechtsstandpunktes waren erforderlich,
(so Mai 1854, 27. Oktober 1856, 30. September 1857, 18. Januar 1858),
Bischof Binder war unermüdlich tätig, eine günstige Entscheidung her=
beizuführen, da die Lage der Geistlichen von Jahr zu Jahr unhaltbarer
wurde. Sie waren um so mehr auf die Vorschüsse angewiesen, als die
Abgabe des Zehntens 1856 ganz eingestellt wurde. Auch das Oberkon=
sistorium nahm sich in rühmenswertester Weise der Sache an, vor allem
Bedeus als dessen Präses. Die Verzögerungen erweckten im Lande die

schlimmsten Befürchtungen. „Es ist unverzeihlich, wie man mit uns umgeht", schrieb empört Bedeus und hin und wieder begann die Meinung sich festzusetzen, es solle auf diesem Wege die ev. Kirche gezwungen werden, wieder katholisch zu werden und man erzählte sich in der Kirche, daß in der Tat ein derartiger Antrag Bischof Binder gemacht worden sei und daß der Bischof dem Antragsteller einfach den Rücken gekehrt habe. Die Kirche hatte das Gefühl unverdienter Mißhandlung, bis endlich mit dem k. Patent vom 15. September 1858 die ersehnte Grundlage für den Abschluß der Angelegenheit erfolgte.

Es war für die ganze Kirche doch eine harte Prüfung. Wenn sie sich mit dem ganzen zuletzt aussöhnte, der Stachel erlittenen Unrechts blieb an einer Stelle doch sitzen. Der Zehnte, der nach seiner Aufhebung über Befehl der Regierung von den evangelischen Bewohnern der sächsischen Gemeinden 1848—1856 geleistet worden war, war tatsächlich eine ungerechte Belastung gewesen. Bei der Ablösung des Zehntens wurden diese Leistungen den Pfarrern als Empfang angerechnet und der Staat — der siebenbürgische Grundentlastungsfond — zahlte um so viel weniger für die vergangenen Jahre aus d. h. er ersparte eine nicht unbedeutende Summe, die die evangelischen Sachsen für ihn gegeben hatten. Sie war nicht gering, die evangelische Kirche berechnete sie auf 919.811 Gulden 07 Kr. C.=M. auf Grund authentischer Erhebungen. Dieser „indebite geleistete Zehnte" war um so ungerechter, als die nichtevangelischen Bewohner des Sachsenlandes davon befreit waren und für sie der Staat aufkam; um so erklärlicher, daß die Kirche Schritte tat, daß das Unrecht gut gemacht werde. Die einzelnen Gemeinden widmeten die Summen der Kirche, doch blieben die Schritte, den Staat zum Ersatz des von ihm mit Unrecht behaltenen Gutes zu bewegen, erfolglos. Wie einst der 13 Kreuzerfond, der den Sachsen gehörte, ihnen genommen worden war, um Bedürfnisse anderer zu befriedigen, so geschah hier gegenüber den Evangelischen ein ähnliches Unrecht.

Noch länger aber zog sich die Verfassungsfrage hinaus.

Schon 1850 hatte das Oberkonsistorium eine neue Verfassung ausgearbeitet, die es provisorisch einführen wollte, um sie dann, nach einer weitern Prüfung, der Regierung zur Bestätigung vorzulegen. Die Kirche hat keine Ursache zu bedauern, daß dieser Entwurf überhaupt nie ins Leben getreten ist. Er hatte sich nicht auf die siebenbürgischen Religionargesetze gestellt, sondern auf die Märzverfassung, die hier eigentlich nie Gültigkeit gehabt und allerlei unglückliche allgemeine Formulierungen aufgestellt, die böse Konsequenzen nach sich ziehen mußten, so wenn es hieß: „die ev. Kirche A. C. im Sachsenlande steht zum Staat im selben Verhältnis wie die anderer gesetzlich anerkannter Konfessionen". Alle innern Kirchenangelegenheiten sollten der Synode zugewiesen sein, dann aber doch deren Tätigkeit durch den „Oberkirchenrat" beschränkt werden. Der Entwurf stellte nebeneinander die Forderungen auf, daß die Mitglieder des Kirchenrats aus der Wahl der Gemeinde hervorgehen und doch die Landes- und Kreisbeamten, die als solche gewählt wurden, Mitglieder des Oberkirchenrates sein sollten; ja er gelangte sogar zu einer Definition der Kirchengemeinde als eines „Vereins Einzelner zu sittlich-religiösen Zwecken", die nicht nur unevangelisch war, sondern die Kirche geradezu außerhalb der alten Landesgesetze stellte.

Unter solchen Umständen war es ein Glück, daß der Kultusminister Graf Leo Thun (8. Dezember 1850) die Vorlage der geplanten Verfassung vor deren Einführung verlangte. Daraufhin ließ das Oberkonsistorium diese Arbeit überhaupt fallen und legte unter dem 28. Mai 1851 den Entwurf einer neuen Kirchenverfassung der Regierung vor, damit nicht „in diesem hochwichtigen Verwaltungszweig" die Gefahr einer Stockung eintrete. Die Wendung allein zeigte schon, daß das damals noch vollzählige Oberkonsistorium ganz auf dem Boden der „allhst. begnehmigten Vorschrift" von 1807 stand. Der Gedanke der Autonomie der Kirche und ihrer altgesetzlichen Selbständigkeit, das Ziel sie zurückzuerobern ging, so seltsam es scheinen mag, nicht vom Konsistorium aus, sondern von der Regierung, genauer von dem Mann, der seit November 1850 im Kultusministerium mit dem Referat über die Organisationsarbeiten, die Regelung der kirchlichen Angelegenheiten der Evangelischen u. ä. betraut war, von Jos. Andreas Zimmermann. Es war eine providentielle Fügung, daß der tiefe Kenner der ungarischen und siebenbürgischen Verhältnisse, speziell auch des Kirchenrechts und des Staatsrechts dieser Länder, von Heufler in seiner Bedeutung erkannt und dem Minister empfohlen worden war. Seiner weisen Umsicht und tiefgehenden Arbeit gelang es, den Minister für das Recht zu gewinnen. Und Thun wieder muß es nachgerühmt werden, daß er ein Verständnis dafür hatte und daß er, wo er etwas als Recht erkannt hatte, entschieden dafür eintrat. Derselbe Mann, der das Konkordat zustande brachte, weil seiner Anschauung nach der katholischen Kirche das Recht für all das zustand, was ihr damit gegeben wurde, zauderte keinen Augenblick, den siebenbürgischen Kirchen das Recht zu geben, das ihnen auf Grund der Gesetze und des Staatskirchenrechts der Vergangenheit zukam. Wohl war es ein langsamer und schwieriger Weg, in Ungarn führte er nicht zum

Ziele; daß er in Siebenbürgen das Ziel erreichte, das war ein Verdienst der einsichtigen Berater der ev. Kirche, die zugleich mit Zimmermann in enger Fühlung standen.

In Ungarn hatte Haynau mit wuchtiger Faust auch in die kirchlichen Verhältnisse eingegriffen; politische Rücksichten hatten dabei den Ausschlag gegeben. Er befahl (10. Februar 1850), daß die Funktionen des Generalinspektors und der Distriktsinspektoren bei den Evangelischen A. B. und die der Kuratoren bei den Evangelischen H. B. aufzuhören hätten, die Superintendentenwahlen wurden untersagt, ebenso die Abhaltung der Konvente. An Stelle der abgesetzten Superintendenten ernannte er Administratoren, während zu den Sitzungen mit den Senioren und weltlichen Vertrauensmännern, denen das Kirchenregiment anvertraut wurde, Regierungsvertreter geschickt wurden. Er stellte eine „zweckmäßigere" Einteilung der Kirche in Aussicht, u. zw. mit Rücksicht auf die militärisch-administrative Einteilung des Landes. Es war natürlich, daß die Kirche diesen Akt militärischer Willkür und das neue militärisch-hierarchische Kirchenregiment nicht schweigend hinnahm. Eine Anzahl Patrioten wandte sich (1. Juni 1850) an die Palatinswitwe Erzherzogin Maria Dorothea mit der Bitte, für die ev. Kirche ein Wort einzulegen. In eingehender Weise legten sie dar, daß es sich nicht nur um Eingriffe in die Verfassung der Kirche handle, wie könne ein Administrator einen Kandidaten ordinieren, auf was er, der Kirche nicht Verpflichtete, ihn verpflichten; sie baten um Rückstellung der Rechte und Freiheiten der Kirche, die ihr gehörten. Nach Aufhebung des Belagerungszustandes wurde diese Haynauische Verordnung außer Kraft gesetzt (3. Juli 1854) und es wurden vorläufige Bestimmungen getroffen „bis zu der definitiven Regelung der kirchlichen Angelegenheiten, welche nach Maßgabe des § 4 im Art. 26:1791 zu erfolgen hat". Darnach sollten die Presbyterien hinfort frei zusammentreten und verhandeln können, dagegen die größern Lokal-, Distriktual- und Superintendentialkonvente nur in Anwesenheit eines k. Kommissärs. Die definitive Feststellung der Superintendentenwahlen wurde vorbehalten, die Einführung eines Lehrers oder Pfarrers in das Amt von der Wohlmeinung der Statthalterei abhängig gemacht, die das politische Verhalten untersuchen sollte. Zum Schluß wurde beiden Bekenntnissen in Aussicht gestellt, nach Maßgabe des angezogenen Punktes aus dem 26. Gesetzartikel von 1791 „zum Zweck der definitiven a. h. Entscheidung über ihre kirchlichen Angelegenheiten noch im Laufe des Jahres 1854 gehört zu werden". Auf diese Weise sollte die ev. Kirche in die Lage gesetzt werden, die Regelung ihrer innern Angelegenheiten selbst zu vollziehen.

Der Unterschied zwischen dieser neuen und der Haynauischen Auffassung war klar, aber die Erfahrungen der ev. Kirche in Ungarn hatten sie mißtrauisch gemacht.

Auch in die siebenbürgischen kirchlichen Angelegenheiten griff die Regierung ein, aber ein Unterschied war doch vorhanden. Schon im März 1850 war unter dem Vorsitz Bachs, des bevollmächtigten Zivilkommissärs, in Hermannstadt eine Sitzung mit Vertrauensmännern — Joh. Antal ref. Superintendent, Alex. Szekely unitar. Superintendent, Professor Dr. Josef Salamon aus Klausenburg und Professor Franz Szilagyi — abgehalten worden wegen Reorganisierung des reformierten und unitarischen Oberkonsistoriums, die in ähnlicher Weise wie das ev. Oberkonsistorium mit der politischen Verfassung verquickt waren und ähnlich wie jenes in der alten Form unhaltbar waren. In jener Beratung wurde nun festgestellt, daß die Konsistorien der ref. und unitar. Kirche in der alten Form aufzuhören hätten, statt dessen solle ein Konsistorialausschuß aus sechs Mitgliedern eingesetzt werden, um das Regiment zu führen, u. zw. sollten sie auf Vorschlag dieser Vertrauensmänner, später des Ausschusses selbst, vom Gouverneur ernannt werden. Auch während des Ausnahmszustandes sollten Synoden abgehalten werden dürfen, jedoch deren Anzeige nötig sein, bei den General- und Superintendentialsynoden ein Regierungskommissär anwesend sein.

Für die ev. Kirche sollte die vorgelegte Verfassung vom 28. Mai 1851 den Weg zur neuen Ordnung bezeichnen.

Auch sie war keine gelungene Arbeit. Wohl war davon die Rede, daß das Recht der Selbstgesetzgebung und Selbstverwaltung der Kirche, das sie seit ihrer Entstehung ausgeübt, auch im Sinne der Grundrechte vom 4. März 1849 gewährleistet werde, aber das Recht wurde in diesem Verfassungsentwurf fast nicht in Anspruch genommen. Ein anderer großer Mangel war, daß Verwaltungs- und Vertretungskörper nicht getrennt waren, und daß das Doppelregiment, das bisher schon sich unangenehm fühlbar gemacht hatte, das der Synode und des Konsistoriums, erst recht neu festgestellt wurde, indem die Beschlüsse der Synode vom „Landeskirchenrat" anerkannt werden sollten und die Kapitel und Bezirke seltsam mit einander vermischt wurden. Nur ein einziger lebensfähiger Gedanke war im Entwurf enthalten, die Parität der geistlichen und weltlichen Mitglieder in den Vertretungen der Bezirksgemeinden und der Gesamtgemeinde. Es war kein Schaden, daß dieser Entwurf die Genehmigung nicht erhielt.

Allerdings war der immer mehr gesetzlos werdende Zustand für die Kirche selbst eine Gefahr. Das Oberkonsistorium konnte nicht mehr als eine gesetzliche Körperschaft angesehen werden, da es aus den zufällig noch vorhandenen Mitgliedern des Jahres 1850 bestand, und ähnlich stand es mit sämtlichen kirchlichen Vertretungen. Die Kirche drängte darum nach endlicher Entscheidung: am 29. Februar 1852, von Schwarzenberg lebhaft (13. März) unterstützt, im Oktober 1852 wieder Bischof Binder und Mich. Schuller als geistliche Deputation — ohne Erfolg.

Inzwischen hatte Zimmermann in Wien in seiner umfassenden, nichts überstürzenden, alles gründlich vorbereitenden und erwägenden Art seine Studien gemacht und den Plan entworfen, wie nicht nur den ev. Kirchen in Ungarn und Siebenbürgen ihr altes Recht wieder zu geben sei, sondern zugleich, wie die ev. Kirche in ganz Österreich zu organisieren und lebenskräftig zu gestalten sei. Die Ergebnisse der Arbeit legte der Kultusminister Thun in dem, von Zimmermann herrührenden „alleruntertänigsten Vortrag" vom 14. Dezember 1852 dem Kaiser vor, in ihm den Ausgangspunkt der ganzen spätern Entwicklung.

Die tiefgehende Arbeit gab eine Darstellung der Rechtslage der Protestanten in Ungarn, der Reformierten, Unitarier und Evangelischen in Siebenbürgen sowie in den deutsch-slavischen Kronländern und stellte die Grundsätze auf, deren praktische Durchführung das Ziel der künftigen kirchlichen Organisation bezeichnete. Die Darlegung gelangte zum Ergebnis, daß § 4 des 26. Preßburger Landtagsartikels von 1791 den Evangelischen beider Bekenntnisse in Ungarn die Selbständigkeit zusichere, die autonome Vertretung und Verwaltung gewährleiste, die in Geltung stehenden Canones der Synoden, damit das Recht der Pfarrer-, Senioren- und Superintendentenwahlen derart bestätige, daß sie weder durch königl. Resolutionen noch Befehle der Regierung geändert werden könnten und daß nur für neue Gesetze die königl. Bestätigung verlangt werde, und daß dort über die Synodaloperate von 1791 ausdrücklich gesagt sei, es solle eine Ordnung festgesetzt werden, welche infolge gemeinsamer Übereinstimmung der Geistlichen und Weltlichen für die angemessenste erachtet werde; es werde der König sie weiter vernehmen und dafür sorgen, daß eine gewisse, den Religionsgrundsätzen der Evangelischen angemessene Ordnung festgestellt werde. Für die Evangelischen in Siebenbürgen ergab sich, daß ihnen das Recht der Selbstverwaltung und Gesetzgebung auf Grund der Approbaten zustand, eine Rechtsgrundlage, die niemals aufgehoben worden war. Es handle sich also in Ungarn und Siebenbürgen nicht um Erwerbung neuer Rechte: „Die Erinnerung an die wiederholt stattgefundenen Verletzungen des Wiener und Linzer

Friedensschlusses, die Erinnerung an einen ein volles Jahrhundert dauernden Kampf um die Anerkennung des Rechtes, eine ihren Glaubensgrundsätzen entsprechende kirchliche Organisation haben zu dürfen, der lange Kampf um Achtung des bereits im Wiener und Linzer Friedensschlusse gewährleisteten Rechtes der gemeinsamen öffentlichen Religionsübung sind obwohl der Geschichte, doch nicht der Vergessenheit anheimgefallen und geeignet, das zähe Festhalten der Evangelischen in Ungarn an allen jenen Bestimmungen des 26. Art. von 1791, welche durch spätere Gesetze nicht abgeändert worden sind, vollkommen zu erklären." Die Tatsache, daß wiederholt die Entscheidung über die 1791er Operate in Aussicht gestellt, aber niemals erfolgt sei, diene wesentlich zur Erklärung des Mißtrauens der ungarischen Protestanten. Die ev. Kirche in Siebenbürgen zöge noch nicht die volle Konsequenz aus den Approbaten, die in der völligen Unabhängigkeit der Kirche liege, aber die Berufung darauf zeige aufs neue die Notwendigkeit, dem schwankenden Zustand durch eine lebensfähige Organisation ein Ende zu machen, die zu schaffen ebenso eine Pflicht gegenüber der ev. Kirche wie dem Staate sei. Diese Organisation müsse auf folgenden Grundsätzen ruhen: die kirchlichen Gemeinden verwalten ihre Angelegenheiten durch ihre gewählten Vertretungen, die kirchliche Gerichtsbarkeit steht den kirchlichen Behörden zu. Die Synoden haben das Recht, die Abänderung und Aufhebung bestehender oder die Einführung neuer Kirchengesetze dem Kaiser zur Genehmigung vorzuschlagen; in Ungarn ist es altes Recht, daß die Regierung einen Kommissär dazu sendet und die Canones und Statuta bestätigt, in Siebenbürgen fallen beide Beschränkungen fort, da dort sowohl die Evangelischen wie die Reformierten und Unitarier Synoden mit der ausgedehntesten Freiheit und Beschlußfassung ohne weitere Bedingungen hielten. Den Vorsitz in den kirchlichen Versammlungen haben die Geistlichen zu führen. Die Beschlüsse der kirchlichen Versammlungen unterliegen der Bestätigung der höhern Kirchenbehörden. Die Kirchen haben das Recht der Selbstbesteuerung. Die Pfarrer werden auf Lebensdauer gewählt, die Superintendenten von den Gemeinden ihres Sprengels, vom Staat besoldet und vom Kaiser bestätigt, sie haben bestimmte Amtsorte, die die Regierung feststellt. Für alle ev. Kirchen wird ein eigener Oberkirchenrat in Wien eingesetzt, der aus Evangelischen besteht und als oberste Behörde gewisse Befugnisse der Oberaufsicht und der Bestätigung — u. a. der Pfarrerswahlen u. ä. — ausübt.

Zum Schluß bat der Minister, es wolle der Kaiser ihm die Ermächtigung erteilen, auf der Basis der Idee eines Oberkirchenrats für das ganze Reich über die praktische Durchführung der genannten Grundsätze evangelische Vertrauensmänner zu vernehmen und dann die weitere Entscheidung des Kaisers einzuholen, eine Bitte, die der Kaiser gewährte.

In der Tat handelte es sich also bei den weitern Schritten darum, in Ungarn und in Siebenbürgen den Kirchen die Möglichkeit der Rückerwerbung der gesetzlich ihnen zustehenden Autonomie zu verschaffen. Eine Einschränkung war mit Rücksicht auf das einheitliche Österreich geplant, durch die Schaffung des Oberkirchenrats und den Einfluß, der ihm eingeräumt wurde. Die Schwierigkeit aber lag darin, wie die Kirche auf diesen Weg zu bringen sei, da sowohl in Ungarn wie in Siebenbürgen gesetzlich organisierte Vertretungen fehlten. Die Regierung dachte sich den Übergang so, daß zunächst oktroierte Verfassungen die Möglichkeit der Konstituierung kirchlicher Vertretungen böten, die dann zuletzt auf Grund der ihnen zustehenden Autonomie sich die Ordnung gäben, die ihnen am besten erschien.

Der Versuch wurde zuerst in Ungarn gemacht und mißlang. Als die Regierung 1854 im Sinne der oben entwickelten Grundsätze die Haynauische Verordnung zurücknahm und auf Grund des 26. Artikels von 1791 in Aussicht stellte, es würden die Protestanten behufs definitiver Organisation der Kirche vernommen werden, sahen die ungarischen Protestanten darin, verbittert und mißtrauisch durch all das unerhörte Unrecht, das ihnen im Laufe der Zeit zuteil geworden, nicht das Einlenken der Regierung, das darin lag, sondern nur das formelle Unrecht, das hier fortgesetzt erschien und wollten von diesem Weg nichts wissen, u. zw. um so weniger, als sie gegenüber der absoluten Regierung gerade genügend Ursache zu Mißtrauen hatten. Sie stellten sich auf ihr Recht, es sei die gesetzliche Regelung der kirchlichen Angelegenheiten ausschließlich das Recht der Synode. Ihr Mißtrauen wurde durch den langsamen Gang der ganzen Entwicklung vermehrt. Als die Regierung 1855 Vertrauensmänner nach Wien berief, um sie zu hören, erklärten diese, keinen Auftrag der Kirche zu haben, ließen sich aber doch in die Erörterung des vorgelegten Gesetzentwurfs ein, der 1856 wesentlich umgearbeitet an die Superintendenzen gesandt wurde, sich darüber offen auszusprechen, um die endgültige Regelung der Kirchenangelegenheiten zu ermöglichen. Die Superintendenzen blieben auf dem ablehnenden Standpunkt: das Recht erfordere, daß die Regelung der kirchlichen Angelegenheiten aus der Mitte der Kirche hervorgehe, daß die Synode den Vorschlag mache.

Es war gar nicht anders möglich, als daß auch politische Gesichts-

punkte hineinspielten. Mit Zorn und Schmerz sahen die ev. Kirchen in
Ungarn, wie mit ihren Schulen umgegangen wurde, magyarischen
Schulen wurde das deutsche aufgezwungen, im Jahre 1855 war geboten
worden, daß möglichst bald schon im Untergymnasium, jedenfalls aber
in Quinta einige Gegenstände deutsch gelehrt würden, so daß die deutsche
Sprache in den obersten Klassen die vorherrschende Unterrichtssprache
sei. „Wenn früher nur der österreichische Deutsche verhaßt war, so
übertrug jetzt die magyarische Jugend, der man sozusagen die Zunge
aus dem Mund reißen wollte, ihren vollen Haß auf das deutsche im
Allgemeinen", schrieb ein ungarischer Protestant empört über diese Vor=
gänge. An der Pester Universität wurde das deutsche gleichfalls vor=
herrschend, ungarische Anstalten veröffentlichten deutsche Programme;
auch sonst empfand das Land den Sprachenzwang drückend und ver=
letzend. Und nun sollte von Wien aus die Kirche geregelt werden? Der
Gegensatz wurde immer größer, die Neigung, jenen Verfassungsentwurf
anzuerkennen, immer geringer. In Ungarn glaubte niemand an den ehr=
lichen Willen der Regierung, der Kirche die Autonomie zu geben. Da
machte die Regierung noch einen Versuch auf dem betretenen Weg, von
vornehcrein unter den gegebenen Verhältnissen aussichtslos, und gab mit
dem Protestantenpatent vom 1. September 1859 den ev. Kirchen in
Ungarn eine provisorische Verfassung, auf Grund deren die Kirchen sich
organisieren sollten, damit dann auf dem Wege der kirchlichen Gesetz=
gebung die definitive Gestaltung erfolge. Ausdrücklich wurde als Grund=
lage der staatsrechtlichen Stellung der ev. Kirchen der 26. Gesetzartikel
von 1791 festgehalten und als Absicht des Patents bezeichnet, „die ev. Kirche
ohne Aufschub in den Genuß einer allgemeinen gültigen Verfassung zu
setzen und die Weiterbildung derselben im Wege regelmäßig zusammen=
tretender Synoden zu ermöglichen". Ein Sturm der Entrüstung war
die Antwort. Vergebens betonte das Ministerium, seine Absicht sei, die
gesetzliche Autonomie der ev. Kirche und deren geregelte Ausübung herbei=
zuführen, es war alles umsonst und als gar weltliche Gewalt zur Durch=
führung des Patents in Anwendung gebracht wurde, wuchs der Widerstand
und zwang die Regierung zur Nachgiebigkeit.

 Derselbe Weg wurde gegenüber der ev. Kirche in Siebenbürgen
versucht und hier gelang er. Die Ursache war eine doppelte. Diese Kirche
hatte kein so großes Mißtrauen gegen die Ziele der Wiener Regierung
wie die ungarländische, und vor allem kannten ihre leitenden Männer
Zimmermann und seine Pläne. Dennoch hatte man ein Verständnis für
die Haltung der ungarischen Kirche und vor allem kam gerade in den

breitern Schichten der Kirche, die in die geheimen Vorgänge nicht eingeweiht waren, das Mißtrauen gegen diese zögernde und hinhaltende Politik oft zu scharfem Ausdruck. Auf den ganzen Gang der bedeutsamen Angelegenheit übte einen großen Einfluß der Wandel der staatsrechtlichen Verhältnisse, der den Wiener Oberkirchenrat, zum Glück für unsre Kirche, bald aus der Verfassungsfrage von selbst ausschaltete, dann die tiefergehende Erkenntnis von dem Umfang der Autonomie und ihrer unerschütterlichen Rechtsgrundlage.

Während die ev. Kirche noch auf die Bestätigung der vorgelegten Verfassung von 1851 wartete, Bischof Binder wies 27. Mai 1854 darauf hin, daß gänzliche Auflösung und Anarchie drohe, erfolgte zunächst (27. Dezember 1854) eine kaiserliche Entschließung, nach der der Sitz des ev. Bischofs von Birthälm nach Hermannstadt zu verlegen sei, und daß ihm hinfort der Vorsitz in der Landeskirchenversammlung gebühre, nachdem das Oberkonsistorium schon 1850 die Trennung der Superintendentur von der Birthälmer Pfarre beschlossen hatte und Bischof Binder, von der Regierung darüber befragt, die Trennung befürwortet hatte, ohne aber die Verlegung von Birthälm als notwendige Folge zuzugestehen. Die Lösung der Dotationsfrage für die ev. Kirche war in Aussicht gestellt worden (17. Februar 1855), als endlich am 27. Februar 1855 eine ministerielle Verordnung, ganz im Sinne der Grundsätze vom 14. Dezember 1852, betreffend die provisorische Vorschrift für die Vertretung und Verwaltung der ev. Landeskirche A. B. in Siebenbürgen erfolgte. Sie wurde mit dem Satz eingeleitet: „Bis zu der, nach weiterer Vernehmung der ev. Landeskirche A. B. zu erfolgenden definitiven Entscheidung Sr. k. u. k. apost. Majestät hat für die kirchliche Vertretung und Verwaltung folgende Vorschrift provisorisch in Wirksamkeit zu treten." Das Oberkonsistorium nahm diese „provisorische Vorschrift" dankbar an, weil endlich die Vertretung und Verwaltung Organen anvertraut werde, die lediglich aus der Wahl der Glaubensgenossen hervorgingen.

Diese provisorische Vorschrift war etwas ganz anderes als die 1851 vorgelegte Verfassung, sie enthält die Grundlagen der gegenwärtigen Verfassung der Landeskirche: die Gliederung in die drei Stufen der Orts-, Bezirks- und Gesamtgemeinde, die getrennten Vertretungs- und Verwaltungskörper, die Parität der Geistlichen und Weltlichen in den obern Verwaltungskörpern; aber die Bezirke blieben noch arg mit den Kapiteln vermengt, die auch auf die Zusammensetzung des Landeskonsistoriums Einfluß nehmen sollten, während zur Landeskirchenversammlung die Bezirke die Vertreter in verschiedener Zahl schicken sollten.

Die Beschlüsse der Landeskirchenversammlung unterlagen der Bestätigung des Oberkirchenrats.

Bis zur Durchführung verstrich wieder mehr als ein Jahr. Im Jahre 1856 sandte die Kirche wieder eine geistliche Deputation nach Wien, mit dem Auftrag, nicht nur die Zehntentschädigung zu betreiben, sondern auch die Verfassungsfrage und die Staatsdotation, dazu die Vollziehung der Nationaldotation und die Ordnung des Eherechts in bezug auf das Konkordat. In der Verfassungsfrage wurde ein Fortschritt erreicht. Am 14. Juli 1856 ordnete die Regierung endlich die Durchführung der Provisorischen Vorschrift an, nicht ohne bedeutsame Zusätze zu machen, nicht alle glücklich in ihren Grundgedanken, wie: es solle jeder Bezirk sich einen eigenen Pensionsfond schaffen. Freudig begrüßt wurde die Anordnung, Bezirksbibliotheken zu errichten und die Verfügungen betreffend die Überwachung der Studien der Kandidaten des Lehr- und Pfarramts, sowie die Anregung, einen Stipendienfond zu gründen, desgleichen die Einfügung der Kuratoren in den Organismus der Kirche u. a. Immerhin enthielt schon diese Verordnung eine Fortbildung der provisorischen Vorschrift. Auf Grund derselben traten am 1. Oktober 1856 in allen Gemeinden die Presbyterien und Gemeindevertretungen ihre Wirksamkeit an, am 1. November die Bezirkskonsistorien. Den Schlußstein, Landeskonsistorium und Landeskirchenversammlung aufzusetzen, hatte die Regierung einem spätern Zeitpunkt vorbehalten. Gerade diese Verzögerung aber empfand die Kirche schmerzlichst, so daß das Oberkonsistorium, gegenüber den neuen Behörden nun völlig ungesetzlich, zu keiner Tat sich berechtigt fühlte und die Regierung dringend bat (20. Januar 1857), doch endlich die Durchführung auch in jenen obersten Stufen einzuleiten. Die Regierung aber tat es nicht, augenscheinlich weil sie ebenso wie die Kirche zur Überzeugung gelangt war, daß an der Provisorischen Vorschrift vieles zu bessern sei.

Auch die Vorgänge in Ungarn übten ihre Wirkung auf Siebenbürgen. Der von der Regierung im August 1856 herausgegebene „Entwurf zu einem Gesetz über die Vertretung und Verwaltung der Kirchenangelegenheiten der Evangelischen beider Bekenntnisse im Königreich Ungarn, in der serbischen Woiwodschaft und im Temescher Banat", der den ungarischen Superintendenzen zu vollkommen freier Meinungsäußerung zugestellt worden war, bezeichnete gegenüber der Provisorischen Vorschrift einen bedeutenden Fortschritt. Auch daß er der Kirche zur öffentlichen Besprechung übergeben war, mußte in Siebenbürgen Eindruck machen. So konnte es nicht überraschen, daß Bischof Binder in zwei

Eingaben an die Regierung (am 5. und 29. November 1856) darauf hinwies, daß jener Entwurf für die ungarische Kirche besser sei als was der ev. Landeskirche Siebenbürgens geboten werde und daß es sich empfehle, auch sie ebenso wie die ungarische ev. Kirche über ihre Wünsche zu vernehmen, eventuell durch Einberufung von Vertrauensmännern, eine Methode, die damals gern geübt wurde. Das Oberkonsistorium stellte sich in einer Eingabe vom 30. Juni 1857 auf den gleichen Standpunkt und — es bezeichnet die neue, endlich selbst gewonnene Position — berief sich mit wünschenswerter Entschiedenheit auf Approbat. I. 1. 3, das Leopoldinische Diplom und den 53. Landtagsartikel von 1791, um „die selbständige und vollkommen gleichberechtigte Stellung" der ev. Kirche in ihrem Verhältnis zum Staat zu betonen und darauf hinzuweisen, daß es sich darum handle, über die Ordnung der Kirchenverhältnisse zu einer allseitig befriedigenden Vereinbarung zu gelangen. Der richtigste Weg — meinte das Oberkonsistorium — werde die Anhörung der Presbyterien und Bezirkskirchenversammlungen sein. Da dieses aber ebenso lange Zeit beanspruche als es auch verschiedene Gefahren in sich berge, so empfahl es gleichfalls die Einberufung von Vertrauensmännern.

An dieser neuen entschiedenen Stellungnahme hatte wesentlichen Anteil das neue Mitglied des Oberkonsistoriums Jak. Rannicher, der von 1850—1856 Konzeptsadjunkt im Kultusministerium in Wien, dort mit Zimmermann in engster Fühlung, im Mai 1856 als Sekretär der Statthalterei nach Hermannstadt versetzt war und hier in der Abteilung für Kirche und Schule verwendet wurde. Das Oberkonsistorium gewann in ihm eine bedeutende Kraft, hervorragend durch wissenschaftliche Bildung, durch Staatsklugheit und Kenntnis der Personen wie der Verhältnisse. Für den weitern Fortgang der Verfassungsfrage war seine Teilnahme von größter Bedeutung. Das Verständnis für sie im Volk zu wecken legte er in einer Schrift (1856) das Wesen der neuen Verfassung und ihren Wert dar. Wissenschaftlichen und praktischen Zwecken sollte das Handbuch des ev. Kirchenrechts dienen, von dem leider (1859) nur das erste Heft erschienen ist.

Die Vorstellung aus dem Juni 1857 hatte zunächst keinen Erfolg. So war es kein Wunder, daß der Kirche die Geduld auszugehen begann. Die Bezirksversammlungen von Schäßburg, Mediasch, Hermannstadt drängten, das Oberkonsistorium solle doch endlich die entscheidenden Schritte veranlassen, und als dieses am 2. März 1859 nochmals die Regierung darum bat, da die Lebensadern der Kirche unterbunden seien und die schwersten Gefahren daraus entstehen müßten, waren die großen politischen Fragen, die äußern Verwicklungen Österreichs der raschen Entscheidung hinderlich. Als nach dem unglücklichen Krieg in Italien im Manifest vom 15. Juli 1859 zeitgemäße Verbesserungen in Aussicht gestellt wurden und unter den Aufgaben auch die Sicherung der Autonomie und freien Religionsübung der Evangelischen aufgeführt wurde, wuchs auch hier die Hoffnung auf Lösung der nun so lang schwebenden Frage. Wieder ließ es die Kirche nicht am Drängen fehlen, noch einmal wies das Oberkonsistorium (12. Dezember 1859) auf den Weg der Vertrauensmänner.

Die Ursachen des schleppenden Gangs der Angelegenheit lagen bei der Regierung in zwei Bedenken. Einem Teil der Regierung waren die Bestimmungen der Provisorischen Vorschrift zu weitgehend. Der Minister Bach hatte seinen Bedenken gleich anfangs Ausdruck gegeben, die sich wesentlich in dieser Richtung bewegten. Der abermalige Hinweis darauf, daß die Protestanten in Siebenbürgen das Recht hätten, in bezug auf Kirchenregiment und kirchliche Einrichtungen Beschlüsse zu fassen und in Vollzug zu setzen, die Erklärung, daß das Wort Landeskirche gewählt sei, um auszudrücken, daß die ev. Kirche eben eine solche wie die katholische und nicht bloß eine Religionsgesellschaft, die Nachweise, daß in dem Entwurf nichts sei, was gegen das Staatsinteresse verstoße, schlugen erst jene Bedenken nieder. Ein zweiter Grund lag darin, daß manche Bestimmungen der Kirche lästig und gefährlich erschienen, darunter die Unterstellung unter den Oberkirchenrat, und man in Wien hoffte, die Gegner würden sich allmählich an den Gedanken gewöhnen. Die Provisorische Vorschrift hatte sich doch nicht ganz frei von der Anschauung gemacht, der die allh. begnehmigte Vorschrift von 1807 ihr Dasein verdankte, nach der auch die Kirche in erster Reihe als ein Glied der Verwaltung angesehen wurde und beurteilte von dieser bureaukratischen Warte aus das kirchliche Leben. Daß dieser Standpunkt mehr und mehr überwunden wurde, war eine Folge des wachsenden Einflusses der Kirche auf das Zustandekommen des Verfassungswerkes.

Die berechtigte wachsende Ungeduld wurde durch die Vorgänge in Ungarn genährt. Die Bewegung, die das Protestantenpatent vom 1. September 1859 und die mit ihm erschienenen „Provisorischen Bestimmungen über die Vertretung und Verwaltung der Kirchenangelegenheiten der Evangelischen beider Bekenntnisse" dort erregt hatten, mußte ihre Einwirkung auch auf die ev. Kirche in Siebenbürgen ausüben. Die ungarischen ev. Kirchen erklärten rund heraus, von einer Regelung ihrer Verhält=

nisse von oben nichts wissen zu wollen und das um so weniger, als Gewaltmaßregeln zur Durchführung ergriffen wurden. Im Januar 1860 erschien eine große Deputation der beiden ev. Kirchen in Wien, um beim Kaiser die Rücknahme jener Befehle zu erbitten und zu erklären, daß die Kirche nur eine Ordnung anerkennen könne, die sie sich selbst gegeben habe. Die Deputation wurde nicht vorgelassen, aber als auch die Gewaltmaßregeln nichts nützten, lenkte die Regierung ein. Auch in der Mitte unserer Landeskirche wurden Stimmen laut, die den angefangenen Weg als irrig bezeichneten, die auch in den bisherigen Schritten der Regierung nicht den Anfang einer Anerkennung der Autonomie, sondern die Fortsetzung der Regulationen von oben sahen.

So wurde, als endlich im Sommer 1860 die Regierung den Ministerialrat und Konsistorial-Präsidenten Zimmermann nach Hermannstadt sandte, dem Wunsch der Kirche entsprechend, Vertrauensmänner zu hören, die Ergänzungen und Verbesserungen zur provisorischen Vorschrift vorschlagen sollten, die Tatsache mit gemischten Gefühlen aufgenommen. Wohl gaben die Namen der Vertrauensmänner die beste Bürgschaft für das was zu erwarten war, — es waren G. Budaker, Gymnasialdirektor in Bistritz, G. D. Teutsch, Gymnasialdirektor in Schäßburg, Andreas Gräser, Pfarrer in Wurmloch, Sam. Schiel, Stadtpfarrer in Kronstadt, Fr. Phleps, Dechant des Hermannstädter Bezirks, dann die Mitglieder des Oberkonsistoriums Konr. Schmidt und Jak. Rannicher — aber das lange Warten hatte die Gemüter verärgert und mißtrauisch gemacht. Aus den nächsten Freundeskreisen der Vertrauensmänner wurden Stimmen laut, die ganze Sache mit den Vertrauensmännern sei nur inszeniert, um den fortgesetzten Oktroierungen der Regierung die Folie der Volkstümlichkeit und des Liberalismus zu geben, um die Besten des Volkes zu binden, daß sie hinfort bei den Bemühungen des Staates, die Kirche ganz in seine Hände zu bekommen, nichts mehr dagegen tun könnten.

Die Vertrauensmänner sahen in diesem Fall tiefer. Sie boten die Hand zu Verbesserungen, in der Überzeugung, daß auf diesem Weg die Kirche am raschesten endlich in den Besitz der Autonomie gelangen könne. In den Beratungen, zu denen auch Bischof Binder gerufen war — er beteiligte sich auch an einer Sitzung — wurde nun die Provisorische Vorschrift mit Benützung der für Ungarn erlassenen Provisorischen Bestimmungen umgearbeitet, vor allem der ganze Verfassungsentwurf auf den Boden der presbyterial-synodalen Ordnung gestellt, als deren bester Ausdruck damals die rheinisch-westfälische Kirchenordnung galt und die Bausteine benützt, die aus der Entwicklung der eigenen Kirche als brauchbar in die Gegenwart hereinragten. Es gab unter den Vertrauensmännern zwei Fragen, die große Meinungsverschiedenheiten hervorriefen, einmal die Unterstellung der ev. Kirche unter den Oberkirchenrat in Wien, wofür Rannicher entschiedenst eintrat, was Teutsch bekämpfte, die Mehrheit aber annahm, dann Rannichers Antrag, als achten und neunten Abschnitt Bestimmungen über die Pfarrerswahl und über die kirchliche Gerichtsbarkeit in Ehesachen hinzuzufügen. Auch diesen Antrag bekämpfte vor allem Teutsch, der darin geradezu die Einladung an die Regierung erblickte, nun auch in diese Dinge sich zu mischen, die sie bisher nicht berührt hatte. Die Mehrheit einigte sich zuletzt dahin, es solle ausdrücklich gesagt werden, man sehe in diesen beiden Abschnitten bloß Material, das der Landeskirchenversammlung vorzulegen sei.

Im übrigen bezeichnete das Ergebnis der Beratungen der Vertrauensmänner nach der Richtung der freiheitlichen Entwicklung der Kirche einen großen Fortschritt, vor allem war der autonomen Rechtsstellung vollste Rechnung getragen durch Berufung auf die siebenbürgischen Landesgesetze und durch die Bestimmung, daß die Verfassung nur über Antrag und rechtsgültigen Beschluß der Landeskirchenversammlung und nie ohne deren Zustimmung geändert werden könne. Im übrigen sollten die von der Landeskirchenversammlung beschlossenen Gesetze dem Oberkirchenrat zur Erlangung der kaiserlichen Genehmigung vorgelegt werden, immerhin ein Fortschritt gegenüber der Bestimmung der Provisorischen Vorschrift, daß das Protokoll der Landeskirchenversammlung dem Kultusministerium zur Prüfung und Bestätigung sollte vorgelegt werden und vor erfolgter Bestätigung kein Beschluß rechtskräftig sein sollte.

Das Gutachten der Vertrauensmänner, die übrigens nicht als Beauftragte der Kirche handelten, sondern bloß ihrer persönlichen Überzeugung Ausdruck zu geben hatten, ging nun dahin, es wolle die Regierung den Entwurf, den sie in gemeinsamer Beratung festgestellt, als „Provisorische Bestimmungen für die Vertretung und Verwaltung der ev. Landeskirche A. B. in Siebenbürgen" verlautbaren, „um auch schon in der äußern Bezeichnung dem Selbstbestimmungsrecht der Kirche gebührende Rechnung zu tragen", damit die ganze Frage dann der Landeskirchenversammlung vorgelegt werde, die das letzte Wort sprechen sollte. Auch sonst betonte die Denkschrift der Vertrauensmänner an den Minister (31. August 1860) die Rechte der Kirche, „eines der teuersten Kleinode, das aus dem Sturm der Zeit gerettet blieb", wies hin auf die unter den unabwehrbaren Wirkungen der erregten Zeitströmung wachsende Besorgnis unter den Glaubensgenossen, als könne die Kirche ohne ihr Zutun eine Einrichtung erhalten, „welche wenn sie auch an sich die beste wäre, schon darum weil sie von außen gegeben wird, das Kardinalrecht der Kirche, sich selbst aus sich heraus zu ordnen, in seiner prinzipiellen Grundlage zu erschüttern immerhin geeignet ist." Wurde der vorgeschlagene Weg von der Regierung betreten, so war jener Besorgnis die Spitze abgebrochen.

Die „unabwehrbaren Wirkungen der erregten Zeitströmung" aber, die die Denkschrift erwähnte, waren in jenen Wochen handgreiflich spürbar und traten täglich mehr in den Vordergrund. Aus Wien kamen die Nachrichten über die Verhandlungen des verstärkten Reichsrats, im eigenen Lande waren die Gemüter durch die Wiederherstellung der gesetzmäßigen Kommunitäten in Anspruch genommen, der Absolutismus hatte abgewirtschaftet, aber was sollte an seine Stelle treten? Die politischen Gegensätze, die unter dem Eise des Absolutismus geschlafen hatten, erwachten, Hoffnungen, Wünsche, Befürchtungen traten zutage, vor allem die wichtigste Frage der Zugehörigkeit Siebenbürgens; hie Großösterreich — hie Ungarn, der Schlachtruf erscholl schon im Sommer 1860, die Politik begann alles andre wieder einmal in den Hintergrund zu drängen. Es wurde deutlich auf der Generalversammlung des Vereins für siebenbürgische Landeskunde sichtbar, die im August 1860 in Bistritz zusammentrat. Ein Teil der Vertrauensmänner ging aus den Beratungen in Hermannstadt dorthin, weil es notwendig erschien, daß sie nicht fehlten; denn alles deutete darauf, daß dort eine große Aktion sich vorbereitete. Vorher hatten die Magyaren mit den Romänen Fühlung gesucht, sie hatten die Bistritzer Tage zum Versuch ausersehen, mit den Sachsen Berührung zu gewinnen, vor allem war neben dem Grafen Miko auch Baron Eötvös dort, mit ihnen eine glänzende Gesellschaft vornehmer Männer und Frauen, die ebenso in den Versammlungen wie bei den Festessen und dem Ball mit der sächsischen Gesellschaft zusammenkamen. In einem stimmten alle überein, die Tage des Absolutismus waren abgelaufen und das eine Ergebnis hatte der tötliche Druck der zehn Jahre zuwege gebracht, die ehemaligen Gegner versuchten Fühlung miteinander zu gewinnen. Unter dem Bild Julians rief Malmer in Bistritz, unter lauter Zustimmung der Zuhörer, dem Absolutismus das Wort zu:

> Vernehmt es Juliane in künftiger Zeiten Lauf:
> Mit Reisigen und Rossen hält man den Tag nicht auf,
> Erdbeben, Sturm und Flammen gehn auf des Herren Wort,
> Und fegen Menschenwerke wie dürre Stoppeln fort!

Sie hatten den Sohn Eötvös's auf die Schultern gehoben und im Jubel durch die Versammlung getragen, hatten Miko in den Ausschuß des Landeskundevereins gewählt und Bistritzer Bürger hatten ihm ein Ständchen mit Fackelzug gebracht. Eötvös aber hatte unter dem geistvollen Bilde vom Berg, dem die Wissenschaft gleiche, die Einigkeit als Ziel hingestellt: Von verschiedenen Seiten steigen mehrere hinauf, „je höher sie steigen, desto größer, freier wird ihr Gesichtskreis, desto mehr nähern sie sich und auf dem Gipfel des Berges angelangt sind sie beieinander und reichen sich die Hände." Er hatte mit dem Wunsch geschlossen, der Himmel führe die beiden Kulturvölker dieses Landes möglichst bald auf die Spitze und lasse sie Hand in Hand einträchtig der Lösung ihrer gemeinsamen rühmlichen Aufgabe leben und hatte ein Hoch auf die biedere sächsische Nation ausgebracht. Der Schäßburger Rektor Teutsch hatte mit einem Hoch auf die ungarische Wissenschaft erwidert. Aber auch die Gegensätze klangen durch. Als Mikó sein Glas auf die Eintracht erhob und ziemlich deutlich die Union Siebenbürgens mit Ungarn als Ziel durchblicken ließ, erwiderte Teutsch mit einem Hoch „auf die auf gegenseitiger Rechtsachtung beruhende Eintracht und Bruderliebe aller Völker Österreichs." Beim Trinkspruch auf Bistritz schloß Teutsch mit einem Hoch auf den Geist dieser Stadt, „ich muß, Zeuge der Geschichte, sagen, des deutschen Geistes dieser Stadt, der die Väter stark machte ... daß sie, selbst aus dem wildesten Sturm feindlicher Elemente wie ein Phönix stets neu verjüngt hervorgingen." Ziemlich spitz antwortete Finaly mit einem pereat auf die bösen Geister. Es war ein glänzendes Redeturnier gewesen, von beiden Seiten gut inszeniert, aber es ließ zuletzt eben die Gegensätze unverhüllt zutage treten, auch die inmitten des sächsischen Volkes, wo auf der einen Seite als Ideal ein konstitutionelles Großösterreich gewünscht, auf der andern die Hoffnung auf das freiheitliche Ungarn gesetzt wurde.

Einen Augenblick löste das Erscheinen des „Oktoberdiploms" die Spannung der Gemüter. Der Absolutismus war offiziell verabschiedet.

Das Oktoberdiplom (20. Oktober 1860) verkündigte, unter Aufrechterhaltung der pragmatischen Sanktion in bezug auf die Erbfolge, den Übergang Österreichs in die konstitutionelle Staatsform. Als beständiges und unwiderrufliches Staatsgrundgesetz sollte hinfort gelten, daß das Recht Gesetze zu geben und zu ändern nur unter Mitwirkung der gesetzlich versammelten Landtage, bzw. des Reichsrats ausgeübt werden könne, zu dem die Landtage ihre Deputierten zu entsenden hätten; dem Reichsrat stehe das Recht der Steuerbewilligung u. dgl. zu, seine Mitwirkung sei notwendig bei allen Gegenständen der Gesetzgebung, welche sich auf alle Länder bezögen; alle andern Gegenstände sollten von den Landtagen erledigt werden, u. zw. in den zur ungarischen Krone gehörigen Ländern im Sinne ihrer frühern Verfassungen.

Damit war zugleich ausgesprochen, daß in Ungarn und seinen Nebenländern die alten Verfassungen wieder herzustellen seien.

Diese Wandlung mußte auch auf die kirchliche Frage ihren Einfluß üben, fördernd wenn erwogen wurde, daß zu der alten Verfassung Siebenbürgens die Autonomie auch der ev. Kirche gehörte, hemmend falls bei dem Übergang der Regierung in andre Hände am Ende die ganze Arbeit über den Haufen geworfen wurde. Das trieb auch das Kultusministerium endlich zu raschem Handeln. Denn es war nicht ausgeschlossen, daß die auf Grund des Oktoberdiploms neu aktivierte Hofkanzlei sich in den Besitz der Macht setze, die ihr die „Allh. begnehmigte Vorschrift" von 1807 in bezug auf die ev. Kirche in Siebenbürgen gab und das ganze dem Abschluß nahe Verfassungswerk vernichtete. Es gelang, den neuen Hofkanzler Kemeny zu bestimmen, der Sache ihren Lauf zu lassen. Das Oberkonsistorium aber rief unter dem 20. November 1860 eine Versammlung nach Hermannstadt zusammen, bestehend aus den Mitgliedern der Synode, den Beisitzern des Oberkonsistoriums, den Direktoren der Gymnasien und je zwei weltlichen Abgeordneten der Bezirke — eine Art vorweggenommener Landeskirchenversammlung —, um über Mittel und Wege zu beraten, wie unter den neuen politischen Verhältnissen und dem Einfluß des Oktoberdiploms die wichtigsten Angelegenheiten der Landeskirche am ehesten zu einem sichern und möglichst befriedigenden Abschlusse gebracht werden könnten. Im Dezember fand die Versammlung in der Tat statt. In bezug auf die Zehntentschädigung kam sie in die angenehme Lage, von neuen Schritten abzusehen, da der Telegraph eben die Botschaft brachte, der neuernannte Staatsminister Schmerling habe den Auftrag erhalten, die Liquidierung der Zehntentschädigung sofort vorzunehmen. Zur Erledigung der Verfassungsfrage sollte möglichst bald die konstituierende Landeskirchenversammlung zusammen gerufen, zur Erwirkung einer Dotation eine Deputation nach Wien gesendet werden. Eine letzte mächtige Unterstützung für die Anerkennung der Autonomie der ev. Kirche, um die es sich im Grunde handelte, gab der Bericht des Gouverneurs Fürst Liechtenstein (24. September 1860) an den Minister über die Kirchenangelegenheiten der Evangelischen H. B. in Siebenbürgen, in der noch einmal auch die Rechtslage der ev. Kirche bewiesen wurde — er stammte aus Rannichers Feder. Und noch einmal drängte die Statthalterei, wo Rannicher der Berater Liechtensteins war, am 26. November: Der Zustand sei unhaltbar und „je länger dieser fortdauert,

desto lauter gibt, namentlich bei der bewegbaren Strömung der gegen=
wärtigen Zeitverhältnisse eine Mißstimmung sich kund, welche insofern auch
gegen die Regierung sich richtet, als man ihr die Schuld gibt, daß die
schon seit dem 28. Mai 1851 in Verhandlung stehende Frage der
Kirchenordnung noch immer in ungewisser Schwebe sich befindet." Sie
meldete die verstärkte Sitzung des Oberkonsistoriums nach Wien und riet
nochmals, angesichts dieser Bewegung inmitten der Kirche, recht dringend,
die Verfassungsfrage auf Grund des Gutachtens der Vertrauensmänner
zu erledigen und die notwendige Dotation zu bewilligen, um die Kirche
„aus dem Zustand unbehaglicher Mißstimmung wieder zu froherem Mut
zu heben." Im Dezember telegraphierte sie sogar nach Wien und auf
die telegraphische Antwort der günstigen Erledigung konnte die Statt=
halterei endlich am 13. Dezember 1860 dem Oberkonsistorium in einer
Note „das günstige Ergebnis der nunmehr zum Abschluß gebrachten
Verhandlungen" melden, indem am 4. Dezember die Entscheidung über
die Vorlage der Vertrauensmänner in Wien erfolgt war: die Regierung
gab die „Provisorischen Bestimmungen für die Vertretung und Verwaltung
der ev. Landeskirche A. B. in Siebenbürgen" an das Oberkonsistorium mit
der einleitenden Anordnung, daß sie „bis zu der, nach weiterer Ver=
nehmung der ev. Landeskirche zu erfolgenden definitiven Sanktion Allh.
Sr. k. u. k. apost. Majestät einstweilen in Wirksamkeit zu treten" hätten.

Diese provisorischen Bestimmungen enthielten im wesentlichen den
Vorschlag der Vertrauensmänner, nur der 9. Abschnitt von der kirchlichen
Gerichtsbarkeit in Ehesachen war weggelassen, ebenso — eine Folge auch
der politischen Neugestaltung — der Wiener Oberkirchenrat, für die
Autonomie der Kirche von wesentlicher Bedeutung. Diese selbst hatte
durch Neuformulierung zweier Paragraphen die historisch=rechtliche Grund=
lage in einer Art erhalten, die hinfort rechtlich unanfechtbar war, indem
§ 4 lautete: „Der Staatsregierung steht das Recht der Oberaufsicht im
Sinne des 54. Gesetzartikels von 1791 zu" und § 9: „Die Verfassung
der ev. Kirche kann in Gemäßheit des Gesetzes Approb. I. 1. 3. nur über
Antrag und rechtsgültigen Beschluß der Landeskirchenversammlung ab=
geändert werden". Die Bestätigung der Gesetze durch die Majestät war
beibehalten.

Das letzte Wort sollte nun erst die Landeskirchenversammlung
sprechen, die das Oberkonsistorium, nachdem Rannicher in einer außer=
ordentlich klaren und tiefgehenden Denkschrift die Verfassungsangelegenheit
historisch und sachlich beleuchtet hatte, für April 1861 zusammenrief.
Zugleich wurde Stadtpfarrer Schuller aus Schäßburg und Rannicher

nach Wien gesandt, um u. a. insbesonders die Lösung der Dotationsfrage für die Kirche, die noch ausstand — die röm.-kath. Kirche hatte eine Staatsdotation in Grund und Boden aus Landesmitteln schon 1715 erhalten, die reformierte 1753 (1795) — zu betreiben. In der Tat bewilligte der Kaiser am 19. Februar 1861 der ev. Landeskirche eine Jahresdotation von 16.000 Gulden aus dem Staatsschatz, deren Verwendung in folgender Weise bestimmt war: Gehalt des Bischofs 6000 Gulden, Zulage für den Vikar 900 fl., Gehalt des Sekretärs 1400 fl., Pauschale für den Mietzins für Bischof und Kanzleien 1500 fl., als Funktionszulage für die Bezirksdechanten 2700 fl., zur Unterstützung armer Pfarreien und Schulen 3500 fl. Es war bedeutend weniger als andre Kirchen erhielten, weniger als die Kirche erwartet hatte und weniger als u. a. der Gouverneur Fürst Liechtenstein vorgeschlagen hatte, der im ganzen 25.000 fl. beantragt hatte (für den Bischof 8000 fl., den Vikar 2500 fl. usf.). Als die erste Landeskirchenversammlung für die Dotation herzlich dankte, gab sie sofort auch der Bitte um Erhöhung Ausdruck.

Diesen vorläufigen Abschluß hatte der alte Bedeus nicht mehr erlebt, er war am 6. April 1858 gestorben. Auf seinen Schultern war seit 1850 die Last der Leitung des Oberkonsistoriums gelegen, er hatte die undankbare Aufgabe willig getragen, einer Behörde vorzustehen, die rechtlich anfechtbar, die Geschäfte nur führte, um völliger Auflösung vorzubeugen. Er hatte mitgeholfen zu drängen, daß die Neuordnung der Kirche geschaffen werde, die Schaffung selbst lag in den Händen des jüngern Geschlechts. Er war der letzte Repräsentant des vormärzlichen hohen Beamtentums, das auch mit seinem Volke fest verbunden war, das, wenn auch ängstlich, doch freimütig die eigene Meinung vertrat und ebenso gern andern ihr Recht zugestand. Er war der Kirche und ihren Aufgaben, die ihm in erster Reihe als ein Teil der Verwaltung erschien, immer nahe gestanden, hatte ein Verständnis für die wirtschaftlichen Fragen im Volk, die er zu fördern bestrebt war, und war zugleich, als Vorstand des Landeskundevereins, ein gewisser Mittelpunkt auch des wissenschaftlichen Lebens gewesen, zu dem er auf dem Wege des Beamten gekommen war, dem insbesonders die Kenntnis der Geschichte von Land und Volk förderlich für sein Amt war. Eine achtunggebietende Gestalt schied mit ihm aus der Mitte der Nation, die Ursache hatte, ihm dankbar zu sein.

Das Innerleben der Kirche hatte unter der Regimentlosigkeit und schwankenden Gestaltung der äußern Verhältnisse manches zu leiden.

Ein Fortschritt war, daß von 1857 an endlich auf Grund der Vorschrift vom 10. März 1848, deren Durchführung die Revolution gehindert hatte, die Prüfungen für die Kandidaten der Theologie, die zuerst Lehrer wurden, eingeführt wurden. Da die Kandidation für die Pfarrei auf Grund der alten Vorschriften erfolgte, nach denen der Rang maßgebend war, kamen die Lehrer nach kurzen Dienstjahren an der Schule bald aufs Dorf als Pfarrer. Nahezu sämtliche Pfarreien, kaum ein Dutzend ausgenommen, waren mit akademischen Kandidaten besetzt. Der Zehnte auch kleiner Gemeinden hatte genügt, den sparsamen Haushalt zu ermöglichen, den Sohn studieren zu lassen, die Tochter auszuheiraten, vielleicht auch einen Notpfennig für spätere Jahre zurückzulegen. Jetzt begann an manche Pfarrhöfe zuerst die Sorge auch um das tägliche Brot zu klopfen, als der Zehnte aufhörte und zunächst karge Vorschüsse an seine Stelle traten. Um so freundlicher bekundete sich die wohlwollende Gesinnung der Gemeinden, die freiwillig dem Pfarrer vielfach was er bedurfte darbrachten.

Pfarrer und Gemeinde trafen sich auf dem Boden des alten Rationalismus, der im Gesangbuch seinen typischen Ausdruck gefunden hatte. Vernünftig denken, vernünftig leben, das war das Ziel, nach dem jeder streben sollte. Darunter litt natürlich die Verkündigung des Evangeliums, die Predigten ergingen sich in allgemeinen Betrachtungen und Abhandlungen, die vor allem die Moral im Auge hatten und mit dem Text und seiner Auslegung oft in keinem nähern Zusammenhang standen. Der Pfarrer war ein „Religionsdiener", der an Seelsorge im engsten Sinne nicht dachte, aber im innigen Zusammenhang mit der Gemeinde lag das beste Stück auch der Seelsorge. Es ist ein Wiederschein derselben Zeit aus Deutschland, wo der Dekan bei der Einführung eines neuen Pfarrers sich freute, die Frage, ob die Religion auch nützlich sei? mit Ja beantworten zu können und somit auch auszusprechen, daß die Einführung eines Pfarrers in sein Amt zweckmäßig sei. Im übrigen war das Pfarrhaus der fünfziger Jahre hier noch ein Nachklang des Pfarrerlebens, wie es Voß in seiner Luise gezeichnet hatte, das Leben guter, ehrlicher Menschen, die ihre Frömmigkeit in guten Taten zeigten und Verständnis auch für die Behaglichkeit des Lebens hatten, zu deren geistiger Ausrüstung die „Gartenlaube" gehörte, die kaum auf einem Pfarrhof fehlte. Das Unkraut und die Unsauberkeit auf den Kirchhöfen genierte weder Pfarrer noch Gemeinde, wo eine „Restaurierung" vorgenommen wurde, da geschah es wie in Hermannstadt mit rücksichtsloser Verachtung des „Stilgemäßen" — durch Zufall nur entging das schöne

Bild von Rosenauer von 1445 im Chor der Kirche der weißen Tünche. Auch Sitte und Brauch des Volkes betrachteten sie ausschließlich unter dem Gesichtspunkte der Nützlichkeit und da fand vieles keine Gnade vor ihren Augen. Ganze Sträuße schönster volkstümlicher Lebensäußerungen sind damals dem Prinzip der Nützlichkeit zum Opfer gefallen und mancher Pfarrer hat mitgeholfen, die Blumen auszureißen. Noch stand „die Kapitelsverbrüderung" mächtig da, nährte und mehrte das Standes= bewußtsein und sah mit Zorn und geheimem Bangen auf das neue Geschlecht, das mit der neuen Kirchenverfassung nach ihrer Meinung die Stellung des Geistlichen erschüttern und die Kapitelsherrlichkeit in Trümmer schlagen wollte.

Das innere Leben der Kirche zu stärken hatten Geltch, Giesel, Michaelis und S. Schiel 1851 den St. L. Rothischen Gedanken aufge= griffen und eine Schul= und Kirchenzeitung herausgegeben, die aber Ende 1852 einging, weil sie nicht imstande war, die nach dem damaligen Preßgesetz geforderte Kaution zu stellen. Immerhin versuchte sie in der kurzen Zeit ihres Bestandes die geistigen Bedingungen für den Fort= bestand der Kirche zu stärken und sprach den später allgemein gewordenen Gedanken aus, daß die Kirche in den kommenden Jahren vor allem auch als Pflegerin der nationalen Güter größere Bedeutung erlangen müsse. Im Vordergrund der Erörterungen jener Jahre stand immer wieder der Zehnte und die Frage nach der Ablösung. Manche erwogen, ob es nicht zu versuchen sei, die zu erwartende Ablösung als ein Ganzes an= zusehn, eine neue Einteilung der Pfarreien zu machen und die Besoldung der Geistlichen auf eine neue Grundlage zu stellen. Aber daneben fanden doch auch andere Fragen Interesse, die Erweiterung der Perikopen, die bessere Einrichtung des Konfirmandenunterrichts, die Einführung des Reformationsfestes, das noch nicht überall gefeiert wurde, selbst der Vorschlag, die Prediger= und Lehrerstellen auf dem Dorf zu vereinigen, fand schon damals Anhänger. Einsichtige Beurteiler der Verhältnisse be= dauerten, daß in den Städten die Hausbesuche der Geistlichen aufgehört hatten, daß die Privatseelsorge fast vollständig verschwunden sei, „denn — so schrieb die Schul= und Kirchenzeitung schon 1851 — solange diese spezielle Seelsorge darniederliegt oder vernachlässigt wird, ist das frische kräftige Wiederaufblühn eines christlich=frommen Lebens und eines kirchlich= religiösen Sinns in unsern Gemeinden nicht sobald zu erwarten". Der Besuch des Gottesdienstes besonders in den Städten war im Abnehmen.

Größeres Interesse als das Innerleben der Kirche fand das der Schule. Bei den Gymnasien war es durch die Neuorganisation neu geweckt; es war selbstverständlich, daß bei der Jahresprüfung, die der Rektor mit einer großen, nun überall deutschen Rede eröffnete, der gesamte Magistrat, die Stadt- und Stuhlsbeamten ebenso wie das Kapitel möglichst vollzählig erschienen. In der Dorfschule herrschte regelloseste Willkür, es machte im Grunde jede, was sie wollte. Aber auch hier versuchten die Lehrervereine neue Gedanken unter die Lehrer zu bringen, Fragen der Methode wurden erörtert, die Gehalte, die Anstellungsart, das ganze Gebiet gehörte doch zu den besprochenen und die hohe Meinung, die man von dem Wert der Gymnasien hatte, begann langsam auch auf die Volksschulen überzugehn. Auch in ihren Kreisen wurde Diesterweg gelesen, ja die Namen Fröbel und Kindergarten klangen wie ein fernes Märchen auch an die Ohren der Lehrer, die in ihrer äußern Stellung und in ihrem Einkommen noch völlig in vormärzlichen Zuständen steckten.

Die so notwendige Organisation der Volksschule verzog sich bis zum Jahre 1870.

Aber eines war die allgemeine Empfindung: Kirche und Volk standen vor neuen großen Aufgaben. Bald sah sich auch der Pfarrer im abgeschiedenen Seitental durch die neue Zeit von seinen Spargelbeeten und Bienenstöcken aufgescheucht, und wieder hatte sich die alte Erfahrung aufs neue bestätigt, daß diese scheinbar stillen Jahre des sechsten Jahrzehnts neue Grundlagen für die kommende Zeit geschaffen hatten.

Vor den Besten des Volkes stand die Frage, wird die Kraft hinreichen, die beiden großen Aufgaben, die nun im selben Augenblick dem Geschlecht gestellt waren, nicht ohne daß die eine auf die andre Einfluß genommen hatte, zu lösen — die politische Neuordnung für die sächsische Nation und die neue Verfassung für die ev. Kirche.

XV.
Im konstitutionellen Österreich.
1861—1865.

Seit 150 Jahren war die sächsische Nation, die ehmals dritte ständische Nation des Landes, nicht mehr in der Lage, die großen Wandlungen der politischen Gestaltung des Vaterlandes maßgebend zu beeinflußen. Zum letztenmal war es bei der Vertreibung der Türken aus Siebenbürgen geschehn, dann im Kampf der Kurutzen, den sie mitgeholfen hatten zugunsten des Hauses Habsburg zu entscheiden.[1]) Was seither über das Land gekommen war, die Theresianische Zeit, die Josefinische Umwälzung, die Regulation, die Revolution und nachher der Absolutismus und nun die Verkündigung der Konstitution, war ohne ihr Zutun erfolgt. Bei allen Wandlungen war das eine, von selbst gegebene Ziel, das die Nation unverrückt im Auge behalten mußte, die Sicherung des nationalen Daseins, der Lebensbedingungen des Volks, die bald von dieser, bald von jener Seite bedroht waren. Unter solchen Umständen erhält die Geschichte eines kleinen Volksstammes leicht den Charakter des Zufälligen, Unzusammenhängenden, des Gedrückten, dem Lebensgang des Mannes vergleichbar, der vom Schicksal hin- und hergestoßen mit aller Kraft sorgen muß, daß er aufrecht bleibe. Aber zuletzt ist diese Kraft das maßgebende, und des Mannes Wert bestimmt sie und die Tüchtigkeit, mit der er in jeder Lage versucht, das aufrecht zu erhalten und zu retten, was ihm am teuersten ist.

Angesichts solcher Sachlage mußte die erste Frage für die Sachsen sein, ob die neue Wandlung ihrem nationalen Dasein günstig zu sein versprach oder gefährlich und die Antwort lautete, es werde möglich sein, unter den neuen Verhältnissen die Daseinsbedingungen sich zu sichern.

Zunächst gelang es, die kirchliche Reformarbeit zu Ende zu führen.

Die Landeskirchenversammlung, die über die Annahme der Provisorischen Bestimmungen entscheiden sollte, war auf den 12. April 1861 nach Hermannstadt zusammenberufen worden, auf den 10. April die Synode.

Die vorangehenden Monate hindurch stand diese kirchliche Frage auf der Tagesordnung der öffentlichen Erörterung. Die Meinungen gingen zunächst sehr auseinander. Inmitten der Kirche hatte sich eine doppelte Strömung gegen die Annahme der Provisorischen Bestimmungen gebildet: eine kirchlich-konservative, die in dem Verfassungsentwurf den Anfang völliger Zurückdrängung des geistlichen Einflusses sah, der

---

[1]) S. Band II, S. 3 ff.

überhaupt die Anwendung der presbyterialen Form in so weitgehender Art unsympathisch war und eine liberale, die die Annahme mit dem Hinweis auf das Oktroi ablehnte. Die letztere stand im wesentlichen auf dem Standpunkt der ungarischen Kirchen, es solle die Kirche nur eine aus ihrer Mitte und Initiative hervorgegangene Ordnung annehmen und anerkennen. Gegen diese Anschauungen warben die Freunde der Provisorischen Bestimmungen für deren Annahme — vor allem G. D. Teutsch — mit der Beweisführung, daß inhaltlich diese neue Verfassung vortrefflich sei, daß von jener gefürchteten Zurückdrängung des geistlichen Einflusses in der Kirche, soweit er berechtigt sei, keine Rede sei, daß die Kirche ja gerade bisher in schwerster Abhängigkeit mit den „Weltlichen" gestanden habe und vor allem seien die Bedenken gegen das Oktroi unberechtigt. Denn im selben Augenblick, wo die Kirche sich auf den Boden der Provisorischen Bestimmungen stelle, ergreife sie ja die alten, ihr bisher entzogenen Rechte und sei demnach in der Lage, eben auf Grund jener, sofort an den Bestimmungen alle Änderungen vorzunehmen, die sie wolle. Die Arbeit von vorne anfangen, sich auf Grund der allh. begnehmigten Vorschrift von 1807 zu konstituieren — und das allein sei historisch die „legale (?) Basis", — das stelle den ganzen Erfolg in Frage. Jene Vorschrift gebe ja eben der Regierung all das in die Hand, was sie jetzt in den Provisorischen Bestimmungen der Kirche zurückgebe; was werde geschehn, falls dieser Weg eingeschlagen werde und die Hofkanzlei, auf dem Grund von 1807 stehend, der Kirche all die Fesseln wieder anlege, die die Kirche selbst anbiete, indem sie sich auf jenen nun glücklich verlassenen Boden stelle?

In der Tat lag die Sache so klar, daß die Meinungen sich klärten, bis die Landeskirchenversammlung zusammentrat. Frühlingsstimmung lag über ihr, als Bischof Binder sie im Nationalhaus eröffnete, nachdem ein feierlicher Gottesdienst vorangegangen war und der hochwürdige Mann in der ihm eignen geistvollen Weise über die Stellung und Bedeutung der Landeskirchenversammlung wie über das Wesen der Kirche selbst gesprochen hatte. Er hatte als wichtigstes und wesentliches Kennzeichen des Christentums bezeichnet: „das ist das ewige Leben, daß sie Dich, der Du allein wahrer Gott bist und den Du gesandt hast, Jesum Christum, erkennen" und „Nun erfahre ich mit der Wahrheit, daß Gott die Person nicht ansieht, sondern in allerlei Volk, wer ihn fürchtet und recht tut, der ist ihm angenehm". Im Nationalhaus, dessen Sitzungssaal mit den Wappen sämtlicher Stühle geschmückt ist, erinnerte er an das schöne Wort Goethes:

> Kennst du das Haus? Auf Säulen ruht das Dach,
> Es glänzt der Saal, es schimmert das Gemach,
> Und Ahnenbilder stehn und sehn mich an:
> Was hat man dir, du armes Kind getan?

Solche Gefühle hätten vor kurzer Zeit noch das Gemüt in diesem Saal bewegt, jetzt sähen die Ahnenbilder wohl freundlicher auf die Versammlung herunter; wie zu dem Fest der Auferstehung, das in der Natur sich vorbereite, zu dem Fest der Auferstehung, das vor wenigen Tagen die Christenheit gefeiert, solle mit Gottes Hülfe eine Auferstehung unsers Volkstums, unsrer Kirche kommen.

Zunächst versuchte die Landeskirchenversammlung mit der Synode sich zu verständigen, in der eine gewisse Gespanntheit gegenüber der neuen Wendung der Dinge nicht zu verkennen war, deren Fürsprecher in der Landeskirchenversammlung, Stadtpfarrer Fabini aus Mediasch, geradezu Vereinbarung mit der Synode über das Verfassungswerk verlangte. Die Landeskirchenversammlung schrieb an die Synode und suchte den Beweis zu führen, daß die Provisorischen Bestimmungen nicht widerrechtlich in das Rechtsgebiet des geistlichen Standes eingriffen, daß es notwendig sei, die Einheit der kirchlichen Gesetzgebung, die schon in den Approbaten entschieden sei und in der Konsistorialverfassung eine neue Form erhalten habe, grundsätzlich durchzuführen. Nur der Gesamtvertretung der Kirche stünde die Entscheidung über Verfassungsfragen zu und so bat die Landeskirchenversammlung die Synode, weder durch äußern Gegensatz noch innere Verstimmung den Aufbau der Kirchenverfassung zu hindern, sondern ihn vielmehr zu fördern. Die Synode verwahrte sich dagegen, als ob sie auch nur einen Augenblick die Absicht einer Hinderung gehabt habe, oder daß sie die Notwendigkeit der Einheit der Gesetzgebung nicht einsehe, schlug aber „im reinsten Interesse der Kirche" einige Modifikationen an den Bestimmungen des 6. und 7. Abschnitts vor, betreffend die Wahl des Bischofs und des Vikars, die Vornahme der Visitation durch den Kapitelsdechanten, von welchen Vorschlägen einige, darunter nicht die letztern, von der Landeskirchenversammlung berücksichtigt wurden. In bezug auf die Hauptfrage, die Annahme der Provisorischen Bestimmungen, über die der Schäßburger Gymnasialdirektor G. D. Teutsch referierte, einigte sich die Landeskirchenversammlung in dem fast einstimmigen Beschluß: „In Erwägung dessen, daß die h. Staatsregierung, nachdem bereits seit langer Zeit bezüglich der organischen Feststellung und Fortbildung der Verfassung der ev. Landeskirche A. B. in Siebenbürgen der legale Boden vielfach verlassen worden, die letzten zehnjährigen Arbeiten an dem Werke der Vereinbarung der, durch innere und äußere Gründe notwendig gewordenen, neuen Verfassung dieser Landeskirche ihrerseits durch die Provisorischen Bestimmungen vom 4. Dezember 1860 damit geschlossen hat, daß sie damit dem legalen und diplomatischen Rechtsstand dieser Kirche in vielen Punkten, in welchen dieses früher nicht der Fall war, offene Anerkennung und praktische Gültigkeit zuteil werden läßt,

indem die genannten Bestimmungen das Verhältnis der ev. Landeskirche zur Staatsgewalt wieder auf die gesetzliche Grundlage zurückführen;

indem dieselben durch Herstellung der gesetzlichen Autonomie der Kirche diese in die langersehnte Lage setzen, fortan die Ordnung ihrer Angelegenheiten aus sich selbst heraus festzustellen;

indem dieselben dem Wesen und der Lehre der Kirche gemäß die Vertretungs- und die Verwaltungsorgane der Kirche aus der Selbstbestimmung dieser hervorgehen lassen, sie dadurch von dem Einfluß und den Schwankungen wechselvoller politischer Einrichtungen unabhängig machen und die Gemeinde in das ihr zustehende Recht einsetzen;

indem sie die Gerichtsbarkeit der Kirche durch Ausschluß aller Berufung an Behörden, die nicht in ihr wurzeln, auf den Boden des natürlichen Rechtes und des Gesetzes zu stellen;

indem sie die früher gegen den 13. Punkt des Leopoldinischen Diploms, aus der Mitte der Kirche erhobenen Bezüge der Verwendung der Kirche zu ihren Zwecken zurückgeben;

in Erwägung aller dieser Gründe

und um die endliche, jedenfalls notwendige Neugestaltung und den entsprechenden Ausbau der Kirchenverfassung, gegenüber der obwaltenden Macht der Thatsachen, nicht wieder in unbestimmte und unbestimmbare Zeit hinauszuschieben und einer ungewissen Zukunft anzuvertrau.n,

nimmt diese Landeskirchenversammlung die sieben ersten Abschnitte der Provisorischen Bestimmungen als den Anfang der Rückkehr seitens des Staats auf den gesetzlichen Boden der ev. Landeskirche an, im Sinne des nach Approb. I. 1. 3. dieser Kirche gesetzlich zustehenden Selbstbestimmungsrechts und ohne jede, aus dem Ursprung oder dem Inhalt der Provisorischen Bestimmungen im Einzelnen und Ganzen, namentlich aus § 9 und 144 derselben, etwaige nachteilige Folgerung für dieses Gesetzgebungsrecht der Kirche, endlich mit der ausdrücklichen verwahrenden Erklärung, daß sie die, in den §§ 168 und 169 enthaltene Norm über Bestätigung und Einführung des Superintendenten auf Grundlage von Approb. I. 1. 9. in der bisherigen kirchenordnungsmäßigen Weise versteht und fortan verstehen und vollziehen wird".[1]

Indem die Landeskirchenversammlung auf diese Art von der Autonomie Besitz ergriff, übte sie diese aber auch sofort aus und nahm den 8. Abschnitt über die Pfarrerswahlen nicht an und unterzog eine ganze Reihe von Bestimmungen mehr oder weniger eingehenden Änderungen. Sie wählte sofort das erste Landeskonsistorium — Konrad Schmidt wurde Landeskirchenkurator, Nannicher Sekretär — und ohne die Beschlüsse einer weitern Bestätigung vorzulegen, ordnete das Landeskonsistorium an, daß die so abgeänderten und beschlossenen Provisorischen Bestimmungen vom 1. Juli 1861 an in volle Geltung und Wirksamkeit zu treten hätten. Zugleich meldete die Kirche die Konstituierung dem Ministerium, dem Minister Schmerling, der Hofkanzlei, dem Gubernium, den Schwesterkirchen, dem Oberkirchenrat in Wien, überall in einer Form, die nicht verkennen ließ, daß die Kirche auf Grund der Landesgesetze diese Konstituierung als eine endgültige ansah. Auch Schmerling sprach in seinem Dank von der erfreulichen endgültigen Lösung der lange schwebenden Frage. Die fürstliche Bestätigung landeskirchlicher Gesetze ist später rechtskräftig, als der Autonomie widersprechend, abgeschafft worden.

Die erste Landeskirchenversammlung hatte einen gewaltigen Eindruck hinterlassen; eine solche Repräsentation der Kirche war noch nie dagewesen, ihre Besten hatten sich in treuer, hoffnungsreicher Arbeit zusammengefunden, ein neues Leben ging von ihr und der neuen Verfassung aus. Die Einheit des Kirchenregiments war endlich geschaffen worden und all die Vorteile, die die Landeskirchenversammlung zur Annahme der Provisorischen Bestimmungen veranlaßt hatten, traten sichtbar zutage. Eine der schönsten Folgen war ein neues freudiges Zusammenwirken des geistlichen und weltlichen Standes, die nun ohne Eifersüchtelei und Gegensätze sich in den Dienst der Kirche stellten. Die zweite Landeskirchenversammlung (vom 17. September bis 1. Oktober 1862) schuf ein

---

[1] Die angezogenen Paragraphe lauteten: § 9. Die Verfassung der ev. Landeskirche kann in Gemäßheit des Gesetzes Approb. I. 1. 3 nur über Antrag und rechtsgültigen Beschluß der Landeskirchenversammlung abgeändert werden. § 144. Die Gesetze werden der allh. Sanktion unterlegt und sind in einer abgesonderten Beilage mit einer den Gegenstand erschöpfenden Begründung zu unterstützen. § 168. Nach beendigtem Wahlakt hat die Landeskirchenversammlung unverzüglich um die allh. Bestätigung des neugewählten Superintendenten in Gemäßheit des Gesetzes Approb. I. 1. 9. anzusuchen. § 169 betraf die Einführung des Superintendenten ins Amt.

neues Gesetz über die Prüfung der Kandidaten und ein Pfarrwahlgesetz, das die alten Schranken der Promotionskreise über den Haufen warf und die Einheit der Kirche durch die völlige Freizügigkeit, die wieder wie in alter Zeit gesetzlich und tatsächlich platzgriff, erst krönte. Die Gemeinden erhielten (am Adventsonntag 1862) das Wahlrecht bei der Pfarrbesetzung, das sie früher gehabt hatten. Damit waren die ärgerlichen und peinlichen Streitigkeiten, wie sie noch 1860 zwischen Hermannstadt und dem Unterwald bei Pfarrerskandidationen und -Wahlen die Gemüter erhitzten, unmöglich gemacht. Eingehend erörterte die Landeskirchenversammlung, ob das Gesetz der allh. Bestätigung vorzulegen sei und kam zum Ergebnis, das sei nicht nötig; wenn die provisorische Verfassung in die definitive übergehe, so werde diese der allh. Sanktion zu unterbreiten sein. Den letzten Schlußstein vermochte freilich auch die Landeskirchenversammlung nicht zu legen. Am Schluß der Sitzungen richtete der Landeskirchenkurator Konrad Schmidt, der inzwischen Komes geworden war — geistliches und weltliches Amt sollte gemeinsam an den höchsten Aufgaben des Volkes arbeiten — an Bischof Binder die herzliche Bitte, dem Wunsch der Kirche zu willfahren und nach den Bestimmungen der neuen Verfassung den Wohnsitz in Hermannstadt nehmen. Nicht ohne Bewegung erwiderte der Greis, daß er im Hinblick auf seine alternden Kräfte es nicht tun könne: „die Last der Jahre hatte ein greises und dreimal ehrwürdiges Haupt gebeugt und ihm — nicht die Größe der Seele — allein die Fähigkeit zum Entschluß, die Spannkraft zur Tat genommen" erklärte später das Landeskonsistorium. Die Folge war für die Kirche insoweit bedauerlich, als nun erst recht ein Doppelregiment nebeneinander ging, vom Bischof in Birthälm und vom Konsistorium in Hermannstadt, das der Kirche nicht zum Heil diente. Binder mußte bei der dritten Landeskirchenversammlung 1865 sein Fernbleiben mit Alter und Krankheit entschuldigen, doch beschloß die Versammlung über die Mühlbächer Sinekuren und die Statuten für eine Pensionsanstalt, deren Schöpfer J. Bedeus d. j. war und tat Schritte zur Erlangung der Entschädigung des indebite geleisteten Zehnten.

Die neue Kirchenverfassung hatte neues Leben in die Kirche gebracht und zusammen mit den Vorgängen auf politischem Gebiet viel frohe Hoffnung erweckt. „Wir sind etwas und werden noch mehr werden", das war das Frohgefühl jener Tage.

Nach dieser Verfassung gliedert sich „die ev. Landeskirche A. B.", die eine völlig selbständige und autonome Kirche ist, in die Ortsgemeinden, zehn Bezirksgemeinden und die Gesamt=(Landes=)kirche. Jede Gemeinde hat eine Gemeindevertretung, je nach ihrer Größe bis 169 Mitglieder, auf sechs Jahre von der Gesamtheit der Gemeinde gewählt, und ein Presbyterium, das von der Gemeindevertretung gewählt wird, nach der Seelenzahl 9—29 Mitglieder auf vier Jahre gewählt. Das Presbyterium, das meistens die Lehrer anstellt, ist Aufsichts-, Verwaltungs- und Exekutivbehörde, bereitet die Vorlagen vor die Gemeindevertretung vor und vertritt die Gemeinde nach außen. Die Gemeindevertretung übt im wesentlichen das Statutarrecht aus und verfügt über das Vermögen der Gemeinde unter der Aufsicht der Oberbehörden. Presbyterium und Gemeindevertretung beraten unter dem Vorsitz des Pfarrers, in seiner Verhinderung des weltlichen Kurators, der ihm zur Seite steht, der letztere auf vier Jahre gewählt. Die Gemeinden schließen sich zu zehn Bezirken zusammen, in denen das Bezirkskonsistorium an der Spitze steht, bestehend aus vierzehn Mitgliedern, sieben Geistlichen und sieben Weltlichen (je vier wirkliche und je drei Ersatzmänner), gewählt von der Bezirkskirchenversammlung auf vier Jahre, die Leitung in der Hand des gleichfalls von der Bezirkskirchenversammlung gewählten Dechanten, sein weltlicher Stellvertreter der Kurator. Das Bezirkskonsistorium sorgt für Aufrechterhaltung der Ordnung und Wahrung der Rechte der Kirche, führt die Aufsicht über die Schulen und Kirchen des Bezirkes, beaufsichtigt die Verwaltung des Kirchenvermögens der Gemeinden, bereitet die Vorlagen für die Bezirkskirchenversammlung vor und leitet die Pfarrerswahlen.

Die Bezirkskirchenversammlung besteht, unter dem Vorsitz des Dechanten oder des Kurators, aus sämtlichen Pfarrern des Bezirkes und aus ebensoviel weltlichen Vertretern, einem Abgeordneten jedes Presbyteriums, dann aus dem Bezirkskonsistorium, so daß hier das weltliche Element in der Mehrheit ist. Die Bezirkskirchenversammlung wählt das Bezirkskonsistorium und die Vertreter in die Landeskirchenversammlung. Sie hat für die kirchliche Ordnung im Bezirk zu sorgen, ein gewisses Statutarrecht für die Bezirke, soll die Schulen und die Wohltätigkeitsanstalten fördern, und hat das Recht Anträge auf Änderung oder Einführung neuer Gesetze zu stellen, Vorschläge und Beschwerden, die die ganze Kirche betreffen, an das Landeskonsistorium zu bringen. Das oberste Organ des Kirchenregiments und der Gesetzgebung ist die Landeskirchenversammlung. Sie besteht aus dem Landeskonsistorium, den zehn Bezirksdechanten und Kuratoren, aus je einem geistlichen und weltlichen Abgeordneten jedes Bezirkes, von den Bezirkskirchenversammlungen gewählt, dann aus sieben Gymnasial- und zwei Seminardirektoren, im ganzen jetzt aus dreiundsechzig stimmberechtigten Vertretern unter dem Vorsitz des

Bischofs, in seiner Verhinderung des Landeskirchenkurators, eventuell des Superintendentialvikars. Als Organ des Kirchenregiments wählt sie das Landeskonsistorium und hat über alle allgemeinen kirchlichen und Schulangelegenheiten zu beschließen, für die Erhaltung der Reinheit der ev. Lehre zu sorgen und das sittlich-religiöse Leben zu fördern, die Rechte der Kirche zu schützen und den Frieden mit den andern Konfessionen aufrecht zu erhalten, für die Bedeckung der kirchlichen Bedürfnisse, die Verwaltung der Fonde der Landeskirche zu sorgen. Als Organ der kirchlichen Gesetzgebung beschließt sie über Änderung und Fortbildung der Kirchenverfassung, gibt Gesetze, entscheidet über die Kirchenlehre, Fragen des Ritus und der Liturgie, die Agende, die Festtage. Das ständige Organ des Kirchenregiments, da die Landeskirchenversammlung nicht jährlich zusammentritt (von 1861—1909 vierundzwanzigmal), ist das Landeskonsistorium. Es besteht aus vierzehn Mitgliedern, je sieben geistlichen und weltlichen, davon je vier wirkliche stimmberechtigte Beisitzer und drei Ersatzmänner (wie bei den Bezirkskonsistorien) unter dem Vorsitz des Bischofs oder des Landeskirchenkurators, eventuell des Superintendentialvikars.

Kein Beschluß der Landeskirchenversammlung bedarf einer weitern Bestätigung.

Gesetzesvorlagen sind an die Presbyterien zur Begutachtung zu geben und an die Bezirkskirchenversammlungen, so daß bei der Beratung in der Landeskirchenversammlung wirklich die ganze Kirche gesprochen hat.

Sie wählt auch den Bischof aus den Kandidaten, die die Bezirksversammlungen aus den Vorschlägen der Presbyterien mit absoluter Stimmenmehrheit wählen. Jedes Presbyterium schlägt drei Kandidaten vor, jeder Bezirk sechs, der Bischof tritt sofort nach der Wahl das Amt an, doch hat die Landeskirchenversammlung unverzüglich um die Bestätigung durch den König einzuschreiten, auf Grund von Approb. I. 1. 9, die also lauten: „Die Angehörigen der vier rezipierten Religionen sollen Bischöfe eigenen Glaubens haben, die Katholiken oder Papisten aber Vikare, die über den ihrer Religion und Aufsicht untergeordneten geistlichen Stand wachen sollen. Doch sollen nach dem bisher beobachteten Gebrauch diejenigen, welche zu Bischöfen oder Vikaren nach dem Gefallen und durch Beschlüsse der allgemeinen kirchlichen Versammlungen gewählt worden sind, von dem Fürsten bestätigt werden."

Die Pfarrer werden von den Gemeinden frei gewählt, nur in den über 2500 Seelen zählenden Gemeinden wählt die Gemeindevertretung. Die Pfarrer beziehen den größten Teil ihrer Besoldung aus der Zehntrente, die nach 1848 an Stelle des vom Staat abgelösten Zehnten trat; die Disziplinargerichtsbarkeit übt das Bezirks- und Landeskonsistorium aus.

Zu jeder Kirchengemeinde gehört grundsätzlich die Schule, die hier mit der Kirche verbunden ist, so daß die Kirchenbehörden zugleich die Schulbehörden und die Kandidaten des Lehramts zugleich Kandidaten des geistlichen Amtes sind, nach dem Grundsatz der Verfassung, daß niemand zu einem geistlichen Amt gelangen kann, der nicht ein Schulamt bekleidet hat.

Die neue Verfassung vereinigte in besonders glücklicher Weise die ev. Grundanschauung, daß eben die Gemeinde die Hauptsache sei, mit einem ausgestaltbaren Kirchenregiment und nahm aus der Vergangenheit des sächsischen Volks und der ev. Kirche lebensfähige Formen herüber. Die Parallele mit der alten politischen Einrichtung (Gemeinde, Stuhl, Universität), der Vergleich der Komes- und Bischofswahl und manches andre sind hiefür Beweise. Es wurde eine möglichst vollkommene Form für die Volkskirche geschaffen, wie sie in dieser Art noch nirgends durchgeführt war.

In die Kirche aber kamen mit der neuen Verfassung nicht nur neue Formen, sondern auch neue Gedanken hinein.

Die gemeinsame Arbeit der Geistlichen und Weltlichen brachte die Kirche sofort in nähern Zusammenhang mit dem ganzen Leben. Und das ist nun das charakteristische Zeichen der folgenden Jahre, daß dieser Zusammenhang sich in der Arbeit der Kirche nach allen Seiten äußerte. Die Arbeit ging dabei von dem Grundgedanken aus, daß die Kirche bei den neuen Lebensgestaltungen berufen sei, auch die nationalen Güter des Volkes entschiedener und mehr als bisher in ihre Obhut zu nehmen. Die ehemaligen Bürgschaften des nationalen Daseins oder was man dafür gehalten hatte, brachen zusammen — das geschlossene Gebiet des Sachsenlandes, das ausschließliche Bürgerrecht der Deutschen, das eigene Gesetzbuch usf. — in die politischen Einrichtungen war eine Unstetigkeit sondergleichen gekommen, da erschien die Kirche berufen, auch die Hüterin des nationalen Lebens zu sein. Da dieses nationale Leben aber ebenso auf wirtschaftlicher Festigkeit wie auf Bildung und innerer Tüchtigkeit beruhte, so sah die Kirche sich vor die verschiedensten Aufgaben gestellt, die in alle Lebensgebiete übergriffen. Sie spürte die Wahrheit des geistvollen Wortes, das Bischof Binder bei der Eröffnung der ersten Landeskirchenversammlung gesprochen, daß die Kirche, wiewohl sie nicht von dieser Welt ist, doch in dieser Welt wirken und schaffen solle, darum

in all den mannigfaltigen Verhältnissen, in denen der Mensch lebe. Sie
nahm sich zuerst der Schule an. In den sechziger Jahren begannen
unsre Gemeinden Opfer zu bringen, um neue Schulhäuser zu bauen
und die Behörden trachteten darnach, neue Einrichtungen und bessern
Unterricht zu schaffen. Aus den Seminarien, die seit 1850 neugestaltet
worden waren, waren ungewöhnlich viele tüchtige Lehrer hervorgegangen.
Die Kirche nahm sich aber auch des wirtschaftlichen Lebens an. Der
Übergang zur Geldwirtschaft erschütterte die einfachen Dorfverhältnisse
und es galt neue Wege auch für die Arbeit des Bauern zu finden; sie
ließen sich unter den gegebenen Verhältnissen ohne die Mithülfe der
Kirche nicht finden.

Das hatte nun zunächst freilich die Folge, daß die Kirche einer
gewissen Verweltlichung anheimzufallen schien, daß über diesen allgemeinen
Sorgen die Fürsorge für die einzelne Seele zurücktrat, die Theologie
und die eigentlich kirchlich=religiöse Arbeit erschien zurückgedrängt. Das
hing auch damit zusammen, daß die neue Prüfungsordnung der Kan=
didaten in erster Reihe die Ablegung der Lehramtsprüfung für ein be=
stimmtes Fach verlangte, dann erst die theologische Prüfung. Infolge=
dessen studierte der spätere Pfarrer zuerst auf der Universität sein Fach
für die Schule, die Theologie kam zu kurz. Früher war der Theologe
Lehrer geworden, jetzt vergaß der Lehrer vielfach, daß er Theologe war.
Das gab einen neuen Typus des sächsischen Pfarrers, der bis in die
Gegenwart hereinragt, wie er in Alberts Novellen einmal gezeichnet ist:
eine kräftige, stattliche Gestalt, mit markiger volltönender Stimme; sein
ganzes Auftreten zeigt eine gewisse Sicherheit, die durch das Bewußtsein
der „Popularität" und — der eigenen Wohlhabenheit getragen wird.
Als Pfarrer und Redner, dem die Schlagworte des Tages geläufig
sind, genießt er Ansehn in der Gemeinde, größeres noch als theoretischer
und praktischer Landwirt. Sein Verdienst ist, daß in der Umgegend
der meiste Klee und andre Futterkräuter gebaut werden. Sein stattliches
Dreigespann ist in der ganzen Stadt bekannt, im Pfarrhof bändigt er
in eigener Person die wilden Füllen. Aber die Verhältnisse zwingen
ihn auch in die Politik hinein, er ist ein Führer bei „Wahlen" — und
wenns zu Pfarrerswahlen kommt, da verfließt ihm die Grenze zwischen
dem sittlich Zulässigen und vom Gesetz Verbotenen. In den Predigten
behandelt er vor allem die Moral, tiefere theologische Studien hat er
als Student nicht gemacht, nun als Pfarrer hat er schon gar keine
Zeit dafür.

Aber neben diesem Typus schuf die Zeit noch einen andern Pfarrer, dem es gelang, das ganze Leben unter den Gesichtspunkt des Evangeliums zu stellen und auf eine Verchristlichung des Lebens hinzuarbeiten. Dieser verstand es, an die vorhandenen religiösen und ethischen Vorstellungen des Volkes anzuknüpfen und zu den großen allgemeinen Ideen hinzuführen, das sächsische Leben als ein besonderes in die Zeit hineinzustellen und zu zeigen, wie es die allgemeinen Gedanken für die eigenen Ziele nutzbar zu machen habe. Mit besonderem Erfolg wußte diese Richtung die Geschichte zu verwerten. Der Hinweis auf das Leben und Wirken der Väter sollte die Gegenwart aus der Vergangenheit verstehn lehren, aber auch die Gegenwart an der Vergangenheit aufrichten. Und dabei versuchten sie, die heilige Schrift in ihrer Tiefe zu erfassen und zu verwenden und vor allem das Bild des Heilands selbst in die Mitte des religiösen Lebens zu stellen, die Herzen für dieses zu gewinnen. Hier erschien Christentum und Protestantismus als eine Kraft nicht nur selig zu machen, sondern auch berufen, in schöpferischer Wiedergabe der ev. Prinzipien das Leben umzugestalten und dem Bedürfnis der Gegenwart nach neuen Lebensformen zu genügen.

In der Kirche aber kam der Gedanke, daß sie berufen sei, das nationale Leben zu schützen und zu stützen, in ihrem ganzen Wirken und Wesen zum Ausdruck. Es erschien jenem Geschlecht ebenso historisch begründet wie den tatsächlichen Verhältnissen entsprechend. Diese ev. Kirche hatte geradezu im 16. Jahrhundert die „sächsische Kirche" — ecclesia Dei nationis Saxonicae — geheißen, wie ja überhaupt die konfessionellen Unterschiede im Lande mit den nationalen zusammenfielen und nicht zufällig in Ungarn die Reformierten mit ihrem „magyarischen Glauben" und die Evangelischen zum guten Teil Träger des national-magyarischen Gedankens waren.

Das neue Leben in der Kirche zeigte sich sofort in der Gründung einer Anzahl von Frauenvereinen, vor allem in den Städten, dann des Gustav-Adolf-Vereins, auch im Zusammenhang damit, daß der Anschluß an den großen deutschen Verein, der seit 1832, mehr noch seit 1842 für arme ev. Gemeinden in der Zerstreuung sorgte, politisch nun als erreichbar angesehn wurde. Schon in der ersten Landeskirchenversammlung hatte Stadtpfarrer Jos. Fabini von Mediasch die freudig begrüßte Mitteilung gemacht, daß er die Gründung des Gustav-Adolf-Vereins in die Hand nehmen wolle. Er hatte schon am 21. Dezember 1859 seinen Aufruf an die Glaubensgenossen erlassen, damals aber noch solche Schwierigkeiten bei den Staatsbehörden gefunden, daß er die 17. Hauptversammlung in Ulm (August 1860) bloß als Privatperson besuchen konnte. Damals stand die Agitation der ungarischen Emigration in voller Blüte und ihr Erfolg war überall bemerkbar. Planmäßig hatte sie für die „Unterdrückten" und die „Märtyrer der liberalen Ideen" geworben und es war ihr in der Tat gelungen, die Sachsen, die unter dem Absolutismus nicht weniger als andere litten und denen keine der Versprechungen, jene des Jahres 1848 ebensowenig wie jene von 1850, gehalten worden waren, und deren Presse und Haltung so oppositionell waren als es überhaupt damals möglich war, als Reaktionäre zu verschreien und sie fast als mitschuldig, jedenfalls aber als mitverantwortlich darzustellen für das, was den Magyaren vom herrschenden System Leides widerfuhr. So fand Fabini in Ulm wenig freundliche Aufnahme. Aber das entmutigte ihn nicht und es gelang in der Tat am 7. August 1861 — es war auch eine Folge der neuen Kirchenverfassung, — die konstituierende Versammlung des siebenbürgischen Gustav-Adolf-Vereins in Mediasch abzuhalten. Am 8. August wählten sie den Deputierten nach Hannover, der dort den Anschluß an den Gesamtverein durchführen sollte. Bei der Gleichheit der Stimmen zwischen dem Vorsitzenden J. Fabini und dem Schäßburger Rektor G. D. Teutsch entschied Fabini für den letztern, der nun in der Tat in Hannover den Anschluß durchführte. Der neue Verein selbst schlang ein neues einigendes Band um die ev. Landeskirche und führte sie in nähern Zusammenhang mit der deutschen ev. Kirche, dem wir es in erster Reihe zu verdanken haben, „daß uns die Stammesheimat wieder als nicht unwerte, im Geiste ihr verbundene Glieder erkenne, achte und behandle". Wenn nun alljährlich unser „Verein" zusammentrat, dann tagte mit dem Landeskundeverein auch der Gustav-Adolf-Verein und bald wurde er der volkstümlichere, zu dem neben dem Städter der Bauer herbeieilte und das erhebende Bewußtsein bekam, daß auch er ein Glied in der großen kirchlichen und nationalen Genossenschaft sei, auf den Kirche und Volk sähen und auf den sie rechneten. Und der Verbindung mit dem deutschen Gustav-Adolf-Verein ist es mit zu verdanken, daß wenn heute einer von uns die Stammesheimat betritt, „er empfangen wird wie ein Kind des Hauses, das in der Ferne sich den eigenen Herd gegründet und während es dem neuen Vaterland stete Treue hält, nicht aufhört, geistig mit der Mutter verbunden zu sein".

In derselben Zeit war die politische Entwicklung auf Grund des Oktoberdiplomes im Land und Reich in Angriff genommen worden. Zweierlei hatte dieses Diplom vor allem festgestellt, konstitutionelle Regierung und Wiederherstellung der alten Verfassungen. Zunächst galt es die Wiederherstellung der Verfassungen. Am 20. Oktober schon,

Die Herstellung der Verfassungen.

also am selben Tage mit dem Diplom war Baron Vay, der einstige Zivilkommissär des ungarischen Ministeriums im Jahre 1848 in Siebenbürgen, zum ungarischen Hofkanzler ernannt worden und wenige Tage später erfolgte die Ernennung der Bannerherrn und Obergespäne. Ihnen schloß sich die Restauration der Komitate an, der stärksten Stützen der altungarischen Politik, die deutschen Beamten zogen aus dem Lande, der grimmige Haß gegen sie und das Deutschtum blieb in den Herzen zurück. In Siebenbürgen blieb es zunächst beim alten. Graf Rechberg war angewiesen worden, durch den (damals noch nicht ernannten) siebenbürgischen Hofkanzler eine Beratung mit angesehenen Männern der verschiedenen Nationalitäten, Konfessionen und Stände im Lande einzuleiten, welche Anträge über die Organisation des Landtags vorlegen sollten. Erst am 29. November erfolgte die Ernennung B. Franz Kemenys zum provisorischen siebenbürgischen Hofkanzler, Ende Dezember wurde die Hofkanzlei aktiviert und im März 1860 das Gubernium rekonstruiert, in das die noch dienstfähigen ehemaligen Gubernialräte wieder eingerufen wurden, unter ihnen auch der Sachsengraf Baron Salmen. Sowohl unter den Mitgliedern der Hofkanzlei wie des Guberniums befanden sich Magyaren, Sachsen und Romänen. Die letztern hatten in einer Audienz am 10. Dezember 1860 dem Monarchen eine Petition überreicht, in der sie mit der Klage über die alte Unterdrückung die Bitte verbanden, es möchte ihnen nun wirkliche volle Gleichberechtigung gegeben werden und zu dem Zweck der Posten des Hofkanzlers mit einem Romänen besetzt werden, dann die Wahlen zum Landtag auf breiter Grundlage ausgeschrieben werden.

Aber die Herstellung der alten Verfassungen war keine leichte Sache, in Ungarn und Siebenbürgen, so seltsam es klingen mag, darum, weil nicht leicht zu sagen war, welches war die alte, nun wieder herzustellende Verfassung? Es gab eine vormärzliche Verfassung; an ihre Wiederherstellung konnte doch im Ernst nicht gedacht werden, welche die Zehnten und Frohnden, die Rechtlosigkeit der Romänen, die Adelsherrschaft in Ungarn usf. in sich schloß. Da blieb also nur die Verfassung von 1848 zur Herstellung übrig. Aber welches war diese? Gehörten die Beschlüsse des ungarischen Reichstags vom 11. April 1848 — darunter das ungarische Ministerium — der Palatin als Stellvertreter des Königs, gehörte die Union Siebenbürgens mit Ungarn auch zur herzustellenden Verfassung? Lauter Fragen, über die die Meinungen bald sehr auseinander gingen. Die öffentliche Meinung Ungarns stand fest auf der Anschauung, daß durch das Oktoberdiplom Ungarns Selbständigkeit hergestellt sei, das eigene ungarische Ministerium, die Integrität Ungarns, damit auch die Union Siebenbürgens mit Ungarn. Die Graner Konferenz vom 18. Dezember 1860 beantragte die Wiederherstellung der 1848er Verfassung in dieser Ausdehnung.

Diese Partei wußte mit großer Klugheit ihre Leute ebenso in die siebenbürgische Hofkanzlei wie in das siebenbürgische Gubernium zu bringen, so daß von hier aus den Absichten der Wiener Regierung, die Siebenbürgen zunächst als selbständiges Land behandelte, offen und geheim entgegengewirkt wurde. Ihrem Einfluß waren die Verzögerungen der Wiederherstellung Siebenbürgens zuzuschreiben.

Gerade diese Verzögerungen mußten die Sachsen ängstlich machen. Die ausdrückliche Anerkennung der bisher berechtigten Nationen in Siebenbürgen in den betreffenden k. Handschreiben schloß doch zweifellos die Wiederherstellung der sächsischen Nation in sich und doch wurde dazu kein Schritt getan. Unter diesen Umständen entschloß sich K. Maager, der durch seine Haltung im verstärkten Reichsrat zu solcher Initiative berufen schien, eine Versammlung sächsischer Männer auf den 11. November 1860 nach Kronstadt zu rufen, um darüber zu beraten, was zu tun sei, um der sächsischen Nation zur Wiedererlangung der frühern Rechte zu verhelfen? Die Versammlung einigte sich dahin, es sollten sofort die Kommunitäten an die Regierung die Bitte richten, auch die sächsische Verfassung wieder herzustellen, was denn auch geschah. Für den siebenbürgischen Landtag hatte sie eine Interessenvertretung als gerecht anerkannt und als patriotische Pflicht ausgesprochen, daß die Minderheit sich der Mehrheit füge. Die Hauptfrage, um die es sich im Grunde jetzt schon handelte, war die der Union Siebenbürgens mit Ungarn.

Die Meinungen, die in dem Kreis der Vertrauensmänner laut wurden, gingen nach verschiedenen Seiten. Die einen meinten, die Union werde unausweichlich sein, und das sächsische Volk gut tun, an Deak und Eötvös sich anzuschließen, dabei aber nichts zu unterlassen, was die nationale Selbständigkeit und Autonomie zu wahren verspreche. Jedenfalls werde Ungarn die Union verlangen, man brauche sie nicht zu fürchten, denn auch früher seien die Sachsen mit den Ungarn gegangen und national nicht verdorben. Dem gegenüber: bei einer Union verlören die Sachsen ihre munizipale Selbständigkeit und damit eine wesentliche Stütze ihres Deutschtums und würden einfache ungarische Staatsbürger; man solle sofort Stellung gegen die Union nehmen. Die Mehrheit meinte, die Entscheidung sei nicht brennend. Wenn die Frage an die Nation herantrete, sei sie in der Lage, sich zu entscheiden. Vor allem sei kein Grund, daß die Sachsen die Frage anregten. Käme

Die Gründe für und gegen die Union. 403

sie von anderer Seite, so müßte unter allen Umständen Gelegenheit gesucht werden, die Bedingungen auf einem siebenbürgischen Landtag zu stellen. Man einigte sich dahin, in der Unionsfrage alle extremen Schritte zu vermeiden — also weder dafür noch dagegen sich engagieren, vielmehr sich freie Hand behalten, eventuell nur unter Bedingungen, die geeignet seien, die nationalen Rechte sicher zu stellen, für die Union zu stimmen.

Diese, allerdings in den Verhältnissen liegende, Unsicherheit und die Aufschiebung der Entscheidung hatte ihren Grund in der Verschiedenheit der Anschauungen im Volk selbst. Denn auch in seiner Mitte traten sofort die beiden grundverschiedenen Anschauungen aus dem Jahre 1848 wieder zutage: Union oder Nicht=Union. Die Freunde der Union gingen von dem Beschluß des Klausenburger Landtags von 1848 aus, der die Union ausgesprochen habe, die darum nach der Bestätigung durch den König Gesetz sei. Was habe denn Österreich in den Jahren seit 1848 für das deutsche Leben in Siebenbürgen getan, außer es zertreten und geschädigt zu haben nach allen Seiten. Und Ungarn stünde doch anders da als 1848, die Lehren der Geschichte seien nicht spurlos an ihm vorübergegangen und es habe gelernt, daß es gegen alle Bürger, besonders auch die Nichtmagyaren, gerecht sein müsse. Demgegenüber führten die Gegner der Union ins Feld: der Unionsartikel sei nicht rechtskräftig geworden, es fehle die von dem damaligen Gesetz geforderte Authentikation — die Unterschrift des Monarchen auf dem vom Landtag nochmals vorzulegenden Gesetz — außerdem sei die Union nie durchgeführt worden. Vor allem aber: was habe denn Siebenbürgen, was die Sachsen von Ungarn 1848/49 gehabt? Und wenn es zunächst auch scheinen wollte, daß Ungarn den Nichtmagyaren gerecht werden wolle, so sei das nicht ernst und werde bei der ersten Gelegenheit nicht gehalten. Darum sei es auch ganz überflüssig, etwa Bedingungen ins Auge zu fassen, deren Durchführung Siebenbürgen nicht erzwingen könne. Und nicht zuletzt, die Union drohe der Nationalität der Sachsen schwerste Gefahr.

Am entschiedensten traten die Meinungen für die Union in Schäßburg und Kronstadt zutage. In Schäßburg hatte schon im Sommer 1860 eine Partei „schlichter Bürger" ihrer unionsfreundlichen Stimmung in einem Brief an Eötvös entschieden Ausdruck gegeben und ein Jahr später erklärte die Kronstädter Zeitung, „daß die Sachsen ihre Angelegenheiten nicht auf einem siebenbürgischen Landtage, sondern in Pest ins Reine bringen müssen. Die Ungarn verlangen Vertrauen und verbürgen sich mit ihrer Ehre, daß sie den Nationen Siebenbürgens gebührende Rechnung tragen würden, von einem siebenbürgischen Landtag

26*

aber wollen sie nichts wissen und erklären jeden für einen Feind des Vaterlandes, der einem solchen das Wort redet".

Im Zusammenhang mit der Kronstädter Besprechung kamen am 31. Januar 1861 Abgeordnete der sächsischen Kommunitäten in Hermannstadt zusammen, — die Schäßburger fehlte, weil die Unionisten dort die Beschickung abgelehnt hatten — und beschlossen in dreitägiger Beratung, in einem Majestätsgesuch die von den Kommunitäten gestellten Bitten um Herstellung der sächsischen Verfassung zu unterstützen, dann Kemeny und Miko in Klausenburg zu begrüßen. Sie protestierten gegen die geplante Ernennung der Beamten im Sachsenland und drangen auf deren Wahl wie auf endliche Einberufung der sächsischen Nationsuniversität. „Das einverständliche Handeln aller Publica" wurde als notwendig anerkannt.

Wenige Tage später trat die am 20. Oktober 1860 befohlene Konferenz in Karlsburg (11. und 12. Februar 1861) zusammen. Als ihre Aufgabe war dort bezeichnet worden, angesichts der Unmöglichkeit, die alte Verfassung einfach herzustellen, einen Antrag über die Organisierung des Landtags vorzulegen, die ebenso den Ansprüchen der früher berechtigten Nationen, Konfessionen und Stände wie jenen gerecht würde, die bisher an den politischen Rechten keinen Anteil gehabt hatten. Ein kaiserliches Handschreiben vom 21. Dezember 1860 hatte noch im einzelnen bestimmt, daß die Kompetenz des Landtags innerhalb der Grenzen des Oktoberdiploms durch die Grundsätze des frühern siebenbürgischen Staatsrechts gegeben sei und daß den Gemeinden die Wahl der Geschäftssprache frei stehe, ebenso für Gemeinde= wie für Kirchen= und Schulangelegenheiten, daß die drei Landessprachen (deutsch, magyarisch, romänisch) bei allen Eingaben an die Behörden zulässig seien, die sie in derselben Sprache erledigen sollten, daß endlich jene Verordnungen und Befehle, die an die Gemeinden ergingen, in der Geschäftssprache der Gemeinden zu erfolgen hätten.

Die Karlsburger Konferenz, unter dem Vorsitz Kemenys, war ein Bild der siebenbürgischen Verhältnisse. Die Mitglieder waren 24 Magyaren, 8 Sachsen und 8 Romänen, die Parteien gliederten sich nach den Nationalitäten, bloß von den Sachsen fielen zwei der magyarischen Anschauung zu. Der röm.=kath. Bischof Haynald stellte den Antrag, da die Union von 1848 rechtskräftig sei und das Prinzip der Kontinuität des öffentlichen Rechtes eine Grundlage der Rechtsentwicklung überhaupt sei, sei Se. Majestät zu bitten, mit Rücksicht darauf, daß es einen siebenbürgischen Landtag gesetzlich nicht mehr gebe, die Vertreter Siebenbürgens auf den Landtag nach Pest zu rufen. Er fand die Zustimmung seiner Volksgenossen und der Sachsen v. Biedersfeld und v. Konradsheim. Der griechisch-unierte Erzbischof Sterka Schulutz bekämpfte die Anschauung von der Rechtsbeständigkeit des Unionsgesetzes und verlangte den Zusammentritt des siebenbürgischen Landtags auf breiter Basis, die besonders den Romänen günstig war; ihm stimmten seine Nationsgenossen zu. Von den Sachsen stellte Konrad Schmidt einen eingehend ausgearbeiteten Antrag wie der Landtag provisorisch zusammenzusetzen sei, im Wesen auf der alten historischen Basis mit Zuziehung der Romänen, indem auch er bestritt, daß das Unionsgesetz, vom konstitutionellen Standpunkt aus betrachtet, rechtskräftig geworden sei. Ihm stimmten fünf Sachsen bei. Die Anträge wurden zur Entscheidung dem Kaiser vorgelegt.

Aber ehe diese erfolgte, brachte das sogenannte Februarpatent (26. Februar 1861) eine Fortbildung des Oktoberdiploms nach der Richtung des Zentralismus. Es zeigte sich, daß die Herstellung der ehemaligen Verfassungen, mit denen man auf Grund des Oktoberdiploms überall begonnen hatte, das „Reich", die Einheit der Monarchie im Grunde sprengte. So schien eine schärfere Fassung des Reichsgedankens notwendig. Das Februarpatent versuchte sie. Es gab sich als eine Folge des Oktoberdiploms, in Erwägung dessen, daß die dort dem Reichsrat zugesprochenen Rechte „einer bestimmten Form und Ausübung bedürften", aber im Grunde war es der neue Gedanke, gegenüber den dualistisch-föderalistischen Grundlagen des Oktoberdiploms das Reich auf den Zentralismus zu stellen, einen konstitutionellen österreichischen Gesamtstaat zu schaffen.

Dieses Februarpatent bestimmte, daß der Reichsrat aus 343 Mitgliedern zu bestehen habe, die von den Landtagen zu wählen seien, von Ungarn 85, von Siebenbürgen 26. Falls ein Landtag sich weigere, die Wahlen vorzunehmen, behielt sich die Krone vor, direkte Wahlen auszuschreiben. Der Reichsrat sollte jährlich zusammentreten, sein Wirkungskreis alle Gegenstände der Gesetzgebung umfassen, die allen Ländern gemeinsam seien, Militär-, Finanz-, Handels- und Verkehrswesen. Neben diesem Reichsrat aber sollte der „engere Reichsrat" — d. i. der Reichsrat ohne die ungarischen Abgeordneten und nur eine Vertretung der österreichischen Königreiche und Länder — über jene Gegenstände entscheiden, die nicht ausdrücklich durch die Landesordnungen den einzelnen Landtagen vorbehalten waren. Die Landtage hatten das Recht, auch Gegenstände, die ihrer Kompetenz unterlagen, zur Beratung vor den Reichsrat zu bringen. Dieser wurde sofort für den 29. April 1861 nach Wien zusammenbe-

rufen und die Krone verkündete: „Wir wollen und werden unter dem
Schutz des Allmächtigen diese hiemit feierlich verkündigten und ange=
lobten Normen nicht nur selbst unverbrüchlich halten, sondern verpflichten
auch unsre Nachfolger in der Regierung, sie unverbrüchlich zu befolgen,
zu halten und dies auch bei ihrer Thronbesteigung in dem darüber zu
erlassenden Manifest anzugeloben. Wir erklären hiemit auch den festen
Entschluß, sie mit all unsrer kaiserlichen Macht gegen jeden Angriff zu
schirmen und darauf zu sehen, daß sie von Jedermann gehalten und
befolgt werden." Schon am 23. Dezember 1860 hatte Staatsminister
v. Schmerling die Grundsätze verkündigt, nach denen er seine Aufgabe
zu lösen versuchen werde, die an freiheitlichen Gedanken nichts zu wünschen
übrig ließen. Ungarn gegenüber wies er besonders darauf hin, daß
es der Regierung voller Ernst sei mit der Durchführung der ver=
heißenen politischen Institutionen in allen Ländern. Die Einrichtung
des engern Reichsrats zeigte allerdings, daß die leitenden Männer auf
den Eintritt Ungarns in den Reichsrat nicht so bald rechneten, ein ge=
wisser Dualismus von vorneherein in Aussicht genommen wurde.

In Ungarn hatte die Restauration sich sehr beeilt und sofort vom
Land Besitz genommen, ein großer Teil der führenden Männer von
1848 setzte sich in den Besitz der Macht und auf dem Februarpatent
fehlte die Unterschrift des ungarischen Hofkanzlers Baron Vay, nicht
wie das Amtsblatt damals meldete, weil er durch Abwesenheit und
Krankheit an der Schlußberatung teilzunehmen verhindert war, sondern
aus prinzipiellem Gegensatz gegen dasselbe. Doch war Vay aufgefordert
worden, Anträge zu stellen, nach denen der ungarische Reichstag aufzu=
fordern wäre, seine Vertreter in den Reichsrat zu senden.

Der ungarische Reichstag wurde am 6. April 1861 in Ofen er=
öffnet, hielt aber seine Sitzungen dann in Pest. Ein k. Schreiben vom
1. April teilte dem Reichstag die Abdikationsurkunde Ferdinands vom
2. Dezember 1848 und die Thronbesteigung Franz Josefs I. mit, um
dessen Krönung einzuleiten, nachdem schon in dem Einberufungsschreiben
diese als Wunsch des Herrschers ausgesprochen worden war.

Der Reichstag sah sich nach der Natur der Sache vor die Er=
örterung der gesamten Fragen gestellt, die die Grundbedingungen und
Voraussetzungen des politischen Lebens in sich faßten. Daß die Zukunft
hier verhandelt wurde, fühlten alle, die zum Reichstag gewählt worden
waren und es war die Blüte der Nation; kein Reichstag vor und
nach diesem hat eine solche Fülle von Talenten und Charakteren unter
seinen Mitgliedern gezählt wie dieser, der alles was politisch bedeutend

war zusammensah: Deak und Eötvös, Somsich und Klauzal, Tißa und Ghyczi, Trefort und Pronay usf. in langer Reihe.

Die Verhandlungen des Reichstags von 1861 bildeten eine schwere Anklage gegen die Regierung, ein Sündenregister des Absolutismus, gegen den die eigene Freiheit, die ungarischen Gesetze, die 1848er Errungenschaften in glänzendes Licht gestellt wurden. Daß alles was sie auf dem Herzen hatten und was das Land drückte, der Krone gesagt werden solle, daß dieses die erste Aufgabe der Landesvertreter sei, darüber herrschte nur eine Meinung. Aber die Parteien gingen darin auseinander, in welcher Form es geschehen solle. Deak meinte, in der Form einer Adresse an den König, Kol. Tißa in Form eines Beschlusses. Die Ansicht Deaks erhielt eine kleine Mehrheit für sich und so wurde denn die von Deak verfaßte Adresse beschlossen. Da sie aber, gegen Deaks Ansicht, den Kaiser weder als Kaiser noch als König, sondern bloß „Majestät" anredete, wurde sie von der Krone zurückgewiesen, dann aber nach einstimmiger Annahme vom Reichstag mit geänderter Adresse nochmals vorgelegt.

Die Adresse faßte alles zusammen, was der Reichstag in bezug auf die gegenwärtigen Verhältnisse, auf das Staatsrecht Ungarns, auf alle Fragen des Tages für notwendig hielt, eine Staatsschrift, wie sie eben nur Deak machen konnte. Der Grundgedanke war: der König von Ungarn wird erst durch die Krönung gesetzlicher König von Ungarn, die Krönung aber ist abhängig von der Herstellung der konstitutionellen Selbständigkeit Ungarns, der territorialen und politischen Integrität des Landes, der Integrierung des Reichstags, der Wiederherstellung der Verfassung, der Einsetzung eines ungarischen Ministeriums, der Beseitigung aller noch bestehenden Folgen des Absolutismus. Oktoberdiplom und Februarpatent wurden als nicht vorhanden angesehn; Ungarn sei ein selbständiger Staat, auf Grund der pragmatischen Sanktion unter demselben Herrscher wie Österreich, und verlange auf Grund seiner Rechte und der Rechtskontinuität die Herstellung seiner alten Verfassung. Auch der Fürst habe nicht das Recht, sie teilweise anzuerkennen und teilweise herzustellen, das Land verlange sie ganz zurück. Aber Adresse und die Reden auf dem Reichstag hatten auch zwei andre bedeutsame Fragen erörtert, die nicht zu übergehen waren, die Nationalitätenfrage und die Union Siebenbürgens mit Ungarn. Aus der Anschauung über die 1848er Gesetze floß von selbst auch die Behauptung, daß die Union Siebenbürgens mit Ungarn rechtskräftig sei und daß darum die siebenbürgischen Vertreter in den ungarischen Reichstag einzuberufen seien. In bezug auf die

Nationalitätenfrage war gleichfalls nur eine Anschauung, sie trat in durchgehender Mäßigung zutage. Eötvös sprach am 17. Mai 1861: „Aber wie sehr wir uns auch für unsre Nationalität begeistern, wie sehr wir auch zu jedem Opfer bereit sind, wenn die Stellung derselben in Frage steht — wer möchte die Superiorität der magyarischen Nation auf die Vernichtung der berechtigten Forderungen andrer Nationen begründen, wer möchte nicht lieber mit der bescheidenen Stellung zufrieden sein, welche wir Jahrhunderte hindurch eingenommen haben, wenn die schönere Stellung, die versprochen wird, darin besteht, daß Ungarn inmitten Europas die Rolle eines Profosen spiele, die Brudervölker unterjoche... Unsre Sache ist eins mit den Freiheitsbestrebungen aller Völker der Monarchie, Eins mit der Sache jener Nationalitäten, welche die Monarchie und ihre Grenzen bewohnen." In derselben Weise redete Baron Simonyi: „Wir wollen die billigen Wünsche der Nationalitäten befriedigen, ... weil wir überzeugt sind, daß unser gemeinschaftliches Vaterland nur groß, glorreich und glücklich sein kann, wenn in ihm Jeder seine Wohlfahrt gesichert sieht. Wir wollen in dieser sehr wichtigen Angelegenheit nicht geizen oder unterhandeln, denn das gebührt sich einer solchen Nation nicht, sondern wir wollen gleichmäßig die Rechte, welche wir besitzen, teilen." Trefort redete vom Reich Hungaria, „das gegen die verschiedenen Nationalitäten gerecht zu sein versteht", „die Serben, Romänen, Deutschen, Slaven und Ruthenen mögen ihre Munizipalangelegenheiten in ihrer Sprache führen und in den Schulen die Sprache, die sie wollen gebrauchen". Ladislaus Tißa sprach zu der „angebeteten Nation": „Was den Hauptausdruck der Nationalität, die jedem ehrlichen Menschen heilige Muttersprache betrifft, so möge deren Gebrauch bei Beratschlagungen und juridischen Verhandlungen vollkommen frei sein..." In dem Beschluß-Entwurf von Kol. Tißa war zu lesen: „daß wir die Absicht hegen, allen Nationalitäten auf Grund der Gleichberechtigung Alles zu gewähren, was mit der Integrität des Vaterlandes nicht im Widerspruch steht ... wir wünschen von unsern Gesetzen Alles zu streichen, was mit der Gleichberechtigung im Widerspruch steht." So konnte Tißa den am 21. August einstimmig angenommenen Antrag stellen, das Repräsentantenhaus erkläre, daß es die Befriedigung aller Ansprüche der im Land wohnenden Nationalitäten, welche mit der territorialen und politischen Integrität des Landes nicht im Widerspruch stehen, zu den ersten und wichtigsten Aufgaben zähle. Zum Zweck der Befriedigung der billigen Ansprüche der Nationalitäten setzte das Haus auf Eötvös' Antrag am 1. Juli eine Kommission ein, die als Hauptprinzip feststellte: „daß Alle im Land wohnenden Völker als die Magyaren, Slaven, Romänen, Deutschen, Serben, Ruthenen usf. als gleichberechtigte Nationalitäten zu betrachten sind, welche ihre besondern nationalen Ansprüche innerhalb der Schranken der politischen Einheit des Landes ohne jede weitere Beschränkung frei zur Geltung bringen können." In diesem Sinn schlug die Kommission vor, jeder Bürger solle berechtigt sein, in den Eingaben an die Gemeinde-, Munizipal- und Staatsbehörden seine Muttersprache zu gebrauchen. Und ganz in demselben Sinn schrieben sie in der Adresse: „Wir wollen unser konstitutionelles Leben auf der Basis voller Rechtsgleichheit entwickeln und sicherstellen. Wir wollen, daß bezüglich des Genusses der bürgerlichen Rechte weder die Religion noch die Nationalität unter den Bürgern des Vaterlandes einen Unterschied begründe."

Die Antwort der Krone auf diese Adresse (21. Juli 1861) stellte sich auf den Standpunkt des Oktoberdiploms und Februarpatents und stand in direktem Gegensatz zu fast allen Ausführungen der Adresse: Ungarn stehe mit Österreich nicht nur im Verband der Personalunion. Aus königlicher Machtvollkommenheit sei die ungarische Verfassung unter den Bedingungen und Beschränkungen wieder hergestellt worden, die im Interesse des Thrones und des Reichs unbedingt nötig seien. Der Versuch des Reichstags, die 1848er Gesetze ganz herzustellen, widerspreche den wesentlichen Forderungen des Gesamtreichs. Verschiedene Hauptteile der Gesetze von 1848 stünden im Widerspruch mit der pragmatischen Sanktion, verletzten die Rechte der übrigen Länder der Monarchie und vor allem einen großen Teil der Bevölkerung Ungarns in ihren nationalen Interessen. Die Krone könne diese Gesetze niemals anerkennen. Eine Revision der Gesetze von 1848 sei die Vorbedingung für die Verhandlung über das Krönungsdiplom. Die Union Siebenbürgens mit Ungarn habe niemals volle Gesetzeskraft erlangt und sei nach der Verkündigung des einseitigen Beschlusses auseinandergefallen und sei überdies als unausführbar zu betrachten, „solange Siebenbürgens Bewohner nichtungarischer Zunge ihre Nationalinteressen durch eine solche Vereinigung bedroht sehen und solange nicht auch den Interessen und Forderungen des Gesamtreichs hiebei die nötige Garantie geleistet ist". Der Reichstag wurde aufgefordert, einen Gesetzentwurf vorzulegen, der den Bewohnern nichtungarischer Zunge in bezug auf ihre nationale Entwicklung und Sprache Rechnung trage und ernstlich ermahnt, die Abgeordneten in den Reichsrat nach Wien zu wählen.

Der ungarische Reichstag aber faßte seine Anschauung noch einmal in einer zweiten Adresse vom 10. August 1861 zusammen, die natürlich

ganz auf dem ursprünglich eingenommenen Boden stand und in einzelnen
Teilen in tiefen Herzenstönen von Recht und nationalen Pflichten redete.
Sie verlangten noch einmal die Herstellung der 1848 er Gesetze, protestierten
gegen jegliche Teilnahme am Reichsrat, dessen Beschlüsse und Verord-
nungen in bezug auf Ungarn rechtsungültig seien. Denn jene Gesetze
von 1848 seien rechtskräftig, die Einberufung sämtlicher Vertreter der
zu Ungarn gehörigen Länder, also auch Siebenbürgens, in den ungarischen
Reichstag Vorbedingung jeder Verhandlung über das Inauguraldiplom.
Die gegenwärtige Regierung wurde als gesetzwidrig erklärt und der
Ahndung der vaterländischen Gesetze verfallen. Und so schloß die Adresse:
„Wir sprechen es mit tiefem Bedauern aus, daß infolge des allh.
k. Reskriptes auch wir den Faden der reichstäglichen Verhandlungen
als abgerissen zu betrachten genötigt sind. Es ist möglich, daß über
unser Vaterland wieder schwere Zeiten kommen werden; aber wir dürfen
sie nicht um den Preis übertretener Bürgerpflicht ablösen. Die konstitutionelle Freiheit des Landes ist nicht in der Weise unser Eigentum,
daß wir darüber frei verfügen können; die Nation hat uns die Bewahrung derselben auf Treue und Glauben anvertraut und wir sind
dem Vaterland und unserm Gewissen dafür verantwortlich. Wenn es
notwendig ist zu dulden, so wird die Nation dulden, um dem spätern
Geschlecht die konstitutionelle Freiheit zu retten, welche sie von ihren
Ahnen ererbt hat. Sie wird dulden ohne Entmutigung, so wie ihre
Ahnen geduldet und gelitten haben um die Rechte des Landes verteidigen zu können; denn was Kraft und Gewalt wegnehmen, das
können Zeit und günstige Umstände wieder zurückbringen, aber worauf
die Nation aus Furcht vor den Leiden selbst verzichtete, dessen Wieder-
gewinnung ist immer schwerer und zweifelhaft. Die Nation wird dulden,
eine schönere Zukunft hoffend und auf die Gerechtigkeit ihrer Sache
vertrauend".

Die Antwort der Regierung war am 21. August die Auflösung
des ungarischen Reichstags. Bei der Mitteilung hierüber an den österreichischen Reichsrat führte die Regierung die Gründe für diesen Schritt an
und stellte als einen maßgebenden Gesichtspunkt auf, Ungarns Verfassung
sei durch die revolutionäre Gewalt nicht nur gebrochen, somit von Rechts
wegen verwirkt, sondern auch tatsächlich beseitigt gewesen, ihre Wiederherstellung ein Akt freiwilliger Gnade des Kaisers, der darum berechtigt
gewesen sei, Einschränkungen an ihr vorzunehmen und Bedingungen zu
stellen, welche die Wiederkehr ähnlicher Ereignisse wie die des Jahres
1848 unmöglich machten und so müsse die Anerkennung der 1848 er

Gesetzgebung von deren Revision abhängig bleiben, die mit Rücksicht auf das Oktoberdiplom vorzunehmen sei.

Schon bei der Restauration hatte es in Ungarn an Ausschreitungen nicht gefehlt, nun mehrten sie sich. Eine ganze Anzahl Komitate erklärte die Steuern nicht mehr zahlen zu wollen, die Unordnung nahm so überhand, daß die Regierung sich veranlaßt sah, gegen Ende 1861 in Ungarn Ausnahmsmaßregeln zu ergreifen. Graf Palffy wurde zum Statthalter ernannt, die Komitatsversammlungen wurden aufgelöst und eine Reihe von Obergespänen ihres Amtes enthoben und Ausschüsse eingesetzt, welche an die Stelle jener treten sollten, Maßregeln, die ähnlich bald auch in den siebenbürgischen Komitaten zur Anwendung kamen.

Es war natürlich, daß diese Vorgänge nicht ohne Einfluß auf die siebenbürgischen Angelegenheiten blieben, vor allem die entschiedene Haltung der Regierung und ihre Erklärung, Oktoberdiplom und Februarpatent unter allen Umständen aufrecht zu erhalten und daß eine Änderung nur auf dem verfassungsmäßigen Weg, also in und mit dem Reichsrat möglich sei.

In Siebenbürgen dauerte es länger, bis es zur Wiederherstellung der alten Verfassung kam. Zum Präses des neuerstandenen Guberniums wurde Graf Miko ernannt, und die Wiederherstellung der Verfassung im Sinne von 1848 in Angriff genommen und vor allem mit den Männern, die aus jener Zeit übrig waren. Rücksichtslos wurde in den Komitaten und im Szeklerland alles entfernt, was an die letzten zwölf Jahre erinnerte, Verwaltung und Gerichtswesen auf den frühern Stand zurückversetzt und eine unglaubliche Verwirrung warf alles über den Haufen.

Im April 1861 war Salmen nach Siebenbürgen zurückgekehrt und restaurierte die Städte, Stühle und Distrikte des Sachsenlandes, — nach den Regulativpunkten, da die Beschlüsse der Universität aus dem Jahre 1850 nicht Gesetzeskraft erlangt hatten. Für Ende Juni war die Nationsuniversität zusammenberufen. Sie wurde am 27. Juni eröffnet und dauerte bis in den September hinein. In ihr saßen zum erstenmal, das Zeichen der neuen Zeit, als gleichberechtigte Mitglieder Vertreter der Romänen. Die Beratungen zeigten sofort, daß eine einfache Wiederherstellung des Alten vielfach ganz unmöglich war, daß es überall galt, ein Neues zu schaffen. Aus der ersten Sitzung ging eine Adresse an den Kaiser, zu danken für die Wiederherstellung der Verfassung und mit freundlichen Worten begrüßte im Namen der übrigen Mitglieder Konradsheim die ersten Romänen in der Universität, die im Verlauf der Sitzungen wiederholt für die Rechte ihres Volkes eintraten und mehr als einmal dabei sächsisches Recht angriffen. Zweierlei stand neben der Aufgabe, eine Geschäfts= ordnung, die Bildung eines Appellationsgerichts für das Sachsenland, Bestimmungen über den Personalstand der Verwaltungsbehörden und deren Besoldung zu schaffen, fest: es müsse die Gleichberechtigung der Romänen nun im einzelnen durchgeführt werden und eine gründliche Reform der Regulativpunkte, die modernen und freisinnigen Anschauungen entspreche, sei eine Lebensfrage für die Weiterentwicklung der Nation. Bei jeder Bewegung klirrten die Ketten, die sie der Nation angelegt, von den Instruktionen angefangen, die noch galten, bis zur Selbster= gänzung der Kommunitäten. Da aber jene unseligen Regulativpunkte die ganze Verwaltung und das ganze politische Leben der sächsischen Nation umfaßten, so bedeutete ihre Reform zugleich eine völlige Um= wandlung aller Einrichtungen. Es blieb im Augenblick nicht viel anders übrig als eine Kommission für die große Arbeit einzusetzen. Der Staat wurde gebeten, die Kosten des Gerichtswesens auch für das Sachsenland auf seine Lasten zu übernehmen, wobei die Ernennung der Richter für die Appellationsinstanz, die an Stelle der Universität treten sollte, ent= sprechend den modernen Anschauungen dem Staat überlassen wurde. Da die Universität aber mit ihren Arbeiten nicht fertig geworden war, erfolgte die neuerliche Einberufung für den 20. November 1861. Bevor sie jedoch zusammentrat, wurde Komes Salmen als Hofrat zur Hofkanzlei einberufen und Konrad Schmidt zum Komesstellvertreter ernannt. Dabei war für die Regierung bestimmend gewesen, daß Salmen sich in der abgelaufenen Sitzung der Universität der Leitung nicht gewachsen gezeigt hatte und vor allem schien es dringend notwendig, angesichts der großen politischen Fragen, die zu lösen waren, eine starke Hand und einen zielbewußten Mann an die Spitze der Nation zu stellen.

Und das war Konrad Schmidt. Er war in der alten Schule der siebenbürgischen Landtage herangereift, hatte dort die Stände in ihrem ganzen Gegensatz gegen die sächsische Nation kennen gelernt und begrüßte die Aussicht auf ein konstitutionelles Gesamtreich als die Bürgschaft des Friedens unter den Völkern und vor allem der nationalen Entwicklung des eignen Volksstammes. Klug und zugreifend, energisch und doch mit leutseligen Formen, kein übermäßiger Menschenkenner, vertraute er auf das Gute in dem Menschen und gab den Gedanken, die ihn leiteten, den Gefühlen, die ihn bewegten, harmlos und mit guter Laune Ausdruck. Er vertrat mit Zimmermann unter den Sachsen am entschiedensten den zentralistischen Gedanken, wie er 1848 der entschiedenste Gegner der

Union gewesen war. Als Charakter unantastbar und als Mensch liebenswürdig wurde er selbst von jenen Orten, die politisch nicht ganz seiner Meinung waren, mit Adressen begrüßt. In Hermannstadt war seine Aufnahme eine enthusiastische.

Am 14. Dezember 1861 konnte Schmidt die Nationsuniversität selbst leiten, sie war am 25. November eröffnet worden. Er bezeichnete als seine Aufgabe, den Weg zur Ausübung des verfassungsmäßigen Komeswahlrechts der Nation anzubahnen und das konstitutionelle Leben der Sachsen und Romänen auf dem Sachsenboden in Einklang mit einander zu bringen und als Endziel den Anschluß Siebenbürgens an die konstitutionelle österreichische Gesamtmonarchie. Als Orator der Universität antwortete Gull, es sei zu bedauern, daß der Vorsitzer die Stelle nicht auf die Weise erhalten habe, die für die Verleihung der Komeswürde und dessen Stellvertreter vorgeschrieben sei, doch wolle man sich mit der Aussicht trösten, daß die Nation in die Lage kommen werde, das verfassungsmäßige Recht bald auszuüben. Die Nation habe ihre Stütze immer im Thron gesucht, eine Folge der Umstände, unter welchen sie ihre Kulturmission unternommen habe, und habe die staatlichen Einrichtungen unterstützt. Schwieriger als sonst seien die Zeitumstände, die Ausgleichung der romänischen Ansprüche und der sächsischen, die Vereinigung der Pflichten eines siebenbürgischen und österreichischen Staatsbürgers scheine fast unmöglich und doch werde es, wie es den Vorfahren gelungen sei, den Ansprüchen der Zeit zu genügen, gelingen, die Ansprüche der Mitnationen zu befriedigen, ohne die Bedingungen für den Bestand und das Gedeihen der sächsischen Nation zu vernichten und den Weg zum engern Bund mit den österreichischen Völkern zu finden, ohne von den nationalen öffentlichen Rechten mehr zu opfern als gerade notwendig.

Die Gedanken bezeichneten nicht nur die Aufgaben der Universität klar und deutlich, sondern umschrieben überhaupt die politischen Ziele des Redners und seiner Freunde. Die Universität versuchte nach beiden Richtungen hin feste Grundlagen zu schaffen. Sie stellte sich auf das Oktoberdiplom und Februarpatent, sah in beiden eine Fortentwicklung der pragmatischen Sanktion und des Leopoldinischen Diploms, so daß Siebenbürgen ein selbständiges Glied der unteilbaren österreichischen Gesamtmonarchie bleibe, eine staatsrechtliche Stellung, die nur in und mit dem Reichsrat verfassungsmäßig geändert werden könne. Der siebenbürgische Landtag entscheide in allen nicht dem Reichsrat vorbehaltenen Angelegenheiten und die sächsische Universität behalte ihre alte Munizipalautonomie. Der Gleichberechtigung der Romänen werde in der Weise Rechnung getragen, daß ihnen ein nationales Verwaltungsgebiet ausgeschieden werde, um ihnen so zugleich die Rechte einer ständischen Nation zu geben. Die Sprachenfrage sollte auf dem Boden völliger Gleichberechtigung gelöst werden, der Landtag so zusammengesetzt werden, daß ebenso das historische Recht wie das Gleichgewicht der ständischen Nationen und eine zweckmäßige Interessenvertretung berücksichtigt werde.

Die Verschiedenheit der Anschauungen über diese wichtigen Fragen auch inmitten des sächsischen Volkes bewiesen die verschiedenen Anträge und Meinungen in der Universität über Oktoberdiplom und Februarpatent, bei denen immer die Gegensätze Union oder Groß-Österreich durchklangen, bewies u. a. die Sondermeinung, die Aug. Lassel aus Kronstadt einreichte. Er stellte sich auf den Boden des Unionsartikels von 1848: dieser dürfe nicht ignoriert, sondern solle einer landtäglichen Revision unterzogen werden, die Vereinigung Siebenbürgens mit Ungarn sei eine politische Notwendigkeit und das einzige Mittel zur Herbeiführung gesetzlicher Zustände. Auch die Bildung von nationalen Territorien sei in Siebenbürgen verfehlt, wo es reinnationale Landstriche kaum gebe und nur eine Quelle unabläffigen Streites. Darum sei keine neue Landeseinteilung zu machen, sondern in Kirche, Schule, Gemeinde und Munizipium die nationale Gleichberechtigung durchzuführen.

Die Universität legte 29. März 1862 die obigen Anschauungen ihrer Mehrheit dem Kaiser vor: „in der treuherzigen Hoffnung, es werde das Bestreben des deutschen Volkes in Siebenbürgen, welches bei allem Wechsel erhebender und niederdrückender Erfahrungen nie müde wird, an der Befestigung des österreichischen Gesamtreichs redlich nach seinen Kräften mitzuhelfen, nicht ohne Erfolg bleiben, aber auch in den Augen der Brudernationen des Landes, mit denen es Leid und Freud durch Jahrhunderte geteilt hat, jene gerechte Würdigung finden, welche der offen ausgesprochene ehrliche Mannessinn für die Reinheit seiner Absichten vor aller Welt in Anspruch nehmen darf. Anstatt in stummer Ergebung zu erwarten und hinzunehmen, was das Schicksal bringt, haben wir, wie es die von den Ahnen überkommene Mission ‚ad retinendam coronam' verlangt, unsre Stimme erhoben und keinen Augenblick im Zweifel uns dahin gestellt, wohin Pflicht, Gewissen und Überzeugung uns rufen, zu Euerer Majestät und der Verfassung des Reiches."

Die ganze Vorstellung war im Sinne der Programmpunkte gehalten, die im September 1861 als Ergebnis der Beratung eines Kreises von Männern veröffentlicht worden waren, die das Heil des Landes im Anschluß an Österreich sahen und die die alte Selbständigkeit und gesetzliche Autonomie des Sachsenlandes wahren wollten.

Zu den wichtigsten Verhandlungsgegenständen der Universität gehörte auch die Munizipalfrage, die der Absolutismus ungelöst hinterlassen hatte. Rannicher hatte in der von der Universität eingesetzten Kommission eine Denkschrift und den Entwurf der Grundzüge zur Regelung des Gemeindewesens im Sachsenland ausgearbeitet. Die Denkschrift gab eine geschichtliche Darlegung der Entwicklung der sächsischen Munizipalverfassung, die Grundzüge standen auf dem Boden freiheitlicher Ordnung: die Vertreter sollten periodisch neu gewählt werden, die Wahlberechtigung nicht zu eng gezogen werden, die Beamten sollten auf eine Anzahl von Jahren frei gewählt werden, die Magistratsräte (Senatoren) auf Lebensdauer. Es wurde die Erwartung ausgesprochen, „daß es nun endlich gelingen werde, die dringend notwendige Reform des Gemeindewesens zu einem befriedigenden Abschluß zu bringen". Die Grundzüge wurden den sächsischen Kreisen „zur freiesten Erörterung" hinausgegeben. Im Jahre 1863 verhandelte die Universität sie eingehend und am 11. Mai wurde die Vorstellung angenommen, mit der der Entwurf der Regierung zur Bestätigung vorgelegt wurde.

Daß übrigens die großen politischen Fragen den Blick für die notwendigen Verbesserungen der wirtschaftlichen Grundlage des sächsischen Volkes nicht trübten, zeigten die Verhandlungen und Beschlüsse der Universität 1863 über die Regelung der agrarischen Verhältnisse im Sachsenland. Das interessante Gutachten des Reußmärkter Abgeordneten W. Löw konnte an die Versuche der Universität im Jahre 1850 anknüpfen, denn die Übel, die jene hatten abstellen wollen und deren Abstellung der Absolutismus verhindert hatte, waren noch die gleichen, die Dreifelderwirtschaft, der Trift- und Weidezwang, die Zerstücklung der Grundstücke, der Mangel der Feldwege, Viehdiebstahl und Winkelhut. Dem allem sollte allmählich abgeholfen werden. Als Minimalgröße einer Wirtschaft, die weder durch Erbteilung noch durch Verkauf vermindert werden dürfe, stellte die Universität zehn Joch fest.

Aber noch herrschte in Siebenbürgen im Gubernium und in der Hofkanzlei der größte Gegensatz gegen die neue Bahn und volle Übereinstimmung mit den Anschauungen des ungarischen Reichstags. Das Gubernium versuchte, die Vorlage der Universitätsvorstellung vom 29. März 1862 an den Kaiser zu verhindern und verlangte, mit Berufung auf einen Hoferlaß aus der Regulationszeit (30. September 1796), die Vorlage der Universitätsprotokolle. Über Weisung von Wien aus und nach eingehender Darlegung des Rechtsstandpunktes durch die Universität (17. Mai 1862), die übrigens um die Sache nicht zu verzögern, die gewünschten Protokolle vorlegte, erfolgte die Vorlage. Der Kaiser nahm (18. Oktober 1862) „mit wahrer Freude" die Vorstellung „als einen neuen Beweis der stets bewährten Treue und Anhänglichkeit" zur Kenntnis, stellte den siebenbürgischen Landtag in nahe Aussicht und versicherte die Sachsen der kaiserlichen Huld und Gnade.

Daß der siebenbürgische Landtag noch nicht zusammengetreten war, war mit eine Schuld jenes Guberniums. Als nach der Vorlage der Beratung der Karlsburger Konferenz der siebenbürgische Landtag in der Tat auf den 4. November 1861 nach Karlsburg einberufen worden war, hatte das Gubernium dagegen remonstriert, im Sinne der ungarischen Auffassung, die Haynald auch in Karlsburg vertreten hatte: die Union von 1848 sei rechtsbeständig, ein siebenbürgischer Landtag existiere nicht mehr. So wurde zunächst der Gedanke, den Landtag in Karlsburg abzuhalten, überhaupt fallen gelassen und die neue Ausschreibung erfolgte für den 15. Juli 1863 nach Hermannstadt.

Die Zwischenzeit hatte eine Reihe Steine aus dem Weg geräumt, die dem neuen Kurs hinderlich waren, vor allem auch der sächsischen Nation mehrere erfreuliche Gaben gebracht. Der Hofkanzler B. Kemeny war durch den Grafen Nadasdy, der Vorsitzer des Guberniums Graf Miko durch FML. Graf Crenneville ersetzt worden, bei der Hofkanzlei Reichenstein und Friedenfels, beim Gubernium Rannicher angestellt worden, Männer ausgesprochener Anhänglichkeit an den Reichsgedanken, Reichenstein wurde bald Vizehofkanzler, das sächsische Obergericht, das die Universität vorgeschlagen hatte, wurde in Hermannstadt errichtet, seine Kosten auf den Staatsschatz übernommen. Am 19. März 1863 bat die Universität um die Erlaubnis für die Nation, den Grafen der sächsischen Nation wählen zu dürfen und nachdem diese gegeben und die Wahl durchgeführt worden war, wurde Konrad Schmidt am 14. Juli 1863 als Komes bestätigt. Zur raschern Durchführung des Zusammenhangs mit Österreich bat die Universität (19. März 1863) um Einführung einer Anzahl von Gesetzen und Statuten (Ausgleichsverfahren, Handelsgesetz, Preßgesetz usw.), die in Österreich schon in Geltung standen. Daß das „Statut über die Grundzüge zur Regelung des Gemeindewesens im Sachsenland", das Rannicher ausgearbeitet hatte und das zu beschließen die Universität das unbezweifelte Recht hatte, nicht zur Durchführung kam, war sehr zu bedauern.

In Wien nahm die Regierung selbstverständlich mit großer Freude

von diesem Eifer für den Gesamtstaat Kenntnis. Graf Nadasdy rühmte
von der Universität, daß sie mit Erfolg bemüht gewesen sei, „durch weise
Mäßigung, gereiftes Urteil und richtige Erkenntnis der Verhältnisse, die
Erhaltung mit dem Fortschritt, die Freiheit mit der Ordnung zu ver=
einigen" (10. Februar 1863). Im Sommer 1862 hatte die Universität
zur Unterstützung der Repräsentation vom 29. März eine Deputation
nach Wien geschickt, bestehend aus Konrad Schmidt, Gull und Rannicher,
die vom Kaiser huldvoll empfangen wurde: er freue sich, daß die sächsische
Nation ihren Traditionen in patriotischer und loyaler Haltung treu ge=
blieben sei. Das Abgeordnetenhaus veranstaltete zu Ehren der drei Ab=
geordneten ein Festbankett, bei welchem Schmerling diesen Tag für einen
der schönsten seines Lebens erklärte.

Der Erfolg drängte die Unzufriedenheit, die noch in kleinern sächsischen
Kreisen vorhanden war, zurück; es gab wenige, die nicht hoffnungsfreudig
und vertrauensvoll in die Zukunft sahen. In den leitenden sächsischen
Kreisen arbeitete man daran, Zimmermann an eine führende Stelle zu
setzen, in der Hoffnung, seiner Klugheit werde es gelingen, die Magyaren
Siebenbürgens zum Eintritt in den Landtag und zur Zustimmung zur
neuen Ordnung zu gewinnen. Der Plan scheiterte zum Teil an Gegen=
strömungen in der eigenen Mitte.

Der Zusammentritt des Hermannstädter Landtags stellte nun das
Land vor neue Aufgaben.

Auch hier zeigte es sich, daß eine einfache Rückführung des alten
unmöglich war. Es ging nicht an, den Landtag auf der ständischen Grund=
lage der vorachtundvierziger Verfassung einzuberufen, da sonst die Mehrzahl
der Bevölkerung, der jenes Jahr die Gleichberechtigung gebracht hatte,
die Romänen, unvertreten geblieben wäre. So sah sich die Regierung
genötigt, aus eigener Machtvollkommenheit eine Landtagswahlordnung
zu erlassen, auf Grund deren die Wahlen im ganzen Land anstandslos
vollzogen wurden.

Die Tage vor der Eröffnung des Landtags zeigte Hermannstadt ein
belebtes Bild. Die Mitglieder fingen an, sich einzufinden: die Sachsen,
die die Freude nicht verhehlten, daß es soweit gekommen sei und die
auf weitern Fortschritt auf der erreichten Bahn rechneten, die Romänen,
bei denen die Geistlichen überwogen, die in ihren wallenden Gewändern
auffielen, auch sie frohbewegt, daß der Tag politischer Gleichberechtigung
für ihr Volk endlich ihnen das Recht der Teilnahme auch am Landtag
gebracht, die Magyaren in ihrer Nationaltracht, oft in Gruppen bei=
einander, ernsten, fast verbitterten Aussehens, da sie mit dieser Wendung

der Dinge nicht einverstanden waren. Sie waren zahlreich in Hermannstadt erschienen, noch wußte man nicht, wie sie ihre Schritte einrichten würden. Von Ungarn waren einflußreiche Politiker herübergekommen, darunter Kol. Tißa, die Entscheidung zu beeinflussen. Kurz vor der Eröffnung des Landtags knüpften sie vertrauliche Verhandlungen mit den Sachsen an und suchten sie für ihre Politik zu gewinnen: Zurückgehn auf 1848 und Stellungnahme gegen den Reichsrat. Die Erklärung der Sachsen, daß keiner von ihnen gegen den Reichsrat stimmen werde, trug mit dazu bei, daß sie sich entschlossen, in den Landtag nicht einzutreten. In ihrer Mitte hatten drei verschiedene Meinungen um den Sieg gerungen. Die eine, von wenigen vertreten, war für den Eintritt in den Landtag; nach Begründung ihrer politischen Anschauung hätten die Abgeordneten dann wieder austreten sollen. Eine zweite Meinung ging dahin, einzutreten und mit der nötigen Rechtsverwahrung darin zu bleiben, bis irgendwelche verfassungswidrige Entscheidung Anlaß nicht nur zur Darlegung der eignen abweichenden Ansichten (Beschickung des Reichsrats, Zerstückelung des Landes u. ä.), sondern auch zum Austritt gäbe. Nach der dritten Anschauung, die zuletzt überwog, war der Nichteintritt schon genügend begründet durch die Art der Zusammenberufung und Zusammensetzung des Landtags, seine Aufgaben usf. und hätte der Eintritt keine Vorteile geboten. In einer Repräsentation vom 22. Juli 1863 an den Kaiser gaben 52 magyarische und szeklerische Landtagsabgeordnete und Regalisten eingehende Rechenschaft von ihrem Verhalten. Sie suchten die Ungesetzlichkeit des Landtags, die Gültigkeit der Union nachzuweisen, beklagten die Unbilligkeit der Wahlordnung: „aus dem ganzen Wahlgesetz geht die übermäßige Bevorzugung der Sachsen und die beklagenswerte Unterdrückung der Magyaren und Szekler hervor" und motivierten mit dem Hinweis auf die allgemeinen Rechtsbedenken ihren Nicht=Eintritt. Auf dem Boden des Gesetzes seien sie bereit, mitzuwirken: „Wir werden beweisen, daß wir nicht für die Erhaltung nationaler und konfessioneller Vorrechte, nicht um die Suprematie über die, nach den in den 1848er Gesetzen ausgesprochenen Prinzipien, mit uns als gleich anerkannten Mitnationen ringen ... und wir werden es beweisen, daß wir nicht allein in Worten freigebig sind, indem wir die nationale und konfessionelle Gleichberechtigung aller Nationalitäten unsers Landes und darunter auch der Romänen anerkennen; sondern daß wir bereit sind, zur Verwirklichung dieser Ideen jederzeit mit der herzlichsten und brüderlichen Gesinnung mitzuwirken."

Am 15. Juli 1863 fand die Eröffnung statt. Gottesdienste gingen ihr voran, in der ev. Kirche predigte Bischof Binder in seiner großen Weise über „Gerechtigkeit erhöhet ein Volk", in der kath. Kirche las Haynald die Messe; bei der Eröffnung des Landtags fehlte er und ist gleich den übrigen Magyaren nicht eingetreten, die in einer Kollektiverklärung vom 25. Juli diesen ihren Entschluß dem Landtag mitteilten. Da überhaupt nur drei Magyaren das Gelöbnis ablegten — Finanz-Landesdirektor Graf Beldi, Gubernial-Vizepräsident Graf Nemes und der Bürgermeister von Sz.-Ujvar Laßlofi — obwohl den Regalisten das allerhöchste Mißfallen ausgesprochen wurde, so blieb der Landtag in der Tat ein Rumpfparlament, ein Schatten kommender Ereignisse. Doch hielten sich die Erschienenen für Vertreter des Landes und gingen mit Eifer an die Arbeit.

Was das Land unter Sachsen und Romänen an tüchtigen Kräften besaß, hatte sich hier zusammengefunden. Die Regierung hatte nach altem siebenbürgischem Staatsrecht auch Regalisten ernannt, doch diesmal nur vierzig, darunter aus den Sachsen: Bischof Binder, Hofrat B. Brukenthal, Rosenfeld, Sparkassadirektor Herbert, G. D. Teutsch, der vor kurzem Pfarrer in Agnetheln geworden war, Trausch, Josef Filtsch, Hofrat Zimmermann, Orator Schneider, Salmen, Dr. Wächter. Mehr als dreißig weitere Vertreter waren gewählt worden, darunter K. Schmidt, Gull, Rannicher, Friedenfels, Budaker, Wittstock, Obert, Eug. v. Trauschenfels, Maager, Brandsch.

Zu den bedeutendsten gehörte J. A. Zimmermann, damals Vorsitzender des ev. Oberkirchenrats in Wien. Das große Werk der ev. Kirchenverfassung in Siebenbürgen war mit seiner Hülfe gelungen, nun vertraute man seiner Klugheit, es werde gelingen, auch die politischen Ziele zu erreichen, in deren Dienst auch der Landtag stand, das Gesamtreich schaffen zu helfen. Er galt den Volksgenossen als Autorität in staatsrechtlichen, politischen, juridischen Fragen, stundenlang konnten sie seinen Ausführungen zuhören und da er selbst auch im geselligen Kreis ein Freund des langausspinnenden Gesprächs war, wechselten sie sich an den Abenden ab, ihm Gesellschaft zu leisten. Im Landtag wußte er besonders in den großen politischen Fragen, dann wenn es sich darum handelte, siebenbürgische Rechtsverhältnisse darzulegen und moderne Anschauungen des Staatslebens zu begründen, die Hörer zu bestimmen. Neben ihm traten besonders K. Schmidt, Gull, Rannicher, Teutsch hervor. Der sächsische Komes K. Schmidt sah auf eine lange Periode politischer und nationaler Kämpfe zurück, seit er zuerst in den vierziger Jahren in das öffentliche Leben des Landes und seines Volkes eingetreten war.

Er kannte die Mitnationen und ihre politischen Ziele, kannte und liebte das eigne Volk mit glühendem Herzen. Leutselig und freundlich trug er das Herz auf der Zunge und sammelte mit seinem Vertrauen auf die Zukunft und den Erfolg der politischen Arbeit, in der sie standen, die Getreuen um sich. Gull stammte aus Schäßburg, der Sohn kleinbürgerlicher Eltern, und hatte sich zu einem der angesehensten Advokaten des Landes hinaufgearbeitet. Ein Mann von liebenswürdiger Bonhomie, der an der Welt und ihren Schönheiten, an der Jagd und an der Landwirtschaft sich freute, konnte er klug die politischen Pläne verfolgen, schlagfertig für sie mit dem Worte eintreten, wuchtig wie seine Gestalt es war den Gegner angreifen und das eigne Recht verteidigen, kannte keine Furcht und verstand es dann wieder meisterhaft, in dunkeln Andeutungen zu verhüllen, was er eigentlich meinte. Jakob Rannicher entstammte einem Landlergeschlecht in Hermannstadt. In der Schule Zimmermanns in das siebenbürgische Rechtsleben eingeführt und speziell in das sächsische, bewahrte er seinem Lehrer unbegrenzte Freundschaft und war ihm bei den kirchenpolitischen Arbeiten der letztern Jahre noch näher getreten. Klug und scharfsinnig konnte er, besonders vorbereitet, vortrefflich reden und war, seit er 1848 in bewegten Tagen im Theater in Hermannstadt die Kaiserfahne aufgepflanzt und mit zündenden Worten seine Mitbürger zur Treue aufgerufen hatte,[1]) ein Vorkämpfer des konstitutionellen Einheitsstaats. Auf dem politischen und kirchlichen Gebiet gleichmäßig bewandert, stammten die lichtvollsten Darlegungen, die mithalfen das Recht der ev. Kirche zu retten und zu schaffen, von ihm, wie grundlegende Arbeiten in der Nationsuniversität. Ebenso hatte er im Landtag an allen Arbeiten und Ergebnissen tätigsten Anteil. Die Adresse auf das k. Reskript an den Landtag mit dem schönen Wort: „Wahrheit zu sprechen und das Versprochene zu halten, ist für Fürsten und Völker das höchste Gebot" hatte ihn zum Verfasser, auf das Gesetz über die Gleichberechtigung der romänischen Nation, über den Gebrauch der drei Landessprachen, über die Aufnahme des Oktoberdiploms und Februarpatents in die Gesetze Siebenbürgens hatte er wesentlichen Einfluß. Literarisch vielseitig tätig, besaß er eine feine Witterung für die politische Luft und war ein bedeutender Geist. G. D. Teutsch, auch ein Schäßburger Kind, dort erst Lehrer, dann seit 1850 Gymnasialdirektor, 1863 in die Pfarre nach Agnetheln berufen, hatte die Schäßburger Schule an die Spitze der sächsischen Gymnasien gestellt, hatte wesentlichen Anteil an der Schaffung der neuen Kirchenverfassung, hatte in seiner Sachsen-

---

[1]) S. oben S. 217.

geschichte und in zahlreichen historischen Arbeiten seinem Volk ein ermutigendes Bild der Vergangenheit gegeben, überall bereit, die sittlichen Kräfte des Volkslebens zu stärken, Glauben, Wissenschaft und Gesittung zu mehren, eine hochgemute Natur, auf das Gute im Menschen bauend und auf den Sieg des Rechts vertrauend, teilte er von dem Schwung seiner Seele, von dem Vertrauen auf die Zukunft, der hingebenden Liebe zu seinem Volk allen denen mit, die ihm nahe kamen. Seine Teilnahme an den Arbeiten des Landtags rückten ihn mehr noch als bisher in den Vordergrund und ließen ihn als den künftigen ev. Bischof erkennen.

Das Nösnerland vertraten die beiden Freunde Budaker und Wittstock, denen es in erster Reihe gelang, die damals weitentfernten Gebiete an die Brüder im „Niederland" zu knüpfen. Beide waren zur Politik durch ihre Liebe zum Volk gekommen, Budaker ein Mann mit leuchtender Jugendfrische und unverwüstlichem Schwung der Seele, Wittstock voll Ernst und Tiefe, das Erbe seiner preußischen Abstammung, beide mit der frohen Laune und den guten Gedanken eines reinen Gemütes; Wittstock mit seiner stürmischen Leidenschaft für alles, was er für gut und edel erkannte, Budaker mit seiner weltmännischen Liebenswürdigkeit in jeder Lebenslage, in politischen Fragen geneigt, auch zuweilen „politisch" zu handeln, beide mit reichen Kräften und ehrlicher Begeisterung ebenso im Dienst des Volks wie der Kirche; Budaker mit seiner Welt- und Menschenkenntnis, Wittstock mit seiner Gewissenhaftigkeit und Treue, unbeugsamer Festigkeit, starr an dem haltend, was er als Recht ansah, beide voll Hoffnung für die Zukunft des deutschen Lebens hier, so standen sie, damals noch zu den Jungen gehörig in der Reihe und wuchsen zu Führern heran. Gleich alt mit ihnen Franz Obert, der vor allem die Schule im begeisterten Herzen trug, mit St. L. Rothischen Gedanken an der Hebung der Volksschule und ihrer Lehrer arbeitete, reich an Anregungen, die nicht immer auf fester Grundlage standen, unermüdlich tätig, temperamentvoll und ein packender Redner, der die kurzen Sätze gern mit allerlei Zitaten und Lesefrüchten spickte, „liberal" in seinem ganzen Wesen und Schlagworten des Tages leicht zugänglich, war er als Agitator und leichtbeweglicher Plänkler im Gefecht stets zu brauchen, doch der Führer nicht immer sicher, ob dieser Gefolgsmann nicht auf eigne Faust irgend eine überraschende Wendung ausführe. Der jüngste von allen war Eugen v. Trauschenfels, (damals eben 30 Jahre alt), eine stille und tiefe Natur mit ungewöhnlichen Studien auf juridischem und historisch-vaterländischem Gebiet, schrieb vortrefflich, doch redete er nicht gern und trat nicht gern in den Vordergrund; um so mehr arbeitete er.

Er entwickelte sich zu einem jener edeln Geister, die im stillen Wirken allezeit und unter allen Verhältnissen im Dienst ihrer Nation stehen und auch ohne spezielles Mandat deren Interessen fördern und vertreten, er gehörte später zu den Hausgeistern des Volks, zu denen es nicht mit staunender Bewunderung emporschaut, deren wohltätiges Walten es aber instinktmäßig herausfühlt.

Eine Verschiedenheit in der Haltung war bei E. v. Friedenfels zu erkennen, der durch seine politische Wirksamkeit mit den leitenden Kreisen in Wien in persönlicher Verbindung stand, ein Mann von umfassenden Studien und vieler besonders politischer Erfahrung, der in seiner später erschienenen Biographie seines Stiefvaters Bedeus eine außerordentliche Quelle für die Kenntnis der ersten Hälfte des 19. Jahrhunderts für die sächsische und siebenbürgische Geschichte eröffnet hat, sächsisch und evangelisch wie jeder Sachse, aber mit Reichenstein und Rosenfeld durch die Wiener Beziehungen mehr beeinflußt als die andern Sachsen. L. v. Rosenfeld, dessen Sammlungen die vorliegende Geschichte soviel verdankt, hatte die ganze siebenbürgische Politik von 1833 an mithandelnd selbst erlebt, ein genauer Kenner der Geschichte Siebenbürgens, beteiligte sich an den Verhandlungen des Landtags besonders auch bei volkswirtschaftlichen Fragen. Reichenstein stand dem sächsischen Leben fremder gegenüber und hatte Beziehungen u. a. zu den Romänen, die diesen politisch wertvoll waren.

Bei den Romänen war der maßgebende Mann Bischof, seit 1864 Erzbischof Schaguna, dem es durch kluge Benützung der Zeitverhältnisse gelang, 1864 die Erhebung der Diözese zu einem Erzbistum zu erreichen. Zur Hebung der Bildung in seinem Volke hat er Großes getan. Er hatte seine Leute unbedingt in der Gewalt, konnte Beifall und Mißfallen hervorrufen und den mißliebigen Redner durch ein: „Schweig" zum Verstummen bringen.

Das Begrüßungsreskript der Regierung (vom 15. Juni 1863) legte das Oktoberdiplom und Februarpatent dem Landtag vor, mit der Aufforderung, sie in die Landesgesetze einzutragen, erklärte, daß der Kaiser bereit sei, wenn der innere staatsrechtliche Ausbau Siebenbürgens vollendet sei und die Beziehungen zum Gesamtreich endgültig geordnet seien, ein feierliches Diplom — wie einst das Leopoldinische — ausstellen zu wollen, welches von den Nachfolgern, bevor das Land den Treueid ablege, zu bestätigen sein werde. Als nächste Aufgabe des Landtags wurden bezeichnet: die Durchführung der Gleichberechtigung der romänischen Nation und ihrer Konfessionen, ein Gesetz über den Gebrauch der drei Landessprachen im öffentlichen amtlichen Verkehr, eine Landtagsordnung, die Regelung der Reichsratsbeschickung, die Regelung der politischen Landeseinteilung, der Verwaltung, der Rechtspflege, die Durchführung der Grundentlastung, die Einführung der Grundbücher, die Errichtung einer Hypothekenbank.

In einer tiefernsten Adresse, die Rannicher zum Verfasser hatte, antwortete der Landtag auf jenes Reskript. Sie stellte sich dabei auf den Boden des Gesamtreichs, nahm die Thronbesteigung Franz Josefs I. wie Oktoberdiplom und Februarpatent zur Kenntnis, gab dem Wunsch nach einer Eisenbahn lebhaften Ausdruck und enthielt über die staatsrechtliche Stellung des Landes den Satz: „Der Landtag legt einen hohen Wert auf die jahrhundertlang bewährte Selbständigkeit und Integrität des Großfürstentums als eines besondern und unabhängigen Gliedes der ungarischen Krone und kann, in voller Übereinstimmung mit der von Allh. E. Majestät ausgesprochenen Erklärung, die im Jahre 1848 beschlossene Vereinigung Siebenbürgens mit dem Königreich Ungarn als mit voller Gesetzeskraft zustande gekommen nicht betrachten, und ihr um so weniger Rechtsgültigkeit zuerkennen, als dieselbe infolge der unmittelbar darauf eingetretenen Ereignisse auch tatsächlich sogleich auseinander gefallen war." Von dem oben angeführten, ernsten Grundsatz ausgehend, „Wahrheit zu sprechen und das Versprochene zu halten ist für Fürsten und Völker das höchste Gut", sah der Landtag es als heilige Pflicht an, recht bald zu fruchtbaren Ergebnissen der Beratung zu kommen, „denn die Bevölkerung wartet schwer auf die Begründung einer festen Ordnung in der Verfassung des Landes, welche es möglich machen soll, drückende Übelstände zu beseitigen, die Verwaltung und Rechtspflege auf gesicherte, wirksamen Rechtsschutz verbürgende Grundlagen zu stellen, und auch auf andern Gebieten den Weg für heilsame Einrichtungen zur Wohlfahrt des Ganzen zu bahnen".

Die Verhandlungen des Landtags waren durch die Dreisprachigkeit erschwert, dennoch stellte sich heraus, daß sie möglich sei. Die Debatten trugen den Charakter des jungen Parlamentarismus an sich, es wurde viel und lang und über manches gesprochen, was nicht zur eigentlichen Sache gehörte, besonders ausführlich über staatsrechtliche und rechtshistorische Fragen.

Der Landtag nahm das Oktoberdiplom und das Februarpatent unter die Grundgesetze des Landes auf „einhellig und mit freudiger Zustimmung fest und unwiderruflich" (30. September) und schuf zuerst ein Gesetz über die Gleichberechtigung der Romänen und ihrer Konfessionen. Es ist bezeichnend für die Macht des geschichtlich gewordenen, daß der Landtag und darin vor allem auch die Romänen sich diese Gleichberechtigung in der alten ständischen Form eines eignen Territoriums dachten, zu einer Zeit, wo dieser ganzen Einteilung, die ja nur vom Standpunkt der alten Landstandschaft erklärlich und historisch zu begreifen ist, der Boden unter den Füßen entzogen war. Ein freisinniges Gesetz über den Gebrauch der drei Landessprachen im öffentlichen amtlichen Verkehr wurde geschaffen, in dem die Gleichberechtigung und der ungehinderte Gebrauch von deutsch, romänisch und magyarisch nach allen Richtungen gesetzlich gewährleistet wurde.

Während der ganzen Zeit blieben die Bänke der ungarischen Abgeordneten leer. Die ausgeschriebenen Neuwahlen hatten das gleiche Ergebnis und den gleichen Erfolg, die neugewählten Vertreter kamen nicht. Die Macht der Regierung ging soweit, daß sie die Ernennung Haynalds zum Erzbischof von Carthago in partibus durchsetzte und die Berufung Fogarassys auf den Karlsburger Bischofstuhl, der auch in den Landtag eintrat, ohne damit an der Sachlage etwas zu ändern.

In der Sitzung vom 8. Oktober gelangte das k. Restript zur Mitteilung, mit dem der Landtag aufgefordert wurde, die Wahlen zum Reichsrat vorzunehmen und am 9. Oktober teilte der Präsident mit, daß Se. Majestät u. a. zu Mitgliedern des österreichischen Herrenhauses die Grafen Beldi und Nemes, die Bischöfe Fogarassy und Binder, Schaguna und Erzbischof Sterka Schulutz, dann Rosenfeld und Brukenthal ernannt habe, worauf Zimmermann dem Bedauern Ausdruck gab, daß Komes K. Schmidt nicht unter den Ernannten sei, die Sachsen seien gewohnt, als ersten Sohn ihrer Nation stets den Komes anzusehn und gerade den Komes als den ersten Sachsen zu betrachten.

Die Äußerung zeigte, wie die Sachsen auf die eignen Angelegenheiten ängstlich sorgten. Das war überhaupt der Charakter des Landtags bei Sachsen und Romänen. Die Sachsen wollten auch damals, wo die Regierung ganz mit ihnen eins war, Entscheidungen wesentlicher Angelegenheiten nicht aus der Hand geben. Große Parteiunterschiede traten nicht zutage. Es gab viel einzelnen Kampf mit den Romänen, aber da die Hauptfrage, das Verhältnis zum Gesamtreich, Sachsen und Romänen nicht trennte, fanden sie sich in den meisten Fragen zusammen, obwohl viel alter Groll immer wieder sich Luft machte. Jede Nation hielt abgesondert ihre Nationalversammlungen, in denen die Schritte im Landtag vorbesprochen und beraten wurden, strenge Parteigruppen innerhalb der Sachsen gab es ebensowenig wie bei den Romänen, es sei denn Reichen=

stein-Rosenfeld-Friedenfels auf der einen Seite und Zimmermann und
Genossen auf der andern, die ersten noch mehr Regierungspartei als die
letztern, aber in Lebensfragen des Staats und des eignen Volks immer
wieder auf derselben Linie. Um so mehr gingen die Meinungen in
Einzelheiten auseinander, je ungewohnter und neuer die parlamentarische
Arbeit war. Die einzig tiefgehende politische Meinungsverschiedenheit,
die im Volk vorhanden war, betraf den Kardinalpunkt, das Verhältnis
zum Reichsrat, mit dem das Verhältnis zu Ungarn gegeben war. Als
über die Wahl der Abgeordneten in den Reichsrat des neuen Gesamtstaats beraten wurde, vertrat der Kronstädter C. Schnell einen
unionistischen Standpunkt, er wies besonders darauf hin, daß in
dieser Hauptfrage doch schwer entschieden werden könne, solange die
Ungarn den Landtag mieden. Doch verhallte die Mahnung und die
Abgeordneten wurden in den Reichsrat nach Wien gewählt. „Wir
eilen jubelnd zu Euch" telegraphierte Rannicher nach Wien und
Schmerling begrüßte die von hier Erschienenen, unter denen naturgemäß
die Führer der Sachsen, in offner Sitzung: „Das schöne Land
Siebenbürgen wird es erfahren, was es heißt, zum Reiche halten. So
Gott will, wird in kürzester Zeit das geflügelte Dampfroß von Wien
nach Hermannstadt eilen." K. Schmidt wurde vom Kaiser zum Vize-
präsidenten des Reichsrats ernannt.

In der Tat wurde die Eisenbahn Arad—Alvintz anfang Januar
1864 beschlossen, doch nicht die Weiterführung bis Hermannstadt, die
Schmerling geradezu in Aussicht gestellt und die Regierung beantragt
hatte. Die großen Gegensätze griffen hier in einem kleinen Punkte ein.
Die Ungarn wollten zugunsten Klausenburgs von dieser Linie nichts
wissen, und wegen der Eisenbahn hauptsächlich begann Kronstadt entschiedener als bisher eigene Wege zu gehn. Es ist wie im Drama, die
Wendung bereitet sich in dem Augenblick vor, oder wird dem Zuschauer
klar, wo der Handelnde auf der Höhe zu stehen meint und nach der
Siegespalme greift. Aber nicht nur in Kronstadt, auch sonst begannen
die Gegensätze schärfer hervorzutreten. In Hermannstadt, das bisher für
rein zentralistisch galt, entstand eine Bürgerpartei, die für den Anschluß
an Ungarn eintrat, in Schäßburg kam es zu heftiger Fehde, in Mediasch
waren die Gegensätze vorhanden, die auch in Bistritz nicht fehlten, die
Einigkeit der „Publica" war nie ganz erreicht worden, jetzt aber vollständig dahin.

Dennoch hatten die Männer, die im siebenbürgischen Landtag saßen,
die Empfindung, es gehe vorwärts, als arbeiteten sie nicht vergeblich um

ein hohes Ziel. Die zweite Session des Landtags wurde am 23. Mai 1864 in Hermannstadt eröffnet. Die Hauptgegenstände betrafen die Errichtung eines obersten Gerichtshofs für das Land, die Einteilung des Landes, die Landtagsordnung und die Eisenbahn. Es waren zum Teil höchst aufregende Verhandlungen, da hier die Interessen der Sachsen und Romänen doch vielfach auseinandergingen, doch gelang es u. a. auch in der Frage der Landeseinteilung sich zu einigen. Der leitende Grundsatz dabei war in erster Linie die Erzielung einer leichtern Verwaltung und Justizpflege, in zweiter Linie nach Möglichkeit die Gruppierung nach Nationalitäten. Da diese aber, mit Ausnahme des Szeklerlandes, überall miteinander vermischt waren, so war diese „Gruppierung nach Nationalitäten" eigentlich nur eine eingebildete. Diesen Grundsätzen entsprechend sollten zwölf Munizipien gebildet werden, das Sachsenland blieb im ganzen bestehn, nur einzelne romänische Gebiete wurden ausgeschieden. In der Eisenbahnfrage kam es zu schwerem Zusammenstoß. Maager hatte, um die Eisenbahn von Klausenburg nach Kronstadt zu bringen, mit den Magyaren Verbindungen angeknüpft und in der Verhandlung, deren Ergebnis war: die Linie Karlsburg—Kokeltal—Kronstadt, in die Hermannstadt und Klausenburg einbezogen werden sollten, kam es insbesonders zwischen Teutsch und Maager zu scharfen Auseinandersetzungen, die Teutsch in Kronstadt zum unpopulärsten Mann machten, obwohl er kein Wort gegen die Bahn über Kronstadt gesprochen hatte. Die Aufregung war so groß, daß die vaterländischen Vereine, die in jenem Jahr in Kronstadt tagen sollten, ihre Versammlungen absagten. Bei den organisatorischen Fragen lag es den Sachsen vor allem daran, ihre Autonomie zu wahren, die als ein teueres Erbe der Vergangenheit zur Aufrechthaltung der nationalen Entwicklung notwendig erschien.

Der Landtag wurde mit Rücksicht auf die neuerliche Session des Reichsrats in Wien im Oktober abermals vertagt und im November 1864 erschienen die Sachsen zum zweitenmal in Wien.

Die Teilnahme an dem Wiener Reichsrat führte sie zum erstenmal in die großen Verhältnisse der Monarchie, in das Getriebe des Großstaats ein. Es waren nicht unbedingt erfreuliche Eindrücke, die sie empfingen. Zunächst wurde es ihnen klar, daß die Fragen der Innerentwicklung Österreichs in engem Zusammenhang mit der Stellung Österreichs in Deutschland standen. Dort hatte auf dem Frankfurter Fürstentag (August 1863) Österreich den mißlungenen Versuch einer neuen Konstituierung Deutschlands unter Österreichs Führung gemacht, zu der Preußen in ausgesprochenem Gegensatz stand. In derselben Zeit mußte

Österreich im Verein mit Preußen die Waffen ergreifen, um die Schleswig-Holsteinische Frage zu lösen; wie lag das alles doch so weit von siebenbürgischer Politik und doch wie beeinflußte es auch diese. Als Brinz und Giskra im Reichsrat begeistert für entschiedenes Vorgehen gegen Dänemark eintraten, warnte Konrad Schmidt, man solle zuerst an den innern Ausbau des Reiches denken. Aber die Schwierigkeiten des innern Ausbaues traten unsern Abgeordneten in Wien mehr noch vor die Seele als zu Hause. Was sie in Siebenbürgen im kleinen erlebt, das wiederholte sich hier im großen, Ungarn war und blieb unvertreten. Der ungarische Reichstag hatte sich geweigert, die Vertreter zu wählen, und direkte Wahlen auszuschreiben hatte die Regierung nicht den Mut. Schmerling meinte, „wir können warten" und konnte darauf hinweisen, daß in bezug auf die Bevölkerung zwei Drittel des Reichs vertreten waren und wenn die Steuerleistung in Rechnung gezogen würde, drei Viertel desselben. Aber diesem Warten gegenüber standen mächtige Gewalten, die aus der Ferne nicht wahrnehmbar, den näher Zusehenden in Wien sich enthüllten. Die slavische Bevölkerung Österreichs begann gegen die einheitliche Gestaltung des Reichs sich zu rühren und im Gefühl steigender Kraft das Übergewicht der Deutschen als Unterdrückung zu empfinden. Und diese Deutschen selbst, aufgewachsen unter polizeilichem Druck und Jesuitenerziehung, waren der liberalen Phrase ergeben, niemals rechte Realpolitiker, und zu allem bereit, wenn ihnen die Übermacht über die Slaven zugesichert wurde. Dabei war ihre schwächste Seite die Unkenntnis des ungarischen Staatsrechts und der ungarischen Verhältnisse. Und dem gegenüber nun die Sicherheit der ungarischen Politik auf dem Boden dessen, was sie als Recht ansah und mit Hülfe der alten Tradition, die in ihr lebendig war, getragen von der außergewöhnlichen Klugheit des leitenden Adels, der durch die Altkonservativen seine einflußreichen Beziehungen zum Hof vorsichtig und erfolgreich ausnützte. Für siebenbürgische Fragen hatten die wenigsten der leitenden Männer im Reichsrat Interesse und Verständnis. Die maßlose Eitelkeit Giskras und Herbsts ließ sie die eigentlichen Gefahren des staatlichen Neubaues übersehen. Wie hat der größte Politiker der Gegenwart, Fürst Bismarck, später die „Herbstzeitlosen" scharf gezeichnet. Den Sachsen gelang es nicht, in nähere Beziehungen zu ihnen zu treten.

Nach der ganzen Sachlage war es selbstverständlich, daß die Sachsen im Reichsrat die Regierung unterstützten. Aber ein Teil der Sachsen schloß sich der Linken an, die die unmittelbaren Forderungen freiheitlicher Entwicklung in den Vordergrund rückte, allerdings vielfach der

Phrase ergeben, während die Mehrzahl der Sachsen meinte, die Hauptsache sei, daß Reichsrat und Gesamtreich sich einbürgere, dann werde das Weitere sich von selbst ergeben.

Auch hier spielte die Eisenbahnfrage hinein. Noch am 10. Juni 1864 hatte die Regierung in der Wiener Zeitung einen Konkurs zur Konzession der Linie Arad—Hermannstadt—Roterturm ausgeschrieben, doch rückte die Sache nicht vom Flecke, weil der Gegensatz Klausenburg—Kronstadt ihr hinderlich war und nun auch außer den Magyaren die Linke des Reichsrats dagegen auftrat. Herbst erklärte fast offen, wenn die Siebenbürger nicht mit ihnen stimmten, werde seine Partei dem Land keine Eisenbahn geben, für die im parlamentarischen Getrieb unerfahrenen Sachsen verblüffend, da sie gemeint hatten, allgemeine Interessen stünden höher als Parteifragen. Die Eisenbahnfrage erschien als eine so bedeutende politische Frage, daß Baron Rechberg als Vertreter der Regierung noch 1865 im Eisenbahnausschuß erklärte, daß die Regierung die Linie Arad—Hermannstadt—Roterturm für die wichtigste halte und eine andere nicht zugeben werde, bei weiterem Widerstand werde Siebenbürgen überhaupt keine Bahn bekommen — was denn auch der tatsächliche Erfolg war.

Als die sächsischen Abgeordneten nach Weihnachten 1864 wieder nach Wien kamen, hatten die Einsichtigen von ihnen den Eindruck, daß das noch lang nicht fertige Gebäude des konstitutionellen Einheitsstaats ins Wanken gerate. „Ich habe das Gefühl — schrieb Teutsch in die Heimat — wie die an den feuerspeienden Bergen Südamerikas Wohnenden, wenn die Rauchwolke aus dem Krater steigt und tief im Innern der Erde dumpfes Grollen zieht, das unbehagliche Gefühl allgemeiner Unsicherheit, stets möglicher und drohender Gefährdung unsrer besten Errungenschaften." Die Regierung begann zu schwanken gegenüber dem festen Beharren Ungarns auf seinem Recht und in den Vordergrund trat die Erwägung, was zur Befriedigung Ungarns zu geschehen habe. Noch hatten die Sachsen von der Regierung ungesuchtes und entschiedenes Lob über ihre Haltung zu verzeichnen, aber diese Regierung selbst stand nicht mehr fest und darum auch nicht mehr, was Schmerling im März 1865 erklärte, daß die Regierung an der Verfassung festhalte und die Minister, ohne Oktroyierungen für Ungarn, auch weiter der begonnenen Sache dienen wollten.

Allerdings wußte solches damals Schmerling selbst nicht, noch weniger die Fernerstehenden. So kam es und war möglich, daß vieles, was sich nachher als Vorbereitung der Wendung, ja schon als Wendung selbst entpuppte, während es geschah als Beweis für die Absicht angesehen wurde, das Bestehende zu halten und weiter zu entwickeln.

Im April 1865 erschien der berühmte Osterartikel Deaks, in dem klug, doch entschieden der ungarische Standpunkt wieder offen vertreten wurde, aber die Hand zugleich zur Versöhnung hingehalten wurde. Statt der früher in der Reichstagsadresse ausgesprochenen Anschauung, daß Ungarn und die Erblande nur „von Fall zu Fall" verhandeln könnten, wurde hier ein verhältnismäßig weiter Kreis von „gemeinsamen" Angelegenheiten gezogen und darauf hingewiesen, daß diese zwar nicht in parlamentarischer Weise, wohl aber durch Entsendung von Ausschüssen regelmäßig erledigt werden könnten. Im Sommer reiste der Kaiser nach Ungarn. Die Reise wurde als letzter Versuch angesehen, die Ungarn zum Eintritt in den Reichsrat zu bewegen, während sie in Wirklichkeit die Verkündigung des neuen Kurses war, indem der Kaiser auf die feierliche Begrüßung in Ofen am 6. Juni erwiderte, daß der demnächst zu eröffnende Reichstag in Ungarn Gelegenheit geben werde, sowohl die Wünsche des Landes zu seiner Kenntnis zu bringen als dem Lande, das zu erfüllen, was zur Machtstellung der Monarchie notwendig sei. Dem Kardinal Scitovsky gegenüber hatte er ausgesprochen, daß er den entschiedenen Willen habe, die Völker der ungarischen Krone möglichst zu befriedigen. Die Schmerlingischen Pläne waren zuletzt auf zwei Stützen gestanden, auf dem Willen des Kaisers und den Deutschen Österreichs. Nun die Absichten des Kaisers auf eine Beilegung des Zwiespalts mit Ungarn sich richteten, ließen auch die Deutschen den Minister völlig im Stich. Giskra hatte schon in der Adreßdebatte beantragt, es solle ausgesprochen werden, daß Selbsterkenntnis und Umkehr notwendig sei, Kaiserfeld erklärte Ungarns Haltung für berechtigt, im Juni hatten die Sachsen den Eindruck, daß auch die Regierung unter gewissen Umständen bereit sei, die Union Siebenbürgens mit Ungarn zuzugeben. Aber sie trösteten sich damit, daß diese Frage doch erst vor den Reichstag kommen müsse.

Das Schmerzlichste für die Sachsen war, daß sie zuletzt an der Regierung selbst irre werden mußten. Finanznöte hatten s. Z. den Ausgangspunkt für das Einlenken in konstitutionelle Bahnen gebildet; sie wurden die Klippe, an der dieser Versuch unmittelbar scheiterte. Die Regierung verlangte die Bewilligung eines neuen 117 Millionen-Anlehens, das der Reichsrat nicht gewähren wollte. Und nun machte sie sich selbst bei der Verhandlung über den § 13 auch jene abwendig, die bisher zu ihr gestanden. Dieser Paragraph bestimmte nämlich: „Wenn zu

Zeit, als der Reichsrat nicht versammelt ist, in einem Gegenstand seines Wirkungskreises dringende Maßregeln getroffen werden müssen, ist das Ministerium verpflichtet, dem nächsten Reichsrat die Gründe und Erfolge der Verfügung darzulegen." Der Reichsrat wollte sich gegen den Mißbrauch dieser Bestimmung sichern und es wurde eine dahin gehende Resolution beantragt, die die Regierung bekämpfte, die Mehrheit des Reichsrats aber annahm. Auch die Sachsen hatten mit Ausnahme von Friedenfels und Reichenstein dafür gestimmt. Sie sahen überhaupt zu ihrem Bedauern, daß die Regierung unter parlamentarischen Formen das Munizipalleben und die Freiheit unterbinden wollte, daß unter einem Scheinkonstitutionalismus vielfach die Reaktion herrschte und der Ultramontanismus, wobei die Regierung selbst für die Nichtzulassung protestantischer Professoren zu akademischen Würden sich aussprach, und beim Jubiläum der Wiener Universität offen die Umkehr der Wissenschaft zur Kirche verkündigt wurde. Das Ministerium war gegen alle Forderungen freiheitlicher Entwicklung abweisend. Die sächsischen Vertreter fingen selbst an, den Glauben an die Dauer der Zustände zu verlieren. Schon im April schrieb Teutsch nach Hause: „Die Aufforderung Schmerlings, sich um die gemeinsame Fahne zu scharen, kommt zu spät und ist, wie wenn man ein Reiterregiment organisieren wollte, 24 Stunden vor der Schlacht."

So fiel Schmerling, noch bevor der Reichsrat zu Ende ging, und vier Wochen vor seiner Entlassung, die erst am Schluß desselben erfolgte (27. Juli). Daß ein entscheidender Bruch mit dem System vollzogen wurde, bewies nicht nur das Ausscheiden der meisten Ministerkollegen, sondern auch der Rücktritt des Erzherzogs Rainer von der Stelle des Ministerpräsidenten. Der mährische Graf Belcredi, bisher Statthalter in Böhmen, übernahm das Staatsministerium und eine vollständige Verwirrung bemächtigte sich des Reichsrats noch bevor er auseinanderging. „Ob und wann wir uns hier wiedersehen, weiß ich nicht, aber ich hoffe es" — sprach Pratobevera und der Reichsrat hatte darauf nur ein schwaches oho! Daß es sich um die Einführung des Dualismus und die Union Siebenbürgens mit Ungarn handle, war den sächsischen Abgeordneten klar, aber sie setzten ihre Hoffnung darauf, daß der Reichsrat nicht dafür zu haben sein werde und vor allem, daß diese Frage nicht ohne ihn gelöst werde. Sie sprachen untereinander darüber, ob sie nicht eine Äußerung des Hauses provozieren sollten; der Plan unterblieb, weil die Meinung überwog, es werde die Gelegenheit sich besser ergeben, wenn jene Sache amtlich vor den Reichsrat käme. Daß sie nicht dahin kommen würde und daß überhaupt die Vertreter Siebenbürgens nicht mehr dorthin gerufen würden, daran hat niemand von ihnen gedacht, hatte doch die Regierung als ihre Pflicht bei Eröffnung des Reichsrats verkündet, „die Gesamtverfassung als das unantastbare Fundament des einigen und unteilbaren Kaiserreichs mit aller Macht zu schützen und jede Verletzung desselben als einen Angriff an den Bestand der Monarchie und auf die Rechte aller Länder und Völker nachdrücklich zurückzuweisen".

Und doch — das Traumgebilde der konstitutionellen Gesamtmonarchie war zerstoben. Wie aber waren die Sachsen dazu gekommen, ihm nachzujagen?

Als das Oktoberdiplom die Wiederherstellung der Landesverfassungen verkündete, war es selbstverständlich, daß die Sachsen ebenso wie alle andern Volksstämme ihre Verfassung zurückverlangten. Diese Verfassung beruhte auf dem alten siebenbürgischen Staatsrecht. Nichts war natürlicher als das Verlangen, auch dieses, als die Grundlage jener, hergestellt zu sehn. Von vorneherein die Selbständigkeit Siebenbürgens aufgeben und die im Jahre 1848 proklamierte Union des Landes mit Ungarn annehmen, das bedeutete für die Sachsen Verzicht auf jede sichere Grundlage ihres Rechtes. Denn das Jahr 1848 hatte hier alles in Frage gestellt. Wer sich auf diesen Boden stellte, mußte für die sächsische Verfassung die letzten Beschlüsse des ungarischen Reichstags aus dem September 1848 annehmen,[1]) die die sächsischen Vertreter verworfen hatten und die zuletzt alles von den Beschlüssen des ungarischen Reichstags abhängig machten. Wars zu verwundern, daß die maßgebenden sächsischen Politiker diesen Sprung ins Dunkle nicht machen wollten?

Dazu kam, daß das Bewußtsein der Zugehörigkeit Siebenbürgens zu Ungarn durch eine mehr als dreihundertjährige Vergangenheit verlöscht war. Seit 1526 war Siebenbürgen eigne Wege gegangen, selbständig, wenn auch zur ungarischen Krone gehörig, unter eignen Bedingungen war es 1691 unter die Herrschaft des Hauses Habsburg gekommen, für ein selbständiges, keinem andern unterworfenes Land hatten die Stände 1790/91 es erklärt und die Krone es bestätigt und das 19. Jahrhundert hatte ein siebenbürgisches Bewußtsein gezeigt, das die drei Stände des Landes mit einander verband. Das Jahr 1848 hatte dann die Verbindung mit Ungarn gebracht, aber die Folgen, die sie gehabt, konnten doch wirklich nicht zu einer Wiederholung locken. Die führenden sächsischen

---

[1]) S. oben S. 244.

Politiker der sechziger Jahre meinten, das Endergebnis der Anerkennung der 1848er Gesetze sei nach zwei Seiten hin gegeben: sie führe zuletzt zur Trennung von Österreich, damit zur Aufhebung der pragmatischen Sanktion und sie trage in sich die ausschließliche Herrschaft des Magyarentums und darum den notwendigen Versuch der Magyarisierung der andern Völker. Das war der letzte Grund für die Aufrechthaltung des Adelswahlrechts, des feudalen Oberhauses usf., Dinge, die allem Liberalismus Hohn sprachen.

Und dieser nationale Gesichtspunkt gab zuletzt den Ausschlag. Die seit 1850 proklamierte Gesamtmonarchie, vor allem in der neuen konstitutionellen Form, schien den Sachsen die nationale Entwicklung viel mehr zu verbürgen, soviel die wechselnden Formen gerade auch ihnen geschadet hatten, als ein zentralisiertes Ungarn auf ausschließlich magyarischer Grundlage.

Für diese Gesamtmonarchie aber fanden sich nicht nur historische Ansätze von den Tagen Ferdinands I. an bis zur Verkündigung des österreichischen Kaisertums, auch das Ergebnis des Jahres 1848 schien für die Notwendigkeit einer zentralisierten Form zu sprechen, in der dann den einzelnen Volksstämmen Gelegenheit zur nationalen Entwicklung gegeben würde. Auch die Magyaren waren 1857 noch derselben Meinung gewesen, als eine Anzahl Notabilitäten an den Kaiser schrieb: „wir hören auf die im Lauf der Geschichte an uns ergangenen Mahnungen... die Einheit der Monarchie ist der Erwerb von Jahrhunderten..." und wenn dieselben Männer dort der Überzeugung Ausdruck gaben, „daß die Verbindung Ungarns mit der österreichischen Gesamtmonarchie alles jene am nachhaltigsten verbürge, was die Nation als das teuerste Ergebnis ihrer geschichtlichen Entwicklung betrachtet: die Möglichkeit nämlich, getreu ihrer Vergangenheit und ihrem Charakter mit der Zeit fortzuschreiten, ihre Nationalität zu bewahren...", so hatte niemand ein Recht, die Sachsen des Verrats anzuklagen, die das Gleiche für sich und ihre Nationalität im Jahre 1863 glaubten und am Zentralparlament hielten, das Eötvös noch 1859 empfohlen hatte und von dem eine maßgebende Stimme aus magyarischen Kreisen 1864 schrieb: „Der Reichsrat ist aus der unabweislichen Notwendigkeit hervorgegangen, berechtigt in seiner Entstehung, ist er berechtigt in seiner Existenz."

Zum Schlusse mußte entscheidend für die Haltung der Sachsen der ausgesprochene Wille der Krone ins Gewicht fallen. Sie ist zum Schutz der Minoritäten berufen, hier bot sie diesen Schutz an. Wer durfte die Verantwortung übernehmen, ihn abzuweisen?

Wer aus diesen tatsächlich gegebenen Gedanken heraus die Haltung der Sachsen zu verstehen sucht, wird sie mindestens nicht mißverstehen, die in heiliger Pflicht, ihrem Volk die Zukunft zu sichern, übersahen, daß in Österreich selbst bei den damals führenden Deutschen die sittliche Kraft geringer war, als man hier meinte, daß sie nicht in Rechnung zogen, es könne die Regierung, die sich mehr als einmal verschworen hatte, von den Grundlagen des Oktoberdiploms und Februarpatents nicht zu weichen, eines Tages beides plötzlich für wertloses Papier erklären und daß die sächsischen Kreise die Klugheit und Zähigkeit der führenden magyarischen Politiker unterschätzten.

Graf Andrassy sagte noch im Jahre 1870 zu Bischof Teutsch im Hinblick auf diese Verhältnisse: „Hier oben werfen sie den Sachsen immer Zentralismus vor; aber das war damals eine offene Frage und **sie konnten nicht anders!**"

Am 20. September 1865 verkündete ein Manifest den völligen Bruch mit der jüngsten Vergangenheit.

Vorher schon waren die entscheidenden Schritte in Siebenbürgen getan, um alles, was in den letzten fünf Jahren geschehen war, über den Haufen zu werfen.

Als die sächsischen Abgeordneten im Hochsommer von Wien in die Heimat zurückkehrten, gaben sie der Sorge um die Zukunft wiederholt Ausdruck; als der Herbst kam wuchs die Sorge — aber noch ahnten weder sie noch ihr Volk die ganze Schwere des Ungewitters, das drohend am Himmel heraufzog.

XVI.
Die Einführung des Dualismus.
1865—1868.

> Uns hebt die Welle
> Verschlingt die Welle —

was Goethe als Kennzeichen des Menschen gegenüber der Unwandelbarkeit der Götter empfindet, es drängt sich bei der Betrachtung der politischen Entwicklung des sächsischen Volkes von 1865 an als besonderes Kennzeichen dieser auf. An der Entstehung des Oktoberdiploms und des Februarpatents hatte das sächsische Volk keinen Anteil, die Welle hob es; die Septemberereignisse und ihre Folgen kamen über es, ohne daß sie von ihm hervorgerufen worden wären, die Welle drohte es zu verschlingen. Wenn die Nation, da ihr Nachen von günstigem Wind getrieben in guter Strömung dahinfuhr, daran dachte, ihr bestes Gut, eine gewisse Selbständigkeit und autonome Entwicklung sich zu sichern und damit das Höchste, was sie besaß, ihr nationales Leben, so mußte sie auf die Sicherung des einen und des andern noch viel mehr sorgen, wo die Strömung widrig wurde und der günstige Wind in gefährlichen Sturm umsprang. Weil sie in den Grundsätzen des Oktoberdiploms und Februarpatents die Möglichkeit einer nationalen Entwicklung auch für sich erkannte, stellte sie sich auf diesen Boden; weil sie jene in den Septemberereignissen vermißte, mußte sie diese, und was ihnen folgte, bekämpfen.

Jene Septemberereignisse hatten sich auch für Siebenbürgen zuerst in Personalveränderungen angekündigt. Graf Maylath war am 26. Juni 1865 zum ungarischen Hofkanzler ernannt worden, wenig später wurde der siebenbürgische Hofkanzler Graf Nadasdy entlassen, indem ein vor einigen Jahren wegen eines Augenleidens eingereichtes Pensionsgesuch wieder hervorgesucht und erledigt wurde; an seine Stelle trat Graf Franz Haller, am 30. Juli erhielt Reichenstein seine Entlassung. Und nun folgten die Anordnungen, die den Beweis der „Umkehr" auch hier erbrachten. In den letzten Tagen des August war Komes K. Schmidt telegraphisch nach Wien berufen worden zur Beratung wichtiger politischer Fragen, es handelte sich um die Einberufung des Klausenburger Landtags. Seiner ganzen Stellung nach konnte er nichts anders, als entschieden davon abraten. Am 2. September übergab er ein Memorandum an den Kaiser, in dem er seine Rechtsbedenken ausführlich auseinandersetzte, die Beibehaltung des alten Kurses empfahl, in erster Reihe Bestätigung der Hermannstädter Landtagsbeschlüsse und neuen Zusammentritt dieses vertagten Landtags. Er kämpfte gegen schon entschiedene Tatsachen. Unter dem 1. September war „der verfassungsmäßige Landtag" Siebenbürgens nach Klausenburg zusammenberufen worden, darin wurde als ausschließlicher Gegenstand der Beratung die Revision des 1. Gesetzartikels von 1848 über die Vereinigung Siebenbürgens mit Ungarn bezeichnet. Der Hermannstädter Landtag wurde aufgelöst und alle Gesetze und Verordnungen, die im Zusammenhang damit standen, außer Kraft gesetzt, bloß die Einrichtung des Landtagssaals wurde von Hermannstadt nach Klausenburg hinübergeschafft, um dort noch einmal benützt zu werden. Es lag Humor darin, daß auch dieser „verfassungsmäßige" Landtag formell an denselben Gebrechen litt wie der Hermannstädter, und unter den gegebenen Verhältnissen leiden mußte, daß nämlich doch nicht auf Grund der Gesetze von 1791 die Zusammensetzung erfolgte, sondern um die Romänen nicht auszuschließen, das Wahlrecht ausgedehnt wurde, jedoch auf Grund eines Zensus von 8 fl., so daß angesichts des, trotz aller liberalen Redensarten unumschränkt aufrecht erhaltenen Wahlrechts des Adels, der in Siebenbürgen magyarisch war, die Mehrzahl der Abgeordneten Magyaren waren. Während der Szekler „Adlige", der im Sommer seinen sächsischen Nachbarn um Tageslohn das Getreide drosch, auf Grund seines Adels wählte, war der Sachse, der vielleicht nicht volle 8 fl. Steuer zahlte, da die Kopfsteuer und Zuschläge nicht mitgerechnet wurden, nicht Wähler und von den Romänen natürlich noch viel weniger.

Beim Hermannstädter Landtag stießen sich die Gegner an dies „Oktroy", hier sahen sie darüber hinüber. Wenige Tage später (17. September) wurde der ungarische „Krönungslandtag" nach Pest einberufen, mit der Aufgabe, die konstitutionellen Rechte Ungarns mit den unabweisbaren Forderungen des Bestandes und der Machtstellung der Monarchie in Einklang zu bringen. Zugleich verkündigte das Manifest vom 20. September, daß die Regierung den Weg der Verständigung mit Ungarn und Kroatien betreten habe — von Siebenbürgen war keine Rede — und den Landtagen der beiden Länder das Oktoberdiplom und Februarpatent „zur Annahme" vorgelegt habe. Sollten die Verhandlungsresultate eine Modifikation der Gesetze ergeben, welche mit dem einheitlichen Bestand der Monarchie vereinbar sei, so würden diese den legalen Vertretern der andern Königreiche und Länder vorzulegen sein, „um ihren gleichgewichtigen Ausspruch zu vernehmen und zu würdigen" Am selben Tag aber wurde die Verfassung für die österreichische Reichshälfte sistiert und frei war „die Bahn, welche mit Beachtung des legitimen Rechtes zur Verständigung führt".

Alles zusammengenommen war keine Frage, daß in den leitenden Kreisen des Reichs wie in Ungarn die spezielle Frage, um die es sich für Siebenbürgen handelte, die der Union mit Ungarn, schon entschieden war.

Um so schwerer war es für die Sachsen, Stellung zu nehmen.

Zuerst tat es die Nationsuniversität, die im November 1865 zusammentrat, in einer Repräsentation an den Kaiser vom 6. November d. J., in der sie den Bedenken und Besorgnissen gegenüber dem neuen Kurs offen Ausdruck gab. Sie kritisierte die Einberufung eines neuen Landtags und die Grundlage, auf der es geschehen war, um dann der Hauptfrage gegenüber Stellung zu nehmen. Es erschien ihr notwendig, daß die endgültige Beschlußfassung über die Union Siebenbürgens mit Ungarn dann erst erfolge, wenn die Frage über die staatsrechtliche Stellung Ungarns zur Gesamtmonarchie eine befriedigende Lösung gefunden habe. Sie stellte sich einer Union nicht grundsätzlich entgegen, doch dürfe sie nicht eine Verschmelzung oder das Aufgehen des kleinern Landes im größern bedeuten, darum sei eine feste Bürgschaft für die Wahrung einer gesicherten Rechtsstellung Siebenbürgens auch im Verband mit Ungarn nötig, „unverletzte Aufrechterhaltung der Gleichberechtigung der verschiedenen Nationen und Landessprachen, mit der Gewährleistung der unbehinderten Entwicklung der Volkseigentümlichkeit nach allen Richtungen des geistigen, bürgerlichen und staatlichen Lebens; Freiheit des Glaubens und Selbständigkeit der verschiedenen, das gleiche Recht autonomer Selbstbestimmung genießender Kirchen auf der unveränderlichen Grundlage der diesfälligen Fundamentalgesetze des Landes sind darum Forderungen, die eine vollständige Befriedigung erheischen". Darum müsse die sächsische Nation Gewährleistung für den Bestand und die Munizipalverfassung derselben, die Universität und die Wahl des Komes verlangen wie die bisher ausgeübte und in dem Recht und Gesetz begründete Ausübung der Autonomie und der Ordnung ihrer innern Angelegenheiten mit Zustimmung der Krone. Für die Durchführung stellte die Universität den Grundsatz auf, daß ein gegenseitiges Übereinkommen zwischen Ungarn und Siebenbürgen geschlossen werde, das in Form eines klaren und unzweideutigen Gesetzes die Bürgschaften des Rechts in sich schließe.

Der Landtag wurde in Klausenburg am 20. November 1865 vom Präsidenten Baron Franz Kemeny eröffnet, die gewählten Vertreter waren wie die Regalisten erschienen, abgesehn von einigen, die mit Berufung auf persönliche Abhaltungen sich entschuldigt hatten, darunter Bischof Binder, Zimmermann, Teutsch. Die Sachsen waren nicht unwürdig vertreten, von den Vorkämpfern auf dem Hermannstädter Landtag waren Rannicher, Gull und Trauschenfels da. Dazu war eine Anzahl neuer Männer gekommen, besonders Bedeus, Kapp, C. Gebbel, Josef Bedeus, ein Sohn des „alten Bedeus",[1]) dessen stille und zähe Natur der Sohn geerbt hatte. Er war nicht nur im politischen Leben der Nation tätig gewesen, er hatte vor allem 1857 den schlafenden landwirtschaftlichen Verein zu neuem Leben erweckt und damit eine Arbeit aufgenommen, die später zur Erneuerung der sächsischen Landwirtschaft führte. In den Rechtsfragen, die sein Volk betrafen, unerschütterlich auf dem festen Boden des historischen Rechts stehend, war er von unüberwindlicher Zähigkeit, die nichts abhandeln ließ, unscheinbar in seinem äußerlichen Auftreten, nie etwas für sich begehrend, aber eine Arbeitskraft mit reichstem Wissen, zuverlässigster Pünktlichkeit und unerschöpflicher Ausdauer. G. Kapp, berufen später ein Führer der Sachsen im ungarischen Reichstag zu werden und als Hermannstädter Bürgermeister die städtischen Finanzen in Ordnung zu bringen, hatte einen weiblichen Einschlag in seinem Wesen, von der zierlichen Handschrift angefangen bis zur Kunst des Stickens, die er in freien Stunden übte. Aber er besaß männlichen Entschluß, im nationalen Kampf die Erkenntnis dessen, was Not tat und sammelte die Erfahrungen zu den leitenden Grundsätzen, die er wenig später aufstellte und sein Volk Jahrzehntelang als Richtschnur des politischen Handelns ansah. Er band sich nicht gern an Stunden in seinem Amte, aber seine Freunde kannten ihn als treu und zuverlässig. Eine noch stillere Natur war C. Gebbel. Wie Bedeus neben seinen Fachstudien Kunststudien trieb, Kapp besonders literarische Studien — er war ein guter Vorleser — so war Gebbel nicht nur in den Schätzen der deutschen und ungarischen Literatur heimisch, sondern auch auf musikalischem Gebiet zu Hause. Als Gubernialbeamter lernte er nicht nur die einzelnen Männer, die dort mitredeten, kennen, sondern vor allem auch die leitenden Ideen, die treibenden Kräfte, und so wuchs er in die Politik hinein. Auch er mit den Genossen eins in dem Bewußtsein der Pflicht, für die Rechte des eignen Volkes einzutreten und bereit, bei der völligen Beherrschung der magyarischen Sprache, die ihm eigen war, es wenn es nötig war zu tun.

---

[1]) S. oben S. 385.

Angesichts der Tatsachen, daß von vorneherein klar war, es werde der Landtag in irgend einer Form die Rechtsgültigkeit der Union von 1848 aussprechen, war in sächsischen Kreisen erwogen worden, ob die Sachsen nicht, ähnlich wie die Magyaren 1863, dem Landtag fern bleiben sollten. Sie taten es nicht, weil ein Teil unter allen Umständen gegangen wäre, die Freunde der Union, und es nicht angezeigt erschien, ihnen die alleinige Vertretung der sächsischen Interessen zu überlassen, und dann, weil es der ausgesprochene Wille des Kaisers war und gerade unter den gegebenen Verhältnissen es nicht ratsam schien, dem entgegen zu handeln. Die Spaltung der Sachsen aber über die Frage der Union hatte in dem schweren Parteikampf der Alt- und Jungsachsen bedauerliche Formen angenommen. Die Gegensätze waren seit 1860 vorhanden; nun wo die Ziele der Altsachsen, mitzuhelfen an dem Bau der Gesamtmonarchie, des zentralisierten Österreich, gescheitert waren, erhob die Gegenpartei ihr Haupt zuversichtlicher. Es mischten sich auch andere Fragen hinein, die die Gegensätze noch schärfer machten, die Unzufriedenheit über die Fesseln, in denen das Innerleben der Nation durch die Regulativpunkte lag, die die Regierung nicht wegwerfen ließ, da sie ihr eine Handhabe für Gängelung von oben unter „rechtlichen" Formen gaben, die Empfindung, daß es auch auf andern Seiten vieles zu bessern gäbe, lokale Schmerzen und persönliche Gegensätze brachten einen solchen Haufen von Erbitterung, Haß und gegenseitiger Verunglimpfung ins Volk, daß es wie eine schwere Krankheit auf ihm lag. In den einzelnen Orten erhoben sich Männer gar verschiedenen sittlichen und politischen Kalibers und schmeichelten dem lieben Herrn Omnes, die einen wirklich in der Überzeugung, daß es gelte, dem Volk den Weg freiheitlicher Entwicklung zu erobern und es im Anschluß an Ungarn zu neuer Blüte zu führen, die andern von persönlichem Ehrgeiz getragen, suchten den eignen Vorteil zu sichern. Und wie das zu geschehen pflegt, die Zeitungen schürten statt zu dämpfen und zur Verständigung beizutragen, bald war die Nation nicht nur politisch gespalten zwischen Alt- und Jungsachsen, es kam dazu der wachsende Gegensatz zwischen Hermannstadt und Kronstadt, in jeder Stadt zwischen Literaten und Bürgern, den verschiedenen Vereinen, die Familien und Freunde, Verwandtschaften und Berufsgenossen wurden auseinander gerissen, und unter den Übertreibungen auf beiden Seiten wars ein Jammer, daß die Volksgenossen sich nicht mehr verstanden. Heinrich Schmidt mußte 1865 die im zentralistischen Sinn geleitete Hermannstädter Zeitung aufgeben, weil ihm mit Absetzung von seinem Amt gedroht wurde und nur in Kronstadt redigierte Trauschenfels bis

20. Februar 1867 noch die Kronstädter Zeitung im Sinne der Altsachsen, die die ausschließliche Mehrheit in allen politischen Körperschaften des Sachsenlandes hatten, was die Gegner nicht milder stimmte. Am grimmigsten ist immer der Streit, der unter Brüdern tobt, am schmerzlichsten, wenn es das gleiche Ziel gilt, aber die Erreichung auf verschiedenem Wege gesucht wird. Noch war das Ziel beider Parteien das gleiche: es galt dem sächsischen Volk die Zukunft zu sichern. Über die Wege konnten sie sich nicht verständigen.

Das zeigte sich auch auf dem Klausenburger Landtag.

Die königliche Proposition hatte als einzigen Gegenstand die Revision des Unionsartikels von 1848 auf die Tagesordnung gestellt. Am 20. November 1865 eröffnete Kemeny den Landtag mit einer großen Ansprache, in der deutlich der Union das Wort geredet wurde. Die Anschauungen der Mitglieder des Landtags gingen auseinander. Die magyarische Mehrheit stand auf der Gesetzmäßigkeit des Unionsartikels von 1848: er sei rechtskräftig zustande gekommen, vom König bestätigt worden, faktisch ins Leben getreten, darum aber dürfe weder ein besonderer siebenbürgischer Landtag, der rechtlich nicht mehr existiere, noch ein besonderer ungarischer Landtag sich in eine Modifikation des Unionsartikels einlassen, sondern es seien auch die Abgeordneten Siebenbürgens in den ungarischen Reichstag zu rufen und dieser allein sei berechtigt, auch in dieser Frage Beschlüsse zu fassen.

Die Romänen sprachen dem Unionsartikel von 1848 die Gesetzeskraft ab. Nach ihrer Meinung wäre der Hermannstädter Landtagsartikel über die Zusammensetzung des siebenbürgischen Landtags zu bestätigen und auf Grund dessen ein verfassungsmäßiger Landtag zusammenzurufen — der Klausenburger sei kein solcher — und diesem die Beratung über die Revision des Unionsartikels vorzulegen.

Die Sachsen waren gespalten. Achtundzwanzig Vertreter, von Rannicher und Gull geführt, bestritten die Legalität des Unionsartikels, weil die Authentikation des sanktionierten Gesetzes durch die Unterschrift und das Siegel des Königs nicht erfolgt sei. Aber gewichtiger waren die sachlichen Einwände: die Union sei geeignet, in ihrer tatsächlichen Durchführung die Unteilbarkeit der Monarchie aufzuheben und die pragmatische Sanktion zu erschüttern, sie bedrohe die Einheit, Kraft und Machtstellung des Gesamtreichs, widerspreche auch dem siebenbürgischen Staatsrecht in mehrfacher Beziehung, vor allem versetze die Union die Mehrheit der Bevölkerung in die größte Unruhe, indem diese darin eine schwere Gefahr für die Bewahrung und Pflege ihrer teuersten Lebens=

interessen, Nationalität, Sprache und Religion erblicke, solange nicht die Bürgschaft für den Schutz dieser Interessen geschaffen würde. Außerdem habe die Krone selbst wiederholt ausgesprochen, daß die Union nicht rechtskräftig zustande gekommen sei. Darum lehnten sie die Einberufung der siebenbürgischen Abgeordneten nach Pest als ungesetzlich ab. Sie hielten den siebenbürgischen Landtag für allein berechtigt, die Revision des Unionsartikels vorzunehmen und wollten sie zu dem Zweck vornehmen, damit die Bedingungen dieser Vereinigung nach allen Richtungen, besonders zur Sicherung der Rechtspflege der verschiedenen Nationen und Kirchen in Siebenbürgen näher festgestellt und durch einen, unter Sanktion der Krone gegenseitig abzuschließenden Staatsvertrag zwischen den beiden Ländern dauernd verbürgt würden.

Die sächsische Minderheit, bestehend aus dem Deputierten von Bistritz Löwenthal, den Abgeordneten des Kronstädter Distriktes Julius und Franz von Brennerberg und den Vertretern der Stadt Kronstadt Wächter und Bömches und des Repser Stuhls Moritz Conrad, erkannte die Legalität der Union an und stimmte darum der Einberufung Siebenbürgens in den Pester Reichstag zu. Doch beantragten sie, daß folgende „Wünsche, Forderungen und Bedingungen der Sachsen" gestellt würden: die Aufrechthaltung der sächsischen Munizipalverfassung, darunter auch die Nationsuniversität in ihrem Rechtsumfang einschließlich des Rechts, sämtliche Körperschaften und Ämter, auch das des Komes durch Wahl zu besetzen, die Unantastbarkeit des Territoriums des Sachsenlandes, die Belassung der deutschen Sprache als Amtssprache bei allen sächsischen Behörden im Innern sowohl als nach außen, die volle Gleichberechtigung, Freiheit und absolute Selbstregierung auch der ev. Kirche und Schule, die Unantastbarkeit des sächsischen National-, Stuhl-, Distrikts- und Gemeindevermögens, die Anerkennung der geschehenen Ablösung des Zehntens als einer Grundlast.

In ausführlichen Reden mit vielen rechtshistorischen Begründungen traten sich die verschiedenen Anschauungen in der Debatte entgegen, das Ende war das erwartete: die Mehrheit beschloß eine Adresse an die Krone, in der sie, ausgehend von der Rechtsgültigkeit des Unionsartikels, die Bitte stellte, Siebenbürgens Vertreter in den ungarischen Reichstag zu rufen und die im Jahre 1848 unterbrochenen Verhandlungen wieder aufzunehmen. In einer Sondermeinung, die beigelegt wurde, hatte die sächsische Mehrheit ihre Anschauung zusammengefaßt: es solle die Revision des Unionsartikels auf dem siebenbürgischen Landtag vorgenommen werden und die gegenseitigen Bedingungen durch einen Staatsvertrag

Die sächs. Anschauungen. Entscheidung der Krone.   441

festgestellt werden, in einer gleichen gaben die Romänen ihrer Anschauung Ausdruck: Einberufung eines siebenbürgischen Landtags auf Grund der vom Hermannstädter Landtag festgestellten Landtagsordnung und Revision des Unionsartikels auf diesem, während die Eingabe von Bömches und Genossen der Krone vom Landtag mit der Bitte unterbreitet wurde, es sollten ihre durch vaterländische Gesetze und die Munizipalverfassung begründbaren Wünsche und Ansprüche dem gemeinschaftlichen Pester Reichstag zur Berücksichtigung empfohlen werden.

Auf diese Adresse vom 18. Dezember erfolgte schon am 25. Dezember 1865 die Entscheidung der Krone, die dem Wunsch des Landtags entsprach, indem sie die Beschickung des ungarischen Krönungslandtags „gestattete", mit der ausdrücklichen Erklärung, „daß hiedurch die Rechtsbeständigkeit der bisher erlassenen Gesetze keineswegs alteriert werde" und mit dem Zusatz: „Die definitive Union beider Länder, welche wir nur auf Grundlage der geregelten staatsrechtlichen Verhältnisse der Länder der ungarischen Krone unter einander und zu dem Reiche verwirklichen können, machen wir überdies von der gehörigen Berücksichtigung der speziellen Landesinteressen Unsers Großfürstentums Siebenbürgen und von der Gewährleistung der auch von Euch gewürdigten Rechtsansprüche der verschiedenen Nationalitäten und Konfessionen und von der zweckmäßigen Regelung der administrativen Fragen des Landes abhängig". Am 9. Januar 1866 kam das k. Reskript im Landtag zur Verlesung und darauf wurde der Landtag vertagt. Der Ständepräsident, Baron Kemeny, hielt es für angezeigt, in seiner Schlußrede zu betonen, daß die Union allerdings nicht endgültig fertig gestellt sei, aber das Endziel sei näher gerückt und die verschiedenen Besorgnisse im Lande suchte er zu beruhigen, indem er sprach: „Es dürfte kaum ein nüchtern urteilender Bürger in unserm Vaterland sein, in dessen Sinn es gelegen wäre, das heilsame Werk unsrer Vereinigung durch überspannte Forderungen zu erschweren oder die Grenzen der Bestimmungen des I. und VII: 1848 zu überschreiten und die Institutionen, welche sich aus den eigentümlichen Verhältnissen Siebenbürgens entwickelt haben, die Vereinigung nicht behindern, und welche seit mehr als drei Jahrhunderten mit unsern altehrwürdigen Gebräuchen in unser Fleisch und Blut übergegangen sind, mit einem Male zu vernichten, oder die mit der Vereinigung der beiden Länder vereinbarlichen Wünsche der verschiedenen Nationen unsers Vaterlandes nicht zu erfüllen. Wenn die sächsische Nation, von der ein bedeutender Teil sich bereits für die Union ausgesprochen hat, dies erwägt, so kann sie für sich keinen Nachteil darin erblicken, wenn sie sich unter den un=

mittelbaren Schutz der ungarischen Krone begibt, und wenn sie ihre Stellung nüchtern ins Auge faßt, so kann sie auch keine Ursachen zu Besorgnissen haben, denn ihr Munizipium bleibt auch bei der Union intakt, ja dadurch, daß ihr Recht von ganz Ungarn gestützt wird, wird sie jene glänzende Epoche ihrer Geschichte sich erneuern sehen, welche in die Zeit vor der Trennung unter den ungarischen Königen fällt, aus welcher Zeit ihre schönsten Privilegien und die festen Grundlagen ihres bürgerlichen Wohlstandes herrühren". Und die Romänen suchte er durch den Hinweis darauf zu beruhigen, daß sie mit den zahlreichen Stammesgenossen in Ungarn vereinigt würden, „daß die Verfassung Ungarns so freisinnig, den Völkern Ungarns so günstig ist", an welcher sie mit den übrigen Völkern gleichen Anteil haben würden und endlich, „daß die konstitutionellen Rechte von einem Volk gewährleistet und verteidigt werden, welches politisch reif ist, eine glänzende Vergangenheit hat und zu noch glänzenderer Zukunft berufen ist".

Sofort wurden die Einleitungen zu den Wahlen nach Pest getroffen.

Auch hier entstand in den sächsischen Kreisen noch einmal die Frage, ob nicht die Passivität aufzunehmen sei? Dieselben Gründe, die für die Beschickung des Klausenburger Landtags maßgebend gewesen waren, entschieden auch hier für die Wahl in den ungarischen Reichstag, die in sämtlichen Kreisen vollzogen wurde, überall — mit Ausnahme des Kronstädter Distrikts — mit der ausdrücklichen Erklärung, daß eine Verpflichtung zur Beschickung des ungarischen Reichstags nicht vorliege und daß Verwahrung dagegen eingelegt werde, daß diese Beschickung als Beginn der Union angesehen werde.

Auch die Nationsuniversität, in der die Abgeordneten von Kronstadt und Reps eine abweichende Anschauung vertraten, ergriff noch einmal das Wort. In einer eingehenden Repräsentation an den Kaiser vom 3. März 1866 legte sie noch einmal ihre Anschauungen über die politische Lage dar, die dahin ging, daß die Union von 1848 nicht rechtskräftig sei, wobei die Äußerungen der Regierung aus den letztverflossenen Jahren zum Beweis herbeigezogen wurden, daß darum die Berufung Siebenbürgens in den ungarischen Krönungslandtag nicht gesetzlich sei. Auch sie protestierte gegen alle Folgerungen, die aus der Teilnahme an jenem Landtag gezogen werden könnten, und für den Fall, als dieser über die Union oder damit zusammenhängende Fragen, vor allem über jene, die die Rechtslage der sächsischen Nation berührten, verhandeln und beschließen werde, legte sie dagegen Verwahrung ein, indem nach ihrer Anschauung bloß ein siebenbürgischer Landtag zur Beratung der Union berufen sei. Eine Änderung der Rechtslage der sächsischen Nation könne ohne Mitwirkung und Zustimmung der Universität, als des allein legalen Organes des Sachsenlandes, nicht geschehen. Die Universität bat zugleich um die Erlaubnis, diese Repräsentation durch eine Deputation unter der Führung des Komes dem Kaiser überreichen zu dürfen.

Das Gubernium, das die Repräsentation der Universität der Regierung vorzulegen hatte, nahm eine abweisende Stellung ein. Vergebens bekämpfte Rannicher die Anschauungen des Guberniums und wies auf historisch fest begründetem Boden das Recht der Universität zur Stellungnahme in diesen Fragen nach. Das Gubernium verweigerte Rannicher das Stimmrecht in dieser Angelegenheit, weil er Mitglied der Universität gewesen war, worauf Rannicher schlagend erwiderte, daß dem kath. Bischof das Stimmrecht als Gubernialrat niemals entzogen worden sei, selbst wenn es sich um dessen eigene Eingaben in kath. Angelegenheiten gehandelt habe. Er konnte seine abweichenden Anschauungen nur in ausführlichen Sondermeinungen niederlegen (vom 19. Dezember 1865 und 25. März 1866) und die Zulassung der Deputation empfehlen.

Die Antwort darauf ließ keinen Zweifel übrig, daß die ganze Sache im gegenteiligen Sinn entschieden war; die Erlaubnis wurde nicht erteilt, vielmehr verständigte das Gubernium (26. April 1866) die Universität, daß Se. Majestät „die diesfälligen unberechtigten Beschlüsse der sächsischen Nationsuniversität" für ungültig erklärt habe, da sie nicht berechtigt sei, derlei Gegenstände in den Bereich ihrer Beratungen zu ziehen. „Indem übrigens Se. k. k. apost. Majestät die sächsische Nation hinsichtlich der Aufrechthaltung ihrer gesetzlichen Institutionen und ihrer Rechtsstellung ebenso wie auch alle übrigen Nationen zu versichern geruht haben, erwarten zugleich Se. k. k. apost. Majestät von der, seit Urzeiten bewährten und anerkannten, Loyalität der sächsischen Nation, daß dieselbe die auf die Regelung der staatsrechtlichen Verhältnisse Siebenbürgens hinzielenden väterlichen Absichten Sr. Majestät vertrauensvoll unterstützen wird".

Inzwischen war der Krönungslandtag in Pest vom Kaiser in eigener Person eröffnet worden (14. Dezember 1865). Die Thronrede gab einen Rückblick auf das Vergangene. Das größte Hindernis für die Lösung der staatsrechtlichen Frage sei der schroffe Gegensatz der verschiedenen Ausgangspunkte für die Verständigung gewesen, auf der einen Seite Rechtsverwirkung, auf der andern Rechtskontinuität. Deshalb greife die Krone auf die Pragmatische Sanktion zurück, welche ebenso den Verband des Gesamtreichs wie die Integrität Ungarns wahre. Indem sie die Vorgänge in Siebenbürgen berührte, wies sie darauf hin, daß dem Erscheinen der dortigen Abgeordneten in Pest kein Hindernis mehr im Wege stehe, ebenso daß Ungarn versprochen habe, mit Kroatien zu verhandeln. Als erste Aufgabe des Reichstags wurde bezeichnet, die gemeinsamen Angelegenheiten festzusetzen, da die gemeinsame verfassungsmäßige Behandlung der im Oktoberdiplom umschriebenen gemeinsamen Angelegenheiten ein unabweisliches Erfordernis des Gesamtstaats und seiner Machtstellung sei. Da das Februarpatent auf wichtige Bedenken gestoßen sei, sei die Reichsvertretung suspendiert worden und Februarpatent und Oktoberdiplom wurden dem Reichstag unterbreitet, in der Hoffnung, daß er sie prüfen und mit Rücksicht auf die Lebensbedingungen der Monarchie modifizieren werde. Von den 1848er Gesetzen wurde erklärt, daß deren formelle Gültigkeit keinem Zweifel unterliege, das unveränderte Inslebentreten aber sei unmöglich, weil sie die Machtstellung des Reichs schmälerten, Herrscherrechte und Ansprüche der übrigen Länder verletzten. Sie müßten darum sorgsam geprüft und zweckmäßig abgeändert werden, ehe der Monarch sie bekräftigen könne.

Das Kaiserpaar selbst residierte vom 29. Januar bis 5. März 1866 in Ofen, was dem Land als Zeichen der Huld galt.

Im ungarischen Reichstag war Deak Herr der Lage. Am 22. Februar erklärte er, daß die gegenwärtige Lage nichts anderes als ein Absolutismus sei, es gehe nicht an, eine Verfassung oder Gesetze als formell gültig zu erklären, sie aber aus Opportunitätsrücksichten nicht durchzuführen. „Dadurch daß sie am Recht hielten und nicht dadurch, daß sie Opportunitätspolitik trieben, haben die Ahnen das Vaterland gerettet: voll, ohne Klauseln und ohne Bedingungen mußte selbst Leopold I. die ungarische Verfassung, die er beseitigt, wiederherstellen..." Am 24. Februar 1866 nahm der Reichstag eine Adresse an, in der Oktoberdiplom und Februarpatent kurz abgewiesen wurden. Die Anerkennung der gemeinsamen Angelegenheiten, wie das Diplom sie umschreibe, sei die Annulierung der Verfassung, der konstitutionellen Selbständigkeit, der gesetzlichen Unabhängigkeit Ungarns. Wohl erkannte die Adresse an, daß es gemeinsame Angelegenheiten gebe zwischen Ungarn und den Erblanden, und der Reichstag sei bereit, einen Gesetzentwurf über diese und die Art ihrer Behandlung vorzulegen, ebenso auch die Revision der 1848er Artikel zu erwägen, aber die Vorbedingung sei die Einsetzung eines verantwortlichen Ministeriums. „Rechtskontinuität erbitten wir im Sinne unserer Gesetze, insbesondere parlamentarische Regierung, verantwortliches Ministerium und verfassungsmäßige Wiederherstellung der Munizipien. Wir verlangen nur die Vollziehung der Gesetze; denn das nicht vollzogene Gesetz ist ein toter Buchstabe." Am 27. Februar überreichte eine Deputation die Adresse dem Kaiser, der erklärte, er müsse im Interesse des Gesamtreichs an den Grundsätzen festhalten, die in der Thronrede enthalten seien.

Trotz des ungünstigen Eindrucks, den diese Äußerung machte, wählte der Reichstag am 1. März eine Kommission, bestehend aus 67 Mitgliedern, 52 Ungarn und 15 Siebenbürgern, zur Feststellung der gemeinsamen Angelegenheiten. Die kaiserliche Antwort vom 3. März auf die Adresse lehnte sämtliche Forderungen des Reichstags ab. Dieser blieb gleichfalls auf seinem Standpunkt und legte ihn noch einmal in einer zweiten Adresse vom 19. März dar, die fast drohend die bedingungslose Wiederherstellung der Verfassung verlangte. Bei Übergabe dieser Adresse wurde der Reichstag bloß ermahnt, die Verhandlungen wegen der gemeinsamen Angelegenheiten zu beschleunigen. In der Tat legte ein Subkomitee der Siebenundsechziger am 25. Juni 1866 einen Vorschlag vor, in dem die gemeinsamen Angelegenheiten folgendermaßen umschrieben waren: das Heerwesen, wobei aber die Rekrutenbewilligung und die Regelung des Wehrsystems für Ungarn vor den Pester Reichstag gehöre; die auswärtigen Angelegenheiten, die Finanzen, soweit sie Heerwesen und Auswärtiges betreffen; ein Zoll- und Handelsbündnis zwischen Österreich und Ungarn sollte dafür sorgen, daß keine Mautlinien zwischen den beiden errichtet würden. Als Grundbedingung für die gemeinsame Behandlung der Gesamtstaatsfragen wurde aufgestellt die Wiederherstellung der ungarischen Verfassung in ihrem ganzen Umfang und ein voller Konstitutionalismus in den übrigen Ländern. Das Institut der Delegationen wurde hier vorgeschlagen.

Aber auch gegen diese Gemeinsamkeit hatte eine Minorität, geführt von Kol. Tißa und Ghyczy gesprochen, die sowohl gemeinsame Minister wie die Delegationen verwarfen und nur von Fall zu Fall eine Verständigung wünschten. Für den Fall, daß eine Einigung über die indirekten Steuern nicht erfolge, „bleibe nichts übrig, als die rechtlich ohnedies niemals aufgehobene Zwischenzollinie als abschließende Trennungsschranke wieder herzustellen."

Einen Tag nach Übergabe dieses Vorschlages an das Siebenundsechziger-Komitee, am 26. Juni, wurde der Reichstag auf unbestimmte Zeit vertagt — die Kanonen hatten das Wort ergriffen. Österreich stand schon mitten drin im italienischen und preußischen Kriege.

Daß die österreichische Herrschaft in Italien nicht auf die Dauer aufrecht zu halten sei, das hatte sich im letzten Menschenalter gezeigt, der Krieg von 1859 hatte die Abbröckelung fortgesetzt, der Gedanke des national einheitlichen Italien, auch staatlich-politisch sich zu einigen, war eine Macht geworden, von den Edelsten und Besten im Land getragen. Am 10. März hatte Viktor Emanuel mit König Wilhelm in Berlin einen Allianzvertrag geschlossen, im Juni brach der Krieg gegen Österreich aus, u. zw. zu gleicher Zeit auch von Preußen. Dort hatte Bismarck die Lösung der deutschen Frage in die starke Hand genommen, die Schleswig-Holsteinische Frage gab den Anlaß zur Aufrollung der ganzen deutschen Frage, in der es sich um die Einigung Deutschlands unter Preußens Führung handelte, die Preußen rückten in Sachsen, bald darauf in Böhmen ein. Am 24. Juni siegte Erzherzog Albrecht bei Custozza über die Italiener, am 3. Juli fiel bei Königgrätz die Entscheidung gegen Österreich. Um die Südarmee frei zu bekommen, trat Österreich Venetien im Wege Frankreichs an Italien ab, der Seesieg Tegetthoffs bei Lissa (21. Juli) zeigte die Überlegenheit Österreichs auch zur See gegenüber den Italienern, aber die Preußen standen am 8. Juli in Prag, am 17. Juli an der ungarischen Grenze, als der Nikolsburger Waffenstillstand dem weitern Vordringen ein Ende machte. Am 23. August kam der Prager Friede zustande, nach dessen Bestimmungen Österreich aus Deutschland ausschied, eine Kriegsentschädigung von 60·4 Millionen Talern zahlte und keine Einwendung gegen die Gründung eines norddeutschen Bundes unter Preußens Hegemonie erhob.

Wie in frühern Zeiten hatte das Heer sich rühmlich geschlagen, aber die Feldherrn waren der Aufgabe nicht gewachsen. Am tragischsten war das Schicksal Benedeks, der in übermenschlicher Aufopferung mit Rücksicht auf „die Gesamtheit" sich Schweigen über all das auferlegt hatte, das die Niederlage herbeigeführt hatte, der sich entschuldigen konnte, wenn er das erlösende Wort sagte. Selbst über das Grab hinaus hielt er fest daran, indem er alles, was ihn rechtfertigen konnte, vor seinem Tode verbrannte.

Die öffentliche Meinung hat nicht zurückgehalten, wem sie die letzte Schuld den Niederlagen zuschrieb. Weil die lebendigen Kräfte im Volk seit Jahrhunderten unterdrückt gewesen waren, jede selbständige Regung verdammt worden war, eine öde Bureaukratie das Szepter führte, versagte der Staat, der seine Bürger geknechtet, nicht zur Freiheit erzogen hatte. Das fühlte das Volk und darum richtete sich sein Unwille gegen jene, die damals das Regiment in der Hand hatten. Aus allen Teilen des Reichs kamen die stürmischen Bitten, die Verfassung wieder herzustellen, dem Absolutismus den endgültigen Abschied zu geben, die Geister frei zu machen. Das war eine günstige Stimmung für Ungarn. Denn hier stand das Land im alten Kampf für seine Verfassung, das Volk begeistert für sein Recht, dessen Sieg dort schien sein Aufkommen auch in Österreich zu sichern.

Ungarn hatte an dem Kriege mit gemischten Gefühlen teilgenommen. Man sagte sich dort, daß wenn Österreich siege, die Anerkennung der ungarischen Ansprüche in weite Ferne gerückt sei. So war es erklärlich, daß die alten Anhänger Kossuths geradezu mit den Feinden gemeinsame Sache machten. Klapka sammelte Freiwillige und stellte sich unter Preußens Führung, und Bismarck, der mit den Emigranten Verbindungen angeknüpft hatte, wußte die führenden Männer in Ungarn zu gewinnen, daß sie zunächst kühl beiseite standen. Ungarische Regimenter ließen sich vom Feinde fangen, die Anordnungen der Behörden in Ungarn wurden widerwillig oder gar nicht ausgeführt, die außerordentliche Rekrutierung, die angeordnet wurde, konnte nicht durchgeführt werden und auf den Aufruf, sich freiwillig zu stellen, fand sich fast niemand. Die ungarischen Bischöfe, mit dem Land um Unterstützung angegangen, trugen 200.000 fl. für die Verwundeten an, eine lächerliche Summe angesichts ihrer ungeheuren Einkünfte.

Unter diesen Umständen entschloß sich das Kaiserpaar, sich an die ritterlichen Gefühle der Ungarn zu wenden. Die Kaiserin kam zu längerem Aufenthalt am 13. Juli nach Ofen, herzlich und begeistert aufgenommen, das Eljen der gedrängten Menge klang so gewaltig im Bahnhof, daß der damals achtjährige Kronprinz Rudolf sich ängstlich an die Mutter schmiegte und besorgt zu ihr aufsah, aber in der Sache gab Ungarn nicht nach. Deak erklärte, die ausgeschriebene Rekrutierung sei ungesetzlich und Andrassy machte kein Hehl daraus, es könne nur die Berufung Deaks an die Spitze des Ministeriums das Land beruhigen. Um dieselbe Zeit schrieb Bismarck an den preußischen Botschafter in Paris, es sei zu erwägen, ob in die Friedensbedingungen nicht die Bürgschaft für die ungarische Konstitution aufzunehmen sei, und in Ungarn sah Deak mit Besorgnis die Vorzeichen des Aufstandes sich mehren.

Da erhielt Deak am 17. Juli den Befehl, vor dem Kaiser zu erscheinen; am 19. Juli war er in Wien in der Hofburg. Der Kaiser fragte ihn um die Wünsche Ungarns. Deak erwiderte: Ungarn verlange nach Königgrätz nicht mehr wie vorher. Er konnte das sagen, denn die vorher aufgestellten Forderungen hatten das Äußerste enthalten, was Ungarn überhaupt fordern konnte, wenn es politisch klug handeln wollte, und jene Forderungen waren so gehalten, um gegebenenfalls etwas davon abhandeln zu lassen. Jetzt wurde es als das Notwendige dargestellt, unter das nicht herabgegangen werden könne. Der Kaiser war der Einsetzung eines ungarischen Ministeriums nicht abgeneigt und fragte Deak, ob er an die Spitze treten wolle, was Deak ablehnte, doch wies er auf Andrassy hin; er selbst werde eine Regierung, die seine Grundsätze verwirkliche, unterstützen. Am selben Tag war auch Graf Andrassy zur Audienz befohlen, zum zweitenmal am 28. Juli. Er bat den Kaiser, sich der Treue des ungarischen Volkes anzuvertrauen und stimmte in allem mit Deak überein bis auf einen Punkt. Deak hatte geraten, eine Änderung des Systems sofort nach dem Friedensschluß in Angriff zu nehmen, Andrassy riet zu sofortiger Änderung.

Der Kaiser entschloß sich, Deaks Rat zu folgen.

Noch war es die unmöglich gewordene Regierung Belcredi, die den ungarischen Reichstag im November 1866 eröffnete. Das Eröffnungsreskript vom 17. November knüpfte an die Apriladresse an und wich abermals um einige Schritte zurück. Es bezeichnete das Operat der Fünfzehner-Subkommission als geeigneten Anknüpfungspunkt für das Zustandekommen des Ausgleichs, unter der Bedingung, daß Vorsorge für die Wahrung des einheitlichen Heeres, Zoll-, Staatsschuldenwesens und der indirekten Steuern getroffen werde. Es gab zu, daß dieses wie die Revision des 1848er Artikels im Wege eines ungarischen Ministeriums vor das Haus gebracht werde und verlangte bloß, der Reichstag möge seine Geneigtheit hiefür erklären, wenn die Verfassung hergestellt sei.

Der ungarische Reichstag blieb auf seiner Forderung: erst Wiederherstellung der Verfassung. Tißa stellte den Antrag, nochmals den Faden der Verhandlungen für abgerissen zu erklären, aber Deak fand die Mehrheit für seinen Antrag einer nochmaligen Adresse, — übergeben am 23. Dezember — die sofortige Wiederherstellung der Verfassung verlangte, jedoch auch aussprach, der Reichstag werde seinerzeit, wenn die Anträge der Siebenundsechziger-Kommission vor den Reichstag kämen, die Bemerkungen des Reskripts über die allgemeinen Angelegenheiten in Erwägung ziehen.

Inzwischen war Beust, der gewesene sächsische Minister, der „politische Seiltänzer", wie der alte Metternich ihn einst nannte, österreichischer Minister geworden und hatte begonnen, an der Vorbereitung zum Vergeltungskrieg gegen Preußen zu arbeiten. Dazu gehörte in erster Reihe die Befriedigung Ungarns und der Deutschen in Österreich. Von diesem Gesichtspunkt aus griff Beust auch in den Gang der Ausgleichsverhandlungen ein. Er war am 21. Dezember in Pest gewesen und

hatte sich dort in Beziehung zu den leitenden Männern gesetzt. Hier
wurden die Grundsteine, die Deak, Andrassy, Eötvös, der Reichstag in
den vergangenen Jahren behauen und gelegt hatten, zu dem Gebäude
zusammengefügt, das als Ausgleich im folgenden Jahr definitiv erbaut
wurde. Belcredi, der alles aufgewendet hatte, Österreich den Jesuiten,
Römlingen und Slaven auszuliefern, fiel endlich am 4. Februar 1867,
Beust wurde Ministerpräsident. Inzwischen hatte der Siebenundsechziger=
Ausschuß seine Arbeiten vollendet und dabei auf die Wünsche, die mit
Beust vereinbart worden waren, Rücksicht genommen. Am 7. Februar
brachte Deak die Ergebnisse selbst nach Wien, am 8. Februar wurde er
vom Kaiser empfangen und die nähere Verabredung über die Ernennung
der ungarischen Minister getroffen. Am 20. Februar erfolgte die Er=
nennung des verantwortlichen ungarischen Ministeriums, in das Deak
nicht eintrat, das er aber vielfach tatsächlich leitete. Andrassy als Minister=
präsident war der Mann der Zukunft. Der Kampf ums Recht hatte in
Ungarn einen Sieg errungen, der die Herzen jener, die ihn geführt,
mächtig heben mußte. Die ungarische und siebenbürgische Hofkanzlei
wurde aufgelöst, am 18. Februar begleitete lauter Jubel das k. Reskript,
das die Verfassung wieder herstellte. Es war bewundernswert, mit welcher
Sicherheit und Entschlossenheit die leitenden Männer sofort die neue
Lage ausnützten. Es gelang dem neuen Ministerium, mit großer Mehrheit
die Revision der 1848 er Gesetzartikel durchzusetzen und damit das letzte
Hindernis der Krönung beiseite zu schieben. Sie bestand im wesentlichen
darin, daß die Wahl eines Palatin verschoben werden solle bis zur
gesetzlichen Regelung seines Wirkungskreises und Streichung aller jener
Bestimmungen, die den Palatin in Abwesenheit des Königs zum zweiten
König machten und ihm Einfluß auf die Ernennung der Minister gaben.
Auch jener Artikel wurde gestrichen, wornach der Reichstag weder vertagt
noch aufgelöst werden konnte vor der Erledigung des Budgets. Die
Abdankungsurkunde Königs Ferdinand, die Thronentsagung des Erzherzogs
Franz Karl wurde glatt erledigt, das Gesetz über die gemeinsamen
Angelegenheiten angenommen, so daß nun der Krönung nichts im
Wege stand.

So wurde der Kaiser am 8. Juni 1867 zum König von Ungarn
gekrönt. Auf dem Krönungshügel, der aus Erde aus dem ganzen Land
errichtet war, schwang er das Schwert nach den vier Weltgegenden zum
Zeichen, daß er das Reich verteidigen und schützen werde und schwur,
„die Kirchen Gottes... und die Einwohner jeglichen geistlichen und
weltlichen Standes in ihren Vorrechten, Freiheiten, Privilegien, Gesetzen,

in ihren alten und genehmigten guten Gepflogenheiten zu erhalten". Der staatsrechtliche Kampf war beendigt, in den Ausgleichsgesetzen waren die Ansprüche Ungarns befriedigt worden, nun sollte der Aufbau im Innern beginnen.

Seit dem Spätjahre 1866 saßen auch die Abgeordneten Siebenbürgens im ungarischen Reichstag. Ein Teil von ihnen hatte gemeint, es werde möglich sein, gar nicht einzutreten, ein anderer, man werde sich von den Verhandlungen fern halten können — aber die positive Macht der historischen Welt, die Macht der Tatsachen war stärker als alle Erwägungen. Beiseite stehen ging nicht an, um so weniger, als das Land, ohne Rücksicht auf all die Worte von Bürgschaft und Sicherheit, die der definitiven Union vorangehen sollten, sofort als integrierender Bestandteil Ungarns behandelt wurde. Nach allem, was vorausgegangen war, sollte nun der ungarische Reichstag ein Gesetz über die Union schaffen, das auch die Aufgabe hatte, die Gemüter in Siebenbürgen zu beruhigen. Die Sachsen waren in Pest nicht schlecht vertreten. Die Führer von den letzten Landtagen waren da: Zimmermann, der die Hoffnung auf eine Wendung der Dinge nicht aufgab, Rannicher, der die dualistische Wendung früher als die andern hatte kommen sehen und nun für jene Garantien männlich und entschieden eintrat, die er für den Bestand seines Volkes stets als notwendig erkannt hatte; Gull, der ebenso durch seine Hünengestalt und seine andeutungsweise Art zu reden den Gegnern imponierte, wie durch seine Unerschrockenheit und Gutmütigkeit, Mich. Binder, der auch als gewandter Publizist an den Kämpfen der letzten Jahre seinen Mann gestellt, Fr. Eitel, der schon 1848 am Reichstag teilgenommen hatte, eine weiche Natur, die aber im entscheidenden Augenblicke mit unerwarteter Energie für das Recht und sein Volk eintrat, Kapp ein Neuling in Pest, aber einer der zukünftigen Führer auf dem heißen Boden parlamentarischer Kämpfe.

Gegen diese Garde standen die Jungsachsen durch Bömches, Fabritius, Emil v. Trauschenfels vertreten. Bömches fühlte zeitweise noch sächsische Regungen und erinnerte sich an das, was er früher als notwendig für sein Volk angesehen hatte und fand dann gute Worte für dasselbe, Fabritius verbittert durch persönliche Widerwärtigkeiten in dem politischen Kampf vertrat am schroffsten den jungsächsischen Standpunkt, während Trauschenfels Menschen und Verhältnisse gutmütig oft nach dem Bild beurteilte, das er sich von ihnen zurecht gelegt und unermüdlich daran arbeitete, das Verständnis zwischen den sächsischen Gegnern und dann zwischen Sachsen und Magyaren herbeizuführen.

Inmitten der Sachsen wuchs die Aufregung und die Leidenschaft. Die Altsachsen waren der Meinung, diese ganze dualistische Gestaltung der Monarchie werde nicht lange dauern, sie sei ein Übergang, die andern Formen Platz machen werde. Nur langsam erkannten sie ihren Irrtum. Aber eins muß konstatiert werden, sie stellten sich von vornherein, als der Dualismus Gesetz geworden war, loyal auf diesen Boden und haben nie versucht, von ihm sich zu entfernen. Ihren Führern lag daran, die leitenden Männer Ungarns zu überzeugen, daß dieses kleine sächsische Volk dem Staat so wie es sei in seiner nationalen Lebens- und Arbeitsart nützlich sein könne und daß es dem Vaterland nur in dieser nützen könne, daß es darum die Aufgabe des Staats sei, es darin nicht zu hindern, sondern zu fördern. Der Erfolg war ein geringer. Nicht zuletzt darum, weil ein Teil der Jungsachsen nicht müde wurde, die Loyalität der andern zu verdächtigen und weil ein Teil ihrer Wortführer Stück für Stück von dem fallen ließ, was sie kurz vorher als notwendige Bedingung für die nationale Entwicklung ihres Volkes erklärt hatten. Die wirklich ehrlichen Männer dieser Partei täuschten sich darin, daß sie annahmen, es bestehe bei den leitenden Politikern Ungarns die Absicht, unsere Verhältnisse zu verstehen und der gute Wille, billigen Ansprüchen in bezug auf unsere nationale Entwicklung gerecht zu werden.

Der Empfang der Sachsen in Pest war kühl, sie hatten nicht auf mehr gerechnet, aber Gerechtigkeit durften sie erwarten und fordern.

Die ersten Erfahrungen, die sie machten, waren schlimme. Noch bevor das Gesetz über die Vereinigung Siebenbürgens mit Ungarn auch nur eingebracht war, beschloß das Abgeordnetenhaus am 8. März 1867, das Ministerium zu ermächtigen, bezüglich der Regierung, Verwaltung und Rechtspflege in Siebenbürgen die ihr notwendig scheinenden Verfügungen zu treffen. Vergebens sprach der Abgeordnete Zimmermann ernste Worte dagegen und wies nach, daß dieses einen Zustand schnödester Willkürherrschaft herbeiführen werde, der Antrag wurde angenommen und damit besonders über das Sachsenland die Diktatur verhängt. Als der sächsische Komes Konrad Schmidt die Nationsuniversität zusammenrufen wollte, wurde ihm solches untersagt, ja am 8. Februar 1868 wurde er, ohne Angabe eines Grundes seiner Stelle enthoben. Die Blätter machten kein Hehl daraus, daß es die Strafe für seine zentralistische Gesinnung und Haltung in den Vorjahren sei. Zugleich begann mit der Ernennung Moritz Conrads zum provisorischen Komes die Belohnung jener Männer, die von vornherein für die Union gewesen waren. Vergebens wandte sich die Nationsuniversität in einer Vorstellung vom 28. Februar 1868 an die Krone mit dem Nachweis des Unrechts, das hier geschehe und bat um Wiederherstellung des gesetzlichen Standes der Würde des Nationsgrafen, von dem auch der Reichstag nichts wissen wollte, in dem die Sache zur Verhandlung kam, wobei der Abgeordnete Bömches den Nachweis zu führen versuchte, das Geschehene sei recht und man brauche keinen sächsischen Komes, nachdem er mit seinen Genossen auf dem Klausenburger Landtag die Aufrechthaltung dieses Amts und dessen Bestellung durch Wahl als Bedingung der Union hingestellt hatte.

Dasselbe Jahr brachte am Schluß der Reichstagssession in übereilter Verhandlung das Gesetz über die Union Siebenbürgens mit Ungarn und das Nationalitätengesetz.

Das erste vollzog die Einigung in einer Weise, die auf all die beruhigenden Zusicherungen der letzten Jahre keine Rücksicht nahm. Auf Grund der prinzipiellen Gleichberechtigung sämtlicher Bürger wurde die ehemalige Territorialeinteilung und Benennung nach politischen Nationen in Siebenbürgen aufgehoben, das Gesetzgebungsrecht auch für diesen Landesteil auf den ungarischen Reichstag übertragen, die Regierung auf das Ministerium, darum das Gubernium aufgehoben (mit 1. Mai 1869). Die Ernennung des sächsischen Komes wurde wie die der Szekler Oberkönigsrichter der Krone übertragen, unter ministerieller Gegenzeichnung. Vor allem wurde die freie Hand des Ministeriums auch weiter aufrecht erhalten, das Willkürregiment im Lande verlängert. Die sächsische Nationsuniversität wurde in ihrem altgesetzlichen Wirkungskreis, den der 13. Artikel von 1791 umschrieb, aufrecht erhalten, nur mit der Einschränkung, daß ihr hinfort die Rechtspflege entzogen wurde, und der § 10 des Gesetzes bestimmte: „Behufs der Feststellung der Innerverwaltungs-Rechte der Stühle, Distrikte und Städte des Königsbodens, dann der Organisierung ihrer Vertretung und der Feststellung des Rechtskreises der Nationsuniversität wird das Ministerium beauftragt, dem Reichstag nach Anhörung der Betreffenden einen solchen Gesetzentwurf vorzulegen, welcher sowohl die auf Gesetzen und Verträgen beruhenden Rechte als auch die Gleichberechtigung der auf diesem Territorium wohnenden Staatsbürger jeder Nationalität gehörig zu berücksichtigen und in Einklang zu bringen haben wird". Bis dahin aber sollte das Ministerium provisorische Verfügungen treffen dürfen. Die alten siebenbürgischen Religionargesetze wurden aufrecht erhalten und auch auf die griechischen Kirchen ausgedehnt.

Die Annahme des dem Abgeordnetenhaus vorgelegten Gesetzentwurfs

war von vorneherein sicher, das Haus selbst ermüdet, interesselos, es fanden in jenen Tagen, angesichts des nahen Schlusses der Mandats=
periode Sitzungen von zehn Stunden statt, dennoch hielten die Sachsen und Romänen sich für verpflichtet, ihren Anschauungen Ausdruck zu geben. Macellariu und Genossen hatten einen Antrag eingebracht, es solle, da der Unionsartikel von 1848 nicht Gesetz sei, ein neuer sieben=
bürgischer Landtag zur Beratung der Frage zusammengerufen werden. Rannicher entwickelte den gleichen Gedanken der Ungesetzlichkeit des 1848er Artikels und beantragte, mit dem Hinweis auf die vielfach ge=
gebenen und nicht eingelösten Verheißungen, die die Siebenbürger zu beruhigen berufen seien, es sei der Entwurf an das Ministerium zurück=
zuleiten, damit eine wirkliche Revision des Unionsartikels vorgenommen werde. Als Deak dem Redner nach der Sitzung begegnete, reichte er ihm die Hand und sprach: „Solche Gegner wissen wir zu ehren". In eingehender Rede schloß sich Kapp dem Antrag Rannichers an, desgleichen M. Binder, nur Emil v. Trauschenfels erklärte, er sei mit dem Gesetz zufrieden. Am 1. Dezember fand sofort auch die Spezialberatung statt. Kapp, unterstützt von Binder, stellte den Antrag, das Komeswahlrecht solle unangetastet bleiben, er wurde niedergestimmt und dabei halfen Bömches, Fabritius und Trauschenfels. Gegen die provisorischen Verfügungen des Ministeriums sprach Eitel ernste Worte und wies besonders nach, daß die Mängel der Zusammensetzung der sächsischen Vertretungs=
körper nicht ihre Schuld sei. Bömches und Trauschenfels fanden, daß die Interessen der Sachsen durch die freie Hand des Ministers besser gewahrt seien und stimmten mit Fabritius und der Mehrheit des Reichstags dafür.

Um 9 Uhr abends war das Gesetz beschlossen, dem das Magnatenhaus zustimmte und das am 6. Dezember die Sanktion erhielt. Das Sieben=
bürgisch=Deutsche Wochenblatt aber schrieb: Von diesem Tage wird in der Geschichte Siebenbürgens eine neue Periode beginnen.

Das Wort konnte auch mit bezug auf das Gesetz über die Gleich=
berechtigung der Nationalitäten gelten, das einige Tage früher zur Ver=
handlung gekommen war. Das Gesetz ging von der politischen Einheit „der ungarischen Nation" aus und schloß daraus mit einer Logik, die nur in magyarischer Sprache überhaupt verständlich ist, die einen Unterschied zwischen ungarisch und magyarisch nicht kennt, auf die aus=
schließliche Vorherrschaft der magyarischen Sprache. Sie wurde zur Staatssprache erklärt, sie sollte die Sprache des Reichstags, der Protokolle der Jurisdiktionen, ihrer Eingaben an die Staatsbehörden, selbst der

innern Geschäftsführung sein. Daneben wurde „spaltenweise" auch der Gebrauch andrer Protokollssprachen gestattet. Bei Gericht sollte dem Einzelnen freistehen, entweder seine Muttersprache oder die Geschäfts- oder Protokollssprache der Gemeinde oder des Bezirks zu gebrauchen und die Erledigung sollte in der Sprache der Klage erfolgen. Bei den Grundbuchsämtern war Vorsorge getroffen, daß die Parteien die Ausfertigungen verstünden. Für die höheren Gerichte wurde die magyarische Sprache zur amtlichen erklärt, doch wurde die erste Gerichtsinstanz verpflichtet, das Urteil in der Sprache der Partei auszufertigen. Die Kirchengemeinden erhielten das Recht, ihre Sprache und die Unterrichtssprache der Schule zu bestimmen, der Staat wurde verpflichtet, auch in Staatsschulen dafür zu sorgen, daß der Unterricht in der Muttersprache der Kinder erteilt werde. Die Kommunalversammlungen haben das Recht, ihre Protokollssprache zu bestimmen. Gemeinden und Kirchen erhielten das Recht Schulen zu gründen, alle Bürger das Recht, Gesellschaften und Vereine auch zur Förderung ihrer nationalen Bedürfnisse zu bilden. Die Regierung wurde verpflichtet, zu Ämtern solche Männer zu ernennen, die den verschiedenen Nationalitäten angehören.

Der Gesetzentwurf gab im Abgeordnetenhaus zu großen Debatten Anlaß. Er betraf ja in der Tat die heikelste Frage des vielsprachigen Staates. Die nichtmagyarischen Nationalitäten waren insgesamt damit nicht einverstanden, da sie eine Beeinträchtigung ihrer nationalen Entwicklung darin sahen, sie meinten, die Versprechungen des Jahres 1861 seien sehr mangelhaft darin erfüllt. Die Sachsen konnten insbesonders darauf hinweisen, daß die gesetzlichen und tatsächlichen Verhältnisse in Siebenbürgen auf viel freiern Grundsätzen beruhten. Auch Bömches konnte nicht umhin, in treffender Rede auf die Beschlüsse des siebenbürgischen Landtags von 1847 in der Sprachenfrage hinzuweisen und den Antrag zu stellen, es sollten für Siebenbürgen diese Bestimmungen aufrecht erhalten werden. Fabritius schloß sich Bömches an, während Eitel alle Entwürfe — es lagen mehrere vor — ablehnte, da keiner zu einer entsprechenden Lösung der Nationalitätenfrage führe, indem die Freiheit der Sprache nirgends genügend gewahrt sei. Am 27. November sprach Rannicher, geistvoll wie immer, und beantragte, wie das Gesetz für Kroatien nicht gelte, so solle es auch für Siebenbürgen nicht gelten, er wies nach, daß es den erwarteten Schutz den Sprachen nicht gewähre. Binder trat ihm bei. Schon die kurze Erfahrung im ungarischen Reichstag hatte die Sachsen belehrt, wie wenig ihr Eintreten einer Sache nütze. Mit naiver Rücksichtslosigkeit hatte Wenckheim zu den Gegnern des Gesetzes gesprochen: „Wir wollen wohl Geduld haben, aber wir möchten die Gegner des Gesetzes doch bitten, aufs Wort zu verzichten, damit das Gesetz schnell sanktioniert werden kann", worauf ihm der sächsische Abgeordnete Binder entgegnete: „Der Vorwurf trifft uns nicht, denn wir wünschen eben, daß das Gesetz nicht sanktioniert wird". Das Gesetz wurde beschlossen, am selben Tag (6. Dezember) wie das Unionsgesetz sanktioniert und am 7. Dezember wurden beide zusammen publiziert.

Den Anschauungen und Gefühlen, die diese beiden Gesetze im Sachsenland weckten, gab die Nationsuniversität dem Reichstag und dem Ministerium gegenüber Ausdruck (8. Dezember 1868). In bezug auf das Nationalitätengesetz hieß es da, „als Summe aller Bestimmungen dieses Gesetzes ergibt sich nur dies eine, daß die nichtmagyarischen Nationalitäten nur in Ansehung der Beschränkungen, welche ihnen für den Gebrauch ihrer Sprache auferlegt werden, jedoch nicht in Ansehung der Freiheit gleichberechtigt sind, welche den magyarischen Brüdern eingeräumt wird", das Gesetz mache den Nichtmagyaren bis in den Lebensnerv hinein Abstriche an ihrem natürlichsten, unantastbarsten und unveräußerlichen Recht, an ihrer Sprache und damit an ihrer Existenz. Das Gesetz zerbröckle die Nationalitäten in Individuen, die nun erst recht nicht gleichberechtigt seien. Die Zumutungen dieses Gesetzes müßten jeden mit Entrüstung erfüllen, welcher in seiner Muttersprache nicht etwas Zufälliges, sondern ein unveräußerliches Menschenrecht sehe, das unabhängig sei von dem Willen politischer Landtagsmehrheiten. Solche Gesetzesbestimmungen aber seien für Ungarn nicht notwendig, vielmehr gefährlich und stünden im Widerspruch mit der Geschichte. Die Wirkungen des Gesetzes müßten zum Schluß die sein, die Bevölkerung aufzurufen, „statt der Beschränkung die Freiheit und statt des Unrechts das Recht zu gewinnen!"

Mit derselben Schärfe wandte sich die Universität gegen das Unionsgesetz. Auch dieses stehe im Gegensatz mit den Versicherungen, die den Sachsen gegeben worden seien, indem tatsächlich durch Aufschiebung der definitiven Entscheidung das Recht des Sachsenlandes in Frage gestellt werde.

Einen Erfolg mit der Bitte, das Sprachengesetz nicht auf Siebenbürgen auszudehnen und das Unionsgesetz nach der angedeuteten Richtung umzuarbeiten, daß es die definitive Gewährleistung der begründeten Rechte der Konfessionen und Nationalitäten in Siebenbürgen, besonders auch des sächsischen Munizipalwesens bezwecke, haben die Vorstellungen natürlich nicht gehabt.

Die Arbeiten der Universität, die in langen Sitzungen 1868 zusammen war, waren ein Spiegelbild der neuen Verhältnisse. Sie sah als ihre Aufgabe an, das historische Recht, das sie vertrat und das ebensogut wie das Ungarns auf den vaterländischen Gesetzen beruhte und nie verwirkt worden war, zur Geltung zu bringen, um dem sächsischen Volk die nationale Entwicklung zu sichern und sie fand dieses Recht vom ersten Augenblick der neuen Verhältnisse angegriffen, beiseite geschoben, verdächtigt, als stünde das Staatsinteresse ihm entgegen. Nicht umsonst war jetzt wie in den vierziger Jahren das Vorbild Ungarns, das durch festes Stehen auf dem Recht sich dieses zurückerobert hatte; wer durfte es der Universität verargen, wenn sie das sächsische Recht ebenso heilig hielt und es mit allen gesetzlichen Mitteln zu schützen versuchte? So trat sie auch für die Erhaltung des Hermannstädter Obergerichts ein, das in jenem Jahr aufgehoben wurde. Daß im Innenleben der Nation vieles verbesserungsbedürftig sei, gab sie gern zu und legte Hand daran. Aber ihr Vorschlag — nun der wievielte in einem Menschenalter, — die Nation endlich vom Bann der Regulativpunkte zu befreien, indem sie ein liberales, modernen Ansprüchen genügendes Gemeindegesetz der Regierung vorlegte, fand abermals dort keine Billigung, wo es bequemer erschien, mit der „freien Hand" zu regieren.

Aber sie war auch nach einer andern Seite ein Spiegelbild der Verhältnisse in bezug auf die Gegensätze, die im Volk vorhanden waren. Wie in den Zeiten der Regulation hatte sich Kronstadt an die Regierung mit der Bitte gewandt, sie möge die bessere Organisierung der sächsischen Vertretungskörper in die Hand nehmen, und die jungsächsische Anschauung, daß das Heil des sächsischen Volkes von der Regierung zu erwarten sei, fand ihre Vertretung auch in der Universität.

Der Bruderkrieg begann das Leben zu vergiften. Er war das Zeichen eines fiebernden Organismus, der Ausdruck gesteigerter Angst, daß die neue Zeit das Volk in einen Kampf auf Leben und Tod stelle.

Diese Jahre sahen auch auf dem Gebiet des kirchlichen Lebens die Gegensätze aneinander stoßen. Nach der neuen Kirchenverfassung waren die Lehramtskandidaten, die zugleich Kandidaten der Theologie waren, zur Lehramts- und theologischen Prüfung verpflichtet. Einen großen Widerstand gegen die Einrichtung gab es nicht, aber um so mehr Gegensatz im einzelnen. Noch war der Kantönligeist so stark, daß der durchgefallene Mediascher gern annahm, der Schäßburger Prüfungskommissär sei an seinem Unglück Schuld und der Kronstädter in demselben Fall es am liebsten dem Hermannstädter zur Last legte. Die Prüfungen er=

schienen diesmal, wie sie in den vierziger Jahren bezeichnet worden waren, wenn auch in anderm Sinn als „Nationalangelegenheit", die ganze öffentliche Meinung beschäftigte sich mit ihnen.

Sachlich tiefer griff ein anderes. Bei den Arbeiten zur Einführung der neuen Kirchenverfassung war der Gegensatz eines Teiles der Geistlichen zu überwinden gewesen. Mit einer gewissen Entsagung hatten sie sich in das Unvermeidliche gefügt. Nun da sie eingeführt war, trat der Gegensatz seltsamerweise noch einmal zutage. Jene Richtung fürchtete insbesonders oder gab sich den Anschein zu fürchten, daß die Stellung des Bischofs nach der neuen Verfassung, nicht mehr Birthälmer Pfarrer, sondern frei von den Lasten des Pfarramts in Hermannstadt, nicht durch die Synode sondern die Landeskirchenversammlung gewählt, einen „Kirchenfürsten" schaffen würde, der eine neue Knechtung der Kirche, sie meinten damit die Geistlichen, herbeiführen werde, eine Gefahr, die nach der Lage der Sache vollständig ausgeschlossen war. Im stillen fürchteten sie auch das strenge Regiment des zukünftigen Bischofs, als welcher mehr und mehr G. D. Teutsch bezeichnet wurde. Und so versuchten jene Männer die begrabene Synodal= und Kapitularverfassung nochmals zu beleben. Am 17. Mai 1865 trat eine Synode zusammen, der nicht Bischof Binder präsidierte, da die Gebrechlichkeit des Alters ihn abhielt, zu erscheinen und die Versammlung beschloß nicht nur die Zusammenziehung der Kapitel in 12, wogegen nichts einzuwenden war, sondern auch Dinge, die durch die neue Kirchenverfassung gut und anders geordnet waren. So sollte die Synode wie einst Erhaltung und Förderung der schriftmäßigen Reinheit der ev. Lehre zur Aufgabe haben, während die neue Verfassung solches der Landeskirchenversammlung zuwies, sollte „für die brüderliche Disziplin der Geistlichen" sorgen, ein Unding an sich, abgesehen davon, daß die Verfassung genau die Disziplinargerichte bezeichnete; sie begehrte die Handhabung des Eherechts und der Eherichtsbarkeit für sich zu behalten, während die Landeskirchenversammlung schon Hand an die Reform gelegt hatte. Sie wollten den Bischof nur als primus inter pares anerkennen, bestimmten einige Bezirksversammlungen zu Verwahrungen gegenüber der Absicht der Landeskirche, über Eheordnung und Intervall zu entscheiden und arbeiteten daran, die Verlegung des Bischofssitzes nach Hermannstadt zu verhindern. Kein Wunder, wenn die Träger der neuen Verfassung sich entschieden gegen ein solches Beginnen wandten und es, freilich mehr im stillen als offen, wiederholt zu heftigen Auseinandersetzungen kam. Das ganze Beginnen war in sich machtlos und die Gegensätze verschwanden, als das Landes=

konsistorium die neue Arbeit auf dem Boden der neuen Verfassung aufnahm, freilich anfangs oft dadurch gehindert, daß von Birthälm aus doch auch selbständige Akte des Kirchenregiments geübt wurden. Aber im Grunde lag damals das Regiment in den Händen des Landeskirchenkurators Konrad Schmidt, der als Komes an der Spitze der Nation stand und dem die Kirche für diese selbstlose Arbeit großen Dank schuldete.

Den Schlußstein der neuen Verfassungsarbeit bildete die Neuwahl des Bischofs, nachdem Binder am 12. Juni 1867 — 83 Jahre alt — in Birthälm gestorben. Die Zeitgenossen hatten die Empfindung, daß ein ungewöhnlicher Mann in ihm heimgegangen sei. Dankbar gedachten sie dessen, was er für die Kirche geleistet, mit Vorliebe weilte ihr Blick auf seinem innern Wesen, in dem sich Humanität und Christentum in seltenem Glanz vereinigten. Reiches Wissen und Charakterfestigkeit, die Freiheit von aller Selbstsucht, der milde Geist der Liebe, der verklärend sein Wesen beherrschte, Begeisterung für sein Volk, hoch über allem Gemeinen, so wob sich sein Bild aus Vorzügen zusammen, in denen das rein Menschliche und Christliche erhebend zum Ausdruck kam.

Zum erstenmal wählte die Kirche nach der neuen Verfassung den Nachfolger. Jedes Presbyterium wählte drei Männer, die es für das Amt geeignet hielt, jede Bezirksversammlung sechs und die Landeskirchenversammlung am 19. September 1867 in der Hermannstädter Pfarrkirche unter der Leitung des Komes Konrad Schmidt mit 38 von 53 Stimmen Georg Daniel Teutsch zum Bischof.

Volk und Kirche haben es als providentielle Fügung angesehn, daß dieser Mann an die Spitze berufen wurde und daß die Kirche in einem Augenblick zu neuer großer Arbeit zusammengefaßt wurde, wo die alte politische Organisation des Volks vor der Zerstörung stand und nun ein gut Teil bester Habe auch des Volkslebens sich in die Kirche retten konnte. Neben andern hervorragenden Gaben, die der neue Bischof von der Natur empfangen hatte, war ihm die seltene Kraft zuteil geworden, das historisch Gewordene zu verstehen und das Neue an dieses anzuknüpfen, vor allem an Stelle des brüchig gewordenen Alten das lebenskräftige Neue zu setzen. Die Aufgabe, die er vorfand, war die neue Verfassung mit neuem Leben zu füllen, die frei gewordenen Kräfte der Kirche zum innern Aufbau zusammenzufassen, wobei es sich von selbst, sowohl im Anschluß an die Vergangenheit als den Bedürfnissen der Gegenwart entsprechend ergab, daß der Umfang der kirchlichen Arbeit hier größer wurde als er sonst zu sein pflegt, daß er das ganze Leben umfaßte und der Versuch gemacht wurde, eine Volkskirche zu schaffen, die das Volksleben umfaßte und jeden Zug in diesem Volksleben adle.

Und nicht weniger haben die Zeitgenossen es als providentiell angesehn, daß ihm als nächster Mitarbeiter in Franz Gebbel, Sekretär der Landeskirche, ein Mann zur Seite stand, der ihm gleich zu den außergewöhnlichen zählte. Er war 1835 geboren, hatte ausgebreitete Studien, besonders juridische und historische gemacht, ein Mann von durchdringendem Verstand, scharfer Menschenkenntnis, von selbstloser Hingabe an Volk und Kirche, der nur der Pflicht und der Arbeit lebte. Das altgermanische Treuverhältnis zwischen Häuptling und Gefolgschaft hatte hier eine neue edlere Form gefunden, beide wetteiferten mit einander, ihr Bestes, das an einander wuchs, für das Allgemeine zu geben. Wer in jenen Jahren bisweilen verzweifeln wollte, der erhob sein Herz und seinen Mut an diesen Männern, die nicht verzagten, die von den Schlechten gefürchtet, von den Guten geliebt wurden, um die sich die ganze Kirche, zuletzt das ganze Volk scharte.

Die fünfte Landeskirchenversammlung vollzog im November 1868 die feierliche Einführung des neuen Bischofs in das Amt und tat die vorbereitenden Schritte für die nächsten großen Arbeiten, die bevorstanden, die sich in den Anfragen ankündigten, die ans Konsistorium gerichtet wurden, in bezug auf die Entschädigung des indebite geleisteten Zehnten, die Reorganisation der Seminarien und Volksschulen, die Disziplinarordnung, die Eherechtspflege.

In zwei Akten der Landeskirchenversammlung spielte die Wandlung der Zeit hinein. Der Kurator der Landeskirche, K. Schmidt, legte sein Amt nieder, da er nach Enthebung vom Komespoſten nach Wien übersiedelte und die Landeskirche hielt sich für verpflichtet, an den ungarischen Kultusminister sich zu wenden, mit der Bitte um Aufrechthaltung der siebenbürgischen Religionargesetze. Die Landeskirchenversammlung gedachte alles dessen, was der scheidende Kurator in hingebender Tätigkeit der Kirche getan und gewesen und dankte ihm in warmen Worten. An den Kultusminister Baron Eötvös aber wandte sich die Kirche angesichts der Besorgnisse, die nicht abzuweisen waren, wenn die Landeskirche sah, wie der ungarische Reichstag anfing, die siebenbürgischen Religionargesetze, bald stillschweigend als nicht vorhanden anzusehen, bald in positiven neuen Gesetzen zu verletzen. Doch erkannte sie dankbar an, daß der Minister Berufungen, die aus der Kirche an ihn ergangen waren, mit dem Hinweis auf die Autonomie der Kirche, dieser zur gesetzlichen Entscheidung zuwies. Der Bischof konnte die Sitzungen mit dem Ausdruck der Freude darüber schließen, „wie über aller Sorge und allem Staub des Tages hier inmitten der Kirche im Ringen nach ihren menschenveredelnden Zielen jene Einmütigkeit im Geist lebt, die da die Zeichen der Zeit verstehend, die tiefe sittliche Verantwortlichkeit kennt, die grade hier der Vergangenheit und der Zukunft gegenüber so ernst vor dem denkenden Geiste steht... So helfen sie, wie es hier geschah, daß allüberall mehr und mehr lebendig werde und Früchte des Segens reife das wahrhaft christliche Lebenswort des alten christlichen Weisen: in necessariis unitas, in dubiis libertas, in omnibus caritas... Vigilate et orate!"

Von dem neuen Leben in Kirche und Schule legte die literarische Tätigkeit über Fragen beider Gebiete Zeugnis ab. M. Walmer gab 1862 eine neue Evangelische Kirchen- und Schulzeitung heraus, die ohne allgemeinen Beifall zu finden auch die Innermission betonte, für die das Verständnis noch vollständig fehlte. Sie beschäftigte sich vor allem mit den Tagesfragen: Landeskirchenversammlung, Prüfung der Kandidaten, Pfarrwahlgesetz, Einteilung der Kirchenbezirke u. a. Dabei lag die Förderung der Frauenvereine, des Gustav-Adolf-Vereins, der Gesangspflege dem Herausgeber besonders am Herzen, ebenso der Volksschulunterricht, darunter besonders Religion, zu dessen Förderung das Blatt Aufsätze und Proben für den Unterricht brachte. Franz Obert, der schon 1862 als Beiblatt zur Hermannstädter Zeitung „Schule und Kirche" herausgegeben hatte, begründete 1865 den Schul- und Kirchenboten, der das Interesse der Lehrerwelt für die Innerfragen der Schule erweckte und befriedigte und den Gedanken gemeinsamer Ziele und gemeinsamer Aufgaben in die Kreise der Volksschullehrer hineintrug. Die von H. Neugeboren und Korodi herausgegebene Vierteljahrsschrift für Seelenlehre, die Benekes Psychologie vertrat und für die Schule nutzbar machen wollte, war 1861 (von 1859 herausgegeben) eingegangen.

Das eigentlich wissenschaftliche Leben litt in jenen Jahren unter dem schweren Druck der politischen Kämpfe. Die größern Arbeiten jener Zeit waren noch die Frucht der fünfziger Jahre. Aber in den Programmen der Gymnasien fanden die landes- und volkskundlichen Studien treue Pflege. Die Schäßburger Programme von 1860—68 brachten die schönen Arbeiten über Brauch und Sitte bei Hochzeiten, Tod und Begräbnis im sächsischen Bauernhaus, die negativen Idiotismen der sächsischen Mundart, die Fortsetzung der Geschichte des Gymnasiums, Beiträge zur klimatologischen und statistischen Kenntnis von Schäßburg von Mätz, G. Schuller, Haltrich, Bell, Joh. Teutsch. In Bistritz behandelten Storch, Wittstock, Csallner, Bertleff ähnliche Fragen und Verhältnisse des Nösnergaues, während in Mühlbach Schuster vor allem seinen mythologischen Forschungen nachging, G. Arz die ersten Versuche wissenschaftlicher Erörterung geographischer Fragen erfolgreich machte und Baumann die interessanten Erbgrafen des Unterwaldes nach den Quellen bearbeitete. Es war ein eigenes Zusammentreffen, daß das Jahr 1865 die neue Auflage des Abrisses der Geschichte Siebenbürgens von G. D. Teutsch (bis 1526) brachte, ein Jahrhundert nach der Erhebung Siebenbürgens zum Großfürstentum gerade in dem Augenblick, als der letzte siebenbürgische Landtag die alte Selbständigkeit begrub. Das Büchlein selbst, mit der ersten Auflage verglichen, war ein ganz neues geworden, es verwertete nicht nur die verfügbare Literatur, sondern belegte die Darstellung auch mit den Quellennachweisen. Als Beiblatt des Siebenbürger Boten hatte Bielz eine neue Folge der Transsilvania 1861—63 herausgegeben, „für Landeskunde, Literatur und Landeskultur", weniger für streng wissenschaftliche Arbeiten berechnet als bestimmt Anregungen zu geben. Das Archiv des Vereins für siebenbürgische Landeskunde brachte einzelne wertvolle historische Untersuchungen, doch fehlte dem Verein, unter Trauschs Leitung, die eigentliche Führung und Anregung.

Dafür trat in diesen Jahren die heimische Dichtung entschiedener auf den Plan. Gustav Seivert, ein tüchtiger Kenner der Geschichte seines Volkes und Landes, vor allem mit den urkundlichen Schätzen des Nationalarchivs vertraut, schrieb im Anschluß an den historischen Roman und die kulturhistorische Novelle Deutschlands, seine kulturhistorischen Novellen, die 1866—67 gesammelt erschienen. Er wollte auf diesem Wege die Kenntnis der Geschichte ins Volk bringen, Interesse an ihr in jenen Kreisen erwecken, die der wissenschaftlichen Forschung und Darstellung fern standen. Es gelang dem Verfasser nicht, das wissenschaftliche Gerüst der Erzählung mit dem schönen Kleid der Poesie zu umhüllen, es fehlte häufig die rechte Erfindungskraft und die Gabe plastischer Gestaltung, aber die Novellen haben damals gern Leser gefunden, bewähren auch heute auf dem Lande ihre Zugkraft und der edle nationale Inhalt vermag auch heute die Leser zu fesseln. Mit größerem Erzähler- und Gestaltungstalent ausgerüstet schrieb Traugott Teutsch (geb. 1829) in dieser Zeit seine ersten kulturhistorischen Novellen, in denen schon zutage trat, was er als Inhalt seines Lebens und seiner Schriften bezeichnet, die heilige Liebe zu seinem Volk. Albert (geb. 1836), 1860 von der Universität heimgekehrt, veröffentlichte seine ersten Novellen, die mit einer Ausnahme (Lucas Seiler) nicht der Vergangenheit sondern der

Gegenwart den Stoff entnahmen. Im Heimatsboden wurzelte auch seine Poesie, aber sie wurde ein Spiegelbild all der Sorgen und Gedanken, des Kämpfens und Fühlens der Gegenwart. Wie die neue Zeit neue Gedanken ins Volk hereinträgt, wie sie mit den alten Überlieferungen im Volksgemüt ringen, wie die Volksseele in Gefahr ist, mit dem neuen Erwerb, der geborgen werden muß, soll die Zukunft gerettet werden, alten Besitz zu verlieren, der um derselben Zukunft willen nicht preisgegeben werden darf, wie all das mächtig und erschütternd an dem Wesen der Volksseele arbeitet, hier zerstörend dort aufbauend, das ist der Inhalt der Erzählungen, die in feiner psychologischer Vertiefung Menschen zeichnen, wie das Leben sie bietet. Und wie er in seinen Dichtungen das zum Ausdruck brachte, was aus der Gesamtempfindung ihm zu persönlichem Leben geworden war, so zeigte er dem Volke im Spiegel der Dichtung den Weg, innerlich dessen Herr zu werden, was zentnerschwer auf ihm lag. Dazu kamen nun die lyrischen Gedichte Alberts so tief, so rein, denn

> Ihm gaben die Götter das reine Gemüt,
> Wo die Welt sich, die ewige, spiegelt.

Die ihm nahe traten, ahnten etwas von der Macht des Gemüts im Menschen, von der gesundmachenden Kraft der Poesie.

Im stillen nur schuf in dieser Zeit neben seinen wissenschaftlichen Arbeiten Fr. W. Schuster weiter, spät nur veröffentlichte er, was seine Seele „an andrer Welten Tor" erlauschte. Aber die Zeitgenossen begeisterten sich an seinen politischen Gedichten, mit denen er im Siebenbürgisch=Deutschen Wochenblatt die Tagesereignisse verfolgte, die mehr als einmal mit grimmiger Satyre den Gegner trafen.

Einen fremden Ton brachte Dr. Krasser in unsern Dichterwald, der von allgemein humanistischen, sozialistischen und antireligiösen Gedanken getragen, für Freiheit, Volkswohlfahrt u. dgl. schwärmte und in den engen Verhältnissen der Heimat sich nicht wohl fühlte. Aber auch bei ihm bewährte sich die heilende Kraft der Sorge um das eigene Volk. Die Angriffe der folgenden Jahre führten ihn auf die Frage nach den unmittelbaren Bedingungen des Bestandes seines Volks, das auch er immer im Herzen getragen und er fand zum Schluß die schönsten Töne zum Preise dieses Volkes und seiner nationalen Aufgaben.

In dieses Volksleben selbst griffen die neuen Aufgaben mit neuen Vereinsgründungen ein: die Turn-, Sänger-, Schützenvereine entstammten dem Beginn der sechziger Jahre. Die Turnsache hatte wohl schon in den vierziger Jahren zu den ersten Turnvereinen geführt, aber nun wurden sie allgemeiner, alle mit einander aber wollten Zusammenfassung der Volkskräfte, angesichts der neuen großen Sorgen, die von allen Seiten auf das sächsische Volk einstürmten. Die Männergesangvereine und Liedertafeln, die allenthalben entstanden, trugen das deutsche Lied in das Volk hinein, allen voran in Hermannstadt, wo unter Bönickes Leitung — er stammte aus Aschersleben — das musikalische Leben rasch und fröhlich aufblühte.

Denn das war die allgemeine Empfindung, daß die Nation vor so schweren Ereignissen stünde, wie selten in ihrer kampfreichen Vergangenheit. Hinter all den Formen, um die sich der diplomatische Streit drehte, ob Union oder Nicht=Union, ob siebenbürgischer Landtag oder nicht, ob dieses oder jenes Gemeinde= und Sprachengesetz, lag die eigentliche Frage: was ist zu tun, um die Nation zu erhalten, was bietet die Gewähr für die Entwicklung des nationalen Lebens? Und grade weil die Meinungen darüber auch inmitten des Volkes auseinander gingen, wuchs die Sorge und die Angst, es könne durch eigene Schuld unersetzlicher Schaden angerichtet werden. Dabei empfanden sie die ganze Schwierigkeit, die darin lag, den allerdings vielfach übertriebenen Anforderungen des modernen Staats die notwendigen Zugeständnisse zu machen und dabei nichts aufzugeben, was das nationale Dasein bedinge. Vieles, was man aus der Vergangenheit gerettet hatte, stand im Gegensatz zu diesen Forderungen — wie weit sollte das Zugeständnis gehen, wo fing die wirkliche Pflicht der Verteidigung an?

Zugleich wuchs in diesen Jahren auch eine andere Sorge, die um die wirtschaftliche Existenz des Volkes. Langsam vermehrte sich die sächsische Bevölkerung, — die 125.000 Seelen von 1765 waren 1869 auf 210.359 Seelen gestiegen — aber noch galt das gleiche wie in den vierziger Jahren, daß überall in der Landwirtschaft Rückständigkeit und im Gewerbe schwerster Rückgang bemerkbar war, und bei dem schweren politischen Kampf blieb zu wenig Kraft, um hier gründlich einzugreifen. Gleichwohl begann der, wesentlich von Bedeus neu organisierte und wieder belebte landwirtschaftliche Verein, die sächsische Landwirtschaft auf einen neuen Boden zu stellen, indem er die Gedanken modernen Landbaues in das sächsische Dorf hineintrug, die maßgebenden Neuerungen (Befreiung des Besitzes, Kommassation usf.) in den Kreisen des Bauern erörterte und neues Leben weckte. Weniger gelang es den Gewerbevereinen mit dem Gewerbe, wenn auch Versuche im kleinen mit Ausstellungen, Schaffung von Gesellen=vereinen (Arbeiterbildungsvereinen) u. ä. manche Anregung geben. Im ganzen ging das Gewerbe weiterem Verfall entgegen.

In der politischen Entwicklung aber ließen die Ereignisse nicht lange Zeit zur Überlegung, denn in kurzem sahen alle Einrichtungen in der Nation, auch Kirche, Schule, Sprache Angriffen sich ausgesetzt, aus dem politischen Kampf war ein sittlicher Kampf geworden, wo das Gewissen allein entschied, der Kampf ums Recht wurde ein Gebot der Moral und wer dort versagte, mußte auch hier zu den Toten geworfen werden.

Zu solcher hohen Auffassung der nationalen Pflicht erzog das Siebenbürgisch=Deutsche Wochenblatt (seit 3. Juni 1868) seine Leser, nachdem die Siebenbürgischen Blätter seit 1867 das Heil des Volkes in so engem Anschluß an Ungarn und an die Magyaren suchten, daß sächsisches Recht und sächsische Volksentwicklung daneben keinen Raum fanden. Die Gründung des Wochenblattes ging von dem Kreise aus, der sich um Bischof G. D. Teutsch und Franz Gebbel scharte, dem Kern der altsächsischen Partei und Franz Gebbel war der eigentliche Träger des Blattes, mit ihm alle jene, die mit ihm in Verbindung standen, darunter auch Jene, denen die Aufgabe zufiel, das Erbe zu übernehmen und weiter zu führen, wenn die ältern Führer heute oder morgen zurück= traten, Fr. Müller, Albert Arz von Straußenburg, Karl Wolff.

Das Wochenblatt stellte das Programm auf: „Halten wollen wir an allen lebens= und entwicklungsfähigen Überlieferungen der Väter, an allen berechtigten Grundbedingungen unseres Fortbestandes; halten an dem Grund und Boden, der uns trägt und nährt, an dem zusammen= geschlossenen Sachsenboden. Halten wollen wir auf diesem Boden an dem uralten Rechte bürgerlicher Gleichheit aller seiner Bewohner vor dem Gesetze, halten an dem geheiligten Rechte voller Glaubens= und Gewissensfreiheit. Halten wollen wir an dem Rechte der Selbstbestimmung und Selbstverwaltung für alle Innerangelegenheiten durch die freie Gemeinde, an der freien Gemeinde in ihren Abstufungen als Orts= gemeinde, Kreisgemeinde, Gesamtgemeinde, und an dem „ersten Sachsen", dem Komes der sächsischen Nation. Halten wollen wir am Recht der deutschen Sprache im öffentlichen Amtsverkehr, in Kirche und Schule, und halten an den Schwestern Kirche und Schule selbst, an ihrer freien Verfassung, wie wir halten wollen am Glauben der Väter.

„Die Mittel aber, durch die wir diese höchsten Güter wahren und fortbilden wollen nach den Forderungen der Zeit, sind einfach; sie heißen: Treue dem Landesfürsten, Treue dem Gesetz und Treue gegen uns selbst.

„Dabei wollen wir niemals vergessen, daß in dem weiten Reiche neben uns zahlreiche andere und mächtigere Nationalitäten und andere

Kirchen bestehen. Mit allen Nationalitäten und Kirchen in Eintracht und Frieden zu leben ist unser sehnlicher Wunsch…

„Und niemals wollen wir vergessen, daß wir nicht allein Sachsen, d. i. Deutsche, sondern auch Bürger sind eines großen Staates…"

Es faßte hierin die Ergebnisse der Vergangenheit und die Ziele der Zukunft ebenso zusammen wie in den Worten: „Deutsche sind wir und wollen wir bleiben."

„Deutschland — wunderbares Wort! Deutschland, Mutter unsrer Väter, Mutter unsrer Sprache, unsres Glaubens, unsrer Bildung! Deutschland, wie klingt das Wort wie Heimatsklang herein in unsre Berge! Heimatsland unsres Geistes, Deutschland, unser bürgerliches Heimatsland bist du nicht und wirst es niemals werden! Eine andre Heimat hat uns Gott gegeben, ihr zu leben, sie zu lieben und in ihr zu sterben. Fern von dem „deutschen Vaterland" stehn wir hier an den Ostmarken des Ungarlandes, die Siebenbürger Deutschen, die letzten Ausläufer des deutschen Namens."

In klarer Erkenntnis war hier das Doppelerbe der Vergangenheit festgehalten, der geistige Zusammenhang mit Deutschland, das Bewußtsein, daß die Sachsen hier eine geschichtliche und kulturelle Sonderart im Rahmen der deutschen Volksfamilie darstellen, mit individuellem Gepräge, eine Bereicherung des Gesamtbildes des deutschen Volkstums, und dann, daß sie so, wie sie seien in ihrer deutschen Eigenart, sich einstellten in den Dienst des Vaterlandes, in das ungarische Könige sie hereingerufen, das durch Blut und Arbeit vieler Geschlechter gewonnen, durch Kampf und Glück und Leid mit dem Herzen erworben war.

In der Tat gelang es dem Wochenblatt, „stille Saatkörner auszustreuen in den langsam reifenden Schoß der Zeit", die Geister zu sammeln und zu erheben, „dem Volk den Anker zu reichen, ihn auszuwerfen in dem Sturm der Zeit und einzutreiben in den Fels des Glaubens an sich selbst". Es kamen die Jahre, schneller als irgend jemand gefürchtet hatte, wo all das verteidigt werden mußte, was das Wochenblatt als berechtigten Besitz ansah, wo das sächsische Volk nicht nur seine Vergangenheit und Gegenwart, sondern auch seine Zukunft angegriffen und in Frage gestellt sah. Und diese Jahre zeigten, daß das ganze Volk zuletzt auf dem gemeinsamen Boden stand, auf dem die Treue zum Vaterland und zu sich selbst eins war, auf dem auch die getrennten Herzen der streitenden Parteien sich zusammenfanden.

Die Jahre jenes Kampfes um das Recht bezeichneten bei allen äußern Niederlagen Jahre der innern Sammlung und der Vertiefung. Sie bewiesen, daß der sächsische Volksstamm sich nicht selbst aufgab, sondern stark genug war, unter veränderten Lebensformen sich selbst treu die ererbten Güter zu verteidigen und zu bewahren und damit den besten Dienst auch dem Vaterland zu leisten.

Die Geschichte eines um seine besten Güter kämpfenden Volkes gleicht dem Riesen im Märchen, der immer größer wird, je länger man ihm ins Auge sieht.

Auch die Geschichte unseres Volkes in den letzten zwei Jahrhunderten darf ihm verglichen werden.

Anhang.

Quellen- und Literaturnachweis.

Im Folgenden soll eine Übersicht über die in den beiden Bänden II und III der Sachsengeschichte benützten Quellen und die Literatur gegeben werden. Ein großer Teil der Darstellung ist aus den unmittelbaren, zum geringsten Teil publizierten Quellen im sächsischen Nationalarchiv in Hermannstadt, dann in den Archiven der sächsischen Städte, in Budapest und Wien, sowie den Archiven der ev. Landeskirche und der Kapitel und verschiedenen Sammlungen geschöpft.

Über diese Archive überhaupt s. Franz Zimmermann: Über Archive in Ungarn. Vereinsarchiv 23, über das Landesarchiv ausführlich: Tagányi K.: A m. k. orsz. levéltár ismertetése. Budapest 1897. Fr. Teutsch: Siebenbürgisch-sächsische Schulordnungen I (Mon. germ. paed. VI). Einleitung S. V f., über die in Hermannstadt und Kronstadt Zimmermann: Das Archiv der Stadt Hermannstadt und der sächsischen Nation. 2. Aufl., Hermannstadt 1901. Das Archiv der Stadt Kronstadt in Löhers Arch. Zeitschrift V (1880). Die Vereinigung des Kapitelsarchivs von Karlsburg und des Konventsarchivs von Kolosmonostor mit dem Landesarchiv in Ofenpest. Hermannstadt 1882.

Von den Quellen seien hier ein- für allemal angeführt:

Die Protokolle über die Verhandlungen der ungarischen Reichstage und der siebenbürgischen Landtage;

die Quellenschriften der ung. Akademie der Wissenschaften;

Archiv des Vereins für siebenbürg. Landeskunde. A. F. 4 Bände. N. F. 36 Bände. (Hier Vereinsarchiv zitiert; wenn keine Angabe, N. F.);

die Verhandlungsprotokolle (gedruckte und ungedruckte) der sächsischen Nationsuniversität;

die ungedruckten Protokolle der sächsischen Magistrate und Kommunitäten;

die Protokolle der ev. Landeskirchenversammlungen der ev. Landeskirche A. B. in Siebenbürgen (gedruckt von der 3. an, 1865);

die Rechenschaftsberichte der Abgeordneten;

die Jahresberichte der verschiedenen Vereine, der Kronstädter Handels- und Gewerbekammer;

die (von 1600 an) nicht gedruckten Synodalverhandlungen der ev. Landeskirche, in vielfachen Abschriften verbreitet, mehrfach im Archiv der Landeskirche; die nicht gedruckten Protokolle des ev. Oberkonsistoriums in Hermannstadt.

Für die Kirche und Schulgeschichte boten, neben dem Archiv der ev. Landeskirche, die Archive der ev. Kapitel, dann die in den Programmen der betreffenden Gymnasien veröffentlichten Schulgeschichten die wertvollsten Beiträge, vor allem: Die siebenb.-sächs. Schulordnungen in den Mon. germ. paed. Band VI und XIII. Dann die einzelnen Schulgeschichten: Fr. Teutsch im Vereinsarchiv 17 und 19; die Gymnasialprogramme von Hermannstadt 1859, 1861, 1896; Kronstadt 1898, schon 1845 nicht als Programm Dück: Geschichte des Kronstädter Gymnasiums; Schäßburg 1852, 1853, 1864, 1871, 1872, 1896, 1897; Mediasch 1852, 1896; Bistritz 1852, 1896; Mühlbach 1857, 1896; S.-Reen 1890, 1894.

Für die Volksschule: J. Salzer, Zur Geschichte der sächsischen Volksschule in Siebenbürgen; Mediascher Gymn.-Programm 1861 und 1862; Fr. Teutsch: Bilder aus der Vergangenheit der sächsischen Volksschule. Vereinsarchiv 29, S. 436.

Eine wichtige Quelle sind die siebenbürgischen Zeitungen (seit 1784), deren Zusammenstellung das Korrespondenzblatt des Vereins für siebenbürgische Landeskunde 1884, Nr. 5 und 10 enthält.

Neben den Zeitungen die siebenbürgischen Kalender. Ein Verzeichnis im Korrespondenzblatt 1891, S. 29 „Die deutschen Kalender Siebenbürgens". Besonders wertvoll „Der sächsische Hausfreund" (Kronstadt), namentlich unter der Redaktion E. v. Trauschenfels (1860—1885), wo kein Jahrgang ohne dauernden Wert, darunter alles, was der Herausgeber selbst geschrieben.

Korrespondenzblatt des Vereins für siebenbürgische Landeskunde (seit 1878), Hermannstadt, ist eine Quelle für viele Einzelheiten. 33 Bände.

Inwiefern die großen Werke über österreichische und ungarische Geschichte oder über einzelne ihrer Teile benützt worden sind: Krones, Arneth, Helfert, Springer, Ad. Schmidt, H. Friedjung, Feßler-Klein, Horvath, Marczali, Thaly, Finaczy u. A. wird der Kenner leicht herausfinden.

Nicht als Quellen, aber als parallele Darstellungen seien angeführt:

Fr. Teutsch: Bilder aus der vaterländischen Geschichte. 2 Bände. Der zweite Band, der das innere Leben der Sachsen behandelt, hat vielfach grundlegende Aufsätze, darunter besonders die von Dr. G. A. Schuller und Dr. A. Schullerus. Hermannstadt 1895 ff.

Hundert Jahre sächs. Kämpfe. Zehn Vorträge aus der Geschichte der Siebenbürger Sachsen im letzten Jahrhundert. Hermannstadt 1896.

Umfassendere Werke, die für die ganze Arbeit in Frage kommen, und Abhandlungen, die sich über größere Zeiträume erstrecken:

G. Seivert: Akten und Daten über die gesetzliche Stellung und den Wirkungskreis der sächsischen Nationsuniversität. Hermannstadt 1870.

Fr. Schuler v. Libloy: Materialien zur siebenb. Rechtsgeschichte. Hermannstadt 1862. (Enthaltend: 1. Merkwürdige Munizipalkonstitutionen, 2. die Regulativpunkte, 3. die wichtigsten Verfassungsgrundgesetze 4. die Landtagsartikel von 1848.)

Fr. Schuler v. Libloy: Siebenbürgische Rechtsgeschichte. 2. Aufl. 3 Bände. Hermannstadt 1867 f.

J. Trausch: Schriftstellerlexikon oder biographisch-literärische Denkblätter der Siebenbürger Deutschen. Kronstadt 1868 ff. 3 Bände. 4. Band von Dr. Fr. Schuller (Ergänzungsband). Hermannstadt 1902. Trauschs Arbeit ist eine Neuausgabe und Ergänzung von J. Seiverts Nachrichten von Siebenbürgischen Gelehrten und ihren Schriften. Preßburg 1785.

G. D. Teutsch: Zehntrecht der ev. Landeskirche A. B. in Siebenbürgen. Schäßburg 1858.

Fr. Teutsch: Die siebenb.-sächs. Schulordnungen (1543—1883) in den Mon. germ. paed. Band VI und XIII. Berlin 1888 und 1892.

Fr. Teutsch: Die kirchl. Verhältnisse Siebenbürgens. Halle 1906.

Fr. Teutsch: Zur Geschichte des deutschen Buchhandels in Siebenbürgen. Im Archiv für Geschichte des deutschen Buchhandels. Leipzig IV. 1879, VI 1881, XV 1892.

Fr. Teutsch: Hundert Jahre sächs. Tagesliteratur. S.-D. Tageblatt 1884.

Die Entwicklung unseres nationalen Bewußtseins. Separatabdruck aus dem S.-D. Tageblatt, 1888. Vgl. Bilder aus der vaterländischen Geschichte. II. Band, S. 373.

Siebenbürgisch-sächsisches Wörterbuch. Mit Benützung der Sammlungen Joh. Wolffs, herausgegeben vom Ausschuß des Vereins für siebenbürgische Landeskunde. Straßburg, Trübner. 1. Lieferung bearbeitet von Dr. Adolf Schullerus, 1908. Darin die Einleitung von Dr. Adolf Schullerus, die die Geschichte des Wörterbuchs und im weitern der landes- und volkskundlichen Studien enthält.

Dr. A Schullerus: Die Vorgeschichte des Siebenb.-sächs. Wörterbuchs im Programm des ev. Landeskirchenseminars in Hermannstadt, 1895.

Handbuch der ev. Landeskirche A. B. im Großfürstentum

Siebenbürgen. Eine Sammlung von Gesetzen und Aktenstücken (1653—1856). Wien 1857.

Fr. Hann: Zur Geschichte des siebenb. Handels von 972—1845. Vereinsarchiv A. F. 3.

G. A. Schuller: Aus der Vergangenheit der siebenb.-sächs. Landwirtschaft. Hermannstadt 1895.

Joh. Wolff: Unser Haus und Hof. Kulturgeschichtliche Schilderungen aus Siebenbürgen. Kronstadt 1882.

Allgemeine deutsche Biographie... Herausgegeben durch die historische Kommission bei der k. (baier.) Akademie der Wissenschaften. Leipzig 1875 ff. Darin für uns vor allem folgende Namen: Brukenthal, J. Bergleiter, G. P. Binder, Eder, Fay, Dan. Filtsch, K. und M. Fuß, G. J. Haner, G. Haner, Kinder, Lebrecht, G. Fr. Marienburg, L. J. Marienburg, Marlin, J. Aur. Müller, S. J. Müller, Neugeboren, Rannicher, Reschner, St. L. Roth, Salmen, J. K. Schuller, G. Seivert, J. Seivert, Trausch, G. D. Teutsch, Zimmermann, Kon. Schmidt.

Endlich haben reichstes Material geliefert:

die B. Brukenthalische Sammlung, vor allem aus dem Nachlaß des Gubernators S. v. Brukenthal, darin in erster Reihe Akten, die ihn und seine Arbeit betreffen, unerschöpflich reich für die ganze Landesgeschichte im 18. Jahrh., im B. Brukenthalischen Museum in Hermannstadt, Hauptquelle für Band II, S. 95 ff.;

die der Kronstädter Gymnasialbibliothek angehörige Sammlung Trauschs (1795—1871), (vgl. Netoliczka, Trauschs Handschriftenkatalog), besonders für den Klausenburger Landtag 1790—91, die Josefinische Zeit und die erste Hälfte des 19. Jahrhunderts;

die Rosenfeldische Sammlung im B. Brukenthalischen Museum in Hermannstadt mit reichsten Beiträgen zur Geschichte des 18. und 19. Jahrhunderts (über Rosenfeld, geb. 1804, † 1869, s. Trausch, Schriftstellerlexikon III. Band, und hier S. 139 und 422);

die Sammlungen J. A. Zimmermanns (geb. 1810, † 1897) ebenda, über das ganze 18. und 19. Jahrhundert, besonders auch zur Geschichte der ev. Kirche und der Entstehung der neuen Verfassung 1850 ff. (über Zimmermann s. Trausch-Schuller IV. Band und Fr. Teutsch, Denkrede auf J. A. Zimmermann im Vereinsarchiv 28. Band, S. 5 f.);

die Sammlungen G. D. Teutschs, (geb. 1817, † 1893) im Besitz der ev. Landeskirche (über ihn G. D. Teutsch, Geschichte seines Lebens von Fr. Teutsch. Hermannstadt 1909).

Für das 18. Jahrhundert, sowohl die politische wie die Kirchengeschichte, sind inhaltsreich 2 Bände Codex Schreiber Fol. im Superintendentialarchiv in Hermannstadt.

Besonders für die Kirchengeschichte des 18. Jahrhunderts von großem Wert die Sammlungen Haners im Superintendentialarchiv in Hermannstadt, (über Haner s. Trausch II, S. 60 und G. D. Teutsch in der All. Deutschen Biographie), das nach dieser Richtung viel ungehobene Schätze birgt.

Endlich bemerke ich: es sind auch einige nicht benützte, weil später erschienene Aufsätze im folgenden angeführt, in der Meinung, dem einen oder andern Arbeiter einen Dienst zu leisten, doch sind sie mit einem * bezeichnet.

Die ganze Literatur, soweit sie in den Jahren 1869—1889 erschienen ist, ist zusammenfassend behandelt von Fr. Teutsch: Unsere Geschichtsforschung in den letzten 20 Jahren (1869—89). Vereinsarchiv 22, S. 619.

Im folgenden wird, da eine bis auf jede Broschüre sich erstreckende Literaturangabe unmöglich ist, die wesentlichere Literatur, nach den einzelnen Abschnitten geordnet, zusammengestellt. Manches erstreckt sich über mehrere Kapitel.

Für die ganze Zeit von 1730—1818 ist eine sehr wertvolle Quelle: M. C. v. Heydendorff. Eine Selbstbiographie, mitgeteilt von Dr. R. Theil. Vereinsarchiv 13 u. ff.

Dann für das 18. Jahrhundert G. M. G. v. Herrmann: Das alte und neue Kronstadt. Ein Beitrag zur Geschichte Siebenbürgens im 18. Jahrh. bearbeitet von O. v. Meltzl. Hermannstadt. 2 Bände. 1883 f. (enthält zum Teil eine Geschichte der Sachsen und Kronstadts von 1688—1800).

Quellen zur Geschichte der Stadt Kronstadt. 5 Bände. Darunter Chroniken und Tagebücher I. Band. Kronstadt 1903.

Fr. W. Seraphin: Aus den Briefen der Familie v. Heydendorff (1737—1800). Vereinsarchiv 25.

Jul. Groß: G. M. G. v. Herrmann und seine Familie. Kronstädter Kultur- und Lebensbilder. Vereinsarchiv 22.

Derselbe: Aus den Briefen des Gubernialsekretärs J. Th. v. Herrmann. Vereinsarchiv 23.

Derselbe: Zur Geschichte der Heydendorffschen Familie. Vereinsarchiv 24.

H. Herbert: Briefe an den Freiherrn Samuel v. Brukenthal. Vereinsarchiv 31.

II. Band. 1700—1815.

Erstes Buch. 1700—1780.

1. Die Kuruzzenkriege. Sachs v. Harteneck. 1700—1711 (S. 3—44.)

Fr. Krones: Die Literatur zur Geschichte Franz Rakoczys im Hist. Jahrbuch 1882, 1883 und Nachtrag.

Cserei v. Nagy-Ajta: Wahre Geschichte von Siebenbürgen von 1661 angefangen (bis 1712). Übersetzt von G. M. G. v. Herrmann. (Manuskript.)

F. v. Zieglauer: Harteneck, Graf der sächs. Nation und die siebenb. Parteikämpfe seiner Zeit. 1661—1703. Nach den Quellen des Archivs der bestandenen siebenb. Hofkanzlei und des sächs. Nationalarchivs in Hermannstadt. Hermannstadt 1869 (resp. 1872).

J. K. Schuller: Zur Geschichte der Familie Zabanius Sachs v. Harteneck. Hermannstadt 1864.

C. Fabritius: Der Prozeß des Schäßburger Bürgermeisters J. Schuller v. Rosenthal. Wien 1852 (Archiv für Kunde österr. Geschichtsquellen IX).

J. Höchsmann: Die Kommandierenden Siebenbürgens in den Jahren 1704 und 1705. Zur Geschichte der Rakoczischen Revolution. Mediasch 1877.

F. v. Zieglauer: Drei Jahre aus der Rakoczischen Revolution in Siebenbürgen. Größtenteils nach den handschriftlichen Quellen des Kriegsarchivs. Vereinsarchiv 8.

Szenen aus dem Kuruzzenkriege. S.-D. Wochenblatt 1868, S. 10 ff.

J. Höchsmann: Studien zur Geschichte Siebenbürgens im 18. Jahrhundert. Vereinsarchiv 11. 16.

Briefe des Grafen E. v. Seeau die Rakoczischen Unruhen in Siebenbürgen betreffend 1703, in J. Kemeny Deutsche Fundgruben zur Geschichte Siebenbürgens. II. Band, S. 299. (Klausenburg 1840.)

Extrakt aus der mir Grafen von Seeau all. erteilten Landtagsinstruktion. Dat. Wien, 13. Januar 1702, in J. Kemeny: Deutsche Fundgruben zur Geschichte Siebenbürgens. II. Band, S. 281. (Klausenburg 1840.)

Tagebuch des Joh. Irthell des ä. u. j. 1638—1710. In Transchenfels Deutsche Fundgruben zur Geschichte Siebenbürgens N. F., S. 348. Kronstadt 1860.

K. Fabritius: Jesuiten in siebenb. Ordenshäusern. Vereinsarchiv 11.

J. Höchsmann: Zur Geschichte der Gegenreformation in Ungarn und Siebenbürgen. Vereinsarchiv 26. 27.

J. Hintz: Geschichte des Bistums der griech. nichtunierten Glaubensgenossen in Siebenbürgen. Hermannstadt 1850.

J. Fiedler: Die Union der Walachen in Siebenbürgen unter König Leopold I. Wien 1858.

J. Lupas: Az erdélyi görög-keleti egyház és a vallás-unió a XVIII. század folyamán. Budapest 1904. (Die siebenb. griech.-orient. Kirche und die kirchl. Union im Laufe des 18. Jahrhunderts.)

Curieuse Nachricht von dem bißherigen Zustande der Evang. Religion in Siebenbürgen aus wichtigen Actis gezogen . . . Cöln, bey Pierre Marteau, 1708.

*M. Klein: Aus der Korrespondenz und den Aufzeichnungen Johann und Dan. Kleins v. Straußenburg (1703 ff.). Vereinsarchiv 36, S. 240.

J. Benkö: Diaetae sive rectius Comitia Transs… Viennae 1797.

C. Werner: Die Generalsynode der ev. Kirche A. B. in Siebenbürgen von 1708. Hermannstadt 1883.

G. Fischer: Zur Geschichte der Stadt und des Kapitels Bistritz im ersten Jahrzehnt des 18. Jahrhunderts. Bistritzer Gymnasial-Programm 1879.

Derselbe: Aus dem Innerleben des Bistritzer Kapitels im Laufe des 18. Jahrhunderts. Bistritz. Botschar 1887.

2. Karl III. Die pragmatische Sanktion. Gegenreformation und neue Einwanderungen. 1711—1740. (S. 45—95.)

Fr. Zimmermann: Der Schweden Durchzug durch Siebenbürgen um 1714. Vereinsarchiv 17.

A. Gräser: Beitrag zur Geschichte des siebenb. Steuerwesens (1720—1727). Vereinsarchiv A. F. 4.

Fr. Hann: Über die siebenb. Staatssteuer. Vereinsarchiv A. F. 4.

Derselbe: Innere bürgerliche Verwaltung von Leschkirch im 18. Jahrh. Vereinsarchiv A. F. 4.

K. Fabritius: Bilder aus Hermannstadts Geschichte im 18. Jahrh. Vereinsarchiv 5.

W. Schmidt: Die Stiftung des kath. Theresianischen Waisenhauses in Hermannstadt. Hermannstadt 1869.

Derselbe: Zur Geschichte der Jesuiten in Hermannstadt. Vereinsarchiv 6.

Derselbe: Ein autonomer Stadtmagistrat im 18. Jahrhundert. Vereinsarchiv 7.

K. Fabritius: Zur Kirchengeschichte Siebenbürgens unter Karl VI. Vereinsarchiv 1.

Fr. Teutsch: Geschichte des ev. Gymnasiums in Hermannstadt. Vereinsarchiv 17. 19.

H. Herbert: Die Gegenreformation in Hermannstadt zur Zeit Karls VI. Vereinsarchiv 29.

Derselbe: Die Gesundheitspflege in Hermannstadt zur Zeit Karls VI. Hermannstädter Gymn.-Programm 1893.

Derselbe: Die Rechtspflege in Hermannstadt zur Zeit Karls VI. Vereinsarchiv 27.

Derselbe: Das Zunftwesen in Hermannstadt zur Zeit Karls VI. Vereinsarchiv 27.

Derselbe: Öffentliches Leben in Hermannstadt zur Zeit Karls VI. Vereinsarchiv 28.

Derselbe: Beiträge zur Geschichte von Schule und Kirche in Hermannstadt zur Zeit Karls VI. Hermannstädter Gymn.-Programm 1872.

Derselbe: Der innere und äußere Rat Hermannstadts zur Zeit Karls VI. in Hermannstadt. Vereinsarchiv 17.

Derselbe: Das Rechnungswesen Hermannstadts zur Zeit Karls VI. Hermannstädter Gymn.-Programm 1883.

Derselbe: Der Haushalt Hermannstadts zur Zeit Karls VI. Vereinsarchiv 24.

Derselbe: Öffentliches Leben in Hermannstadt zur Zeit Karls VI. Vereinsarchiv 28.

Die Arbeiten Herberts enthalten alle wörtliche Auszüge aus den Hermannstädter Magistratsprotokollen.

E. v. Trauschenfels: M. Mark. Fronius' Visitationsbüchlein. Ein Beitrag zur Kirchen- und Sittengeschichte des Burzenlandes. Kronstadt 1868.

W. Schmidt: Die Jesuiten in Karlsburg vom Jahre 1713 bis... 1772. Vereinsarchiv 7.

J. Acsády: Magyarország népesége a pragmatica Sanctió korában 1720—21. (Die Bevölkerung Ungarns 1720—21). Budapest 1897.

Fr. Schuller: Zwei Konskriptionen des einstigen Hermannstädter Stuhls aus dem Beginn des 18. Jahrhunderts. Vereinsarchiv 32.

(E. v. Trauschenfels): Zur Rechtslage des ehemaligen Törzburger Dominiums. Kronstadt 1871.

(Ettinger): Kurze Geschichte der ersten Einwanderung oberösterr. ev. Glaubensbrüder nach Siebenbürgen. Hermannstadt 1835.

*A. R. v. Siglisbach: Eine Denkschrift des Fürsten G. Ch. Lobkowitz (1740). Vereinsarchiv 35, S. 183.

A. Szeredai: Series... episcoporum Transsilvaniae. A. Carolinae 1790.

Eine interessante Schilderung der kirchlichen Verhältnisse, auch der kirchlichen Bräuche (vor allem Kronstadts) s. Z., bei Schmeizel: De statu ecclesiae Lutheranorum in Transsilvania. Jenae 1722, S. 69 ff.

Projectum Excell. Domini Generalis Koenigseck. 1725. Vereinsarchiv 13, Seite 352.

J. K. Schuller: Aus vergilbten Papieren. Ein Beitrag zur Geschichte von Hermannstadt und der sächsischen Nation in den Jahren 1726 und 1727. Hermannstadt 1863.

H. Wittstock: Aus Briefen des Mag. G. Hauer. Vereinsarchiv 16.

W. Wattenbach: Diarium itineris ad Transsilvaniam 1738. Vereinsarchiv 10 und 11.

Höchsmann s. oben.

Über den Pietismus vor allem die Synodalverhandlungen, dann Herbert, Beiträge zur Geschichte der Schule und Kirche in Hermannstadt zur Zeit Karls VI. (1711—1740). Hermannst. Gymn.-Programm 1872.

A. Kurz: Zur Geschichte des Hermannstädter Gymnasiums im Jahre 1713 in des Verf.: Magazin für alle Denk- und Merkwürdigkeiten Siebenbürgens I. 1844, S. 163.

Fr. Teutsch im Vereinsarchiv 17, S. 78 und Korrespondenzblatt des Vereins für siebenb. Landeskunde 1886, Nr. 3.

3. Maria Theresia. Neue Kämpfe und neues Leben. 1740—1780. (S. 95—201.)

Hock-Biedermann: Der österr. Staatsrat. Wien 1879.

Fr. Czekelius: Die Teilnahme der Siebenbürger Sachsen an den schlesischen Kriegen. 1741—1746. Hermannstädter Gymn.-Programm 1889 und 1890.

Aus Hermannstädter Magistratsprotokollen 1700—1750. Siebenb. Quartalsschrift 1860.

Fr. Czekelius: Ein Bild aus der Zeit der Gegenreformation in Siebenbürgen. In Virchow und Holtzendorff: Sammlung gemeinverständlicher wissenschaftlicher Vorträge. Heft 465. Berlin 1885.

Über die Leistungen Siebenbürgens 1756 interessante Daten — auch urkundliche — in: Erstes Extrablatt zu Nr. 103 (25. Dezember 1756) zu den wöchentlich und kurtz gefaßten Privil. Hist. Nachrichten der Neuen Europ. Begebenheiten auf das Jahr 1756.

K. Kuzmány: Lehrbuch des Allg. österr. ev.=protest. Kirchenrechts. Wien 1856. Dazu Urkundenbuch zum österr. ev. Kirchenrecht, darin viel Material auch für die ung. Kirchengeschichte von 1553 an.

Gutachten des röm.=kath. Bischofs in Siebenbürgen, Frh. J. Bajtay, wie die kath. Religion hier in größere Aufnahme zu bringen sei. 1766. Vereinsarchiv 11, S. 469.

W. Schmidt: Zur Geschichte der Wirksamkeit des Grafen Andreas Hadik (1761—1765). Vereinsarchiv 7.

P. Bod: Historia Hungar. ecclesiastica. Tom. II. u. III. Lugduni-Batavorum, 1890 und 1889.

J. G. Schaser: Denkwürdigkeiten aus dem Leben des Frh. Sam. v. Brukenthal. Hermannstadt 1848.

J. K. Schuller: Maria Theresia und Frh. Sam. v. Brukenthal. Hermannstadt 1863.

H. Schuller: Beiträge zu einer Lebensbeschreibung des Frh. Sam. v. Brukenthal. Hermannstädter Gymn.=Programm 1886.

Der Gubernator Sam. v. Brukenthal vor Kaiser Josef II. und Vorstellung des Gubernators Sam. v. Brukenthal an den Kaiser. S.=D. Wochenblatt 1872, S. 703.

Graf Kornis und Frh. Sam. v. Brukenthal über die Konzivilität auf dem Sachsenboden 1776. Vereinsarchiv 24, S. 384.

M. Csaki und Fr. Teutsch: Sam. v. Brukenthal. Zwei Vorträge. Hermannstadt 1903. Vgl. Korrespondenzblatt 1903, Nr. 12 weitere Literatur.

Briefe an den Frh. Sam. v. Brukenthal. Mitgeteilt von H. Herbert. Vereinsarchiv 31.

O. Wittstock: Sam. Frh. v. Brukenthal und Brukenthal als Protestant in: Wollen und Vollbringen. Hermannstadt (o. J.). Dann Denkrede... in der Frecker Dorfkirche (1903). Auch das Korrespondenzblatt enthält Beiträge zu Brukenthals Leben: 1905 Nr. 2—3, S. 17, dann S. 105, 143.

1752 Nationis Saxonicae Supplex Libellus ad imp. Mar. Ther. de abrogundo veteri articulo diaetali intuitu emtionis domorum in civitatibus Sax. In Trauschs Sammlung in Kronstadt: Siebenb. Landtagsverhandlungen... die sächs. Nation betreffend.

J. Höchsmann: Der Streit über die Konzivilität. Vereinsarchiv 30.

Die Literatur über die Armenier f. bei Fr. Teutsch: Die kirchl. Verhältnisse Siebenbürgens. Halle 1906, S. 61.

Fr. Reissenberger: Das Corpus Evang. und die österr. Protestanten. (1685—1764). Jahrbuch für die Geschichte des Protestantismus in Österreich 1896, Heft 3 und 4.

K. Reissenberger: Zur Geschichte der ev. Transmigration... im Jahrbuch für Geschichte des Protestantismus in Österreich, Jahrgang 1888, 2. Heft, dort auch ausführliche Literatur. Vgl. Plattner: Stolzenburg. Hermannstadt 1907, Seite 55.

Derselbe: Steirische Transmigranten in Siebenbürgen. Korrespondenzblatt 1906, Nr. 10 und 11.

Derselbe: Die deutschen Besiedlungen Siebenbürgens in älterer und neuerer Zeit. Zeitschrift des hist. Vereins für Steiermark. 4. Jahrgang. Graz, 1. und 2. Heft 1896.

Zur Geschichte der Einwanderungen der Durlacher, Landler und der Ansiedlung preußischer Kriegsgefangener enthält das Korrespondenzblatt des Vereins für siebenb. Landeskunde zahlreiche Daten so u. a. in den Jahren 1886—89, 1890, 1893, 1894, 1895, 1902.

Chr. Möckel: Die Durlacher und Hanauer Transmigranten in Mühlbach. Mühlbächer Gymn.-Programm 1885.

(J. M. Möckel): Die Baden-Durlachischen Deutschen in Mühlbach. Kronstadt 1843. [Neu herausgegeben von Dr. V. Roth 1899.]

Die Erlebnisse Stadlhubers nach: Fr. Koch: Heimatssehnen eines Transmigranten im Jahrbuch für Geschichte des österr. Protestantismus 1883, 4. Heft. Dort auch: Dr. K. v. Otto: Zwei Memoriale der aus Oberösterreich, Steiermark und Kärnthen nach Siebenbürgen transmigrierten Evang. an das Corpus Evang.

Die Seelenzahl der ev. Kirche A. B. 1765. Im Statist. Jahrbuch der ev. Landeskirche. 1870.

(Jos. Bedeus): Das sächsische Nationalvermögen. Hermannstadt 1871.

G. D. Teutsch: Geschichte der Agende in den Verhandlungen der 12. Landeskirchenversammlung. Hermannstadt 1885.

S—z: Makovsky in Siebenb. Quartalschrift. 6. Heft, 9. Dezember 1859, S. 151 und 183 f. Vgl. dazu Korrespondenzblatt 1889, Nr. 10, Seite 97.

L. Aug. Schlözer: Kritische Sammlungen zur Geschichte der Deutschen in Siebenbürgen. Göttingen 1796.

Fr. Teutsch über diese im Vereinsarchiv 27, im Anhang Schlözers Briefwechsel darüber.

Über Felmer u. a. Dr. A. Schullerus: Die Vorgeschichte des siebenb.-sächs. Wörterbuchs. Programm des ev. Landeskirchenseminars in

Hermannstadt 1895 und Einleitung zum „Siebenb.-sächs. Wörterbuch" von Dr. A. Schullerus. 1. Heft. Straßburg, Trübner 1908.

Über Joh. Seivert: Zur Eröffnung der 38. Generalversammlung des Vereins für siebenb. Landeskunde von G. D. Teutsch im Vereinsarchiv 20.

Fr. Tr. Schuster: Das deutsche Kirchenlied in Siebenbürgen. Im Programm des ev. Gymnasiums A. B. in Mediasch, 1857 und 1858.

J. H. Schwicker: Geschichte der österr. Militärgrenze. Wien und Teschen 1883.

Die Konsistorialverfassung gedruckt in der Siebenb. Quartalschrift 21. Heft, 11. Oktober 1860, S. 664: Puncta constitutionum consistorialium in anno 1754 voto consistorii Evangelicorum in Principatu Transsylvaniae publici utriusque ordinis conclusarum atque in anno 1780 et 1781 pro expeditione denuo ratihabitarum.

J. Benkö: Transsylvania. 2 Bände. Wien 1778.

Fr. Kramer: Beiträge zur Geschichte der Militarisierung des Rodnaer Tals. Bistritzer Gymn.-Programm 1880.

E. v. Trauschenfels: Zur Rechtslage des Törzburger Dominiums. Kronstadt 1871.

Eine ausführliche Geschichte der Konfirmationstaxen bis 1794 in Zimmermanns Sammlung (Br. Brukenthalisches Museum) Nr. 187. Über die Konfirmationstaxen und den Kathedralzins s. Benkö Milkovia. Wien 1781, I. Band, S. 273 ff. Neues bringt *G. E. Müller im Korrespondenzblatt 1909, Nr. 4—5, S. 53 ff.

Dr. R. Theil: Aus der guten alten Zeit (1717—1771). Mediasch (o. J.).

Derselbe: Aus den Zeiten Maria Theresias und Josefs II. Mediasch (1897).

Die siebenb. Steuergesetzgebung (von 1690 an) in J. C. Schuller: Archiv für die Kenntnis von Siebenbürgens Vorzeit und Gegenwart. Hermannstadt 1841.

4. Verfassung, Leben und Sitten im 18. Jahrhundert. 1700—1780. (S. 202—266.)

Windisch: Ungrisches Magazin. Preßburg, 4 Bände 1781—87.
Siebenb. Quartalschrift. Hermannstadt 1790—1801. 7 Bände.

G. Dietrich: Unter Österreichs Doppeladler. Vereinsarchiv 16 und 17.

G. A. Schuller: Hermannstadt um die Mitte des 18. Jahrhunderts. Vereinsarchiv 34.

Eine sehr interessante Schilderung Hermannstadts und Schäßburgs enthält die Siebenbürger Zeitung 1784, Nr. 59 ff.

Reisen von Preßburg durch Mähren nach Siebenbürgen. Preßburg und Leipzig 1793 (mit trefflichen Schilderungen sächsischen Lebens aus dem Ende des 18. Jahrhunderts).

Fr. v. Zieglauer: Geschichte der Freimaurerloge zu den 3 Seeblättern in Hermannstadt. Vereinsarchiv 12 und 13.

Fr. W. Seraphin und Jul. Groß s. oben S. 471.

J. C. Schuller: Mag. Hißmann in Göttingen. Vereinsarchiv 6.

E. Filtsch: Geschichte des deutschen Theaters in Siebenbürgen. Vereinsarchiv 21, 23.

Fr. Teutsch: Die Entwicklung des Gewerbes in den letzten hundert Jahren in Hermannstadt. 1890. S.-D. Tageblatt.

Hermannstadt im Jahr 1790. Hermannstadt, Hochmeister 1790.

Dr. M. Neustädter: Die Pest im Burzenland 1786. Hermannstadt 1793.

J. Kootz: Die Mühlbächer Hexenprozesse am Anfang des vorigen Jahrhunderts. Mühlbächer Gymn.-Programm 1883.

Fr. Müller: Beiträge zur Geschichte des Hexenglaubens und des Hexenprozesses in Siebenbürgen. Braunschweig 1854.

Fr. Teutsch: Unsere Bibliotheken. Siebenbürgisch-Deutsches Tageblatt 1879.

J. Ziegler: Aus dem Leben des ev.-sächs. Dechanten J. G. Mild. 1757—1840. Hermannstadt 1886.

G. D. Teutsch: Zur Geschichte der Pfarrerswahlen. Hermannstadt 1862.

C. Werner: Eine Schulvisitation im Mediascher Kapitel vom Jahre 1765. Vereinsarchiv 23.

Ein amtlicher Bericht über Hermannstädter Zustände aus dem Jahre 1788. Korrespondenzblatt 1903, S. 131.

J. Wolff: Zur Volkskunde der Siebenbürger Sachsen. Wien 1885.

Derselbe: Beiträge zur siebenb.-deutschen Agrargeschichte. Mühlbächer Gymn.-Programm 1885.

Fr. Philippi: Aus Kronstadts Vergangenheit und Gegenwart. Kronstadt 1871.

J. M. Salzer: Die neue, wider Kleider- und Mählerexzesse gerichtete Synodalverordnung vom Jahre 1752. Transsylvania N. F. II. 1862.

O. Wittstock: Beiträge zur siebenb.-sächs. Trachtenkunde. Hermannstädter Gymn.-Programm 1895.

O. Wittstock: Volkstümliches der Siebenb. Sachsen in Kirchhoff, Forschungen zur deutschen Landes- und Volkskunde. Stuttgart 1895.

Fr. Zimmermann: Die Nachbarschaften in Hermannstadt. Ein Beitrag zur Geschichte der deutschen Stadtverfassung und Verwaltung in Siebenbürgen. Vereinsarchiv 20. S. 47.

Nachbarschaftsordnungen hat u. a. auch das Korrespondenzblatt veröffentlicht, so 1896, S. 116 aus Großschenk 1720.

R. Heitz: Das kirchl. Gemeindeleben Mühlbachs im 18. Jahrh. Mühlbächer Gymn.-Programm 1892.

E. Wertheimer: Hermannstadt in der zweiten Hälfte des 18. Jahrh. Ungar. Revue 9, 10, 11. 1881.

H. Neugeboren: Kronstädter Miszellen. Kronstadt 1869.

Siebenb. Sammler. Hermannstadt 1792.

[Andrea]s S[cheiner]: Joh. Trevies (= Joh. Seivert). S.-D. Tageblatt 1886, 28. und 29 September Nr. 3889 und 3890. G. D. Teutsch im Vereinsarchiv 20, S. 205.

M. Klein: Maria Elisabetha v. Straußenburg. Ein siebenb.-sächs. Frauenbild aus dem 18. Jahrhundert. Kalender des Siebenb. Volksfreundes für 1906.

Dr. V. Roth in den Studien zur deutschen Kunstgeschichte: Geschichte der deutschen Baukunst in Siebenb. (Straßburg 1905), Geschichte der deutschen Plastik in Siebenb. (1906), Geschichte des deutschen Kunstgewerbes in Siebenb. (1908).

Zum sächsisch-lesen in der Schule vgl. Dr. H. Wolff: Zur Geschichte der deutschen Schriftsprache in Siebenbürgen in: Festgabe den Mitgliedern der vom 21—24. August 1891 in Schäßburg tagenden sächsischen Vereine. Schäßburg 1891 und Dr. A. Schullerus: Prolegomena zu einer Geschichte der deutschen Schriftsprache in Siebenbürgen. Vereinsarchiv 34, S. 408.

Quellen zur Geschichte der Stadt Kronstadt. IV. Band. Chroniken und Tagebücher. I. Kronstadt 1903.

Felmers Tagebuch (Manuskript), interessant vor allem für die Schulentwicklung Hermannstadts und das geistige Leben der Zeit.

*Dr. G. A. Schuller: Faustrecht im 18. Jahrhundert. Den Alten nacherzählt. Neuer Volkskalender für das Jahr 1909. Hermannstadt, Krafft.

*Derselbe: Aus der Zeit der Räuberromantik. Neuer Volkskalender für das Jahr 1910. Hermannstadt, Krafft.

Zweites Buch. 1780—1815.

5. **Josef II. Die Sachsen im Kampf um ihr Recht.** 1780—1790. (S. 269—328.)

Hock-Biedermann s. oben.

Schaser: Brukenthal s. oben.

Schlözer s. oben.

Das Material gerade über diese Zeit ist fast unübersehbar, auch in den oben angeführten Sammlungen Brukenthals, Trauschs, Rosenfelds, Zimmermanns ist wertvollste Fülle vorhanden. Aus Trauschs Sammlung führt G. D. Teutsch Vereinsarchiv 23 und 24 manches an. Die damalige Literatur ist im Text selbst behandelt.

Collectio repraesentationum et protocollorum statuum et ordinum regni Hungariae, occasione altissimi decreti de die 28 Jan. 1790 ex generalibus congregationibus responsi instar submissorum. Pestini, Budae et Cassoviae in Bibliopolis Strohmajerianis 1790. 2 Bände.

Höchsmann, Konzivilität s. oben.

Beschreibung des Landtags von 1781. Vereinsarchiv A. F. 2.

F. v. Zieglauer: Die politische Reformbewegung in Siebenbürgen in der Zeit Josefs II. und Leopold II. Wien 1887.

J. C. Eder: Supplex libellus Valachorum Trans. jura tribus receptis nationibus communia postliminio sibi adseri postulantium cum notis historicis. Claudiopoli 1791.

W. Bruckner: Die Reformen Josef II. in Siebenbürgen. Jena 1867.

E. v. Friedenfels: Übersicht der Josefinischen Grundausmessung in Siebenbürgen von 1786—1790. Vereinsarchiv A. F. 2.

G. Schiel: Kurze Nachricht von demjenigen, was sich bei der Gegenwart Joseph II. in Kronstadt... Merkwürdiges zugetragen hat. Vereinsarchiv 15, S. 653.

Joseph II. in Zied. Korrespondenzblatt 1904, S. 94.

Vor allem Herrmann (s. o.) und Heydendorff, Selbstbiographie. Vereinsarchiv 16 und 18.

Protokoll der am 22. und 23. März 1790 zu Stolzenburg abgehaltenen Generalversammlung des mit dem Oberalbenser vereinigt gewesenen Hermannstädter Komitats. D. O. und J.

Höchsmann: Noch ein Brief unter dem Namen Heidendorfs, 14. September 1784, mit der prächtigen Schilderung der ersten Komitatskongregation. Korrespondenzblatt 1895, Nr. 11 und 12.

Kronstadt im Haromßeker Komitat (1784). Siebenb.-Deutsches

Wochenblatt 1873, S. 677. (Bericht des Kronstädter Stadtrichters M. Fronius an den Gubernator Brukenthal.)

Eine Vorstellung der Sächs. Nation an Kaiser Josef II. vom 15. Dezember 1787. Ebenda, S. 693 f.

Kirchenordnung für die katholischen Gemeinden des Großfürstentums Siebenbürgen. Hermannstadt 1786.

O. v. Meltzl: Die Gravaminalvorstellung des siebenb. Adels an Kaiser Joseph II. 1787. Vereinsarchiv 21.

Fr. Teutsch: Historische Parallelen. Siebenbürgisch-Deutsches Tageblatt 1893.

Zur Geschichte des Horaschen Aufstandes wertvollstes Material in der Brukenthalischen Sammlung, darunter genaue Aufzeichnungen über die täglich eingelaufenen Nachrichten. Eine interessante Eingabe an den Kaiser dd. M.-Vásárhely, 4. Dezember 1784, unterschrieben: Tabula regia judiciaria, Supremus Comes Tabulaque continua comitatus de Küküllő cum sede siculicali Marus uniti, Magnates item et Nobiles securitatis gratia in civitate M.-Vásárhely confluentes Magistratusque liberae regiaeque civitatis M.-Vásárhely gedruckt in Törteneti Lapok, Klausenburg, 1875, I. Band, S. 807.

G. D. Teutsch: Rede zur Eröffnung der 43. Generalversammlung des Vereins für siebenb. Landeskunde (die Josephinische Zeit 1780—1790). Vereinsarchiv 23.

Derselbe: Rede zur Eröffnung der 44. Generalversammlung. (Klausenburger Landtag von 1790/91.) Vereinsarchiv 24.

Derselbe: Rede zur Eröffnung der 45. Generalversammlung (der literarische Kampf um 1790). Vereinsarchiv 24.

In allen genaue Angaben über die Quellen, die besonders auch in der Trauschischen Sammlung.

Fr. Teutsch: Rede zur Eröffnung der 48. Generalversammlung des Vereins für siebenbürgische Landeskunde (Schlözers Krit. Sammlungen). Vereinsarchiv 27.

Über J. S. Keßlers Gedichte (1771—1796) Dr. A. Schullerus im Korrespondenzblatt 1897, S. 76 und Kirchl. Blätter 1897, S. 31 ff.

*Geschichte des Waldwesens der Stadt Hermannstadt von J. Binder. Hermannstadt 1909. Darin die Vorstellung Hermannstadts an Kaiser Joseph II. dd. 16. März 1789 betreffend die mannigfachen Ungerechtigkeiten, vor allem die Zuweisung von 27.125 Joch Wald städtischen Besitzes an Reschinar.

6. **Die Wiederherstellung der Verfassung. Die Klausenburger Landtage.**
   1790—1795. (S. 329—376.)

Das oben gesagte über das Material gilt in gleicher Weise auch von diesem Abschnitt. Die dort angegebene Literatur greift herüber auch in diese Jahre. Trausch und Rosenfeld haben gleichfalls reichstes Material für diese Jahre; dazu die zwei Tagebücher über den 1790/91 Landtag, das Mediascher und Hermannstädter, von Zieglauer und Teutsch näher behandelt (ungedruckt). Dann besonders die Akten der sächsischen Nationsuniversität, über die Verhandlungen in Wien manches in den Trauschischen Sammlungen, darunter eine Abschrift von Soterius: Wiener Deputationstagebuch. 1. März bis 3. Juli 1792.

Zu den oben angeführten Werken:

Conradt: Journal über die Verhandlungen des siebenb. Landtags in Klausenburg 1792. Manuskript im Nationalarchiv in Hermannstadt.

Zum siebenb. Landtag von 1792. Siebenb.-Deutsches Wochenblatt 1872, S. 335 und 352.

Relationes ad suam Majest. aliaeque correspondentiae incl. statuum et ordinum trium nationum princ. Transsylvaniae... E comitiis a. 1790 et 1791 Claudiopoli celebratis exaratae. Claudiopoli o. J.

Ein Votum Kronstadts in der Unionsfrage 1791. Siebenb.-Deutsches Wochenblatt 1873, S. 499.

Ein Sammelband in Fol. enthaltend Operate der durch den 60: 1791 eingesetzten Deputationes system. In Zimmermanns der ev. Landeskirche geschenkten Bibliothek.

Anonymische Schrift, die... die Trennung der sieb. Hofkanzellay von der ungar. zum Gegenstand hat. O. O. 1791.

Über Wesselényi: B. Bánffy Györgyné, b. Wesselényi Zsuzsánna naplója in Történeti Lapok, Klausenburg 1875 II. Band, S. 721 ff., darin besonders interessant die Audienzen bei Joseph II. (S. 739 und 770).

Schlözer s. oben — enthält aus den Jahren 1790/91 das Dankschreiben der sächsischen Nation an Kaunitz und die große Vorstellung an Leopold II. über die Landtagsbeschlüsse 1791.

7. **Die Zeit der Regulationen. 1795—1815. (S. 376—424.)**

Hauptquelle neben den gedruckten Herrmann-Meltzl und Heydendorff die Akten der siebenb. Hofkanzlei in Wien, dann die Akten aus den Archiven der einzelnen Vororte im Sachsenland, ein großer Teil davon in Abschrift in Zimmermanns Sammlung.

Die Regulativpunkte selbst oft gedruckt u. a. in Schuler-Libloy: Materialien zur siebenb. Rechtsgeschichte. Hermannstadt 1862.

Für die Regulation der Kirche Hauptquelle das Oberkonsistorialarchiv in Hermannstadt.

L. J. Marienburg: Geogr. des Großfürstentums Siebenb. 2 Bände. Hermannstadt 1813.

Aus der Zeit der Regulation. S.-D. Wochenblatt 1869, S. 653 ff.

Komes Brukenthal an Benyovsky. dd. 25. Mai 1798. S.-D. Wochenblatt 1870, S. 212 ff.

V. Möckesch: G. d. K. M. Frh. v. Melas 1729—1806. Hermannstadt 1900.

General Melas. Vereinsarchiv 2.

S. J. Müller: De fatis factisque venatorum Transsilvano-Saxonum. Cibinii 1816.

G. D. Teutsch: Denkrede auf Dr. J. Wächter. Vereinsarchiv 16.

J. Trausch: Übersichtliche Darstellung der ältern Gemeindeverfassung der Stadt Kronstadt nebst den alten Ortskonstitutionen dieser Stadt. Kronstadt 1865.

*Dr. E. Lassel: Fr. Hensel. Karpathen 1909, Nr. 15.

*Joh. Plattner: Aus einem alten sächs. Amtsprotokoll (von Stolzenburg, 1805—1816). Kalender des Siebenb. Volksfreundes für ... 1910. Hermannstadt, Drotleff.

8. Wandlung des Lebens um 1800. (S. 425—452.)

Quellen: Die gesamte oben angegebene Literatur, die gedruckte und ungedruckte, vor allem auch die Aufsätze in der Siebenb. Quartalschrift. 7 Bände. Hermannstadt 1790—1801. Dazu die Spezialgeschichten der Einzelorte, die Einzelzüge geliefert haben, wie (um nur Einzelnes zu nennen):

H. Wittstock: Aus Heltau Vergangenes und Gegenwärtiges. Hermannstadt 1883.

D. Krasser: Geschichte des sächsischen Dorfes Großpold. Hermannstadt 1870.

J. Duldner: Aus der Vergangenheit und Gegenwart der sächs. Gemeinde Radeln. Schäßburg 1882.

Fr. Fr. Fronius: Beiträge zur Entwicklungsgeschichte von Arkeden. Hermannstadt 1866.

V. A. Eitel: Aus der Vergangenheit und Gegenwart des k. fr. Marktes Agnetheln. Hermannstadt 1900.

J. Dück: Zeidner Denkwürdigkeiten. Kronstadt 1877.

G. A. Schuller: Großlasseln in Vergangenheit und Gegenwart. Hermannstadt 1896.

Beiträge zur Kenntnis S.-Reens. Hermannstadt 1870. Joh. Plattner: Stolzenburg. Salzer über Birthälm, Meschendörfer über Petersberg, *K. Brandsch über Burgberg, dann über Marienburg, Treppen u. m. a.

Zu den unter Band II, S. 471 oben angegebenen Korrespondenzen (herausgegeben von Groß, Seraphin, Herbert) die (ungedruckten) Briefe an J. Aur. Müller († 1806) im Nachlaß G. D. Teutschs.

Dr. K. Hase: Jenaisches Fichtebüchlein. Leipzig 1886.

III. Band. 1816—1868.

Für die ganze Zeit bis 1858 ist eine hervorragende Quelle:

E. v. Friedenfels: Joseph Bedeus von Scharberg. Beiträge zur Zeitgeschichte Siebenbürgens im 19. Jahrhundert. 2 Bände. Wien 1876 und 1877.

Dann auch für später: Fr. Teutsch: G. D. Teutsch, Geschichte seines Lebens (1817—1893). Hermannstadt 1909.

G. D. Teutsch: Die Denkreden auf J. K. Schuller (Vereinsarchiv 9), Reschner (10), Trausch (12), K. Fuß (12), G. Seivert (13), Jos. Fabini (14), G. P. Binder (14 und 22), Sam. Schiel (16), C. Gooß und M. Schuller (17), G. Fr. Marienburg (19), M. Fuß (19), Fr. Fronius (21), J. Haltrich (21).

Drittes Buch. 1816—1849.

9. Stille Jahre. 1816—1830. (S. 3—73.)

In erster Reihe die Protokolle der Magistrate und Kommunitäten der sächsischen Städte. Reiche Akten in Zimmermanns Sammlung, sehr viele von Senator J. Bergleiter († 1856) geschrieben.

In Trauschs Sammlung in Kronstadt (s. oben) viel Material besonders Kronstadt betreffend.

E. Filtsch, Theater s. oben.

Einzelzüge aus den oben (Wandlung des Lebens) angeführten Monographien.

J. Bedeus: Die Verfassung des Großfürstentums Siebenbürgen. Wien 1844.

Siebenb. Provinzialblätter. Hermannstadt, Hochmeister 1805—1824. 5 Bände.

(J. D. Leonhardt): Denkwürdigkeiten von dem alten Varos und dem gegenwärtigen Broos. Hermannstadt 1852.

A. v. Hochmeister: Leben und Wirken des M. v. Hochmeister. Lebensbild und Zeitskizzen 1767—1837. Hermannstadt 1873.

J. Haltrich: Zur Geschichte von S.-Reen seit den letzten hundert Jahren. Vereinsarchiv 3.

Derselbe: Kulturhist. Skizzen aus Schäßburg. Sächs. Hausfreund 1868, 1869.

H. Neugeboren: (Bischof) D. G. Neugeboren 1759—1822. Vereinsarchiv 15.

J. M. Ballmann: Statistische Landeskunde Siebenbürgens. Hermannstadt 1801.

Jubelfeier der sächs. Nation bei der Installation Tartlers 1816.

J. Filtsch: Rückblick auf das Leben des J. Filtsch (1753—1836), Hermannstädter Stadtpfarrers. Hermannstadt 1837.

Aus dem Leben G. P. Binders. Von ihm selbst geschrieben. Vereinsarchiv 15, S. 3.

G. D. Teutsch: Ein Zug zum Lebensbild G. P. Binders. Vereinsarchiv 14, S. 475.

Schilderung des Lebens in dieser Zeit bei Fr. Müller: G. D. Teutsch, eine Lebensskizze von Freundeshand. Siebenb. Volkskalender für 1873. Hermannstadt. Darin auch die Zeit des Absolutismus und der 60er Jahre in scharfen Strichen gezeichnet.

J. Höchsmann: Aus der Vergangenheit und Gegenwart der sächs. Gemeinde Martinsdorf in Siebenbürgen. Kalender des Sieb. Volksfreundes 1899. Für die Geschichte der untertänigen sächs. Gemeinden sehr wertvoll und zwar für das 19. und 18. Jahrh.

Die Akten über die Prozesse der nicht auf dem Königsboden liegenden sächs. Gemeinden um ihre Freiheit sind leider nicht gedruckt. Die Pfarrarchive der 13 Dörfer erhalten wertvollste Sachen, Abschriften auch in Privatsammlungen.

J. Mätz: Die siebenb.-sächs. Bauernhochzeit. Schäßburger Gymn.-Progr. 1860. (Die Literatur über Volkskunde der Siebenb. Sachsen in Beiträge zur Siedlungs- und Volkskunde der Siebenb. Sachsen bei Kirchhoff: Forschungen zur deutschen Landes- und Volkskunde. Stuttgart 1895, S. 57 ff. des S. A. Dazu Joh. Wolff: Zur Volkskunde der Siebenb. Sachsen. Wien 1885).

Fr. Teutsch: Die Entwicklung des Gewerbes in den letzten 100 Jahren in Hermannstadt. Hermannstadt 1890.

M. G. Schuller: Schäßburg vor 60 Jahren. S.-D. Wochenblatt 1873, Nr. 49—51.

Reps vor 50 Jahren und jetzt. S.-D. Wochenblatt 1873, S. 537.

J. Ziegler: Aus dem Leben des ev.-sächs. Dechanten J. G. Mild. (1757—1840). Hermannstadt 1886.

D. G. Neugeboren, Die siebenb.-sächs. Nationalpyramide, beschrieben von C. Neugeboren. Hermannstadt 1824.

Chr. Heyser: Die Kirchenverfassung der A. C. Verwandten im Großfürstentum Siebenbürgen. Wien 1836. Im Anhang die Instruktion für die Konsistorien, die Visitationsordnung und -Artikel, Kandidations- und Wahlnormativ. Auch heute noch von Wert der 3. Abschnitt vom Kultus, darin der Gottesdienst und die Kirchengebräuche.

Eine lebensvolle Schilderung der vorachtundvierziger Zeit in der nichtgedruckten Einleitung zu Th. Fabini von Fr. Müller, im Sächs. Hausfreund 1864.

Eine aktenmäßige Darstellung der langwierigen Geschichte des Spitals in Kronstadt enthält der „Sächs. Hausfreund" für 1876 (E. v. Trauschenfels): Zur Geschichte der Errichtung des Bürger-Krankenhauses in Kronstadt. Kronstadt 1876.

Über Kazinczy und die Sachsen: Siebenb. Provinzialblätter V. 117. Vgl. auch Strauch im Programm des Hermannstädter Staatsgymnasiums 1909, S. 29 f. Besonders *Dr. A. Schullerus: Fr. Kazinczy und die Siebenb. Sachsen im Korrespondenzblatt des Vereins für siebenb. Landeskunde 1910, Nr. 3, S. 33 ff. Die Erwiderung Schusters in den Provinzialblättern war in den Tud. Gyűjt. schon 1821 magyarisch erschienen.

Fr. Teutsch: Siebenb.-sächs. Bauern in alter Zeit. Kalender des Sieb. Volksfreundes 1897 und 1898.

Derselbe: Aus der Vergangenheit des sächs. Bürgers. Hermannstadt 1877.

Eine köstliche Schilderung des sächs. Pfarrhofs von Dr. A. Schullerus in der biogr. Einleitung zu V. Kästner, Gedichte. 2. Aufl. Hermannstadt 1895.

J. Vogt: Das Alumnatsleben auf dem ev. Gymnasium A. B. zu Kronstadt in Siebenbürgen 1829—1840. Kronstadt 1886. Auch Kronstädter Gymn.-Progr. 1880.

Tagebuch der Frau Susanna Nendwich geb. Rieß von einer Reise nach Wien, 1834. (Manuskript).

10. Neues Leben. 1830—1848. (S. 74—161.)

Für die in diesem Kapitel behandelten Landtage sind, außer den Landtagsprotokollen und den Zeitungsberichten über die Sitzungen, die wertvollsten Quellen die Protokolle über die Verhandlungen der sächs. Nationalversammlung während des Landtags und die Berichte, die die Abgeordneten der sächsischen „Publica" über die Landtagssitzungen an ihre Magistrate zu schicken verpflichtet waren, die außerordentlich viel Persönliches und Stimmung enthalten, oft mit scharfen Zeichnungen der Personen und Zustände. Sie sind leider nirgends alle vorhanden. Das Tagebuch der Hermannstädter Deputierten Sim. Schreiber und Konrad Schmidt über die Landtagsverhandlungen 1846/47 ist im Brukenthalischen Museum. Fol. 790 S. Dort auch das Protokoll über die Versammlungen der sächs. Landtagsdeputierten vom 9. September 1846 bis 10. November 1847. Fol., in derselben Ausdehnung. Beide wertvollste Quellen für den Landtag.

Für den Landtag 1846/47 stand mir noch zur Verfügung das Tagebuch Fr. Hanns, der als Abgeordneter dort war, in G. D. Teutschs Nachlaß, jetzt im Brukenthalischen Museum in Hermannstadt; für den Landtag 1834 das Tagebuch J. Löws von Reußmarkt, gleichfalls in G. D. Teutschs Sammlung.

Eine wertvollste Sammlung zeitgenössischer Akten enthält die Sammlung Rosenfelds und Zimmermanns im Brukenthalischen Museum, Trauschs in Kronstadt, dann 4 Bände Collectaneen, gesammelt vom Groß-Schenker Bürgermeister S ch m i d t 1834—1855.

Desgleichen besonders wertvoll für die vierziger Jahre der Nachlaß K o n r a d S ch m i d t s (geb. 1810, † 1884), im Besitz der ev. Landeskirche.

Über die Entwicklung der kirchlichen Verhältnisse in Siebenbürgen u. zw. nicht nur der ev. Kirche ausgiebiges Material in Z i m m e r m a n n s Sammlung.

Ein Teil der Gravaminalvorstellung der Landstände vom 12. September 1842 (vollständig im Landtags-Urkundenbuch, S. 191—200) auch gedruckt im Statistischen Jahrbuch der ev. Landeskirche A. B. in Siebenbürgen. Hermannstadt 1889: Einige Daten zur Geschichte des höheren Unterrichtswesens, die sehr instruktive Urkunden und Aktenstücke auch zur kirchlichen Entwicklung von 1653—1868 enthalten.

Die B r o s ch ü r e n l i t e r a t u r der vierziger Jahre ist eine sehr reiche, ein Teil davon in Deutschland erschienen. Sie ist, soweit ich ihrer habhaft werden konnte, benützt; alle heimischen Bibliotheken haben einzelnes davon. Ihr Inhalt beschäftigt sich besonders mit der Sprachenfrage, der Unionsfrage und Walachenfrage.

Ungedruckte Briefe des Grafen J. Kemeny an Anton Kurz veröffentlicht von E. v. Trauschenfels in seinem: Magazin für Geschichte, Literatur und alle Denk- und Merkwürdigkeiten Siebenbürgens. N. F. II. Band. Kronstadt 1860, S. 75 ff.

Über die siebenb. Urbarialverhältnisse s. Benkö: Transsilvania und J. v. Grimm: Die Entschädigung aus Landesmitteln für aufgehobene Urbarialleistungen in Siebenbürgen. Hermannstadt 1857 und: Das Urbarialwesen in Siebenbürgen. Wien 1863.

Sammlung einiger Normalverordnungen, deren Kenntnis jedem Staatsbürger nützlich... ist. 4 Bände. Hermannstadt 1830—1841.

J. Bedeus v. Scharberg: Die Wappen und Siegel der Fürsten von Siebenbürgen und der einzelnen ständischen Nationen dieses Landes. Hermannstadt 1838.

Benigni: Handbuch und Statistik des Großfürstentums Siebenbürgen. Hermannstadt 1837.

S. Kemeny: Zur Geschichte des öffentlichen Lebens in Siebenbürgen von 1791—1848 (übersetzt von E. v. Trauschenfels). Kronstadt (geht nur bis 1838). Sehr wertvoll.

(W. Löw): Ansichten über die landwirtschaftlichen Zustände der Sachsen in Siebenbürgen. Kronstadt 1847.

Vorschlag zu einem zweckentsprechenden System des Feldbaues auf Hermannstädter Gebiet. Auf Grund zweier von der Verwaltung des Hermannstädter landw. Kreisvereins belohnten Preisarbeiten, verfaßt und veröffentlicht durch dieselbe. Hermannstadt o. J. (wohl 1847). Im Anhang: Territorialamtsinstruktion von 1803 und die Beschreibung des Hermannstädter Gebiets.

J. Rannicher: Das Recht der Komeswahl. Kronstadt 1846.

Denkblätter an die Installationsfeier des Franz Josef v. Salmen. Kronstadt 1847.

J. C. Schuller: Beleuchtung der Klagschrift gegen die sächs. Nation, welche die walachischen Bischöfe den Ständen 1841/42 überreicht haben. Hermannstadt 1844.

J. Tr(ausch): Bemerkungen über die vom griechisch-nichtunierten Bischof den Ständen 1837 unterlegten Bittschrift. Kronstadt 1844.

G. D. Teutsch: Einige Züge aus dem Lebensbild unserer Synode in dem letzten Jahrhundert. 1870.

Sächsische Aktenstücke (1843—1850). Hermannstadt.

J. C. Schuller: Der Frh. N. Wesselenyi, A. v. Gerando und die Sachsen in Siebenbürgen. Hermannstadt 1846.

J. Trausch: Aktenmäßige Darstellung der ung. und siebenb. Landtagsverhandlungen über eine Vereinigung Siebenbürgens mit Ungarn. Kronstadt 1866.

H. Herbert: Geschichte des Vereins für siebenb. Landeskunde. Vereinsarchiv 28.

Protokolle des Vereins für siebenb. Landeskunde 1842—1847. Hermannstadt 1846 f.

Fr. Teutsch: s. unten S. 492 die Reden zur Eröffnung der 50. und 55. Generalversammlung.

W. Weiß: Der Hermannstädter Musikverein. Hermannstadt 1877.

Derselbe: Die Konzerte des Hermannstädter Musikvereins 1839—1889. Hermannstadt 1889.

Benigni v. Mildenberg: Vereins-Album. Denkblätter des Vereins für siebenb. Landeskunde. Hermannstadt 1845.

Instruktion der Hermannstädter Landtagsdeputierten in der Sprachenfrage 1842. S.-D. Wochenblatt 1873, S. 86 ff.

G. D. Teutsch: Denkrede auf Jos. Trausch. Vereinsarchiv 12, 1. Als Anhang Trauschs Mitteilungen über seine Audienz beim Kaiser 1834.

E. v. Trauschenfels: Konrad Schmidt. Kronstadt. Sächs. Hausfreund 1885.

K. Wolff: Gedenkrede auf Fr. M. Herbert. Hermannstadt 1890.

Dr. C. Wolff: Geschichte der allg. Sparkassa 1841—1891. Hermannstadt 1891.

Dr. J. Hann v. Hannenheim: Der Hermannstädter Bürger- und Gewerbeverein 1840—1890. Hermannstadt 1890.

Dr. C. Wolff: Aktenmäßige Darstellung der Geschichte der Alt-Schiffahrt. Hermannstadt 1886.

Ein Brief Szechenyis an J. K. Schuller. Korrespondenzblatt 1895, Nr. 3.

J. Pokoly: Az erdélyi ref. egyház története. 5 Bände. Budapest 1904 ff. (Geschichte der ref. Kirche in Siebenbürgen.)

Amtliche Aktenstücke betr. die Verhandlungen über die Union Siebenbürgens mit Ungarn. Hermannstadt 1865 und 1866.

Fr. Teutsch: Denkrede auf J. A. Zimmermann. Vereinsarchiv 28. Im Anhang die Rede auf dem Klausenburger Landtag, 23. Juli 1847 über die Sprachenfrage.

J. Vogt: Der Organismus unserer Schule vor 1850. Kronstädter Gymn.-Progr. 1883.

Derselbe: Das Alumnatsleben auf dem ev. Gymnasium A. B. in Kronstadt 1829/30—1839/40. Kronstadt 1886.

A. Wellmann: Reisebriefe aus dem Land der Sachsen in Siebenbürgen. Kronstadt 1843.

Über Wesselényi: Jakab Elek: B. Wesselényi M. hütlenségi bünpere in Történeti Lapok. Klausenburg 1875. 2. Band, Nr. 29 ff.

Typisch für die magyarische Auffassung des Nationalitäten- und Sprachenkampfes in den 40er Jahren ist Baron Nic. Wesselényi: Eine Stimme über die ungarische und slavische Nationalität. Leipzig 1844. Typisch darin auch das Nichtverständnis des sächs. Eintretens für die eigene Nationalität.

E. v. Trauschenfels: P. Traugott Lange. Ein Lebensbild für das sächs. Volk im Sächs. Hausfreund 1876.

Eine Geschichte des Klausenburger Nationalmuseums, auch der Vorgänge im Landtag: Kelemen L.: Törekvések egy erdély múzeum alapitására. (Die Bestrebungen zur Gründung eines siebenb. Museums) in Erdély Múzeum. 26. Band (N. F. IV. Band). 5. Heft (November 1909), S. 353.

R. Thör: Fest- und Jahresbericht anläßlich des 75jährigen Bestandes der Kronstädter allg. Sparkassa für die Zeit von 1835—1909. Kronstadt 1910. (Darin die Geschichte der Sparkassa.)

11. Das wirtschaftliche und geistige Leben vor der Revolution. (S. 162—206.)

Der Abschnitt beruht auf den gleichen Quellen und der Literatur, die im vorigen Abschnitt angegeben sind. Dazu:

J. Fr. Geltch: Liederbuch der Siebenbürger Deutschen. Hermannstadt 1847 und 1851.

Mon. germ. paed. s. oben und die Protokolle des ev. Oberkonsist. in Hermannstadt.

J. G. Müller: Geschichte der k. k. Hermannstädter Rechtsakademie im: Taschenbuch der k. k. Hermannstädter Rechtsakademie für das Studienjahr 1858—59. Hermannstadt 1859.

(K. Fritsch): Die Auflösung der Hermannstädter Rechtsakademie. Hermannstadt 1887.

Fr. Obert: St. L. Roth. Sein Leben und seine Schriften. 2 Bände. Wien 1896.

Über G. P. Binder s. G. D. Teutsch oben bei den Denkreden, dann: Predigten und Reden S. 169 und 271, weiter Binders Selbstbiographie im Vereinsarchiv 15.

J. Höchsmann: G. Binder. (Sächs. Ahnensaal. 1. Heft.) Kronstadt 1897.

Entstehung, Umgestaltung und Entwicklung des siebenb.-sächs. Landwirtschaftsvereins und dessen Wirksamkeit 1845—1895. Hermannstadt 1895.

G. D. Teutsch: Eine Rückschau (auf die 30jährige Tätigkeit des Vereins für siebenb. Landeskunde). Vereinsarchiv 10. Dann J. K. Schuller, ebenda 9.

Fr. Teutsch: Rede zur Eröffnung der 50. Generalversammlung des Vereins für siebenb. Landeskunde. Vereinsarchiv 29.

Derselbe: Rede zur Eröffnung der 55. Generalversammlung. Vereinsarchiv 33.

Fr. W. Schuster: Siebenbürgisch-sächsische Volksdichtungen. Hermannstadt 1865.

Dr. A. Schullerus: Unsere Volksdichtung in: Bilder aus der vaterländischen Geschichte. II. Band, S. 424.

D. Wittstock: J. Marlin. Ein Beitrag zur sächsischen Literaturgeschichte der vierziger Jahre. Vereinsarchiv 26.

12. Die Revolution von 1848/49. (S. 206—290.)

Quellen und Literatur der beiden vorigen Abschnitte gelten zum größten Teil auch für diesen Abschnitt. Das meiste handschriftliche Material ist in der Rosenfeld'schen und Zimmermann'schen Sammlung, darin besonders Proklamationen, Aufrufe, Befehle, Kriegsnachrichten usf., die die aufgeregte Zeit in Unmassen verbreitete.

In der Zimmermannschen Sammlung auch das Tagebuch über die Sitzungen des Landtags 1848 — augenscheinlich der Hermannstädter Deputierten, — und das Protokoll über die Nationalversammlung in Klausenburg 1848, sowie wichtige Berichte, die Erklärungen der Kommunitäten usf.

Von den Broschüren eine Sammlung in G. D. Teutschs Nachlaß, dessen gleichzeitige Aufzeichnungen über Heydtes Flucht von Schäßburg abgedruckt in Fr. Teutsch, G. D. Teutsch: Geschichte seines Lebens. Hermannstadt 1909, S. 53 ff.

Über den Untergang S.-Reens ein Tagebuch Emmerichs aus Haltrichs Nachlaß.

Leiden und Drangsale der Bewohner von S.-Reen vom 1. November 1848 bis zum 23. Juli 1849. Manuskript im S.-Reener Kapitelsarchiv.

Wertvolle Aufzeichnungen über 1848/49 in dem Pfarrarchiv von Halvelagen mit Rücksicht auf die dortigen Ereignisse und Erlebnisse.

Die Denkschrift der sächsischen Landtagsdeputierten in betreff der Union

1848 u. a. gedruckt im Vereinsarchiv 26, dann in der oben angegebenen Teutschbiographie S. 565.

Sächsische Aktenstücke (1850 auf Anregung der Universität erschienen) enthält u. a.: die Adresse der sächsischen Nationaldeputation an das ung. Ministerium 1848, die Denkschrift der sächs. Nation über die Bedingungen ihrer Vereinigung mit dem Königreich Ungarn (zur Vorlage an den ung. Landtag), Zuschrift des Magistrats und der Kommunität von Hermannstadt an die Universität vom 27. März 1848 und Adresse der Universität an den Kaiser vom 29. März 1848.

Das k. Manifest vom 21. Dezember 1848 „An unser treues Sachsenvolk" und das Reskript vom 22. Dezember 1848 sind oft gedruckt, u. a. mit der Reichsverfassung für das Kaisertum Österreich (o. O. und J., wohl in Hermannstadt), als Anhang zur Denkschrift der sächs. Nationsuniversität bz. der beantragten Landesverfassung und der Landtagswahlordnung für das Sachsenland, 8. Februar 1850, dann in der außerordentlich wichtigen Sammlung, die überhaupt die wichtigsten sächs. Aktenstücke aus 1848 enthält:

Amtliche Aktenstücke betr. die Verhandlungen über die Union Siebenbürgens mit Ungarn. Hermannstadt 1865.

Als Anhang: Protokoll der sächs. Nationalversammlung über die Unionsverhandlungen vom 29. und 30. Mai 1848.

Hierin auch Auszug aus der Adresse der romän. Nationalversammlung in Blasendorf an den Kaiser vom 17. Mai 1848.

Die Publikationen betr. die Romänen sind sehr zahlreich, wertvoll als Quelle:

Die Romänen der österr. Monarchie. Wien, Gerold 1850 f.

Für die Gründung des Jugendbundes standen mir wertvollste Mitteilungen von Fr. W. Schuster zur Verfügung, der dabei war.

Der deutsche Jugendbund in Siebenbürgen. Kronstadt 1848. Vgl. Bilder aus der vaterländischen Geschichte II, S. 345.

Der russische Einmarsch in Siebenbürgen ist vor allem nach den authentischen Daten bei Helfert, dann Mitteilungen Reichetzers dargestellt, der als Generalstäbler Puchner zur Seite war, nach Reichetzers Erzählungen in den Aufzeichnungen G. D. Teutschs.

Wertvoll H. Schmidt: Unterhaltungen aus der Gegenwart, Hermannstadt, Krabs 1848, 20 Hefte (das erste 8. Mai 1848, das 20. am 11. Oktober 1848), darin entschiedenste Gegnerschaft gegen die Union.

Die magyar. Literatur über 1848/49 ist fast unübersehbar, doch weniger umfangreich soweit sie sich speziell auf Siebenbürgen bezieht und noch geringer in bezug auf die sächsischen Verhältnisse. Interessante Beiträge zur Geschichte dieser Jahre enthalten die 3 Bände Történeti Lapok, Klausenburg 1875 bis 1876, doch dabei auch nur sehr Weniges, was sich auf die Sachsen bezieht.

Czetz: Bems Feldzug in Siebenb. in den Jahren 1848 und 1849. Hamburg 1850.

Ramming: Der Feldzug in Ungarn und Siebenbürgen im Sommer des Jahres 1849. Pest 1850.

Der Revolutionskrieg in Siebenbürgen im Jahr 1848 und 1849. Von einem österr. Veteranen. Leipzig 1863.

Skizzen aus alter Zeit: Die Bürgergarde (1848). Im Großkokler Boten 1907, Nr. 1483 ff.

Vor 60 Jahren. (Skizzen aus Reps). Repser Wochenblatt 1909 Nr. 8—12.

A. Makray: Briefe L. Kossuths an FML. Bem 1849 März—Juni. Pest 1870.

Dr. R. Schuller: Theodor Fabini. Hermannstadt 1900.

Fr. Müller: Theodor Fabini. Ein Zeitbild von Freundeshand. Sächs. Hausfreund 1864.

Dionys Pap: A pesti magyar nemzetgyülés 1848-ban. Pest 1866.

Sammlung der für Ungarn erlassenen Allerh. Manifeste und Proklamationen . . . 2 Hefte. Wien 1850.

Fr. Obert: J. Fr. Geltch in Sächs. Lebensbilder. Wien 1896.

G. P. Binder: Aus meinem Leben. (Darin eine ausführliche Schilderung der Erlebnisse in Wien und Innsbruck und der Versammlung der Evangelischen in Pest. Sommer 1848). Manuskript in G. D. Teutschs Nachlaß.

Ein Kirchenkonvent von 1848. Siebenb.-Deutsches Wochenblatt 1873, S. 533. (Die Einladung des Ministers an die siebenb. ev. Landeskirche und das Protokoll der Verhandlungen.)

Grundzüge zur Organisation der sächs. Nation (1849). S.-D. Wochenblatt 1873, S. 438.

Denkschrift der siebenb.-sächs. Geistlichkeit in betreff ihres rechtlich begründeten Anspruchs auf Entschädigung für ihren Zehnten. Pest 1848.

Bittgesuch des evang. Superintendenten A. B. an den Reichspalatin wegen Aufhebung des geistlichen Zehnten. Wien 1848.

Dr. E. Lassel: Eine sächs. Deputation in Deutschland. Karpathen (Kronstadt) 2. Jahrg. Nr. 7, 1. Januar 1909.

Über den siebenb. Verein für Naturwissenschaften s. dessen Publikationen, die jetzt beim 59. Band stehen. Dann J. Capesius: Die Entstehung und Entwicklung des siebenb. Vereins für Naturwissenschaften, Hermannstadt 1896 und: E. A. Bielz in den Publikationen 48. Band 1899. G. D. Teutsch Denkrede auf K. Fuß (Vereinsarchiv 12) und M. Fuß (Vereinsarchiv 19).

Radetzky an die Sachsen (5. November 1849): Hermannstädter Zeitung Nr. 98, 1862.

K. Hoch: Die Entwicklung unserer Politik seit 1848. Schäßburg 1899. Über die Union s. auch Friedenfels Bedeus. 2. Band, Anhang S. 167.

Über Benigni, Puchner, St. L. Roth, C. Gooß, Fr. Hann, Franz v. Salmen, G. P. Binder s. auch Friedenfels Bedeus. 2. Band, Anhang.

A. Gräser: Dr. St. L. Roth nach seinem Leben und Wirken dargestellt. Kronstadt 1852.

G. Hintz: Die letzten Lebensmomente des St. L. Roth. Kronstadt 1850.

E. v. Trauschenfels: Konrad Schmidt. Ein biogr. Versuch. Kronstadt 1884 (Sächsischer Hausfreund). Sehr wertvoll besonders auch für das Jahr 1848.

A. Szilagyi: Geschichte der magyar. Revolution 1848 und 1849. Pest 1850. (Ungarisch).

A. Szilagyi: Die letzten Tage der magyar. Revolution. Enthüllungen der Ereignisse in Ungarn und Siebenbürgen seit dem 1. Juli 1849. Pest 1850.

Zur Schlacht bei Hermannstadt (21. Januar 1849) vgl. Siebenb.-Deutsches Tageblatt Nr. 10968 (31. Januar 1910) und Landw. Blätter für Siebenbürgen vom 6. März 1910 (38. Jahrgang, Nr. 10) und 13. März 1910 (Nr. 11), (hier auch die Äußerung Bems über Lüders am 5. August 1849).

Die 2. Schlacht bei Hermannstadt 11. März 1849. Siebenb.-Deutsches Tageblatt Nr. 11002 (12. März 1910).

*Die 4. und 5. Schlacht bei Hermannstadt 5. und 6. August 1849. Siebenb.-Deutsches Tageblatt Nr. 11122 (4. August 1910).

C. Thieß: Geschichtliche Bemerkungen in den Revolutionsjahren 1848 und 1849 mit vorzüglicher Berücksichtigung der Stadt Kronstadt, mit teilweiser von Siebenbürgen. Kronstadt, Gött 1851.

Graf L. Teleki: Die russische Intervention nebst diplomatischen Aktenstücken. Hamburg 1849.

Geltch: Deutschländisches Adressenalbum an das Siebenbürgische Deutschtum. In der Sturm- und Drangperiode des Jahres 1848 seinem teuern und heißgeliebten Volkstum überbracht und geweiht. Hermannstadt, Hochmeister.

K. Fabritius: Denkschrift über die gegenwärtigen Verhältnisse der Deutschen in Siebenbürgen. Grenzboten, Leipzig 1848 (auch S. A.)

Die Vereinigung Ungarns mit Siebenbürgen. Ebenda 1848, Seite 301 f., 351 f.

Der Kampf in Siebenbürgen. Ebenda S. 453 f.

Der Krieg gegen Bem. Ebenda 1849 S. 64.

13. Der Kampf gegen den Absolutismus. 1850—1860. (S. 293—343.)

Neben den Archiven der sächs. Universität und der sächs. Orte und den Zeitungen enthalten Zimmermanns und Rosenfelds Sammlungen reiches Material. Dann stand mir der ausgebreitete Briefwechsel und Nachlaß G. D. Teutschs zur Verfügung, unter den Briefen besonders wertvoll die Korrespondenz mit: W. Wattenbach († 1897), G. Thomas in München († 1887), Eugen von Trauschenfels († 1903), J. A. Zimmermann († 1897), Fr. Müller, Josef Haltrich († 1886), ebenso die Briefe Rannichers und Zimmermanns an Heinrich Schmidt, dann Briefe verschiedener Politiker an Zimmermann, in der Zimmermannschen Sammlung im Brukenthalischen Museum.

Politisch wertvolle Aktenstücke in „Sächs. Aktenstücke" gedruckt und zwar verschiedene Akten zum Gemeindegesetz 1850; die Adresse der Universität an den Minister des Innern vom 7. Januar 1850 (von Zimmermann), abgedruckt im Siebenb. Boten Nr. 67, 1850; die Vorstellung in Justizangelegenheiten am 6. Juli 1850 in der Hermannstädter Zeitung Nr. 43, 1862.

Die Aktenstücke in der Strohmeyerschen Angelegenheit alle in Abschrift in Zimmermanns Sammlung.

Im allgemeinen sei nochmals auf Friedenfels: Bedeus und Fr. Teutsch: G. D. Teutsch hingewiesen, dann H. Schmidts Siebenb. Quartalschrift.

In bezug auf die Nationaldotation außer Zimmermanns Sammlung: Fr. Teutsch, Siebenb.-sächs. Schulordnungen II, S. 398, Fr. Teutsch, Denkrede auf Zimmermann, Vereinsarchiv 28. G. D. Teutsch im Artikel Salmen in der Allg. deutschen Biographie. Kiss B.: Die Vergangenheit des siebenb. Sachsentums mit bezug auf seine Vermögensselbstverwaltung. Karlsburg 1899 (ungarisch). Das nicht objektiv gehaltene Schriftchen hat Wert durch die darin mitgeteilten Akten von 1850—60 aus dem österr. Innerministerium in Wien.

Über die wirtschaftlichen Verhältnisse enthalten die Berichte der Kronstädter Handels- und Gewerbekammer, dann einzelner Gewerbevereine wertvolles Material.

Verhandlungen des österr. verstärkten Reichsrats 1860. Wien 1860.

Über die Schillerfeiern berichtete eingehend die Siebenb. Quartalschrift. Hermannstadt.

J. v. Grimm: Das Urbarialwesen in Siebenbürgen. Wien 1863.

J. v. Grimm: Die politische Verwaltung im Großfürstentum Siebenbürgen. Wien 1856—57.

Tagebuch der nach Wien entsendeten sächsischen Nationaldeputation (23. April 1850 bis 11. Juni 1851). Manuskript, 111 Bogen Folio, aus Zimmermanns Nachlaß im Baron Brukenthalischen Museum.

Dr. A. Schullerus: Gedichte in siebenb.-sächs. Mundart von Vikt. Kästner mit einem Lebensbild des Dichters. Hermannstadt 1895.

J. Söllner: Statistik des Großfürstentums Siebenbürgen. (1859).

S. Traugott Binders Majestätsgesuch vom 20. Dezember 1854, gedruckt in Siebenb. Quartalschrift. 17. Heft, 16. August 1860, S. 534 und Siebenb.-Deutsches Wochenblatt 1869, S. 283.

Fr. Müller: Sächsisches Kommunalleben aus der Zeit des Absolutismus. Siebenb.-Deutsches Wochenblatt 1870, S. 694 ff.

H. Neugeboren: Einiges aus dem Leben des Burzenländer Dechanten G. Schwarz (1799—1858). S. A. aus der Kronstädter Zeitung.

H. Neugeboren: Ein Gedenkblatt für K. Maager. Kronstadt 1887.

Derselbe: Aus dem Leben Karl Maagers. Kronstadt 1889.

Derselbe: Nachtrag zu Mitteilungen aus dem Leben K. Maagers. Kronstadt 1890.

Dr. A. Schullerus: M. Albert. Sein Leben und Wirken. Vereinsarchiv 28.

Fr. G. M[üller]: J. C. Schuller und die Gräfin Anna Amadei. Hermannstadt 1896.

14. Die Neuordnung der Kirche und Schule. 1850—1860. (343—388.)

Die Quellen boten das Archiv des ev. Oberkonsistoriums in Hermannstadt und des Kultusministeriums in Wien. Die Akten sind fast lückenlos in der Zimmermannschen Sammlung in zuverlässigen und kollationierten Abschriften vorhanden. Dann G. D. Teutschs Nachlaß und Briefwechsel besonders mit Zimmermann, — in der Zimmermannschen Sammlung — mit Rannicher, Müller, Haltrich, Trauschenfels (in Teutschs Nachlaß). Briefe Rannichers an Zimmermann in Zimmermanns Sammlung.

Ein Teil der Akten ist in der Siebenb. Quartalschrift 1859—60 gedruckt.

Weitere Akten sind publiziert in

Kirchliche Aktenstücke aus neuester Zeit (1850—1860) im Statist. Jahrbuch der ev. Landeskirche A. B. in Siebenbürgen. Hermannstadt 1865.

Sehr bedeutend: Landesgouverneur Fürst Liechtenstein erstattet Bericht über die Kirchenangelegenheiten des Evangelischen Helv. Bek. in Siebenbürgen dd. 12. Oktober 1860 Z. 2728 (von Rannicher), einige kurze Abschnitte daraus gedruckt im Siebenb.-Deutschen Wochenblatt. Hermannstadt 1873, S. 423. Eine Abschrift in G. D. Teutschs Nachlaß.

Vorstellung der ref. Synode in Schulsachen (1857). Siebenb.-Deutsches Wochenblatt 1873, S. 38 f.

Im allgemeinen ist hinzuweisen auf: Friedenfels: Bedeus, Fr. Teutsch: G. D. Teutsch, Denkrede auf Zimmermann, Rannicher (allgemeine deutsche Biographie), das Schäßburger Gymn.-Programm 1871 und 1872 und Mon. Germ. paed. XVII.

Die Nationaldotation (Widmungsurkunde) u. a. gedruckt im Jahrbuch für Vertretung und Verwaltung der ev. Landeskirche A. B. in Siebenbürgen (1875) I, S. 169.

S. die Denkreden auf C. Fuß und M. Fuß, Haltrich, Fronius und J. K. Schuller, G. D. Teutsch, Marienburg, alle im Vereinsarchiv.

Die zahlreichen Eingaben in der Zehntsache im Archiv des Oberkonsistoriums, einige auch gedruckt in Teutsch, Zehntrecht und einzeln.

J. v. Grimm s. oben.

Über den indebite geleisteten Zehnten s. Verhandlungen der 4. Landeskirchenversammlung 1867, S. 38 und der 7. Landeskirchenversammlung 1872. Hermannstadt 1873, S. 24 f. 109 u. ö.

Die Darstellung des Bistritzer Vereines ausführlich in Fr. Teutsch, G. D. Teutsch S. 190. Der Bericht, den s. Z. die Siebenb. Quartalschrift brachte, 1860, 19. Heft, S. 604 ist nicht objektiv gehalten.

Denkschrift über die Angelegenheit der Verfassung der ev. Landeskirche A. B. in Siebenbürgen. Hermannstadt 1861.

Dr. A. Schullerus: Die ev. Landeskirche (in den Bildern aus der vaterländischen Geschichte, 2. Band, S. 492).

Derselbe: Unsere Volkskirche. Hermannstadt 1908.

St. L. Roth: Der Birthälmer Pfarrer und luth. Superintendent. Kronstadt 1843.

Franz Gebbel: Aktenauszug zur Geschichte der §§ 114, 150 und 151 der Kirchenverfassung (in den Verhandlungen der 4. Landeskirchenversammlung 1867, S. 50).

Jahrbuch für die Vertretung und Verwaltung der ev. Landeskirche A. B. in Siebenbürgen (Erschien von 1875—1909 und hat bedeutendste Aktenstücke auch aus frühern Jahren veröffentlicht.)

J. Rannicher: Die neue Verfassung der ev. Landeskirche. Hermannstadt 1856 (2. Auflage 1857).

G. D. Teutsch: Die Rechtslage der ev. Landeskirche A. B. in Siebenbürgen. (Zeitschrift für Kirchenrecht). Tübingen 1863.

Derselbe: Geschichte der Pfarrerswahlen s. oben.

Fr. Teutsch: Das Verfassungsrecht der ev. Landeskirche A. B. in den sieb. Landesteilen Ungarns. In D. Markus: Magyar Jogi Lexicon. (Ungarisch.)

Pro memoria, wodurch die Deputation der ev. Geistlichkeit A. C. in Siebenb. die Bitte um entsprechende Vergütung des Naturalzehnts aus dem Landesfond begründet. Wien 1854.

Pro memoria usf. Wien 1857.

G. D. Teutsch: Zur Entwicklung der ev. Landeskirche A. B. in Siebenb. in den letzten 2 Jahrzehnten. (Schenkels Allg. kirchl. Zeitschrift 1869. Heft 8 und 10).

Fr. Müller: Unsere Pfarrerswahl und der Entwurf des ev. Landeskonsistoriums vom 16. März 1862 zur Regelung derselben. Hermannstadt 1862.

Derselbe: Zur Verfassungsangelegenheit der ev Landeskirche A. B. Hermannstädter Zeitung Nr. 7—11 aus 1861.

Kultusministerialerlaß an das k. k. Statthaltereipräsidium von Siebenbürgen betr. die staatsrechtliche Stellung der Evangelischen in Ungarn, dd. 21. August 1856. Siebenb.-Deutsches Wochenblatt 1869, S. 638.

G. Binder: Aus dem Leben G. P. Binders. Vereinsarchiv 15.

Über die Entstehung des Gustav-Adolf-Vereins vor allem Fr. Müller: Rede zur Eröffnung der 29. Hauptversammlung des siebenb. Hauptvereins der Gustav-Adolf-Stiftung in S.-Reen. Hermannstadt 1894.

Dann G. D. Teutsch: Denkrede auf J. Fabini, Vereinsarchiv 14, wo auch die Akten mitgeteilt sind. Fr. Teutsch in G. D. Teutsch S. 164 ff.

Danksagung (an Se. k. u. k. apost. Majestät) für den Vorschuß auf den 1857er Zehntentgang und Gesuch um Entscheidung in der Zehntentschädigungsfrage. Wien 1858.

Denkschrift des Mühlbächer Bezirkskonsistoriums A. B. zur Beleuchtung des Kandidations- und Promotionsrechts innerhalb des Unterwälder Kapitels. Kronstadt 1862.

Der Vertrag der ref. und ev. Kirche in Bürgesch (Bürkös) im Diplom Rakotzis von 1642, gedruckt Vereinsarchiv 1, S. 212. Ein späterer Vertrag von 1824 in Abschrift im ev. Oberkonsistorialarchiv in Hermannstadt.

Die neue Kirchenverfassung von 1861 auch gedruckt in E. Friedberg: Verfassungsgesetze der ev. deutschen Landeskirchen 1886.

15. und 16. **Im konstitutionellen Österreich. Die Einführung des Dualismus in Österreich-Ungarn. 1861—68. (S. 389—466).**

Die Protokolle des Hermannstädter Landtags sind in drei Sprachen geführt worden, deutsch, magyarisch und rumänisch und dreisprachig gedruckt. Hermannstadt.

Die Verhandlungen des Klausenburger Landtags (1865/6) sind abgesondert magyarisch und deutsch erschienen: Verhandlungen des siebenbürgischen Landtags 1865/6. Hermannstadt 1866.

Ebenso: Der ungarische Reichstag 1861. Pest 1861. 3 Bände.

Die Vorstellungen der sächsischen Nationsuniversität und ihre Verhandlungen aus diesen Jahren sind alle gedruckt. Hermannstadt.

Viel authentisches Material in den Sammlungen Zimmermanns und G. D. Teutschs.

Repräsentation der magy. und szekl. Landtagsabgeordneten und Regalisten aus dem Jahre 1863, auch besonders gedruckt. Hermannstadt 1863.

Die Verhandlungen der 1. und 2. Landeskirchenversammlung sind nicht gedruckt, aber eingehende Berichte darüber von G. D. Teutsch: Bericht über die Verhandlungen der 1. Landeskirchenversammlung A. B. in Siebenbürgen vom 12.—22. April 1861. Hermannstadt 1861.

Die Verhandlungen und Beschlüsse der 2. Landeskirchenversammlung in Hermannstadt vom 17. September bis 1. Oktober 1862. Hermannstadt 1862.

„Unsere Zeit" (Leipzig, Brockhaus) brachte in jenen Jahren nicht uninteressante Artikel, Siebenbürgen und sein Landtag 1863, Land und Leute Siebenbürgens 1866, Österreich seit dem Sturz des Ministeriums Schmerling. IV. 1. f. Österreich seit dem Fall Belcredis.

Über die Besprechung der Vertrauensmänner in Kronstadt im November 1860 genaue Aufzeichnungen G. D. Teutschs, der dabei war.

Preußische Jahrbücher 41. und 42. Band: Siebenbürgen und der Dualismus in Österreich. Ungarn und die Sachsen in Siebenbürgen, ebenda Maiheft 1872: Die Lage des Deutschtums im ung. Staat.

Bericht der von der sächs. Nationsuniversität niedergesetzten Kommission betreffend das Gutachten über die praktische Durchführung des Prinzips der nationalen Gleichberechtigung in Siebenbürgen (Univ.-Z. 33. 1862, dd. 31. Januar 1862) samt der Sondermeinung Lassels ist auch abgesondert gedruckt.

Vgl. über Rannicher G. D. Teutsch in der Allg. deutschen Biographie, über Zimmermann, Budaker, Wittstock, Trauschenfels die Denkreden von Fr. Teutsch im Vereinsarchiv.

Die Akten in der Unionsfrage gedruckt in den Amtl. Aktenstücken betr. die Verhandlungen über die Union Siebenbürgens mit dem Königreich Ungarn. Hermannstadt 1865 und 1866 (2. Hefte).

Der ungarische Verfassungsstreit urkundlich dargestellt. Beilage zum Staatsarchiv v. L. K. Aegidi und K. Klauhold. Hamburg 1862.

Die Karlsburger Konferenz 11. und 12. Februar 1861. Protokoll und Reden. Hermannstadt 1861.

J. Rannicher: Sammlung der wichtigern Staatsakten, Österreich, Ungarn und Siebenbürgen betreffend, welche seit dem Manifest vom 20. Oktober 1860 bis zur Einberufung des siebenb. Landtags erschienen sind. Hermannstadt 1861. 1. Heft.

2. Heft: die Aktenstücke aus dem Okt. 1861—Mai 1862 enthaltend. Hermannstadt 1861.

3. Heft: die Aktenstücke vom Mai 1862 bis zur Eröffnung des siebenb. Landtags. Hermannstadt 1863.

E. A. Bielz: Beitrag zur Geschichte und Statistik des Steuerwesens in Siebenbürgen. Hermannstadt 1861.

A. Frh. v. Schaguna: Geschichte der griech.-or. Kirche in Österreich. Hermannstadt 1862.

Über Reichenstein s. Friedenfels: Bedeus 2. Band. Anhang S. 476.

Eine ausführliche Biographie Schagunas, zugleich Zeitgeschichte, hat Dr. J. Lupas geschrieben, romänisch, Hermannstadt 1909: Metropolitul A. Schaguna.

Drei Jahre Verfassungsstreit. Beiträge zur jüngsten Geschichte Österreichs von einem Ungarn. Leipzig 1864.

(Graf Teleky): Siebenbürgen und die österr. Regierung in den letzten 4 Jahren. Leipzig 1865.

O. v. Meltzl: Statistik der sächs. Landbevölkerung in Siebenbürgen. Vereinsarchiv 20, S. 215 (auch als Buch erschienen. Hermannstadt 1886).

(Fr. Müller): Die wichtigsten Ergebnisse der . . . 1870 durchgeführten Volkszählung . . . mit besonderer Berücksichtigung Siebenbürgens. Hermannstadt 1872.

W. St. Teutschländer: Geschichte des Turnens im Siebenb. Sachsenland. Kronstadt 1865.

Die Akten über die Verhandlungen betreffend die Pensionierung des Komes K. Schmidt in den Verhandlungen der sächs. Nationsuniversität gedruckt.

Verhandlungen in Angelegenheit der Pensionierung des sächs. Komes C. Schmidt und Ernennung eines provisorischen Komes in der Sitzung des ung. Abgeordnetenhauses am 14. Mai 1868. (Übersetzung des Stenogramms) v. O. u. J. (Hermannstadt 1868.)

Über Josef Bedeus außer dem Schriftstellerlexikon O. Wittstock, Wollen und Vollbringen s. oben, dann die Nekrologe bei seinem Tode, auch Kalender des Sieb. Volksfreundes 1896.

Über J. Gull: (Fr. Teutsch) Kalender des Sieb. Volksfreundes 1900. E. Steinacker: G. Kapp. Hermannstadt 1898.

O. Wittstock: H. Wittstock (1826—1901). Kalender des Sieb. Volksfreundes 1902. Dann in: Wollen und Vollbringen. Hermannstadt o. J.

Über C. Gebbel s. Fr. Teutsch in G. D. Teutsch S. 342. Fr. Teutsch: Denkrede auf A. Arz. Vereinsarchiv 30, S. 169.

Über Franz Gebbel G. A. und J. Schullerus: Franz Gebbel. Hermannstadt 1893 sowie (Dr. C. Wolff): Nekrolog im S.-D. Tageblatt 1877 und die in den frühern zwei Zeilen angegebene Literatur. Vor allem H. Wittstock: Denkrede auf Franz Gebbel in: Die Franz Gebbel-Feier in Hermannstadt am 18. Mai 1880. Hermannstadt 1880.

Über M. Albert und Traugott Teutsch s. Dr. A. Schullerus: M. Alberts Leben s. oben.

Traugott Teutsch: Ein siebenb. Dichterleben. Selbstbiographie. Kronstadt 1902.

Siebenbürgisch-Deutsches Wochenblatt. Hermannstadt 1868—1873, ging dann ins Siebenbürgisch-Deutsche Tageblatt über.

Die Zeichnung des Kreises um G. D. Teutsch und Franz Gebbel s. bei Fr. Teutsch: G. D. Teutsch. S. 337 f. und 435 f.

Über Albert Arz v. Straußenburg die Denkrede im Vereinsarchiv 30.

Über D. Fr. Müller und Dr. C. Wolff Ergänzungsband zu Trauschs Schriftstellerlexikon, dort auch weitere Literatur über beide.

Über Dr. C. Wolff: Sächs. Hausfreund 1886, Kalender des Sieb. Volksfreundes für 1910. Die Karpathen, Halbmonatsschrift. Kronstadt. 1. April 1910.

Namen- und Sachregister.

A.

Ablösbarkeit bäuerl. Lasten 105. 147.
Abschiedsbrief St. L. Roths an seine Kinder 277.
Absetzung des Hauses Habsburg 269.
Absolutismus, Kampf gegen 293 f. 327.
Ackner 182. 352. 357.
Adel 123. 130. 148. 315. 435.
Adel und Hörige 14. 105. 126. 145 ff. 209. 212.
Adel und Militärpflicht 148.
Adelsherrschaft 104. 208. 209. 210. 432.
Adelsvorrechte gelten bei den Sachsen nicht 84.
Adelsverleihungen an Sachsen 158. 159.
Adel, Schwarzenberg über ung. 303.
Adelswahlrecht 435.
Administratoren 71. 137.
Administratoren kirchl. 369.
Adresse der Altkonservativen an den Kaiser 1850. 303.
Adresse des ung. Reichstags 1861. 407. 409.
Adresse ung. Notabilitäten 1857. 323. 432.
Adressen des Jugendbundes 239.
Adrianopel Friede 18. 32.
Advokaten 23 f.
Agende 168.
Agnetheln 73. 142. 172. 272. 419. 420.
Agyagfalva 251.
Akademie der Wissenschaften in Wien 361.
Albert 340. 461.
Albrecht Erzherzog 302. 316. 446.
Albrich Carl 349.
Albrichsfeld 312.
Allodialkasse und die Kirche 55.
Allodialrechnungen, Formular 16.
Almosenfond, Hermannstädter 20.

Altbrücke 173.
Altkonservativen, die 136. 208. 302. 303. 427.
Alt Schiffbarmachung 173.
Alt- und Jungsachsen 438.
Amadei Graf 308. 314.
Amtssprache deutsche im Sachsenland 243.
Andrassy über den Zentralismus der Sachsen 433.
Andrassy 447. 448. 449.
Andreanum 115. 149. 296.
Anstellung der Volksschullehrer auf Lebenszeit 346.
Antal Imre 153.
Antal Joh. 370.
Apponyi Graf G. 137. 303. 323.
Approbaten 78. 92. 100. 142. 371 ff. 377 f. 384. 392. 393. 396.
Aprilgesetze (1848) 210.
Arad 188. 259. 283. 287.
Arapatak 32.
Arbeiterbildungsverein 463.
Archiv f. die Kenntnis Siebenbürgens 181.
Archiv des Ver. für sieb. Landeskunde 181. 461.
Armeesprache 113.
Armenpflege 11. 43.
Armenier 84. 89.
Arndt E. M. 191.
Aron Basil 36.
Artikularstrafe 124.
Artner 319.
Arz Alb. v. Straußenburg 464.
Arz G. 461.
Ärarialdarlehen 295.
Ärzte 34. 47.
Aschersleben 463.

Audienz Trauschs 87.
Audienz in Innsbruck 234.
Audienz der Nationaldeputation 1850 297.
Audienz Maagers 333.
Ausfuhr 171. 172.
Ausgleich 449.
Austritt sächs. Abg. aus dem ung. Reichstag 245.
Auswanderung 19.
Autonomie, kirchl. 247. 377. 384. 393.
Avitizität 207. 208. 210.

B.

Baaßen 240.
Bach Minister 323. 324. 378.
Bach E. 288. 289. 293. 299. 309. 310. 370.
Backen 40.
Balaban 34.
Balla M. 98.
Ballade 189.
Ballett 28.
Bälle 11. 29.
Balthes, Bürgermeister 51.
Banat 14. 276.
Banffi Lad. 84.
Banffy, Gouverneur 7.
Banffy D. 117.
Barscher Komitat 70. 71.
Bartha K. 117.
Batthyanyi L. 209. 210. 234. 237. 241. 246. 249. 268. 287.
Bauern 14. 66 f. 174. 200.
Bäuerle 28.
Baumann 461.
Baumwolle 33. 34.
Baumwollgrieche 34.
Beamtenernennungen 7, Bestätigung 127, ernennungen 243, Beamtengehalte 22, Beamtenleben 21 ff, Beamtenreichtum 201.
Bedeus J. v. d. Ä. 7. 8. 19. 74. 75. 96. 103. 111. 112. 115. 124. 127. 128. 140. 160. 166. 175. 179. 182. 183. 250. 253. 316. 363. 366. 385.
Bedeus J. d. J., 73. 198. 320. 394. 437.
Befestigungen 35.
Bekokten 127. 366.
Belagerungszustand 294. 295. 305. 312.
Belcredi 430. 448. 449.

Beldi Graf 419. 424.
Bell G. 351. 460.
Bem General 262. 263—268. 272. 273. bis 287. 314.
Bems Milde 273. 275. 280.
Bem und Lüders 286.
Benedek 446.
Benekes Psychologie 461.
Benigni 139. 177. 182. 184. 187. 198. 232. 273.
Beöthy 103.
Berde Moses 276.
Bergleiter A. 166. 169.
Bergleiter, Bischof 167. 168.
Berlin 118. 163. 353. 446.
Bertleff 461.
Berwerth Laurentius 38.
Berzenczei 227. 254.
Beschwerden der ev. Kirche 83 f. Ev. K.
Beschwerden der Sachsen 81. 112. 127.
Beschwerden der Stände 85. 96. 112. 144.
Bethlen Dom., Graf 148. 149. 154. 157.
Bethlen Graf, Major 272.
Bethlen Joh., Graf 75. 80. 81. 89. 90. 94. 96. 115. 118. 119. 221.
Bethlen Wolfg. 118.
Bethlen Haus in Bistritz 45.
Beust 448. 449.
Bezeredy 103.
Bialics 117.
Bibliotheken 37.
Biedersfeld 43. 144. f. Binder.
Biederöfeld 405.
Bielz 182. 352. 461.
Bienenpflege 62.
Billigkeit des Lebens 26.
Binder, Orator 312.
Binder G. 177. 352.
Binder G. P. 10. 37. 57. 69. 164. 168. 181. 196. 218. 234. 235. 237. 240. 242. 247. 248. 294. 341. 362. 364. 365. 367. 371. 375. 376. 379. 390. 394. 397. 419. 424. 437. 458.
Binder Bischof ergreift die Episkopalrechte 363.
Binder, Frau Bischof 235.
Binderjubiläum 341.
Binder Mart., Fleischer 42.

Binder v. Biedersfeld 159. f. Biedersfeld.
Binder Mich. 450. 453. 454. 455.
Birthälm 12. 41. 54. 62. 127. 204. 375. 457.
Bismarck 427. 446. 447.
Bischofsamt und Birthälmer Pfarre 364. 375.
Bischöfe evang. 10. 12. 13. 37. 46. 53. 54. 58. 100. 167. 168. 457.
Bischof von Siebenbürgen 305.
Bischof kath. 82. 85. 98. 144. 305.
Bischof kath. in Ungarn 106.
Bischof nichtunierter 97. 122.
Bischofssitz 41. 54. 457.
Bischofswahl ev. 396. 458.
Bischöfe griech. 122.
Bistritz 11. 12. 13. 22. 39. 45 f. 73. 116. 124. 130. 149. 164. 165. 169. 170. 172. 178. 203. 215. 223. 251. 263. 273. 275. 276. 284. 285. 300. 305. 306. 307. 310. 317. 319. 351. 359. 379. 381. 440. 460.
Bisseni (=Walachen) 116.
Blasendorf 113. 218. 265. 272.
Blätter für Geist, Gemüt und Vaterlandskunde 182. 193.
Blauer Montag 30.
Blick auf den Rückblick 323.
Blumenpflege 61.
Bogeschdorf 41. 62.
Böhmen 111.
Boicza 173.
Bömches 440. 450. 452. 453. 454.
Bönicke 463.
Botsch 49. 174.
Brachfeld 34. 174.
Brandsch S. G. 44.
Brandsch K. 73. 169. 346. 349. 419.
Brandsch, Frau Königsrichter 51.
Bransch 245.
Brassovian 171.
Brecht 44.
Brennerberg Jul. und Franz v. 440.
Brennerberg S. v. 133.
Brennerberg, Vermögen 201.
Bretterhandel 38.
Breve vom 30. April 1841. 107.
Brinz 427.
Broos 39. 48. 117. 129. 154. 160. 190. 215. 216. 217. 268. 297. 301. 306. 308. 320. 333. 337. 340.

Bruderschaften 52.
Bruckner, Pfarrer 63.
Brukenthal 325.
Brukenthal, Haus 50.
Brukenthal, Hofrat 419. 424.
Brukenthal Josef, Hofsekretär 8.
Brukenthal Josef v., Thesaurarius 103.
Brukenthal K. 133.
Brukenthal, Komes 8. 69.
Brukenthal S. 182. 299. 300.
Brukenthal, Vermögen 201.
Brukenthalisches Museum 11. 123.
Brünn 75.
Buchdrucker 30. 45.
Budaker Gottl. 73. 169. 351. 359. 379. 419. 420.
Bukarest 267. 288.
Bukowina 12. 13. 45. 172. 255. 263. 284. 319.
Bulwer 193.
Burgberg 177.
Bürgermeisterinstallation in S.-Reen 50.
Bürgerwehren 215.
Bürger-Kavalleriekorps 29.
Bürgerschulen 163. 164.
Bürgerwehr 232. 272.
Bürgesch 58.
Bureaukratie sächs. 117. 118. 119. 120. 128. 129. 130. 186. 188. 214.
Burzenland 255. 259. 267. 284.
Burzenländer Zehntprozesse 16.

C.

Caudella 30.
Chirurg 42.
Cholera 254.
Christbaum 321.
Cinen 263.
Closius 201.
Colloredo 4.
Connert (Bistritz) 46.
Conrad 117. 118.
Conrad Moritz 440. 451.
Conrad, Hofagent 133. 139.
Conrad, Thes.-Rat 133.
Coquin 37.
Custozza 446.
Couja, Fürst 325.

Crenneville 416.
Csanyi 273—287.
Csallner 461.
Cserei N. 124.
Csik 255.
Csik-Szereda 14.
Csivich 14.
Czartorisky, Regiment 45.
Czecz, General 326.

D.

Dalmatien 101. 111.
Damianich 268.
Dänemark 427.
Deak 103. 138. 207. 210. 230. 237. 245. 268. 402. 407. 429. 444. 447. 448. 449. 453.
Debreczin 64. 158. 171. 269. 274. 280. 281.
Debreczin, Beschluß vom 14. April 1849 269 f.
Dees 255. 310.
Degenfeld O., Graf 100.
Delegationen 445.
Dembinsky 268.
Dendler, Pfarrer 264.
Denkschrift über die Union 229. 230. 233.
Denndorf 214. 221. 262.
Denunzianten 160.
Deputationen an den Hof 81. 233.
Deputationen an den Kaiser (48) 218. 297. 307.
Deputationen nach Deutschland 231. 236. 237. 238.
Deputationen nach Wien 298.
Deputationen, geistl. in Wien 365.
Desewffy 103.
Dessewffy Graf E. 136. 302. 303.
Deutsche Fundgruben 360.
Deutsche Sprache, Pflege 155. 183.
Deutschland 153. 181. 183. 198. 220. 222.
Deva 268. 286.
Dialekt sächs. 145. 183. 184. 337. 358. 359.
Diamandi 201.
Dicsö-St.-Marton 263.
Dichtung 337 f. 461 f.
Distriktskommandanten 288.
Distriktseinteilung Siebenbürgens 293.
Dobay Oberst 284.

Domestikalfond 82. 97. 230.
Donaufürstentümer 18. 52.
Dorfsleben 65. 200.
Dorsner Franz v. 284.
Dotation staatl. f. die Kirchen 99. 383. 384.
Dozsa A. 273.
Draas 333.
Dragoner Eugen v. Savoyen 41. 49.
Dramen heimische 193.
Dräsecke (Predigten) 63.
Dreifelderwirtschaft 65. 66. 200. 320.
Dreisprachigkeit der Landtagsverhandlungen 423.
Dreizehn Dörfer 14. 256. 277. 297.
Dreschen 65. 435.
Dück 169.
Dück G. 171. 201. 351.

E.

Eder J. C. 69. 122. 180. 181.
Eheprozesse 53.
Ehen, gemischte 134.
Eigenlandrecht 21. f. Statutarrecht.
Einfachheit des Lebens 24 f.
Einfuhr aus Österreich 317.
Einheitsstaat und Nationsuniversität 257. 271. 296. 298. 401. 411. 425. 431.
Einteilung Ungarns, neugeplante 258.
Einteilung Siebenbürgens 306. 311.
Einquartierung 41.
Einwanderungsfeier 196.
Eisenbahnen 89. 158. 211. 425.
Eisenbahnfrage siebenb. 425. 426. 428.
Eisenhandlung 34. 319.
Eitel Fr. 246. 450. 453. 454.
Elisabethstadt 277. 278. 306.
Emanuel 201.
Emigration, ung. 287. 325.
Engelhardt 267.
Englische Waren 317.
Enthaltsamkeitsvereine 170.
Enyed 13. 255.
Eötvös 103. 136. 210. 237. 245. 249. 323. 381. 382. 402. 403. 407. 408. 432. 449. 459.
Eperies 64.
Erbrecht 201.
Erdely Hirado 179. 187. 188. 215. 216. 217. 232.

Ergebnis der Revolution 289.
Esterhazy P. 210. 234. 235.
Ev. Kirche Unterdrückung 76. 96. 99. 122. Kandidationsnorm 93. Promotionskreise 166. Verfassungsfrage 370 ff. 391. 457.
Ev. Kirche Teilnahme am Generalkonvent 247.
Ev. Kirche und Volkstum 391. 397. 399.

F.

Fabini Augenspezialist 198.
Fabini J. 177. 196. 230. 246. 247. 391. 399. 400.
Fabini Theodor 214. 237. 238. 239. 253. 267. 268. 337.
Fabini FZM. Ludwig 252.
Fabricius J. Chr. 33.
Fabriken 173. 319.
Fabritius C. 351. 450. 453. 454.
Fasching 29. 39.
Februarpatent 405. 406. 409 ff. 423. 435 f. 444.
Februarrevolution 211.
Felelat 185.
Felving 255.
Ferdinand I. 432.
Ferdinand v. Este, Erzherzog 75. 84. 88. 91. 93. 95. 103.
Ferdinand V. 89. 93. 210. 228. 234. 241. 246. 250. 259. 406. 449.
Feste 196.
Festschießen 9.
Feuer im Haus 26.
Feuersbrunst in Bistritz 317.
Fichte 132.
Filtsch J. (Stadtpfarrer) 12. 30. 31. 54.
Filtsch, Landtagsabgeordneter 419.
Finaly 382.
Finanzpatent 76.
Fiskalprozesse 16. 20.
Fiskalzehnt 66. 127. 211.
Fiskus und der Sachsenboden 20 f.
Fleischhauer 35. 42. 45. 46.
Flöße 38.
Floßhandel 49. 50. 319.
Flugblätter 218.
Flußregulierungen 158.
Fogarasch 150. 284. 306.

Fogarascher Dominium 300.
Fogarassy, Bischof kath. 424.
Forstordnungen 131.
Frankfurt a. M. 182. 236. 237.
Frankfurter Parlament, Feier in Hermannstadt 219. 231. 236. 237. 239.
Frankfurter Fürstentag 426.
Frankreich 206. 208. 325.
Franz Kaiser 4. 6. 32. 46. 47. 71. 75. 80. 87. 89. 209.
Franz Kaiser über die Sachsen 8. 13. in Siebenb. 12 f.
Franz Josef I. 259. 289. 297. 298. 310. 316. 333. 406. Königskrönung 449.
Franz Karl, Erzherzog 234. 235. 259. 449.
Frauenadresse an die Kaiserin 233.
Frauen als Geldvermittler 32.
Frauendorf 43.
Frauenvereine 399. 460.
Frau im Haus 25. 39.
Freck 13.
Freie Hand in Siebenbürgen 451.
Freischar 253.
Freistädte, die ung. 104.
Freitum Repser 52.
Freytag Gustav 238. 270. 289.
Frohndienste 126. Aufhebung 228.
Frühstück 24.
Friedenfels 218. 240. 245. 258. 416. 419. 422. 425.
Fronius 333. 350. 352. 360.
Fülek 201.
Fuß Karl 73. 281. 348.
Fuß Mich. 73. 198. 281. 346. 348.
Fuß Brüder 169. 348. 352.

G.

Gal Domokos 100. 122.
Gal J. 116. 154.
Gal Miklos 278.
Galizien 103. 111.
Galizianer 311.
Garten 26. 61.
Gartenlaube 386.
Gassenreinigung 28.
Gebbel C. 437.
Gebbel Franz 458. 464.
Geburtsunterschiede gering zu achten 81.

Gedeon 255.
Gefängnisse 42.
Gehalte der Beamten 22. 65. der Lehrer 348.
Geistliche Deputation in Wien 298.
Geistliche, Heydendorff über 64. Beschwerden 83.
Geistliches Gericht 59.
Gelehrtenverein 70.
Gellert 69.
Geltch 133. 166. 190. 191. 217. 231. 237. 238. 342. 387.
Gemeinland 21. 36. 49. 66.
Gemeindegesetz 296.
Gemeinde- und Städteordnung 328.
Gemeinsame Angelegenheiten 445. 448. 449.
Gemischte Ehen 105. 107. 134. 249.
Gendarmerie 294. 301f.
Generalkonvent, sämtl. ev. Kirchen 247f.
Gentz 6.
Geologie 352.
Geol. Reichsanstalt 352.
Gerichtsordnung 185.
Geringer 271. 288. 289.
Geringers Instruktion 271.
Germanisierung der Schulen in Ungarn 374.
Germanistische Studien 183ff. 358. 359.
Gesamtmonarchie und die Sachsen 431.
Gesangbuch 168.
Gesäß 177.
Geschenke 22.
Geschichte, sächs., soll gepflegt werden 155.
Geschichtsverein 177. -pflege 177ff. 180f. 202. 352f.
Gesellenverein 463.
Geselliges Leben 27. 51. 52.
Gesellschaft der ung. Ärzte und Naturforscher 138.
Gewerbe 203. 317. s. Handwerker.
Gewerbeausstellungen 173. 463.
Gewerbeordnung 173.
Gewerbeschulen 163. 164. 319.
Gewerbevereine 170. 319. 463.
Ghiczy 323. 407. 445.
Giesel 169. 346. 351. 387.
Gierelsau 173.
Giskra 427. 429.
Glanz 310.

Glas, Seltenheit 24.
Glatz, Prof. 165.
Gleichberechtigung der Nationalitäten 257. der Romänen 423.
Glockenkunde 357.
Gödöllö 268.
Gömörer Komitat 106.
Görgei 268. 270. 283.
Gött 182. 186.
Göttingen 19. 178.
Goethe 28. 61.
Goldschmidt J., General 252.
Gooß Carl 73. 166. 169. 181. 184. 214. 221. 223. 229. 240. 243. 245. 262.
Gouvernement 294.
Gran, Erzbischof 106.
Graner Konferenz 402.
Gräf 117.
Gräser, Bischof 58.
Gräser D. und S. 177.
Gräser, Direktor 346. Pfarrer 379.
Grenzboten 238.
Griechen 32. 34. 52. 201.
Griechenland 18.
Griech. Kirche 17. 256.
Griech. nicht unierte Kirche 215. 256.
Griech.-kath. Bischof 42. 122.
Grillparzer 28.
Grimm Brüder 361.
Groschenvereine 254.
Groß P. G., Stadtpfarrer 46.
Großau 343.
Großscheuern 29. 264. 272. 348.
Großösterreich 382f.
Großschenk 118. 175. 179. s. Schenk.
Großwardein 106. 158. 251. 255. 262.
Grotenhjelm 284.
Grundherrliche Rechte 147.
Grünne, Graf 323.
Gubernium 19. 84. 138. 141. 150. 154. 155. 219. 255. 393. 401ff. 411.
Gubernium, Aufhebung 259.
Guist 349.
Gull J. 73. 277. 413. 417. 419. 420. 437. 450.
Gunesch, Superintendent 198.
Gustav-Adolf-Verein 399. 400. 460.
Günther 201.

509

Grundbücher 33. 130. 320.
Gyerghai, Zensor 187.
Gymnasien 33. 37. 38. 39. 47. 57. 163. 166. 343 f. 387.
Gymnasien, Reorganisation 343 ff.
Gymnasialplan 57. 163. 343.
Gyulai 118.

H.

Hahnebach 264.
Hain Dr. 332.
Heiratsdispensationen 363.
Hallesche Literaturzeitung 37.
Haller, Graf Franz 434.
Haller-Prämium 342.
Haltrich 350. 356. 358. 359. 367. 362. 460.
Halvelagen 278.
Hammersdorf 264. 272. 357.
Hann Fr. 141. 143. 145. 154. 155. 157. 165. 198. 199. 204. 211.
Hann Georg 175.
Hannenheim 40.
Handel 31. 34. 38. 39. 170. 171. 172. 317. 319.
Handelskammern 294. 319.
Handwerker 31. 33. 35. 42. 45. 48. 62. 171. 172. 203. 317. 318.
Haromßek 255. 263. 265.
Hartig Graf 331.
Haschagen 65.
Hasford 286.
Hattertprozesse 67. 69.
Hatvan 268.
Hatzeg 286.
Hatzeger Tal 14.
Haubner 247. 249.
Haupt, Zimmermeister 273.
Hauptvolksschulen 301.
Hausfreund s. Kalender.
Hausinschriften 67.
Häußer L. 354.
Haus(Hof)teilungen 172. 174.
Haynald 305. 310. 404. 416. 419. 424.
Haynau 281. 287. 369. 373.
Hedwig 190.
Heidendorf (bei Bistritz) 47. 48.
Helscher 236.
Heltau 13. 31. 171.

Henrich 182.
Hentzi 270.
Herbert Fr. M. 73. 169. 315. 419.
Herbich 352.
Herbst 427. 428.
Herkunftsfrage 184. 358. 359.
Hermannstadt 9. 11. 12. 13. 14. 18. 19. 22. 26. 27 ff. 64. 69. 70. 82. 83. 85. 93. 98. 103. 111. 119. 123. 127. 128. 130. 132. 139. 141. 145. 148. 164. 165. 166. 167. 169. 170. 173. 174. 178. 180. 181. 183. 184. 186. 187. 196. 197. 201. 204. 211. 212. 214. 216. 217. 218. 223. 229. 233. 251. 253. 255. 262. 263. 264. 266. 272. 273. 274. 275. 276. 280. 284. 285. 286. 293. 294. 299. 300. 301. 305. 306. 307. 310. 312. 314. 315. 316. 321. 322. 327. 336. 337. 343. 348. 352. 363. 370. 375. 377. 386. 389. 394. 404. 413. 416 ff. 425. 438. 463.
Hermannstädter Kommunität 8. 204. 296.
Hermannstädter Königsrichteramt 8. 82. 85. s. Komes.
Hermannstädter Obergericht 456.
Hermannstädter Stuhlsversammlung 251.
Hermannstädter Zeitung 438. 460.
Herrnhausmitglieder, österr. 424.
Heusler 345. 346. 347. 368.
Heuschrecken 19. 254.
Heydendorff A. v. 24.
Heydendorff M. v. 13. 40. 64.
Heydendorff Vermögen 201.
Heydte 255. 272.
Heyser 14. 198.
Hintz J. 188.
Hintz, Pfarrer 279.
Hist. Mission des Deutschtums 189.
Hochmeister Stuhlrichter 8. Bürgermeister 21. 22. 28. 30. 201.
Hofagent (Nationalagent) 133.
Hofgräf 149.
Hofkammer und die Sachsen 20.
Hofkanzleien 3. 210.
Hofkanzlei, siebenb. 3. 7. 8. 18. 127. 175. 176. 179. 187. 232. 393. 401 ff.
Hofkanzlei siebenb., Auflösung 449.
Holdvilag (Halvelagen) 278.
Holzmengen 198.
Honigberger 198.
Horvath D., Baron 100.

Horvath J. 116.
Hoßufalu 259.
Houwald 28.
Huldigungsdeputation (März 48) 212.
Huldigungslandtag 95.
Hundertgliedrige Deputation 242.
Hungersnot 11.
Hunfalvi 247.
Hußar, Baron K. 80. 117. 119.
Huttern, Gubernialrat 21.

J.

Idiotikon 358. 359.
Iffland 28.
Impfung 47.
Indebite geleisteter Zehnte 367. 394.
Innerßolnoker Komitat 74.
Infanterieregiment Nr. 31. 29.
Innerleben der Kirche 385 f.
Installation des Komes 9. 19. 133. 310.
Illyrismus 109.
Innsbruck 218. 233. 236. 237. 238. 241.
Insurrektion 8. 148.
Irtl Dr. 310.
Isaßeg 268.
Italienischer Krieg 378. 445. 446.

Jaab 273.
Jagden 50. 51. 56.
Jägerbataillon, sächs. 252. 255.
Jahrmarkt 25. 52. 318. 320.
Jakabb v. 329.
Jassy 193.
Jellachich 241. 242. 249. 250. 259. 269.
Jena 19. 341.
Jeßenack 247.
Jesuitenmissionen 304.
Jobagyendienst 146. 147.
Johann, Erzherzog 235. 236.
Josef II. 39. 199.
Josef, Erzherzog 207.
Josi, s. Martin.
Josika Präs. des Guberniums 7. k. Kommissär 10. 79.
Josika, Baron 90. 91. 94. 96. 98. 99. 101. 111. 126. 132. 137. 143. 154. 216. 303.
Josika L. 117.

Journalistik als Kräftigungsmittel 239.
Judasbecher, der 120.
Juden 47. 105.
Judenemanzipation 130.
Jugendbund, sieb.-sächs. 238 ff. 342.
Jung- und Altsachsen 438. 451.
Jurid. Fakultät in Hermannstadt 127. 165. 240. 345. 349.
Jus gladii 51. 174.
Justiz 23. 49.

K.

Kaffee 24.
Kaffeehäuser 30.
Kaiserfeld 429.
Kaiserreise nach Siebenbürgen 12 f. 310. Ofen 429.
Kalender 196. 360.
Kaiserstraße 322.
Kalnoky, Graf 113.
Kaltbrunn 51.
Kaltwasser-Surrogatie 167.
Kandidatenprüfungen 59. 166. 167. 386. 394. 456. 457.
Kandidationsnorm 55.
Kapitel 457.
Kapitel Burzenländer 16. 53. 54. Tekendorfer 53. 364. Schogener 53. 364. Hermannstädter 53. Schelker 167. Schenker 167. Leschkircher 366.
Kapitel ev. unter dem ref. Oberkonsist. 53. 364.
Kapitularachive 168.
Kapitelsverbrüderung 387.
Kapp 437. 450. 453.
Karansebes 286.
Kardinalämter 84. 85.
Karl III. 99.
Karlsbad 322.
Karlsburg 13. 111. 181. 232. 255. 268. 305. 354. 366. 404. 416. 426.
Karlsburger Kapitel 21.
Karlsburger Konferenz 404.
Kartenspiel 47. 51. 52.
Kartoffelanbau 11.
Kaschau 310.
Kastenholz 193.
Kärnthen 111.
Kästner Viktor 336. 337. 338. 339.

Kath. Bischof als Gubernialrat 85. 144.
Kath. Kirche im Sachsenland 8. 44. 46. 99.
Kath. Kirche, Übergriffe 76. 83. 85. 99. 303. 304
Kath. Kirche, Anspruch aufs Nationalvermögen 310.
Kath. Kommission 99.
Kath. Meßgewänder im ev. Gottesdienst 13. 63.
Kath. Waisenhaus 29. 119.
Katona 255.
Katzendorf 366.
Kaufleute in Hermannstadt und Kronstadt 319.
Kazinczy über die Sachsen 67.
Kelp 169.
Kemény, Baron Dionis 79. 80. 81. 85. 94. 96. 99. 113. 114. 116. 118. 122. 125. 126. 127. 147. 213. 226. 237.
Kemény Dominik 114. 225.
Kemény Graf (Jos.) 134. 182. 184. 360. 365.
Kemény Franz, Bar. 124. 436. 441.
Kemeny, Hofkanzler 383. 401. 404. 416.
Kendesy, Hausbesitzer in Bistritz 45.
Kereßtur 285. 286.
Kerz 337.
K.-Vasarhely 121.
Kirchenlade 63.
Kirche ev., Zerfall 53. 58. Verfassung 53. 367.
Kirchliche Angelegenheiten Siebenbürgens 370ff. 460.
Kirchenvisitation 37. 55. 168.
Kirchliches Leben 30. 53. 387. 460.
Kirchweih 48.
Kirchner 198.
Kirschen 34.
Kißpal L. 276.
Kiß, Rittmeister 259. Oberst 273. 284.
Klapka 268. 325. 447.
Klausenburg 11. 12. 22. 27. 73. 77. 90. 111. 112. 113. 123. 124. 127. 135. 138. 152. 154. 160. 165. 170. 173. 175. 178. 187. 212. 216. 218. 219ff. 233. 244. 255. 262. 263. 265. 277. 279. 284. 310. 315. 322. 370. 425. 426. 428. 434ff.
Klauzal 407.
Klein Fr. 45. 46.
Kleinmeier 310.

Kleinschelken 278.
Kleinscheuern 69.
Kleist 28.
Klingelbeutel 34.
Köhler, Bürgermeister 38. 83.
Kokelburg 263. 277. 278.
Kolonisationsgesetz 159.
Kommando, Hauptmann 256. 278.
Komes Wahlrecht 8. Ernennung Tartlers 9. Installation 9. Tartlers Tod 19. Wachsmann 19. Tod 132. Salmen 133. Schmidt 412. 416.
Komesfrage 85f. 98. 112. 127. 132. 144. 181. 296. 298. 307. 308. 413. 416. 452.
Komes, Gubernialrat 85. 86. 144.
Komorn 268.
Kommunitäten, Mißhandlung 312.
Konfirmationstage 83.
Kongresse 18.
Konkordat 304. 332. 376.
Konrad 86. 96.
Konradsheim 312. 405.
Konsistorium in Bistritz 46.
Konsistorialverfassung 53.
Konskription 15. 146.
Konstit. Monarchie 251.
Konvention des Nat.-Direkt. mit Cousa 325.
Kornis, Graf 96. 103. 111.
Korodi 460.
Kossak 190.
Kossuth L. 90. 107. 111. 131. 135. 136. 188. 207. 209. 210. 237. 241. 244. 245. 246. 249. 250. 254. 262. 269. 270. 274. 280. 282. 283. 286. 287. 323. 325.
Kossuth und Szechenyi 107ff. 207f.
Kossuth Hirlapja 254.
Kossuth gegen die Sachsen 274. 280.
Kossuthnoten ungültig erklärt 284. 324.
Kotzebue 28.
Kozma 112. 153.
Kölner Kirchenstreit 106.
König Joh. in Heltau und die Kaiserin 14.
Königgrätz 446. 447.
Königsrichter von Hermannstadt 82. 85f. s. Komes.
Körner 28. 191.
Kövar 102.
Krain 111.

Krasser Dr. 461.
Kraßnaer Komitat 102.
Kraus, Finanzminister 233.
Kriegisches System 311.
Kroatien 111. 134. 241.
Kronland, Sachsenland 216 ff.
Kronstadt 14. 16. 22. 24. 31 ff. 69. 83. 86. 130. 145. 154. 159. 165. 166. 168. 169. 170. 171. 172. 173. 174. 175. 178. 182. 184. 186. 190. 196. 197. 198. 200. 201. 211. 215. 216. 218. 223. 247. 251. 252. 255. 265. 266. 267. 272. 273. 274. 275. 276. 280. 283. 297. 300. 307. 308. 310. 312. 318. 320. 337. 346. 351. 359. 379. 402. 403. 414. 425. 426. 428. 438. 440. 441. 456.
Kronstädter Zeitung 403. 439.
Kukurutz 33. s. Mais.
Kultureinheit 180. 336. 342.
Kun, Graf 117.
Kunstarchäologie 557.
Kuriatvotum 82. 123. 125.
Kurz 184. 359.
Kuschma 46.
Kürschnerzunft 9.
Küstrin 190.

L.

Lamberg FML. 249.
Landbau 174. 200. 317. 318.
Landesbuchhaltung 154.
Landeskirchenversammlung 380. 384. 389. 390. 458. 459.
Landeskundeverein 166. 174. 177. 181. 239. 308. 340. 352. 360. 362. 381. 385. 400.
Landessprachen an den Schulen 345. 347.
Landesvertretungen 314. 315.
Landsturm 253.
Lange, Senator 218. 251. 273. 308.
Laicsek, Bischof 106.
Landtagsbeschlüsse von 1791. 78. 115. 142. 159. 377.
Landtagsbeschlüsse von 1744 158.
Landtag nicht zusammengerufen 7.
Landtag 1809/10 8.
Landtag 1834 76 ff. 139. 142.
Landtag 1837 93 ff. 139. 142.
Landtag 1841 111 ff. 132. 142.
Landtag 1846 140 f. 143 f. 160.
Landtag 1848 213. 218. 219 ff. 403.

Landtag, Vorbereitung 404. 413.
Landtag 1863 in Hermannstadt 416. 423 ff. Auflösung 435.
Landtag 1865 in Klausenburg 434 ff. 439.
Landtagsgebäude Erbauung in Klausenburg 123 f.
Landwirtschaft 34. 49. 52. 174. 177. 320. 463.
Landwirtschaftsverein 175. 320. 437. 463.
Lange P. Tr. 169.
Lassel Aug., Sondermeinung 414.
Lassel Franz 351.
Laßlofi 419.
Lazar, Graf 99.
Lazar, Graf in Mediasch 276.
Leben im Haus 24. 320.
Lehrer 37. 41. 48. 55 ff. 362.
Lehrer nicht in der Kommunität 313. veränderte Stellung 362.
Lehrergehalte 37. 56.
Leichengesellschaften 33.
Leinwand, engl. 318.
Leipzig 129. 199. 238. 358.
Lemeny Joh., Bischof 122. 157. 222. 227.
Leopoldinisches Diplom 8. 19. 78. 79. 84. 115. 142. 377. 413.
Leschkirch 50. 62. 130. 141. 143. 154. 223. 273. 301.
Lesegesellschaft 37. 184.
Lessing 28.
Lexai 117. 118. 221.
Levantehandel 34. 318.
Liechtenstein, Fürst 322. 383. 385.
Liederbuch der S. Deutschen 190. 191.
Lissa 446.
List Fr. 174.
Literarisches Leben 69. 177 f. 184. 187 f. 313. 337. 348. 352 ff. 460.
Litterae obscur. virorum 333 f.
Liturgie 168.
Liturgische Farben 12.
Logothet in der Walachei 32.
Löhne 201.
Lombardei 322.
Lombardo-Venet. Königreich 111.
Löpprich, Frau 69.
Loreni 117.
Losenau 250. 255. 264.

Lotteriespiel 82. Abschaffung 275.
Löw Joh. 83. 84. 117. 128.
Löw W. 52. 141. 158. 177. 222. 415
Löwenthal 440.
Lüders 266. 272. 281. 284. 285. 286. 293.
Lustrierungen der Gym. 166. 351.
Luxus 171. 172.
Lyrik 189 f.

M.

Maager Karl 73. 253. 273. 329 ff. 402. 419. 426.
Macellarin 453.
Mädchenschule 44. 347.
Magazin f. Gesch. Siebenbürgens 184. 359.
Magenta 322.
Magnaten und niederer Adel 81.
Magyaren 34. s. Sprachenfrage.
Magyar. Sprache 76. 89. 90. 100. 110. 112 f. 121. 128. 284. 288. 453 s. Sprachenfrage.
Magyarisierung 152. 213. 432.
Magyarische Sprache soll in sächsischen Schulen gelehrt werden 156.
Magyaren und der Hermannstädter Landtag 418.
Mähren 111.
Mais 33. 34.
Majlath, Vizekanzler 137. Kanzler 434.
Majoritäts- und Minoritätsantrag im verstärkten Reichsrat 330.
Malmer M. 349. 381. 460.
Manifest vom 22. September 1848 249.
Manifest vom 3. Oktober 1848 250.
Manifest vom 21. Dezember an unser treues Sachsenvolk 260. 288. 295. 308.
Manifest vom 15. Juli 1859 378.
Manifest vom 20. September 1865 433.
Männergesangverein 463.
Markgrafschaft Sachsenland 297 ff.
Märchen, sächsische 358. 361.
Maria Theresia 4. 17. 99. 300.
Maria Anna, Kaiserin 234.
Marienburg (bei Kronstadt) 14. 253.
Marienburg, Abgeordneter 117.
Marienburg G. Fr. 184. 190. 359.
Marienburg, Kaufmann in Kronstadt 201
Marienburg L. J. 69.
Marktschelken 43. 141.

Marlin J. (Josi) 191. 192. 195.
Martinszins 20. 305.
Maskenbälle 29. 119.
Mathie, Major 252.
Maroscher Stuhl 126. 214.
Maros-Ujvar 13.
Märzereignisse 209.
Märzverfassung 271. 307.
Maschinengarn 171.
Mätz Joh. 351. 358. 460.
Mayland, Forstmeister 43.
Mazzini 325.
Mediasch 12. 19. 26. 32. 39 ff. 73. 92. 130. 166. 169. 170. 172. 177. 178. 194. 197. 198. 201. 219. 223. 239. 240. 252. 264. 272. 276. 278. 286. 294. 300. 307. 349. 377. 399. 400. 425.
Mehadia 286.
Mehes S. 154.
Mehburg 67.
Meißner P. 198.
Meißnerische Heizungen 198.
Meister 117. 132. 141.
Melas (in Reps) 52.
Melicsek 42.
Meltzl 49.
Menzel 361.
Mergeln 51.
Meschen 127. 194. 251. 276.
Messen und Gebete gegen den russischen Einmarsch 281.
Metalreambulationen 20.
Metternich 6. 29. 136. 209. 448.
Michaelis 169. 184. 387.
Mihalczfalva 232.
Miko, Graf 182. 258. 259. 381. 382. 404. 411. 416.
Missicsek 311. 314.
Mild, Dechant 69.
Militär 41. 45. 47. 148.
Militärbewilligungsrecht 148.
Militärbureaukratie 301.
Militärdienst 33.
Militärschwimmschule 29.
Miller, Hofsekretär 231. 238.
Miske, Hofkanzler 7. 17.
Misselbacher J. B. 34. 201. 319.
Mittelpartei auf dem Landtag 141.

Mittelszolnoker Komitat 74. 102. 118.
Moga Basil, gr. Bischof 122.
Moldau 31. 45. 172. 285. 317.
Moldovan, Erzpriester 256.
Moltke M. 190. 198.
Morgenandacht 24.
Mozart 29.
Mult és Jelen 216.
Mühlbach 48. 73. 119. 172. 179. 196. 223. 267. 268. 301. 349. 358. 461.
Müllenhoff 361.
Müller Friedrich 68. 73. 167. 238. 313. 327. 350. 357. 358. 362. 464.
Müller Georg, Stadtpfarrer, Schäßburg 38.
Müller J. Aur. 54.
Müller Gottfried 165.
Müller, Rotgerber 201.
Müller, Senator, Schäßburg 251.
Müllner 28.
Münchengrätz 265.
Munkacs 19.
Munizipalfrage 415.
Musikalischer Instrumentalchor in Kronstadt 197.
Musikalisches Leben 167. 197. 463.
Musikanten 172.
Musikverein in Hermannstadt 167.
Myß 117.

N.

Nachbarschaften 28. 45. 52. 321.
Nadasdy 416. 417. 434.
Nagelschmidt 52.
Nagy J. 114.
Nagybanya 255. 310.
Namenstage 43.
Naßod 251.
Napoleon 61. 322. 325. Prinz 325.
Nationalagent 131. 133. 139. 259.
Nationalanlehen 310.
Nationalarchiv, sächs. 309.
Nationaldirektorium, ung. 325.
Nationaldotation für Hermannstadt und Schäßburg 164. 166.
Nationaldotation, allgemeine 166. 299. 301f. 310. 347.
Nationale Bezirke 257. 258. 414.
Nationalmuseum, sächs. 12.
Nationalmuseum in Klausenburg 113. 123f.
Nationalitätengesetz von 1868 453f.
Nationalsiegel 119. 124. 125. 126.
Nationsuniversität, sächs. 8. 19. 20. 21. 93. 130. 132. 138. 164. 166. 173. 174. 175. 180. 185. 187. 196. 211. 215. 216. 218. 230. 231. 243. 252. 256. 261. 271. 294. 295—298. 307. 308. 309. 310. 411ff. 417f. 436. 441. 451. 455.
Nationsuniversität, Arbeiten 1850 295. 300.
Nationsuniversität, Vermögen 309.
Nationsuniversität, Wirkungskreis nach dem Unionsgesetz 452.
Nationsuniversität, Auflösung 309.
Nationsuniversität, Repräsentation vom 3. März 1866 442.
Nationsuniversität, Repräsentation gegen Unions- und Nationalitätengesetz 455.
Nationalversammlung in Klausenburg (1848) 220.
Nationalversammlung, sächs. in Klausenburg 220. 227.
Naturwissenschaften, Sieb. Verein f. 281. 352.
Nationalitätenfrage 1861 408ff.
Nationalitätengesetz 409.
Nemes, Graf 419. 424.
Nendwich 201. 319.
Nepomutzky 322.
Neppendorf 264.
Neugeboren, Bischof 10. 12. 13. 46. 53. 54. 57.
Neugeboren C. 69. 177. 182.
Neugeboren H. 460.
Neugeboren L. 352.
Neuordnung der Kirche und Schule 343.
Neuordnung der Kirche 363.
NichtdeutscheBevölkerung des Sachsenlandes 297.
Nichtunierte Walachen 17.
Nikolaus, Zar 265.
Nikolsburger Waffenstillstand 446.
Niemesch 41. 194.
Nierescher, Stadtpfarrer 46.
Nopsta 7. 17. 96. 137.
Nordlicht 254.
Rösnerland 45. 421. s. Bistritz.
Notabilitäten, ung. Adresse an den Kaiser 1857 323. 432.
Notäre in den Komitaten 150.

Notäre im Sachsenland 186.
Novellen 191. 193. 461.

O.

Oberalbenser Komitat 256.
Ober-Eibisch 196.
Obergericht in Hermannstadt 307. 416.
Oberkirchenrat in Wien 372. 375. 378. 380. 384. 393. 419.
Oberkonsistorium, ev. 53. 57. 163. 164. 166. 204. 239. 240. 247. 305. 309. 343 ff. 363 f. 366. 367. 371. 377. 383. 384.
Oberkonsistorium, ref. 91. 370.
Oberlandeskommissariat 294.
Obert Franz 73. 313. 339. 350. 419. 420. 460.
Obstbau 48. 61.
Ofen 76. 249. 258. 268. 270. 287. 429. 444. 447.
Offiziere und Bürger 305.
Öffentliche Erde 36. s. Gemeinland.
Öffentlichkeit der Vertretungskörper 130.
Oktoberdiplom 382. 400. 409 ff. 423 f. 435 f. 444.
Olahfalu 38.
Olmütz 250. 257. 259. 269.
Opposition im Lande 70 ff. 79. 89. 91. 207.
Ordination 53. 54.
Orendi Gottf. 351.
Organisationsentwurf (s. Gymn.) 343.
Organisierung des Landes durch Bem 276.
Organisierung des Sachsenlandes 1861 411.
Organisierungsfragen im Hermannstädter Landtag 426.
Orgel in Kronstadt 34.
Orgiban 201.
Oriental. Frage 18.
Oriental. Konflikt 315.
Orlat 13. 173. 251. 319.
Orsini 325.
Orsova 286. 287. 324.
Osterartikel Deaks 429.
Österreich 18. 79. 111. 148. 209. 213. 217. 220. 257. 265. 266. 269. 270. 289. 290. 315. 317. 322. 328. 389 ff. 403 ff. 434 f. 438 f.
Österreich, konstitutionelles 589 f.
Österreich. Gesetze im Sachsenland 296. 322. 416.
Österreich und Deutschland 426 ff. 445
Österreichisch-ital. Krieg 322. 445.

P.

Pädag. Sektion (Verein) 165. 166.
Palatin 449.
Pallfy 116.
Palffy 246.
Palffy, Statthalter 411.
Panslavismus 110.
Pap W. 276.
Papierfabriken 319.
Paris 208. 211.
Partes, die sogenannten 76. 101. 102. 112. 122. 156. 302.
Paskiewitz FM. 281. 283. 287.
Pasquill 314.
Patenbrief 68.
Patenschaft 68.
Patrimonialgerichtsbarkeit 76.
Patronat über kath. Kirchen 8.
Patron in der ref. Kirche 91.
Pazifikationsausschuß 251. 255. 266.
Pazmandy 103.
Pensionskassen 23.
Peschendorf 15.
Pest (Krankheit) 19. 33.
Pest (Stadt) 31. 76. 171. 198. 209. 226. 227. 231. 236. 240. 242 ff. 247 f. 249. 251. 268. 269. 274. 281. 306. 332. 405. 435. 440. 441. 443. 444. 448. 450 ff.
Pest (Komitat) 107.
Pestalozzi 194.
Pester Universität 374.
Pesther Zeitung 191.
Pesti Hirlap 107. 131. 136. 217.
Pest-Ofner Zeitung 52.
Petersdorf (bei Mühlbach) 319.
Petersburg 265. 266. 281. 283.
Petko 34.
Petöfi 285.
Pfarrersleben 59 ff. 69. 201. 386.
Pfarrhof, sächs. 59 ff. 69. 386.
Pfarrenten 366.
Pfarrerstypen 398.
Pfarrwahlgesetz 394. 396. s. Promotions-kreise.
Pfarrstreitigkeiten 394.
Pfersmann FML. 252. 266.
Pfingstgräf Mart. 46.
Pflasterung 28. 33.

33*

Philologentag in Wien 361.
Phleps 169. 343. 379.
Picknickbälle 29.
Pildner v. Steinburg 52.
Pisti 250. 267.
Platendenkmal 342.
Platz (Witwe) 34.
Plecker 201.
Plünderungsvorschlag betr. ständ. Vermögen 325.
Poesie 69. 189 f. 337. 340 f. 358.
Politische Gedichte 339. 462.
Pomologischer Verein 175.
Poplaker Zehnte 20.
Populationsfrage 141. 204 463.
Portio canonica 256.
Post 52. 170.
Prager Friede 446.
Pragmatische Sanktion 3. 207. 212. 213. 222. 225. 241. 242. 413. 432. 443.
Pratobevera 430.
Predial 281.
Preise 11. 26. 33. 42. 65. 201.
Preßburg 88. 89. 103. 209. 227. 310.
Preßburger Gesetzartikel 26 : 1791 369. 371. 372. 374.
Preßburger Zeitung 37. 52.
Preßfreiheit 209. 215.
Preußischer Krieg 445. 446.
Privatbesitz 200.
Produktionalforum 16 f. 20. 83. 112.
Programmpunkte 1861 414.
Promenade 28. 46.
Promotionskreise 93. 167.
Pronay A. 247. 248. 407.
Propstdorf 45.
Propstei des h. Ladislaus 18. Neuerrichtung geplant 299.
Protestantenbedrückungen 76. 96. 99. 105. 106 122. 304 f.
Protestantenfrage in Ungarn 369 ff. 376 f.
Protestantenpatent 374. 378.
Provinzialblätter 67.
Provinzialkasse, Bedeus über 8.
Provisorische Vorschrift 375. 376. 378.
Provisorische Bestimmungen f. Ungarn 378.
Provisorische Bestimmungen f. ev. Kirche in Siebenbürgen 380. 384. 389.

Provis. Bestimmungen als Verf. angenommen 391 f.
Prozesse 23.
Publizistik, Ziele der 185. 187. 188.
Puchner FML. 140. 143. 160. 219. 250. 251. 255. 256. 259. 263. 265—69. 272. 273. 277. 288.
Pulßky Franz 90. 103. 104.
Pulvermühle 319.

Q.

Quartalschrift, Sieb. 327. 328. 329. 333.

R.

Radetzky an die Sachsen 289.
Raimund 28.
Rainer, Erzherzog 430.
Rakoczi 58.
Ranke 353.
Rannicher Jak. 73. 181. 217. 377. 379. 380. 383. 384. 393 415. 416. 417. 419. 420. 425. 437. 443. 450. 453. 454.
Rationalismus 63. 64. 386.
Räuber 32. 63.
Rauchen 29. 33. 60.
Raupach 28.
Rauscher, Kardinal 305.
Realschulen 163. 164. 345.
Rechberg, Graf 332. 401. 428.
Rechnungslegung 23. 154.
Rechtsfakultät in Hermannstadt 127. 165. 240. 345. 349.
Recht und Politik 143.
Rechtsgeschichte, sieb. (Schuler-Libloy) 357. 361.
Rechtsverwirkung 410.
Reformarbeiten 163 ff.
Reformation, Jubelfeier 11. 12.
Ref. Kirche 48. 58. 91. 168. 370. 383.
Ref. und ev. Kirche 58. 247. 364.
Regalisten 77. 78. 85. 419. 437.
Regius 87. 98. 116. 118. 124. 128.
Regulativpunkte 10. 92. 112. 131. 139. 188. 333. 411. 412. 438. 456.
Reichenstein 416. 420. 425. 434.
Reichesdorf 26. 62. 247. 272.
Reichetzer 250. 267.
Reichsrat, engerer 406.
Reichsrat, österr. 405. 425.
Reichsrat, verstärkter 329 ff.

Reichsverfassung 271. 295. 307.
Rekrutierung 66. 72. 74. 140. 148.
Religionsgesetze 12. 459.
Religionsfrage 99. 105. 122. 134. 331. 362.
Reichstag, ungar. 1825 71.
Reichstag, ungar. 1832 76.
Reichstag, ungar. 1835 89. 102.
Reichstag, ungar. 1839 103.
Reichstag, ungar. 1843 134.
Reichstag, ungar. 1847 204.
Reichstag, ungar. 1848 208 f. 227. 240 ff.
Reichstag, ungar. Verlegung nach Debreczin 268.
Reichstag, ungar. Rückkehr nach Pest 270.
Reichstag, ungar. Verlegung nach Szegedin 281.
Reichstag, ungar. in Arad 283.
Reichstag, ungar. 1861 406 f.
Reichstag, ungar. 1865 in Pest 435 ff.
Reichstag, ungar. 1866 in Pest 448 f.
Reichstag, ungar. 1867 ff. in Pest 451 f.
Reißenberger L. 349. 352.
Reps 50. 51. 62. 168. 173. 221. 263. 284. 301. 307. 340. 342. 357. 440. 442.
Repräsentativverfassung 332.
Reschner 69.
Reskript vom 22. Dez. 1848. 261. 295. s. Manifest.
Reußen 167.
Reußmarkt 50. 52. 83. 141. 143. 165. 173. 175. 222. 223. 293. 301.
Reverse 106. 107. 363.
Revitzki 7.
Revolution von 1848—49 206 ff.
Rhedei, Graf 92.
Rheinisch-westf. Kirchenordnung 379.
Richttag 26. 40.
Ribeli 201.
Riebel 263.
Riehl, Naturgesch. des Volkes 188.
Rimnik 173.
Romane 191. 193.
Romänen 218. 219. 229. 234. 251. 255. 265. 272. 276. 299. 303. 304. 326. 401. 404 f. 417. 420. 435. 439. 441. 453. s. Walachen.
Romänen und Sachsen 255 f. 299. 304. 401. 411. 413. 424. 426.

Romänen, Durchführung der Gleichberechtigung 414.
Romantik 192. 193.
Röm. Kaiser 29.
Rosenau, Bischof v. 116.
Rosenfeld L. v. 75. 133. 139. 164. 198. 233. 240. 245. 261. 419. 422. 424. 425.
Rossini 29.
Roteturmpaß 13. s. Eisenbahn.
Roth Aug. v. 299.
Roth, Herm. Stadtpfarrer 164. 168. 343.
Roth D. Dr., 133. 192. 193.
Roth Elias 225.
Roth St. L. 44. 45. 56. 128. 129. 165. 167. 174. 175. 176. 179. 194 f. 197. 239. 252. 256. 276. 277 ff. Tod 280. 290. Denkmal 294. Andenken 351. 387.
Rückblick usf. 323.
Rückert 191.
Rückgang von Handel und Gewerbe 317.
Rüdiger 283.
Rudolf, Kronprinz 447.
Russische Distel 293.
Russische Hülfe 265 ff. 281 ff.
Russen, Räumung des Landes 293.
Russisch-türkischer Krieg 315.

S.

Sachsenland, Territorialfrage 297.
Sachsenland, verboten 305.
Sächs. Dialekt 145. 183. 184. 336. 358. 359.
Sächs. Gedichte 69. 336.
Sächs. Predigt 36.
Sächs.-Reen (Regen) 24. 48 f. 231. Zerstörung 254. 285. 295. 297. 306. 319.
Sächs. Geschichte 180 ff. 308. 354.
Sachsengeschichte (von G. D. Teutsch) 354 ff. 361. 421.
Sachsenheim Fr. v. 259.
Sagen, sieb. 358.
Sagen- und Liederkreis aus der Revolution 253.
Salamon J. 370.
Salm, Fürst 332.
Salmen Franz v. 99. 133. 155. 187. 211. 216. 233. 237. 247. 252. 288. 294. 297. 306. 307. 308. 311. 401. 411. 412. 419.
Salzburg (Vizakna) 267.

Sängervereine 461.
Sardinien 322.
Satellit 214.
Savoyendragoner 41. 49.
Schaal 313.
Schaaserbach, Ableitung 36. 316.
Schaguna 218. 310. 329. 420. 421.
Schaller v. Löwenthal 46.
Scharfschützenkorps, bürgerliches 29.
Schaser 69. 182.
Schäßburg 10. 23. 26. 34ff. 57. 73. 83. 119. 130. 138. 142. 164. 165. 166. 170. 172. 177. 180. 181. 184. 196. 200. 201. 214. 215. 223. 229. 247. 251. 263. 272. 273. 275. 277. 284. 285. 294. 297. 300. 304. 307. 310. 311. 313. 316. 317. 319. 320. 333. 341. 342. 343. 345. 346. 347. 350. 352. 353. 357. 358. 365. 366. 377. 379. 384. 403. 420. 425. 460.
Schäßburger Programme 460.
Schech (v. Sternheim) 38.
Schenk 50. 62. 83. 137. 167. 172. 175. 221. 301.
Schenkendorf 191.
Schenker Mart. 237.
Schiel Sam. 73. 166. 169. 198. 216. 351. 379. 387.
Schiller 28. 61.
Schillerfest 341.
Schlacht bei Gödöllö 268. Hatvan 268. Hermannstadt 264. 272. 286. Ißaßeg 268. Jaad 273. Mediasch 272. Pißki 267. Salzburg 267. Schäßburg 285. Szökefalva 264. Szolnok 268.
Schleswig-Holstein, Sammlung für 342.
Schleswig-Holstein, Frage 427. 446.
Schlick 268.
Schlözer 180. 199.
Schmerling 299. 393. 406. 417. 425. 427. 428. 430.
Schmidt Heinrich 231. 245. 261. 295. 299. 311. 312. 327. 328. 438.
Schmidt Konrad 73. 141. 142f. 144. 146. 148. 149. 155. 158. 217. 221. 226. 229. 240. 244. 246. 256. 276. 379. 393. 394. 405. 412. 416. 417. 419. 424. 425. 427. 434. 451. 458. 459.
Schmidt Mag. Joh. 44.
Schmidt, Königsrichter von Schenk 83. 117. 118. 128. 179.
Schmidt, Kaufmann in Kronstadt 201.

Schmidt Wilh. 273. 299.
Schneider, (Kaufmann) 319.
Schneider, Orator 419.
Schneider 166. 169. 348.
Schnell J. 246.
Schnell M. 182.
Schogener Kapitel 364.
Schönberg 366.
Schotsch 312.
Schreiber Sim. d. Ä. 31.
Schreiber Sim. d. J. 83. 84. 98. 102. 112. 115. 116. 119. 124. 125. 126. 127. 128. 132. 141. 147. 148. 150. 151. 154.
Schreiberregiment 311.
Schule 33. 34. 37. 44. 45. 51. 54. 55f. 165. 166. 169. 194. 240. 398.
Schule, Reorganisation 343ff.
Schul- und Kirchenbote 460.
Schul- und Kirchenzeitung 165. 176. 194. 278. 387. 460.
Schulprüfungen 388.
Schuler-Libloy 181. 237. 357.
Schuller Georg 351. 358. 460.
Schuller J. C. 110. 122. 133. 166. 177. 180. 181 – 84. 187. 197. 314. 347. 352ff. 361.
Schuller M. 169. 181. 247. 343. 346. 371. 384.
Schur 352.
Schurter, General 272.
Schuselka 237.
Schuster Fr. W. 73. 190. 338. 339. 349. 358. 362. 461. 462.
Schuster, Pfarrer in Mehburg 67.
Schuster M. A. 169. 184.
Schutzverein 135. 171. 462.
Schützenwesen 239.
Schwabeneinwanderung 159. 175.
Schwarz, Senator 38.
Schwarz 144. 155. 245.
Schwarzenberg, Ministerpräsident 257. 265. 266 303.
Schwarzenberg, Gouverneur 304. 305. 306. 308. 309. 310. 322. 371.
Schwerter von Broos und Draas 337.
Schwerttanz 9. 310.
Scitowsky 106. 429.
Scopationsfest in Schäßburg 345.
Sedlnitzki 6.

Seelsorge 386. 387.
Seivert Gust. 461.
Selischt 297.
Seminarien 240. 300. 301. 345 f.
Sennyei 303. 323.
Sentz 312.
Session, Größe 146. 147.
Sicherheit im Lande 321.
Sieb. Land des Segens 190. 198.
Sieb. Blätter 464.
Siebenbürger Bote 52. 182. 184. 187. 188. 214. 232. 311. 312. 461.
Siebenb. Bewußtsein 431.
Siebenbürger Volksfreund 184.
Siebenbürger Wochenblatt 182. 184. 185. 186. 188. 214. 215.
Sieb.-Deutsches Wochenblatt 464.
Sieben Dörfer 32.
Siegel 113. 124. 126. s. Nationalsiegel.
Siegmund, Arzt in Wien 198.
Shakespeare 28.
Sifft, Königsrichter 52.
Simonyi, Baron 408.
Simrock 361.
Sistierung der österr. Verfassung 436.
Sitten 23 ff. 67. 386.
Skariatin 267. 272. 285.
Skariatindenkmal 294.
Skott Walter 69. 193.
Slavonien 111.
Slovaken 109. 110. 258.
Solferino 322.
Söllner, Auditor 198.
Sombory 254.
Somsich 407.
Sonntagsheiligung 30. 36.
Sonntagsschulen 164. 173.
Sophie, Erzherzogin 235. 236.
Sparkassen 169. 170.
Speiseanstalt in Hermannstadt 11.
Speisen 24.
Spital in Hermannstadt 310.
Splenyisches Inf.-Reg. 41.
Sprachenfrage 100. 105. 109. 112 ff. 128. 129. 131. 134. 137. 143. 150 ff. 160. 176. 204. 440. 453 f.
Sprachenfrage im ung. Reichstag in Arad 282. s. Nationalitätengesetz.

Sprachenfrage 1860 f. 404.
Sprachengesetz 1863 424.
Sprachengesetz 1868 453 f.
Sprachenkampf (v. St. L. Roth) 194.
Staatsdotation für die ev. Kirche 375. 376. 383. 385.
Staatsdotation für die ref. und kath. Kirche 385.
Staatskonferenz 139.
Staatsrat 4.
Stadion, Innenminister 257. 261.
Stallfütterung 320.
Standgerichte 275 ff.
Standrecht 219.
Statutarrecht 21. 185. 322.
Statthalterei 311. 315.
Stefan, Erzherzog 157. 207. (Palatin) 237.
Steinbach Ing. 43.
Sterka-Schulutz, Erzbischof 405. 424.
Steuer 201. 306.
Steuerfrage 146.
Steuerfreiheit des Adels 76. 203.
Stilleben 24 ff.
Stipendien 301.
St. György 14.
St. Györghi 92.
Stolzenburg 43. 63. 66. 69. 127. 264. 265. 267. 366.
Storch 461.
Straßen 171. 173. 320.
Straßenbau 43. 46.
Straßenbeleuchtung 27.
Straußenburg Arz Alb. v. 464.
Straußenburg Dan. v. 16. 96.
Strohmeyer 304. 313.
Stromsky 247. 248.
Strugar 319.
Stuhlsloch 50.
Stühle 50. 175. 219.
Sue Eugen, Ew. Jude verboten 187.
Sylloge tractatuum 79. 94.
Symbol. Bücher 100.
Synode in Birthälm 12. 167. 168. 204.
Synode in Hermannstadt 389. 391. 457.
Szamos-Ujvar 32. 255. 329. 419.
Szaß Karl 79. 81. 84. 86. 94. 213. 225.
Szathmar 101.
Szeberenyi 247. 248.

Szechenyi St. 72. 103. 107. 110. 111. 128. 135. 163. 166. 207. 210. 245. 323.
Szechenyi und Kossuth 107f.
Szegedin 281. 283.
Szekacs 247.
Szekler 38. 81. 88. 113. 123. 124. 137. 145. 150. 153. 160 161. 212. 213. 220. 232. 246. 251. 252. 254ff. 258. 263. 265. 267. 272. 284. 285. 315. 325. 411. 418. 435.
Szekely Alex. 370.
Szemere 233. 282.
Szepessy, kath. Bischof 8.
Szeretfalvaer Brücke 47.
Szilagyi Alex. 283.
Szilagyi Franz 216. 370.
Szilagyi in Mediasch 276.
Szilagy-Somlyo 262.
Szökefalva 263. 264.
Szolnok 268.
Szunoghi 116.

T.

Tabularkanzellisten 40.
Talmesch 13. Dominium 17. 297.
Talmesch, Hasford bei 286.
Tanz, deutscher 29.
Tartlau 32.
Tartler Komes 9. Installation 9. Amtswirksamkeit 10. Tod 11. 19. Visit. in Mediasch 41f. in Bistritz 46.
Tegetthoff 446.
Teleki, Hofkanzler 103.
Teleki, Gouverneur 112. 138. 216. 217.
Teleki Familie, Zehntbesitz 366.
Teller, (Predigtsammlung) 63.
Tekendorf 297.
Tekendorfer Kapitel 364.
Telegraph 322.
Teleki, Graf D. 114.
Teleki, Graf 11.
Teleki, (Nat.-Direktorium) 325.
Teleki, Hofkanzler 7. 8.
Teleki, Einfall in S. 255.
Temesvar 75. 286.
Territorialfrage des Sachsenlandes 297. 452.
Teuerung 11.
Teutsch Joh. 351. 460.
Teutsch G. D. 73. 167. 168. 169. 178. 181. 184. 217. 227. 229. 277. 300. 304. 305. 308. 313. 316. 341. 342. 346. 347. 350. 353ff. 361. 365. 379. 380. 382. 390. 391. 400. 419. 420. 426. 428. 430. 433. 437. 457. 458. 461. 464.
Teutsch Traugott 340. 461.
Thalmeyer 319.
Theater in Klausenburg 112. 123f. 315.
Theater 9. 28. 43. 180. 197. 217.
Theaterbrand 28.
Theol. Fakultät in Wien 58.
Tholbalagi 215.
Thorda 254. 255.
Thun, Graf Leo 301. 309. 310. 361. 368. 371.
Thuten, (Slovaken) 43.
Thronwechsel, 2. Dez. 1848 259.
Tiermärchen 358.
Tißa K. 407. 408. 418. 445.
Tißa Lad. 408.
Togaten 37.
Törzburg 272. 297.
Transfrigidani 167.
Transsilvania 110. 141. 143. 182. 187. 193. 194. 226. 461.
Trappold 304.
Trausch 83. 87. 101. 128. 132. 141. 155. 158. 159. 201. 247. 359. 419. 461.
Trauschenfels Eugen v. 359. 419. 420. 437. 438.
Trauschenfels Emil v. 450. 453.
Trefort 407. 408.
Treibjagden 65.
Trunksucht 66. 185.
Truppen in Sieb. 253.
Tudományos Gyüjtemény 67.
Türkei 18.
Turnen 197. 219. 239.
Turnvereine 462.

U.

Udvarhely 215. 216. 256.
Ulm 399. 400.
Umrisse und kritische Studien 181. 182. 353.
Unabhängigkeitserklärung Ungarns 269. 270.
Ungarn 3. 71. 76. 89. 102. 103. 107. 134. 135. 156. 198ff. 214. 311. 315. 322ff. 426f. 435. 444.

Ung. Akad. der Wissenschaften 138.
Ung. Hofkanzlei, Auflösung 449.
Ungarn, Kampf um die Verfassung 71. 434 ff. s. Reichstag ungar.
Ung. Krone 286. 287. 324.
Ung. Ministerium 208. 209. 444. 448. 449.
Ungarn, Plan der Zerschlagung 258.
Ungar. Reichstag s. Reichstag.
Ungarn, Verhältnis zu Siebenbürgen 70. 101. 102. 160. s. Union.
Ungarn und Deutschland 198. 199.
Unionseid 148. 149.
Union Siebenbürgens mit Ungarn 82. 87. 89. 101. 102. 105. 112. 117. 121. 122. 134. 135. 138. 156. 209. 210. 211 ff. 216 ff. 228 f. 243. 288. 401 ff. 407. 409. 429. 430. 431. 435 ff. 439 f. 453.
Union, Verhandlungen im ungar. Reichstag 243 ff. 453.
Union, Verhandlungen im Klausenburger Landtag 435 ff.
Unionsgesetz von 1868 453.
Union der sächs. Kreise 231.
Unitarier 82. 370.
Universitäten, deutsche verboten 58. 69. 96. 100. 106. 163.
Universität in Sieb. zu gründen 344.
Unter-Alba 124. 213.
Unterhaltungsblatt aus der Gesch. Siebenbürgens 184.
Unterrichtssprache, deutsche 37.
Unterschied der ev. Kirche in Ungarn und Sieb. 248.
Untertanen (Hörige) 14. 105. 126. 145 ff.
Untertänige sächs. Gemeinden, Bedrückung 14. 145.
Unterstellung des Sachsenlandes unter die Krone 260. 261. 271. 288. 295. 296. 297. 307.
Unterwald 285.
Uracca, (Regiment) 251.
Urban 254. 255. 263. 273.
Urbar 15. 111. 126. 140. 143. 144. 145 bis 148.
Urbarialfrage 76. 126. 140. 209.
Urkundenbuch 69. 178. 180. 354. 361.
Urwegen 31.

V.

Vasarhely 22. 40. 142. 165. 254. 255. 263. 273. 286. 310.
Bay Nic., Baron 231. 232. 251. 401. 406.
Venetien 446.
Vereinsgründungen 169. 462.
Ver W. 85. 117.
Veränderung der Stellung der Lehrer 362.
Verbindung der Kirche und Schule 397. 398.
Verböczy 140. 147.
Verfassungsentwurf für das Sachsenland 218.
Verfassungsentwurf für die ev. Kirche 367 ff. 370 ff. 391 ff.
Verfassung der ev. Landeskirche 394 f.
Verfassungsherstellung 1860 f. 401 f.
Verdienste der absoluten Regierung 321.
Verkehr 190. 171. s. Handel.
Vermögende Leute 201.
Verschwiegenheitseid 130.
Verein s. sieb. Landeskunde 177 ff. 357 f.
Verona 288.
Versammlung in Hermannstadt gegen die Union 218.
Versöhnabend 52.
Vertrauensmänner, kirchl. aus Ungarn 372.
Vertrauensmänner der ev. Kirche in Sieb. 377. 379. 380.
Vertrauensmänner-Beratung, pol. in Kronstadt 402.
Vertrauensmänner der Kommunitäten in Hermannstadt 404.
Verwaltung 4. 21 f. 28. 41 f. 185.
Verwaltung, Neuordnung in Siebenbürgen 255. 288.
Verwirkung der Verfassung 302. 303.
Viehdiebstahl 177. 185.
Viehzucht 33. 39. 41. 43. 66.
Vierteljahrsschrift für Seelenlehre 460.
Vilagos 283. 289.
Visitationsartikel 55.
Blasits FML. 74. 75.
Volksdichtung 358.
Volksschichtung 202.
Volksschulplan 57. 388.
Volkstümlicher Gesang 239.
Volksvermehrung 141. 204. 463.

Vorspannsleistungen 41.
Victor Emanuel 446.
Villafranca 322.
Vörösmarty 138.

W.

Wächter, (Kronstadt) 440.
Wächter Dr. Jos. 218. 309. 419.
Wachsmann Komes 19. 83. 93. 94. 95. 98. 112. 132.
Wagner und Frau, Bürgermeister in Reen 50.
Wagner, Nat.-Deput. 261.
Wahlnorm (Pfarrer) 55. 394. 396.
Waisenhaus kath. in Hermannstadt 119.
Waisenlieder 189.
Waitzen 30.
Walachei, Fürst der 14.
Walachei 31. 32. 171. 172. 193. 263. 266. 273. 281. 317. 319. 320.
Walachen 17. 18. 21. 34. 35. 39. 113. 118. 128. 145. 157. 160. 203. 211. 212 ff. 218 ff. 226. 273. 275. 280. 284. 293. s. Romänen.
Walachen und Sachsen, wirtschaftlicher Kampf 203.
Walachenfrage 97. 122. 157. 211 f. 303.
Waldwirtschaft 43.
Waller 31.
Waldhütten 177.
Wanderpatrioten 75.
Wanderzigeuner 19.
Wardener 255.
Warnkönig 361.
Wattenbach 354. 361.
Wayda 31. 201.
Weber, (Komponist) 28.
Weber in Schäßburg 317. in Heltau, Zeiden, Kronstadt 318.
Weihnachten 26.
Weihnachtsbaum 321.
Weilau 66.
Wein 26. 39. 47. 48. 62.
Weinbau 62.
Weißkirch (bei Schäßburg) 285.
Weißkircher, (Senator) 38.
Weißenburger Basteien 123.
Wencheim 323. 454.
Wenrich, Prof. in Wien 198.

Wenzel 86.
Wernhardt, Komm. General 29. 138. 140.
Wesselenyi, Baron Nik. 74. 78. 79. 80. 88. 90. 94. 96. 224.
Wesselenyi, Antwort auf Szechenyis Rede 111.
Wessenberg 287.
Wien 6. 7. 15. 19. 31. 58. 64. 88. 132. 136. 138. 139. 163. 171. 176. 198. 219. 231. 233. 236. 238. 242. 255. 268. 289. 298. 304. 308. 309. 310. 332. 353. 361. 365. 372. 373. 374. 377. 379. 381. 383. 384. 385. 393. 405. 415. 416. 425. 426 f. 433.
Windischgrätz 255. 257. 259. 265. 266. 268. 269.
Wilhelm, König v. Preußen 445.
Winkelhut 39.
Wirtshäuser 30. 40. 172. 321.
Wirtschaftliche Zustände 65. 162. 300. 317. 357. 398. 415.
Wittenberg 178.
Wittstock H. 73. 190. 198. 351. 359. 419. 420. 461.
Wohlgemuth FML. 288. 293. 301. 306. 344.
Woiwodina 302.
Wohltätigkeit 11.
Wohnungen 25. 320.
Wollenweber 34. 171. s. Weber.
Wolff 361.
Wolff Joh. 362.
Wolff Karl 464.
Wosnosensk 265.
Woßling 36.
Württemberg 175. 176.
Wurmloch 379.

Y.

Ypsilanti 19.

Z.

Zalathna 13.
Zarand 102. 153.
Zay, Rektor 37.
Zehnt 35. 59. 60. 177. 200. 201. 365. 366.
Zehntablösung 177. 227. 231. 237. 365.
Zehntentschädigung 365. 383.
Zehntprozesse 16 f. 20.
Zehntschaften 30.
Zeiden 16. 33. 318.

Zeitung, deutsche in Pest 136.
Zeitungen 37. 52. 64. 67. 107. 131. 136. 144. 176. 182. 183. 184. 186. 187. 188. 191. 214. 217. 218. 226. 232. 254. 311. 312. 327—333. 403. 438. 439. 461.
Zensur 88. 94. 100. 129. 144. 176. 178. 186. 187. 312.
Zentralbildungsanstalt 164.
Zernest 319.
Zerschlagung Ung., geplante 258.
Zetelaka 38.
Zeyk J. 84. 100. 115. 150. 154.
Zigeuner 34. 313
Zimmereinrichtung 25.
Zimmermann F. A. 73. 128. 141ff. 144. 145. 148. 151. 155. 165. 166. 181. 186. 218. 231. 234. 247. 295. 300. 310. 357. 368. 371. 374. 379. 412. 417. 419. 424. 425. 437. 450. 451.

Zinsen 170. 319.
Zollinie zwischen Österr. und Ungarn 136.
Zölle 172.
Zoodt 13.
Zsedenyi 323.
Zsemberi 244.
Zucker 34.
Zunahme der Sachsen 463.
Zündhölzchen 26.
Zunftleben 25.
Zünfte 31. 32. 33. 42. 45. 82. 97. 170. 172. 188. 203. 317. 318.
Zünfte, (v. St. L. Roth) 194.
Zürich 322.
Zusammenhang, geistiger mit Deutschland 181. 182. 360f.
Zweifelderwirtschaft 174.
Zwölf Punkte, die 209.

Berichtigungen.

Seite 32, Zeile 1 ist zu lesen: empfunden statt empfanden
  "   33,   "   10   "   "   "   der nichtigsten Sachen statt wichtigsten
  "   38,   "   29   "   "   "   gelebt statt gewohnt
  "   445,   "   28   "   "   "   Ghiczy statt Ghyczy.